何华武 作者简介

ZUOZHEJIANJIE

男，汉族，1955年8月23日出生于四川省资阳市，中共党员，工学硕士，注册咨询工程师、教授级高级工程师，博士生导师，享受国务院政府特殊津贴的专家和铁道部专业技术学科带头人。现任铁道部总工程师、铁道部技术委员会主任、客运专线（高速铁路）总设计师、客运专线系统集成办公室主任，兼任中国建筑业协会副会长、中国铁路工程建设协会副理事长、中国铁道学会理事会理事、RER–Railways Technical Review 顾问等职。

何华武长期从事铁路工程技术工作，先后任西南交通大学助教，铁道第四勘察设计院专册、总体，铁道部建设管理司工程设计审查总体，铁道部工程设计鉴定中心、铁道部经济规划研究院副处长、主任助理、副主任、副院长。2003年任铁道部副总工程师，2004年任总工程师。主持了几十项铁路枢纽、铁路干线的勘察设计、咨询评审、技术决策；策划了铁路客站与其他交通方式间的“零距离”换乘方式，形成以站为中心的立体化城市综合交通枢纽的客站新模式；主持了铁路第六次大提速工程，使我国铁路既有线200 km/h等级提速技术达到世界先进水平；组织了铁路客运专线（高速铁路）重大关键技术攻关及系统集成整体优化，并取得突破，为客运专线（高速铁路）建设提供了强有力的技术支撑。

主　　编　　何华武

副 主 编　　耿志修
　　　　　　康　熊

执行主编　　侯文葳

铁路科技图书出版基金资助出版

中国铁路既有线
200 km/h等级提速技术

何华武 编著

中国铁道出版社
2007·北京

图书在版编目（CIP）数据

中国铁路既有线 200 km/h 等级提速技术/何华武编著 . —北京：中国铁道出版社，2007.3

ISBN 978-7-113-07846-1

Ⅰ. 中… Ⅱ. 何… Ⅲ. 铁路行车—行车组织—中国
Ⅳ. U292

中国版本图书馆 CIP 数据核字（2007）第 045716 号

书　　名：中国铁路既有线 200 km/h 等级提速技术
作　　者：何华武　编著
出版发行：中国铁道出版社（100054，北京市宣武区右安门西街 8 号）
策划编辑：田京芬　熊安春
责任编辑：熊安春　杨　哲　薛　淳　王风雨　聂宏伟　涂　途　洪学英
封面设计：冯龙彬
印　　刷：北京盛兰兄弟印刷装订有限公司
开　　本：889 × 1194　1/16　印张：33.75　插页：1　字数：971 千
版　　本：2007 年 3 月第 1 版　　　2007 年 3 月第 1 次印刷
书　　号：ISBN 978-7-113-07846-1/U · 292
定　　价：280.00 元

序

党的十六大以来，全国铁路系统用科学发展观统领各项工作，从服务社会主义和谐社会建设出发，立足于解决铁路运输生产力不适应经济社会发展需求的矛盾，以快速扩充运输能力和快速提高技术装备水平为主线，深入推进和谐铁路建设，开创了铁路改革发展的新局面。在这样的大背景下，中国铁路实施第六次大面积提速。

第六次大面积提速调图是在前五次提速的基础上，学习借鉴发达国家铁路既有线提速的成功经验，结合中国国情和路情，立足自主创新，走出的一条具有中国铁路特色的提速之路。系统目标超越了前五次提速的常速范围，是质的飞跃；速度、密度和重量均达到或超过世界同类铁路先进水平。实施过程中，按照“尊重科学、尊重客观、尊重实践”的指导思想，对第六次大面积提速的技术可行性和经济合理性进行了充分论证。完成了 50 多个项目的科研攻关，制定了既有线 200 km/h 等级提速技术条件，修订完善了相关规章制度，实施了提速线路技术改造和机车车辆装备引进消化吸收再创新，开展了运营技术准备，进行了综合试验和牵引试验等复杂过程，在确保提速安全的前提下，最终实现了 6000 多公里线路列车运行速度达到 200 km/h 等级目标。在提速线路资源总量和质量、提高客货运输能力和机车车辆运用效率、创新客货运输品牌等方面实现了重大突破。

中国铁路第六次大面积提速从 2003 年开始策划，历时 4 年时间，京哈、京沪、京广、京九、陇海、浙赣等繁忙干线质量和现代化水平得到大幅度提升；引进的时速200 km 等级及以上动车组技术和大功率电力、内燃机车技术，已经为我们掌握，国内重点机车车辆制造企业设计制造水平产生了巨大飞跃；通过铁路运输生产力布局调整，运力资源配置更加合理。铁路一次提速达到这样大的规模和水平，在世界上还没有先例，充分体现了中国铁路的技术实力、自主创新能力和科学管理水平，是中国铁路落实科学发展观、构建社会主义和谐社会取得的重大成果。

《中国铁路既有线 200 km/h 等级提速技术》一书，科学阐述了高速度、高密度条件下客货共线运行铁路运输组织方式，合理提出了铁路既有线 200 km/h 等级提速系统设计理论和各专业技术理论，系统论述了 200 km/h 等级提速关键技术的实施方案，全面建立了运营安全管理和养护维修体系。书中对胶济线提速改造进行了详细描述，可以作为既有线 200 km/h 等级提速区段改造的范例。综合试验的工作内容和大量数据，可供铁路科研人员、工程技术人员和运营管理人员参考、借鉴。该书内容全面，资料丰富，图表清晰，为既有线 200 km/h 等级提速建立了完整的技术理论体系，提出了成套技术措施，是我国既有线 200 km/h 等级提速的奠基作之一，也将为我国高速铁路建设和运营管理提供强有力的技术支撑。

刘志军

二〇〇七年三月

前　言

2007 年 4 月 18 日，对中国铁路来说是个不寻常的日子。这一天，中国铁路实施第六次大面积提速调图，在提速线路上，将开行中国制造的 CRH 高速动车组列车，运行速度 200 km/h 等级线路达到 6 003 延长公里，其中在 846 延长公里的线路上列车最高运行速度可达到 250 km/h；同时开行牵引质量最高达到 5 800 t 的货物列车或 25 t 轴重的双层集装箱列车；旅客、货物列车追踪技术间隔分别缩短至 5 min、7 min。这意味着，从这一天起，中国大陆结束了没有高速铁路的历史，而且以具有中国特色的方式谱写着高速铁路发展新篇章。从此，中国大众会享受到更加舒适、更为快捷的铁路运输服务。

中国铁路历来在国民经济中占有重要的地位，铁路旅客周转量和货物周转量分别占国内客货运输总量的 55%和 35%；中国铁路在世界铁路运输中也占有重要地位，以世界铁路 6%的营业里程，完成了世界铁路约 25%的换算周转量，是世界上运输效率最高的铁路。即便如此，由于铁路建设速度滞后于国家经济和社会发展的速度，旅客“买票难”、货主“装车难”的现象依然随处可见。因此，尽快使铁路限制型运输转变为适应型运输，加快铁路发展，成为社会关注的焦点。

中国铁路正在按照国家批准的《中长期铁路网规划》，贯彻落实《国民经济和社会发展第十一个五年规划纲要》，开展大规模铁路新线建设和既有线改造。由于受客观因素限制，新线只能分线、分段建设，投资大、建设周期长，难以很快达到路网规模效益。因此，将一些客流量较大、线路条件较好、并与新建客运专线相衔接的既有线提速至 200 km/h 等级，能够达到投资省、见效快的效果，可以尽快适应当前旅客运输的需要，又可与逐步建成的客运专线联网，实施高速车下线运行，发挥路网规模效应，实现效益最大化。

在既有线实施提速改造，是世界上许多国家提高铁路运输效率和质量的重要途径。按照欧洲经济委员会制定的铁路行车速度标准，高速铁路应包括 300 km/h 等级客运专线、250 km/h 客货列车共线运行线和 200 km/h 既有提速线路。法国通过对衔接技术条件较好的既有线提速改造，TGV 高速列车通达里程增加到 5 900 余公里。德国通过对既有线进行大量的提速改造，使高速列车通达里程增加到 6 000 余公里，而且实现了既有线提速后客货共线，货车最高运行速度 160 km/h。欧洲高速铁路网远期规划中，到 2020 年，欧洲大陆将新建 10 000 km 的高速铁路，同时改造 15 000 km 的既有线，构成泛欧铁路快速网。日本、美国、前苏联等国家都纷纷制定政策，对既有线进行必要的技术改造，将列车速度提高到 200 km/h 等级，并且与高速铁路连接成网，以便充分利用和发挥既有线的潜力，实现旅客运输快速化和高速化，满足运输市场的需求。从 1997 年开始，我国铁路先后实行了五次大面积提速，对既有线进行大规模的技术改造，使 160 km/h 的线路延展里程达到1.65万 km。前五次大面积提速成功，为本次大面积提速奠定了很好的基础。

实施第六次大面积提速，旅客列车速度目标值达到 200 km/h 等级，已进入高速铁路的范围，比起前五次提速是质的飞跃，意义非常重大。首先，可以为经济和社会发展发挥更大作用。为进一步适应大城市群内高密度客流的需要，在以北京、天津为中心的环渤海，以上海、南京、杭州为中心的长三角，以广州、深圳为中心的珠三角三大城市群；以郑州、武汉为中心的中原城市群，以沈阳、长春、哈尔滨为中心的东北城市群，以西安为中心的西北城市群开行高密度城际快速列车，有效地加强了城际间、城乡间的交流和联系，促进了人员、物资、信息的流动，保证了区域资源的优化配置，更好地带动各经济区域内、区域间的产业发展，提高经济运行效率。其次，提升了我国铁路整体技术装备水平和管理水平。高速列车动力作用的扩大，对铁路固定设备、移动设备以及运营管理提出全新的要求。伴随着第六次大面积提速，我国铁路出台了一系列相关的技术政策、技术标准和规章制度，形成了具有自主知识产权的既有线 200 km/h等级提速技术体系；严格按照 200 km/h 技术条件对线、桥、隧、路基、站场、牵引供电、通信信号等系统设施进行技术升级和改造，系统地提升了我国铁路固定设施建造水平和装备水平；通过自主创新，掌握了 200 km/h 等级动车组、120 km/h 等级货物列车、25 t 轴重双层集装箱列车成套制造技术，提升了我国铁路移动设备的装备水平；通过综合试验对提速线路进行检验与评估，通过牵引试验验证各项设备功能和按图排路控制功能，提升了决策的科学性和可靠性；建立安全标准体系、养护维修体系，建设全路“车对地”、“地对车”、“车对车”动态安全检测网络，保证了列车运行安全，提升了我国铁路安全管理水平。

中国铁路第六次大提速是一项庞大、复杂的系统工程，在铁道部的总体部署指挥下，笔者有幸参与既有线 200 km/h 等级提速的策划，作为技术总负责人，主持了提速改造工程总体设计、提速项目的科学研究、工程实施和试验验证，经历了提速工作的全部过程。这是一个不断的学习、发现、解决问题的过程，是一个充满了探索、认知、创新的过程。在工作中不断地将提速涉及的各项技术理论和实践进行梳理，形成了本书的技术体系和骨干内容，期望对从事铁路既有线提速调图、运营管理和高速铁路研究、设计、施工、管理工作的人员能有所帮助。

谨将此书献给为中国铁路第六次大面积提速调图工程而拼搏奉献、付出艰辛努力的全体人员。

何华武

二〇〇七年三月

目录

CONTENTS

1

第一章 概 述

第一节 中国铁路五次大提速的回顾

速度是交通运输发展的重要标志，世界交通运输发展的历史，就是一部速度不断提高的历史。提速不仅是提高了列车速度，更主要的是推动了铁路运输质量的提高和科技进步。“九五”和“十五”期间，在铁道部的统一领导和组织下，经过一系列周密的卓有成效的研究、论证和试验工作，在全路主要繁忙干线实施了五次大规模的提速，发挥了铁路优势，为适应经济和社会的发展做出了重大贡献。

一、1997 年 4 月 1 日，全路实施第一次大提速

第一次大提速，全路开行了运行速度 120～160 km/h 的跨局特快旅客列车 8 对，“夕发朝至”旅客列车 78 列，沪宁、郑武、沈山、京秦等区段开行了不同数量的城际特快旅客列车。货物列车最高运行速度达到 80 km/h，京沪、京广线重载货物列车 64 对，“五定”货运班列每月开行 515 列。全路客货列车技术速度分别达到 63.7 km/h 和 45.0 km/h，比 1993 年图定速度分别提高 5.3 km/h 和 1.2 km/h；客货列车旅行速度分别达到 54.9 km/h 和 31.4 km/h，比 1993 年分别提高 6.8 km/h 和 1.4 km/h。这是我国铁路为了提高运输质量，适应经济和社会发展迈出的重要一步。

二、1998 年 10 月 1 日，全路实施第二次大提速

这次提速的重点是在京沪、京广、京哈三大干线上延展提速区段，增加提速列车数量。三大干线大部分区段特快旅客列车运行速度都超过 120 km/h。特快旅客列车达到 80 对，“夕发朝至”旅客列车 116 列，行包专列 8 对。全路旅客列车技术速度达到 64.0 km/h，旅行速度达到 55.2 km/h。以北京为中心，1 200 km 范围内的大城市间基本实现了“夕发朝至”。

三、2000 年 10 月 21 日，全路实施第三次大提速

为了西部大开发，这次提速的重点线路是陇海、兰新、京九等线和沪昆线浙赣段；全路旅客列车技术速度达到了 68.8 km/h，旅行速度达到 60.3 km/h；北京西—乌鲁木齐、上海—乌鲁木齐、北京西—南昌间旅行时间由原来的 61 h、65 h 和 19 h，分别压缩到 48 h、51 h 和 16 h；特快旅客列车 142 对，“夕发朝至”旅客列车 266 列，行包专列 14 对，并相应提高了运行速度，“五定”班列运行线 71 条，其开行方案也得到了进一步优化；以北京、上海、广州为中心，能够实现“夕发朝至”的范围进一步扩大。同时为了适应假日经济和旅游业的发展，安排跨局旅游专列运行线 28 对。

四、2001 年 10 月 21 日，全路实施第四次大提速

这次提速，充分利用前三次提速的成果，努力挖掘现有提速潜力，进一步优化了资源配置，完善了提速网络。将电气化改造开通运营的哈大线、京广线武昌至广州段纳入了提速范围；对于条件较好的单线铁路进行了较大幅度的提速。如汉丹线列车最高速度达 140 km/h。将合资铁路公司管辖的线路第一次纳入了提速范围，如广梅汕铁路总公司管辖的京九线南段，达成铁路公司管辖的达成线。这次提速里程为 4 257 km，使我国提速总里程达到 13 000 km，提速网络基本覆盖了全国主要地区。全路旅客列车平均旅行速度达到 61.92 km/h，平均技术速度达 70.32 km/h，其中特快旅客列

车为 92.76 km/h。

新图全路开行旅客列车共 1194.5 对。其中，特快旅客列车 188.5 对，增加 46.5 对，占列车总对数的比重由原来的 11.4%提高到 15.8%。跨局的长途旅客列车为 363 对，增加了 18 对，长途旅客列车比重由原来的 27.6%提高到 30.4%。不少列车运行时间进一步压缩。京九线北京西至深圳，全程 2 372 km，运行 23 h 58 min，比过去压缩 5 h 51 min；武昌至成都，经由汉丹、襄渝、达成线，全程 1 598 km，运行 16 h 30 min，压缩 5 h 36 min；沪昆线杭州至株洲，全程 954 km，运行 11 h 50 min，压缩 2 h 49 min；哈大线大连至哈尔滨，全程 944 km，运行 9 h 25 min，压缩 2 h 30 min。北京至广州的 T15/T16 次，北京至杭州的 T31/T32 次，北京至哈尔滨 T17/T18 次，北京至齐齐哈尔 T47/T48 次，也都缩短了运行时间。北京至上海的 4 对特快旅客列车均为夕发朝至，整点到开，旅行时间为 14 h，其他特快旅客列车全程旅行时间也得到了不同程度的缩短。

五、2004 年 4 月 18 日，全路实施第五次大提速

为适应客货运输增长的需要，这次提速各局采取压缩追踪间隔等措施，列车密度有了新的提高。全路开行旅客列车 1 172 对。其中，跨局旅客列车 407 对，增加 44 对；快速旅客列车 119 对，增加 46 对；列车对数最高的区段为：陇海线郑州—洛阳间列车总对数达 132 对；京沪线符离集—蚌埠间列车总对数达 131 对；京广线株洲至衡阳间列车总对数达 129 对，长沙至株洲间列车总对数达 128 对。

与此同时，货运能力进一步提高。铁路大面积提速新图安排大宗货物直达列车运行线 181 条，增加 100 条，增长 121%，其中煤炭列车运行线 129 条，增加 54 条，增长 72%。专供 71 家重点电厂和 13 家重点钢厂的运行线 113 条。直达列车运输品类由煤炭、矿石和焦炭，扩展到石油、钢铁、水泥和非金属矿石，煤炭以外的直达列车运行线由 7 条增加到 52 条，其中疏港铁矿石运行线 38 条。

铁路第五次大提速后，全路开行货物列车 15 340 对，增加 1 840 对。全路 55 个铁路局间分界口，有 21 个分界口增加了货物列车对数；有 10 个分界口提高了列车质量，平均提高 285 t。

新图实施后，大秦线开行货物列车达 95 对，其中开行万吨列车 8 对，9 000 t 级列车 20 对，仅大秦线就增加煤炭运量 3 000 万 t；哈大、京沪、京广、陇海线组织开行 5 000 t 级货物列车，山海关 5 000 t 级货物列车由 6 对增加到 18 对，实现了 5 000 t 重载货物列车数量的大幅度增加，对缓解十分紧张的运输需求具有明显的作用。

铁道部运输指挥中心数据显示：2004 年 4 月 18 日至 5 月 18 日的提速过渡期间，全国铁路旅客发送量为 9 322 万人次，与 2002 年同比增加 443 万人次，增长 5%。其中直通旅客发送量为 2 877 万人次，同比增加 412 万人次，增长 16.8%；货物发送量 18 020 万 t，与 2003 年同比增加 1 082 万 t，增幅 6.4%。

第五次大提速后实施的新运行图，全国铁路平均客运能力（客座公里数）提高 18.5%，图定货运能力提高 15%。

全国铁路经过五次大提速以后，以北京、上海、广州为中心，连接全国主要城市的铁路旅客列车运行时间明显缩短，形成以三城市为圆心，半径在 2 000～2 500 km 的城市间旅客列车实现“一日到达”，半径在 1 200～1 500 km 的城市间实现“夕发朝至”，半径在 500 km 左右的城市间实现“朝发夕归”的三个品牌。

全国铁路经过五次大面积提速，快速线路里程达到 16 500 km 以上，旅客列车速度实现了历史性跨越，有力地推进了铁路技术装备升级，提高了铁路运输质量，增强了市场竞争力，取得明显的经济效益和社会效益。

全国铁路大面积提速，是一项庞大的系统工程。铁道部从 1995 年开始制定战略，通过贯穿于提速过程中的一系列综合提速试验及几百项科研课题的完成，中国铁路全面掌握了既有线 160 km/h 等级客货共线提速技术，取得了大量拥有自主知识产权的科研成果，研发了成套技术装备，形成了

满足中国铁路旅客列车 160 km/h 运行的完整规范体系。2004 年铁道部颁布了《既有线提速技术条件（试行）》，同时颁布的新建客货共线铁路技术规范，旅客列车最高行车速度提高到 160 km/h。

中国铁路五次大提速，以较小的投入，实现了旅客列车速度的整体提高；兼顾“速度、密度、质量”三大要素，在速度、质量都取得提升的情况下，列车密度不降低；用自主研发的新技术和新装备确保了提速后的行车安全和人身安全。

第二节 第六次大提速的意义与内涵

一、既有线 200 km/h 等级提速的意义

我国全面建设小康社会的宏伟目标是到 2020 年 GDP 要比 2000 年翻两番，经济的年均增长速度 7％以上，城市化率将从目前的 39.1％提高到 60％。经济持续增长和城市化进程的加快，促使我国旅客运输需求保持迅速增长，从而对铁路的运输能力和运输质量提出了更高的要求。

我国铁路客运量和旅客周转量通过五次提速，虽然在逐年增长，但平均增长率却都低于公路、民航，所占的份额一直分别徘徊在 7％和 36％左右，甚至还有所下降。同时，干线的运输能力一直紧张。这充分说明铁路的发展远不能适应运输市场的要求，也不如其他运输方式的发展速度。

为了落实科学发展观和构建和谐社会的时代要求，适应我国经济和社会发展的需求，主动迎接运输市场的挑战，提高铁路生产力水平，铁路必须实现又好又快的发展，通过新线建设和既有线改造，扩大路网规模，提高路网质量，构建覆盖我国主要城市的快速客运网。进一步提高既有线列车速度，是发展我国铁路快速客运网的一项战略措施，也是实践“三个代表”重要思想、坚持树立“以人为本”理念的具体行动。

既有线 200 km/h 等级提速，是铁路实现又好又快发展的重大步骤，是我国经济和社会发展的需要，是铁路积极参与运输市场竞争的需要，也是我国铁路既有线列车速度走向国际先进水平的历史性突破。

（一）为国民经济和社会发展发挥更大作用

我国全面建设小康社会，经济将保持稳定持续增长，区域经济的战略布局趋于合理，加快了工业结构的调整和优化，煤、电、油、钢等能源和重要原材料这些大运量行业的生产仍将继续适度扩大，城镇化进程进一步加快。在跨过人均 GDP 超过 1 000 美元这个台阶后，生产结构、产业结构、产品结构，尤其是由于增长拉动的消费结构等方面都将发生明显的变化，城乡居民的消费水平也将发生很大的变化，这些都对交通运输业不断提出新的要求，安全、舒适、快速、方便将成为运输需求的显著特征。铁路作为国民经济的大动脉，交通运输体系的骨干，大能力、环保型的交通运输方式，可以为全面建设小康社会提供强大、可靠的运力支持。

既有线旅客列车速度提高到 200 km/h 等级，为商务活动和各项社会活动提供了更快捷、安全的交通条件，使其效率提高。铁路提速增强了人们的时间观念，优化了人们工作、生活的时空结构，提高了整个社会效率，有效地加强了城际间、城乡间的交流和联系，促进了人员流动和物资、信息的流动，缩小了城乡差别、工农差别，从而推进了我国城市化发展进程，加强各经济区域的交流和合作，更好地带动各经济区域内的产业发展，保证各区域的资源优化配置，提高经济效率。

铁路由于具有能耗省、占地少、污染轻、安全好的特点，因此铁路既有线 200 km/h 等级提速，既有利于节约能源，也适应我国能源结构的发展要求。

既有线提速到 200 km/h 等级，能以较少的投入，在较短的时间内快速提升铁路既有线列车速度和技术装备水平、有效改善铁路运输质量、充分发挥铁路在国民经济和社会发展中的重要作用，从而在促进经济增长、改善出行质量、加快物资流通、减少资源占用、节约社会消耗、降低外部成本、改善生态环境、支援国防建设和抢险救灾等方面发挥积极作用。

（二）构建铁路快速客运网的捷径

建设我国铁路的快速客运网必须采取加快建设客运专线和既有线提速改造相结合的方针。

客运专线能力大、速度快、安全可靠，能够满足高质量的旅客运输要求。根据国务院审议通过的《中长期铁路网规划》，我国将建设宏大的客运专线网。但受投资时机和建设工期的影响，客观上客运专线只能分线、分段建设，难以很快达到规模效益。因此，将一些客流量较大、线路条件较好并与客运专线相连接的既有线进一步实施提速，能够达到投资省、见效快的效果，可以尽快适应当前旅客运输的需要。同时又可与逐步建成的客运专线联网，实施跨线运输，发挥网络规模效应，实现效益最大化。

我国的客运专线、高速铁路除运行本线列车外，还将运行大量的跨线列车，如预测规划京沪高速铁路约有 40%的跨线列车。高速铁路的速度目标值是 300 km/h 等级，为与高速列车的速度合理匹配，用好高速列车资源，跨线列车的速度不宜低于 200 km/h 等级。因此，开行跨线列车的既有线进行适当改造和加强，使其最高速度达到 200 km/h 等级是迫切需要的。

既有线的旅客列车速度若再进一步提高，线路改造费用将大幅度上升。而且既有线客货列车速差进一步拉大后，旅客列车与货物列车速度匹配的难度增加。因此，既有线旅客列车最高速度超过 200 km/h 等级时，应与新建客运专线做技术经济比选。

总之，为了尽快满足不断增长的客运需求，将既有线的列车速度提高到 200 km/h 等级，是构建我国铁路快速客运网的必由之路和捷径。

（三）世界铁路既有线改造提速的共同趋势

国外铁路既有线列车速度的提高与其经济和社会发展密切相关。经济越发展，各种交通运输方式的竞争就越激烈，竞争的焦点是速度。世界发达国家在建设高速铁路的同时，对既有线进行了必要的技术改造，将列车速度提高到 200 km/h 等级，使既有线技术不断升级，并且与高速铁路连接成网，充分利用和发挥既有线的潜力，减少投资费用，降低运输成本，提高经济效益，实现旅客运输快速化和高速化，满足运输市场需求。

1985 年 5 月，欧洲经济委员会（ECE）制定了欧洲铁路行车速度标准，规定高速铁路为 300 km/h，高速客货列车混行线为 250 km/h，既有线则为 160～200 km/h。

德国铁路一直采取修建高速铁路和改造既有线并重的方针，通过提高列车速度来增强铁路与航空、公路的竞争力。1964 年，西德联邦铁路（DB）为适应国内政治经济发展的需要，制定了“联邦铁路承担主要运输流的快速铁路发展规划”，要求将既有线最高速度提高到 200 km/h。例如，慕尼黑—因戈尔施塔特通过既有线改造，将速度从 160 km/h 提高到了 200 km/h；作为泛欧铁路网（FEN）的一部分，柏林—莱比锡也利用既有线改造提速到了 200 km/h。目前，德国高速列车通达里程达到 6 000 余公里，而且实现了既有线提速后，货物列车最高运行速度 160 km/h。图 1-1 为德国路网示意图。

法国高速铁路长 1 576 km（图 1-2），对衔接技术条件较好的既有线提速改造后，TGV 高速列车通达里程达到 5 900 km。

1991 年 6 月，日本运输省的技术审议会提出“展望 21 世纪技术政策”，要求既有线（窄轨）改造：在 1990 年至 2000 年实现列车最高速度 160 km/h，21 世纪实现列车最高速度 200 km/h。

美国的东北走廊（华盛顿—纽约—波士顿，732 km）实施技术改造后，实现了华盛顿—纽约间（361.7 km）列车最高速度 240 km/h，平均旅行速度 157.3 km/h。

前苏联经过研究认为客货列车混行的主要既有线旅客列车最高速度应达到 200 km/h 等级。全长 650 km 的莫斯科—圣彼得堡铁路，2001 年全线实现了 200 km/h，两大城市间的旅行时间由原来的 7 h 缩短到 4 h 30 min。

发达国家将既有线提速到 200 km/h 后可以与高速铁路连接成网，使高速列车下高速线后在既有线仍能以较高速度继续运行，扩大高速列车的服务范围，吸引更多的旅客。欧盟规划到 2020 年，

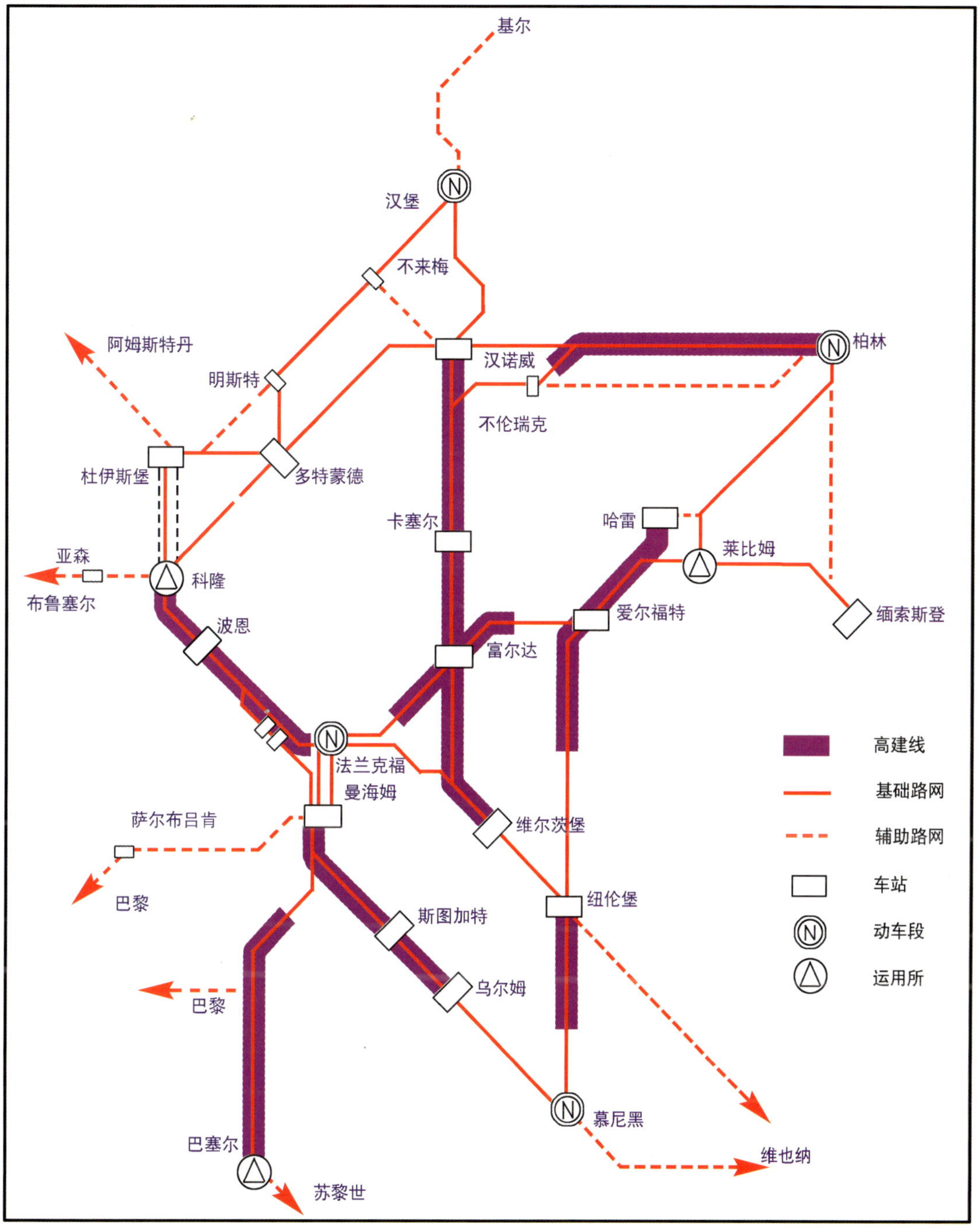

图 1-1 德国路网示意图

欧洲大陆将新建 10 000 km 的高速铁路，同时改造 15 000 km 的既有线，构成泛欧铁路快速网。将既有线 200 km/h 等级提速，是世界铁路既有线发展的共同趋势。

（四）提高铁路运输市场竞争力的重要手段

既有线 200 km/h 等级提速是增强铁路运输竞争力，巩固和扩大铁路市场份额的重要手段，是铁路运输营销的又一新品牌。

目前，虽然我国铁路既有线列车最高速度达到了 160 km/h，但仍面临着高速公路和民航的激烈竞争，公路运输的“门”到“门”服务和民航运输的快捷舒适，都对交通运输体系中的骨干铁路运输形成了挑战。

图 1-2　法国路网示意图

从客运量分析，“七五”期末（1990 年），铁路、公路、民航的市场份额分别为 12.3%、83.9%、0.2%，“八五”期末（1995 年）分别为 8.8%、88.8%、0.4%，“九五”期末（2000 年）分别为 6.9%、91.1%、0.5%，10 年间，铁路的市场份额下降了 5.4%，而公路、民航上升了 7.2%，0.3%。见图 1-3。

旅客周转量的变化趋势也是如此。“七五”期末，铁路、公路、民航的市场份额分别为 46.42%、46.56%、4.09%，到“九五”期末则分别为 36.97%、54.30%、7.92%，十年间，铁路旅客周转量下降了 9.45%，而公路、民航上升了 7.74%、3.83%。见图 1-4。

我国高速公路 1988 年开始建设，1999 年已建成 1 万 km。然后只用了短短 3 年的时间，到

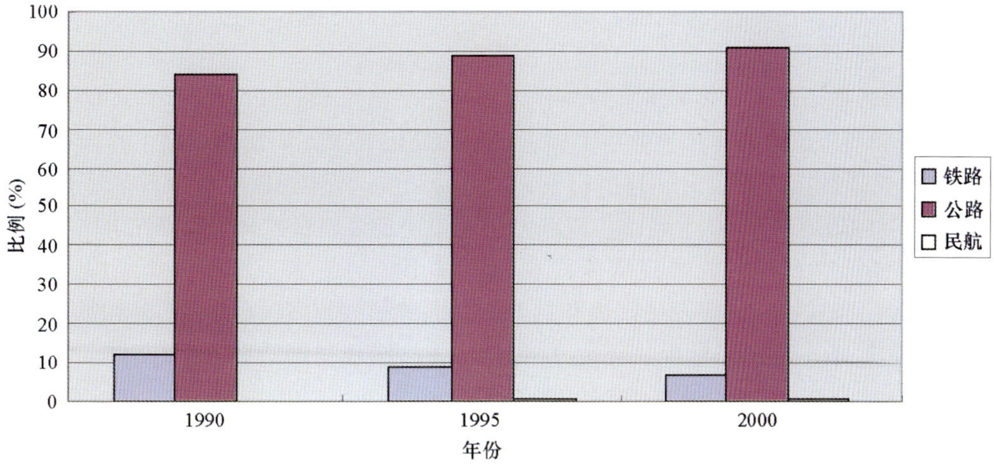

图 1-3 1990～2000 年铁路、公路、民航客运量份额变化图

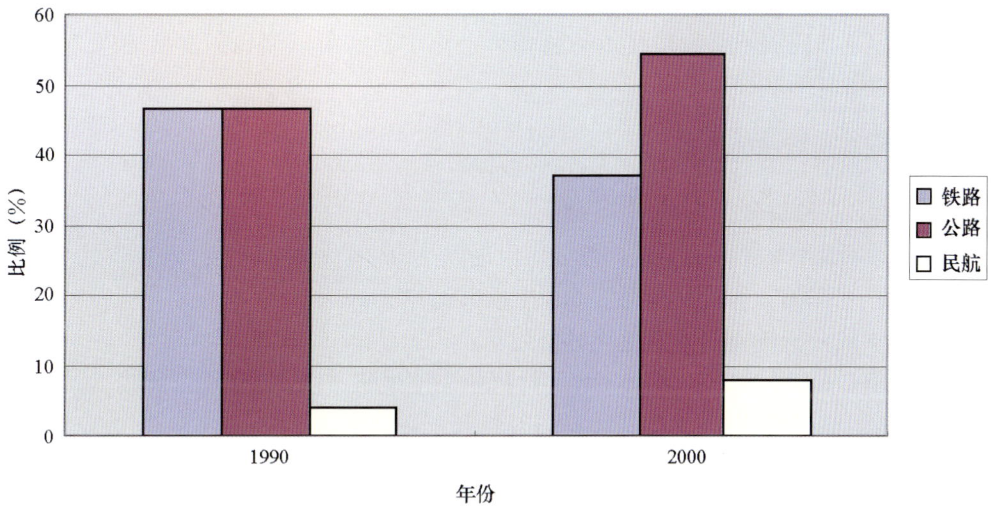

图 1-4 1990～2000 年铁路、公路、民航旅客周转量份额变化图

2002 年就突破 2 万 km，而且在技术标准、经营管理模式等方面向国际水准看齐。近年来公路以每年 3000 多亿元的投资规模进行建设。民航 10 年间航线里程从 1990 年的 50.68 万 km，发展到 2000 年的 150.29 万 km，增长了近 2 倍。建国以来，铁路运输完成的旅客周转量增长了 21 倍，换算周转量增长了 65 倍，但同期营业里程仅增加了 3.3 倍左右，铁路一直属于“限制型”运输。

以上数据表明铁路的发展速度已远远落后于公路和民航。而社会对铁路的运输能力和运输质量的要求却越来越高，迫切要求铁路尽快找到一条快速发展的途径。

20 世纪 90 年代中期以来，在总结沈大线 1993 年提速成功经验的基础上，铁路以提速为突破口，迅速在全路实施了五次大提速，开行了大量“夕发朝至”旅客列车，铁路的运输质量有了较大提高，铁路的客运量和旅客周转量市场份额有所回升。实践证明，提速是提高运输质量、优化运输组织、增强竞争能力、扩大市场份额的有效途径。

德国认为，高速公路的速度按 120 km/h 考虑，铁路把旅客列车停站时间和因种种原因可能造成的时间损失计算在内，既有线旅客列车的最高速度必须达到 200 km/h 才具有竞争力。因此，我国既有线 200 km/h 等级提速，大城市间旅行时间缩短，使得铁路旅客列车“朝发夕归”、“夕发朝至”、“一日到达”三个品牌的服务范围进一步扩大，铁路吸引力进一步增强，更好地满足了旅客出行需求，确保铁路在综合交通运输中占据主动地位。

增加时速 200 km/h 等级的品牌列车和进一步延长提速里程，并通过提速进一步带动服务质量的提高后，铁路的吸引力和竞争力更强，在中长途客运中的主导地位将进一步发挥，客运量和旅客周转量的增长率会继续提高，社会效益和经济效益将更加显著。

（五）提升铁路整体技术水平的重要途径

列车速度的提高是铁路技术进步的重要标志之一。通过五次大提速，推进了我国铁路技术装备水平的发展。但是，我国既有线最高速度目前只有 160 km/h，这一速度水平落后于世界发达国家 30～40 年，铁路在基础设施、技术装备、信息化建设和经营管理等方面与世界先进国家铁路相比也有一定差距，不能适应我国社会经济快速发展和运输市场的需求。国外成功经验表明，既有线 200 km/h 等级提速和客运专线建设是改造和提升铁路传统产业的原动力。将既有线旅客列车速度提高到 200 km/h 等级，对跟踪世界铁路先进技术发展，推动我国铁路技术进步具有十分重要的作用。

将既有线改造 200 km/h 等级提速，通过自主创新，为线桥、牵引供电、通信信号和信息化、运营管理、机车车辆等传统产业注入高新技术要素，可以提高机车车辆和动车组等技术装备的可靠性、稳定性，进一步提高线路设备质量和行车调度指挥水平，系统提升我国铁路既有线的技术装备水平，尽快形成我国的快速客运网技术体系。同时，可以推动传统产业的技术改造，提高我国铁路运输的产业素质，推动我国铁路运输技术与装备跨上一个新台阶，为我国发展速度 200 km/h 等级以上铁路的技术装备打下基础。

二、200 km/h 等级提速的内涵

（一）200 km/h 等级提速的内容

1. 开行速度 200 km/h 等级动车组，部分区段速度达到 250 km/h；
2. 列车追踪技术间隔，客货列车分别缩短至 5 min、7 min；
3. 主要提速干线开行轴重 25 t 双层集装箱列车；
4. 通过对既有“转 8A 货车”进行改造，货物列车速度从“空 70 重 80”逐步提高到120 km/h；
5. 牵引质量达到 5 000 t 级，部分线路开行客货列车数超过 149 对；
6. 适应速度、密度、质量的进一步提升的要求，固定设备、移动设备和列控系统的精度、可靠性、耐久性达到了新的水平。

（二）客货列车的速度比

一般来说，对于客货列车混行线路，客货列车运行速度差越大，旅客列车扣除系数越大，区段内货物列车通过能力越小。按照这一规律，当旅客列车提速、货物列车不提速时，区段内货物列车通过能力就可能下降。当客货列车同时提速时，区段内货物列车通过能力的变化，取决于客货列车速度的匹配、货物列车起停车附加时分的变化以及货物列车追踪间隔时间的取值等。如果提速后客货列车区间运行时分之差能保持不变，甚至有所减少，而其他参数不变，那么区段内货物列车通过能力就有可能保持不变，甚至有所提高。

第六次提速，旅客列车和货物列车分别提速到 200 km/h 和 120 km/h，可压缩追踪列车间隔时间，并可实现客货列车采用不同追踪列车间隔时间运行。而且由于客货列车速差的变小，由现行的 80/160（速比 0.5）变为 120/200（速比 0.6），使得区间运行时分之差减小，以及高速度等级旅客列车比例增大，有利于组织列车群发，对提高线路区间通过能力产生有利的影响。

（三）具备 200 km/h 等级提速条件的线路

选择 200 km/h 等级提速的线路，必须综合考虑沿线地区经济发展水平、人口密度、客流量的大小、运输能力、线路平面条件和实施改造的难易程度及其在快速客运网中的作用等因素。

“四纵两横”六大干线处在我国经济相对较发达的地区，是路网的主骨架，具有较好的技术条件，拥有较高的装备水平，客运需求旺盛，客货运输任务十分繁重，与高速公路和民航运输的比较优势更需迫切展现。根据 2002 年统计资料，六大干线的线路长度占全国铁路营业里程的 15.4%，

完成的客运量占全国铁路的42.4%，完成的旅客周转量占全国铁路的58.3%，换算运输密度是全国铁路平均值的2.9倍，多年来运输能力一直处于紧张状态。根据2002年国家统计局的数据，六大干线沿线的16个省、市、自治区，GDP占全国的85%，人口占全国的63%，人均GDP是全国平均水平的1.36倍。其中长江三角洲地区、珠江三角洲地区、环渤海地区是我国经济最发达的地区，对外开放程度最高，旅游资源十分丰富，人员流动十分频繁。这些地区的许多城市，居民生活水平普遍较高，对高质量的运输需求最为迫切。

经系统调查研究，“四纵两横”六大干线中，有些线路或区段的平面条件较好，适量技术改造就可满足200 km/h等级运行的需要；有些线路则可结合电化扩能、增建二线等工程，改善线路平面条件，使其适应200 km/h等级要求。既有线实施200 km/h等级提速，可以充分利用既有线的这些资源，以较少的投入，产生较大的效益。

根据对运输需求和线路条件的分析，以“四纵两横”六大干线为主的既有线具备200 km/h等级提速条件的线路，分别是京沪线、京广线、京哈线、京九线、陇海线、胶济线、武九线、兰新线、沟海线、宁西线及沪昆线的浙赣、沪杭段等，共26个路段（表1-1），总计约6003.8 km。提速线路和200 km/h、250 km/h提速区段见图1-5。

可以预见，通过进一步提速和运输组织的优化，全国大中城市间的旅行时间将进一步缩短，旅客选择铁路出行将更加快捷和舒适，铁路在大运力、轻污染、占地少、能源省方面的优势进一步发挥，将更好地为经济和社会发展服务。

表1-1 具备200 km/h等级提速条件的线路汇总表

序号	线路名	方 向	提速区段	延长公里(km)	线路里程合计(km)	改造工程
1	京哈线	上下行	通 州—丰 润 K27.2～K148.4	242.4	1106.4	电化技改、专项改造
		上下行	山海关—皇姑屯 K319～K697	756.0		专项路基个别工点病害整治
		上下行	蔡家沟—五 家 K1172～K1226	108.0		专项改造
2	京沪线	上下行	周里庄—青 县 K164.2～K218.8	112.8	694.6	电化技改
		上下行	捷 地—长 庄 K260.8～K363.6	205.6		电化技改
		上下行	高家营—符离集 K810.6～K859	96.8		电化技改
		上下行	宿 州—唐南集 K877.2～K918.2	82.0		电化技改
		上下行	镇江南—奔 牛 K1217.8～K1269.2	102.8		电化技改
		上下行	昆 山—上 海 K1402.7～K1450	94.6		电化技改
3	京广线	上下行	窦 店—漕 河 K30.2～K123.1	185.8	952.8	专项改造
		上下行	元 氏—邢 台 K309.3～K377.6	136.6		专项改造
		上下行	鹤 壁—卫 辉 K532.05～K571.65	79.2		专项改造
		上下行	官 亭—漯 河 K732.2～K815.9	167.4		专项改造
		上下行	漯 河—长台关 K821～K956	270.0		专项改造
		上下行	李家寨—陈家河 K1008.5～K1065.4	113.8		专项改造

续上表

序号	线路名	方 向	提速区段	延长公里(km)	线路里程合计(km)	改造工程及建议
4	广深线	上下行	新 塘—红 海 K39.8～K61.4	43.2	43.2	电化技改
5	陇海线	上下行	徐州西—郑州东 K232.6～K563	660.8	828.4	专项改造
		上下行	咸 阳—常 兴 K1096～K1179.8	167.6		电化技改
6	沪昆线	上下行	白鹿塘—塘 雅 K222.5～K344.6	244.2	1 507.0	电化技改
		上下行	白龙桥—贵 溪 K369.7～K639.9	540.4		电化技改
		上下行	鹰 潭—彬 江 K646.5～K934.9	564.8		电化技改
		上下行	西 村—白 源 K991.1～K1 015	47.8		电化技改
		上下行	姚家洲—五里墩 K1035.7～K1090.6	109.8		电化技改
7	胶济线	上下行	娄 山—历 城 K23.2～K345.2	644.0	644.0	电化技改
8	武九线	上下行	何 刘—阳 新 K38.4～K152.1	227.4	227.4	增建二线
合 计				6 003.8	6 003.8	

第三节 第六次大提速技术支撑

既有线 200 km/h 等级提速，将使我国铁路既有线列车速度达到发达国家水平。为了达到提速的目标，铁道部开展了下列工作。

一、系统试验研究解决 200 km/h 等级提速的关键技术

我国铁路虽然顺利地实施了五次大提速，取得 160 km/h 的成套技术和 200 km/h 等级的部分技术，为既有线进一步提速打下良好的基础。第六次大提速不仅将旅客列车速度从 160 km/h 提高到 200 km/h 等级，还要将货物列车速度逐步提高到 120 km/h，对既有转 8A 货车进行改造，提高既有货物列车运行速度，同时还要开展双层集装箱列车运输。因此，第六次大提速与前五次提速相比，无论是提速的内涵，还是提速的幅度和技术，都将是一个质的飞跃，实施难度较大，许多关键技术都需要进行系统的试验研究解决。为此，铁道部组织实施了 50 多项科研课题的技术攻关，对关键技术进行系统试验研究，形成了我国具有自主知识产权的研究成果或阶段性成果。研究内容包括：

（一）线桥设备评估和改造技术的研究

通过对具有代表性的线路、常用跨度桥梁、过渡段等测试及动力仿真计算，研究既有线提速对结构动力性能、行车安全性及乘车舒适性的影响规律，对线桥结构及过渡段进行安全评估，提出相应的强化措施及加固方法，并选择观测段进行工程验证，增强结构整体刚度、稳定性、耐久性及平顺性，保证提速列车的行车安全和舒适。

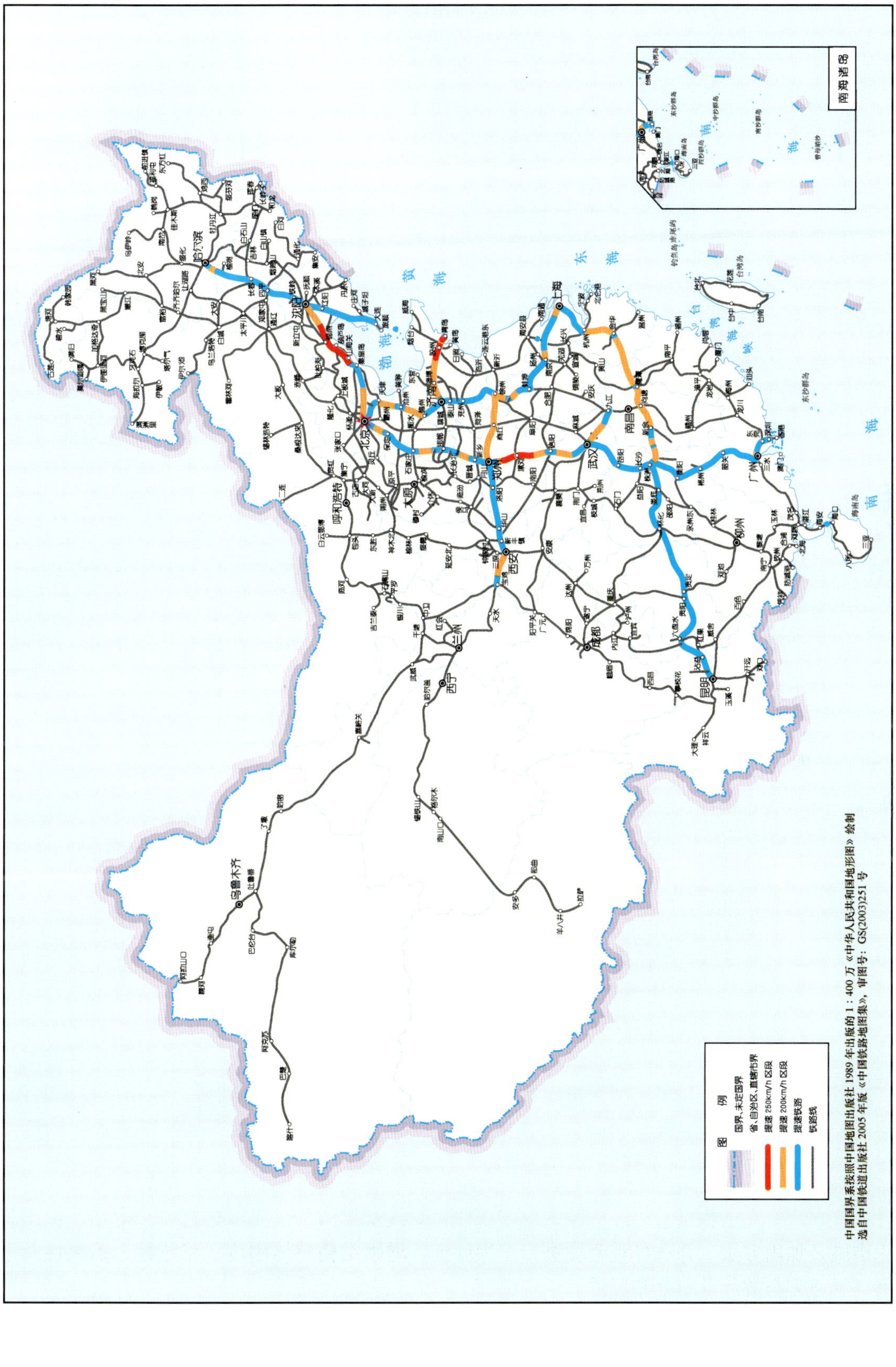

图 1-5 铁路提速线路和区段示意图

（二）200 km/h 等级动车组列控系统技术研究

组织制定了中国列车控制系统（CTCS）总则，2 级列控系统（CTCS-2）技术条件及 200 km/h 等级动车组列控系统车载设备技术条件，并经过多次研究论证，作为200 km/h 等级动车组列控系统车载设备招标和铁道科学研究院环形道列控试验以及 200 km/h 等级动车组列控系统车载设备开发的依据。

（三）列控系统试验研究

铁道科学研究院环形道列控试验配置地面轨道电路、点式应答器、列控中心、微机联锁及调度集中（CTC），用现有机车和动车组装备列控车载设备进行列控系统功能试验，反复对系统进行修改完善。

（四）机车车辆试验研究

开展了机车车辆有关技术条件的研究和编制工作，组织进行了 200 km/h 等级电动车组技术研究、试验和运用考核；配合 200 km/h 等级提速，组织进行了 120 km/h 货运电力、内燃机车和货车研制，进行了相关试验和运用考核。

（五）接触网试验研究

结合广深、秦沈线建设，组织开展了 200 km/h 等级接触网设计、施工、主要器材等技术研究、试验和运用考核；配合双层集装箱列车运输，在环行道组织进行了导线高度 6 330 mm 接触网的改造和最高速度达 180 km/h 的弓网受流性能试验。

（六）轨道几何不平顺管理值和养护技术

在总结既有线提速 140～160 km/h 轨道养护经验的基础上，系统研究 200 km/h 等级提速条件下轨道几何不平顺管理值标准、轨道检查制度、养护作业标准和养护作业手段与方法等内容，深入分析轨道几何不平顺对行车平稳性的影响规律，提出适合提速线路的轨道几何不平顺静动态管理标准、轨道检测的制度和方法、养护方式，协调客货混跑的繁忙干线，120 km/h 货物列车对轨道状态的影响与 200 km/h 等级旅客列车对轨道高平顺性要求的矛盾，保证提速后列车安全平稳运行。

二、进行了四次 200 km/h 等级提速综合试验

通过对 200 km/h 等级提速的关键技术进行系统的分析，认为既有线 200 km/h 等级提速关键技术主要有：200 km/h 等级动车组、120 km/h 货物列车和 25 t 轴重双层集装箱列车对线桥设备的动力作用；200 km/h 等级动车组通过隧道的气动力作用和旅客舒适度；最低高度为 6 330 mm 的接触导线与动车组或机车的受电弓间的弓网受流质量；200 km/h 等级动车组、120 km/h 货物列车和双层集装箱列车的运行安全性、平稳性、气动性能；200 km/h 等级动车组与其他旅客列车、货物列车交会的安全性；既有线 200 km/h 等级提速的列车运行控制系统的安全性、可靠性和稳定性等。为此组织制定了“200 km/h 等级提速综合试验方案”，通过对 200 km/h 等级旅客列车、120 km/h 货物列车、双层集装箱列车的运行安全性、平稳性、气动性能，线桥设备的安全性、适应性，弓网受流特性，隧道空气动力学，列车控制系统可靠性和列车交会安全性等系统试验，为提速技术条件、新建铁路设计规范的修订和关键技术设备的选型提供依据，满足既有线 200 km/h 等级提速的技术改造、新建 200 km/h 等级客货共线铁路的建设和开行双层集装箱列车的需要，保证第六次大提速的顺利实施。

为保证“200 km/h 等级提速综合试验”的顺利实施，成立了由铁道部组织、主持，铁道科学研究院、北京铁路局、济南铁路局、成都铁路局及其他单位参加的 200 km/h 等级提速综合试验领导小组、工作组。在 2004 到 2006 年间，成功进行了四次综合试验：2004 年 9 月完成胶新线 120 km/h 货物列车提速综合试验；2005 年 4 月完成京秦线 200 km/h 等级列车交会综合试验；2005 年 5～6 月完成遂渝线 200 km/h 等级提速综合试验；2006 年 6～8 月完成胶济线 200 km/h 等级提速综合试验。

胶新线综合试验主要研究 120 km/h 货物列车对既有线的线桥设备（包括钢轨、轨枕、道岔、

路基和桥涵等）的动力作用；测试运营货物列车（速度 60～70 km/h）通过时对既有线的线桥设备的动力作用，并与 120 km/h 货物列车进行比较；分别测试了 120 km/h 货物列车重车和空车作用下，轨道、路基、60－12 号固定型道岔和不同跨度、高度的预应力混凝土梁、48 m 半穿式钢桁梁等 8 座桥梁的 15 孔梁的动力作用。同时，还测试了 60～70 km/h 的运营货物列车对地面测点的动力影响，以便与 120 km/h 货物列车进行对比。

试验中，25 辆编组 2 055 t 重车试验的最高速度达到 130.5 km/h，地面测点的最高速度为 128 km/h ；25 辆编组 587 t 空车试验的最高速度达到 133.3 km/h，地面测点的最高速度为 132.8 km/h。试验结果表明，胶新线的轨道结构（60kg/m 轨、Ⅱ型轨枕）、路基、60－12 号固定型道岔在无缝化后能够满足 120 km/h 货物列车的安全运行；既有的专桥（01）2011、2051 的12 m、16 m、20 m、24 m、32 m 跨度的普通预应力混凝土梁和 20 m 低高度梁能够满足 120 km/h 货物列车的安全运行；48 m 半穿式钢桁梁基本满足要求，但为确保安全，应采取措施提高其横向刚度；32 m 超低高度混凝土 T 梁不能够满足要求。

京秦线列车交会试验，是在京秦线进行提速改造后，试验验证 200 km/h 的动车组与 160 km/h 及以下旅客列车、120 km/h 货物列车在区间正线 4.4 m 线间距交会时的安全性；测试 120 km/h 货物列车 5 种装载加固方案运行和交会时的安全性。通过上述试验，为既有线 200 km/h 等级提速的技术改造和安全运行提供科学依据。

遂渝线是旅客列车速度 200 km/h 等级、货物列车速度 120 km/h 的客货共线新建铁路，是贯彻西部大开发战略、加强西部基础设施建设、实施铁路又好又快地发展的标志性工程之一。遂渝线试验目的是试验研究 200 km/h 等级动车组、120 km/h 货物列车（K2、K4 转向架）和120 km/h双层集装箱列车（25 t 轴重）对线桥设备（包括钢轨、轨枕、道岔、路基、路桥过渡段和桥涵等）的动力作用；试验验证 200 km/h 等级动车组和 120 km/h 双层集装箱列车通过单线隧道的气动力作用、动车组旅客舒适性等；试验研究 200 km/h 等级动车组和 120 km/h 货运机车在导线高度 6 330 mm 和单线隧道特殊悬挂方式接触网情况下的弓网受流性能。通过上述综合试验，为 200 km/h 等级提速线路技术条件和新建时速 200 km/h 等级客货列车共线设计暂行规定的修订完善提供技术依据，指导既有线 200 km/h 等级提速技术改造，为第六次大提速的顺利实施提供经验。

电气化改造后的胶济线进行了 CTCS-2 级列控系统试验、CRH_2 型动车组综合性能试验、牵引变电所谐波测试、列车交会综合试验、调度集中系统（CTC）功能验证、GSM－R 数据通信及传输特性测试、高速列车追踪运行对轨道电路的干扰试验、18 号道岔过岔速度试验和既有线200 km/h 等级提速非改建地段路基试验。

三、完善了 200 km/h 等级提速技术规范体系

（一）既有线 200 km/h 等级提速技术条件

为规范和指导既有线 200 km/h 等级提速技术改造，2003 年 9 月铁道部组织开展了《既有线提速 200 km/h 技术条件（试行）》（以下简称《提速 200 km/h 技术条件》）的研究与编制。

2004 年初，编写组根据提速 160 km/h 技术条件执行情况、五次大提速的经验、秦沈客运专线的综合试验成果和京秦线 200 km/h 等级提速改造等，并参考国外 200 km/h 铁路的技术标准，反复多次广泛征求意见，编写完成了《提速 200 km/h 技术条件》，并通过四次综合试验，对技术条件进行验证。

《提速 200 km/h 技术条件》共分 12 章，内容包括：总则、正线平纵断面、正线轨道、路基、桥涵、隧道、站场、200 km/h 速度等级旅客列车、200 km/h 等级线路的其他机车车辆、牵引供电、接触网和通信信号等。

2006 年 9 月，《提速 200 km/h 技术条件》通过了铁道部组织的专家审查。审查意见认为："《提速 200 km/h 技术条件》编制依据充分，科学合理，符合实际，具备发布条件；内容系统、全面，涵盖 200 km/h 等级提速改造所涉及到的各个专业，制定的技术条件科学合理，既体现了先进性，

同时又符合既有线的实际情况，具有可操作性，条文解释详实，指导了既有线提速 200 km/h 等级的技术改造，为第六次大提速的顺利实施提供科学依据。”

（二）200 km/h 等级提速技术政策和技术管理规程

与技术条件编制同时，在部技术政策和技术标准修改领导小组领导下，开始对技术政策进行修订，对客货列车速度、列车制动距离、机车车辆轴重、铁路线路的线间距、列控系统及 GSM－R 系统等重大技术问题做出了规定。2004 年 6 月 29 日在《铁路主要技术政策》部长办公会议讨论通过，同年 7 月 13 日发布执行。

2004 年，全面启动《铁路技术管理规程》修改工作，2006 年 9 月 27 日第 14 次部长办公会议通过，2007 年 4 月 1 日起实施。文件对既有线提速 200 km/h 等级涉及的技术装备提出了相应技术要求。

（三）铁路既有线 200 km/h 等级提速技术管理办法

为加强既有线 200 km/h 等级提速的技术管理，确保行车安全，提高运输效率，根据《铁路技术管理规程》，2007 年 3 月 28 日，发布了《铁路 200～250 km/h 既有线技术管理暂行办法》（铁科技［2007］61 号），内容包括 200 km/h 等级提速区段技术设备、行车组织、车载信号显示的具体要求。

（四）列控系统车载和地面设备配备及运用技术原则

为了规范 200 km/h 等级列控系统车载和地面设备的开发、应用和工程设计，满足铁路运输对列车运行控制系统的需要，2005 年 1 月发布了《既有线 200 km/h 动车组 ATP 车载和地面设备配备及运用技术原则（暂行）》（铁运［2005］21 号），提出了对系统总体配置，应答器设置，列控系统车载设备主要工作模式，限速设置原则，ATP 车载装备显示界面、操作方式，CTCS 级间转换方式，反向运行等一系列的要求。

四、进行了提速线路的技术改造

按照既有线 200 km/h 等级提速技术规范的要求，提速线路首先需要进行固定设施的改造。为使固定设施改造工程合理，并将施工干扰运输减少到最低限度，因线制宜地选择既有线电气化改造工程进行提速改造，与增建二线的工程同步或部分线路条件比较好的路段专项进行提速改造。

200 km/h 等级提速铁路，客货列车共线运行，客货列车不仅存在较大速差，而且各子系统间既自成体系又相互关联，既有硬件接口又有软件联系，对整体性和系统性的要求高。动车组与其他子系统主要技术接口见图 1-6。

为确保 200 km/h 等级提速铁路技术体系的完整性和各子系统之间紧密衔接，必须按系统工程施做，加强系统设计，强化系统集成，坚持改造工程技术先进、成熟、经济、适用、可靠，坚持“以人为本”，贯彻“强本简末”，充分利用既有设备，保证列车运行安全和旅客乘坐舒适，同时减少维修和延长设备的使用寿命，实现系统最优目标。既有线 200 km/h 等级提速系统结构见图 1-7。

既有线提速改造工程概数见表 1-2、表 1-3。

通过线路设备的改造，提升了提速线路、桥隧、通信信号、牵引供电等基础设施的质量，为实施 200 km/h 等级提速准备了基础条件。

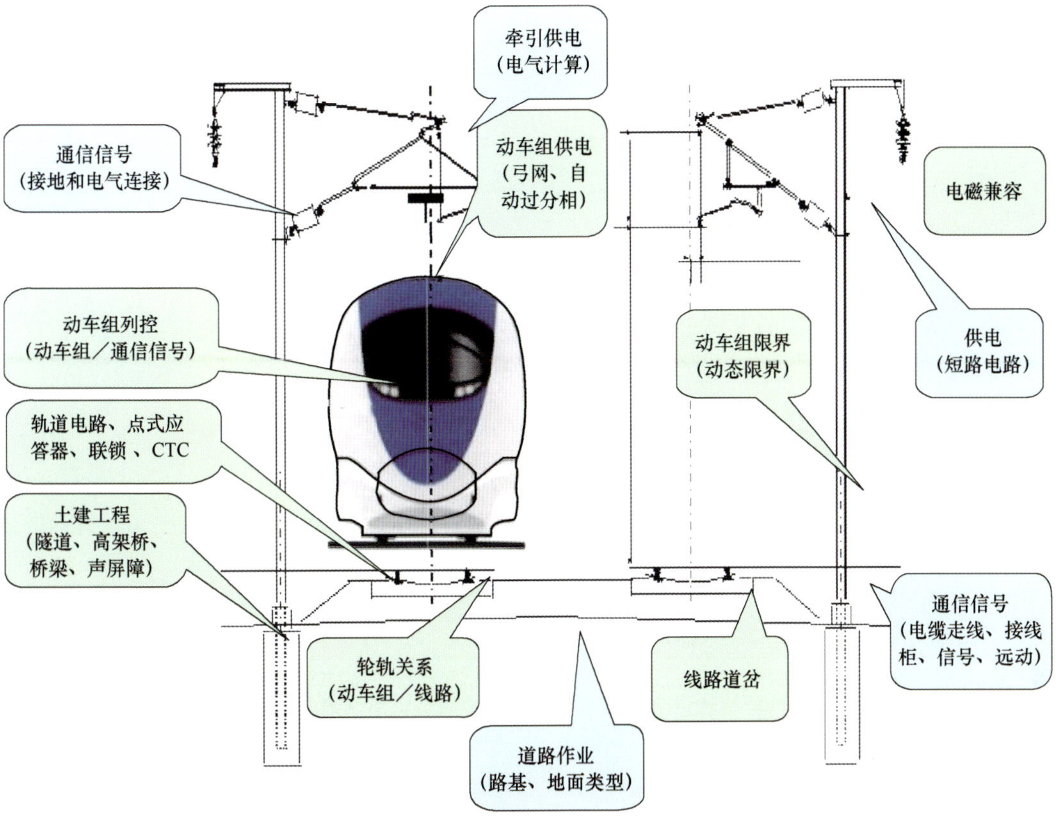

图 1-6 动车组与其他子系统主要技术接口

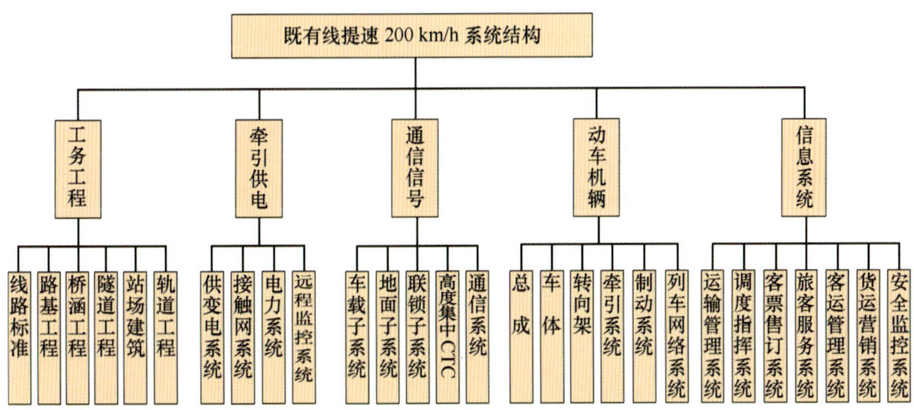

图 1-7 既有线 200 km/h 等级提速系统结构

表 1-2 既有线提速改造路基、桥梁、隧道、线路、车站工程概数表

序号	项目	路基		桥梁(延长米)		隧道(延长米)		正线(铺轨 km)		车站		
		土石方(万断面方)	附属工程(m^3)	新建	改建	新建	改建	新建	改建	改建(个)	铺18号道岔(组)	铺12号道岔(组)
1	京哈线	847.4		5 033.7	46.0			200.0	124.5	10		184
2	京沪线	24.0			89.6				10.0	20	1	7
3	京广线(京广电化)	429.0	177 557.0	5 353.4		1 943.0		90.6	66.8	96	28	278

续上表

序号	项目	路基		桥梁（延长米）		隧道（延长米）		正线（铺轨 km）		车站		
		土石方（万断面方）	附属工程（m^3）	新建	改建	新建	改建	新建	改建	改建（个）	铺 18 号道岔(组)	铺 12 号道岔(组)
4	京九线（京九电化）	701.0				0	29 644.9	35.9				241
5	陇海线	216.0		3 632.0	679.0			135.5	247.5	29	6	449
6	沪昆线（沪杭段）	17.3	3 512.0						4.0			5
7	沪昆线（浙赣段）	3 307.2	1 482 771.0	13 074.0	73.0	3 704.0	0	534.4	5.6	27	0	391
8	胶济线	2 018.2	732 800.0	19 459.4	2 356.8	0	0	417.3	131.1	22	4	246
9	武九线	1 916.0	69 195.0	23 721.0		9 598.0	1 505.0	321.2		5	7	229
10	兰新线	2 393.8	299 604.3	7 352.1	40.4	1 337.0		267.1	12.9			38
11	沟海线	115.8	0	3 684.8	1 443.2	0	0	3.2	25.8	15	4	59
	合　计	11 985.7	2 765 439.3	81 310.4	4 728.0	16 582.0	31 149.9	2 005.2	628.2	224	50	2 127

表 1-3　既有线提速改造工程通信信号和牵引供电改造工程概数表

序号	项目	通信			信号		牵引供电		线路封闭栅栏（km）
		干线电缆（km）	干线光缆（km）	地区及站场光、电缆（km）	自闭（km）	联锁道岔（组）	接触网导线（条 km）	牵引变电所（处）	
1	京哈线						430.0		982.0
2	京沪线		434.6			2 607	4 765.4	28	28.4
3	京广线（京广电化）	755.0		671	1 203	3 399	3 314.0	27	
4	京九线（京九电化）		1 633.5		1 486	2 210	4 261.7	27	60.7
5	陇海线（郑徐电化）						1 343.3	8	585.8
6	沪昆线（沪杭段）	121.0	216.0	110	164	1 272	877.9	5	491.6
7	沪昆线（浙赣段）					3 023	2 839.5	21	1 528.9
8	胶济线		231.1			1 649	1 443.1	9	
9	武九线	170.0	386.0	164	250	468			321.2
10	兰新线		23.4		53	38			
11	沟海线	16.3	0	0	0	0	8	1	124.2
	合　计	1 062.3	2 924.6	945	3 156	14 666	19 282.9	126	4 122.8

五、移动设备引进、消化、吸收和再创新

为了满足经济和社会发展对铁路移动设备数量和质量的需求，形成我国机车车辆可持续发展的制造能力，从 2004 年，中国铁路通过国际公开招标方式，引进速度 200 km/h 以上的铁路动车组制造技术。这对于铁路实现既有线第六次大面积提速，扩大铁路运输能力，提高我国铁路装备制造企业的研制开发能力，打造中国品牌的动车组，加快铁路装备现代化和装备制造业现代化的进程，具有重要意义。

在全面引进动车组设计制造技术的前提下，重点引进动车组总成、车体、转向架、牵引变压

器、牵引变流器、牵引电机、牵引控制系统、列车网络控制系统、制动系统等九大关键技术（图 1-8）。还确定了主要配套项目，包括：空调系统、集便装置、车门、车窗、风挡、钩缓装置、受流装置、辅助供电系统和车内装饰材料等技术。

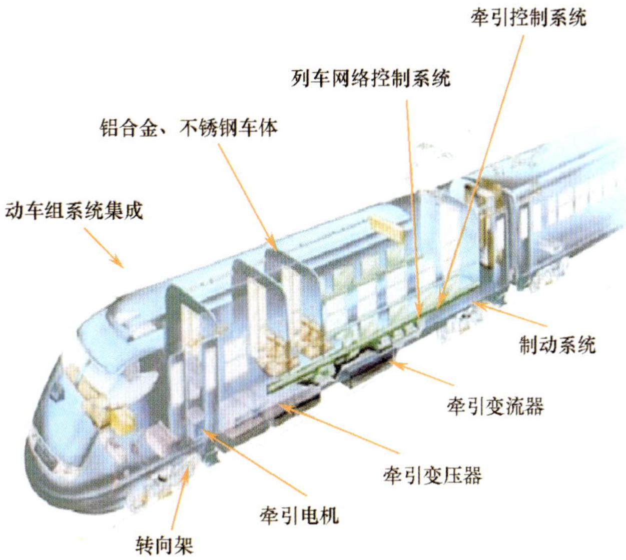

图 1-8 动车组九大关键技术

六、开展了提速调图工作

铁路实施第六次大提速进行了大面积的调图。这次调图，与前五次相比将在以下 4 个方面实现重大突破。

（一）提速线路资源总量和质量有大幅度提高

提速调图以后，全国速度 120 km/h 及以上线路延展里程达到 2.2 万 km，比第五次提速增加 6 000 km。其中，速度 160 km/h 及以上线路延展里程达到 1.4 万 km，速度 200 km/h 及以上线路延展里程达到 6 003 km，京哈、京广、京沪、胶济部分区段提高到 250 km/h，为创新运输产品提供了基础条件。

（二）提升客货运输产品质量

1. 构建四大客运产品板块

根据我国工业化、城镇化进程加快的实际情况，为进一步适应大城市群内高密度客流的需要，在以北京、天津为中心的环渤海，以上海为中心的长三角，以广州、深圳为中心的珠三角三大城市群，以及以郑州、武汉为中心的中原城市群，以沈阳、长春、哈尔滨为中心的东北城市群，以西安为中心的西北城市群开行高密度城际快速旅客列车。新图实施后，计划开行动车组 257 对，其中城际 212 对，长线 45 对。环渤海地区安排动车组 31 对，长三角 54 对，珠三角 112 对，中原城市群 4 对，西北城市群 4 对，北京至东北三座省会城市 10 对。新运行图增加 7 对一站直达特快列车，其中北京至南昌 2 对，北京至福州、北京至南通各一对，武昌至杭州、宁波、上海各一对。北京至福州一站直达特快列车经京九全程运行 20 h 以内，比现在的列车运行图经京沪线运行压缩 13 h 39 min。

开行主要中心城市动车组快速旅客列车。根据我国中长距离旅客数量持续增长的实际情况，新图计划在主要中心城市安排开行 86 列动车组快速旅客列车，进一步缩短主要城市间列车运行时分。第六次提速后动车组运行标尺见表 1-4。

表 1-4　动车组运行标尺

线段名	起止站	旅行速度(km/h)	旅行时间	压缩时间(min)
京沪 胶济 陇海	北　京—上　海	138.2	9 h 59 min	119
	南　京—上　海	153.2	1 h 58 min	19
	北　京—济　南	138.4	3 h 20 min	48
	北　京—青　岛	143.7	5 h 37 min	113
	济　南—青　岛	150.9	2 h 25 min	63
	郑　州—徐　州	173.6	1 h 59 min	93
	青　岛—上　海	139.8	9 h 33 min	520
京广	北京西—石家庄	140.1	1 h 59 min	28
	北京西—邯　郸	148.5	2 h 59 min	45
	北京西—郑　州	141.7	4 h 47 min	55
	北京西—武　昌	142.1	8 h 39 min	106
	北京西—长　沙	136.4	11 h 38 min	122
	郑　州—武　昌	140.4	3 h 50 min	56
京哈	北　京—北戴河	151.0	1 h 50 min	10
	北　京—沈阳北	176.6	3 h 59 min	93
	北　京—长　春	162.6	6 h 9 min	131
	北　京—哈尔滨	155.9	7 h 50 min	160
沪杭、浙赣段	上海南—南　昌	150.2	5 h 8 min	345
	上海南—长　沙	150.0	7 h 30 min	450

增开夕发朝至、一站直达特快旅客列车。新图实施后将增加 7 对，总数达到 26 对一站直达特快旅客列车，包括经京九线开行北京—南昌，经新长线开行北京—南通，经沪昆线开行武昌—上海南、杭州、宁波直达特快旅客列车。计划开行快速旅客列车 6 对，包括经武九、京九开行武昌—深圳，经新长、陇海、京九线开行南通—太原，经宁芜、淮南、宁西、焦柳开行南通—重庆，经宁启、京沪、沪昆线开行南通—衢州，经沪昆线开行上海—吉安和上海—邵阳的快速旅客列车。

全面优化普通旅客列车产品，适应旅客不同层次的需求。新图更加注重大众化客运产品，在改造 5 000 辆“绿皮车”的基础上，进一步加大投入，再造 1 500 辆“绿皮车”，同时动态优化 744 辆客车车辆的使用。在西南、西北、东北以及中部地区主要干线增开一批车辆设备质量、服务档次以及沿途停站、始发终到时间全面优化的普通旅客列车。

2. 构建货运产品三大服务板块

进一步提高直达和循环直达列车开行数量。新图运力资源配置上，继续向重点物资运输倾斜，结合推行大客户战略和战略装车点建设，安排 400 条以上大宗货物直达列车运行线，增幅在 20%以上，为重点物资和重点企业提供更加可靠的运力保证。

大力开行集装箱快运班列，适应现代物流发展的需求。全路新开 16 对集装箱快运班列，普通集装箱开行总数达到 70 条运行线，增长 60%以上。

大幅增加“五定”班列运行线。新图安排 100 条以上，能力增长 60%以上。继续开行行邮、行包、冷藏专列，使货运产品种类和结构更加完善，初步形成铁路货运快速网络，更好地适应运输市场的需要。

（三）扩大客货运输能力

从扩大运输能力、进一步缓解铁路“瓶颈”制约作为出发点，把铁路新增资源和存量资源能力最大限度地释放出来。在新运行图布图上，发挥运输生产力布局调整带来的新体制布局优势，充分挖掘繁忙干线运输潜力，进一步扩大铁路运输能力。

1. 缩短列车追踪间隔

提速干线动车组列车追踪间隔 5 min，货物列车 7 min。

2. 提高重载货物列车比重

在京哈、京沪、京广等繁忙干线和侯月线等煤运通道，加快构建 5 000 t、5 500 t 货物列车网络，提高其他干线和主要分界口牵引定数；开好大秦线万吨、2 万吨煤炭重载列车，2007 年达到年运量 3 亿 t 目标。2007 年年底投入运营的 360 台大功率内燃和电力机车，要优先配属繁忙干线和煤运通道，用足用好干线大通道能力。

3. 统筹利用路网整体能力

充分发挥兰武二线、渝怀新增能力，显著增加进出西北、西南运输能力；充分利用宣杭二线，胶新、新长线以及京九线等通道能力，进一步加大东北地区京沪、京广等繁忙干线的分流力度，确保东北地区客运实现大幅增长的同时，货运能力有新的增长。统筹用好宁西、襄渝、汉丹、武九线、株六双线，以及三茂、南昆线，进一步畅通东西横向通道，提高路网运输能力。

通过以上措施，实现客运能力增长 18%以上，货运能力增长 12%以上。

（四）提高机车车辆运用效率

在机车运用方面，通过第六次大面积提速调图，全面推行“长交路、车循环、轮乘制”的机车运用模式。优化动力资源配置，提高机车运用效率。

1. 进一步拉通主要干线机车交路

需打通繁忙干线的主要制约点，对 59 个机车交路进行调整优化，机车平均交路由目前的 360 km 左右，延长到 530 km 以上。

2. 优化干线机力配置

为优化干线机力配置，在大功率机车没有大面积装备主要干线的情况下，搞好干线机力调配，把功率较大的机车调配到主要干线和煤运通道。

3. 推进修程修制改革

压缩机车检修率和机车检备率，减少机车浪费。在车辆运用方面，从提高列车编组质量、优化编组站分工和提高工作效率、实行分界口接车以辆数考核、提高装卸作业效率、延长列检保证距离、提高检修质量等综合要素入手，进一步提高列车移动速度，全面提升车辆使用效率。全路货车周转时间要在 2006 年 4.88 天的基础上实现新的突破。

七、提速线路的牵引试验

经过近 4 年的准备，在胶济、遂渝、京秦、胶新线综合试验的基础上，以胶济示范线为标志，在铁道部主持下于 2006 年 10 月 18 日至 11 月 16 日，分别对京沪、京广、京哈、沪昆、胶济、陇海线等提速线路进行了牵引试验，历时 28 天，试验验证里程达 2.233 万 km。2007 年 1 月 17 日至 27 日，又对提速线路进行了平推检查，累计 11 天，里程 16 500 km。试验验证内容主要包括：线路状态、动车组性能、列控系统、无线通信、调度集中、运输组织等。

牵引试验验证和平推检查表明：线路基础、牵引供电、列控系统、动车组运用、调度指挥、行车组织、安全防护等系统和有关规章制度，已经具备实施 200 km/h 等级提速条件。

第四节 经济评价

铁路既有线提速到 200 km/h 对铁路行业将产生显著的经济效益：一是增强铁路的竞争能力，拓展铁路运输市场；二是提高铁路运输能力，增加铁路运输收入，降低铁路运输成本；三是与客运专线建设结合，先行将快速网中有条件的既有线提速至 200 km/h，在较短的时间内，实现大范围运行快速列车，发挥网络规模效益；四是通过对现有的铁路机车车辆、线路、站段等设备进行更新换代，以适应快速运输的需要，拉动铁路运输装备业的发展，促进铁路行业内相关企业的发展；五是对技术和设备的管理、运输组织、调度和人力资源的开发和利用提出了更高的要求，可以进一步深化企业内部改革，提高运输营销和管理水平。

由于既有线提速 200 km/h 改造项目大部分刚完成，其对铁路行业产生的作用和铁路网络系统效益还难以全面量化，以下主要就可量化的效益部分进行分析。

一、增加运输收入

既有线提速至 200 km/h，提高了运输能力和运输服务质量，增强了市场竞争力，拓展了铁路运输市场，直接促进了铁路企业经济效益的提高。并且，由于旅客旅行时间和货物在途时间的减少，使得旅客出行和货主的广义费用也将随之下降，铁路可从其他运输方式（如公路）转移部分客货运量，并可诱发部分运量。通过测算，实施 200 km/h 提速将使线路客货运输能力分别增加 18％和 12％。考虑到这些线路均为能力饱和限制型运输，运量主要是受到能力限制，因而认为能力的增加、运量即可以同等幅度增加。

第六次提速的 6 003 km 既有线路，2005 年完成的旅客周转量 2 292 亿人・km，按能力增加 18％计算，预计提速后每一年旅客周转量可增加 412 亿人・km，每年可增加客运收入 74 亿元（平均旅客运价率 0.18 元/人・km）；2005 年完成的货物周转量为 4 733 亿 t・km，按能力增加 12％计算，预计提速后每一年货物周转量可增加 568 亿 t・km，每年可增加货运收入约 51 亿元（平均货物运价率 0.09 元/t・km）。

二、节省牵引支出成本

铁路电气化改造可以节省直接成本。2005 年按内燃机车完成的总重 t・km 计算，每万换算 t・km 耗油量全路平均为 24.6 kg，按电力机车完成的总重 t・km 计算，每万换算 t・km 耗电量全路平均为 111.8 kw・h，内燃机车牵引用油和电力机车用电价格均采用现价计算，电气化改造以后完成每万换算 t・km运输可节省牵引支出 44.35 元/万换算 t・km。机车完成的总重 t・km 远大于实际完成的换算周转量。为了简化分析，仅按第六次大提速中提速到 200 km/h 的线路实际完成的换算周转量计算，可以得出这些线路由于电气化改造引起的牵引支出节省带来的效益为每年 36 亿元。如果考虑油价上涨趋势，或者按200 km/h的线路的机车总重 t・km 来计算，每年牵引支出节省还将提高。

三、提高车底运用效率

既有线提速至 200 km/h，列车技术速度和旅行速度将得到较大提高，加上列车技术作业简化，维修工作量减少，车底运用效率可显著提高。

提速后旅客列车平均技术速度可由现状 81 km/h 提高到 105 km/h，提高约 30％。据测算既有旅客列车车底平均在途运行时间 10 h。适度考虑列车作业停留时间的减少，按提速到 200 km/h 旅客列车车底在途运行时间平均 11.5 h 计算，提速 200 km/h 时旅客列车车底平均日车走行公里可达 1 208 km；提速后列车车底运用效率较既有列车车底的运用效率可提高 49％。

按提速至 200 km/h 路段既有行车量的 50％为 200 km/h 动车组、50％为 160 km/h 以下速度的列车计算，提速至 200 km/h 线路总旅客列车走行公里据实际测算为 712 329 列车・km；购置费单价按平均每辆客车（每列 16 辆编成）488 万元计算，可以得出提速至 200 km/h 线路车底组数较既有可减少约 145 组，节省车购费约 113 亿元。

此外，既有线旅客列车提速 200 km/h，货物列车速度也相应由 80 km/h 提高到 120 km/h，货车车辆的运用效率也可较大幅度提高。

四、胶济线提速改造经济评价

以胶济线济南至青岛为例，计算分析该段提速 200 km/h 的国民经济效益和铁路企业财务效益，以说明该段提速 200 km/h 的经济合理性。

（一）运输合理性

胶济铁路东起青岛，向西经潍坊、淄博、章丘至山东省省会济南，全长 384.6 km，是我国铁路“八纵八横”路网骨架之一。

山东省经济发展迅速，大宗物资运输需求量大，流向为由西向东，由北向南。由于进出口运输港口集中在东部沿海地区，近年来包括石油、煤炭、铁矿石等大宗物资的外贸进出口运输量迅速增长，要求铁路发挥更大作用。此外，随着经济全球化的发展，运量结构也将发生较大变化，高附加值的产成品增长迅速。产成品运输对运输服务质量的要求较高，要求货物运输服务向集装化和物流化发展。铁路运输需要适应大进大出的格局，强化港口后方能力和集装箱中心站的建设，不仅在运输能力上有充分保证，而且还要在运输设施、服务质量和运输环节的衔接上适应集装化、专业化和快捷化的要求，铁路货物列车也要提速，实现产成品运输快捷化。

根据我国铁路网中长期规划，胶济线范围内需修建客运专线。在客运专线建成前，胶济线在较长时期内将承担相邻客运专线去往青岛的快速旅客列车的运行。因此胶济线结合扩能以适度投入，将其速度一次提高到 200 km/h，对于适应路网运输组织、提高铁路运量，优化山东半岛陆路交通运输格局、发挥整个客运快速网的经济效益是合理的。

（二）财务效益分析

1. 设计年度、建设期和计算期

研究年度近期为 2010 年，远期为 2015 年；建设期 3 年；计算期从 2001 至 2026 共 25 年。

2. 运量增量分析

根据运量预测，到 2015 年胶济线客、货运周转量增幅将达到 50 亿人·km 和 40 亿 t·km，其中转移运量占 50%。胶济线客流密度见表 1-5，货流密度见表 1-6。

表 1-5 胶济线客流密度 单位：万人/年

区 段	近 期	远 期
济 南—周 村	1 548	1 667
周 村—淄 博	1 536	1 652
淄 博—辛 店	1 447	1 548
辛 店—潍 坊	1 388	1 473
潍 坊—胶 州	1 103	1 253
胶 州—蓝 村	1 359	1 430
蓝 村—青 岛	741	798

表 1-6 胶济线货流密度 单位：万 t/年

区 段	近 期		远 期	
	上行	下行	上行	下行
平陵城—淄 博	4 125	5 394	4 486	5 921
淄 博—东 风	3 656	4 766	3 997	5 383
东 风—青 州	3 594	5 347	3 903	5 899
青 州—潍 坊	3 310	5 010	3 605	5 548
潍 坊—胶 州	2 997	4 692	3 258	5 208
胶 州—蓝 村	2 280	3 232	2 510	3 631
蓝 村—青 岛	721	1 481	799	1 627

3. 提速改造费用分析

（1）工程投资

按照最后核准投资65.56亿计。筹资方案按50%自有资金，50%贷款考虑，贷款利率为6.82%。

（2）运营成本

随着列车速度的增加，车辆维修维护、动力消费增加。经过分析，提速200 km/h客运有关成本达到0.0923元/人·km，货运有关成本有所降低。

4. 效益增量分析

考虑到胶济线沿线旅游景点较多，旅客列车以旅游列车为主，列车提速到200 km/h后服务水平有较大提高，同时相邻客运专线在2010年前后相继建成，旅客运输管理和服务随着高质量运输需求的增长迅速提高。本着优质优价的原则，宜考虑适当提高客票票价，客运运价2010年前取0.18元/人·km，2010年后取0.26元/人·km。货运价格仍采用0.09元/t·km。

5. 财务评价

按效益费用对应原则计算，提速至200 km/h财务内部收益率为5.77 %，略低于铁路行业基准收益率6%，财务净现值为负值，实施200 km/h提速存在一定的财务风险。

（三）国民经济效益分析

1. 费用增量分析

（1）直接费用分析

土建工程固定资产投资、机车购置费、运营成本、流动资金均按财务价格计算。

（2）间接费用分析

与项目有关的环保、土地占用费已列入投资，无其他间接费用。

主要增量费用见表1-7。

表1-7　提速200 km/h主要增量费用表　　单位：万元

增量费用构成	评价期合计
提速投资增量	655 600
运营成本增量	1 474 065
合　计	2 129 656

2. 效益增量分析

（1）直接效益分析

影子价格换算系数按1.0。土建工程固定资产投资、机车车辆购置费、运营成本和流动资金均按财务价格计算。

（2）间接效益分析

根据预测分析，胶济铁路提速到200 km/h，客货运量增加，其中转移运量占50%，客运转移运量中公路和民航各占50%，货运全部按公路转移计算。该部分运量将产生运输成本和旅行时间（含既有客货流的旅行时间）节约的效益。提速列车运输收入增量按客运量增长实际取得的运输收入计算。

时间节约效益如下：

转移运量时间节省效益：旅客时间价值按4.27元/人，货物时间价值0.0825元/t。

铁路既有运量时间节省效益：旅客时间价值按3.50元/人，货物时间价值0.0450元/t。

成本节约效益如下：

转移运量成本节省效益：公路转移旅客节约成本0.2元/人·km。航空转移旅客节约成本近期和远期分别为5 100元/万人·km和5 300元/万人·km。公路转移货运成本节约为0.2元/t·km。

评价期项目间接效益计算如表 1-8。

表 1-8 评价期项目间接效益 单位：万元

效益构成	2010 年	2015 年	评价期合计
时间节约效益	7 312	7 696	160 014
成本节约效益	81 706	120 689	2 077 473
评价期合计	89 018	128 385	2 237 488

3. 提速 200 km/h 国民经济评价指标

通过费用效益分析，实施 200 km/h 提速的国民经济内部收益率为 13.91%，高于社会折现率 10%，经济净现值为 29 亿元，说明实施 200 km/h 提速国民经济宏观效益良好。

综合以上分析，胶济线电气化提速改造工程国民经济宏观效益良好。

既有线改造工程是关系胶东半岛发展的系统工程，工程实施将加速胶东半岛经济结构调整，促进沿线经济和社会快速发展，产生巨大的社会效益。因此，胶济线实施 200km/h 等级提速经济合理。

第二章　运输组织与系统设计

第一节　运输组织

一、运输组织特点

既有线 200 km/h 等级提速，标志着中国铁路技术装备水平的巨大进步和既有线行车组织水平的重大改进，在列车运行速度、区间行车密度、货物列车质量等方面，具有与世界其他任何一个国家铁路不同的技术特征。

（一）既提高旅客列车运行速度，又增加货物列车质量

既有线 200 km/h 等级提速规定，运行速度超过限速值 2 km/h 时实施报警、超过限速值 5 km/h 时实施常用制动、超过限速值 10 km/h 时实施紧急制动，其他客货列车也能够实现高于目标速度运行。也就是说，第六次提速将既有线旅客列车最高目标速度确定为 200 km/h 等级，实际运行速度是可以突破 200 km/h 的，这是中国铁路技术水平和行车组织方式的巨大进步。

同时，200 km/h 等级提速的线路，不仅开行旅客列车，还要增加货物列车质量。实施第六次大提速后，繁忙干线货物列车质量又有了进一步提高。轴重 23 t、载重 70 t 的通用型货物列车逐步投入运营后，为普遍提高货物列车质量创造了条件。第六次提速以后，京沪线、京广线武昌以北、京哈线、胶济线、陇海线郑州北至徐州北间将实现 5 500 t 货物列车贯通，其中采用 6 轴交流传动大功率电力机车的繁忙干线货物列车运行速度将达到 100～120 km/h；京广线武昌以南、京九线、沪昆线沪杭段、浙赣段将实现 4 500 t 货物列车贯通，兰新线实现 4 000 t 货物列车贯通，其他线路也不同程度提高货物列车质量，做到货物列车满重或满长。

货物列车轴重增加和货物列车质量提高，对 200 km/h 等级旅客列车需要长期保持的线路平纵断面技术标准会有些影响。因此，客货列车共线运行的线路实施 200 km/h 提速，既要客运高速，又要货运增重，保持轨道高平顺性要求，其难度较大。中国铁路通过长期的研究和试验，制定了一套完整的技术体系规范，采用了大量新技术、新设备，对线路进行了系统的技术改造，并采取严密的检测手段，制定了科学合理的养护维修制度，为既有线成功实现客运高速、货运增重创造了条件。

（二）既提高旅客列车运行速度，又增加在线运行列车密度

既有线 200 km/h 等级提速，是在客货列车共线运行的线路实施的。旅客列车既有一站直达的特快旅客列车，又有停站较多的普通旅客列车；货物列车既有直达快运货物列车，又有一般货物列车，还有沿途作业的摘挂列车。因此，旅客列车速度不仅有 200 km/h 等级的，还有 160 km/h 和 120 km/h 的；货物列车不仅有 120 km/h 的，还有 80～120 km/h 的。这些线路不仅客运任务繁重，货物运输也很繁忙，客货列车行车密度大，客货运输争能力的矛盾十分突出。例如，实施第六次大提速，京沪线北京至天津间仅 200 km/h 等级旅客列车将达到 23 对，南京至上海间 39 对；沪昆线上海至杭州间 29 对；京广线北京西至石家庄间 18 对；京哈线北京至北戴河间 19 对。

由于既有线运输需求的量大和多样性，既不能完全让客货列车分时段运行，更不可能只顾客运不顾货运，或逆之。因此，客货列车共线运行，列车速度种类多，技术作业种类多，设备类型多，外界环境干扰多，实施 200 km/h 等级提速，其运输组织是比较复杂的。中国铁路经过精心的组织和严格的管理，在客货列车共线运行条件下实现了旅客列车 200 km/h 等级提速。

200 km/h 等级提速的列车采用高性能的动车组，配备了新的列车运行控制系统，使追踪间隔时间进一步缩短。据初步检算，采用动车组提速的旅客列车，最小追踪间隔时间可压缩到 5 min；京广、京沪、京哈、京九、陇海、沪昆线浙赣段六大干线以及近期信号机按 6 min 布点，新建或完成改造的双线自动闭塞线路旅客列车追踪间隔可压缩到 6 min、货物列车追踪间隔可压缩到 7 min；其他双线自动闭塞区段旅客列车追踪间隔 7 min、货物列车追踪间隔 8 min。从而实现列车高速度、小间隔行车。

（三）运用中国制造的 CRH 动车组

通过引进消化吸收再创新，我国拥有了速度 200 km/h 及以上的动车组，统一采用 CRH 标记，意为“中国铁路高速列车”。第六次既有线提速 200 km/h 的列车全部采用动车组。与目前采用机车牵引的方式相比，动车组具有牵引功率大、制动性能好、加减速度快、自动化程度高、人性化功能设计多、操作运用方便、技术先进、作业简单等优点，是铁路高速、安全、舒适、方便运送旅客的首选运载工具，国际上高速列车采用的都是动车组。

动车组牵引动力和载客车厢固定为一体，改变了以前始发终到站本务机、调车机、车列频繁出入车站，大量占用到发线和咽喉通过能力的现象。采用动车组后，车站的调车作业减少，设备配置简单，提高了作业效率和运输能力，增加了运输安全可靠性。

动车组设备先进，性能好，一般作为特快旅客列车开行，列车乘务组设司机、随车机械师和旅客乘务组，不设运转车长。旅客乘务组的人员也大为减少，一般只设列车长 1 名和 1～2 名列车乘务员。

（四）装备 CTCS-2 级列车运行控制系统

列车运行速度提高到 200 km/h 等级，既装备符合 CTCS-2 级标准的列车运行控制系统，又保留列车运行监控记录装置 LKJ，司机按列控车载设备的显示操纵列车运行，自动化程度较高。

实施 200 km/h 等级提速的既有线，部分区段装备了分散自律调度集中系统（CTC），车站接发列车作业和（部分）调车作业由列车调度员（或助理调度员等）直接办理。在分散自律控制模式下，系统根据列车运行调整计划自动控制列车进路，用调车作业计划自动控制调车进路，并具备人工办理进路的功能。正是由于列车进路和调车进路可根据列车调度员制定的计划自动办理，正常情况下车站值班员只起到监视列车运行和调车作业的作用，所以部分车站可以设置成无行车人员值守的车站（以下简称无人站）。

二、行车组织

200 km/h 等级提速既有线行车组织与 160 km/h 及以下既有线行车组织的主要区别，是采用了 CTCS-2 级列车运行控制系统和 CTC，由此带来了调度指挥、接发列车和调车作业的不同。

（一）CTCS-2 级条件下的行车组织

1. CTCS-2 级列车运行控制系统

（1）系统设备构成

CTCS-2 级列车运行控制系统，是基于轨道电路加点式应答器传输列车运行许可信息，并采用目标距离模式监控列车安全运行的列车运行控制系统，它包括车载设备（列控车载设备）和地面设备（列控地面设备）。

200 km/h 等级提速的区段装备 CTCS-2 级列车运行控制系统的地面设备。列控地面设备由 ZPW-2000（UM）系列轨道电路、车站电码化、应答器和车站列控中心（包括地面电子单元 LEU）等设备组成。

200 km/h 等级提速的列车装备 CTCS-2 级列车运行控制系统的车载设备和 LKJ。列控车载设备由车载安全计算机（VC）、轨道电路信息接收单元（STM）、应答器信息接收单元（BTM）、制动接口单元（TIU）、记录单元（DRU）、人机界面（DMI）、速度传感器、轨道电路信息接收天线、应答器信息接收天线等部件组成。

列车在 CTCS-2 级区段按列控车载设备控车方式行车；在 CTCS-0/1 级区段和列控车载设备故障情况下（机车信号故障除外）的 CTCS-2 级区段，按 LKJ 控车方式行车。列车按列控车载设备控车方式行车时，LKJ 仍有线路数据、运行状态和司机操纵等显示记录功能。列车按 LKJ 控车方式行车时，最高运行速度为 165 km/h，按规定当超过 167 km/h 自动报警，超过 170 km/h 自动实施常用制动，超过 175 km/h 自动实施紧急制动。

(2) CTCS-2 级控车方式

列控车载设备有完全监控模式（FS）、部分监控模式（PS）、目视行车模式（OS）、调车模式（SH）、隔离模式（IS）和待机模式（SB）等 6 种。不同模式具有不同用途。

完全监控模式是列车在区间（含车站正线通过和侧进直出）和车站接车作业时的正常运行模式。列控车载设备根据控车数据自动生成目标距离模式曲线，司机依据人机界面（DMI）显示的列车运行速度、允许速度、目标速度和目标距离等控制列车运行。列控车载设备只有在完全监控模式下，列车运行速度才能超过 160 km/h。

部分监控模式是列车侧线发车和引导接车时的模式。当列控车载设备接收到轨道电路允许行车信息，而缺少应答器提供的线路数据或限速数据时，进入部分监控模式。

在部分监控模式下，列控车载设备给出如下限速值：

① 侧线发车。列控车载设备接收到的轨道电路信息为 UU 码（轨道电路信息，机车信号显示一个双半黄色灯光）时，人机界面（DMI）显示限速值为 45 km/h；接收到的轨道电路信息为 UUS 码（轨道电路信息，机车信号显示一个双半黄色闪光灯光）时，人机界面（DMI）显示限速值80 km/h；

② 引导接车。列控车载设备接收到的轨道电路信息为 HB 码（轨道电路信息，机车信号显示一个半黄半红色闪光灯光）时，人机界面（DMI）显示限速值 20 km/h；

③ 当列控车载设备接收到轨道电路允许行车信息，而缺少应答器提供的线路数据或限速数据时，最高限速值为 45 km/h。

目视行车模式是司机控车的限速值为 20 km/h 的运行模式。列车在区间因列控车载设备显示停车信号停车后，按照有关规定，司机按压专用按钮使列控车载设备转入目视行车模式。

调车模式是列车进行调车作业的限速值为 40 km/h 的运行模式。司机按压专用按钮才可使列控车载设备转入调车模式。选择进入或退出调车模式时，列车必须停车。列车出入段（所）和在车站进行转线作业时，应按调车作业办理。如果列车出入段（所）走行线距离较长时，地面可装备 CTCS-2 级列车运行控制系统的地面设备，按列控车载设备的显示运行，否则列控车载设备应转为 CTCS-0/1 级，司机按地面信号显示运行。

隔离模式是列控车载设备控制功能停用的模式。只有在列车停车后，司机根据调度命令，操作隔离手柄才可使列控车载设备转入隔离模式由司机保证列车运行安全。若仅应答器信息接收单元（BTM）失效，列控车载设备仍能提供机车信号，司机可人工转换为 LKJ 控制列车运行。

待机模式是列控车载设备上电后的默认模式。待机模式不由司机选择，列控车载设备执行自检和外部设备测试后，自动处于待机模式。在待机模式下，列控车载设备正常接收轨道电路及应答器信息，同时无条件输出制动，司机不得移动列车。

列控车载设备六种模式之间的转换见表 2-1。调车模式、隔离模式须人工转换为待机模式，然后才能人工转换为部分监控模式。

表 2-1　列控车载设备六种模式之间的转换

当前模式＼转换模式	完全监控模式	部分监控模式	目视行车模式	调车模式	隔离模式	待机模式
完全监控模式	—	自动	人工	人工	人工	—
部分监控模式	自动	—	人工	人工	人工	—
目视行车模式	自动	自动	—	人工	人工	—
调车模式	—	—	—	—	人工	人工
隔离模式	—	—	—	—	—	人工
待机模式	—	人工	—	人工	人工	—

2. 行车闭塞和行车凭证

在 CTCS-2 级区段，列车在完全监控模式或部分监控模式下运行时，进入闭塞分区的行车凭证为列控车载设备显示的允许运行信号（即允许运行的速度值）；当列车从车站出发，遇出站信号机或发车进路信号机故障时，动车组的行车凭证为绿色许可证，将列控车载设备转入目视行车模式；当列控车载设备收到允许运行信号时，按列控车载设备显示运行。

当基本闭塞法停用，改按电话闭塞法行车或列控车载设备故障时，司机应根据调度命令将列控车载设备转入隔离模式，按 LKJ 方式行车。列车按 LKJ 方式行车、遇机车信号或 LKJ 故障时，按有关规定办理。列控车载设备转入和退出隔离模式（如列控车载设备与 LKJ 之间进行人工转换）时，都须经列车调度员同意，并向司机及有关车站发布调度命令。调度命令和行车凭证可以使用无线传送系统向司机传递，司机应及时签认接收。

3. 列车运行

（1）一般要求

列车为单列动车组时，编组固定，出乘时不解编；两列同型动车组可重联组成一列运行。为保障动车组列车运行安全，动车组禁止加挂各型机车车辆，禁止与其他列车混编，超过检修周期的动车组严禁上线运行。动车组设备故障不能继续运行时，不得拆解、甩车。

动车组上线运营前，必须达到运用状态，符合动车组运用技术标准要求，运行途中不进行列检作业。动车组不得通过半径小于 180 m 的曲线，不得侧向通过小于 9 号的道岔。

（2）车站作业

列车发车前，由列车长确认旅客上下车完毕，通知司机关闭车门；列车到站停稳后，由司机开启车门。按钮不在司机操作台上的，由司机通知随车机械师关闭、开启车门。这与现行旅客列车的做法不同，主要原因是自动开关门设备并非每节车厢都有，同时借鉴国外先进经验，减少列车上的乘务员，提高作业效率。

为保证动车组高速安全通过车站，车站须提前停止动车组通过进路上的作业和对动车组运行安全有影响的作业。

车站应在规定的股道及进路上接发动车组，在 CTCS-2 级区段，动车组按列控车载设备方式行车时，禁止在未设置 CTCS-2 信息的股道及进路上接发动车组。如果不能在基本进路接发动车组时，须经铁路局调度所值班主任准许并发布调度命令。

动车组在车站站线停留时，应将线路两端的道岔扳向不能进入该线路的位置，并按规定进行防溜。

（3）区间运行

在 CTCS-2 级区段，动车组在区间运行，列控车载设备显示停车信号时，列车必须立即停车，司机应使用列车无线调度通信设备通知随车机械师。列车停车等候 2 min，列控车载设备仍未收到允许运行的信号时，司机将列控车载设备转入目视行车模式，列车以遇到阻碍能随时停车的速度继续运行，最高速度不超过 20 km/h，直到列控车载设备收到允许运行的信号，按列控车载设备显示运行。在停车等候的同时，必须与列车调度员、车站值班员联系，如确认前方闭塞分区内有列车时，不得进入。动车组运行中遇列控车载设备故障时，列车必须立即停车，司机应使用列车无线调度通信设备报告列车调度员或车站值班员，并根据调度命令将列控车载设备转入隔离模式，按 LKJ 方式行车。

在 CTCS-0/1 级区段，司机将列控车载设备转为隔离模式，按 LKJ 方式行车。

动车组在区间被迫停车后须返回后方站时，列车调度员必须确认动车组至后方站间已空闲，方可发布调度命令。司机将列控车载设备转入隔离模式，调换操纵端，按调度命令控制动车组返回。

（4）列车限速

列车限速是指在 CTCS-2 级区段，线路固定限速以外、具有时效性的、需要发布限速调度命令并通过车站列控中心临时设置的限速，包括施工、维修引起的计划性限速，以及自然灾害和设备故障引起的突发性限速等。

限速调度命令由列车调度员在 TDCS/CTC 提供的界面上拟定，输入限速参数（包括相关受令车站、限速位置、限速值、限速执行方式、限速预计开始和结束时间等）后，通过 TDCS/CTC 下发到车站列控中心。车站值班员校核、签收，并在合适的时机发送至列控中心执行。车站列控中心根据调度命令、线路参数、轨道电路及进路状态等产生控车信息，通过轨道电路及有源应答器传送给列控车载设备。特殊情况下，车站值班员可在车务终端人工输入限速信息并发送至列控中心执行。

限速命令发送时机，在一般情况下，区间限速应在本站办理相关列车通过或发车进路前发送；本站站内限速，在办理相关列车通过或接车进路前发送；前方站站内限速，应在本站办理相关列车通过或发车进路前发送。

区间限速命令需要同时发送给相邻的两端车站，站内限速命令需要同时发送给本站及其相邻的两端车站。

两站一区间的一个运行方向只允许设置一处限速。限速区可以设置在区间、站内正线、站内道岔咽喉区或区间跨站内线路，如图 2-1 所示。

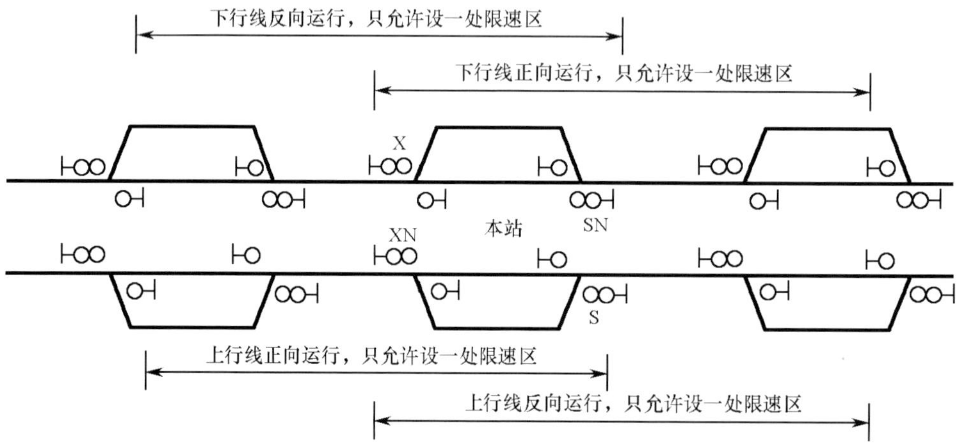

图 2-1　两站一区间双方向各设置一处限速示意图

区间或站内需要限速时，列车调度员除向相关车站值班员下达限速调度命令外，还应同时向相关列车司机下达限速调度命令。司机应严格按限速调度命令控制列车运行，如调度命令的限速值低于列控车载设备显示的目标速度时，应按调度命令控制列车运行。

限速命令发送至车站列控中心执行后，在 TDCS/CTC 站场图上相应位置以黄色方框显示。

限速的取消有两种途径：一是列车调度员在拟定限速调度命令时选择“限速后恢复常速”，系统就自动在确认命令列表中产生一条相应的取消命令；二是从实时列表中选取正在执行的限速命令，生成取消限速调度命令，流程与设置限速时相同。

车站列控中心限速的设置和取消流程如下。

设置流程为：列车调度员拟定限速调度命令；列车调度员校核、下发；车站值班员校核、签收；车站值班员择机发送至车站列控中心，并监视限速的命令是否有效。

取消流程为：车站值班员确认取消限速的条件具备，并报告列车调度员；列车调度员拟定取消限速的调度命令；列车调度员校核、下发；车站值班员校核、签收；车站值班员取消车站列控中心的限速，并监视取消限速的命令是否有效。

对于超过 45 km/h 的限速，列控系统分 45 km/h、60 km/h、80 km/h、120 km/h、160 km/h 五个速度等级，以不高于限速值的原则选择限速等级进行设置。低于 45 km/h 的限速，TDCS/CTC 按 45 km/h 向车站列控中心传送，系统按实际速度值自动生成限速调度命令文本，同时附加"司机必须按调度命令人工控制列车速度"的用语，司机按限速调度命令控制列车运行。限速距离分 100 m、500 m、1 000 m、1 500 m、2 000 m、3 000 m、4 000 m、6 000 m 八个等级，超过 6 000 m 时按区间限速办理。

4. 调车作业

动车组作为列车，它是一个整体，在始发站、终到站没有机车牵引车列运行作业，车站的调车作业大为减少，主要调车作业有出入段（所、存车线）和转线。

动车组调车作业原则上采用自走行方式，实施调车作业时，司机必须在动车组运行方向的前端操作。采用机车调车作业时，动车段（所）人员负责过渡车钩、专用风管、电气连接线的连接和分解，并打开车门，调车人员负责车钩摘解、软管摘结。动车段（所）设动车组调车司机，负责动车组在动车段（所）内的调车、试运行等移动动车组作业。

两列动车组重联或摘解时，由动车组随车机械师负责引导，司机确认。重联或摘解后的动车组由随车机械师配合司机做相关试验。摘解操作时，主动车组必须一次移动 5 m 以上方可停车。

动车组禁止通过驼峰、溜放调车、手推调车、连挂其他机车车辆调车（救援、附挂回送过渡车以及动车组无动力调车时的调车机除外）和跟踪出站调车，禁止向动车组停留线路溜放调车和手推调车。

5. 行车安全

(1) 动车组及列控车载设备故障的处理

动车组运行中出现故障时，司机应按车载信息监控装置的提示，按步骤及时处理；需要由随车机械师配合处理时，司机应通知随车机械师。经处置确认无法正常运行时，司机应按车载信息监控装置的提示和随车机械师的要求，选择维持运行或停车等方式，并使用列车无线调度通信设备报告列车调度员或车站值班员。

动车组在区间被迫停车时，随车机械师、旅客乘务组均应听从动车组司机指挥，处理有关行车、列车防护和事故救援等事宜。由于动车组不设运转车长，动车组出现故障或在区间停车时，司机实际上担当着领导人的角色，各项对外联络、防护、施救等工作必须在司机的领导下进行。

在下列情况下，动车组应按 LKJ 方式行车，即当：应答器信息接收单元（BTM）故障，列控车载设备触发制动停车时；人机界面（DMI）故障，无法通过列控车载设备运行时；测速故障，列控车载设备触发制动停车时。

在下列情况下，动车组需限速运行：动车组制动系统故障切除 25%制动力时，限速 160 km/h 运行；切除 50%制动力时，限速 120 km/h 运行；空气弹簧故障时，限速 160 km/h 运行；车窗玻璃破损导致车厢密封失效时，限速 160 km/h 运行。

在轨道电路信息接收单元（STM）单系故障时，列车仍可以继续行车。如 STM 双系均发生故障时，司机应将列控车载设备转入隔离模式；区间轨道电路故障时，司机应将列控车载设备转入目视行车模式。

动车组应能由救援机车联挂运行并实施制动，列车管压力采用 600 kPa。动车组被救援时，过渡车钩、专用风管和电气连接线的连接和分解由随车机械师负责，动车组司机配合。具备升弓供电条件的，允许动车组升弓供电。

(2) 动车组回送要求

动车组回送要求如下。

① 动车组回送按旅客列车办理，原则上采用自走行方式。无动力回送时可根据《回送技术条件》加挂回送过渡车，使用客运机车牵引。动车组可两列重联回送。

② 动车组回送运行时，须安排动车组司机及随车机械师值乘。自走行回送时，非担当区段应指派带道司机。

③ 动车组回送不进行客列检作业。动车组（回送过渡车）与本务机车车钩摘解、软管摘结按《技规》有关规定办理。过渡车钩、专用风管和电气连接线的连接和分解由随车机械师负责，动车组司机配合。

④ 动车组安装过渡车钩回送时，限速 120 km/h 运行，尽可能避免实施紧急制动。发生紧急制动后，本务司机必须通知随车机械师，经随车机械师检查过渡车钩状态良好后方可继续运行。

⑤ 动车组回送时，列车调度员应根据相关动车段（所）提出的限速、回送方式（有、无动力）、可否折角运行等注意事项，发布有关调度命令。

⑥ 动车组在救援、无动力回送联挂机车或回送过渡车时，应进行制动试验。

(3) 安全要求

200 km/h 等级提速线路区间直线段线间距不小于 4.4 m，线间距的变更宜利用邻近曲线完成；车站内正线与相邻到发线间最小距离，有列检作业或上水作业的为 6.5 m，改建特别困难时可为 5.5 m。旅客站台不应邻靠正线。既有邻靠正线的旅客站台，列车通过速度 160 km/h 以上时，站台安全标线与站台边缘距离为 2 m，也可在距站台边缘 1 m 处设栅栏防护。

200 km/h 等级提速线路应全封闭、全立交，线路两侧按标准进行栅栏封闭，对铁路技术作业的专用通道和处所应设置“非铁路作业人员禁止进入”的警示标志。穿越正线的站内平过道两端应设置栏杆等防护设备，以关闭状态为定位，办理客运的车站应设置天桥或地道用于旅客通行。暂未取消旅客通行的平过道，由铁路局制定安全保障措施。

道路与铁路并行地段，凡机动车有可能冲入或坠入铁路的、道路路面等于或高于铁路的，应在靠近铁路一侧设置防护设施；下穿铁路桥梁、涵洞通行机动车辆的道路，且桥梁、涵洞净高小于 5.0 m 时，应设置限高防护架；上跨铁路线的立交桥应安装防护网，以防抛、坠物危及行车安全。

施工作业时，铁路局和施工单位应采取措施保证邻线列车和施工作业人员安全。在线间距不足 6.5 m 地段进行清筛或成段更换钢轨、轨枕及成组更换道岔作业时，邻线列车应限速 160 km/h 及以下。

(二) CTC 条件下的行车组织

调度集中是调度所（调度员）对某一区段内的车站信号、道岔等设备和径路进行集中控制、对列车运行直接指挥和操作的技术装备。分散自律调度集中系统，是采用计算机分布式网络控制技术和信息化处理技术，将列车运行调整计划下传到各个车站自律机中自主自动执行，在列车运行调整计划和调车作业计划的基础上，解决接发列车作业与调车作业在时间与空间上的冲突，实现列车和调车作业的统一控制。分散自律调度集中系统是铁路现代化的重要技术装备，是现代铁路综合信息化建设的重要内容，也是现代铁路的新型运输组织形式。

2003 年 11 月 26 日，第一个分散自律调度集中系统在青藏线西宁—哈尔盖区段开通试运行。2007 年 1 月 15 日，胶济线分散自律调度集中系统正式开通，标志着我国繁忙干线第一次成功实现了分散自律调度集中系统的调度指挥。胶济线是全路第一条全线（青岛—平陵城）装备分散自律调度集中系统的繁忙干线，经过一年多的反复试验和验证，实现了调度集中技术条件规定的各项功能，能够满足我国铁路繁忙干线的运输生产要求，提高了我国铁路行车指挥自动化水平。

既有线 200 km/h 等级动车组在 CTCS-2 级区段除要严格遵守 CTCS-2 级行车组织办法外，在 CTC 区段还要严格遵守 CTC 的行车组织办法；其他客货列车在 CTC 区段也要严格按 CTC 的行车组织办法行车。

CTC 作为一项全新的技术和行车组织方式，在我国刚刚起步。下面主要以胶济线 CTC 应用情况为例，充分借鉴《济南铁路局分散自律调度集中行车组织办法》的相关内容，介绍 CTC 设备、系统功能和行车组织。

1. CTC 设备

CTC 设备由调度中心子系统、车站子系统和调度中心与车站及车站之间的网络子系统三部分构成，如图 2-2 所示。

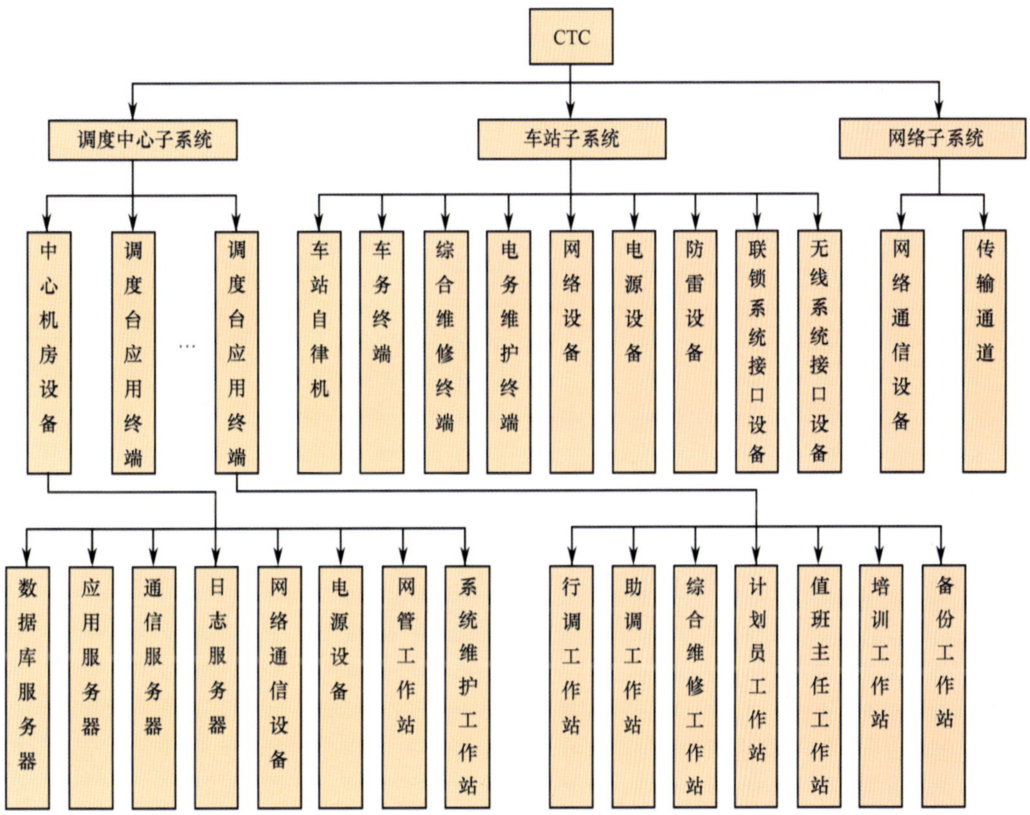

图 2-2 CTC 组成结构示意图

调度中心子系统是 CTC 的网络核心，由中心机房设备及各调度台应用终端组成。中心机房设备包括数据库服务器、应用服务器、通信服务器、日志服务器、网络通信设备、电源设备、网管工作站、系统维护工作站。调度台应用终端包括行调工作站、助调工作站、综合维修工作站、计划员工作站、值班主任工作站、培训工作站、备份工作站等。调度台配置运行图操作终端、监控终端、站场操作终端。

车站子系统是 CTC 系统的控制节点，主要设备包括车站自律机、车务终端、综合维修终端、电务维护终端、网络设备、电源设备、防雷设备、联锁系统接口设备和无线系统接口设备等。车务终端有站场操作终端和行车日志终端。

网络子系统是调度中心子系统和车站子系统联络的桥梁，由网络通信设备和传输通道构成双环自愈网络，采用迂回、环状、冗余等方式提高其可靠性。

在调度终端、车务终端和车站控制台上设有非常站控按钮和控制模式状态表示灯。非常站控按钮采用带计数器的两位非自复式铅封按钮（计算机联锁终端为带密码的按钮）。正常状态为分散自律控制模式，破封按下为非常站控模式。控制模式状态表示灯的含义为：红灯亮，表示非常站控模式；绿灯亮，表示分散自律控制模式；黄灯亮，表示允许转回分散自律控制模式。

2. CTC控制模式

CTC调度区段的控制模式有分散自律控制模式和非常站控模式两种。分散自律控制模式，是根据列车运行调整计划自动控制列车进路，根据调车作业计划自动控制调车进路，并具备人工办理进路的功能；非常站控模式，是当CTC设备故障、发生危及行车安全的情况，或者固定设备需要开天窗进行维修、施工时，脱离CTC控制转为传统的车站控制台（计算机联锁终端）人工控制的模式。

在CTC控制模式下，传统的车站控制台不起作用，除非常站控按钮和接通光带按钮外，其他按钮的操作均不起作用；在非常站控模式下，调度中心不具备直接控制权，CTC调度终端和车务终端所有按钮的操作均不起作用。

分散自律控制模式转向非常站控模式不检查任何条件，但系统要向调度员进行报警提示。非常站控模式转回分散自律控制模式，系统要检查的条件是：CTC系统设备正常；非常站控模式下没有正在执行的按钮操作。

在满足上述条件时，允许转回分散自律控制模式的表示灯亮灯后，才能操作非常站控按钮，转回分散自律控制模式下的车站操作方式。

分散自律操作方式有：调度中心完全集中操作方式、调度中心部分集中操作方式和车站操作方式。

调度中心完全集中操作方式：调度员对列车和调车进路均有操作权，车站对列车和调车进路均无操作权，调车计划由调度中心编制或车站编制输入自律机后统一执行。

调度中心部分集中操作方式：调度员对列车进路有操作权，对调车进路无操作权；车站对调车进路有操作权，对列车进路无操作权，以增加调度作业的灵活性。

车站操作方式：调度员对列车和调车进路均无操作权，车站对列车和调车进路均有操作权，但列车进路按照调度员下达的运行调整计划自动执行，调车计划由车站自行编制操作完成。

操作方式的转换由调度员与车站值班员根据需要进行操作。从车站操作方式转换到调度中心完全集中操作方式或调度中心部分集中操作方式，由调度员进行方式切换申请，车站同意；从调度中心完全集中操作方式或调度中心部分集中操作方式转换到车站操作方式时，由车站进行方式切换申请，列车调度员同意；调度中心完全集中操作方式与调度中心部分集中操作方式的转换，由调度员根据需要通知车站值班员后直接切换。这种操作方式解决了繁忙区段在CTC控制条件下调车作业频繁、需要频繁交换操作权限的问题，为繁忙区段调车作业增加灵活、方便的调整空间。

分散自律控制下，车站值班员的操作不能解锁调度员办理的进路或关闭信号，调度员的操作也不能解锁车站值班员办理的进路或关闭信号。

3. CTC的功能

（1）根据列车运行图中规定的区间运行时分、列车的性质、线路及车站设备等情况，自动生成列车运行计划。列车由车站通过或到开后，自动生成行车日志。

（2）具备标注有电、无电线路和电力机车（动车组）的功能，根据车站值班员（列车调度员）输入的信息，系统可判别内燃、电力机车，防止电力机车进入无电线路。

（3）CTC与列控系统结合，实现向动车组传送限速信息。

（4）通过铁路局电子中心接口，CTC可与TMIS交换信息。车站各种现车信息、确报、调车作业通知单，通过CTC、TMIS各自网络传至铁路局电子中心进行交换。交换资料主要包括列车计划信息、列车编组信息、车站现车信息、调车作业计划、机车交路信息、运行图信息等。

（5）CTC/TDCS与GSM-R结合，能够实现向机车传送书面调度命令（含行车凭证）、无线车次号传输及校核、列车停稳、调车作业通知单传送、进路自动预告等功能。

(6) 列车调度台运行图操作终端可显示本管辖区段列车运行图。调度员利用此终端自动生成列车运行计划、铺画列车运行线，编辑并下达调度命令，获取管辖区段各站站名、车站中心里程、车站到发线使用信息、列车车次及相应机车号码、列车正晚点信息、列车区间运行分析信息、慢行信息、施工信息、天窗修信息及事故注解信息、列车甩挂信息、列车速报信息、车站站存车信息、红外线位置信息、车站控制模式信息等。

列车调度台监控终端可显示区段内各车站站场、区间设备信息、接触网信息，用于监控列车运行和调车作业。

列车调度台站场操作终端能根据需要显示各车站站场控制界面、道岔信号坐标、股道有效长、站台等，用于人工操作各站信号设备，编制调车作业计划。

(7) 车站站场操作终端显示本站站场控制界面、道岔信号坐标、股道有效长、站台、接触网信息、列车进路序列、调车进路序列、调车计划编制窗等。作业人员可以通过站场控制界面实现对信号设备的操纵和控制方式转换等功能，可以通过调车计划编制窗编制、修改调车作业计划，并可通过列车进路序列和调车进路序列监视进路的排列情况。

车站行车日志终端主要用于修改行车日志，签收调度命令和阶段计划，填写行车凭证，查询、填写列车速报，查询、输入、修改、上报现车信息和列车编组功能。

4. 行车岗位设置及其人员职责

(1) CTC 调度区段的调度指挥中心

由于工作量相对增加，为提高调度指挥水平，保证调度人员适当的劳动强度，增强调度员快速、准确的反应能力，一般要比非 CTC 调度区段增加调度人员，设列车调度员、助理调度员、综合维修调度员。

①列车调度员，是本调度区段行车工作的统一指挥者，除履行《铁路运输调度规则》规定的职责外，还有下列职责：指挥助理调度员通过 CTC 系统正确操纵管辖区段内各站信号设备，指挥综合维修调度员及时、正确地编发调度命令（行车凭证），并进行审核确认；负责与计划、机调、客调等工种联系，及时、正确地在运行图上标注图表信息；负责使用列车无线调度通信设备向车站值班员、司机、运转车长发布口头指示。

②助理调度员，接受列车调度员的领导，履行下列职责：根据列车调度员下达的列车运行调整计划，随时监控管辖各站列车进路和调车进路的排列情况，必要时直接操纵车站信号设备。作业中，主动与列车调度员联系，优化作业组织；在调度中心完全集中操作方式下，担任车站调车领导人，根据日班计划、列车编组、车站现在车、装卸车进度等信息，及时编制调车作业计划，向车站和司机传送调车作业计划；在调度中心完全集中操作方式下，及时确认、修改列车编组顺序表、车站站存车等信息；负责在分散自律控制模式下各种操作方式的转换，并在《行车设备检查登记簿》内登记。

③综合维修调度员，接受列车调度员的领导，履行下列职责：及时发布列车运行、设备施工、检修等的调度命令及有关行车凭证。加强与施工调度员、供电调度员的联系，组织兑现月度施工方案和天窗修计划；遇 CTC 设备故障、施工、检修时，在《行车设备检查登记簿》或《行车设备施工登记簿》内与 CTC 电务值班人员办理登、销记手续；协助助理调度员监控管辖各站列车进路和调车进路的排列情况；对需要人工排列的进路，与助理调度员执行两人确认制度。

(2) CTC 调度区段的车站

CTC 调度区段的车站设车站值班员、助理值班员，根据需要设信号员（长）、调车区长；无人站设综合维护人员。另外，为及时完成无人站在非常站控和各种非正常情况下的行车组织工作，在适当地点（如邻近车站）设置应急行车人员。

①车站值班员主要职责如下：在非常站控模式和分散自律控制模式的车站操作方式下，统一指

挥车站的行车工作；在分散自律控制模式下，负责接收调度命令、监视车务终端显示。根据调度员指示，亲自或指派人员对站内线路进行检查和确认，向司机和运转车长转交调度命令，交付行车凭证；未设车站调度员（调车区长）的车站，在非常站控模式、调度中心部分集中操作方式和车站操作方式下，担任车站调车领导人，组织办理车站调车作业；在调度中心完全集中操作方式或调度中心部分集中操作方式下，遇信联闭设备故障时，根据调度员指示，负责接发列车进路的检查和准备，及时向调度员汇报；负责车站有电、无电线路和电力机车（动车组）的标注；负责车站分路不良区段空闲的确认；配合助理调度员进行分散自律控制模式下各种操作方式的转换。

②信号员（长）主要职责为：按照车站值班员的命令，正确及时地准备接发列车进路；根据调车作业计划，正确及时地准备调车作业进路；通过车务终端或控制台（计算机联锁终端）监视列车运行和调车作业动态；监视设备状态，发生故障时，及时向车站值班员汇报。

③无人站综合维护人员主要职责为：在调度中心完全集中操作方式下，负责车站分路不良线路空闲的确认；发现设备故障或遇行车设备检修、施工时，负责《行车设备检查登记簿》或《行车设备施工登记簿》的登、销记手续，并及时通知有关单位；负责防溜器具的保管工作；负责故障车、事故车有关运输票据和回送单据的保管工作；没有调度命令无线传送系统时，负责调度员与司机（运转车长）间有关命令、指示的转达；并按调度员指示向司机、运转车长转交调度命令和行车凭证；在非正常情况下，根据调度员指派临时担当有关行车工作。

④应急行车人员主要职责为：在无人站信联闭设备故障等非正常情况下，根据调度员指派担任车站值班员、扳道员、引导员、助理值班员及调车有关工种工作；根据调度员的指示，负责非常站控模式下接发列车和调车工作；根据调度员的指示，负责向司机、运转车长转交调度命令和交付行车凭证。

5. 行车组织原则

在调度中心完全集中操作方式和调度中心部分集中操作方式下，车站的行车工作由本区段列车调度员统一指挥。

在非常站控模式和车站操作方式下，车站的行车工作由车站值班员统一指挥；划分车场的车站，各车场的行车工作由该车场值班员统一指挥；无人站行车指挥工作由应急行车人员担任。

在车站操作方式和调度中心部分集中操作方式下，调车工作由车站调度员或调车区长（未设车站调度员、调车区长的，由车站值班员）担当调车领导人；在调度中心完全集中操作方式下的车站，调车工作由助理调度员担当调车领导人。

在调度中心部分集中操作方式下，调车作业在不涉及纳入CTC控制的正线、到发线使用的情况下，由车站自主安排调车作业；对涉及纳入CTC控制的正线、到发线的调车作业，车站需提前将调车作业计划输入车务终端，由车站自律机根据计划自动排列调车进路；助理调度员应利用站场操作终端，加强对调车作业占用正线、到发线情况的监视，必要时，通知车站停止调车作业。

对无人站临时甩挂故障车的调车作业，由助理调度员通知应急行车人员到站担当调车作业。

6. 行车闭塞和调度命令发布

实施调度集中的区段必须装备自动闭塞或自动站间闭塞设备，车站必须装备集中联锁。停用基本闭塞法改用电话闭塞法行车时，车站值班员须与邻站办理闭塞手续，若邻站为调度中心部分集中操作方式时，应转为车站操作方式；邻站为调度中心完全集中操作方式时，须与助理调度员办理闭塞手续。

在分散自律控制模式下，调度员在下列情况下应发布调度命令作为行车凭证，发布时机应该早于后方站开车时刻。

(1) 遇基本闭塞法因故停用时，在调度中心完全集中操作方式或调度中心部分集中操作方式下，以调度命令作为行车凭证，列车凭调度命令进入区间，一个区间放行一列列车。

(2) 在调度中心完全集中操作方式或调度中心部分集中操作方式下，遇列车头部越过出站（进路）信号机发车时，发布的调度命令。

（3）出站（进路）信号机故障时发车，发布的调度命令。

（4）允许列车越过关闭的进站（进路）信号机进入站内，发布的调度命令。

（5）非到发线接发列车，发布的调度命令。

（6）出站信号机不能显示绿色灯光或绿黄色灯光，仅能显示黄色灯光时，允许特快旅客列车通过，发布的调度命令。

（7）遇一离去故障或一、二离去同时故障，无法确认第一闭塞分区空闲时发车，发布的调度命令。

（8）站内无空闲线路的特殊情况下接车，要求列车注意运行，发布的调度命令。

调度员对在途运行的列车，在发布调度命令（行车凭证）时，当调度命令无线传送系统作用良好时，可直接用其向有关列车司机不停车发布，否则，在进入关系区间前的车站停车交付。在未装备调度命令无线传送系统或调度命令无线传送系统故障时，向司机、运转车长发布的调度命令，由综合维修调度员发给有关站段（所、室），由受令站段（所、室）负责转达。如乘务人员已出乘时，应发给列车始发站或进入关系区间前的停车站由其交付，来不及在进入关系区间前停车交付，在具备良好转接设备和通信记录装置的条件下，可根据规定，利用列车无线调度通信设备向司机、运转车长发布、转达有关调度命令。作为行车凭证的调度命令，由综合维修调度员向关系区间前的车站发布后，由该站车站值班员（无人站为综合维护人员或应急行车人员）负责向司机交付。

7. 接发列车作业

（1）一般情况

在分散自律控制模式下，接发列车进路根据列车运行调整计划以自动控制的方式执行，必要时由助理调度员或车站值班员人工直接控制。有特殊运行要求的列车（如超限、电力、专特运列车），列车调度员、车站值班员根据相关规定在列车运行计划中进行相应的特别提示。

在调度中心完全集中操作方式和调度中心部分集中操作方式下，助理调度员在进路准备妥当后，方可交付行车凭证，通知车站组织发车；无人站由司机凭出站信号机显示（行车凭证）自行开车。其中在调度中心部分集中操作方式下，车站值班员应加强对车务终端的监视，及时通知助理值班员按规定时机外出接车。在车站操作方式下，车站值班员要及时确认列车调度员下达的列车运行调整计划，遇到需要调整本站接发列车计划的情况时，提前主动与列车调度员联系。

在非常站控模式下，由车站值班员根据列车调度员的指示组织车站的接发列车。

调度中心完全集中操作方式或调度中心部分集中操作方式的车站之间接发列车不进行发车作业；车站操作方式的车站与调度中心完全集中操作方式、调度中心部分集中操作方式的车站之间不进行发车作业；调度中心完全集中操作方式的车站与其他车站之间不进行发车预告。

在分散自律控制模式下，原规定为通过的旅客列车由正线变更为到发线接车，及原规定为正线通过的列车临时变更进路时，司机通过 GSM-R 车载设备接收的列车进路预告信息确认前方进路，车站值班员（助理调度员）发现接发列车进路预告信息无法向机车发送（或无进路预告信息）时，车站值班员（助理调度员）应及时用列车无线调度通信设备通知司机。司机未接到进路预告信息和车站值班员（助理调度员）的通知时，应及时与车站值班员（助理调度员）联系，按车站值班员（助理调度员）的指示办理。

在调度中心部分集中操作方式或车站操作方式下，对始发列车，车站值班员要及时对 CTC 系统内的车次号进行确认、修改；在调度中心完全集中操作方式下，由助理调度员负责对车次号进行确认、修改。遇 CTC 系统内车次号丢失或错误时，车站值班员发现后应及时通知助理调度员，由助理调度员及时进行确认、修改。

在分散自律控制模式下，遇相对方向不能同时接车或同方向不能同时发接列车时，由 CTC 提示，助理调度员（车站值班员）确定接发列车顺序。

在分散自律控制模式下，遇区间因故需要封锁或站内线路需要停用时，由车站值班员（助理调度员）根据调度命令对站内股道或区间施行封锁。

（2）非正常情况

在分散自律控制模式下，车站值班员发现危及行车安全的情况时，应立即按下非常站控按钮，转为非常站控模式，并及时报告助理调度员，在《行车设备检查登记簿》内登记。处理完毕后，是否转回分散自律控制，按照助理调度员指示办理。

在调度中心完全集中操作方式和调度中心部分集中操作方式下，进路不能正常解锁时，助理调度员必须与车站联系，在得到车站值班员（无人站为应急行车人员或综合维护人员）确认列车或车列确已安全通过该区段的汇报后，人工解锁遗留的列车进路。

在分散自律控制模式下，轨道电路停电恢复时，自动转为车站操作方式，车站值班员（综合维护人员）必须使用列车无线调度通信设备与司机联系，在确认站内列车和调车车列停稳后，按压上电解锁按钮一次性解锁。

在分散自律控制模式下，遇列车尾部停在警冲标外方时，助理调度员（车站值班员）应使用列车无线调度通信设备及时通知列车司机向前移动进入接车线内。

在调度中心完全集中操作方式或调度中心部分集中操作方式下，遇列车头部越过出站（进路）信号机发车时，在进路准备妥当后，综合维修调度员应及时向司机传送调度命令，由助理调度员组织发车。

助理调度员使用总人解、引导、引导总锁、坡道解锁、允许改方、总辅助、接车辅助、发车辅助等密码加封按钮时，不在《行车设备检查登记簿》内登、销记。电务施工、检修、试验时，必须按规定办理登、销记手续；在无人站，与综合维护人员办理登、销记手续，涉及 CTC 调度控制的区域时，车站签认前须经调度员同意。

在调度中心完全集中操作方式或调度中心部分集中操作方式下，遇站内轨道电路因故出现红光带时，调度员通过车站值班员（综合维护人员）通知车站及工、电等有关人员检查，车站值班员（综合维护人员）按规定在《行车设备检查登记簿》内登记。检查确认故障区段（线路）空闲后，车站值班员（应急行车人员或综合维护人员）应及时将检查结果向助理调度员汇报。助理调度员根据汇报，单操道岔准备进路（对故障区段的道岔，助理调度员通知车站摇到所需位置并加锁），确认进路正确，并对进路上故障区段的道岔施行单独锁闭后，接车时，开放引导信号接车，综合维修调度员向司机和车站值班员（综合维护人员或应急行车人员）发布引导接车的调度命令；发车时，综合维修调度员向司机传送调度命令，助理调度员组织发车。

在调度中心完全集中操作方式或调度中心部分集中操作方式下，遇站内道岔或线路轨道电路失去表示时，调度员通过车站值班员（综合维护人员）通知车站及工、电等有关人员检查，车站值班员（综合维护人员）按规定在《行车设备检查登记簿》内登记。检查确认道岔（区段）空闲后，车站值班员（无人站为综合维护人员检查确认）应将检查结果向调度员汇报。助理调度员根据汇报，单操道岔准备进路，并通知车站值班员（综合维护人员或应急行车人员）将进路上的故障道岔等摇（单操）到所需位置加锁或锁闭后，助理调度员与车站值班员分别确认进路正确，接车时方可使用引导总锁闭开放引导信号接车，综合维修调度员向司机和车站值班员（综合维护人员或应急行车人员）发布引导接车的调度命令；发车时，综合维修调度员向司机传送调度命令，助理调度员组织发车。对无人站必要时通知应急行车人员到站作业。

在调度中心完全集中操作方式或调度中心部分集中操作方式下，遇进站信号机（接车进路信号机）故障时，车站值班员（综合维护人员）、调度员及时通知对方，由车站值班员（综合维护人员）在《行车设备检查登记簿》内登记，并通知工、电务人员。助理调度员正确及时地准备接车进路，确认进路准备妥当后，开放引导信号接车，综合维修调度员向司机和车站值班员（综合维护人员）发布引导接车的调度命令。引导接车时，如进路准备妥当后引导信号不能开放，由综合维修调度员向列车司机和车站发布允许列车越过关闭的进站信号机进入站内的调度命令，司机凭该调度命令越过关闭的进站（进路）信号机进入站内。此时，不再显示引导手信号，不再向司机和车站值班员发布引导接车的调度命令。

在调度中心完全集中操作方式或调度中心部分集中操作方式下，遇出站信号机（发车进路信号机）故障时，车站值班员（综合维护人员）、调度员及时通知对方，由车站值班员（综合维护人员）在《行车设备检查登记簿》内登记，并通知工、电务人员。助理调度员正确及时地准备发车进路，确认进路准备妥当后，综合维修调度员向司机和车站值班员传送调度命令，助理调度员组织发车。

在调度中心完全集中操作方式或调度中心部分集中操作方式下，向非到发线接车时，助理调度员通过调度终端确认接车线路空闲（对非集中区的线路通知车站确认空闲）后，由综合维修调度员向车站和司机发布非到发线接车的调度命令，助理调度员单操道岔或以调车按钮准备进路（在调度中心部分集中操作方式下可由车站操作），非集中区通知车站准备进路，并将进路上有关道岔及邻线上防护道岔加锁；确认接车进路正确（非集中区由车站确认并汇报）后，方可使用引导总锁闭开放引导信号接车，由综合维修调度员向司机和车站值班员发布引导接车的调度命令。从非到发线发车时，助理调度员以调车按钮准备进路（在调度中心部分集中操作方式下可由车站操作），非集中区通知车站准备进路，并将进路上有关道岔及邻线上防护道岔加锁，确认发车进路正确（非集中区由车站确认并汇报）后，由综合维修调度员向司机和车站值班员传送调度命令，助理调度员组织发车。

出站信号机故障时发车、未设出站信号机的线路上发车、列车头部越过出站信号机发车时，必须确认监督器表示第一或第一、第二个闭塞分区空闲（办理特快旅客列车通过必须两个闭塞分区空闲），无表示时为接到前次列车到达邻站的通知或前次列车发出后不少于 10 min 的时间。

（3）无人站

在分散自律控制模式下，无人站的接发列车作业进路由列车调度员（助理调度员）利用列车运行调整计划自动办理，必要时由列车调度员（助理调度员）人工直接办理。对于无人站，从 CTC 控制模式转为非常站控模式时，列车调度员（助理调度员）应及时通知应急行车人员赶往无人站，由应急行车人员组织综合维修人员办理接发列车。

非常站控模式下，采用电话闭塞法行车时，无人站应急行车人员须与邻站办理闭塞手续。如邻站为调度中心完全集中操作方式或调度中心部分集中操作方式时，须与列车调度员（助理调度员）办理闭塞手续。

在调度中心完全集中操作方式下，无人站对停留超过 20 min 的列车，列车自动制动机简略试验，有运转车长的列车由运转车长负责，无运转车长的列车由车辆乘务员负责，无车辆乘务员的由司机自行试风。遇有特殊情况，司机、运转车长（车辆乘务员）应及时与助理调度员联系，无法与助理调度员直接联系时，及时与综合维护人员联系。

故障车、事故车摘车和挂车时，在无人站，摘车时，由列车司机负责，将随车有关票据交与综合维护人员并签字；挂车时，由综合维护人员与列车司机办理随车票据（包括车辆回送单据）的签字交接手续。

8. 调车作业

（1）调车作业计划编制与传达

调车领导人应根据列车运行调整计划、列车编组信息、站存车信息、装卸作业进路、调车机及线路运用等情况，提前编制调车作业计划。

助理调度员编制调车作业计划后，下达到相关车站的自律机，并通过调度命令无线传送系统下达到相关作业机车。调车组及作业机车司机通过车务终端或调度命令无线传送系统获得调车作业通知单。调车指挥人通过车务终端取得调车作业通知单后，要及时与助理调度员联系，听取有关作业布置和注意事项。

车站调车领导人编制调车作业计划后，应与调车指挥人亲自交接。调度命令无线传送系统作用良好时，可通过调度命令无线传送系统直接下达到相关作业机车。

未设调度命令无线传送系统及调度命令无线传送系统故障时，助理调度员将编制的调车作业计划连同注意事项通过CTC向车站值班员（应急行车人员）进行布置，车站值班员（应急行车人员）签收后，按规定程序向有关作业人员传达。

在CTC控制区域内进行调车作业，原则上不得变更调车作业计划，确需变更时，必须停止调车作业，由调车领导人重新修改调车作业计划，并进行重新传送（交接），调车指挥人向所有参加作业的人员传达清楚后再开始调车作业。

（2）调车作业

在分散自律控制模式下进行调车作业时，助理调度员（车站值班员、应急行车人员）与作业机车司机间要加强联控，并不得影响接发列车。在调度中心部分集中操作方式或车站操作方式下，车站值班员应依据调车作业计划以及机车车辆动态，在车务终端输入调车作业计划或直接排列调车进路。排列调车进路时，须在按压进路按钮后输入调车钩作业预计时分（非CTC控制范围除外），由车站自律机自动判别是否排列进路。

在调度中心完全集中操作方式下，调车指挥人员在每一钩作业动车前，必须向助理调度员要道，无法与助理调度员直接联系时，通过应急行车人员向助理调度员要道。

助理调度员于调车作业完了后，应通过司机或车站值班员（应急行车人员）了解列车编组情况后，及时确认、修改列车编组信息，并将信息传送至前方有关作业站，同时确认、修改作业车站站存车信息。

车站于调车作业完了后，车号员（车站值班员、调车区长）应及时确认、修改列车编组顺序表（运统1），并向助理调度员报告或按规定传送列车编组情况，亲自或通过其他人员确认、修改站存车信息。无人站由应急行车人员及时修改列车编组顺序表，并向助理调度员汇报，助理调度员应及时确认、修改车站站存车情况。

在调度中心完全集中操作方式下，调车信号因故障不能开放时，助理调度员须在调车进路准备妥当的情况下，通知调车指挥人和司机作业（无法直接联系时，通过应急行车人员通知），调车指挥人和司机根据助理调度员“准许越过关闭的调××信号机进行调车作业”的通知，进行作业。

在调度中心完全集中操作方式下，助理调度员遇不能向车务终端传送调车作业计划时，必须转入车站操作方式或调度中心部分集中操作方式后进行调车作业，必要时转入非常站控模式。

在调度中心完全集中操作方式下，调车作业中遇调车机不能出清轨道电路，需原路返回时，助理调度员确认道岔开通位置正确，并用道岔按钮锁闭道岔后，方能同意。调车指挥人员必须得到助理调度员的允许（无法直接通讯时，通过应急行车人员得到），并口头通知司机进路道岔开通情况后，显示起动信号；调车司机凭调车指挥人的口头通知和起动信号动车。

无人站调车，调车组及作业机车司机通过车务终端或无线传送系统获得调车作业通知单。助理调度员需要人工操作排列调车进路时，须使用列车无线调度电话通知作业机车司机后，方可办理；调车指挥人员在每一钩作业动车前，必须使用列车无线调度电话向助理调度员要道。

对无人站有计划的调车作业，助理调度员应通知应急行车人员提前到站。无人站临时甩挂故障车、事故车的调车作业，由助理调度员通知应急行车人员到站担当。在无人站调车作业完毕后，调车作业人员必须对摘下的车辆按规定采取好防溜措施，并在无人站车辆防溜登记簿内登记。

（3）出站调车

在调度中心部分集中操作方式下，需出站调车时，车站必须提前向助理调度员提出调车作业申请，经助理调度员同意后方可办理。禁止反方向越出站界调车。

在调度中心完全集中操作方式下，助理调度员在办理出站调车时，确认调车进路准备妥当后，使用列车无线调度通信设备通知车站和调车作业司机（无法直接通知时，通过车站值班员、应急行车人员通知）后，方可出站调车。调车司机、调车指挥人员必须根据开放的调车信号越出站界进行调车作业，调车作业完了后，调车指挥人员须及时向助理调度员汇报。

三、区间通过能力

（一）列车开行方案及动车组作业时间标准

动车组运行区段应与客流的结构层次相适应。首先，应安排在客运需求量大、集中且消费水平较高的地区；其次，为提高客运服务水平，增强竞争力，根据客流特点，提高开车频次，使重点城市带间实现高速度、高密度列车运行；再次，目前提供的动车组均为坐席车辆，没有卧铺车，从保证旅客舒适度和充分利用动车组运力的角度分析，动车组开行距离不宜太长，应以白天为主，一次全程运行时间以不超过五六个小时为宜。

按照“区域为主、干线为辅，白天为主、夜间为辅”的原则，在提速干线主要城市群间大量组织开行高密度、高速度、高等级的城际快速动车组，进一步缩短主要城市间旅行时间。根据动车组投入运营的数量，动车组列车开行方案按照一次铺图，分 4 个阶段逐步增加。除安排少量长线列车外，重点解决珠三角、长三角和环渤海地区快速通道的中短途城际旅客运输。

200 km/h 等级动车组追踪列车间隔时间为 5 min，京沪、京广、京哈、京九、陇海线及沪昆线浙赣段，以及信号机按 6 min 布点新建或完成改造的双线自动闭塞线路，追踪列车间隔时间，旅客列车可以实现 6 min，货物列车可以实现 7 min。

列车提速后，还可以相应提高有关时分标准的精度，200 km/h 等级动车组、直达特快旅客列车、特快旅客列车区间通通时分标准应做到以秒为单位，运行图和行车时刻表均精确到秒。动车组起停车附加时分按起车 2 min、停车 1 min 铺画运行图。一个区段内慢行处所不超过 2 处，每处慢行动车组预留 2.5 min 慢行附加时分。动车组在始发终到站停留时间可压缩到 12 min，站内折返时间 20 min，以提高动车组运用效率。

（二）天窗形式和时间

200 km/h 等级提速线路应采用大型养路机械进行养护维修作业，综合施工天窗时间不少于 180 min，并尽可能采用 V 形天窗。综合施工天窗可全天候安排。在综合施工天窗内安排综合维修（含接触网检修）天窗，时间为单线 60 min、双线 90 min，综合维修天窗内不铺画列车运行线。

（三）区间通过能力计算

200 km/h 等级旅客列车，在 CTCS-2 级区段，正常情况下按列控车载设备的显示运行，列车运行控制方式与高速铁路高速列车的控车方式是完全一致的，主要有分级速度控制模式（分阶梯式分级速度控制模式和曲线式分级速度控制模式）和连续式一次速度控制模式（也称为目标距离速度控制模式）两种。客运专线和提速 200 km/h 等级采用的动车组都是连续式一次速度控制模式。

在非 CTCS-2 级区段和列控车载设备故障的 CTCS-2 级区段，控车方式与目前机车牵引的特快旅客列车一样，采用分级速度控制模式。

这两种控车方式的不同，导致了 200 km/h 等级旅客列车追踪间隔时间的计算方法不同，即区段通过能力不同。

1. 动车组按分级速度控制模式运行

分级速度控制是以闭塞分区为单位，根据列车运行的速度分级，对列车运行速度进行控制。分级速度控制模式下的追踪列车间隔时间主要与闭塞分区数量和长度、列车性能和速度有关，而闭塞分区的长度是以最差性能的列车为依据并结合线路参数确定的。200 km/h 等级动车组按分级速度控制模式运行时，前后列车间必须间隔规定的闭塞分区数、按信号显示运行。例如在四显示自动闭塞区间，200 km/h 等级动车组最高速度 165 km/h。

（1）列车区间追踪间隔时间

动车组与前行列车至少间隔 4 个闭塞分区，信号显示带速度监控含义，速度分级一般为 165～

120（或 115）～0 km/h，列车制动距离由 2 个闭塞分区来保证，即实现从最高速度减速到 0 的制动过程（见图 2-3）。

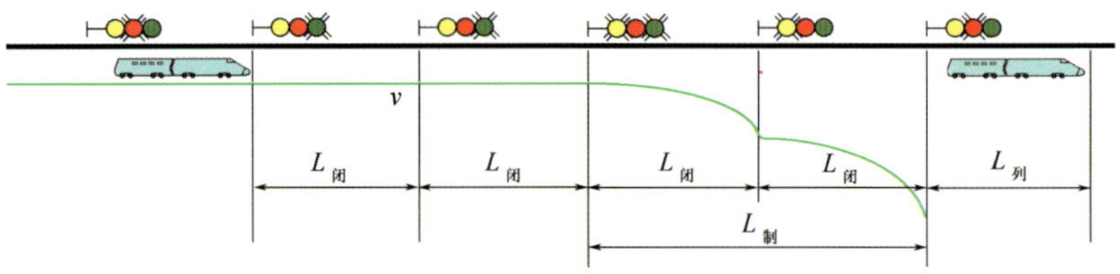

图 2-3　四显示自动闭塞区间追踪列车间隔时间示意图

计算式为：

$$I_{追追}=3.6\times\frac{L_{列}+4L_{闭}}{v_{运}} \tag{2-1}$$

式中：$I_{追追}$ 为列车区间追踪间隔时间（s）；$L_{列}$ 为列车长度（m），一般单列动车组 200～214 m；$L_{闭}$ 为闭塞分区长度（m），既有线一般 1 200～1 400 m；$v_{运}$ 为列车平均运行速度（km/h）。

（2）列车车站出发追踪间隔时间

在绿信号下列车从车站发车，追踪间隔图示见图 2-4。

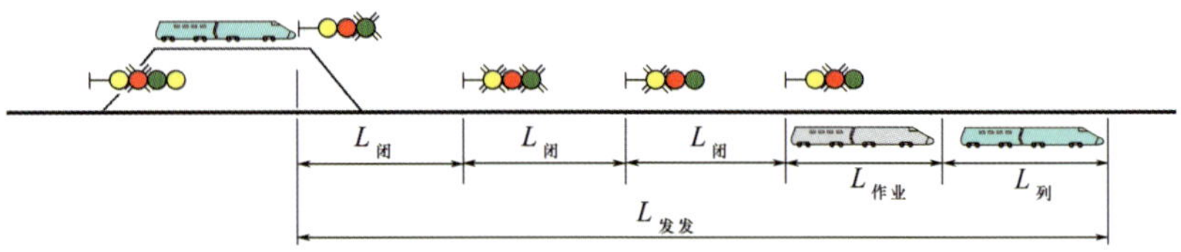

图 2-4　四显示自动闭塞列车车站出发追踪间隔时间示意图

计算式为：

$$I_{发发}=3.6\times\frac{L_{列}+3L_{闭}}{v_{出发}}+t_{出发} \tag{2-2}$$

式中：$I_{发发}$ 为列车从车站出发追踪间隔时间（s）；$v_{出发}$ 为列车从车站出发平均运行速度（km/h）；$t_{出发}$ 为办理列车出发作业时间（s）。

为缩短列车出发追踪间隔时间，往往允许后行列车在黄绿信号下发车。

（3）列车到达车站追踪间隔时间

列车到达车站追踪间隔图示见图 2-5。

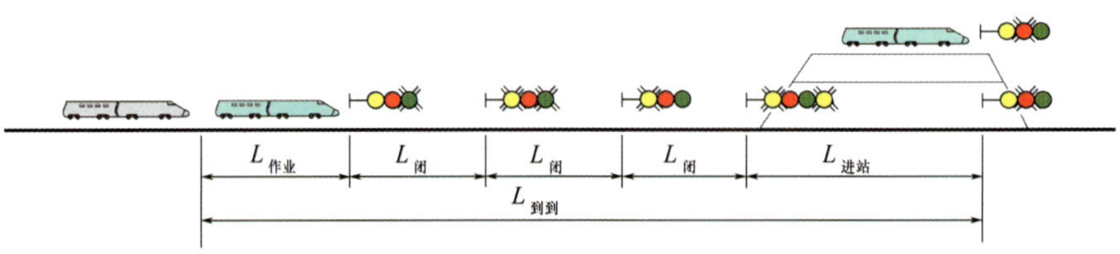

图 2-5　四显示自动闭塞列车到达车站追踪间隔时间示意图

计算式为：

$$I_{到到}=3.6\times\frac{L_{进站}+3L_{闭}}{v_{到达}}+t_{到达} \tag{2-3}$$

式中：$I_{到到}$ 为列车到达车站追踪间隔时间（s）；$L_{进站}$ 为列车进出站信号机间距离（m）；$v_{到达}$ 为列车进站停车的平均运行速度（km/h）；$t_{到达}$ 为办理列车到达作业时间（s）。

(4) 200 km/h 等级动车组追踪列车间隔时间

200 km/h 等级动车组追踪列车间隔时间为：

$$I_{动车组}=\max\{I_{追追},\ I_{发发},\ I_{到到}\} \tag{2-4}$$

$I_{追追}$、$I_{发发}$、$I_{到到}$应根据线路平纵断面、车站布置和动车组牵引制动性能，通过牵引计算确定，其中 $I_{追追}$也可通过简单计算确定。

2. 动车组按连续式一次速度控制模式运行

连续式一次速度控制模式，是以前方列车占用的闭塞分区入口为追踪目标点（一般会留有一定的安全距离），根据目标距离、目标速度及列车本身的性能，确定列车从最高速度制动到 0 的一条连续光滑的曲线，列车实际减速运行线应在该曲线以下，否则设备自动引发常用制动或紧急制动。在这种控车模式下，前行列车在同一闭塞分区内移动时，追踪的目标点固定不变；而制动的起始点是随着线路参数和列车本身性能不同而变化的。所以列车的空间间隔距离是不固定的。当前行列车出清闭塞分区时，目标点突然前移，目标距离随之改变，连续式一次速度控制曲线会发生调变。在这种控车模式下，不需要设定每个闭塞分区的速度等级，列车追踪间隔时间的计算方法与分级速度控制模式有较大的区别。由于动车组牵引制动性能比较好，起动加速快，制动距离短，追踪间隔时间往往可以做得很短，从而达到提高通过能力的目的。

(1) 列车区间追踪间隔时间

列车区间追踪间隔时间，由与前行列车最小间隔距离包括动车组从最高运行速度减速到 0 的常用制动距离、一个闭塞分区长度、前行列车所在闭塞分区入口端的安全防护距离、外加信号应变时间和司机确认信号时间内列车走行距离（见图 2-6）来确定。

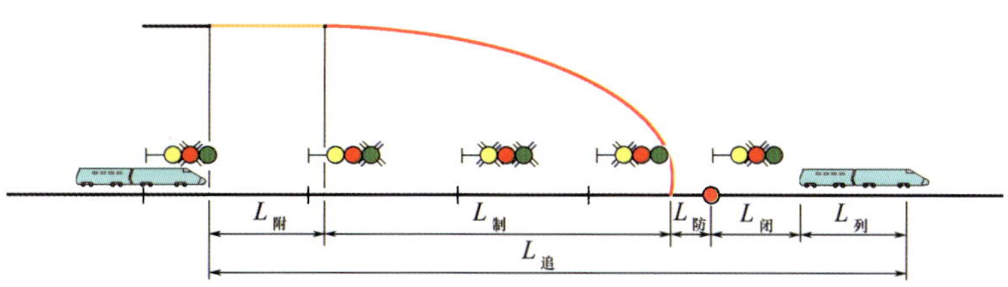

图 2-6　一次模式曲线控制条件下列车区间追踪间隔时间示意图

计算式为：

$$I'_{追追}=3.6\times\frac{L_{列}+L_{闭}+L_{防}+L_{制}}{v_{运}}+t_{附加} \tag{2-5}$$

式中：$L_{防}$ 为安全防护距离（m），一般取 45 m；$L_{制}$ 为列车制动距离（m），例如 CRH_2 动车组运行速度 200 km/h 的常用制动距离为 2 580 m；$t_{附加}$为信号系统应变时间和司机确认信号时间（s）。

(2) 列车车站出发追踪间隔时间

列车从车站出发追踪间隔时间，由与前行列车最小间隔距离为前行列车出清一离去后、外加信号应变时间和后行列车确认出发信号时间内前行列车走行距离来确定，见图 2-7。

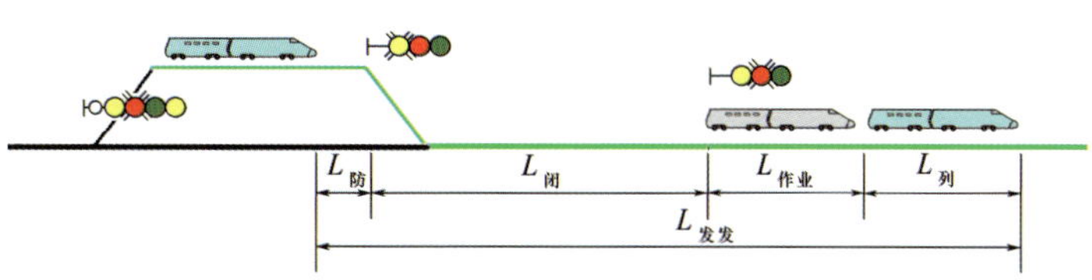

图 2-7　一次模式曲线控制条件下列车出发追踪间隔时间示意图

计算式为：

$$I'_{发发}=3.6\times\frac{L_{列}+L_{闭}+L_{防}}{v_{出发}}+t_{变确} \tag{2-6}$$

式中：$L_{闭}$为出站信号机至区间第一架通过信号机的距离（m）；$t_{变确}$为信号系统应变时间和司机确认信号时间（s）。

（3）列车到达车站追踪间隔时间

列车到达车站追踪间隔时间，由与前行列车最小间隔距离为前行列车经过车站咽喉进入到发线起、至后行列车距离进站信号机前的安全防护距离一个常用制动距离、外加车站办理后行列车进站和司机确认信号时间内列车走行距离来确定，见图 2-8。

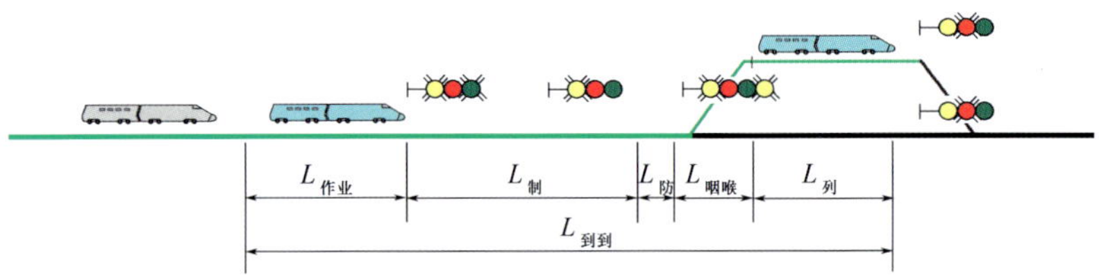

图 2-8　一次模式曲线控制条件下列车到达追踪间隔时间示意图

计算式为：

$$I'_{到到}=3.6\times\frac{L_{列}+L_{咽喉}+L_{防}+L_{制}}{v_{到达}}+t_{到确} \tag{2-7}$$

式中：$L_{咽喉}$为进站信号机至到发线进站端绝缘节的距离（m）；$L_{制}$ 为列车从正常运行速度制动到进站信号机要求的速度以下走行的距离（m），进站信号机要求的速度是咽喉区进路上道岔的限速，提速 200 km/h 等级的既有线，一般多采用 12 号道岔，限速 45 km/h，采用 18 号道岔限速80 km/h；$t_{到确}$为车站办理列车到达作业时间和司机确认进站信号时间（s）。

（4）200 km/h 等级动车组追踪间隔时间

200 km/h 等级动车组追踪列车间隔时间为：

$$I'_{动车组}=\max\{I'_{追追},\ I'_{发发},\ I'_{到到}\} \tag{2-8}$$

$I'_{追追}$、$I'_{发发}$、$I'_{到到}$应根据线路平纵断面、车站布置和动车组牵引制动性能，通过牵引计算确定。

在 CTCS-2 级区段，正常情况下，$I_{动车组}$应按连续式一次速度控制模式计算。实际上，200 km/h 等级提速既有线，CTCS-2 级系统没有覆盖整条线路，仅在部分地段装备了 CTCS-2 级系统，在其他地段动车组还必须按分级速度控制模式运行，这样的区段应按两种模式分别计算 $I_{动车组}$、$I'_{动车组}$，取其中较大者作为区段 200 km/h 等级动车组的追踪列车间隔时间。

其他旅客列车和货物列车仍按分级速度控制模式运行，追踪列车间隔时间的计算方法与现行的一致。

由于 200 km/h 等级动车组采用连续式一次速度控制模式运行，它与前行列车的间隔距离主要由其一次制动模式曲线决定（闭塞分区的长度对追踪间隔时间的影响，仅限于前行列车占用的那个闭塞分区的长度，它比分级速度控制模式的小），而不是必须间隔固定的闭塞分区数。所以 200 km/h 等级动车组追踪间隔时间可以做到比现行旅客列车略小，实际铺画列车运行图时，应尽量组织追踪运行，以充分利用 200 km/h 等级动车组提速兼顾扩能的优势。

3. 非平行运行图通过能力

200 km/h 等级提速线路平行运行图通过能力和非平行运行图通过能力的计算方法仍采用现行的扣除系数法。

平行运行图通过能力计算式为：

$$N=\frac{1440-T_{天窗}}{T_{周}} \tag{2-9}$$

式中：N为平行运行图通过能力（对或列）；$T_{天窗}$为线路、信号、接触网等固定设备养护维修或施工占用的天窗时间（min）；$T_{周}$为运行图周期（min），双线自动闭塞区段即追踪列车间隔时间（min）。

非平行运行图通过能力计算式为：

$$N_{非}=N_{货}+n_{客} \tag{2-10}$$

$$N_{货}=N-\varepsilon_{客}\times n_{客}-(\varepsilon_{快货}-1)\times n_{快货}-(\varepsilon_{摘}-1)\times n_{摘} \tag{2-11}$$

式中：$N_{非}$为非平行运行图通过能力（对或列）；$N_{货}$为非平行运行图货物列车通过能力（对或列）；$n_{客}$，$n_{快货}$，$n_{摘}$为旅客列车、快运货物列车、摘挂列车对数或列数；$\varepsilon_{客}$，$\varepsilon_{快货}$，$\varepsilon_{摘}$为旅客列车、快运货物列车、摘挂列车扣除系数。

从上式可见，计算通过能力关键是准确计算列车扣除系数，特别是旅客列车扣除系数。一般来说，客货列车共线运行线路，客货列车运行速度差越大，旅客列车扣除系数越大；列车速度种类越多，准确计算列车扣除系数的难度就越大。既有线 200 km/h 等级提速后，若货物列车维持现状，则客货速差将进一步拉大，单列旅客列车的扣除系数会有所增加。为缓解这种影响，提高线路通过能力，采取了相应措施。具体措施有：压缩追踪列车间隔时间，近几年，通过多次提速调图，包括信号系统改造和采用新型机车车辆，客货列车追踪间隔时间得到多次压缩，从而提高了线路的平行运行图通过能力；组织相同速度等级的列车连续追踪运行、优化旅客列车停站方案、提高货物列车运行速度、压缩列车车站间隔时间。这些措施都有效降低了列车平均扣除系数，从而提高了非平行运行图通过能力，使提速线路行车密度增加。

实施第六次大提速后，中国铁路既有线实现了高速，主要城市间旅行时间进一步缩短，通过能力进一步提高，货物列车质量进一步增加，实现了既有线速度、密度、质量的合理匹配，以较小的投入实现了运输能力快速扩充和技术装备水平的快速提高，取得了良好的社会效益和经济效益。

第二节　提速线路系统设计

一、客货列车速度匹配关系

自 1997 年 4 月第一次大提速到 2004 年 4 月第五次大提速，我国繁忙干线旅客列车最高速度已达 140～160 km/h，提速总里程达 16 500 km，其中提速 160 km/h 的线路达 7 700 km，部分地段线路基础可满足 200 km/h 等级的要求。

为了进一步缓解铁路运输能力制约，适合我国经济和社会发展需要，铁道部拟于 2007 年 4 月 18 日进行全路第六次大提速，提速 200 km/h 等级的线路将有 6 003 km，其中 806 km 将提速到 250 km/h。这将进一步优化资源配置，调整运输结构，增加铁路运输在交通运输系统中的竞争能力。

在货物运输方面，我国已研制成功设计速度为 120 km/h 的 DF_{4DJ}客货运两用机车，其最高试验速度达 145 km/h，设计行车速度 120 km/h。说明我国的货物列车运行速度正在随着旅客列车的提速而提高。但目前这些 120 km/h 的货物列车仍编组有普通货车（转 8A 转向架），按“空 7 重 8”的实际开行状态，货物列车的实际平均运行速度为 70～80 km/h。

由于客货列车速差大，在曲线上要同时满足高速旅客列车允许欠超高［h_q］和普速货物列车允许过超高［h_{gc}］的要求，就必须有足够大的曲线半径。提速 250 km/h 的既有个别线路或区段是客货分线的客运专线（如秦沈线），在曲线地段则要同时满足本线高速列车允许欠超高［h_q］和跨线低速列车允许过超高［h_g］的要求，同样要求有足够大的曲线半径。

在客货分线的客运专线上，旅客列车最高速度 v_{max}按 250 km/h，跨线列车最低速度 v_{min}按 160 km/h、140 km/h、120 km/h 设计。

二、最小曲线半径

（一）客货列车共线的提速线路或区段的最小曲线半径

客货列车共线的提速线路或区段按同时满足：旅客列车以最高速度通过曲线时舒适度要求所选

定的允许欠超高 $[h_q]$ 以及货物列车以平均速度通过曲线，钢轨磨耗、偏压及其他轨道运用参数处于合理范围时所选定的允许过超高 $[h_{gc}]$ 确定最小曲线半径。其实设超高 h 必须满足：

$$h_{min} \geqslant \frac{11.8 v_{max}^2}{R'} - [h_q] \tag{2-12}$$

$$h_{min} \geqslant \frac{11.8 v_c^2}{R'} - [h_{gc}] \tag{2-13}$$

在曲线上只有一个实设超高，故实设超高必须满足：

$$h_{min} \leqslant h \leqslant h_{max}$$

即：

$$\frac{11.8 v_{max}^2}{R'} - [h_q] \leqslant h \leqslant \frac{11.8 v_c^2}{R'} + [h_{gc}] \tag{2-14}$$

其中，

$$v_c = \sqrt{\frac{\sum_{i=1}^{n} N_i Q_i v_i^2}{\sum_{i=1}^{n} N_i Q_i}} \tag{2-15}$$

保证式（2-14）成立的必要条件是：

$$R'_{min} \geqslant 11.8 \frac{v_{max}^2 - v_c^2}{[h_q] + [h_{gc}]} \tag{2-16}$$

式中：h 为实设超高（mm）；$[h_q]$ 为满足高速旅客列车舒适性要求的允许欠超高（mm）；$[h_{gc}]$ 为使钢轨磨耗、偏压及其他轨道运用参数处于合理范围时的允许过超高（mm）；R'_{min} 为最小曲线半径（m）；v_{max} 为旅客列车最高通过速度（km/h）；v_c 为货物列车平均通过速度（km/h）；N_i 为一昼夜各类列车的次数（列）；Q_i 为各类列车的列车质量（t）；v_i 为各类列车的列车速度(km/h)。

图 2-9 以 h 为纵坐标，$1/R$ 为横坐标，作出了满足式（2-12）的曲线②和满足式（2-13）的曲线⑥，曲线②和曲线⑥的交点 A' 所对应的横坐标 $1/R'_{min}$ 就是满足式（2-16）的最小曲线半径 R'_{min} 之倒数。A' 所对应的纵坐标 h'_k 为：

$$h'_k = \frac{v_{max}^2 [h_{gc}] + v_c^2 [h_q]}{v_{max}^2 - v_c^2} \tag{2-17}$$

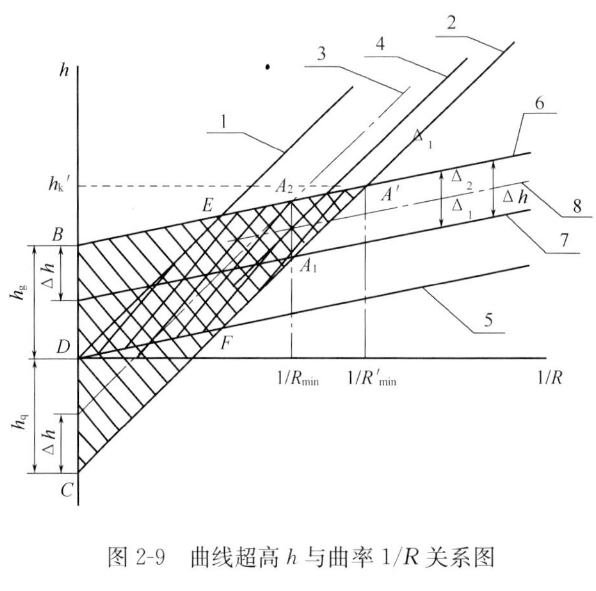

图 2-9　曲线超高 h 与曲率 $1/R$ 关系图

1— $h=\frac{11.8v_{max}^2}{R}$；2— $h=\frac{11.8v_{max}^2}{R}-[h_q]$；3— $h=\frac{11.8v_{max}^2}{R}-[h_q]+\Delta h$；4— $h=\frac{11.8v_{max}^2}{R}-[h_q]+\Delta_1$；

5— $h=\frac{11.8v_c^2}{R}$；6— $h=\frac{11.8v_c^2}{R}+[h_g]$；7— $h=\frac{11.8v_c^2}{R}+[h_g]-\Delta h$；8— $h=\frac{11.8v_c^2}{R}+[h_g]-\Delta_2$。

显然，在式（2-12）、式（2-13）和式（2-14）中的 v_{max}、v_c、$[h_q]$、$[h_{gc}]$ 选定之后，由式（2-16）所确定的 R'_{min} 及式（2-17）所确定的 h'_k 值，也就是图 2-9 所确定的 A' 点，是惟一的。但在实际运营中，一条线路在不同的运营时期、不同的运营阶段，其运输组织形式及列车的编组可能是不同的，故其旅客列车最高速度 v_{max} 和货物列车的平均通过速度 v_c 也可能是变化的。从而使最初确定的最小曲线半径 R'_{min} 和外轨超高 h'_k 与实际运营情况不适应。为了给工务维修部门在日后的实际运营中留有根据客、货列车运营组织情况变化进行超高调整的余地，在确定最小曲线半径时，不能把允许欠超高和允许过超高都用足，而要留一个超高调整量 Δh：即式（2-16）应变为：

$$R_{min}=11.8\frac{v_{max}^2-v_c^2}{[h_q]+[h_{gc}]-\Delta h}$$

$$=11.8\frac{v_{max}^2-v_c^2}{[h_q+h_{gc}]} \tag{2-18}$$

$$[h_q+h_{gc}]=[h_q]+[h_{gc}]-\Delta h \tag{2-19}$$

式中：$[h_q+h_{gc}]$ 为过、欠超高之和的允许值。

在图 2-9 中，$1/R_{min}$ 所对应的点可以为 A_1 至 A_2 之间任何一点，曲线实设超高可以在 $A_1A_2=\Delta h$ 之间，根据实际运营情况进行自由调整，并使式（2-12）、式（2-13）、式（2-18）同时得到满足。

（二）客货分线的客运线路或地段的最小曲线半径

由于在这些线路或区段运行的旅客列车是本线高速旅客列车和跨线低速旅客列车，故在曲线地段将按高速旅客列车通过曲线时的舒适度要求所选定的允许欠超高 $[h_q]$ 和低速旅客列车通过曲线时的舒适度要求所选定的允许过超高 $[h_g]$ 确定最小曲线半径。其实设超高 h 应满足。

$$h_{min}\geqslant\frac{11.8v_{max}^2}{R'}-[h_q] \tag{2-20}$$

$$h_{max}\geqslant\frac{11.8v_{min}^2}{R'}+[h_g] \tag{2-21}$$

将两式联立求解，可得：

$$R'_{min}=11.8\frac{v_{max}^2-v_{min}^2}{[h_q]+[h_g]} \tag{2-22}$$

同理可得：

$$R_{min}=11.8\frac{v_{max}^2-v_{min}^2}{[h_q+h_g]} \tag{2-23}$$

$$[h_q+h_g]=[h_q]+[h_g]-\Delta h \tag{2-24}$$

各计算式在形式上均与客货共线的相关计算式相似，内容上有两点差异。

其一，式（2-20）中采用的是旅客列车最低速度 v_{min}，而不是货物列车平均速度 v_c。这是因为在客运线上，决定最大设置超高 h_{max} 的是旅客列车最低速度及低速旅客列车所允许的过超高 $[h_g]$，而与低速列车的平均速度无关。

其二，式（2-21）中的允许过超高 $[h_g]$ 是根据低速旅客列车的乘车舒适度所决定的允许值，而不是在客货共线条件下由钢轨磨耗、压溃及轨道其他运用参数处于合理范围所选用的允许过超高 $[h_{gc}]$。

在式（2-22）、式（2-23）和式（2-24）中，也都是采用 v_{min} 和 $[h_q]$，而不是旅客列车共线条件下的 v_c 和 $[h_{gc}]$。

（三）计算参数值选用

曲线设计参数 h_{max}，$[h_q]$，$[h_g]$，$[h_{gc}]$，$[h_q+h_g]$，$[h_q+h_{gc}]$，Δh 等数值的取值见表 2-2。

表 2-2　曲线超高设计参数值　　单位：mm

引用规范		最大实设超高 h_{max}		$[h_q]$			$[h_{gc}]$		$[h_q+h_{gc}]$		Δh	
		单线	双线	一般	困难	既有线改造	一般	困难	一般	困难	一般	困难
GB 50090—1999 铁路线路设计规范		125	150	70	90	110	30	50	—	—	—	—
新建时速 200 km 客货共线铁路设计暂行规定		125	150	70	90	—	40	60	100	130	20	10
既有线提速 200 km/h 技术条件		—	150	90	110	—	50	70	—	—	—	—
铁路线路修理规则(2006 版)		125	150	75	90	困难 90～110	30	50 个别 70	—	—	—	—
新建时速 200～250 km 客运专线铁路设计暂行规定	高低速(共线)	—	180	40	80	110	40	80	110	110	140	20～50
	单一高速	—	180	—	—	—	—	—	—	220	260	—
京沪高速铁路设计暂行规定(上、下)	高低速(共线)	—	180	40	80	110	40	80	110	110	140	30～50
	单一	高速	—	180	—	—	—	—	—	—	220	260

（四）提速 200 km/h 客货列车共线铁路的最小曲线半径

按《既有线提速 200 km/h 技术条件》，一般条件下 $[h_q]$ ＋ $[h_{gc}]$ ＝90 mm＋50 mm＝140 mm，困难条件下 $[h_q]$ ＋ $[h_{gc}]$ ＝110 mm＋70 mm＝180 mm 进行计算。

旅客列车最高速度 v_{max}＝200 km/h，货物列车平均速度 v_c＝120 km/h、80 km/h、70 km/h，其计算结果见表 2-3。

表 2-3　提速 200 km/h 客货列车共线线路最小曲线半径计算结果

R_{min} (m)	v_{max} (km/h)	v_c (km/h)	$[h_q+h_{gc}]$ (mm)	$[h_q]+[h_{gc}]$ (mm)	Δh(mm)	
					一般	困难
3 500	200	120	86.3	一般 90+50=140 困难 110+70=180	53.7	
		80	113.3		26.7	
		70	118.3		21.7	
2 800	200	120	107.9		32−2	
		80	141.6		−16	38
		70	147.9		−7.9	32.1
2 500	200	120	128.0			59.2
		80	158.7		−18.6	21.4
		70	165.7		−25.7	14.3
2 200	200	120	137.3			42.7
	180.2	80			−40.2	−0.2
	188.3	70			−44.2	−8.3

可见最小曲线半径在 3 500 m 时，即使货物列车平均速度按 80 km/h、70 km/h，欠过超高允许值按一般条件 90 mm＋50 mm＝140 mm 计算，超高调整余量 Δh 仍分别为 26.7 和 21.7 mm，完全满足一般条件的要求。故提速 200 km/h 的线路，一般条件下最小半径为 3 500 m。

最小曲线半径 2 800 m 时，货物列车平均速度 80 km/h、70 km/h，只有在欠、过超高允许值按困难条件 110 mm+70 mm=180 mm 考虑时，超高调整余量 Δh 才会为 38 mm 和 32.1 mm。如果按一般条件 90 mm+50 mm=140 mm 考虑，则 Δh 得负值，显然是不允许的。R_{min}=2 800 m 只能满足困难条件要求。故提速 200 km/h 等级的线路，困难条件下最小半径 2 800 m。

同样，在既有线未改造曲线 R=2 500 m 的地段，按困难条件计算，货物列车平均速度80 km/h、70 km/h 时，Δh 值分别为 21.4 和 14.3 mm，虽然超高调整余量较小，但仍勉强满足要求，故既有线未改造的 R=2 500 m 曲线地段，经适当调整超高，仍满足开行 v_{max}=200 km/h 旅客列车的要求。

在既有线未改造的 R=2 200 m 曲线地段，即使按困难条件考虑，Δh 为负值，故不能同时开行 v_{max}=200 km/h 旅客列车和 v_c=80 km/h、70 km/h 的货物列车，在 v_c 无法提高的情况下，必须限制旅客列车最高速度。

（五）提速 250 km/h 客货列车共线铁路最小曲线半径

按旅客列车最高速度 250 km/h、货物列车平均速度 120 km/h、80 km/h、70 km/h，计算结果见表 2-4。

表 2-4 提速 250 km/h 客货共线线路最小曲线半径计算结果

R (m)	v_{max} (km/h)	v_c (km/h)	$[h_q+h_{gc}]$ (mm)	$[h_q]+[h_{gc}]$ (mm)	Δh(mm)	
					一般	困难
5 500	250	120	103.2	一般 90+50=140 困难 110+70=180	36.8	
		100	112.6		27.4	
		80	120.4		19.6	—
		70	123.6		16.4	
5 000	250	120	113.5		26.5	
		100	123.9		16.1	
		80	132.4		7.6	—
		70	135.9		4.1	
4 500	250	120	126.1		13.9	
		100	137.7		2.3	
		80	147.0		−7.0	33
	151.0	70			−11.0	29
4 000	250	120	141.9			38.1
		100	154.9			25.1
		80	164.5		—	15.5
		70	169.9			10.1
3 500	250	120	162.2			17.8
		100	177.0			3
		80	189.1		—	−9.1
	210.4	70				−30.4

计算结果表明，最小曲线半径 5 500 m，在旅客列车最高速度 250 km/h，货物列车平均速度 80 km/h、70 km/h 时，按一般条件的允许欠、过超高 90 mm+50 mm=140 mm 计算，超高调整余量 Δh 分别在 19.6 和 16.4 mm，比提速 200 km/h 最小半径 3 500 m 地段的超高调整余量（Δh=26.7 mm 和 21.7 mm）还小。故在提速 250 km/h 的客货列车共线线路，一般条件的最小曲线半径应为5 500 m。

最小曲线半径 4 500 m，旅客列车速度 250 km/h，货物列车平均速度 80 km/h、70 km/h，欠、过超高允许值之和按一般条件 140 mm 计，其超高调整余量 Δh 为负值，显然不允许。如按困难条件 180 mm 计，则其超高调整余量分别为 33 mm 和 29 mm。故在提速 250 km/h 的客货列车共线线路上，困难条件下的最小曲线半径可为 4 500 m。

在既有线未经改造的 R=4 000 m 的曲线上，经适当调整超高，可开行速度 250 km/h 的旅客列车。

在既有线未经改造的 R=3 500 m 的曲线上，旅客列车必须限定在低于 250 km/h 的速度下运行。

如果货物列车平均速度 v_c=100 km/h，在 R=3 500 m 的曲线上，经适当调整超高，仍可开行 250 km/h 的旅客列车。

（六）提速 250 km/h 客货列车分线的客运专线上的最小曲线半径。

在提速 250 km/h 的客运线路上，按本线列车 250 km/h，跨线列车 160 km/h、140 km/h、120 km/h，设计最小曲线半径。其计算结果见表 2-5。

表 2-5　提速 250 km/h 客货分线的客运专线最小曲线半径

v_{max} (km/h)	v_{min} (km/h)	$[h_q+h_g]$ (mm)	R_{min}	
			一般	困难
250	160	一般 110	(3 950)取 4 000	(3 110)取 3 200
	140	困难 140	(4 602)取 4 700	(3 615)取 3 700
	120		(5 160)取 5 200	(4 050)取 4 100

（七）小结

既有线提速 200 km/h 和 250 km/h 客货共线铁路及既有线提速 250 km/h 客货分线的客运专线，与不同货物列车平均速度 v_c 及跨线旅客列车最低速度 v_{min} 匹配时，最小曲线半径的计算结果汇总于表 2-6。

表 2-6　最小曲线半径总表

线路性质	v_{max} (km/h)	v_c (km/h)	R_{min}(m)			
			提速改造的曲线		既有线未改造曲线	
			一般	困难	允许通行	限速通行
客货列车共线	200	70～80	3 500	2 800	2 500	2 200
	250	70～80	3 500	5 500	4 500	4 000
客货列车分线的客运线路	250	160 *	4 000	3 200	—	—
	—	140 *	4 700	3 700	—	—
	—	120 *	5 200	4 100	—	—

注：* 指跨线列车的最低速度 v_{min}。

三、缓和曲线

（一）缓和曲线型式

缓和曲线的型式如按缓和曲线的曲率 k（或外轨超高 h）的变化规律进行分类，可分为直线型外轨超高顺坡的缓和曲线和曲线型外轨超高顺坡的缓和曲线。直线型外轨超高顺坡的缓和曲线的曲率 k 与曲线弧长 x 成正比，故为放射螺形线。三次抛物线是一种近似的放射螺形线，其直角坐标方程为：

平面
$$y=\frac{x^3}{6RL} \tag{2-25}$$

立面
$$z=\frac{hx}{L} \tag{2-26}$$

式中：R 为圆曲线半径（m）；L 为缓和曲线长度（m）；h 为实设超高（mm）。

曲线型外轨超高顺坡的缓和曲线，其曲率（超高）沿曲线弧长呈曲线型变化，如：S 形超高顺坡的缓和曲线、半波正弦缓和曲线、一波正弦缓和曲线及高次缓和曲线（如七次四项式）。当整个缓和曲线具有同一曲率变动函数时，称统一式缓和曲线。当由几段不同的曲率变动函数组合而成时，称组合式缓和曲线，如六—三—六，四—三—四等组合式缓和曲线。

理想的缓和曲线应满足表 2-7 所列条件。

三次抛物线只符合表 2-7 中的 1、2、3 项，不满足 4、5、6 项的要求。理论上，在缓和曲线的始、终点处，立面上会出现折角，因而当列车通过缓和曲线的始点和终点时，在轮轨之间会出现突然施加的冲击力和惯性力。实际上由于钢轨的刚性，在缓和曲线的始、终点的立面不会出现折角，同时，通过适当选择缓和曲线的长度还可以改善车辆在缓和线曲上的走行性能。故三次抛物线形缓和曲线在铁路已使用 100 多年，至今仍在采用。

表 2-7　缓和曲线要素

项　　号	曲线要素	数　值		从始点到终点之间
		始　点	终　点	
1	纵坐标 y	0	(y)	连续渐变
2	倾斜角	0	(φ)	
3	曲率 k	0	$1/R$	
4	$\mathrm{d}k/\mathrm{d}l$	0	0	连续变动
5	$\mathrm{d}^2k/\mathrm{d}l^2$	0	0	
6	$\mathrm{d}^3k/\mathrm{d}l^3$	0	0	

注：(y)，(φ)分别为缓和曲线终点的纵坐标和倾角，k 为缓和曲线的曲率。

日本东海道新干线采用半波正弦缓和曲线，它能满足表 2-7 中第 1 至第 4 项的要求，其近似方程为：

平面
$$y=\frac{x^3}{4R}-\frac{L^2}{2\pi^2R}\left[1-\cos\left(\frac{\pi}{L}x\right)\right] \tag{2-27}$$

立面
$$z=\frac{h}{2}\left[1-\cos\left(\frac{\pi}{L}x\right)\right] \tag{2-28}$$

第 4 项$\frac{\mathrm{d}k}{\mathrm{d}l}$即$\frac{\mathrm{d}h}{\mathrm{d}l}$代表车体倾斜角速度（或超高顺坡率）。在半波正弦形缓和曲线的始、终点，理论上其车体倾斜角速度（超高时变率）为 0，对列车行经此处的安全性和乘车舒适性有利。

能满足表 2-7 中第 1 至第 5 项要求的有高次多段组合式缓和曲线。能满足表 2-7 中第 1 到第 6 项要求的缓和曲线有叠加正弦或余弦形缓和曲线及高次多段组合式缓和曲线。第 5 项$\frac{\mathrm{d}^2k}{\mathrm{d}l^2}$及第 6 项$\frac{\mathrm{d}^3k}{\mathrm{d}l^3}$分别代表车体倾斜角加速度及车体倾斜角加速度的时变率。在理论上，车体倾斜角加速度及车体倾斜角加速时变率不为 0，都会引起车体的振动、摇晃及轮轨之间的附加力。能在缓和曲线的始点和终点使第 5 项、第 6 项为 0，对改善这些部位的行车质量是有利的。但是因为轨道结构的施工和养护的精度很难达到计算所要求的精度，故满足第 5 项、第 6 项要求的缓和曲线至今没有得到正式的采用。

从直观上分析，三次抛物线形缓和曲线是直线超高顺坡，在整个缓和曲线长度内，超高按同一速率递增，因此，达到给定超高值的最大超高递增率，以三次抛物线的递增率最小。各种曲线超高顺坡，为了实现在缓和曲线的始点和终点的超高顺坡率为 0，故在缓和曲线的起始段和终止段超高递增缓慢，顺坡率自始点起从 0 开始逐渐增大，到缓和曲线的中点达到最大值，过了中点之后顺坡率又逐渐递减，到缓和曲线终点时降至 0。如果要达到同样的超高值，曲线型超高顺坡在缓和曲线中点的顺坡率就一定会大于直线型超高顺坡的顺坡率。如果要使曲线型超高顺坡的最大顺坡率与直线型超高顺坡的顺坡率相等，则曲线超高顺坡的缓和曲线长度必然大于直线超高顺坡的缓和曲线长度。

理论计算表明，要使七次四项式、半波正弦、一波正弦曲线型超高顺坡的缓和曲线在中点的最大超高顺坡率与三次抛物线形缓和曲线的直线型超高顺坡的顺坡率相等，则上述 3 种缓和曲线长度应分别为三次抛物线形缓和曲线长度的 1.250 倍、1.571 倍和 2.0 倍。

欠超高（未被平衡的离心加速度）时变率是影响乘车舒适性的重要参数，理论计算表明，要使七次四项式、半波正弦、一波正弦的最大欠超高时变率与三次抛物线的最大欠超高时变率相等，则上述三种缓和曲线长度应分别为三次抛物线形缓和曲线长度的 1.3 倍、1.6 倍和 2.1 倍。

这就是通常所说的三次抛物线形缓和曲线的有效长度最长。为了保持三次抛物线有效长度最长的优点，又能改善在其缓和曲线始、终点的行车品质，提出了三次抛物线改善形缓和曲线。它是在缓和曲线起始段和终止段各插入长度为 40 m 的圆曲线形超高顺坡曲线，这样可以做到超高在始、终点处过渡连续平顺，即 $dk/dl=0$。但计算表明，这种缓和曲线的欠超高时变率、车体倾斜角速度及车体倾斜角加速度在始、终点处仍不为 0。

国内的行车试验结果表明，列车运行在直线顺坡的三次抛物形缓和曲线的始、终点与运行在曲线超高顺坡的七次四项式等缓和曲线始、终点处所产生的列车振动并无明显差异。只要缓和曲线长度达到一定要求，都能保证行车的安全和乘车的舒适性。这是因为在缓和曲线的始、终点，轨道并不是一个在立面可以任意弯折的柔性结构，由于轨道框架在立面是刚性，即使是采有直线型超高顺坡，在其始、终点的超高也会圆顺过渡，而不会折角形过渡。

日本东海道新干线限于当时的水平，采用了半波正弦形缓和曲线，且延用至今。在法国和德国的高速铁路上，由于已认识到缓和曲线线形不是限制列车速度的关键因素而采用了三次抛物线形缓和曲线或对其始、终段做适当改善。

正是基于上述认识，在我国既有线、正在建设的客运专线上，都采用线形简单、设计方便、平立面有效长度长、铺设和维修方便、现场运用已取得经验的三次抛物线形缓和曲线。只在采用个别最小半径、缓和曲线最小长度时，才考虑采用三次抛物线改善形缓和曲线。

（二）缓和曲线长度

国内外许多研究资料表明，与缓和曲线的线型相比，缓和曲线长度对高速行车条件下乘车舒适性更具有重要意义。

1. 决定长度的因素及计算式

（1）外轨超高顺坡率

在缓和曲线上由于外轨超高顺坡形成的轨道扭曲（三角坑）容易造成转向架前轴内侧车轮的减载、悬空乃至爬轨。在德国和日本的某些铁路上由于采用曲线型超高顺坡，在缓和曲线中点的最大顺坡率往往成为缓和曲线长度的控制因素，至使某些缓和曲线中点的最大顺坡率用到 1/200。直线型超高顺坡的缓和曲线，由于在缓和曲线上超高顺坡均匀，从而提供了在实设超高相同的条件下，超高顺坡可以较小的有利条件。提速线路采用直线型超高顺坡的三次抛物线形缓和曲线，则缓和曲线长度为：

$$L_1 \geqslant \frac{h}{i_0} \quad (\text{m}) \tag{2-29}$$

式中：h 为实设超高（mm）；i_0 为外轨超高顺坡率（‰）。

（2）未被平衡离心力加速度（欠超高）时变率

未被平衡离心力加速度时变率 i 是影响乘车舒适性的主要因素，用下式计算：

$$j=\frac{\mathrm{d}a}{\mathrm{d}t}=\frac{\mathrm{d}\left[\dfrac{v_{\max}^2-v_c^2}{\rho}\right]}{\mathrm{d}t}=(v_{\max}^2-v_c^2)\frac{\mathrm{d}k}{\mathrm{d}t}$$

$$=(v_{\max}^2-v_c^2)\,v_{\max}\frac{\mathrm{d}k}{\mathrm{d}t} \tag{2-30}$$

在直线型超高顺坡时，$\dfrac{\mathrm{d}k}{\mathrm{d}l}=\dfrac{1}{RL}$，故

$$j=(v_{\max}^2-v_c^2)\,v_{\max}/RL=\frac{a_c v_{\max}}{L} \tag{2-31}$$

式中：a 为未被平衡离心加速度；ρ 为缓和曲线在计算点的曲率半径；$v_{\max}$ 为列车通过计算点的最高行车速度；v_c 为在计算点上与曲率半径 ρ 对应的均衡速度；k 为在计算点上与曲率半径 ρ 对应的曲

率；R 为圆曲线半径；L 为直线型超高顺坡的缓和曲线的长度；a_c 为在圆曲线上未被平衡的离心加速度。

设直线型超高顺坡时的未被平衡离心加速度时变率允许值为 $[j_o]$（m/s^3），$[j_{og}]$（g/s），或欠超高时变率允许值为 $[\beta]$（mm/s）；圆曲线上未被平衡的离心加速度为 a_c（m/s^2），a_{cg}（g），或欠超高为 h_q（mm），则缓和曲线长度为：

$$L_2 \geqslant \frac{a_c v_{max}}{3.6[j_o]} = \frac{h_q v_{max}}{3.6[\beta]} = \frac{a_c g v_{max}}{3.6[j_{og}]} \tag{2-32}$$

它们的对应关系是：$a_c=\frac{9.81}{g}a_{cg}$，$h_q=\frac{1500}{g}a_{cg}$，$[j_o]=\frac{9.81}{g}[j_{og}]$，$[\beta]=\frac{1500}{g}[j_{og}]$。

（3）外轨超高时变率

外轨超高时变率 f 也是影响乘车舒适性的重要参数，在采用直线型超高顺坡时有：

$$f=\frac{dh}{dt}=\frac{dh}{dl}\cdot\frac{dl}{dt}=\frac{hv}{3.6L} \tag{2-33}$$

式中：v 为行车速度（km/h）；h 为实设超高（mm）。

设 v_{max} 为最高行车速度，$[f]$ 为超高时变率最大允许值（mm/s），则：

$$L_3 \geqslant \frac{hv_{max}}{3.6[f]} \tag{2-34}$$

2. 设计参数

相关规范及设计暂行规定，对设计参数的规定如表 2-8 所示。

表 2-8　缓和曲线设计参数

设计规范、设计暂行规定名称	超高顺坡率(‰)	超高时变率[f](mm/s)		欠超高时率[β](mm/s)	
		一般	困难	一般	困难
铁路线路设计规范(GB 50090—1999)	0.80～1.44(v=140～80 km/h)	32	36	45	52
新建 200 km/h 客货共线铁路设计暂行规定	—	25	31	—	—
新建 200～250 km/h 客运专线铁路设计暂行规定	—	25	31	23	38
京沪高速铁路设计暂行规定	—	25	31	23	38
既有线提速 200 km/h 技术条件	—	28	35	—	—

由表 2-8 可见，曲线超高顺坡只有在低速或常速条件下，才对缓和曲线长度具有控制意义。在静态条件下，根据轮缘高度（LM 型车辆踏面轮缘高 27 mm，LMA 型 28 mm，JM 型机车踏面轮缘高 30 mm，JM_2、JM_3 型轮缘高 28 mm）和转向架固定轴距计算，缓和曲线超高顺坡可以很大，但考虑到动力影响，《铁路线路设计规范》根据不同设计速度采用：v=140 km/h 时，$[i]$=0.82‰；v=120 km/h 时，$[i]$=0.96‰；v=100 km/h 时，$[i]$=1.15‰；v=80 km/h 时，$[i]$=1.44；最大可采用到 $[i]$=2.0。在 200 km/h 等级客货列车共线的线路，对缓和曲线长度起控制作用的只有超高时变率，而超高顺坡率和欠超高时变率对缓和曲线长度不起控制作用，故在《既有线提速 200 km/h 技术条件》中，只规定了超高时变率一项指标。且考虑到既有线地形、环境条件比新线建设时较为困难，故标准适当放宽。

3. 缓和曲线长度计算式

由式（2-34）可知，$i=\frac{h\times1000}{L}\leqslant\frac{3.6[f]}{v_{max}}$

即　$i\leqslant\frac{3.6[f]}{1000v_{max}}=\frac{3.6\times28}{1000v_{max}}=\frac{1}{10v_{max}}$，$L=\frac{h}{1000i}=h\times\frac{v_{max}}{100}$　(m)　（一般地段）

或 $i \leqslant \frac{3.6[f]}{1000v_{max}} = \frac{3.6\times35}{1000v_{max}} = \frac{1}{8v_{max}}$，$L = \frac{h}{1000i} = h\times\frac{8v_{max}}{100}$ (m) （困难地段）

式中：v_{max}为最高通过速度（km/h）；h 为实设超高（mm）。

四、夹直线及圆曲线最小长度

缓和曲线间夹直线和圆曲线的最小长度主要受列车运行平稳性和旅客乘车舒适条件控制，同时也受轨道检测、机械化养路作业要求的限制。

理论上列车运行平稳、旅客乘车舒适所要求的夹直线和圆曲线的最小长度，通常按列车在缓和曲线出、入口（即夹直线或圆曲线的起、终点）产生的振动不致叠加考虑，与列车车体振动、衰减特性和列车运行速度有关。所以，夹直线（或圆曲线）的最小长度应保证旅客列车以最高速度通过的时间不小于车辆转向架弹簧振动消失的时间。

根据我国既有车辆的性能，弹簧振动周期一般为 1.12 s，由于车辆弹簧的减振作用，可以认为车体的滚摆振动在一个周期内基本可以消失。适当考虑线路养护维修质量和车辆的技术状态影响，振动消失时间可取 1.5 s。由此计算的夹直线和圆曲线的最小长度应不小于 $L_j \geqslant 0.4v_{max}$。

我国铁路规定 $v_{max} \leqslant 120$ km/h 线路的夹直线最小长度一般地段为 80 m，困难地段为 40 m，分别相当于 0.67 v_{max} 和 0.33 v_{max}。此外，还规定既有线改造时，困难情况下可为 20 m。广深线进行速度 160～200 km/h 技术改造时，夹直线最小长度一般地段和困难地段分别为 100 m 和 70 m，相当于 0.6 v_{max} 和 0.4 v_{max}。

国外铁路确定夹直线最小长度的依据也是采用车体振动不叠加理论。但是由于各国的车辆性能不同，因而标准也不相同。德国铁路规定夹直线最小长度为 0.4 v_{max}，但困难时可取为 30 m，ICE 运行的高速铁路为 0.6 v_{max}；法国规定为 0.25 v_{max}，最小也为 30 m，TGV 运行的高速铁路为 0.67 v_{max}；英国规定为 0.5 v_{max}；前苏联规定夹直线较长，为 150 m；日本新干线则为 0.42 v_{max}。

高速铁路轨道检查时，为了判明直线或圆曲线，要求其线形必须有一定的连续长度，此值一般大于 50 m 即可。高速铁路养护维修工作中，施工机具需要一定长度的线段定向，既有大型养路机械只要求夹直线或圆曲线长度不小于既有干线的相应标准即可。

综合上述情况，既有线提速到 200～250 km/h 时，为提高旅客的乘坐舒适度，有利于线路的养护维修，规定新建和改建地段的夹直线和圆曲线的最小长度为 0.7 v_{max}，困难条件下应不小于 0.5 v_{max}；既有线保留地段可按 0.4 v_{max} 执行。

既有线反向曲线间的短夹直线加长应结合曲线半径的改造进行。

五、线间距

确定线间距的唯一条件是相邻线路在列车交会时，列车风所造成的会车压力波的压强不得超过车厢车窗所能承受的允许值，称之为车窗安全条件。影响会车压力波强度的因素如下。

（一）交会列车的行车速度

试验表明，会车压力波强度大体上与交会列车的运行速度的平方成正比。当两交会列车的速度不等时，速度较低的列车上的会车压力波强度较大，且其值大体与两列以较高速度运行的列车交会时产生的会车压力波强相当。

（二）两交会列车相邻侧壁之间的净距

净距计算式：

$$Y = D - \frac{B_1 + B_2}{2} \tag{2-35}$$

式中：D 为线间距；B_1，B_2 为两交会列车的车体宽度。

试验表明，会车压力波的强度与净距成反比。

（三）两交会列车的外形

头部具有流线形的列车交会时，会车压力波强度较小，相反，头部为钝形的列车交会时会车压力波强度较大。车头流线化程度通常用头形系数 γ 来表示，它是车头流线形段的长度与车头半宽之比值。头形系数越大，流线化程度就愈高，头形系数与会车压力波强度之间的定量关系，只能通过试验来确定。

（四）两交会列车的长度

列车越长，列车周边空气的位移层厚度越厚，会车压力波的强度就越大。但列车长度的影响还与交会列车相邻侧壁之间的净距有关，净距越大，列车长度的影响就愈小。

（五）列车交会点处的地理及周边环境

在直线，周边环境宽阔的明线地段交会时，会车压力波强度较低；在曲线，路堑甚至隧道内交会时，会车压力波的强度增大。

作为车窗安全条件的另一方面，是交会列车车厢门窗承受会车压力波的能力。如果通过对车厢车窗的改造和加强，可提高其承受会车压力波的能力，从而可以采用较小的线间距，减小线路土建工程的投资。反之，如果在线路设计中采用较大的线间距减小列车交会时会车压力波的强度，可以降低对车厢门窗承受会车压力波能力的要求，使采用较大线间距增加的土建工程投资在车厢制造时得到回报。

1998 年京广线郑武段提速列车交会试验所得会车压力波压强平均值如表 2-9 所列。

根据广深线 160 km/h 运营的实际经验，线路自开通至 1998 年车窗玻璃共破碎 314 块，1998 年 6 月郑武段提速试验中，316 次旅客列车与 160 km/h 试验列车交会时，3 块车窗玻璃破碎，结合 1996 年广深线 DF_{11} 型机车牵引列车的会车试验结果，可认为目前国产普速车辆车窗玻璃可承受压力波压强平均值为 0.9 kPa。

表 2-9 不同速度实测会车压力波的压强平均值

会车列车速度(km/h)	会车压力波压强(kPa)
120	0.7
140	0.9
160	1.2

1997 年交付运营的两列装有法国进口车窗的国产列车至 1998 年前尚未出现车窗玻璃破碎现象，因此，通过门窗性能的改进，可以认为国产旅客列车车窗承受会车压力波的能力可提高 1.2 kPa 甚至更高，为我国 200 km/h 等级列车车窗承压能力的提高创造了有利的条件。经研究确认，我国国产快速旅客列车承受会车压力波压强平均值的允许值提高到 1.5 kPa 是可行的。

普通旅客列车所能承受的会车压力波是确定线间距的控制因素。当 3.1 m 宽的普通旅客列车与 3.4 m 宽的高速动车组交会时，在线间距为 4.7 m 时，会车压力波平均值约为 0.9 kPa；在线间距为 4.4 m 时，会车压力波平均值约为 1.1 kPa；在线间距为 4.2 m 时，会车压力波平均值约为 1.3 kPa；在线间距为 4 m 时，会车压力波将达到 1.6 kPa 以上。因此，既有线的 4.0 m 线间距不能满足要求，规定 200 km/h 等级提速线路区间直线地段的线间距不应小于 4.4 m。

根据 2005 年 4 月京秦线客货列车交会试验的验证结果，200 km/h 等级动车组分别与不同速度的旅客列车交会，动车组和 140 km/h、160 km/h 速度的旅客列车所受到的会车压力波最大值分别为 0.980 kPa、0.860 kPa 和 0.889 kPa。小于广深线线间距为 4.0 m 的测试值，也小于 25B 型、25K（25G、25Z）型、25T 型旅客列车车窗玻璃能够承受的压力波建议值。因此既有线提速采用 4.4 m 的线间距，能够保证 200km/h 等级动车组、25B 型、25K（25G、25Z）型、25T 型客车组成旅客列车交会安全。

200 km/h 动车组与 120 km/h 旅客列车交会时，旅客列车所受到的会车压力波最大值为 0.91 kPa，接近或大于 22 型旅客列车车窗玻璃能够承受的压力波建议值。根据五次大提速的经验，4.4 m 线间距情况下，22 型旅客列车有可能发生车窗玻璃脱落、破碎情况。因此，为确保安全，需对 22 型旅客列车的车窗结构采取措施，予以加强。

根据 2005 年 4 月京秦线客货列车交会试验和 2006 年 7 月胶济线动车组、货物列车交会试验（采用 200 km/h 等级的 CRH_2 动车组）的结果，在线间距为 4.4 m、200 km/h 等级动车组与 120 km/h 货物列车交会时，无论是裸装焦碳、双层集装箱，还是篷布敞车，会车压力波对货物列车运行的安全、装载状态没有明显的影响，只是篷布敞车的绳索拉力有所增加，但远小于绳索的允许值。

线间距一定时，可通过强化移动设备的相关性能，如采取提高车头流线型程度、减小列车宽度等措施，减少列车交会压力波强度。

既有线线间距变更一般采用插入反向曲线的方法进行。由于线间距变化量很小，插入反向曲线的圆曲线长度和夹直线长度都很短，对列车运行的平稳性影响较大，因此提速 200 km/h 等级线路变更线间距，宜利用站外端的的曲线自然顺接变更。

列车在曲线上运行时，由于车体纵向中心线与线路中心线不相符合，使车体两端向曲线外侧偏移，车体中部向曲线内侧偏移，同时由于双线地段内外两曲线的实设超高不同，车体倾斜的程度也有所不同。因此，为保证列车交会时的安全，曲线地段的线间距应按有关规定进行加宽。

六、线路纵断面

线路的最大坡度，在一定自然条件下对线路的走向、长度、工程投资、运营费用、牵引质量及运输能力都有较大的影响。世界各国由于采用的运输组织模式和地形条件各不同相同，采用坡度也大不一样。

在提速改造中为减少既有线改造工程的投资，对于线路纵断面都尽量避免大起大落的工程改造。为适应远期运量的增长，或为与相邻线路统一牵引定数，应尽可能利用牵引动力的现代化和大功率机车予以解决。

列车经过变坡点时要产生附加力和附加加速度，从行车的安全、平稳性来说，要求设计较长的坡段长度，一般坡段应不小于远期列车长度。虽然较短的坡段长度能减少工程量，但是，为保证 200 km/h 等级及其他速度的旅客列车运行的平稳性和旅客的舒适性，既有线改造最小坡段长度一般不宜小于 600 m，困难条件下经技术经济比选应不小于 400 m。为避免坡度差大、坡段短且连续密集的地段对行车安全、平稳操作和乘坐舒适性产生不良影响，困难条件下采用 400 m 长的短坡段连续使用时不得超过 2 个。

根据研究，不需要设置竖曲线的坡度代数差值应能满足不断钩、不脱轨和列车运行平稳性要求，考虑到高速行车对轨道的高平顺性要求，在坡度差大于 1‰时，需设置圆曲线型竖曲线。

为了满足列车在变坡点处运行安全性、乘客舒适度的要求，参照国外有关规范，设计速度目标值 v_{max}=200 km/h 等级及相邻坡段坡度差大于等于 1‰时，采用圆曲线型竖曲线连接。根据研究，竖曲线半径由旅客舒适度要求控制。列车运行于竖曲线上产生竖向离心加速度，由此限制的竖曲线半径为：

$$R_{sh} \geqslant \frac{v_{max}^2}{3.6^2\,[a_{sh}]} \quad (m) \tag{2-36}$$

式中：$[a_{sh}]$ 为旅客舒适度允许的竖向离心加速度；v_{max} 为最高速度（km/h）。

根据国外对高速铁路的经验，$[a_{sh}]$ 取值为 0.4 m/s²，则

$$R_{sh} \geqslant 0.2v_{max}^2 \tag{2-37}$$

本次既有线提速到 200～250 km/h 时，竖曲线半径选用不小于 15 000 m。

为方便竖曲线的维修养护，竖曲线最小长度不宜小于 20 m，同时考虑到车辆通过竖曲线时，一节车辆不同时跨越两个变化点，竖曲线最小长度不宜小于车辆全轴距，可取 25 m。

竖曲线与缓和曲线重叠设置，会使曲线外轨形成复杂的空间曲线，线形难以保持，因此竖曲线不得与缓和曲线重叠。

竖曲线设置在明桥面上时，需通过厚度不同的轨枕保持线形，轨枕需要特制并按固定位置铺设或更换，给施工和养护维修均带来很大的难度，因此竖曲线也不应设置在明桥面上。

道岔区是线路的薄弱环节，也是结构最复杂的地段。竖曲线设置在道岔区，会影响道岔的正常使用及养护维修，加剧列车通过时的振动，因此竖曲线也不应与道岔区重叠。

竖曲线与圆曲线重叠时，列车行车平稳性受到影响，养护维修比较困难。同时由于最小半径曲线地段也是列车运行安全条件和旅客乘坐舒适度条件较差的地段，因此在新建或改造地段，竖曲线不宜与最小半径的圆曲线重叠设置，避免恶化最小半径曲线的行车安全与旅客的乘坐舒适度。

第三章　200 km/h 等级提速线路主要设备技术条件与改造

第一节　路　　基

一、既有线路基的受力特点与问题分析

（一）路基动应力的分布规律和影响因素

路基的荷载包括静荷载和动荷载两部分，基床动应力反映动荷载即路基承担上部结构传递的荷载情况，其大小与列车类型、行车速度及线路状况有关。国内外实测数据表明，路基面动应力幅值范围一般集中在 40～80 kPa，最大值可达 120 kPa，见表 3-1。

表 3-1　实测路基最大动应力平均值

测试地点	时　间	机车类型	轴重(t)	钢轨类型(kg/m)	最高车速(km/h)	道砟厚度(cm)	线路状态	实测最大动应力平均值(kPa)
京广线(韶关)	1991 年	DF_4	22.5	50	28	80	较差	70
环行段(北京)	1993 年	DF_9	22.5	60	160	35	一般	120
广深线(沙埔)	1994 年	DF_9	22.5	60	160	45	良好	35
环行段(北京)	1997 年	SS_8	21.9	60	211	35	良好	44
郑武线(小商桥)	1998 年	SS_8	22.5	60	240	45	良好	48.4
肖甬复线	2000 年	DF_4	22.5	60	120	45	良好	54.4
京秦线路基段 路桥过渡段	2000 年	动车组 2	22.5	60	210	45	良好	68 86
秦沈第一次	2001 年	动车组 2	22.5	60	210	35	优	74.9
秦沈第二次 过渡段	2002 年	动车组 2	14.5	60	272	35	优	49.5 73.8
秦沈第三次 过渡段	2002 年	动车组 2	19.5	60	315	35	优	68.1 71.8
胶新线	2004 年	DF_{8B}	22.5	60	130	50	良好	118.6
大秦线	2004 年	SS_3， SS_4，DJ_1	25.0	75	75	45	良好	45
遂渝线	2005 年	动车组	13.5	60	220	35	优	83.7

分析汇总以往国内外实测数据，得到路基基床面动应力随深度衰减的规律如图 3-1 所示。综合国内外的实测资料和计算，路基中动应力的衰减如表 3-2 所示 。

表 3-2　路基中动应力的衰减

深　度(m)	0.0	0.4	0.5	0.6	0.7	1.5	2.5	3.0
衰减系数	1.0	0.53	0.47	0.42	0.39	0.23	0.13	0.10

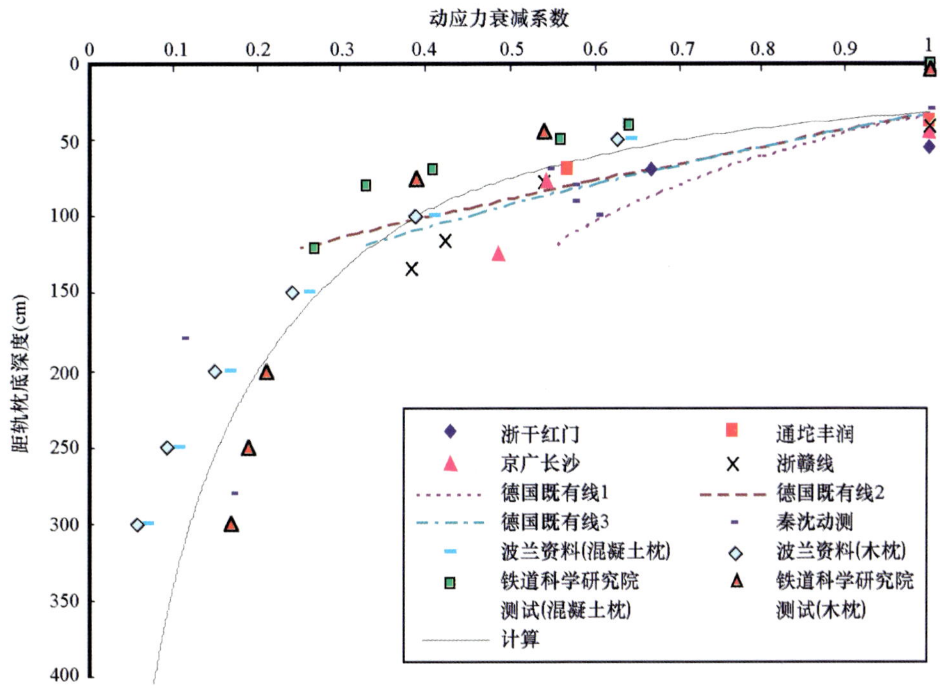

图 3-1 基床中动应力衰减的实测与计算

路基面动应力受钢轨型号、道床厚度和状态的影响较为明显。既有线路由于路基沉降和其他历史原因，实际的道床厚度常常发生变化。不同轨道结构形式下路基荷载的计算结果见表 3-3。分析计算得到的钢轨型号、道床厚度对路基面动应力的影响如图 3-2 所示。

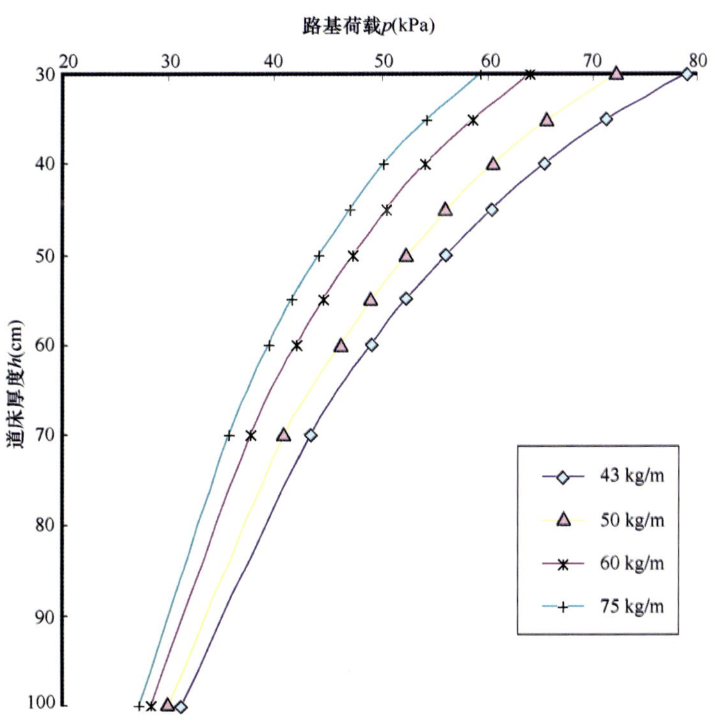

图 3-2 不同型号钢轨、不同厚度道床的路基荷载的计算曲线

表 3-3　不同轨道结构形式下路基荷载的计算结果　　单位：kPa

钢轨型号(kg/m)	道床厚度(cm)				
	30	35	40	45	50
43	78.93	71.37	65.41	60.42	56.16
50	72.28	65.68	60.42	56.07	52.34
60	64.10	58.49	54.09	50.46	47.34
75	59.28	54.22	50.27	47.02	44.23

计算结果表明：采用 60 kg/m 钢轨，路基的动应力比采用 75 kg/m 钢轨增大 7.3%；如果采用 50 kg/m 钢轨的动应力将增大 19.2%；采用 43 kg/m 钢轨的动应力比 75 kg/m 的增大 28.5%。在钢轨型号为 75 kg/m 时，道床厚度为 30 cm 时，路基动应力将比道床厚度为 45 cm 时增大 26.1%。

既有线的轨道结构和道床状态对路基面的动应力影响显著，特别是道床厚度，因此在既有线改造中可以采用强化轨道结构或抬道的办法进行处理。

路基面各点的动荷载在一定范围内变化，路基面荷载受轨枕荷载承担比的影响极大，与轨道结构的状态有关。

为了考察线路状况及道床状态对基床表面动应力的影响，遂渝线综合试验进行了 7 个路基试验工点的测试。根据以往试验分析，路基面动应力受轴重的影响较明显，为了消除不同车型轴重的影响，将各种车型的试验结果换算成单位轴重的动应力进行分析，具体结果如图 3-3 所示。将单位轴重动应力乘以轴重，得到各种车型的统计动应力平均值以及 95%和 99%的最大值，如表 3-4 所示。分析表中路基动应力平均值和最大值的关系，得到路基面动应力统计最大值的波动系数为1.66～2.12。

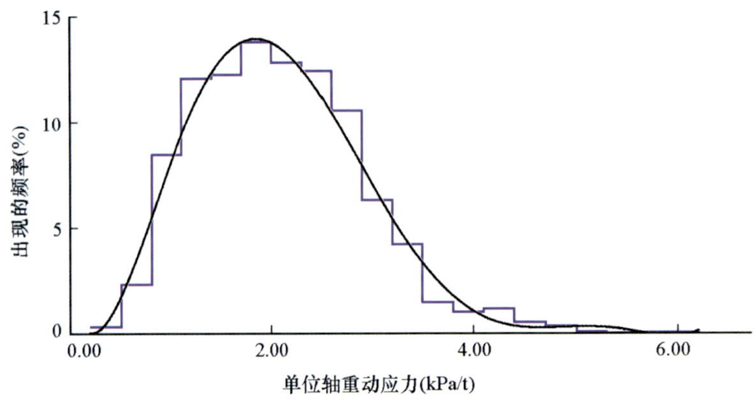

图 3-3　路基面动应力归一化统计分析

表 3-4　统计动应力均值与最大值

车　型	轴　重(t)	平均值(kPa)	最大值(kPa)		波动系数	
			95%	99%	95%	99%
动 车 组	13.49	28.19	46.95	59.63	1.67	2.12
货车机车	25.0	52.25	87	110.5	1.67	2.11
货车车辆	20.65	43.16	71.86	91.27	1.66	2.11
双层集装箱	24.95	52.15	86.83	110.3	1.67	2.12

实测路基面的荷载强度的平均值接近于假设道床和轨道结构的状态均匀一致的情况。对于有砟轨道，由于道床和轨道状态的差异，实际路基的荷载强度会出现一定的波动，波动的最大值可以按照波动系数来考虑。实际的路基荷载，对于长期稳定、不需经常捣固等扰动的道床可取小值，而对

于经常整治的道床考虑最不利的受力状态则应取大值。由于荷载分布的不均匀只对靠近荷载的区域产生影响，而对基床下部的影响不大，因此，在计算中对轨枕的有效支承范围和支承压力分布做一定的假设，对于一般土质路基，要避开不利的应力不均匀状态和较大荷载，轨枕底以下 70 cm 内的路基基床应使用性能优良的填料填筑，一般土质填料最好用于轨枕底以下 70 cm 的范围。

200 km/h 动车组的动应力约为本次测试过路车平均值的 1/2，且 95%以上的实测数据没有超过实测过路车的路基平均动应力，路基动变形平均约为 0.35 mm，约为测试过路车动变形平均值的 1/3。120 km/h 试验货物列车通过时路基动应力和动变形与实测的过路车基本相当。200 km/h 动车组对路基的影响较小，120 km/h 试验货车对路基的影响与现行货车基本一致。200 km/h 提速应主要考虑现行列车的影响和轨道的维护。

（二）路基质量对轨道状态的影响

路基质量会对轨道状态产生影响，根据工务部门提供的胶济线改造完毕后的轨检资料，进行试验段内质量较好区段和较差区段 TQI 值的统计与对比分析，结果见图 3-4 所示。

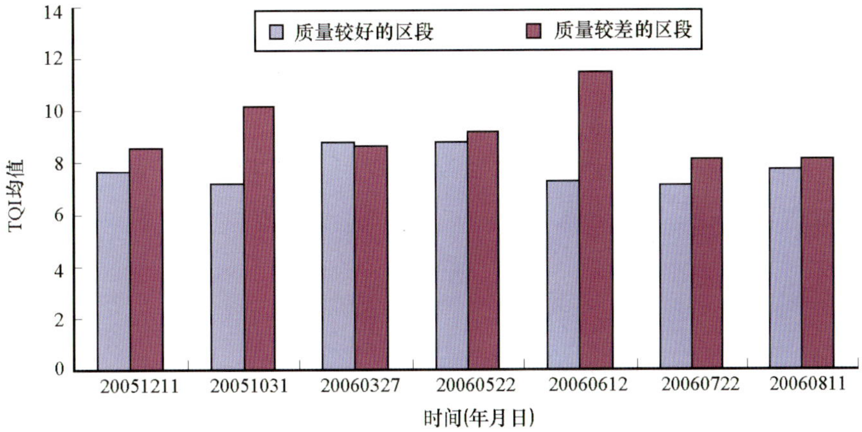

图 3-4　胶济线试验区段内路基状态较好与较差的 TQI 对比

由图 3-4 可以看出，质量较好区段的 TQI 值优于路基质量较差的区段，且质量较好区段的 TQI 值波动较小，发展稳定，而质量较差区段的 TQI 值起伏较大。津浦线试验区段内轨检资料统计结果见图 3-5 所示。

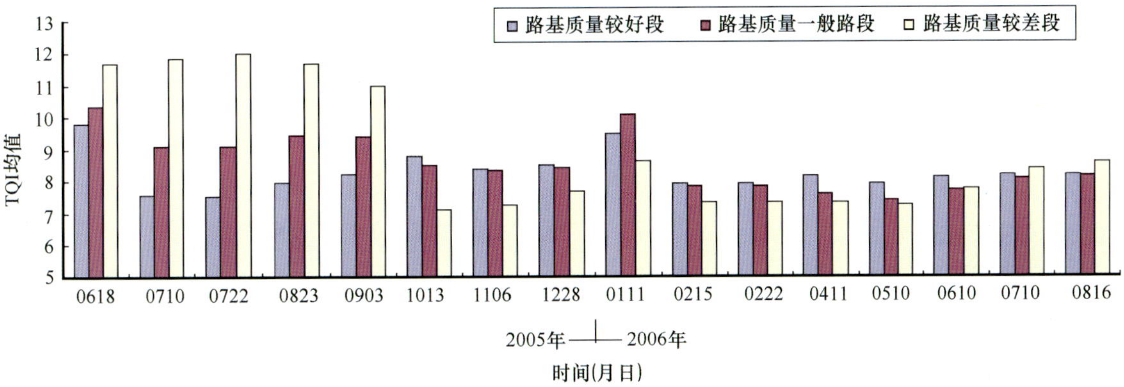

图 3-5　津浦线试验区段内路基状态较好与较差的 TQI 对比

通过对该区段 15 个月的检测结果的分析可以看出，路基每次维修整治前后的 TQI 值波动变化均较大。2005 年 10 月份之前，不同路基质量状态的 TQI 值差别较大，路基质量较好区段、一般区段、较差区段的 TQI 值依次增加，且相同质量状态的 TQI 值变化起伏不大。自 2005 年 10 月份开始，由于维修等原因，路基较差段的 TQI 值降低较大，之后又逐渐增加，至 2006 年 1 月达到一个峰值，维修后又逐渐降低，其轨道质量状态甚至优于一般路基和质量较好路基区段。

通过对不同路基质量区段 TQI 值的分析可知，轨道质量与路基存在一定的关系，质量较好区段的 TQI 值波动较小、发展稳定，质量较差区段的 TQI 值起伏较大。路基质量较好区段的轨道质量状态一般优于路基质量较差区段。

轨道质量指数 TQI 值也与养护维修有关，路基较差测点对应的轨道状态通过养护维修，在一定的时间内也能够维持较好的状态。

（三）路基病害和影响因素分析

由于以往对路基功能和特性认识不足、重视不够以及受经济和技术条件的限制，既有线路基设计和施工的标准较低。路基填筑一般就近取土，移挖做填完成，路基结构单一，一般未区分基床和设置基床表层，即使在出现了基床的概念之后，仍然不重视路堑基床；地基处理及压实不足，常常依靠多年自然沉降来达到沉降稳定。支挡防护工程储备不足，排水设施不成体系，缺乏抵抗自然灾害的能力；在不同结构连接处未设置专门的过渡段。因此普遍存在相当数量的病害。几次提速均不同程度地增加了路基病害，列车的正常运营一般通过增加维修工作量来保证。导致路基产生病害的主要因素有以下几个方面。

1. 降水量

南方路基病害较北方多，主要原因是南方降水量大大高于北方。较为典型的是京沪线，徐州以北的京津段和津徐段年降雨量为 500～800 mm，降雨时间较集中，地下水位深，路基多为 C 组或 B 组的砂黏土及黏砂土填料，透水性好，基床病害少；而徐宁段和沪宁段降雨量多在 1 000 mm 以上，路基多为下蜀黏土类的 C、D 组填料，基床中的水不易排出，产生翻浆冒泥类型的病害较多。

2. 路基填料的性质

路基病害与填料密切相关。在 B 组填料较多的线路，如京沪线京津段、京秦线等，路基病害相对较少，且病害一般是因排水不良引起，列车提速后增加的维修工作量不是太大。在 D 组填料较多的线路，如京沪线沪宁段、蚌埠至南京段，填料主要是下蜀黏土，病害多为翻浆冒泥和基床下沉，提速后病害较多，引起的维修工作量也大。在 C 组填料较多的地段，如京九线北京局和济南局管内地段，填料主要为粉土和粉黏土，边坡冲刷和基床下沉十分严重。各条线路由于所处地区和修筑质量不同，产生的病害程度也不同。

京沪线蚌埠至南京段及浙赣线所取土样试验结果表明，徐州以南地区路基以黏性土为主，液限和塑性指数都较高，病害点土样的液限为 34%～48%，大于 32%；塑性指数为 13.9～22.4，大于 12。说明这些地段的土质差是产生翻浆冒泥病害的主要原因。

3. 路基的排水体系

路基不能通畅排水，造成路基含水量升高，引发路基病害。从病害段土样的含水量测试来看，病害段含水量普遍偏高，一般大于 20%，如在京九线衡水段，其路堤高 4～5 m，以粉黏土填筑，含水量达 27.8%～32.8%。

4. 路基的压实程度

路基的压实程度是路基施工质量的重要指标，路基病害与压实度有密切的关系。京九线衡水段的土样液限为 13.0%～18.6%，塑性指数为 9.30～19.0，翻浆冒泥病害较少，但基床下沉，边坡溜坍现象严重。究其原因，主要是压实度较低，经测试，压实度仅为 0.67～0.79，远小于设计要求值 0.9。压实度比较低的线路还有：京沪线蚌埠至南京段，测点的压实度为 0.799～0.929，平均 0.851；沪杭线的压实度为 0.74～0.91，平均 0.82；京秦线土质相对较好，但压实度很不均匀，测试结果为 0.50～0.99，仍有部分区段压实度低。

一般来说，按普速要求新建设的线路路基较老线路状态差：新线路基由于没有经历过长期运营荷载的考验，表现出不稳定，基床下沉较大；老线路修建年代较早，经过多年运营与整治，压实程度大大增加，路基已基本稳定，基床下沉很小。例如新线京九线几乎全线都有基床下沉的病害，边坡冲刷也很严重；京津三线修建年代较晚，路基仍有少量下沉，而老京津线路基基本稳定。

5. 路基承载力

既有线路基的承载力一般不高，测试区段路基基床的承载力普遍较低，特别是基床表层，如沪宁线测试段基床表层承载力只有 48～112 kPa，平均 87 kPa，这样的承载力极易产生病害。沪杭线和浙赣线测试点的承载力也多在 110 kPa 以内，基床承载力不高，提速后病害增加。京秦线填料较好，但路基的承载力不均匀，基床表层的承载力从 80 kPa 到 250 kPa，共路基质量的不均匀，从 K_{30} 值也得到证明。承载力较低的地段易产生病害，较高地段可适应提速要求。在承载力低于 100 kPa的区段，提速到 140～160 km/h 后就容易产生病害。

综上所述，提高路基的承载能力需要从多方面入手，改进规范、提高设计标准，改造基床结构、完善排水设施、提高工程质量。

二、提速路基技术条件

既有线 200 km/h 等级提速，在线路平纵断面确定的基础上，应对路基进行技术改造。改造前，宜采用探地雷达等物探方法及原位勘察，并结合历年轨检资料分析，对路基进行提速检查。根据检查结果分析及有关资料，将路基划分为不同的具有一定特征的区段，每种区段选取具有代表性的区段做详细的勘察。

提速路基改造应在病害整治和处理的基础上，重点加强路基基床，改善路桥路涵过渡段及新老路基拨接处，做好路基排水和边坡防护。经若干年的维修和运营软土地基的沉降一般会趋于稳定，但未经严格控制或受次固结沉降的路基可能存在尚未稳定的路段，帮填、抬道等也可能引起进一步沉降。对于年沉降量大于 4 cm 的一般路基路段和年沉降量大于 2 cm 的路桥路涵过渡段应进行地基加固。

路基的加固处理可根据路基状况，结合工程改造的要求，路基和线路的养护、维修及运营条件等具体情况逐步进行。对未及时处理的路段应加强路基和线路的检查、监测和维护，当路基变形加大或养护量增加较多以及路基产生病害时，应及时采取加固整治措施，保证提速安全。

（一）路基横断面

路基横断面（图 3-6）主要考虑路肩与路基的宽度。由于既有线沉降一般已不突出，因此不考虑预留沉降时的路肩加宽，取一般设计的小值，路肩宽度应不小于 1.0 m。由于既有线道床结构和状况差别较大，因此对路基面宽度不作统一规定，应根据线间距、道床实际厚度等参数计算确定。既有路堤的帮宽应参照《铁路路基设计规范》。软土地区路肩不足帮宽时宜采用路肩挡墙路基上部帮填方式，以免引起过大的沉降。路基面应保持横向排水畅通。拨线帮宽路段路基横断面结构应保证线路横向的均匀与一致。

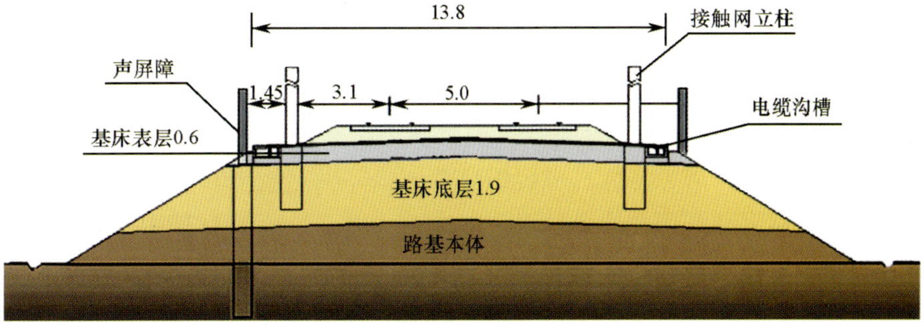

图 3-6　路基横断面（单位：m）

（二）基　床

根据路基各部分的工作特点将其分为基床与基床以下路基，并划分基床表层与基床底层的范围。根据路基动应力的分析，基床范围取道床下2.5 m深度（基床表层0.6 m和基床底层1.9 m）。考虑到既有线路基道床厚度差别较大，从荷载的传递规律上看，道床与基床应是一个相互联系的整体，道床厚度较大时实际的基床深度应减小，因此将评价的基床范围统一为设计标准道床厚度以下2.5 m。也就是说，当实际道床厚度大于设计道床厚度时，超出的道床部分可认为在基床范围，将该部分与路基部分总共2.5 m范围作为基床部分进行评价。这种做法既考虑了实际道床厚度较大时路基面动荷载的自然减少，也考虑了一些路段设计道床以下实际道床的下部长期运营形成板结层后强度提高对路基所起的积极作用。此处所述的基床包括路堤基床和路堑基床，对于路堑基床也应符合基床的要求。

既有线路基基床应符合表3-5的要求。

表3-5　对既有路基基床的要求

层位	压实指标	填　料			基床结构
		细粒土	粉砂以外砂类土	砾石和碎石类	
表层	压实系数 K	≥0.91	—	—	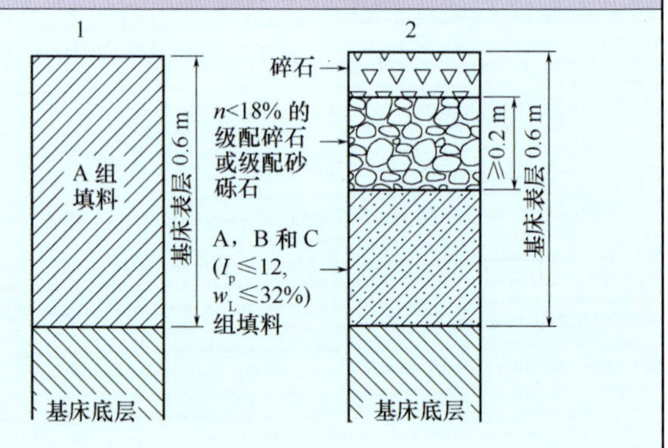
	相对密度 D_r	—	≥0.75	≥0.75	
	基本承载力(MPa)	≥0.18			
底层	压实系数 K	≥0.89	—	—	
	相对密度 D_r	—	≥0.7	≥0.7	
	基本承载力(MPa)	≥0.15			

根据国外的经验，设置垫层（类似于基床表层）才能彻底消除基床病害。法国既有线改造要求不良土质路基的道床与垫层的总厚度不小于0.6 m，但对土质填料的含水量有近乎苛刻的要求，一般要设置防水层。德国既有线改造，行车速度小于160 km/h时，要求基床上部有0.2～0.3 m的保护层；行车速度在160～230 km/h时，要求基床上部有0.3～0.5 m的保护层。参照以上处理方法及各国设计道床的厚度差异，既有线路基的基床表层，应用A组填料填筑，或至少有0.2 m厚的级配砂砾石或级配碎石。由于面层较薄，不采用基床系数K_{30}进行控制，取孔隙率小于18%。

既有线路基土普遍存在一定的结构强度，对其要求可以低于新线的标准，但至少要达到现行Ⅰ级铁路的要求。考虑行车速度的提高，取其中的大值，但对填料的要求相对严格一些。参照新建铁路对路堑地基和一般地基的要求，基床底层应满足基本承载力≥0.15 MPa；结合京秦客运通道提速改造试验和设计，基床表层基本承载力应达到0.18 MPa。对于道床较厚的情况，如果0.2 m的底砟落入基床范围，或基床范围的实际道床形成了承载力较高的板结层，且其本身和其他部分均满足表3-5的要求，可不作基床加固处理。表3-5中的参数可结合探地雷达扫描结果，根据取样、深层核子密度仪试验、动力触探、静力触探、螺旋板荷载试验等确定或推断。

根据提速综合试验结果和法国提速路基改造的经验，对于目前没有基床病害的路基可以认为其处于相对稳定的状态，因此当既有线路基稳定、基床土质良好、无翻浆冒泥等基床病害时，可根据具体情况暂不作基床加固；当路基变形加大或基床产生病害时，应及时采取加固整治措施；对于养护量增加较多的地段应根据运营条件结合大修养护和改造等情况进行处理。当开行25 t轴重列车，路基面的动应力较大时，原则上应对路基进行加强，开通量少时也可暂不作加固，但应加强路基和线路的检查、监测和维护。

（三）路堤及过渡段

1. 路 堤

提速时动应力的增加对基床以下路堤的影响较小，但也应保证基床的稳定，其压实标准不应小于压实系数 0.89 或相对密度 0.7，其加固宜根据土质情况采用注浆或复合地基桩等处理方式。由于荷载变化不大，对于经多年运营压缩变形稳定的路堤，可认为在提速时仍然会基本稳定，不作加固，但要做好边坡防护工作。

2. 过渡段

根据国内外的试验，过渡段对行车的平稳性、舒适度有较大影响，并能导致轨道结构状态的恶化，形成恶性循环，同时也加快结构物和车辆的损坏。提速综合试验也证实了不同结构物之间过渡处理的重要性和必要性。过渡段的问题以往未得到充分的认识，既有线有许多未经专门设计和特殊填筑施工的过渡段，应作加固处理。

既有路桥过渡段和涵洞顶至轨底高度小于 1.2 m 的路涵过渡段应作加固处理。过渡段长度应按式（3-1）确定，但路桥过渡段长度不得低于 20 m，路涵不得低于 15 m。

$$L = 2h + A \tag{3-1}$$

式中 L——过渡段长度，m；

h——桥台或涵洞高度，m；

A——常数，桥取 5 m，涵洞取 2 m。

（四）路基排水

根据既有线现状的调查和新线建设的实践，应高度重视排水系统工程的设计，应与桥、涵、车站排水系统及其他排灌系统衔接，并保证排水系统完整畅通。

路基排水设施应根据路基各部分的排水面积、表面形状、周边地形、地质、地下水状况和气候等条件进行改造和设计。

（五）坡面防护

路堤边坡和易风化的软质岩、强风化或构造破碎的硬质岩以及土质路堑（含碎石土、卵石土等地层）的边坡坡面（含边坡平台、侧沟平台）均应进行防护或加固。坡面专门设置排水槽较好。

坡面防护类型应根据填料性质、岩土性质、气候条件、水文条件及边坡高度等因素确定。填料及气候条件合适时，应优先采用植物防护，同时应设置带排水槽的拱形骨架。

三、提速路基的检测与评估

（一）调查与检测

由于既有路基存在上覆结构，具有隐蔽性，因此进行大量的试验存在一系列的困难，且常规的工程检测方法难以评价路基内部的状态。车载探地雷达检测可以迅速了解全线路基基床的状况和道床厚度等有关信息。它可以探测基床病害，道床和基床中各结构层的层位、结构面的变形和含水状况以及道床的污染状况。它们与基床的土质和承载能力有较大的关系，能够较全面地反映路基基床的状况。因此，可采用物探技术和工程检测技术相结合的方式，对既有线路基进行检测。雷达探测铁路路基的方法在国外已有多年的实践经验，在国内铁道部和科技部也有相应的项目进行研究。目前德国正常的检测速度已达到 100 km/h 以上。图 3-7 是车载探地雷达检测设备。图 3-8 是通过车载雷达测出的路基图像。

既有线提速路基的调查与检测包括如下内容：

1. 收集分析相关路基和轨道结构的设计文件和竣工资料，通过线路的总重、车速和轴重等运营情况，养护维修情况，病害情况以及气候环境资料等。

2. 用车载探地雷达等物探方法探测既有线路基，调查路基基床的形态、道砟陷槽和道砟囊等路基病害分布以及实际道床的厚度，并做地面初步踏勘，根据路基的状况将其划分为几种类型。

图 3-7　车载探地雷达检测设备

3. 对每种类型，选取代表性路段进行详细的勘察和动态测试。测试的内容有路基的几何形态、填料类型、承载能力、压实度、支挡、防护、排水以及道床厚度等。承载力的定量评价可采用轻型动力触探、便携式可变能动力触探等检测，压实系数可采用深层核子密度湿度仪检测，并应通过弹性波速试验估算基床的实际地基系数 K_{30}，或进行地基系数 K_{30} 检测及其他便携式的载荷板检测。动态测试以路基动变形为主。

4. 根据调研与检测的结果，对有可能出现问题路基类型的路基进行全面的勘察。

5. 综合调查和试验结果，分段描述路基的状况，形成全线的调查与检测报告。

（二）评估方法

1. 绝对性评估

分析整理详细的勘察试验资料，分区段将检测参数和相关规定进行对比，判断能否满足既有线提速的技术条件，确定是否需要进行处理。这种方法适用于标准或规定比较明确和完善的情况，或用于评价非常必要的关键问题。

2. 相对性评估

由于路基质量的影响是个长期性问题，路基标准的高低与路基的服务周期、养护维修工作量及使用满意程度等有关，对行车的影响也往往是间接和渐进的，除了个别情况外，很少有绝对的“行”与“不行”。这也是长期以来对既有线路基提速条件和路基设计标准争论不休的一个原因。路基的标准同样也是随技术和经济的发展而发展的。事实上，在加强监控的条件下，路基允许带一定程度的“病”工作。由于一方面既有线存在不少问题，另一方面无论在技术、时间和经济上，既有线的加固又面临相当的困难，因此，在提速的路基技术条件上还存在较大的分歧，没有明确的结论，还需要做进一步的探索。目前，有必要对路基的状况作相对的评估，分清问题的轻重缓急，用有限投入发挥最大的效果，并通过长期的实践完善和明确有关标准。

相对性评估的原理是统计低于某一质量状况的累计百分数，然后根据改造的投入和时机等条件，确定改造的能力和该能力相应的百分数所对应的状况，即为当前判断改造与否的界限值。该界限应覆盖必须改造的状况，否则应加大投入。

该方法可以就某个方面的状况进行统计。例如，对路基基床的基本承载力进行评估，首先将路基划分成小段，然后统计路基基本承载力低于某个水平的累计频率，如图 3-9 所示。如果目前有能力处理 50％的路基基床，对应的基床基本承载力应为 160 kPa，则基本承载力低于 160 kPa 的路基基床要进行处理。如果承载力低于 100 kPa 的基床出现大量的基床病害，那么，投入的处理能力不应低于 30％。也可采用专家打分的办法评估综合的状态，将各单项指标根据影响程度确定其所占的权重和分值，在将路基划分成小段后，由专家评分，然后统计评分的结果，如图 3-10 所示。如果有能

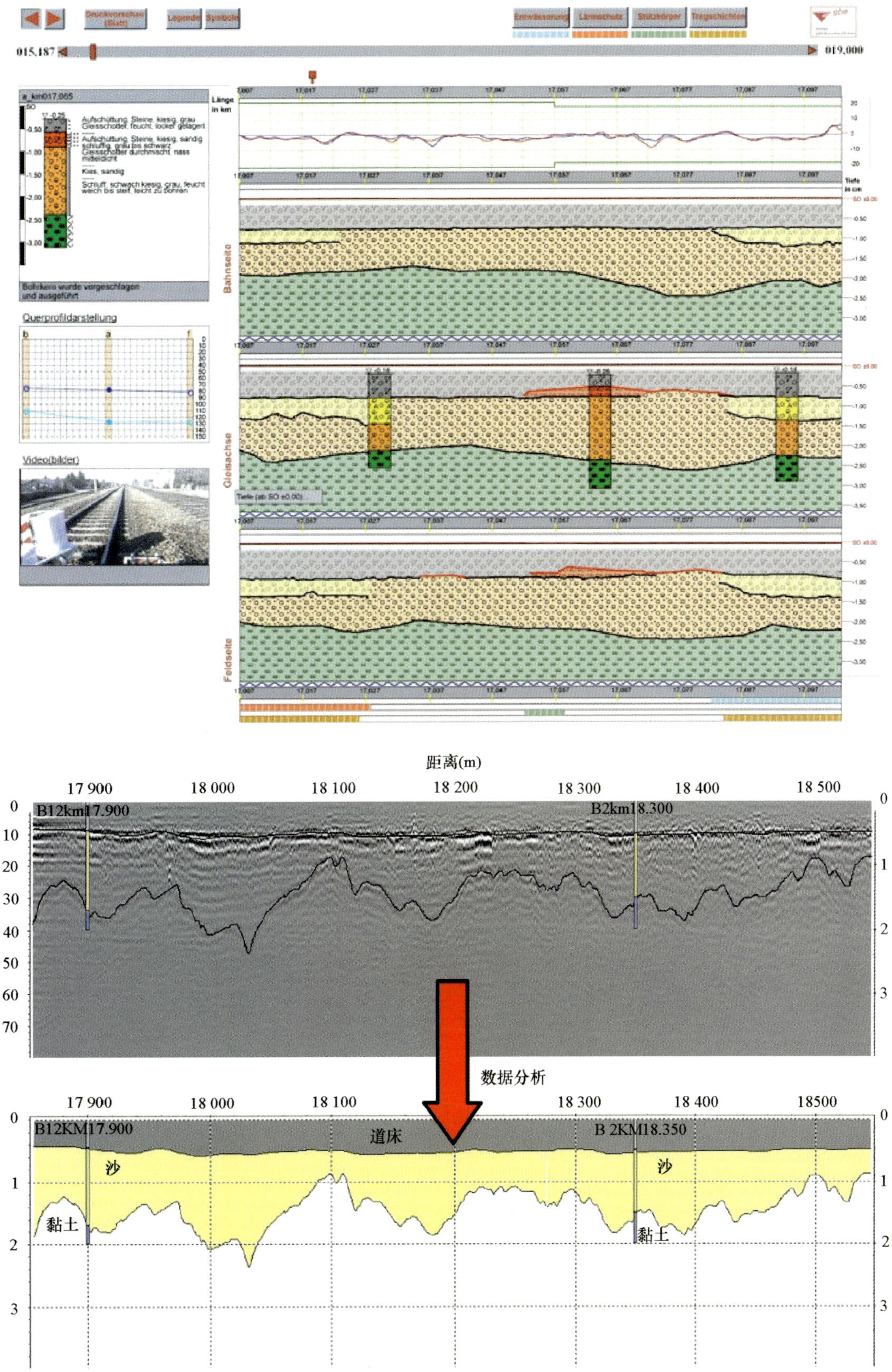

图 3-8　通过车载雷达测出的路基图像

力处理 50%的路基，那么对于综合得分低于 57 分的路基均应进行处理。

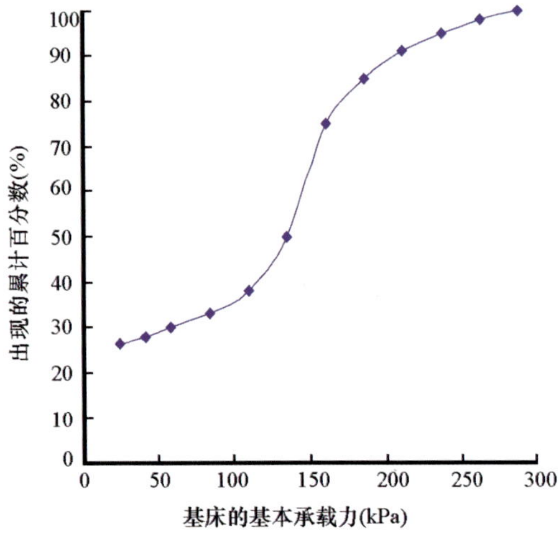

图 3-9　基床承载力统计图

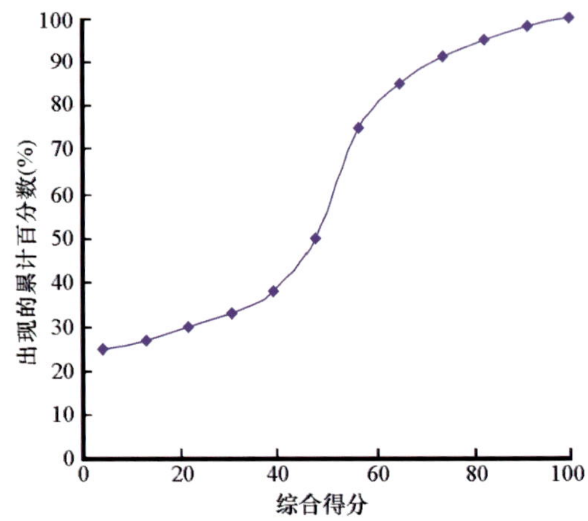

图 3-10　路基综合得分统计图

3. 养护系数评估

法国在分析既有线状况时将路基的状态与养护维修工作量相联系，如图 3-11 所示。

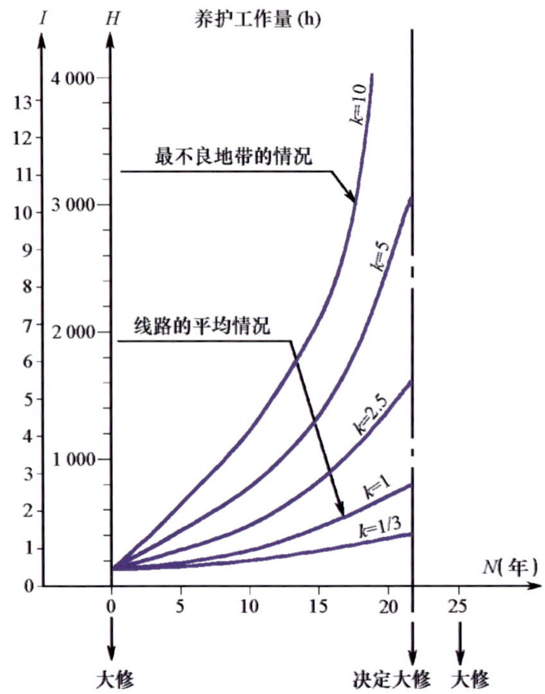

图 3-11　路基状况与维修次数的关系

路基状况与养护量的关系为：

$$I=\sigma[a+bk(2N/5-1)] \tag{3-2}$$

式中　I——年养护次数；

k——路基养护系数，在正常情况下，该系数的值为 1，在路基状态极不良的情况下，该数值可达到 10；

N——前一次大修后的年数；

σ——与列车组别有关的系数，取 1 或 0.75；

a 和 b 都是常数。

养护系数与路基上容许承受荷载的关系如图 3-12 所示。

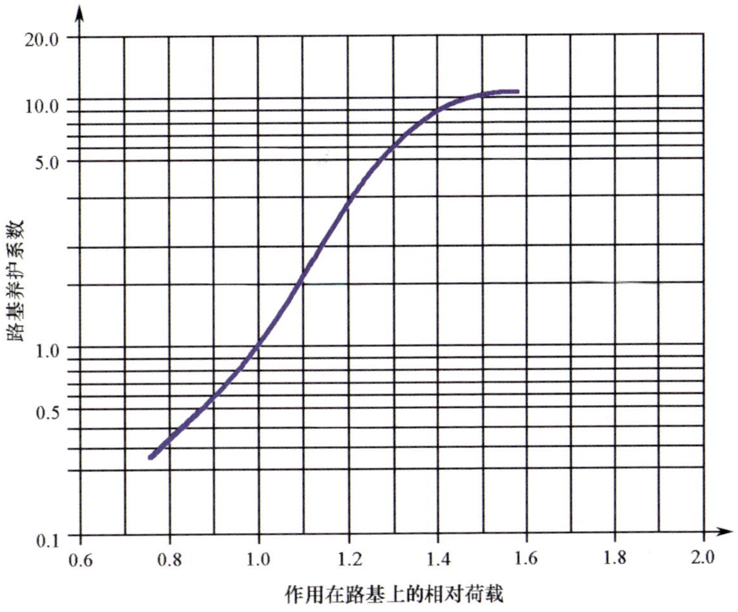

图 3-12 路基养护系数与路基上荷载之间的关系

当需要降低养护系数时，就要降低作用在路基上的荷载，由此可决定所需垫层的厚度。相反，如果已知目前状态下的养护维修系数，也可以根据养护系数与路基上容许承受荷载的关系估算出提速后因路基荷载提高而降低的养护系数。如果该系数不大于 1，说明路基仍处于正常的状态，对这类路基可不做处理。该方法适用于运营养护记录比较全面，同时有一定经验积累的情况。

四、既有线路基加固

（一）基床加固

根据路基动应力的传递规律，基床上部受到的动应力较大，因此，路基的加固应以基床表层加固为主，加固深度宜在 1.5 m 内。基床加固方法分述如下。

1. 砂垫层

砂垫层铺设在碎石道床下部的一定断面内。砂垫层的用砂以中砂最佳，级配良好的粗砂次之。砂的质量以纯石英砂最理想，不应使用易于风化成泥的砂质材料，砂中的含泥量不得超过 3%～5%。其作用为使碎石与基面隔离，使基面受力均匀，保证基面平整，避免基面因积水而造成翻浆冒泥。这种措施可防治无地下水的基面翻浆，但不适用于裂隙泉眼翻浆。在地下水丰富的基面翻浆地段必须同时采取降低地下水位的措施。采用封闭层、换土等其他整治基床病害措施时最好也同时铺设砂垫层。

2. 复合土工膜封闭层

在基面铺设一层不透水的土工合成材料隔层作为封闭层，可起到：① 隔离地表水，使之不渗入基面以下，从而防止或减轻基面软化或风化，降低基床含水量，提高基面承载能力；② 阻隔泥浆上冒污染道床；③ 隔开道床与基床，防止互相掺合。该方法可用于防治基面翻浆和由此产生的道砟沉陷，适用于病害水源主要为大气降水的路段。

3. 土工布反滤隔离层

在基面铺设一层土工布，与其上下的砂层构成一复合结构，起反滤和隔离作用，将基床土颗粒阻隔在土工布下，使之不能上冒道床，并将基床和道床隔开，防止相互掺合。用于水源主要为地下水的基面翻浆冒泥，但裂隙泉眼翻浆不宜使用。土工布的铺设如图 3-13 所示。

图 3-13　路基保护层土工布的铺设

4. 换　填

换填是指将不良基床土经更换（换土、换砂等）或改良（换掺）使其满足使用标准。其主要作用是改善基床的土质条件、提高基床的承载能力。适用于：① 由于土质不良、承载力不足而引起的下沉、外挤等基床变形；②已形成不同深度道砟囊的下沉地段及软卧层不厚且下为刚卧层的挤出地段。对于地下水丰富的地段，要同时采取降低地下水位的措施。换砂也用于防治基面翻浆冒泥。

基床换填施工受既有线运营条件的限制难度较大，常规的换填施工会影响到邻线的安全运营。德国在汉堡—柏林既有线的电气化提速改造过程中采用了一种新的路基施工方法——顶推机换填法（图 3-14）。在不中断邻线行车的条件下，最深可将 4 m 深度范围内的填料彻底置换，有效地解决了施工难题，值得借鉴。

另外，德国在基床换填施工过程中还采用沉箱式换填加固（图 3-15）和移动挡墙式机械换填加固（图 3-16）的方法，其中移动挡墙式机械换填深度可达 2.6 m。

5. 成孔回填桩

在路基上按一定间距挖成桩孔，然后填筑石灰或水泥的改良土或其他填料，经夯实成桩。其主要作用为：① 通过材料吸水和离子交换，使桩周土体固结和改良，增加土体的强度；② 桩身起骨架作用，与桩间土复合承载，从而提高承载能力；③对桩间土起挤密压实作用。适用于防治路基及基床强度不足造成的下沉或外挤等路基病害和过渡段的强化（强度和刚度的提高）。

6. 土工格室加固

结合基床换填利用土工格室加固基床表层，或利用土工格室设置砂垫床，改善土体的受力状态，增加填筑施工时填料的可压实程度，提高土体和垫层的稳定性和承载能力。基床土工格室加固适用于基床强度不足所造成的各种病害的处理，土工格室砂垫床用于基面翻浆的防治。

7. 浅层注浆改良或注浆封闭层

设置大量穿过道床的垂向或水平向注浆管，注入土体改良剂或固化材料，使基床浅层土质得到改良或在基面形成一柔性封闭层，起提高土质强度或改善土质防渗隔离功能。适用于基床土质有不良倾向，路拱消失，需大面积处理的路段。该方法的关键在于灌注材料和施工工艺。

另外，对于路基基床冻害的防治可采用增设隔排水设施、换填冻胀性较小的填料、铺设保温层等方法。

（二）路基加固

1. 砂桩或碎石挤密桩

采用砂桩（图 3-17）或碎石挤密桩（图 3-18）加固路基的方法仅用于路基下部和地基土壤中，且其上面必须设置良好的垫层，如图 3-19 所示。在帮宽的新老路基结合部位，桩加固也是非常必要的，如图 3-20 所示。也有采用在桩的上下端填筑碎石，其上垫一层土工格栅的办法来降低桩的刚

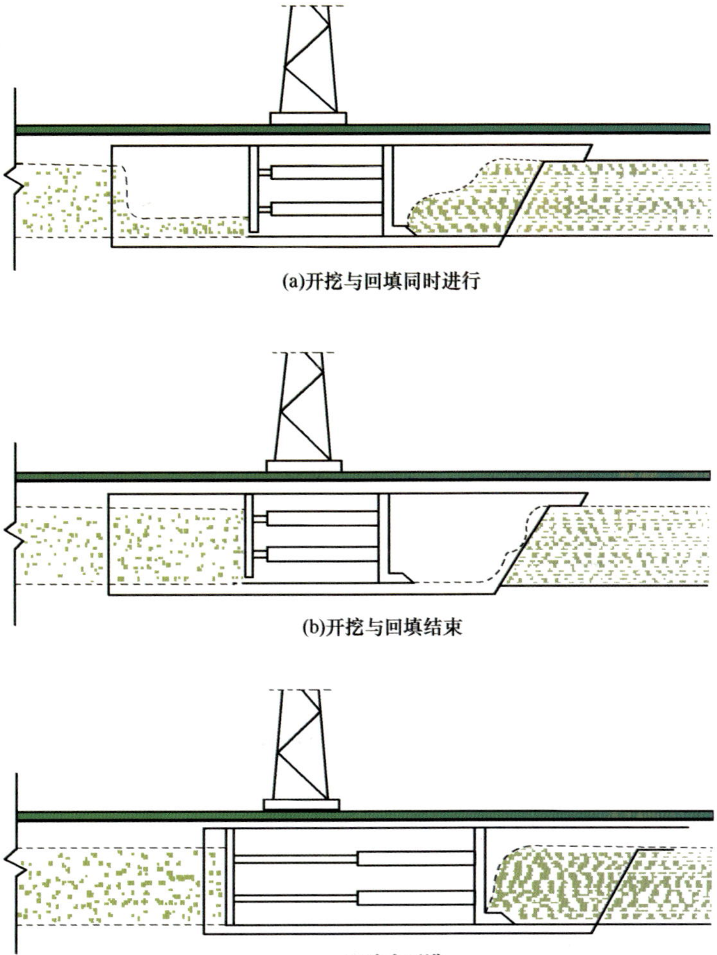

(a)开挖与回填同时进行

(b)开挖与回填结束

(c)吃土顶进

图 3-14　顶推机作业过程示意图

度，提高桩土及垫层协调变形能力的，但效果并不理想，现多采用图 3-21 所示的形式。

2. 注浆搅拌或粉喷搅拌桩

用专用机具在路基或基床钻孔，然后在粉喷或注浆的同时搅拌，使灌注材料（水泥或石灰）与土体混合成桩。其作用：① 通过材料吸水和离子交换，使土体固结和改良，增加强度，形成桩身；② 桩身起骨架作用，与桩间土复合承载，从而提高承载能力。适用于防治路基及基床强度不足造成的下沉或外挤等路基病害和过渡段的强化（强度和刚度的提高）。

德国联邦铁路公司对多处不同土质的铁路路基采用 FMI（挖掘—混合—喷射灌浆）连续施工法（图 3-22）进行加固，效果较好，加固深度可达 6～9 m。

（三）地基沉降处理

既有线的地基沉降处理由于受上覆结构的影响而具有一定的局限性，一般适宜通过粉喷桩、旋喷桩、深层搅拌桩和注浆等方法进行处理。为了避免干扰运营，施工时一般从路基两侧坡脚以一定角度成桩。

（四）过渡段加固

路桥过渡段加固是既有线加固的难点。目前新线设计规范中，路桥过渡段都要求填筑级配碎石，但对既有线路桥过渡段，受运营条件限制，加固方法难以选择。过渡段的加固方法有换填级配碎石、挤密桩、注浆、桥头搭板和换填轻型材料等。

1. 注　浆

注浆加固是过渡段加固中广泛采用的一种方法，通常采用高标号的硅酸盐水泥，水灰比为 1∶1。

图 3-15　沉箱式换填加固

图 3-16　移动挡墙式机械换填加固

为调节水泥浆的性能，可掺入速凝剂或缓凝剂等外加剂。由于注入了水泥浆，地基强度能随时间增强，后期强度能够得到保证。但是注浆过程中要控制好注浆压力确保不出现抬道现象。该法具有施工简便，且不影响行车的优点。

2. 挤密桩

在挤密桩位置安设挡砟护筒，从护筒中取出道砟，随着道砟的取出，使护筒底部逐渐下沉到基床表层面。在基床表层以下，用侧板螺旋钻成孔，孔内装填水泥土或水泥中粗砂等材料，装填料用橄榄锤分层夯击密实。这种方法能保证列车正常运行，确保施工和行车安全，工艺简单，设备轻便，加固后的复合地基强度能够满足设计要求。但是该法机械化程度差，工作效率较低，施工质量差别较大。

（五）排水与边坡防护

路基工程应有完整、系统、通畅的排水设施，尤其注意软质岩路堑、强风化或构造破碎的硬质

图 3-17　砂桩施工

图 3-18　振冲碎石挤密桩施工

岩路堑及土质路堑，侧沟深度和构造应考虑基床表层的排水需要。

路堤边坡防护工程型式可根据填料性质、气候条件、边坡高度等具体情况采取不同的防护类型。易风化的软质岩、强风化或构造破碎的硬质岩以及土质路堑（含碎石土、卵石土等地层）的边坡坡面（含边坡平台、侧沟平台）均应进行防护或加固。填料及气候条件合适时，应优先采用植物防护。采用植物防护时，宜同时设置骨架防护。当边坡采用骨架防护时，宜采用带排水槽的结构，并加深骨架埋置深度。

排水不畅是路基病害产生、发展及承载力下降的主要因素。对提速路基而言，无论采取什么措施，正确的排水处理均应放在第一位。保证线路的横纵向排水通畅，是减少路基病害维护路基稳定的首要条件。路基面应消除外高内低的现象。

增加路基整体稳定，特别重要的是保证路基横断面的完整。多年运营的较高路堤，尤其是桥头

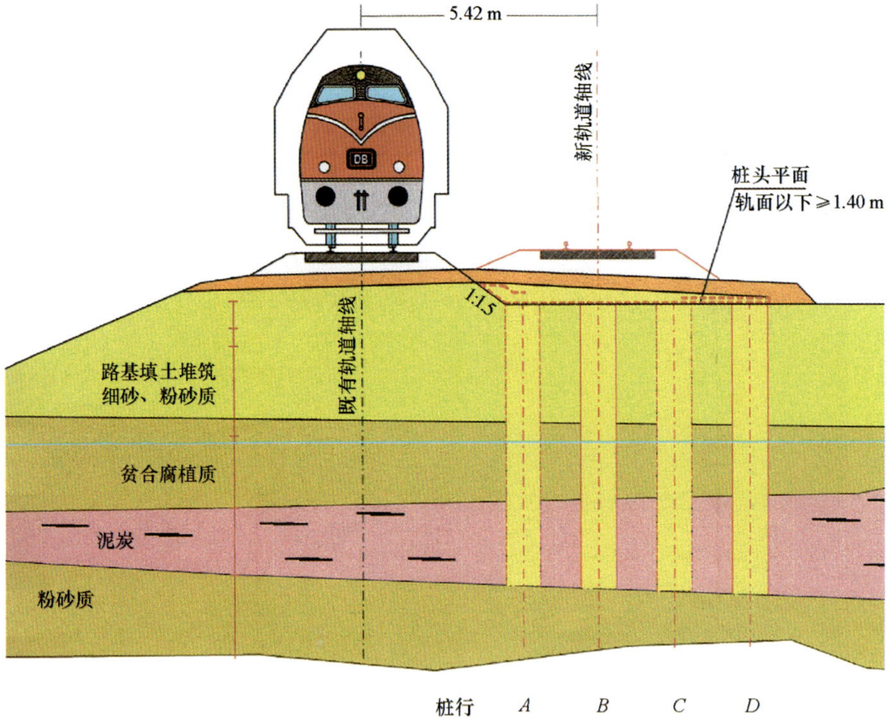

图 3-19　既有线路基加固

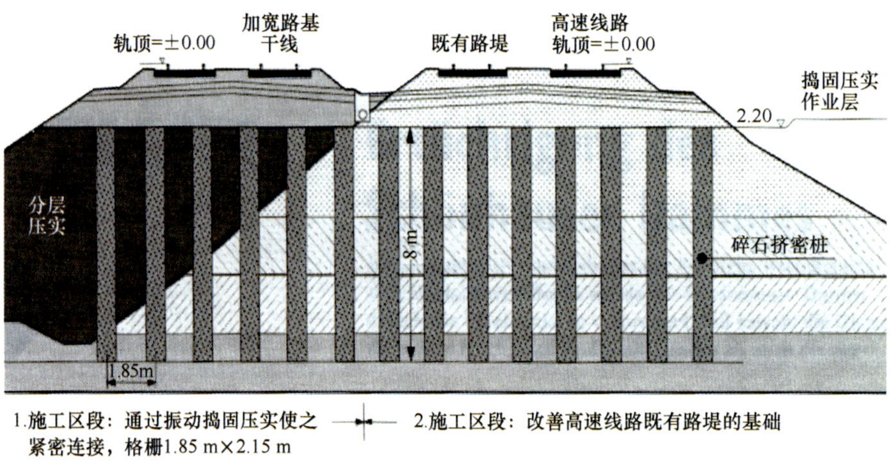

图 3-20　帮宽的新老路基结合部位加固

路基、山间谷地高路基及软土地段路基，由于地基和填筑土沉降较大，路肩不足的现象较为普遍。工务维修中，为了减少对既有砌石坡面防护工程的影响，减少工程量，一般以砌筑护肩来保持路肩宽度。这种结构造成路基尤其是基床部分侧向支持力不够，容易发生边坡滑塌现象。

京九线加固改造过程中，工务部门首先对路基面宽度进行了帮宽处理，路肩的宽度增加到 1.4 m，并用水泥或石灰强化基面。边坡采用带水槽的拱型骨架护坡和植物防护相结合的方法，在路肩外缘处设素混凝土挡水设施，并每隔一定距离在边坡外设置排水出口，效果比较理想，如图 3-23和图 3-24 所示。

路基加固处理是既有线提速改造系统工程的一个部分。一般情况下，不太严重的路基问题不会因路基病害突然恶化而危及行车安全。加固处理宜结合路基运营状况充分利用改造和养护维修过程中的有利时机来完成。未及时处理的路段可能出现轨道状态难以维持，养护维修量增大等情况，应

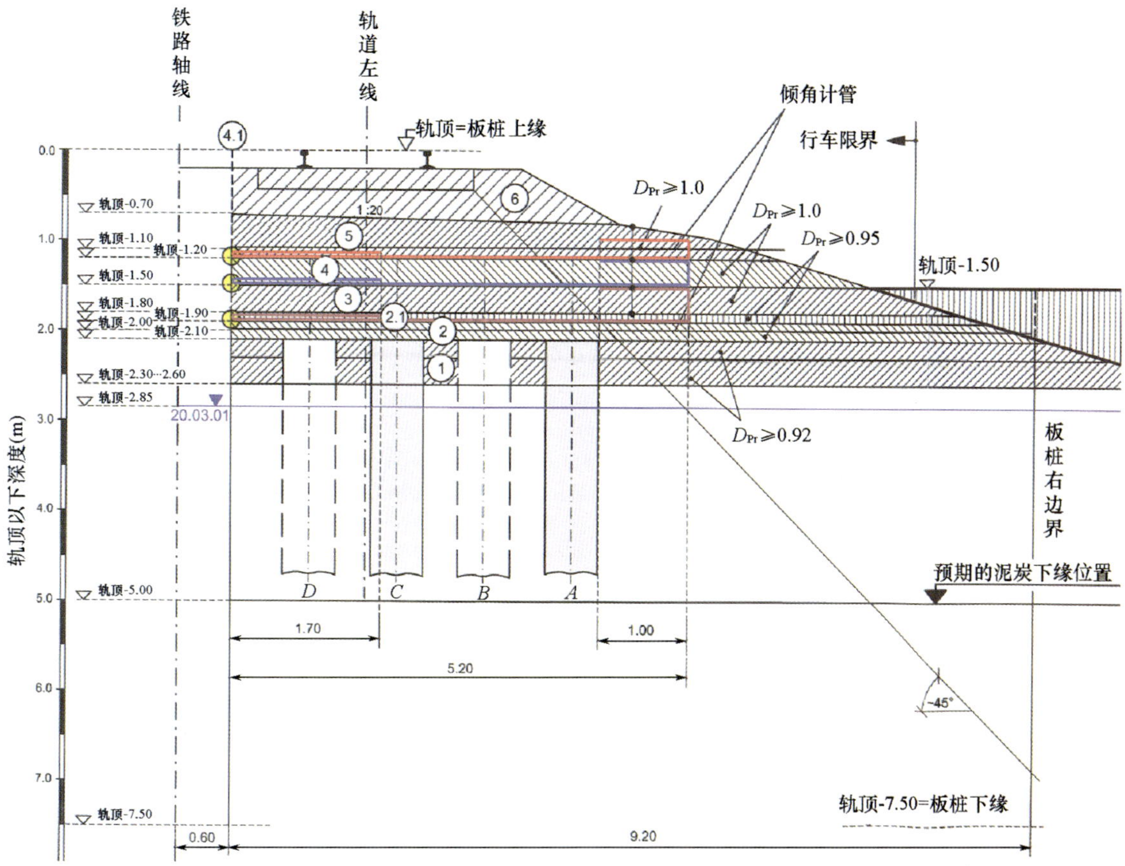

图 3-21　土工格栅与桩加固（单位：mm）

图 3-22　挖掘—混合—喷射灌浆一体机

加强检查、监测和维护。

既有线路基的加固处理是一个世界性的难题，而既有路基的具体情况又千差万别，结合具体情况才有可能有针对性地提出可靠、经济和合理的加固措施，并应积极探索符合实际的、可操作性强的基床加固技术和机具。

五、小　结

1. 既有线路基普遍没有设置强化的基床表层结构和专门的过渡段，性能难以满足提速后的运营要求，大都存在一定的路基病害。路基填料存在大量使用 D、C 组不合格填料的情况，在这些路段，路基常常出现翻浆冒泥、基床下沉、边坡冲刷和冻涨等病害。普遍存在压实度和承载力不足的现象，在承载力低于 100 kPa 的区段，提速到 140～160 km/h 后容易产生病害。

图 3-23　拱型骨架护坡和植物防护

图 3-24　路基面集中排水

2. 根据路基动应力扩散规律，基床上部受到的动荷载较大，路基动荷载在基床 1.5 m 范围内衰减约 80%，因此，在既有线改造中应把强化路基基床作为加固的重点，基床的加固深度宜在 1.5 m 内。

3. 计算分析表明，轨枕底 70 cm 以下动应力沿线路纵向比较均匀。对于一般土质路基，要避开不利的应力不均匀状态和较大的荷载，在轨枕底以下 70 cm 内的路基基床要用性能优良的填料填筑。既有线提速改造时基床垫层的设置是必要和有效的，新线建设中基床表层必须采用性能优良的级配碎石并按照较高的压实标准进行施工。

4. 路基动荷载与列车的轴重成正比，因此高速铁路降低轴重有利于减小路基的动荷载。有砟轨道由于受道床和轨道状况的影响，实际的荷载在一定范围波动，试验实测的波动系数最大达到 2.12。提速改造的路基设计时要考虑路基荷载波动的影响。路基动荷载随道床厚度和钢轨型号的增加而减小，增加道床厚度和强化轨道结构有利于改善路基的受力条件。

5. 对于既有线路基，在消除路基病害的基础上，加固的重点在于加强路基基床，改善路桥路涵过渡段，做好路基排水和边坡防护。对软土地基沉降尚未稳定的路段还应进行地基加固。

6. 由于既有线路基的复杂性和多样性，提速改造工程必须结合具体情况进行处理。首先应详细查明既有路基的状况、路基形态、填料性质、轨道结构形式和道床厚度等。在此基础上，对路基结构进行分析，明确加固重点，根据实际情况因地制宜地选择加固处理的方法。

7. 基床加固可采用换填、注浆、封闭、挤密桩、搅拌桩、土工合成材料加固、土质改良、排水和抬道等处理方式。基床以下路堤加固可采用挤密桩、搅拌桩和注浆等方法。地基加固宜采用搅拌桩、粉喷桩和注浆等方法。由于不太严重的路基问题一般情况下也不会突然恶化而危及行车安全，因此在加强监控的情况下，加固处理宜根据路基状况、结合工程改造和维修养护等情况抓住有利时机、有计划地逐步进行，尽可能减少对线路运营的影响。

8. 要重视过渡段结构的动力学特征，应加强路涵及其过渡结构的刚度与变形协调控制研究，对两桥（隧）之间短路基设置刚性路基的条件及合理的刚性路基结构形式作进一步研究。路堑路堤过渡段中，靠近路堑出口处的填挖接合部是最薄弱的位置，因此在新线建设施工过程中应该有针对性地加强处置。

9. 与新线路基相比，既有线路基最突出的问题是未采用强化基床表层和设置专门的过渡段，填料不良、压实度不足、排水不畅、边坡防护不够等问题也很普遍。路基评估应在参考新线路基设计有关规定的基础上，依据既有线提速技术条件来进行。既有线提速时应对路基做系统的调查与检测，明确路基的设计、运营养护和使用现状以及相应的技术参数。

10. 既有线提速路基的评估可采用绝对性评估、相对性评估和养护系数评估。绝对性评估，即将检测参数和有关规定进行对比，确定路基是否需要进行处理，适用于标准或规定比较明确和完善的情况，或用于评价非常关键问题。相对性评估是统计分析路基质量低于某一状态出现的频率，由投入的能力确定相对应该急于解决的问题，适用于规定不够明确和完善的情况。养护系数评估是用当时的养护系数由经验关系推测提速后养护系数，从而确定是否需要处理的方法，正常情况下养护系数不应大于 1。

11. 根据当前既有线提速对路基基床质量检测和评估的迫切需求，路基的检测评估应选用一些先进的技术手段，力求快速、准确、可靠、不干扰或少干扰行车。雷达探测铁路路基的方法在国外已经有多年的实践经验，在国内也有相应的研究。因此，应建立车载探地雷达检测和轨检资料宏观分析，结合个别地面勘察的既有线检测评估模式，加快对地基评价方法的研究，尽快建立既有线提速路基评估标准。

第二节 桥 涵

一、桥梁提速改造需要解决的主要问题

我国铁路运营线路上的混凝土梁有 12 万余孔，钢桥 9 千余孔。既有线桥梁中，混凝土桥一般采用钢筋混凝土及预应力混凝土双片式 T 梁桥，其中大部分是通过横隔板联结，只有少部分无横向联结。钢桥跨度小于等于 40 m 时多采用简支钢板梁，大于 40 m 时多采用下承式桁梁。在广深线试验和近 10 年铁路提速实践中发现，既有线桥梁存在如下主要问题：

1. 双片式 T 梁的整体性差，在提速列车尤其是提速货车通过时，梁体横向振动大，横隔板开裂严重，提速线路上的双片式 T 梁需要进行横向加固。

2. 在 70～80 km/h 的货物列车（尤其是混编车和空板车或空罐车）作用下，上承钢板梁桥（跨度 28.0 m，32.0 m，40.0 m）和单线下承式钢桁梁桥（跨度 48.0 m，56.0 m，64.0 m）出现横向摆振现象，跨中横向振幅单峰值达 10 mm，已危及列车的运行安全。

3. 既有钢桥大都采用明桥面。明桥面直接承受列车的冲击作用，因此，噪声大，纵横梁容易出现疲劳裂纹，轨枕易发生变位，使明桥面轨道结构的维护量增大。货车的轴重和簧下质量都比客车大，提速至 120 km/h 后，冲击作用会显著增加。明桥面能否长期适用 120 km/h 货车的动力作用及

噪声污染都是突出的问题。

4. 在货车提速试验中发现，当货车速度达60～80 km/h时，既有线上的柔性桥墩普遍存在横向振动急剧增大的现象。目前，在有这类桥墩的线路区段，货物列车限速60 km/h运行。

上述问题的出现是受当时设计理念的局限。当时的列车运行速度较低，客车一般不超过100 km/h，货车不超过60 km/h，列车速度效应不明显。从设计规范到标准图纸对桥梁的动力作用仅从竖向动力系数予以考虑，没有从桥梁的刚度、频率、振动响应以及车辆的运行性能等方面全面考虑和分析桥梁的动力性能。通过多年的研究和试验，特别是近年来大量高速铁路的车—桥动力仿真分析和提速桥梁的动力测试与分析，对提速和高速桥梁的受力性能有了比较充分的了解。新制定的《新建时速200 km客货共线铁路设计暂行规定》（以下简称《新建客货共线设计暂规》）、《既有线提速200 km/h技术条件（试行）》（以下简称《提速技术条件》）、《铁路桥涵设计基本规范》（TB 10002.1—2005）、《铁路桥梁检定规范》（以下简称《桥检规》）以及相关文件集中体现了近年来的研究成果。

针对既有桥梁存在的主要问题，如何进行评估、加固或改造，以适应客车200 km/h提速，货物列车120 km/h提速的技术要求，已成为既有线提速桥梁急需解决的关键问题。在既有线200 km/h提速桥梁技术改造中，首先根据200 km/h提速线路的运营条件，结合既有桥梁的情况，参考国外200 km/h提速线路桥梁的技术标准，制定出既有线提速到200 km/h的检算荷载、变形和动力性能要求，通过一系列的动力仿真和试验研究，确定桥梁的加固处理原则。

二、200 km/h提速线路桥涵技术要求

（一）桥涵设计荷载

根据近年的研究成果并参考国外规范，《新建客货共线设计暂规》有关荷载的内容在现行铁路桥涵设计规范基础上，针对客车200 km/h、货车120 km/h新建铁路的特点，进行了必要的修订和补充。表3-6是《新建客货共线设计暂规》中所列铁路桥涵荷载。

表3-6 桥涵荷载

荷载分类		荷 载 名 称
主 力	恒载	结构及附属设备自重、预加力、混凝土收缩和徐变的影响、土压力、静水压力及水浮力、基础变位的影响
	活载	列车竖向静活载、公路竖向活载(设计铁路公路两用时)、列车竖向动力作用、长钢轨纵向水平力、离心力、列车横向摇摆力、活载土压力、人行道及栏杆荷载
附 加 力		制动力或牵引力、风力、流水压力、冰压力、温度变化的影响、冻胀力
特殊荷载		列车脱轨荷载、长钢轨断轨力、船只或排筏撞击力、汽车撞击力、施工临时荷载、地震力

注：
1. 如杆件的主要用途为承受某种附加力，则在计算此杆件时，该附加力应按主力考虑；
2. 长钢轨纵向力及与制动力或牵引力的组合，按《新建铁路桥上无缝线路设计暂行规定》处理；
3. 流水压力不与冰压力组合，两者也不与制动力或牵引力组合；
4. 曲线上桥梁的离心力与横向摇摆力组合；
5. 列车脱轨荷载、船只或排筏的撞击力、汽车撞击力以及长钢轨纵向断轨力，只计算其中的一种荷载与主力相组合，不与其他附加力组合；
6. 地震力与其他荷载的组合见国家现行《铁路工程抗震设计规范》(GBJ 111)。

1. 列车摇摆力

由于列车蛇行运动，机车各部分产生不对称的动力作用，车轮轮缘存在损伤，轮轴不位于车轮中心处，机车车辆存在振动作用，轨道存在不平顺，致使列车在行进中发生左右摇摆，车轮产生作用于轨面的横向摇摆力。其中蛇行运动是引起列车横向摇摆力的主要因素。

研究表明：列车蛇行运动具有随机性，列车通过桥梁的任一时刻，有的车轮对轨面作用向左侧的集中摇摆力，有的车轮对轨面作用向右侧的集中摇摆力。对于桥梁，这些向左和向右的集中摇摆

力会彼此抵消一部分。当列车中两辆车的前车后转向架和后车前转向架同时向左或向右时，对桥梁的横向作用最大，特别对于中小跨度桥梁，这个作用比较明确。在大跨度桥上，由于同时作用车辆太多，每辆车的横向振动相位随机性大，彼此抵消作用非常复杂，但从局部不利的角度来考虑，对桥梁的整体横向作用也可采用以上作用模式。欧盟通过大量的计算和试验研究得出，列车的横向摇摆力对桥梁的最大作用是：两辆车的前车后转向架和后车前转向架同一方向达到最大，也就是 4 个轮轴的横向集中力各达到 25 kN。因此德国 DS804 规范中的横向摇摆力按 4×25 kN=100 kN 计算，在连续的道砟道床桥面上，横向摇摆力可沿线路方向均匀分布在 $L=4.0$ m 的长度上。

与 1999 年《铁路桥涵设计基本规范》相比，《新建客货共线设计暂规》将列车的摇摆力从附加力列入主力，并且曲线上桥梁的摇摆力与列车的离心力同时计算。摇摆力的计算方法前者为 5.5 kN/m，作用在轨顶；后者为 100 kN，作为一个集中活载作用于桥梁结构最不利位置，其作用点在垂直线路中心线的钢轨顶面。这是因为实测发现，列车横向摇摆力与离心力同时存在。德国铁路桥梁及其他工程结构物规范 DS804 第 17A 条中规定：计算水平折角用荷载组合时，将列车横向摇摆力与离心力、风力组合。因此《新建客货共线设计暂规》中，考虑列车横向摇摆力与离心力和风力组合，并将列车横向摇摆力列入主力活载中。考虑到客车 200 km/h 级、货车 120 km/h 铁路线上列车的横向作用会加剧，因此暂规的横向摇摆力计算按 100 kN 的集中力取值。

2. 长钢轨纵向力和断轨力

由于普遍采用无缝线路，在《新建客货共线设计暂规》荷载类型中增列了长钢轨纵向力（挠曲力、伸缩力和温度力），在特殊荷载中增加了长钢轨纵向断轨力。

桥梁因温度变化而伸缩，因列车荷载作用而发生挠曲。桥梁的这些变形受到轨道结构的约束，此时，钢轨产生两种纵向水平力，分别称之为伸缩力和挠曲力，这两种力也反作用于梁，并传递到支座和墩台上。伸缩力和挠曲力都是主力，但二者在同一轨道上不会同时产生。

桥上无缝线路的钢轨由于疲劳、纵向力过大或其他原因的损伤可能发生断轨，从而产生断轨力。断轨力按一跨简支梁或一跨连续梁长范围内的线路纵向阻力之和计算，最大断轨力不超过最大温度拉力值。在正常运营养护条件下，发生断轨的几率比较小，而断轨力的值又比较大，所以，规定不论单线桥梁还是双线桥梁，只计算一轨的断轨力，而且将其作为特殊荷载，称为长钢轨断轨力。在荷载组合上，只考虑它与主力相组合，不与其他附加力组合。

3. 列车脱轨荷载

脱轨荷载的制定主要参考德国（德国铁路桥梁及工程结构物规范 DS804。制定脱轨荷载主要是为了避免机车车辆脱轨时产生不允许的局部变形，甚至结构倾覆。脱轨荷载大致相当于实际运行列车所产生的荷载。在计算脱轨荷载产生的作用时，可不考虑离心力和附加荷载。

（二）桥梁变形要求

《新建客货共线设计暂规》和《提速技术条件》都对桥梁在最不利荷载组合状态下的变形提出了更高的要求。

1. 竖向变形

实施 200 km/h 等级提速的既有线桥梁，一般按 1999 年以前的规范设计，允许挠度标准较宽。1998 年，铁道部颁布的《时速 200 km 新建铁路设计暂行规定》（铁建管函［1998］279 号）（以下简称《新建铁路设计暂规》）是在“八五”、“九五”研究和广深线试验研究等成果基础上编制而成的。它规定列车静活载（0.8 倍 UIC71 活载）作用下梁体的竖向挠度不应大于表 3-7 的规定。

表 3-7 《时速 200 km 新建铁路设计暂行规定》的梁体竖向挠度限值

跨度 L(m)		$L\leqslant24$	$24<L\leqslant40$	$40<L\leqslant96$
挠度限值	单跨	$L/1100$	$L/1000$	$L/1000$
	多跨	$L/1500$	$L/1500$	$L/1000$

这一标准反映了 200 km/h 客车对桥梁竖向刚度的要求。将这一标准换算到中活载（不考虑动力系数）作用下的竖向挠度值，并偏于安全取百位整数，得出的挠度限值标准（见表 3-8）要严于既有线原标准。国内外的大量研究表明，速度达到 160 km/h 的客货共线铁路梁体竖向刚度标准由客车乘坐舒适度控制，因此将表 3-8 作为 200 km/h 等级提速线路技术条件的梁体竖向挠度限值标准。

列车在静活载作用下，梁体的竖向挠度不应大于表 3-8 的限值。

表 3-8　200 km/h 等级提速线路技术条件的梁体竖向挠度限值

跨　度 L(m)		$L\leqslant 24$	$24<L\leqslant 40$	$40<L\leqslant 96$
挠度限值	单　跨	$L/1\,000$	$L/900$	$L/900$
	多　跨	$L/1\,400$	$L/1\,200$	$L/900$

2. 梁端转角

桥梁在列车荷载作用下产生梁端转角。梁端转角（图 3-25）不应大于下列限值：

路基与桥梁过渡处梁端转角　　$\theta=3\times10^{-3}$ rad

两梁之间的转角　　$\theta_1+\theta_2=6\times10^{-3}$ rad

图 3-25　梁端转角

1999 年及以前的桥梁设计规范对梁端转角没有限制要求，根据国外的有关标准和研究，在提速和高速线路上，梁端转角是控制桥上列车运行安全性和平稳性的重要因素之一，因此在《新建铁路设计暂规》中对梁端转角做了明确规定。200 km/h 等级提速线路桥梁应按此标准进行检算。

3. 水平挠度

在列车横向摇摆力、离心力、风力和温度力的组合作用下，梁体的水平挠度应不大于 $L/4\,000$。

列车过桥时产生的横向振动影响列车运行的安全性和旅客乘坐的舒适性。但是，在桥梁设计时，不可能用动力响应分析来判断刚度是否符合要求。综合国内外资料，采用横向挠跨比衡量梁体横向刚度的大小。既有桥技术条件限定中桥梁横向挠度为 $L/4\,000$。

4. 扭曲变形

在列车静活载作用下，3.0 m 长梁的扭曲变形 t 应满足 $t\leqslant 3.0$ mm，如图 3-26 所示。

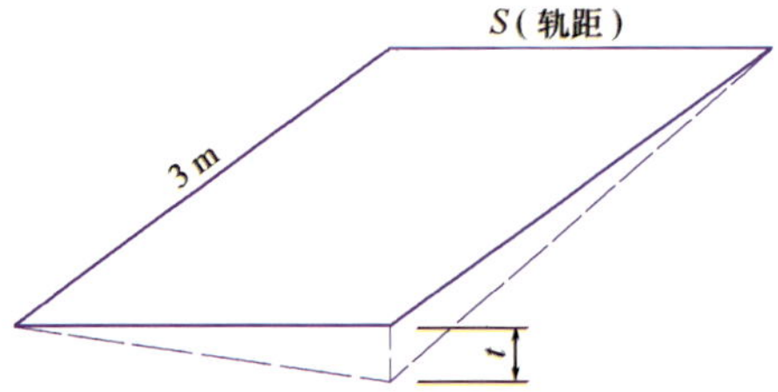

图 3-26　桥梁扭曲变形的几何关系

5. 支座横向变位

运营列车荷载作用下，梁端支座横向变位不得大于 1 mm。

6. 相邻结构物轴线间的水平折角

既有墩台的横向刚度和变位采用墩台顶帽面的弹性水平位移控制。《铁路桥涵设计基本规范》

（TB 10002.1—1999）第 5.3.3 条规定：墩台顶帽面的弹性水平位移 Δ 应符合下列规定：

横桥方向　　$\Delta \leqslant 5\sqrt{L}$

式中　L——桥梁的跨度（m），$L<24$ m 时 L 按 24 m 计算，不等跨时 L 采用相邻跨中较小的跨度；

　　Δ——墩台顶帽面处的水平位移（mm），包括由于墩台身和基础的弹性变形以及基底土弹性变形。

从既有桥墩的试验情况来看，存在按 $\Delta \leqslant 5\sqrt{L}$ 检算通过，而实际运营中横向振动偏大的现象。经过研究和对国内外规范标准的对比分析，在《新建铁路设计暂规》中，通过限制上部结构的水平折角对桥墩的横向位移给予了更严格的限制，以满足客车 200 km/h 级、货车 120 km/h 的运营要求。因此对既有线 200 km/h 等级提速桥梁，也采用了相同的规定。

由墩台横向水平位移差引起的相邻结构物轴线间的水平折角（图 3-27）不得超过 1‰。

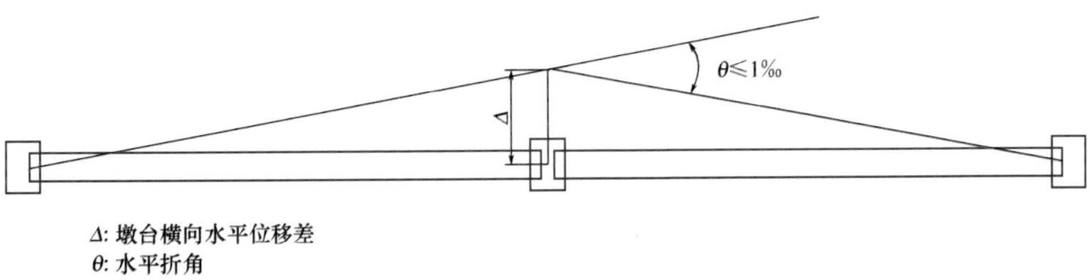

图 3-27　由墩台横向水平位移差引起的相邻结构物轴线间的水平折角

计算水平折角的荷载组合按《铁路桥涵基本规范》第 5.3.3 条第 2 项 1 款办理。桥梁跨度小于 20 m 时，墩台横向水平位移限值采用桥梁跨度 20 m 的限值。

（三）桥梁动力学性能要求

1. 梁体自振频率

（1）竖向自振频率

简支梁竖向自振频率一般应不小于 n_0。

$$n_0=\begin{cases}\dfrac{80}{L}, & 4\leqslant L\leqslant 20\\ 23.58L^{-0.592}, & 20<L<96\end{cases}$$

式中　n_0——简支梁竖向自振频率限值（Hz）；

　　L——简支梁跨度（m）。

欧洲、日本及我国的研究结果表明：当梁体的自振频率处在一定范围内时，一定速度的列车对桥梁的动力作用可以转化为与跨度相关的动力系数公式进行计算，也就是采用规范给出的动力系数公式计算得出的动力作用能够包住实际列车的动力效应；当梁体的自振频率不在这个范围时，桥梁可能产生共振或振动过大的现象，列车对桥梁的动力作用会超出规范给出的动力系数公式值，从而使桥梁的实际活载增大，并且过大的冲击和振动会危及道砟桥面的稳定性。因此对自振频率不在这个范围内的梁体必须进行车桥动力检算。

日本学者松浦章夫早在 20 世纪 70 年代采用车桥竖向耦合振动分析对中小跨简支梁进行过深入的研究，认为当速度参数 $\alpha=v/(2n_0L)>0.33$ 时，桥梁可能产生共振现象，当速度 $v=200$ km/h 时，可推算出此时 $n_0<84/L$，因此在 200 km/h 的线路上，中小跨桥梁的竖向自振频率 n_0 一般要大于 $84/L$。

欧盟及 UIC 的研究与日本类似，也给出了梁体频率的上、下限范围：

上限　$n_0=94.76L^{-0.748}$；

下限　$n_0=80/L$，$4\leqslant L\leqslant 20$；

　　　$n_0=23.58L^{-0.592}$，$20<L\leqslant 100$。

梁体刚度与频率的平方成正比，频率高的梁体，其刚度会大大增强，因此没有必要限制其频率上限。我国《时速 200 km 新建铁路线桥隧站设计暂行规定》结合国内外情况给出了梁体频率的下限范围。本技术条件沿用了这个规定。

（2）横向自振频率

简支梁横向一阶弯曲自振频率 n_h 应满足：

$$n_h \geqslant 60/L^{0.8} \qquad (\text{Hz})$$

适用于 $L \leqslant 64$ m 简支混凝土梁、下承式钢桁梁、钢板梁。

桥梁横向自振频率是控制桥梁横向振动的主要参数，反映了桥梁横向刚度的大小。从目前掌握的资料来看，在规范或相关标准中对桥梁横向振动作出明确规定的国家有德国和我国，前苏联和日本经过研究也给出了横向自振频率的标准。

①我国铁路桥梁检定规范

我国 2004 年颁布的《铁路桥梁检定规范》第 10.0.6 条规定：为了保证空载货车（或混编货车）通过时车轮抗脱轨的安全度，适应不同车速条件下的桥跨结构横向自振频率不宜小于表 3-9 的相应值。

表 3-9　适应不同车速条件下桥跨结构横向自振频率值

类别	结构类型				桥梁结构横向自振频率(Hz)		
					$v \leqslant 60$ km/h	$v \leqslant 70$ km/h	$v \leqslant 80$ km/h
钢梁	无桥面系的板梁				$50/L^{0.8}$	$55/L^{0.8}$	$60/L^{0.8}$
	有桥面系	板梁			$45/L^{0.8}$	$52/L^{0.8}$	$55/L^{0.8}$
		桁梁	上承	$H/L=1/6$	$70/L^{0.8}$	$75/L^{0.8}$	$80/L^{0.8}$
				$H/L=1/8$	$65/L^{0.8}$	$70/L^{0.8}$	$75/L^{0.8}$
			半穿		$48/L^{0.8}$	$55/L^{0.8}$	$60/L^{0.8}$
			穿式		$50/L^{0.8}$	$60/L^{0.8}$	$65/L^{0.8}$
预应力混凝土梁					$40/L^{0.8}$	$50/L^{0.8}$	$55/L^{0.8}$

注：H 为桥梁宽度，m。

②德国规范

2003 年 4 月德国发行的铁路桥梁设计规范《Richtlinie 804》对桥梁横向自振频率的限值做了规定。为了充分保证客车的乘坐舒适性和桥梁安全性，专门针对单线钢桥规定如下：

当跨度 L 大于下限 L_0 时，需要对单线铁路钢桥进行最小横向刚度的验算，其横向弯曲自振频率应符合表 3-10 的要求。该项规定适用于 $v \leqslant 300$ km/h 客车和 $v \leqslant 140$ km/h 货车。对于连续梁桥，L 取其中最大跨度。

表 3-10　《Richtlinie 804》单线钢梁桥的横向自振频率限值

跨度 L(m)	横向弯曲自振频率 n_h(Hz)
$L_0 < L \leqslant 60$	$n_h \geqslant 120/L$
$60 < L < 130$	$n_h \geqslant 210/(L+45)$
$L \geqslant 130$	$n_h \geqslant 1.2$

L_0 为跨度的下限，取值法如下：

桥面类型	桥面位置	L_0(m)
道砟桥面、无砟轨道	上承式	15
	中、下承式	30
明桥面、固定式轨道	上承式	24
	中、下承式	48

③ 前苏联的研究

前苏联乌克兰科学院院士鲍达尔教授通过铁路桥梁与机车车辆的横向相互作用的计算分析和试验研究得出，客车最大速度 250 km/h、货车最大速度 120 km/h 运营条件下，桥梁的横向自振频率限值为：

当 $L\leqslant 60$ m 时，$n_h\geqslant 100/L$（Hz）；

当 $L>60$ m 时，$n_h\geqslant 200/[3\times(L-20)]$（Hz）。

④ 日本的研究

日本国铁技术研究所通过对桥梁横向振动问题研究，给出的限值为：在货车 80 km/h、客车 160 km/h 的范围内，桥梁的横向自振频率应满足：

$$f\geqslant 110/L\sim 120/L \quad (\text{Hz})$$

⑤ 对比分析

从我国铁路前五次提速的实践经验来看，桥梁横向振动是既有线提速存在的突出问题，尤其是货车提速。2004 年颁布的《桥检规》充分考虑了既有线客车 160 km/h、货车 80 km/h 提速产生的桥梁横向振动问题；2003 年的德国规范考虑了客车 300 km/h、货车 140 km/h，前苏联的研究考虑了客车 250 km/h、货车 120 km/h；日本的研究考虑了客车 160 km/h、货车 80 km/h；从德国和前苏联的研究资料来看，桥梁的横向振动问题由 120 km/h 货车控制，我国的提速综合试验也得出了这个结论。

为便于比较分析，将我国《桥检规》关于桥梁横向自振频率的限值与前苏联、德国和日本的限值标准分别列于表 3-11～表 3-14 中。由于我国转 8A 转向架的货车在一段时间内仍然存在，因此桥梁横向自振频率的限制应同时满足三个条件：200 km/h 级客车、新型 120 km/h 货车和货车80 km/h 转 8A。

表 3-11　各国钢板梁的横向频率限值　　单位：Hz

跨　度(m)			20	24	28	32	40
中国	无桥面系	$60/L^{0.8}$	5.46	4.72	4.17	3.75	3.13
	有桥面系	$55/L^{0.8}$	5.01	4.33	3.82	3.44	2.88
前苏联		$100/L$	5.00	4.17	3.57	3.13	2.50
德　国		$120/L$	6.00	5.00	4.28	3.75	3.00
日　本		$120/L$	7.50	6.00	5.00	3.75	3.00

从表 3-11 可见：我国有桥面系钢板梁的横向自振频率限值标准（$55/L^{0.8}$）与德国和日本标准（$120/L$）相比，自振频率显然过低，而采用 $60/L^{0.8}$ 则与德国和日本的限值基本相当，因此对于有桥面系钢板梁的横向自振频率限值建议采用 $60/L^{0.8}$。

表 3-12　各国预应力混凝土梁的横向频率限值　　单位：Hz

跨　度(m)		16	20	24	32	40
中　国	$55/L^{0.8}$	5.98	5.01	4.33	3.44	2.88
前苏联	$100/L$	6.25	5.00	4.17	3.13	2.50
德　国	$120/L$	7.50	6.00	5.00	3.75	3.00
日　本	$120/L$	7.50	6.00	5.00	3.75	3.00
建议值	$60/L^{0.8}$	6.52	5.46	4.72	3.75	3.14

注：德国关于预应力混凝土梁的横向自振频率没有明确限值，这里参考了同样跨度的钢梁限值标准；由于是 200 km/h 提速，日本按上限考虑。

从表 3-12 可见：我国预应力混凝土梁的横向自振频率限值为 $55/L^{0.8}$（$v \leqslant 80$ km/h），与德国和日本相同跨度钢梁标准 120/L 相比也偏低。从动力性能较为敏感的 32 m 预应力混凝土双片式 T 梁来看，根据胶新线的试验分析，经过加固后，当其自振频率达到 3.75 Hz 时，新型货车在 120 km/h 速度和转 8A 货车 80 km/h 速度以下，桥梁横向振动幅值能够满足《桥检规》安全限值要求。图 3-28给出了 160 km/h 和 200 km/h 提速试验时，预应力混凝土梁实测横向振幅与频率—跨度参数（$f \cdot L^{0.8}$）的关系。从图中可以看出，频率—跨度参数接近 60 时，实测桥梁的横向振幅能控制在安全限值范围 L/9 000 以内，因此将预应力混凝土梁的横向自振频率限值增加到 $60/L^{0.8}$较为合适，这一频率限值在动力性能敏感跨度（24～40 m）范围内与德国标准基本相当。

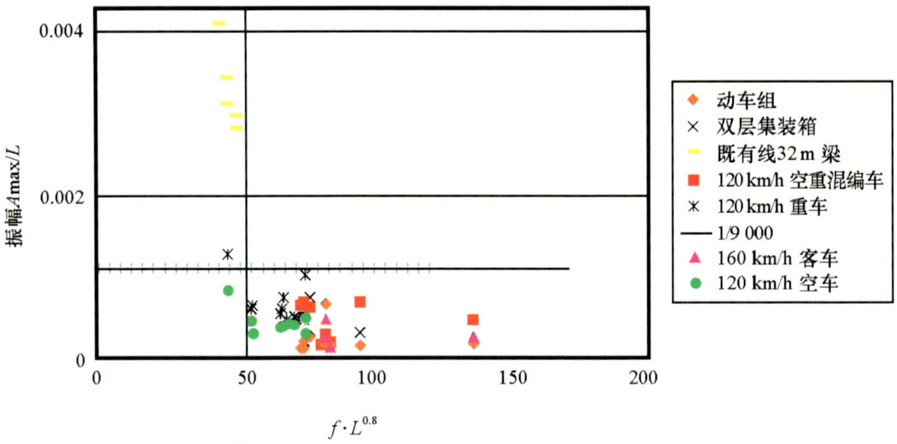

图 3-28 预应力混凝土梁实测横向振幅与频率—跨度参数（$f \cdot L^{0.8}$）的关系

从表 3-13 可见，我国《桥检规》上承钢桁梁的横向频率限值（$v \leqslant 80$ km/h）与德国的标准（客车 250 km/h、货车 120 km/h）相比，在跨度 20～60 m 范围内要高 20%～50%；从表 3-14 可见，半穿式钢桁梁的横向频率限值（$v \leqslant 80$ km/h）与德国的标准（客车 300 km/h、货车 120 km/h）相比，在跨度 40～64 m 范围内基本接近，而穿式钢桁梁的横向频率限值略偏高。

表 3-13 各国上承钢桁梁的横向频率限值 单位：Hz

跨 度(m)			20	24	32	40	48	60
中国	上承 H/L=1/6	$80/L^{0.8}$	7.28	5.29	5.00	4.18	3.61	3.02
	上承 H/L=1/8	$75/L^{0.8}$	6.82	5.90	4.69	3.92	3.39	2.83
前苏联		100/L	5.00	4.17	3.13	2.50	2.08	1.67
德国 120/L			6.00	5.00	3.75	3.00	2.50	2.00
日本 120/L			6.00	5.00	3.75	3.00	2.50	2.00

表 3-14 各国穿式和半穿式钢桁梁的横向频率限值 单位：Hz

跨 度(m)			40	48	56	64	80	96
中国	半 穿	$60/L^{0.8}$	3.13	2.71	2.40	2.15	1.80	1.56
	穿 式	$65/L^{0.8}$	3.39	2.94	2.60	2.33	1.95	1.69
前苏联			2.50	2.08	1.78	1.52	1.11	1.01
德 国			3.00	2.50	2.14	1.92	1.68	1.50
日本 120/L			3.00	2.50	2.14	1.88	1.50	1.25

从国内外横向自振频率限值的综合比较分析来看，有两点差别：我国《桥检规》对于钢桁梁的

横向自振频率限值偏高，即使是 64 m 穿式双线钢桁梁也达不到标准；我国《桥检规》对于同一跨度不同类型和材料的梁体，给出不同的自振频率限值标准。产生这两个差别的主要原因是：我国《桥检规》一方面考虑了转 8A 转向架空载货车作用时的共振和过大振动；另一方面考虑了桥梁结构和材料特征所产生的横向刚度差异。实际上对于动力设计而言，最敏感的参数是频率，当列车的横向激振频率与桥梁有载频率的大小一致或接近时，桥梁结构就会出现共振和振动过大现象。对于不同的结构和材料，阻尼系数和振型的差别会影响振动幅值，而对是否出现共振和过大振动影响不大。要避免桥梁出现剧烈的横向振动，首先必须限制频率。就列车—桥梁耦合动力系统而言，避免共振的桥梁频率范围，对于混凝土桥与钢桥应该是一致的，区别在于两者的阻尼系数不同，导致其横向振幅值不同。因此在横向振幅安全限值标准中给出不同的值是合理的。表 3-15 给出了货物列车作用下 31.7 m 和 32 m 预应力钢筋混凝土梁跨中横向振幅实测值，表 3-16 和表 3-17 给出了上承钢板梁跨中横向最大振幅实测值。从 30 m 钢钣梁和 31.7 m，32 m 预应力混凝土梁的比较来看，当出现摆振现象时，混凝土梁和钢板梁的实测横向振动幅值相差并不太大。

3

表 3-15 货物列车作用下预应力钢筋混凝土梁跨中横向振幅

线 名	线别	跨度(m)	墩高(m)	图 号	墩台类型	基础类型	速度(km/h)	实测最大横向振幅(mm)
京广	双	32	10.5	专桥 2037	圆端	钻孔桩	61.0	11.0
陇海	双	31.7	36.6	大 138	矩形	管柱	76.0	9.92
陇海	双	31.7	39.4	大 138	圆端	扩大	/	12.0
宝成	单	32	22.7	专桥 2059A	圆端	钻孔桩	/	11.0
阳安	单	31.7	50.5	大(65)138	矩形	扩大	/	10.00
阳安	单	31.7	47.3	参标外桥 006	矩形	扩大	/	10.00
阳安	单	31.7	33.0	大(65)138	圆形	扩大	/	9.00
津浦	单	31.7	7.6	HNB	圆端	沉井	69.0	9.70
津浦	双	31.7	15.9	宁桥 2-41	双柱	桩基	66.8	4.53
陇海	单	32	5.6	专桥 2059F	圆端	沉井	60.0	13.12

表 3-16 提速客车通过单线上承钢板梁跨中横向最大振幅实测值

桥梁跨度(m)	10	19.4	20	24
主梁中心距 B(m)	1.8	1.8	1.8	2.0
实测最大跨中横向振幅(mm)	1.37	2.74	3.67	4.32
实测值对应速度(km/h)	142	151	152	151
安全限值标准(mm)	1.82	3.53	3.64	4.36

表 3-17 提速货车通过单线上承钢板梁跨中横向最大振幅实测值

桥梁跨度(m)	10	19.4	20	24	28	30
主梁中心距 B(m)	1.8	1.8	1.8	2.0	2.0	2.0
实测最大跨中横向振幅(mm)	4.62	3.87	6.15	5.0	9.0	11.91
实测值对应速度(km/h)	84	83	84	92	65	82
安全限值标准(mm)	1.82	3.53	3.64	4.36	5.09	5.82

根据“既有线钢桁梁提速加固技术试验研究”课题的结果，由于转 8AC_{62}货车动力性能的改善，既有钢梁加固后横向自振频率达到德国和日本的相关标准，既有货车作用下（$v \leqslant 80$ km/h）实测横

向振幅也基本能控制在安全限值范围内。

基于以上分析可得出如下三个结论：

a. 对于梁体的横向自振频率的限值，不同的梁式在一定跨度范围内可以给同样的标准，以避免梁体出现共振和过大振动现象；

b. 《桥检规》中穿式钢桁梁的自振频率限值偏高，可适当放宽；

c. 考虑到 200 km/h 等级提速要求，预应力混凝土梁的横向自振频率限值应适当提高。

上承式钢桁梁在既有线很少，几次提速都未涉及到，但从运营状况来看状态较差，因此尚缺少充分的数据给出上承式钢桁梁 200 km/h 等级提速的自振频率限值标准。

对提速试验结果和各国的研究资料及规范标准分析表明，一定跨度范围内的桥梁横向自振频率存在一个限值，只要梁体的横向自振频率低于这一限值，就能保证 200 km/h 级客车、120 km/h 货车作用下梁体横向不出现共振和振动过大现象。经各方面的比较，简支梁横向自振频率的限值宜为：

$$f \geqslant 60/L^{0.8} \quad (\text{Hz})$$

以上限值适用于 $L \leqslant 64$ m 简支混凝土梁、下承式钢桁梁和钢板梁。

表 3-18 给出了梁体横向自振频率限值与国外相关标准和研究结论的比较。从表 3-18 可见：跨度 32 m 时，限值与日本和德国一致；跨度在 32～64 m 范围内，限值大 4%～12%，由于在此跨度范围内动力性能比较敏感，自振频率限值略大可弥补我国既有货车动力性能较差带来的问题；跨度在 32 m 以下的限值略低，这个跨度范围的横向动力性能敏感性要低一些。

表 3-18　我国桥梁结构横向自振频率限值与国外相关限值　　单位：Hz

跨　度(m)	16	20	24	32	40	48	56	64
中国($60/L^{0.8}$)	6.52	5.46	4.72	3.75	3.13	2.71	2.40	2.15
前苏联	6.25	5.00	4.17	3.13	2.50	2.08	1.78	1.52
德　国	7.50	6.00	5.00	3.75	3.00	2.50	2.14	1.92
日本($120/L$)	7.50	6.00	5.00	3.75	3.00	2.50	2.14	1.88

2. 车桥动力检算

跨度大于 64 m 的钢桁梁桥、单线中高墩桥梁和轻型墩桥梁，需要进行动力检算，并满足下列条件：

(1) 按实际运营列车（包括客车和货车）进行车桥动力检算分析。

(2) 车桥动力检算的列车最大速度，客车 200～250 km/h，货车 120 km/h。

(3) 实际运营列车作用下桥梁的动力响应检算结果应小于考虑动力系数的中—活载作用下的相应值。

(4) 客车、动力车、机车和货车的动力学性能指标应符合有关规定的要求。

(5) 桥面强振频率不大于 20 Hz 的竖向振动加速度 a 应满足：

$$a \leqslant 0.35g \text{（道砟桥面）}$$

$$a \leqslant 0.50g \text{（无砟轨道和明桥面）}$$

经过前五次大提速的实践和第六次提速的综合试验及补充试验，基本掌握了绝大部分桥梁在 200 km/h 提速条件下的动力性能。

大跨度混凝土连续刚构桥的动载试验表明，其结构强度、刚度和动力性能均满足 200 km/h 提速要求。

跨度大于 64 m 的钢桁梁桥，由于其动力性能对列车速度比较敏感，动力作用复杂，应列专题研究，并通过动力检算研究 200 km/h 提速的可行性。

对于高度在 15～25 m 的单线中高墩和柔性墩桥梁，在几次提速试验中，频繁出现横向振动偏大的问题，横向动力性能比较敏感。由于试验数据和研究还不充分，对提速条件下的动力性能研究不够，难以得出规律性结果，因此对于这类桥墩，可通过车桥耦合动力检算，分析其实际动力性能是否满足 200 km/h 等级提速要求。

机车、客车的动力学性能标准依据本技术条件中 200 km/h 级旅客列车的基本要求，货车的动力学性能标准主要依据《铁路车辆动力学性能评定和试验鉴定规范》(GB 5599—1985)。

桥面振动加速度标准参考德国和欧盟规范，以保证桥面有砟轨道的稳定性。

三、桥涵改造加固的原则和依据

（一）混凝土梁

1. 加固原则

(1) 横向没有联结或只有端部设有横隔板的混凝土并置梁应增设横向联结。

(2) 跨度 $L \geqslant 27.7$ m 的混凝土梁应加强横向联结，加固后梁体的横向自振频率应满足技术条件要求。

(3) 32 m 超低高度预应力混凝土梁应进行加固，加固后梁体的竖、横向刚度及动力性能应满足提速技术要求。

(4) 加固后的预应力混凝土梁应按现行规范进行抗裂性检算，检算荷载采用提速后的实际运营荷载。

2. 加固依据

(1) 混凝土并置梁

160 km/h 提速实践表明，横向没有联结或只在端部有横隔板的双片式混凝土 T 梁的动力性能和整体受力状态较差，需要增设横向联结。

(2) 普通高度混凝土梁

以往的提速试验数据表明，既有普通高度混凝土标准梁的竖向刚度和频率都满足要求，原设计规范对梁体横向变形和动力性能一般不进行检算。普通高度的混凝土标准梁实测频率见表 3-19。从表中实测数据可见，竖向自振频率均满足要求，跨度 32 m 和 40 m 梁的横向自振频率小于《桥检规》和技术条件限值。图 3-29 是既有线混凝土标准梁实测横向自振频率与 200 km/h 提速限值比较。从图中可以看出：以跨度 28 m 为界，大于 28 m 时，实测值小于 200 km/h 提速限值；小于 28 m 时，实测值大于 200 km/h 提速限值。由于既有线尚有部分 27.7 m 预应力混凝土，因此跨度以 27.7 m 为界。

表 3-19 混凝土标准梁实测竖向和横向自振频率及标准限值 单位：Hz

项目		跨度(m)							
		8	10	12	16	20	24	32	40
竖向	实测频率	22～23	17～18	13～15	8～10	7～8	6.7～7.5	4.9～5.4	4.0
	限值标准	10	8	6.67	5	4	3.59	3.03	2.66
横向	实测频率	23～25	17～19	10～13	7～10	6～7	6～6.5	2.8～3.2	2.0～2.3
	《桥检规》限值	10.42	8.72	7.53	5.99	5.01	4.32	3.43	2.87
	本技术条件	11.37	9.51	8.22	6.53	5.46	4.72	3.75	3.14

大量实测结果表明、跨度 $L<27.7$ m 的混凝土标准梁横向自振频率较高，一般满足《桥检规》和 200 km/h 提速要求。提速列车作用下实测梁体的横向振幅也满足《桥检规》安全限值标准；当跨度 $L \geqslant 27.7$ m 时，混凝土梁横向自振频率偏低，货物列车空车 70 km/h、重车 80 km/h 时，实测横向振动大，横向动力性能难以满足要求。如 31.7 m 和 32 m 预应力混凝土梁，实测横向自振频率

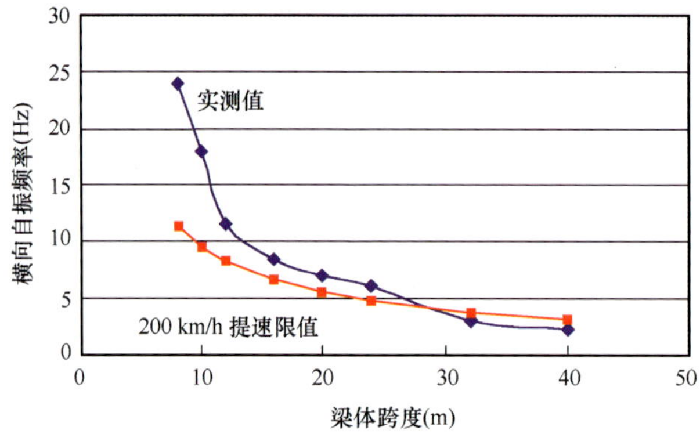

图 3-29　混凝土标准梁实测横向自振频率与 200 km/h 提速限值比较

在 2.8～3.2 Hz，小于 3.75 Hz，不满足《桥检规》和本技术条件的限值标准。在转 8A 转向架货车作用下，实测振幅达到 9～13 mm（表 3-15），大大超出了《桥检规》安全限值标准 3.56 mm。另外在既有线的双片式 T 梁中，31.7 m 和 32 m 梁的横隔板断裂现象比较突出，影响桥梁的整体工作性能。因此对跨度 $L \geqslant 27.7$ m 预应力混凝土梁，必须加强横向联结。

（3）低高度混凝土梁

在胶新线货车 120 km/h 提速试验中，分别对 20 m 预应力混凝土低高度梁和 32 m 预应力混凝土超低高度梁进行了测试。在京秦线会车试验中，分别测试了 8 m 预应力低高度梁，16 m 和 20 m 钢筋混凝土低高度梁以及 20 m 预应力混凝土低高度梁在 200 km/h 动车组、120 km/h 货车作用下的动力性能，实测结果见表 3-20。从表中结果可见，除 32 m 预应力混凝土超低高度梁，其余梁跨的动力性能均能满足 200 km/h 提速技术要求。

表 3-20　低高度或超低高度混凝土梁实测结果

项　目		跨度(m)及梁式				
		8PC	16RC	20RC	20PC	32PC
竖向自振频率(Hz)	实测值	17.48	7.66	7.61	7.65	4.15
	限值标准	10	5	4	4	3.03
横向自振频率(Hz)	实测值	25.89	8.93	7.78	7.62	3.02
	《桥检规》限值	10.42	5.99	5.01	5.01	3.43
	本技术条件限值	11.37	6.53	5.46	5.46	3.75
实测横向振动幅值(mm)	200 km/h 动车组	0.15	0.27	0.29	1.36	/
	120 km/h 货车	0.38	0.26	0.38	0.59	4.12
	过路货车	0.83	0.91	0.61	0.49	2.71
	《桥检规》安全限值	0.89	1.78	2.22	2.22	3.56

胶新线试验中，实测 32 m 预应力混凝土超低高度梁的横向自振频率为 3.02 Hz；120 km/h 试验货车（空车）作用下跨中最大横向振幅 4.12 mm，超过《桥检规》安全限值要求，不同速度下实测的横向振幅见图 3-30 所示。从图中实测值的分布可见：振幅超限比较频繁，梁体横向自振频率偏低。实测竖向挠跨比换算到中荷载作用下为 1/1 375，接近《桥检规》通常值 1/1 300；实测桥面竖向加速度在 120 km/h 重车作用下达到 0.32g，接近 0.35g，实测桥面横向加速度 0.33g，大大超过了《桥检规》限值标准 0.13g。120 km/h 货车通过时从桥上实测轮轨力推算出的轮重减载率最大值达到 0.60，脱轨系数达到 0.93，均接近安全限值标准。从以上几个参数的综合分析可见，32 m 预应力混凝土超低高度梁横向自振频率不满足要求，横向振幅超限，竖向刚度略显偏低，桥面竖向振

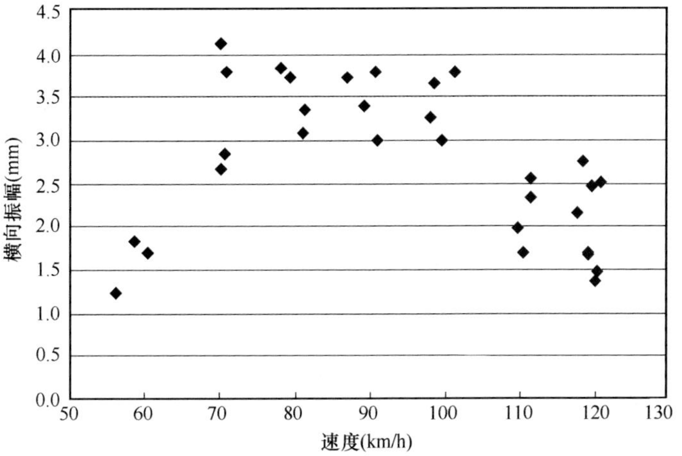

图 3-30 重车通过梁体实测跨中横向振幅与速度关系

动加速度偏大，且 120 km/h 货车在桥上的运营安全度偏低，其竖向和横向均难以满足 200 km/h 提速要求。

（4）抗裂性能检算

既有预应力混凝土梁提速改造加固后，桥上道砟厚度由原来的 25 cm 增加到 30 cm，横向加固增加了桥梁的自重，造成预应力混凝土梁抗裂安全性降低，甚至导致梁体开裂。因此，必须对预应力混凝土梁的抗裂性按现行规范进行检算，检算荷载采用 200 km/h 等级提速实际运营的列车活载。

（二）钢 梁

1. 加固原则

（1）未加固的明桥面更换钩头螺栓连接方式后，列车通过的最高速度宜为新型货车 100 km/h、客车 160 km/h。在进行改造加固并确认其动力性能满足要求、长期稳定性得到有效改善后，可实施 200 km/h 等级提速。

（2）跨度不大于 40 m 的上承钢板梁应更换、下承钢板梁宜更换或采取加固、限速运行等措施。

（3）跨度不大于 48 m 的半穿式单线钢桁梁桥采用目前加固方案加固后，列车通过的最高速度宜为转 8A 转向架货车 70 km/h、新型货车 100 km/h、客车 160 km/h。

（4）跨度不大于 64 m 的下承穿式单线钢桁梁桥，应进行横向加固，满足提速技术要求。

2. 加固依据

（1）钢桥明桥面

既有钢桥明桥面的主要问题是：在列车作用下其钩头螺栓对枕木的固定作用难以长时间保持，枕木易出现横向位移，导致明桥面维修频繁。广深线提速改造措施是将明桥面钩头螺栓改为在纵梁上打孔，用螺栓连接。试验表明：明桥面钩头螺栓连接改造后，能够满足客车 200 km/h 等级提速，并且经过 10 年 160～200 km/h 提速客车的运营考验，状态良好。

胶新线 120 km/h 货车提速试验，对 48 m 单线钢桁梁明桥面进行了测试。结果表明，120 km/h 重车作用下，明桥面纵梁的实测动力系数达到 1.77，其横向振动加速度最大达到 0.21g，超出《铁路桥梁检定规范》标准 0.14g；竖向加速度经 20Hz 滤波达到 0.4g。因此，运行 120 km/h 货车会对明桥面产生较大的冲击作用。长期运行一方面加剧纵横梁的疲劳损伤，另一方面影响轨道的横向稳定性，不利于 200 km/h 等级提速客车，增加了桥面轨道的维修量。

在 1964 年建成的日本东海道新干线（运行速度 210 km/h）钢桥上曾大量采用明桥面，运营 10 年后明桥面纵横梁出现裂纹的现象显著增多。研究分析表明，明桥面用在新干线上存在以下几个问题：①明桥面直接承受列车的冲击作用，导致纵横梁出现疲劳裂纹；②振动较大，木枕易发生位移，轨道结构的维护量大；③噪声大。为此，日本东海道新干线明桥面的木枕已改造成树脂轨枕。

货车提速至 120 km/h 后，由于其轴重和簧下质量都比客车大，冲击作用会显著增加，明桥面能否长期适用 120 km/h 货车的动力作用是一个突出的问题。基于以上原因，并考虑到环境振动和噪声问题，对于既有的钢桥明桥面，不宜进行 200 km/h 提速。

(2) 钢板梁

在几次提速综合试验中分别对 10～40 m 范围内的 6 种不同跨度钢板梁进行过动载试验。从表 3-16 和表 3-17 的客车和货车提速试验实测各种跨度钢板梁的横向振幅值可见，客车接近 160 km/h 时的横向振幅在一些跨度已接近《桥检规》安全限值标准。货车提速到 80～90 km/h 时，大部分跨度的梁体横向振幅超出了安全限值标准，振动剧烈，危及行车安全。从 160 km/h 提速桥梁的加固实践看，上承钢板梁加固困难，且不经济，而换梁简便，因此应采取换梁措施。下承钢板梁加固难度大，造价高，运营中维修养护工作量也大，但由于净空的限值，一些下承钢板梁更换困难，因此对于下承钢板梁根据实际情况可采取换梁、加固或限速等措施。

(3) 钢桁梁

广深线跨度 64 m 双线下承钢桁梁的提速试验结果列于表 3-21 中。在几种客车提速达到 200 km/h 级时，实测横向振幅均满足《桥检规》的安全限值标准。

表 3-21　广深线 64 m 双线下承钢桁梁提速试验实测跨中横向振幅

试验列车	DJJ	X-2000	DDJ	SS_8	DF_{11}	DF_4＋货车
最高速度(km/h)	211	210	210	160	169	60
下弦横向振幅(mm)	0.96	0.95	3.33	1.33	2.49	3.81
安全限值标准(mm)	$L/(75L+3500)=7.71$ mm					

沪宁线 51A 桥 64 m 单线下承钢桁梁动载试验的跨中横向振幅实测结果见表 3-22 所示。货物列车作用下跨中下弦横向振幅达 8.91 mm，大于《桥检规》的安全限值标准 $L/(75L+3500)=7.71$ mm。

表 3-22　沪宁线 51A 桥 64 m 单线下承钢桁梁实测跨中横向振幅

过桥车型	速度(km/h)	跨中上弦横向振幅		跨中下弦横向振幅	
		A_{max}(mm)	强振频率(Hz)	A_{max}(mm)	强振频率(Hz)
货物列车	67.7	14.394	1.786	8.907	1.804
货物列车	68.5	11.232	2.056	6.255	2.056
货物列车	70.5	9.591	1.870	5.998	1.870
旅客列车	122.4	3.024	1.500	2.606	1.500
旅客列车	123.1	3.621	1.684	2.300	1.684

跨度 48 m 单线下承式钢桁梁在提速货车（空车、速度 82.6 km/h）作用下跨中最大横向振幅 13.73 mm，大大超出《桥检规》的安全限值标准 $L/(75L+3500)=6.76$ mm。

跨度 40 m 单线半穿式钢桁梁，在货车（空车，速度 66.8 km/h）作用下跨中最大横向振幅 8.97 mm，超出《桥检规》的限值标准 $L/(75L+3500)=6.15$ mm。因此，需要对钢桁梁进行提速加固。

2000 年铁道部为既有线 160 km/h 提速进行了 2 孔单线半穿式桁梁和 3 孔单线穿式桁梁加固方案的研究、设计、实施和效果评价。5 孔钢梁的基本情况见表 3-23。

表 3-23 客车 160 km/h、货车 80 km/h 提速钢桁梁加固的基本情况

桥 名	桥 跨	图 号	主桁中心距(m)	桁 高(m)	材 料
沪杭线 78A 桥	40 m 半穿式栓焊桁梁	叁标桥 0128	5.40	5.50	16 Mnq
沪宁线 111A 桥	44 m 半穿式铆焊桁梁	专桥 0105	5.40	5.50	3#桥钢
沪宁线 38A 桥	64 m 穿式栓焊桁梁	叁标桥 0123	5.75	11	16 Mnq
津浦线 1779A 桥	62.79 m 穿式铆接桁梁	英制钢梁	5.52	9.3	/
京广线汨罗大桥	48 m 穿式栓焊桁梁(下行)	标准梁	5.75	11	16 Mnq

加固前后实测横向自振频率见表 3-24。从表中数据可见，经过加固，半穿式桁梁的自振频率既不能满足《桥检规》对既有货车提速 80 km/h 的频率限值规定，也不满足 200 km/h 提速技术要求的限值标准。

表 3-24 加固前后实测频率值及相关规范标准值 单位：Hz

梁 别	加 固 前	加 固 后	桥检规($v\leqslant$80 km/h)	本技术条件
40 m 半穿式	2.70	3.10	3.14	3.14
44 m 半穿式	2.34	2.74	2.91	2.91
64 m 穿式	1.83	1.96	2.33	2.15
62.79 m 穿式	1.94	2.10	2.37	2.19
48 m 穿式	2.58	2.69	2.94	2.71

加固前后实测振幅见表 3-25。从表中数据可见，加固后实测振幅基本在《桥检规》安全限值标准内。

可见，加固后桥梁的横向刚度和横向自振频率都有所提高。

表 3-25 加固前后实测振幅值及《桥检规》安全限值 单位：mm

梁 别	加 固 前		加 固 后		《桥检规》安全限值
	实测最大值	推算最大值	实测最大值	推算最大值	
40 m 半穿式	13.56	12.13	4.87	5.08	6.15
44 m 半穿式	8.86	9.25	6.32	6.49	6.47
64 m 穿式	8.91	8.83	4.95	5.02	7.71
62.79 m 穿式	11.36	11.70	4.54	4.53	7.65
48 m 穿式	8.80	8.02	3.86	3.18	6.71

在胶新线 120 km/h 提速试验中，进行过一座 48 m 单线半穿式钢桁梁桥的试验，该桥为新图号专桥（01）0101，主桁中心距 6 m，桁高 5.5 m。实测横向自振频率 2.44 Hz，不满足《桥检规》$v\leqslant$80 km/h 的频率限值 2.94 Hz，也不满足 200 km/h 提速技术要求的横向自振频率限值 2.71 Hz，但从胶新线试验的结果来看，其实测动力性能整体上还是能满足 80 km/h，120 km/h 提速货车要求的。

在 200 km/h 提速补充试验中，进行了 2 座 48 m 单线、1 座 64 m 单线和 1 座 64 m 双线下承式钢桁梁的测试，实测横向自振频率见表 3-26。从实测结果可见：单线桁梁的自振频率既不满足《桥检规》$v\leqslant$80 km/h 的频率限值，也不满足提速技术要求的限值标准；而 64 m 双线钢桁梁桥虽略小于《桥检规》$v\leqslant$80 km/h 的频率限值，但基本满足提速技术要求的限值标准。

表 3-26 200 km/h 提速补充试验钢桁梁实测结果 单位：Hz

梁 别	实测值	《桥检规》	德 国	日 本
48 m 单线钢桁梁	2.22	2.94	2.50	2.50
64 m 单线钢桁梁	1.72	2.33	1.93	1.88
64 m 双线钢桁梁	2.14	2.33	1.93	1.88

综合以上分析，对既有钢桁梁桥，跨度不大于 48 m 的半穿式单线桁梁，虽经加固，还是难以满足 200 km/h 提速要求；跨度不大于 64 m 的单线穿式桁梁桥，经过加固，自振频率虽不满足既有货车提速 80 km/h 的频率限值，但基本满足提速技术要求，在既有货车提速 80 km/h 时实测振幅也基本满足《桥检规》要求；跨度不大于 64 m 的双线穿式桁梁桥，整体动力性能能满足 200 km/h 提速要求。根据上述研究试验结果，提出了前面的钢桥加固原则。

（三）墩台与支座

1. 加固原则

（1）线间距发生变化的双线桥梁，应对墩台和基础的强度进行检算，必要时进行加固。

（2）既有桥梁墩台纵向应按《新建铁路桥上无缝线路设计暂行规定》进行检算，并满足相关要求，必要时进行加固。

（3）在梁端应设置横向限位装置。

2. 加固依据

（1）既有铁路双线桥的线间距为 4.0 m，桥上线间距改为 4.4 m 后，势必要横向移动支座，使墩台基础的受力发生变化，因此应对墩台和基础的强度进行检算，必要时进行加固。

（2）由于既有线 200 km/h 等级提速改造，全线采用跨区间无缝线路，因此既有墩台纵向应按铁道部建设司颁布的《新建铁路桥上无缝线路设计暂行规定》进行检算，必要时进行加固。

（3）试验研究表明，横向没有限位的支座，在列车通过时梁体横向呈现整体振动形态，当两梁端的横向错位超过一定值时，会影响安全行车，因此必须对支座的横向变位进行限制。

（四）涵 洞

1. 加固原则

（1）涵洞顶至轨底的填方厚度不宜小于 1.2 m。填方厚度在 0.6～1.2 m 的涵洞，可采取铺设弹性轨枕等措施。

（2）线间距发生变化的双线涵洞，接长时应对基础的强度进行检算，必要时进行加固。

2. 加固依据

既有线涵洞在提速中的主要问题是涵顶至轨底的填方厚度不足。保持一定厚度涵顶填方的目的是：一方面保证涵顶到路基线路刚度的平顺过渡，防止线路的支撑刚度在涵顶处出现突变，影响列车运行的平稳性和乘坐舒适性；另一方面可以降低列车荷载对涵洞的冲击作用。我国《铁路桥涵设计基本规范》（TB 10002.1—1999）第 5.4.4 条规定，涵洞顶至轨底的填方厚度不宜小于 1 m。随着速度的提高，列车的动力作用和影响深度亦增大，因此在新建 200 km/h 级客货共线的路基上设有路基基床表层，为保证基床表层的连续性，涵洞顶面不宜高于基床表层顶面，则涵洞顶至轨底的高度为 0.6 m（基床顶层）+0.35 m（道砟厚）+0.23 m（轨枕高）=1.18 m，按 1.2 m 计；而既有线的路基没有基床表层，但也至少应保证道砟厚度要求，填方厚度为 0.35 m（道砟厚）+0.23 m（轨枕高）=0.58 m，因此最小厚度按 0.6 m 计。

为检验 1.2 m 填方厚度的可靠性，遂渝线进行了 1 座跨度 5 m、填方厚度 1.23 m 盖板箱涵的综合试验。结果表明：盖板箱涵和过渡段范围内轨枕竖向振动加速度较为平稳，没有突变，涵洞跨中顶板处的竖向振动加速度与轨枕处相比，高频成分减少，振动幅值衰减明显。因此填方厚度达到 1.2 m，能够使线路在涵洞处平稳过渡，保证列车运行具有良好的舒适性，并大大减少列车对涵洞的冲击。

对于填方厚度在 0.6～1.2 m 的涵洞，根据国外的经验，可采取适当的措施，保证线路在涵洞处的刚度平顺性。具体有如下 2 种方法：① 在涵顶轨枕增设枕下胶垫，也称为弹性轨枕；② 在涵顶铺设道砟垫。根据德国的试验，道砟垫会影响道砟的稳定性，且我国在道砟垫的使用上尚缺乏经验，铺设弹性轨枕在我国已得到初步应用，因此宜采用铺设弹性轨枕的方法。

（五）桥面布置

1. 道砟桥面枕下道砟厚度一般不小于 30 cm，困难条件下不小于 25 cm。

2. 既有简支混凝土梁上不得设接触网支柱。

四、桥梁加固和改造方案

（一）混凝土梁

我国铁路运营线路上的混凝土桥梁与国外铁路混凝土梁普遍采用整孔结构不同，考虑到桥梁预制、架设的条件，绝大部分一直沿用分片式混凝土预制 T 梁。虽然历经大（65）138，006，2019，2039，2059 等系列标准图纸多次改进，但分片式 T 梁横向刚度普遍偏低。此外，由于受当时设计理念的局限，运营线路上的混凝土梁的钢筋保护层普遍偏薄，在经过一段时间的使用后，相继出现各种病害，严重影响结构的耐久性乃至运营安全。为满足列车提速要求，在换梁时已广泛采用横向刚度较好的提速梁。但是，由于换梁对运输干扰大、成本高，且提速梁自重较大，考虑墩梁耦合振动后，个别桥梁采用提速梁来提高桥梁横向刚度的效果并不理想，因此，如何在不中断运输的条件下，对既有混凝土桥梁进行 200 km/h 等级提速加固改造，使其满足列车运行要求，是提速 200 km/h 级桥梁加固改造急需解决的问题。

1. 加固方案的基本思想

我国既有线中小跨度预应力混凝土梁基本依据标准图生产、制造和安装。它们仅适于列车低速或中速条件，对于 200 km/h 等级提速线路，这些标准图存在着不同程度的缺陷，不能满足提速技术要求。

从直观分析和概念看，在不改变梁体截面条件下，影响双片式 T 梁横向刚度的主要因素是两片梁体之间联结的状态与刚度。因此，从合理地加强两片梁的联结，保证在荷载作用下两片梁共同受力，从而提高梁体横向刚度入手，分析不同联结加固方法对梁体横向刚度和横向自振频率的影响。

2. 加固方法

（1）横隔板合理加固方法

通过分析横隔板数量、分布、沿梁纵向厚度、横向宽度等因素对横向刚度的影响，研究双片式 T 梁横隔板合理加固方法。30 m 双片 T 桥梁跨中横隔板位置及编号，见图 3-31。

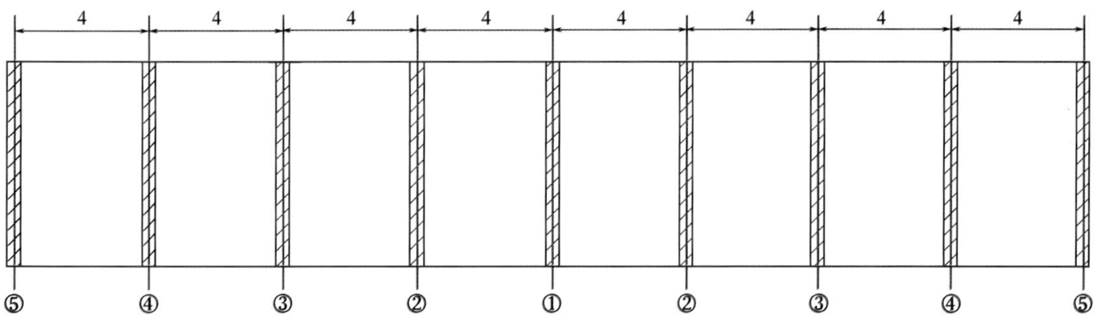

图 3-31　32 m 双片式 T 梁横隔板位置及编号示意图（单位：m）

固定横隔板厚度（按平均厚度 0.2 m 计算），分别从跨中及梁端开始对称去掉既有隔板的联结。计算结果表明：无论横隔板有无联结，梁竖向自振频率基本不变（图 3-32）。当去掉 1 号横隔板联结时（图 3-32（a）中的 2），横向自振频率基本不变；去掉 1 和 2 号隔板联结时（图 3-32（a）中的 3），横向频率仅下降 2.1%；去掉 1，2 和 3 号隔板联结时（图 3-32（a）中的 4），横向频率下降

10.5%；仅保留 5 号端隔板时（图 3-32（a）中的 5），横向频率下降 46.3%，比单片梁横向频率（图 3-32（a）中的 6）高 20.0%。同样，当去掉梁端部 5 号隔板时（图 3-32（b）中的 2），横向频率下降 14.7%；去掉 4 和 5 号隔板时（图 3-32（b）中的 3），横向频率下降 36.0%；去掉 3，4 和 5 号隔板时（图 3-32（b）中的 4），横向频率下降 48.5%；仅保留跨中 1 号隔板时（图 3-32（b）中的 5），横向频率下降 54.5%，与单片梁的横向频率接近。因此，靠近梁端横隔板的联结刚度对横向刚度影响较大。

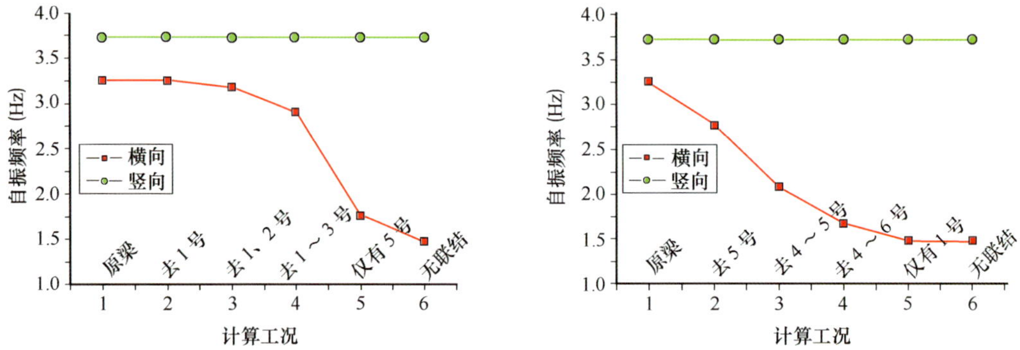

(a) 从跨中开始对称去掉既有隔板　　(b) 从梁端开始对称去掉既有隔板

图 3-32　不同位置横隔板对梁体自振频率的影响

任意两种编号横隔板不同组合时梁体自振特性的计算结果见（图 3-33）所示，可见除 3 和 5 号隔板组合后的横向刚度与 4 和 5 号组合接近外，任意两种编号隔板组合后横向刚度均小于 4 和 5 号组合。

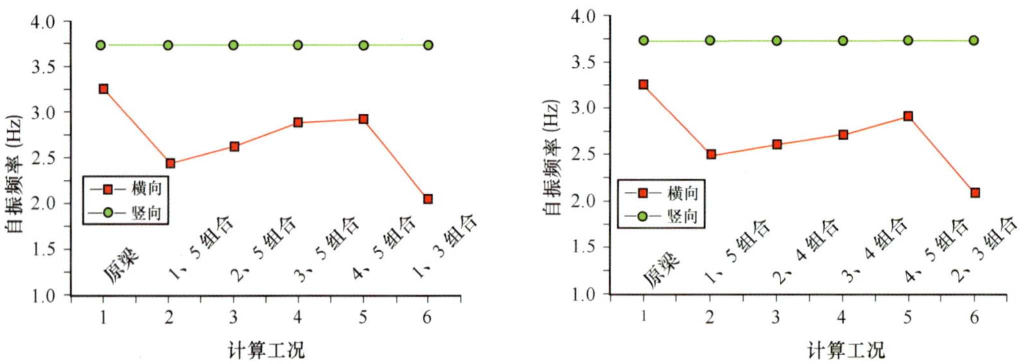

(a) 与 5 号隔板组合　　(b) 与 4 号隔板组合

图 3-33　不同位置横隔板组合对梁体自振频率的影响

在梁体横隔板数量不变的条件下（9 块），横隔板厚度分别为 0.1 m、0.15 m、0.3 m、0.45 m、0.6 m 和 0.8 m（5 号隔板仍为 0.6 m）时，进行梁体自振特性的计算。计算结果见图 3-34 所示，可见，随横隔板厚度的增加，梁体横向一阶、二阶横向自振频率和一阶扭转自振频率均有所增长；在隔板厚度 0.6 m 时，与原梁相比相应频率分别增加了 25.6%、27.8% 和 39.2%，梁体横向及扭转刚度均明显提高。然而，由于横隔板的加厚并不能提高梁体的竖向刚度，且使自重增加，因此梁体的一、二阶竖向自振频率均有所下降，在隔板厚度 0.6 m 时，下降幅度分别为 1.8% 和 1.6%。横隔板厚度继续增加，虽然梁体的横向刚度还可提高，但从自振频率提高的效率、经济性及施工的可行性等方面考虑，横隔板厚度不宜超过 1.0 m。

不同厚度横隔板横向封闭前后的理论计算结果如图 3-35 所示，由图 3-35 可见横隔板完全封闭后，虽然可以使梁体的横向、扭转刚度略有提高，但提高幅度不大，且由于自重增加较多，竖向频率与原梁相比下降 4.3%。因此，横隔板封闭的方法基本不能提高梁体的自振特性。

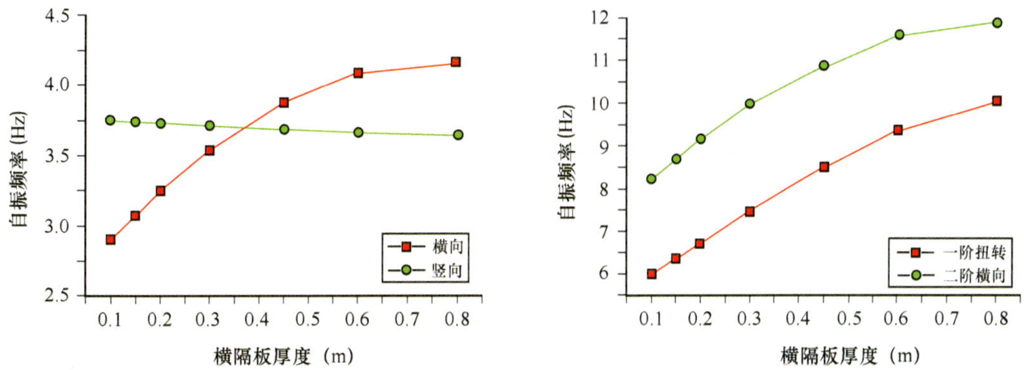

(a)横向、竖向自振频率　　(b)横向与扭转自振频率

图 3-34　横隔板厚度对梁体自振频率的影响

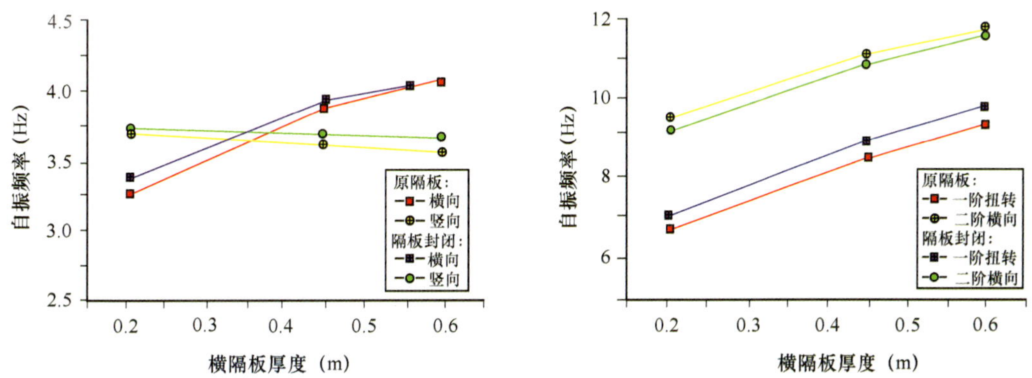

(a)横向、竖向自振频率　　(b)横向与扭转自振频率

图 3-35　横隔板横向宽度对梁体自振频率的影响

通过横隔板数量、分布、沿梁纵向厚度、横向宽度等因素的理论计算及综合分析比较可知，双片式 T 梁采用横隔板进行横向加固时，横隔板厚度不宜超过 1.0 m，且横截面不宜封闭。根据上述原则，选定横隔板加厚至 0.6 m，并进行不同组合下梁体自振特性的理论计算，计算结果如图 3-36 所示。由图 3-36 可见：3，4 和 5 号横隔板加厚至 0.6 m 时，梁体的一、二阶横向及扭转自振频率提高至 4.109、10.443 和 8.975 Hz，分别比原梁提高 26.3%、15.3%和 59.7%；一、二阶竖向频率由于梁自重增大分别略下降至 3.710 Hz 和 12.374 Hz（分别下降 0.5%和 1.0%），说明采用增加两侧梁端附近各 3 块厚度为 0.6～0.8 m 的隔板是横隔板加固的最优方法。

（2）增设水平板合理加固方法

在进行双片式 T 梁增设水平板合理加固方法分析时，分析了水平板布置高度、沿梁分布等因素的影响。32 m 双片式 T 梁增设水平板的位置及编号如图 3-37 所示。

有限元模型中，水平板厚度按 0.15 m 设置，弹性模量与梁相同。水平板不同高度梁体自振特性的计算结果见图 3-38 所示，连续通长布置时，中心距梁下缘 1.2 m 时梁体横向自振频率达到最大值 4.394 Hz（比原梁提高约 35.0%）；中心距梁下缘 0.075 m 时，竖向及扭转自振频率分别达到最大值 3.962 Hz 和 13.292 Hz（分别比原梁提高约 6.2%和 97.3%）。

水平板的不同布置方式对梁体的自振特性影响很大，在原梁跨中 4～8 m 范围内无论水平板布置在任何高度，梁的横向自振频率均提高很小甚至降低；在原梁两侧两端连续布置水平板 12～24 m 时，加固效果与通长布置接近甚至更好（两侧梁端连续布置 12 m、中心高度 1.2 m 时横向自振频率为 4.417 Hz，比原梁提高 35.7%）；在两侧梁端连续布置 8 m 时，加固效果略有降低（中心高度为

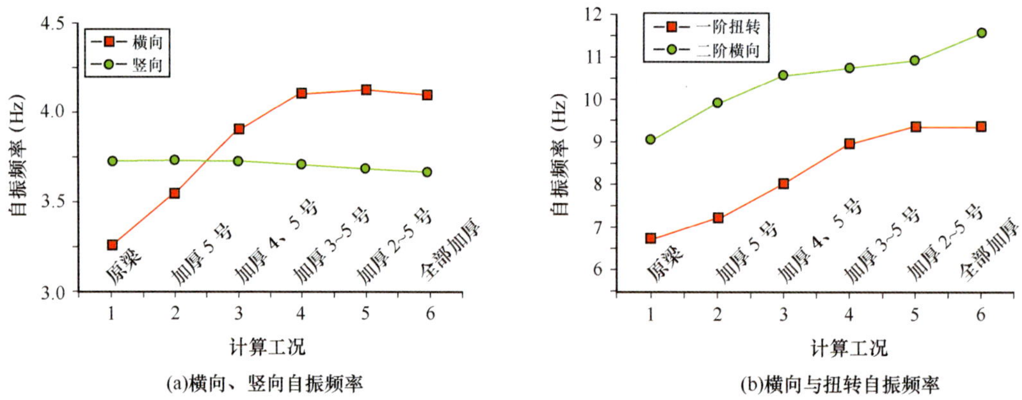

图 3-36　横隔板合理加固方法优化

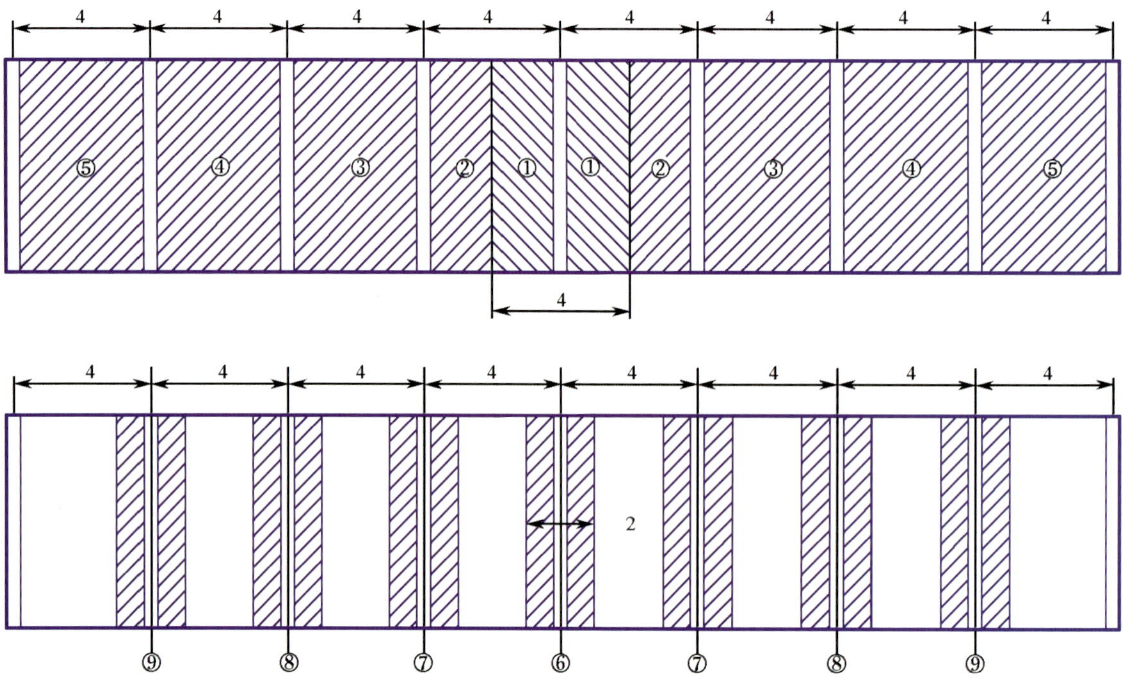

图 3-37　32 m 双片式 T 梁增设水平板的位置及编号示意图（板厚 0.15 m）（单位：m）

1.2 m 时横向自振频率为 4.328 Hz)；仅在两侧梁端布置 4 m 时，中心高度在 0～1.6 m 范围内加固后梁的加固效果差别不大（水平板中心高度为 0.075 m 和 1.2 m 时横向自振频率分别为 4.015 Hz 和 3.928 Hz）。

计算结果表明（以中心高度 1.2 m 为例），长度相同的条件下，在两侧梁端增设水平板的加固效果明显高于集中布置在跨中的效果，且增设水平板的长度在超过 16 m 后，加固效率明显下降（图 3-39）。

与增设连续水平板的结果类似，分段增设中心高度在 0～0.8 m 的水平板时，横向加固效果十分接近，高度 1.2 m 时略有降低，而靠近桥面板布置时，加固效果并不明显；同种高度分段布置的水平板，愈靠近梁端其加固效率愈高（图 3-40）。因此，分段布置水平板的加固效果不及在梁端集中布置的加固方式。

上述分析结果表明，采用增设水平板提高 32 m 梁自振特性时，水平板的高度可在 0～1.6 m 范围内选择，布置较为灵活；沿梁纵向应尽量靠近梁端设置，每侧加固的长度不宜超过 8 m。采用靠近既

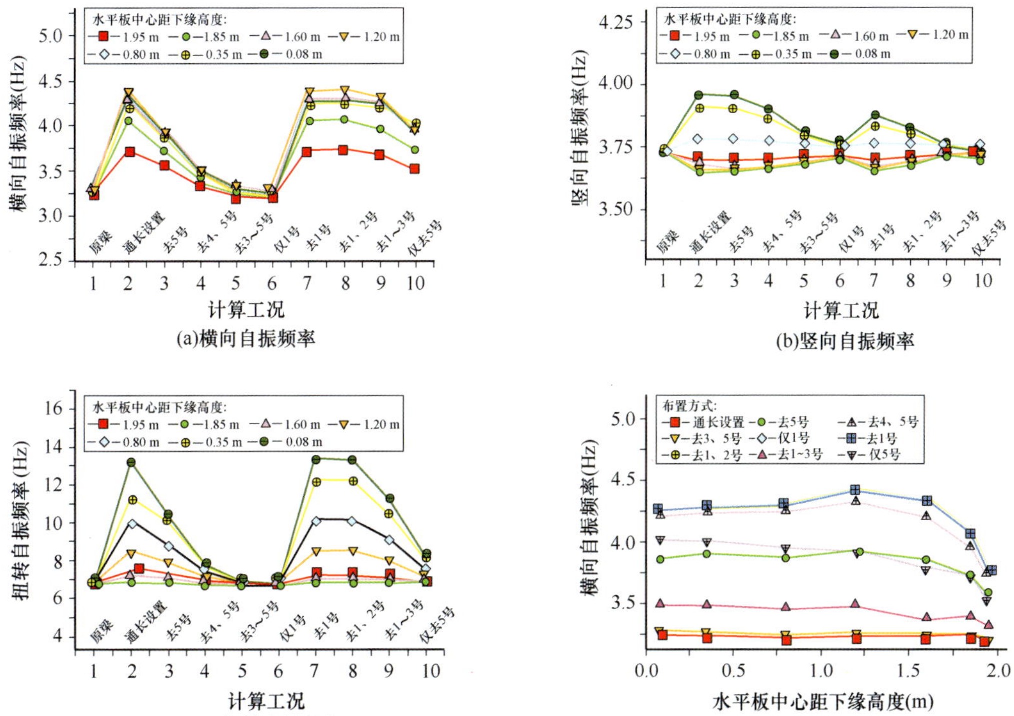

(a)横向自振频率 (b)竖向自振频率

(c)扭转自振频率 (d)不同距离

图 3-38 增设连续横向水平板对梁体自振频率的影响

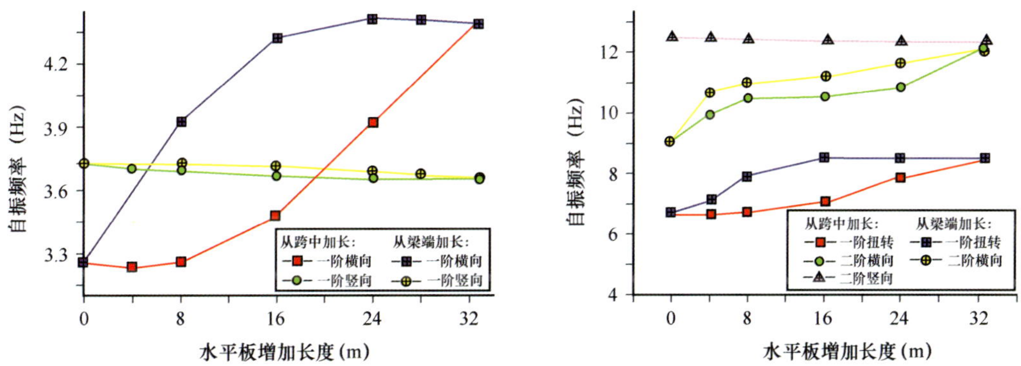

图 3-39 增设连续横向水平板长度对梁体自振频率的影响

有桥面板下方增设水平板的加固方法，无论连续或分段布置，加固效率均明显低于其他布置方式。

(3) 桥面板联结、加宽合理加固方法

将双片式 T 梁既有接缝封闭、桥面板整体联结后，梁的横向、扭转一阶自振频率分别可提高 6.9%和 14.4%，竖向自振频率基本不变见表 3-27 所示。考虑到接缝联结施工困难、对运输干扰大、加固效果有限且接缝联结的质量不易保证，因此一般情况下不宜单独采用桥面板联结的加固方法。

表 3-27 桥面板整体联结前后梁自振特性有限元计算结果 单位：Hz

	横向一阶	竖向一阶	扭转一阶	横向二阶	竖向二阶
原 梁	3.254	3.729	6.726	9.058	12.504
桥面板联结后	3.479	3.724	7.692	10.320	12.480

在进行双片式 T 梁桥面板加宽合理加固方法分析时，分析了桥面板联结后加宽 0.5 m、1.0 m

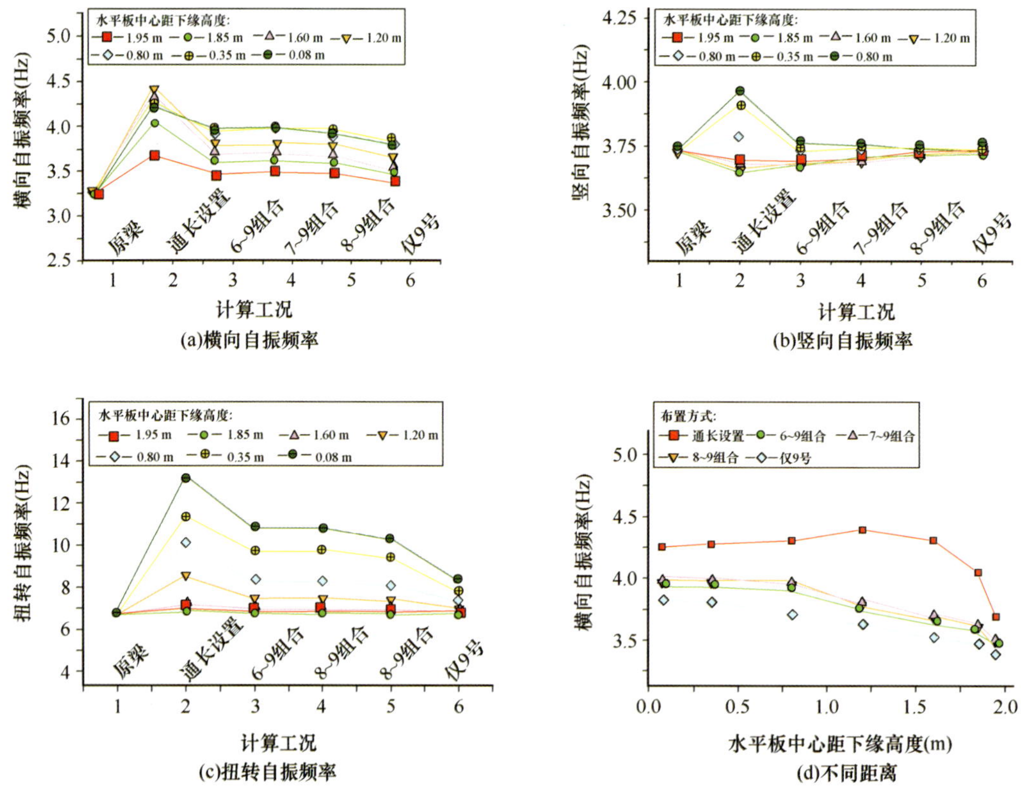

图 3-40　增设分段横向水平板对梁体自振频率的影响

和 1.5 m（厚度 0.2 m）连续通长布置（图 3-41）时梁体的自振特性。为研究桥面板加宽的合理布置型式，进行了桥面板加宽 1.0 m 条件下两侧梁端分别连续布置 4 m、8 m、12 m 和 16 m（跨中横隔板处未联结）和跨中布置 4 m、8 m、16 m、24 m 及 7 个横隔板处分段布置 2.0 m 时的计算分析。

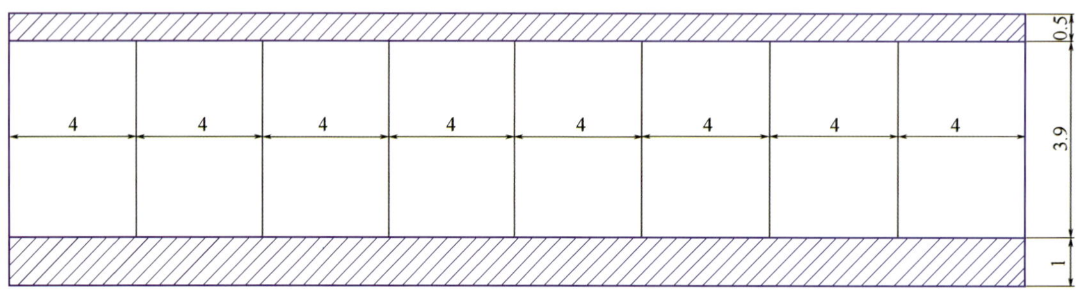

图 3-41　32 m 双片式 T 梁桥面板加宽示意图（单位：m）

增加桥面板宽度可以明显提高梁体的横向自振频率，加宽 1.0 m 时一阶横向频率可提高 25.3%，但随着桥面加宽、自重增大，梁的扭转自振频率在加宽至 1.5 m 时比 1.0 m 时反而有所下降（表 3-28）。

表 3-28　桥面板加宽前后梁自振特性有限元计算结果　　单位：Hz

	横向一阶	竖向一阶	扭转一阶	横向二阶	竖向二阶
原　梁	3.254	3.729	6.726	9.058	12.504
桥面加宽 0.5 m	3.760	3.749	7.458	11.124	12.464
桥面加宽 1.0 m	4.079	3.760	7.166	11.799	12.389
桥面加宽 1.5 m	4.380	3.761	6.840	11.829	12.173

分析从梁端及跨中增加不同长度桥面板加宽（1.0 m）时梁体自振特性的计算结果（图 3-42）可以发现：桥面加宽部分越靠近跨中，加固效率越好。在长度相同的条件下，跨中部分加宽长度 8 m，横向频率可提高至 3.656 Hz，而分布于两侧梁端时横向频率为 3.480 Hz，两者加固效果相差 5.1%；加宽长度 16 m 时，两者相应加固效果相差更大，为 11.3%。

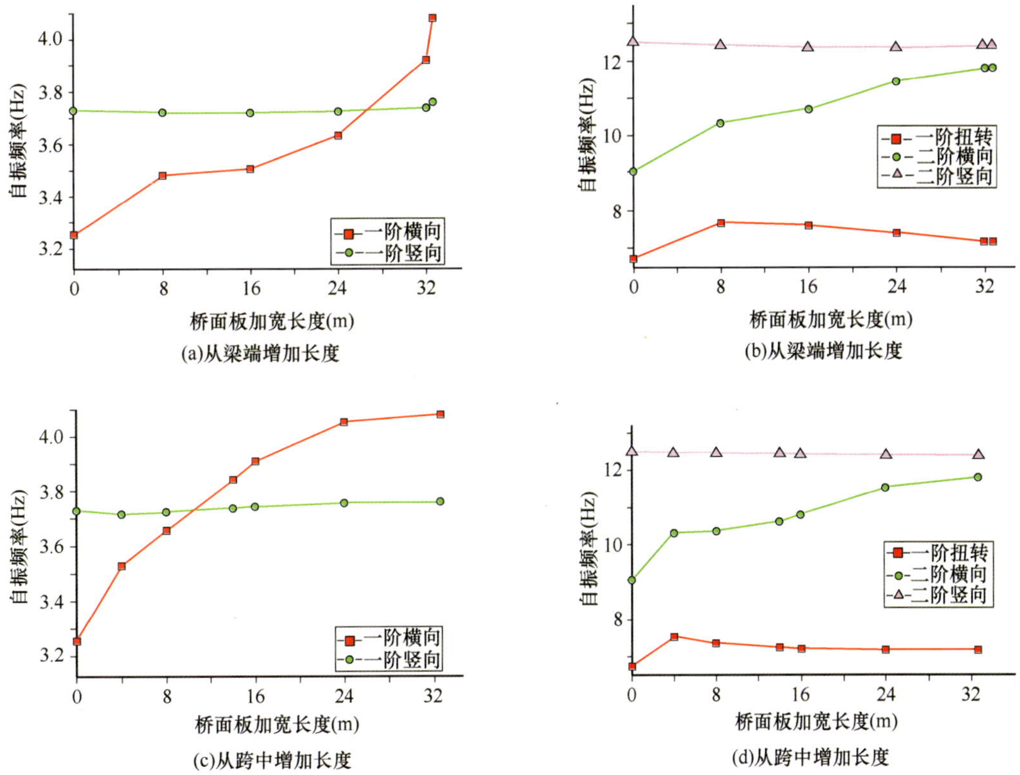

图 3-42　加宽桥面板的长度对梁体自振频率的影响

桥面板加宽集中增设于跨中的加固效果明显高于分段均匀增设的方式如表 2-29 所示。桥面板增加宽度 1.0 m，除两端隔板外的其余 7 块隔板处的桥面板加宽长度为 2.0 m 时（加宽总长 14.0 m），梁横向自振频率比原梁提高 8.2%；但如果在跨中两侧集中加宽 14.0 m 时，梁的横向自振频率可提高 18.1%。

表 3-29　两种桥面板加宽方式梁自振特性有限元计算结果比较　　单位：Hz

	横向一阶	竖向一阶	扭转一阶	横向二阶	竖向二阶
原　　梁	3.254	3.729	6.726	9.058	12.504
分段增设	3.521	3.679	7.358	10.425	12.346
集中增设	3.842	3.739	7.229	10.610	12.439

上述计算分析结果说明，采用既有桥面板联结的方式虽然可以提高梁体的横向刚度，但增加较为有限，考虑到桥面板联结施工困难、联结质量不易控制、对运输干扰大等不利因素，一般不宜单独采用。采用加宽桥面板提高梁体的横向刚度宜采用连续布置方式，跨中不应断开，且跨中集中布置的方式加固效率最高。

(4) 增加双片式 T 梁横向间距方法

已有资料显示，增加双片式 T 梁的横向中心间距可以提高梁体的横向刚度。此方法虽然在实际应用中存在很大困难，但为澄清以往的错误认识，研究分析中分别进行了双片式 T 梁中心间距

1.8 m（原梁）、1.9 m、2.0 m、2.1 m 和 2.2 m 时梁体自振特性的计算。

原梁横隔板联结刚度不变的条件下，梁横向间距增加并不能提高结构的自振特性；梁间距由原梁的 1.8 m 加大至 2.2 m 时，横向频率下降 8.3%（表 3-30）。

表 3-30　两种桥面板加宽方式梁自振特性有限元计算结果比较　　单位：Hz

梁中心距(m)	横向一阶	竖向一阶	扭转一阶	横向二阶	竖向二阶
1.8(原梁)	3.254	3.729	6.726	9.058	12.504
1.9	3.178	3.726	6.411	8.777	12.498
2.0	3.108	3.726	6.157	8.486	12.492
2.1	3.044	3.724	5.948	8.247	12.489
2.2	2.985	3.723	5.772	8.048	12.481

横隔板加厚至 0.6 m 后，梁横向自振频率随间距增大略有增加；与横隔板加厚横向间距不变的梁相比，横向间距 2.4 m 时最大增加 5.1%；但横向间距超过某一距离（约 2.5 m），横向联结刚度相对较弱后，横向频率随梁横向间距的增大反而减小（图 3-43）。

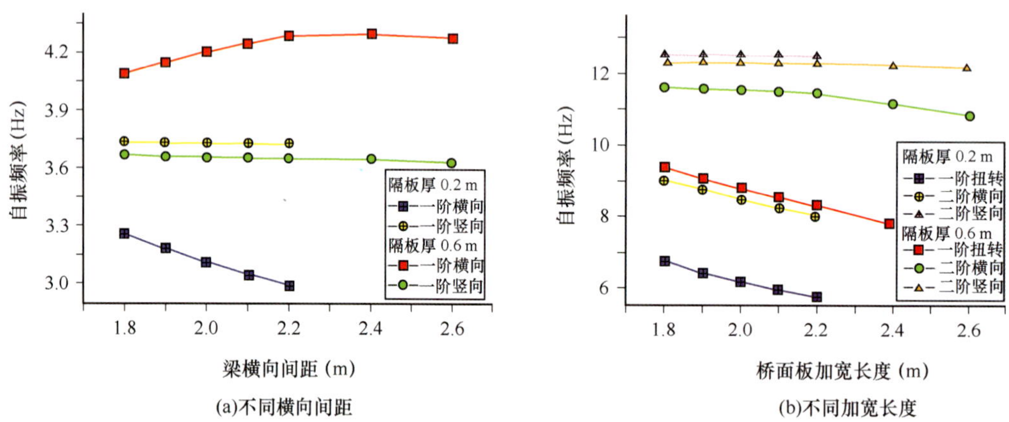

图 3-43　横向中心间距对梁体自振频率的影响

上述结果表明，单纯加大梁的横向间距而不对横向联结进行必要的加强，不能提高梁体的横向刚度和自振频率。同时，增加梁横向间距的方法在实际应用中存在支座位置调整等难题，因此不宜采用。此外，横隔板加厚至 0.6 m 加大间距的计算结果也从另一侧面反映出原梁横向联结刚度相对十分薄弱。

（5）典型跨度双片式 T 梁横向合理加固方案

以上从影响双片式 T 梁横向刚度的主要因素，分别讨论了单独横隔板加固、增设水平板、加宽桥面板和增加梁中心距 4 种常用加固方法提高梁体横向刚度的合理布置型式。在实际加固工程中，为保证加固效果，各种加固方法往往配合运用。由于上述不同方法的加固效果并不能进行简单的叠加，因此有必要进一步综合分析研究不同加固方法配合运用后的加固效果。现以跨度 32 m 的预应力混凝土梁为例，研究双片式 T 梁在不同加固方法综合运用后的合理加固方法。

由于增加梁中心距的方法加固效果有限，实际应用存在相当大的难度，桥面板改造对既有线路的运营干扰较大，因此重点进行横隔板加厚和增设水平联结联合应用后加固效果的计算分析。

采用增大横隔板厚度的加固方法时，常用跨度的铁路梁除因梁端腹板较厚，无法施加横向预应力，新旧混凝土的联结效果不易保证外，其他部位横隔板的加固方法已十分成熟。理论计算分析表明，32 m 双片式 T 梁采用增加两侧梁端附近各 3 块横隔板厚度至 0.6～0.8 m 是横隔板加固的最优方法，因此在综合加固方法的分析中，将以此为基础，分析增加其他横向水平板联结后的加固效果。

横向水平板的布置型式对横向加固效果影响很大，组合型式较多，根据水平板加固效果的计算分析结果，在选择横向水平板布置时采用以下原则：

①优先考虑在梁端附近设置新增联结；

②尽量控制新增水平板重量，减小加固后梁跨中的恒载弯矩；

③新增水平板的位置尽量避开原梁预应力束密集的区域；

④为保证加固效果，新增水平板按预应力结构考虑。

根据上述布置原则，在进行多种加固方法的分析比较并考虑结构静刚度的影响后，选取以下3种组合加固方案。

方案一：梁端横隔板加厚至0.9 m，与其相邻的2块横隔板加厚至0.6 m，在梁端腹板扩大的前部增加长度1.0 m、厚度0.3 m、中心高度1.34 m的水平板。

方案二：在方案一的基础上，在跨中横隔板桥面板下增设长度2.5 m、平均厚度0.24 m的水平板。

方案三：在方案二的基础上，在与跨中相邻的两块横隔板处增设水平板。

采取3种组合加固措施后，不同类型跨度32 m梁的一阶、二阶横向及扭转自振频率分别比原梁提高了27.0%～32.0%，35.8%～39.3%和18.8%～36.0%，一阶竖向频率降低在2.3%之内，见表3-31。

表3-31 3种组合加固方案梁自振特性有限元计算结果 单位：Hz

梁体类型	加固方案	横向一阶	竖向一阶	扭转一阶	横向二阶	竖向二阶
006A	原梁	3.254	3.729	6.726	9.058	12.504
	方案一	4.232	3.673	9.166	10.757	12.296
	方案二	4.215	3.651	9.175	11.646	12.196
	方案三	4.251	3.644	9.275	12.192	12.202
2019	原梁	3.150	3.768	6.442	8.667	12.573
	方案一	4.138	3.749	8.868	10.397	12.489
	方案二	4.134	3.738	8.903	11.290	12.425
	方案三	4.157	3.719	8.973	11.784	12.393
2059	原梁	3.465	3.894	7.014	9.402	13.084
	方案一	4.404	3.861	9.530	11.243	12.827
	方案二	4.399	3.834	9.563	12.120	12.829
	方案三	4.424	3.816	9.650	12.641	12.790

有限元理论计算结果表明，采用上述的加固方案后，跨度32 m双片式T梁的横向自振频率可由原来的3.0 Hz左右提高至4.0 Hz以上（提高约30%），加固效果明显，加固后梁体的横向自振频率大于3.75 Hz，满足200 km/h等级提速技术条件的要求。

与以往的横向加固方案相比，有以下特点：

①梁横向自振频率可提高约30%，加固效果较为明显；

②新增混凝土的重量较小且集中在梁端，梁恒载弯矩增加有限；

③梁的竖向自振频率降低在3%之内，竖向刚度可满足要求；

④梁端新增水平板稍加改造后，可适用与体外预应力纵向加固。

3. 加固效果和结论

影响常用跨度混凝土梁横向刚度和自振频率的主要因素是双片式T梁的联结刚度。因此，通过加强两片梁的联结、整体工作性能可提高梁的横向刚度和自振频率。

(1) 在用横隔板进行横向加固时，采用增加两侧梁端附近各3块隔板厚度至0.6～0.8 m是横隔板加固较优的方法。

(2) 在用增设水平板进行横向加固时，水平板应尽量靠近梁端设置，长度不宜超过6～8 m。

(3) 封闭既有接缝将桥面板联结成整体后，双片式T梁的横向、扭转自振频率的提高均较为有限。

(4) 采用加宽桥面板提高梁体的横向刚度宜采用跨中连续布置方式。

(5) 在既有标准梁横隔板联结方式下，加大梁间距并不能提高梁体的横向自振频率。

理论计算表明，采取建议的3种组合加固措施之一后，不同类型跨度32 m梁的横向及扭转自振频率比未加固梁提高19%～36%，竖向频率降低较小（2.3%之内），横向加固效果明显。

加固前后梁体的自振特性实测结果表明，横向加固后梁体的横向自振频率可提高12%～15%。

（二）钢梁

在京广、京沪、京哈等各大干线提速中，钢桥的振动一直是一个关键性问题，其中钢桥的横向振动问题尤为突出，如津浦线1820A桥原为一孔48 m半穿式钢桁梁，当货车速度达到70 km/h时，实测跨中下弦横向最大振幅达12.85 mm，为1978年版《桥检规》参考限值的3.61倍，也远大于2004年新颁布的《桥检规》安全限值6.76 mm。1998年，该桥更换为48 m穿式桁梁，在专桥0152定型图基础上将部分杆件进行了加强，但在货物列车提速到73 km/h时，其跨中下弦横向振幅仍然达到8.67 mm，仍超出了安全限值6.76 mm。随着速度的提高，当货物列车速度超过60 km/h时，钢桥都存在跨中横向振幅超限问题，特别是货车提速后在一些钢板梁上多次出现脱轨事故。

1. 加固方案的基本思路

在提速桥梁改造加固中，钢板梁基本采取换梁措施，因此钢桥加固研究主要针对桁梁。首先进行多种可能加固方案的设计，然后对多种加固方案进行理论分析与车桥动力计算。根据大量计算结果分析，选择既能有效提高钢桁梁横向刚度、保证梁体动力性能满足200 km/h等级提速要求，又经济合理的加固方案进行试加固，并进行加固检测和效果评定，根据试加固的情况和测试分析，优化加固方案，改进施工工艺，实施第二阶段的加固，最后进行动载测试，验证加固效果。

表3-32为5孔钢桁梁的基本情况及加固前实测横向振幅。

表3-32　桁梁加固前实测跨中下弦最大横向振幅

桥　梁	跨径及结构形式	货列速度(km/h)	跨中下弦横向最大振幅(mm)	旧《桥检规》参考限值(mm)	新《桥检规》行车安全限值(mm)
沪杭线#78A桥	40 m半穿式栓焊桁梁	71.3	13.56	2.783	6.154
沪宁线#111A桥	44 m半穿式铆焊桁梁	73.2	8.861	3.259	6.471
沪宁线#38A桥	64 m穿式栓焊桁梁	67.7	8.907	4.452	7.711
津浦线#1779A桥	62.79 m穿式铆接桁梁	62.2	11.36	3.792	7.649
京广线汨罗大桥	47.2 m穿式栓焊桁梁	78.0	8.80	3.283	6.705

2. 加固方案确定

(1) 半穿式桁梁加固方案

由于半穿式桁梁没有上平纵联和横向联结系，导致桥梁的横向刚度明显偏低，为了满足提速要求，须大幅度提高桥梁的横向刚度。

针对半穿式桁梁的具体特点，加固方案主要从以下五个方面进行考虑。

①端横梁加固

根据上承式钢板梁桥的加固经验，对桥梁两端的横向联结进行加强能起到一定的加固效果。具体针对半穿式桁梁而言，即对桁梁的端横梁截面进行加强，因端横梁下翼缘有下平联节点板，没有足够的空间进行加强，因此在横梁上翼缘的底面加贴两块盖板以对端横梁截面进行加强。

② 横梁与主桁的联结加固

原设计中横梁与竖杆均采用隅撑连接，为了增强横梁与竖杆组成的开口横向框架作用，充分发挥主桁杆件的作用，对桥梁的横向联结进行加强，以使原联结铰的作用刚性化。

③ 主桁下弦外侧的人行道改造

将原人行道托架全部改造成全桥通长的封闭式箱形截面，间接地增加了主桁下弦杆的截面尺寸和主桁宽度，但这种加固措施相对比较繁琐。

④ 下平纵联、下平纵联斜杆加固

钢板梁桥的加固经验表明，桥梁的横向刚度不足与桥梁的横向联结系不强有很大的关系，原设计中下平纵联截面太弱是导致横向振幅超限的一个重要原因，因此对下平纵联杆件进行加强以提高桥梁的横向刚度，增加桥梁的自振频率，是最直接有效的加固手段。

⑤ 主桁下弦杆加固

为了提高桥梁的自振频率，增加桥梁的横向刚度，降低横向振幅。考虑到加固施工中的可操作性，对下弦杆进行加强是比较切实可行的。

（2）穿式桁梁加固方案

相对于半穿式桁梁而言，穿式桁梁的加固方法应该说可选择性更大些。除了上述半穿式桁梁的几种加固方法之外，还可以增加以下两种加固方法。

① 桥门架加固

桥门架作为桁梁的横向联结系，对桥梁的横向刚度有较大的作用。很多资料表明，桥梁横联中作用最大的应为端横联。它对抑制桥梁的横向振动、降低横向振幅有一定作用。因此对桥门架中的杆件进行加强，就可以加强桁梁的横向框架作用，达到增加桥梁的横向刚度、降低横向振幅的目的。在方案设计阶段，对桥门架的加固主要考虑了以下两个方案：

a. 对原桥门架杆件进行加强，原桥门架杆件均为两个角钢上下叠置，可采用两个角钢与原角钢对拼的方法对杆件进行加强，这种方法施工比较简单，对铁路运输干扰较少；

b. 在两个角钢中间加设一块大板的加劲肋，这种方法加固时需先将原桥门架的一面角钢拆除，再安装大板，施工时需要一定的时间完成角钢拆卸、安装大板、螺栓施拧等工序，对运输干扰较大。

② 上平纵联杆件加强

为了使桥梁的整体刚度得到提高，有必要对桁梁的上平纵联杆件进行加强，因为原设计上平联杆件尺寸普遍存在偏小的问题。有关计算结果表明，增大上平联杆件截面，可以提高桥梁的自振频率，降低桥梁的横向振幅。同时与其他加固措施相匹配，以免出现“下边重，上头轻”的现象，达到全面提高桥梁横向刚度的目的。具体加固方法为在 T 形杆件的两侧各联结一个角钢，使之成为工形断面，以增加上平纵联杆件的抵抗矩。

针对上述每一种加固措施，进行系统静动力计算分析结果表明：

① 加强上、下平纵联斜杆尤其是下平纵联斜杆对提高桁梁的横向自振频率贡献较大；

② 加强下弦杆及改造下弦外侧人行道均可明显提高桁梁的横向自振频率。

由于改造下弦外侧人行道施工相对比较复杂，且要求桁梁下弦杆外侧留有一定宽度空间，不适合并置桁梁，故该方案虽能有效提高桁梁的横向刚度，但没有普遍性。最后经实桥加固及第二阶段计算采用以下方法：

a. 对半穿式桁梁，加强下平纵联斜杆；

b. 对穿式桁梁，加强上、下平纵联斜杆；

c. 在上述加固基础上，在主桁下弦杆增加 4 个角钢，角钢水平肢在节点处用拼接板联结成整体。

各桁梁的具体加固措施见表 3-33。

表 3-33　桁梁实桥加固方案

梁　　别	实　桥　加　固　方　案
40 m 半穿式栓焊桁梁	更换肱板＋加强下平纵联斜杆＋加强主桁下弦杆
44 m 半穿式铆焊桁梁	加强下平纵联斜杆＋加强主桁下弦杆
64 m 穿式栓焊桁梁	加强上平纵联斜杆＋加强主桁下弦杆
62.79 m 穿式铆接桁梁	加强上平纵联斜杆＋加强下平纵联斜杆＋加强主桁下弦杆

在加固实施方案确定后，进行了车辆—桥梁系统的仿真计算分析，分析计算了加固后提速列车（包括 200 km/h 客车及 120 km/h 货车）作用下，桥梁的竖向和横向动力响应、车辆运行的脱轨系数、轮重减载率和乘坐舒适性。结果表明：半穿式桁梁采用"加强下平纵联斜杆＋加强主桁下弦杆"的加固方案，穿式桁梁采用"加强上、下平纵联斜杆＋加强主桁下弦杆"的加固方案，均可有效提高桁梁的横向刚度，跨中下弦的横向振动幅值大幅下降，桁梁的竖向动力性能稍有改善，加固后列车通过桥梁的运行安全性、平稳性和乘坐舒适性也有明显改善，表明所采用的加固方案在理论上能达到有效提高桁梁的横向刚度、改善横向动力性能目的。

3. 加固效果及结论

加固前后桁梁的横向一阶自振频率见表 3-34，加固后桁梁的实测横向振动幅值见表 3-35。通过 5 孔典型下承式单线桁梁各加固方案的理论分析和计算，尤其是实桥加固前后的实测结果对比及加固后桁梁横向刚度检验，可以得出如下结论。

表 3-34　加固前后横向一阶自振频率　　单位：Hz

<table>
<tr><th>梁　别</th><th colspan="2">类　型</th><th>加固前</th><th>加固后</th><th>增　减</th></tr>
<tr><td rowspan="3">40 m 半穿式栓焊桁梁</td><td colspan="2">实测值</td><td>2.700</td><td>3.100</td><td>+14.8%</td></tr>
<tr><td rowspan="2">理论值</td><td>同济大学</td><td>2.770</td><td>3.350</td><td>+20.9%</td></tr>
<tr><td>北京交通大学</td><td>2.740</td><td>3.370</td><td>+23.0%</td></tr>
<tr><td rowspan="3">44 m 半穿式铆焊桁梁</td><td colspan="2">实测值</td><td>2.344</td><td>2.737</td><td>+16.8%</td></tr>
<tr><td rowspan="2">理论值</td><td>同济大学</td><td>2.320</td><td>2.820</td><td>+21.6%</td></tr>
<tr><td>北京交通大学</td><td>2.330</td><td>2.880</td><td>+23.6%</td></tr>
<tr><td rowspan="3">64 m 穿式栓焊桁梁</td><td colspan="2">实测值</td><td>1.831</td><td>1.955</td><td>+6.8%</td></tr>
<tr><td rowspan="2">理论值</td><td>同济大学</td><td>1.840</td><td>2.200</td><td>+19.6%</td></tr>
<tr><td>北京交通大学</td><td>1.870</td><td>2.350</td><td>+25.7%</td></tr>
<tr><td rowspan="3">62.79 m 穿式铆接桁梁</td><td colspan="2">实测值</td><td>1.936</td><td>2.100</td><td>+8.5%</td></tr>
<tr><td rowspan="2">理论值</td><td>同济大学</td><td>1.950</td><td>2.120</td><td>+8.7%</td></tr>
<tr><td>北京交通大学</td><td>2.000</td><td>2.190</td><td>+9.5%</td></tr>
</table>

表 3-35　加固后桁梁跨中下弦横向最大振幅检验

<table>
<tr><th colspan="2">梁　别</th><th>实测最大值
(mm)</th><th>推算最大值
(mm)</th><th>新《桥检规》所规定的跨中横向振幅行车安全限值
$[A_{max}]_{5\%}$ (mm)</th></tr>
<tr><td colspan="2">40 m 半穿式栓焊桁梁</td><td>4.870</td><td>5.080</td><td>6.154</td></tr>
<tr><td colspan="2">44 m 半穿式铆焊桁梁</td><td>6.323</td><td>6.489</td><td>6.471</td></tr>
<tr><td colspan="2">64 m 穿式栓焊桁梁</td><td>4.954</td><td>5.018</td><td>7.711</td></tr>
<tr><td colspan="2">62.79 m 穿式铆接桁梁</td><td>4.539</td><td>4.525</td><td>7.649</td></tr>
<tr><td rowspan="2">京广线下行汨罗大桥 47.2 m(48 m)穿式栓焊桁梁</td><td>#8 孔</td><td>2.940</td><td>2.775</td><td>6.705</td></tr>
<tr><td>#3 孔</td><td>3.859</td><td>3.178</td><td>6.705</td></tr>
</table>

(1) 40 m 和 44 m 半穿式桁梁通过加强下弦杆和下平纵联斜杆，实测横向一阶自振频率分别提高 14.8%和 16.8%，实测跨中横向最大振幅分别降低 64.1%和 28.6%，按新《桥检规》要求，对加固后的桁梁进行横向刚度检验，加固后实测 40 m 和 44 m 半穿式桁梁跨中横向振幅的推算最大值分别为 5.080 mm 和 6.489 mm，小于或等于新《桥检规》所规定的行车安全限值 $[A_{max}]_{5\%}$（分别为 6.154 和 6.471 mm）。表明加强下弦杆和下平纵联斜杆，可明显提高 40 m 和 44 m 半穿式桁梁的横向刚度，加固效果显著。

(2) 47.2，62.79 和 64 m 穿式桁梁通过加强下弦杆和上下平纵联斜杆，实测横向一阶自振频率分别提高 4.0%，8.5%和 6.8%，实测跨中横向最大振幅分别降低 66.6%，60.0%和 44.4%，加固后实测跨中横向振幅的推算最大值分别为 2.775，4.525 和 5.018 mm，均小于新《桥检规》所规定的行车安全限值 $[A_{max}]_{5\%}$，（分别为 6.705，7.649 和 7.711 mm），表明加固后 3 孔穿式桁梁的横向刚度已满足新《桥检规》要求，加固效果十分显著。

(3) 鉴于 47.2 m 穿式桁梁在进行部分加固后（# 3 孔上平联不加强），实测跨中横向最大振幅降低达 56.1%，其跨中横向振幅的推算最大值为 3.178 mm，也小于新《桥检规》所规定的行车安全限值 $[A_{max}]_{5\%}=6.705$ mm，表明 47.2 m 穿式桁梁仅加固下弦杆和下平纵联，其横向刚度就可满足新《桥检规》要求。

(4) 实测表明，5 孔桁梁经加固后，列车通过时桥跨结构在荷载平面的横向振动加速度 a_{max} 小于新《桥检规》所规定的允许值。理论计算也表明，货车 80 km/h、客车 160 km/h 通过加固后的各孔桁梁，列车的脱轨系数和轮重减载率也小于《铁道车辆动力学性能评定和试验鉴定规范》(GB 5599—1985)所规定的限值。

(5) 理论计算成果以及加固前后实测数据分析表明：对于小跨度（≤44 m）单线半穿式桁梁和小跨度（≤48 m）单线穿式下承式桁梁，加强下弦杆和下平纵联斜杆对于中等跨度（$48\ m<L<64\ m$）的单线穿式下承式桁梁，加强下弦杆和上下平纵联斜杆，均可显著提高桁梁的横向刚度。加固后各孔桁梁的横向刚度和动力特性已能满足客车 160 km/h、货车 80 km/h 的安全运行要求，而且具有加固费用少（以 64 m 梁为例，加固一孔 80 万元，换梁需 640 万元）、施工方便、对行车干扰小的优点。可在全路推广应用。

第三节 隧道与明洞

一、隧道空气动力学问题

（一）列车进入隧道诱发的空气动力学效应

同桥梁等地面结构不同，既有线 200 km/h 等级提速，对于隧道的技术条件与改造要求不是由列车动荷载及车致振动确定，主要应考虑列车进入隧道诱发的空气动力学效应。

当列车进入隧道时，原来占据着空间的空气被排开。空气的粘性以及隧道壁面和列车表面的摩阻作用使得被排开的空气不能像在隧道外那样及时、顺畅地沿列车两侧和上部形成绕流，于是，列车前方的空气受压缩，列车后方则形成一定的负压，这就产生一个压力波动过程。这种压力波动又以声速传播至隧道口，形成反射波，回传，叠加，产生一系列复杂的空气动力学效应。当车速超过 160 km/h 时，这种效应十分显著，必须从土建和车辆角度采取缓解措施，才能保证乘车舒适度和运营安全。图 3-44 为列车进入铁路单线隧道引起的压力波变化过程。由于双线隧道要考虑列车在隧道内交会，情况则更为复杂。

这种压力波动过程引起的一系列同隧道设计和运营密切相关的空气动力学效应见表 3-36。

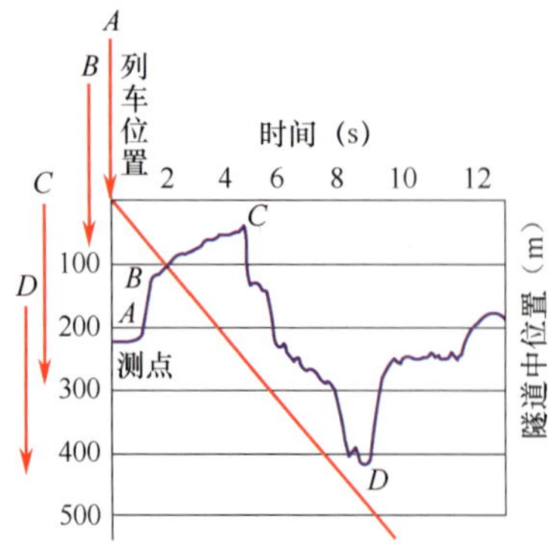

图 3-44　列车进入铁路单线隧道引起的压力波变化过程

对于既有线提速隧道，主要应针对以上空气动力学问题中的瞬变压力和微气压波的缓解问题采取技术措施和进行技术改造。

表 3-36　高速铁路隧道空气动力学效应

		特　征　值	意　　义	阈　　值	研究手段
瞬变压力	车　内 瞬变压力	特定时间内 压力单调变化	旅客舒适度	0.8 kPa/3 s 1.25 kPa/3 s	单维计算程序： AEROTUN2 THERMOTUN/5 Prof. A. Vardy ZUGDB02 ZUGDB03 Prof. H. Sockel
	车　上 压力波动 最大幅度	$\tau=0,(\Delta p)_{max}$	旅客和 乘务员健康	$(\Delta p)max<10$ kPa (ERRI C218)	
	隧道内 压力峰值	p_{max}，p_{min}	衬砌和设施 气动荷载		
	车内外压差	密封车 $pd\approx pe$ 非密封车 $p=pi-pe$,? =0.5	车辆结构 气动荷载		
微气压波		微气压波 峰值 P_{max}	隧道口环境	$(P_{max})_{r=20}\leqslant 50$ Pa $(P_{max})_{建筑物处}=20$ Pa	三维数值计算 解析　经验
列车空气阻力	平均阻力	$T_f=\frac{隧道中空气阻力}{明线中空气阻力}$	牵引计算		恒定流 计算模型
	阻力过程	空气阻力最大值	限坡		非恒定流 计算模型
空气流动	列车风	最大风速 $u_{max}=u^* v$	隧道中的 设备安全		三维数值计算 实测
	空气动压	$q_{max}=0.5(u^* v)^2$			

（二）影响瞬变压力的因素

影响瞬变压力的因素包括列车速度、列车长度、车形、列车横截面积、列车壁摩擦系数、隧道净空面积、隧道长度、隧道壁摩擦系数等。

研究表明，诸因素中，列车速度 v 和阻塞比 β 的影响起主导作用。β 的定义为：

$$\beta=\frac{A_v}{A_t} \tag{3-3}$$

式中　A_t——隧道净空断面积；

　　　A_v——列车横断面积。

根据 ORE 的研究结果，列车速度和阻塞比对压力波动的影响可用下式表示：

$$p=kv^2\beta^N \tag{3-4}$$

式中 k——由阻塞比和马赫数 M 决定的系数；

N——单一列车在隧道中运行时 $N=1.3\pm0.25$；列车在隧道内交会时 $N=2.16\pm0.06$。

通过数值计算可以得出不同车速和阻塞比条件下瞬变压力和微气压波。

在计算瞬变压力时，还需要考虑隧道长度和列车长度的影响，与列车速度和阻塞比不同，隧道长度的影响呈现出比较复杂的非单调特性，压力波动程度并非单调地随着隧道长度的增加而加剧。

（三）隧道长度对压力波动程度的影响

根据实测“首波”同“尾波”和反射波的最不利叠加条件（图 3-45）可以得出各种车速情况下相应于 3 s 内气压变化值的最不利长度（临界长度），如表 3-37 所示。

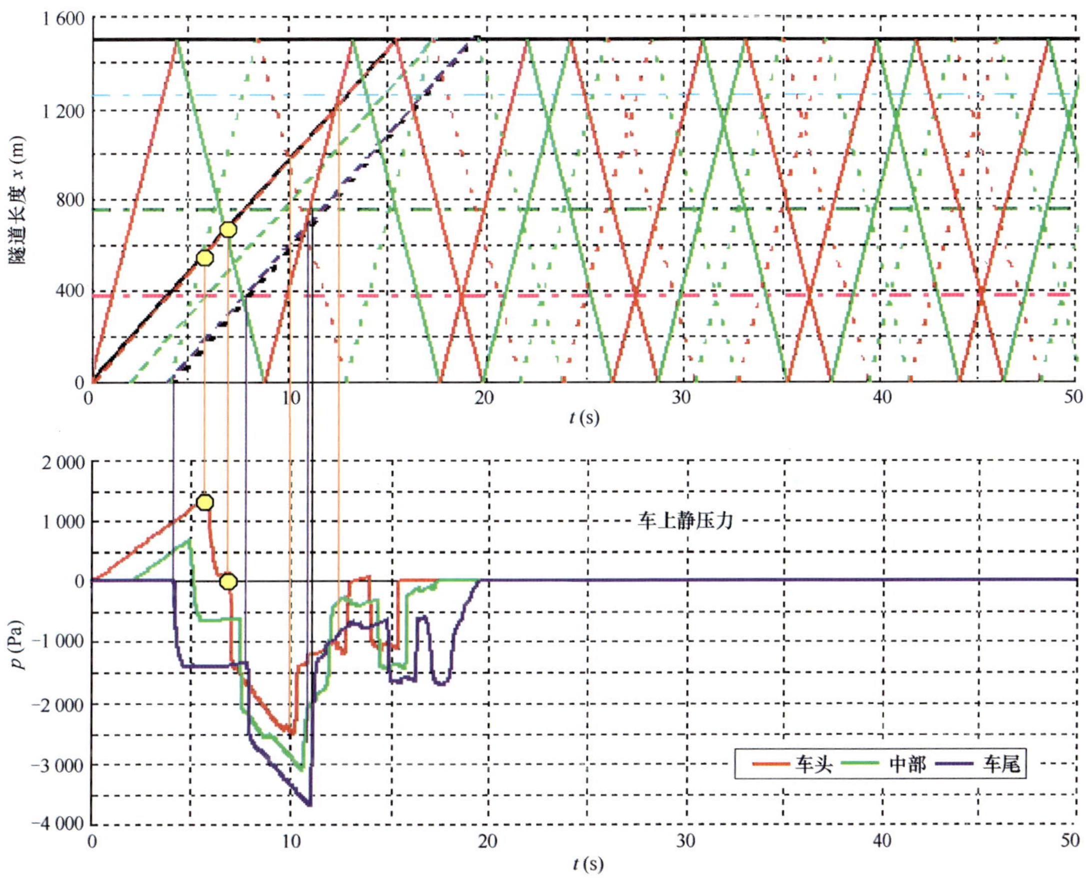

图 3-45 压力波的传递、反射和叠加

表 3-37 相应于 3 s 内压力变化的单线隧道临界长度（$L_v=200$ m）

速 度 (km/h)	车 头				车中 压力下降		车 尾			
	压力上升		压力下降				压力上升		压力下降	
	L_t/L_v	L_t(m)	L_t/L_v	L_t(m)	L_t/L_v	L_t(m)	L_t/L_v	L_t(m)	L_t/L_v	L_t(m)
200	7.83	1566	4.26	852	3.31	662	10.89	2178	3.06	612
250	4.77	953.5	3.70	740	2.70	540	7.22	1444	2.45	490
300	3.14	628	3.36	672	2.29	458	5.18	1036	2.04	408
350	2.18	436	3.15	630	2.00	400	3.93	786	1.75	350
L_t/L_v	$\frac{1-M}{4M^2}$		$\frac{1+M}{2M(1-M)}$		$\frac{2+M}{4M}$		$\frac{1+M}{4M^2}$		$\frac{1}{2M}$	

注：L_t—隧道长度；L_v—隧道临界长度；M—马赫数。

两辆列车在双线隧道内会车时，两辆列车进入隧道所产生的压力波相互叠加，压力变化可达单车情况的 2.5～2.7 倍（指同类型，同速度列车）。

对于列车在隧道内交会的情况，压力波传播和相互叠加所产生的最不利状况不仅同隧道长度有关，而且同两辆列车进入隧道的时间差，亦即会车位置有关。根据对称性，当列车同类型同速度时，最大压力变化产生于两列车进入隧道的时间差 $\Delta t_{1,2}=0$，即交会点在隧道中点情况，见图3-46和图 3-47。

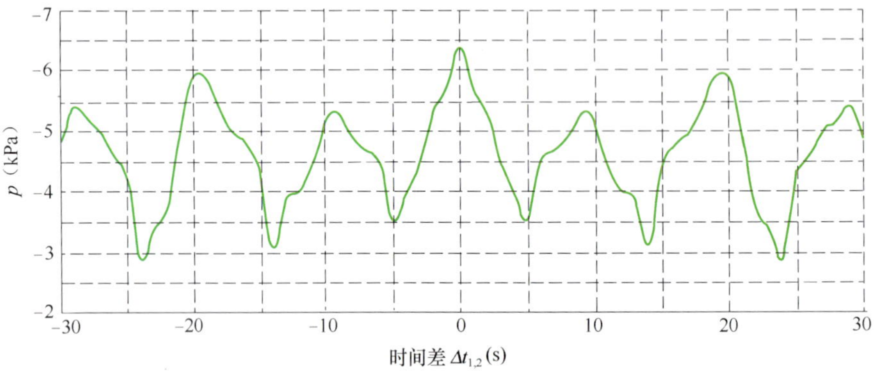

图 3-46　隧道内某点的最大负压与两列车进入隧道的时间差 $\Delta t_{1,2}$ 的关系

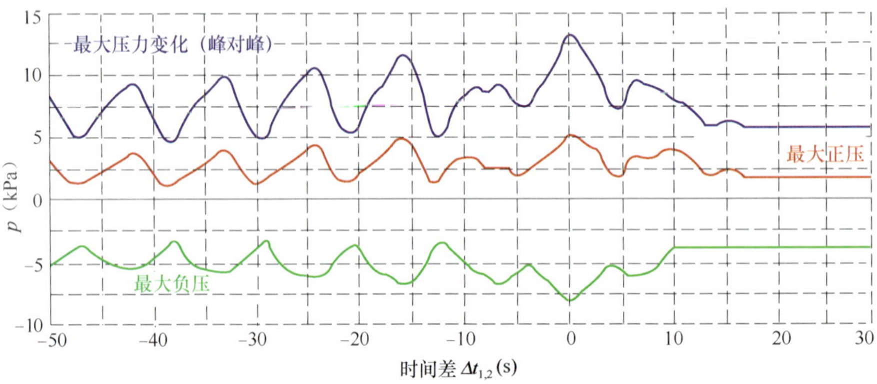

图 3-47　车上（外）某点的最大压力与两列车进入隧道的时间差 $\Delta t_{1,2}$ 的关系

列车在临界长度的隧道中交会并发生最不利会车情况的概率虽然很低，但从医学角度出发，为保证旅客和乘务员的健康，在计算压力波动最大幅度时仍然要考虑这种“最坏情况”。但在计算同旅客舒适度有关的压力瞬变程度时如何考虑这种小概率情况，是值得研究的。

（四）车辆的密封性及瞬变压力向列车内传递规律

1. 车辆密封性的数学模型

车辆内部的瞬变压力同旅客乘车舒适度有直接关系。隧道内的瞬变压力向车辆内传递的规律一般取决二个因素：车辆的密封性和车体的刚度。

当车辆完全不密封，即车内外空气的质量交换完全无阻尼时，有

$$p_e = p_i \tag{3-5}$$

式中　p_e——车外压力；

p_i——车内压力。

当车辆“完全密封”即车内外空气无质量交换，车辆的刚度又较大，则车外的压力瞬变对车内无影响。只有当车体为“完全柔性”即刚度为零时，车内外的压力具有相同瞬变规律。实际上，以上两种极端情况都是不存在的。因此，有必要研究瞬变压力向车内传递的规律。

为简单计，假定车内压力的变化率与内外压差成正比，即：

$$\frac{\mathrm{d}p_i}{\mathrm{d}t} = -c_2(p_i - p_e) \tag{3-6}$$

假定 p_e=const，令 $p_d = p_i - p_e$，

以 $t=0$ 时，$p_d = p_{d0}$ 作为边值条件，对上式积分得

$$p_d = p_{d0}\mathrm{e}^{-c_2 t} \tag{3-7}$$

将常数 c_2 写成$\frac{1}{\tau}$，即得

$$p_d = p_{d0}\mathrm{e}^{-\frac{t}{\tau}} \tag{3-8}$$

其中 τ 为一个具有时间量纲的常数，称为“密封指数”。

令 $p_d = 0.38p_{d0}$，求得 $t_{0.38} = 0.97\tau \approx \tau$，从而得出密封指数的物理意义，即为将车内外压差降低到初值的 38%所需的泄漏时间，如图 3-48 所示。

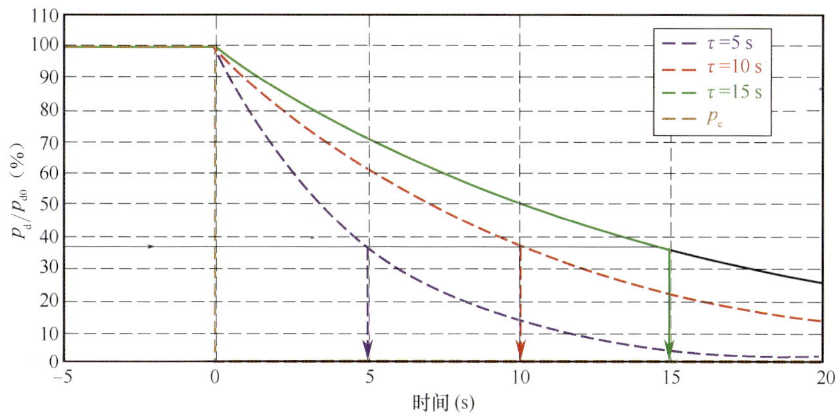

图 3-48 密封指数的物理意义

对于一般情况，有

$$\tau = \frac{t}{\ln \frac{p_d}{p_{d0}}} \tag{3-9}$$

铁道部 2001 年制定的《200 km/h 及以上速度级列车密封设计及试验鉴定暂行规定》，将车内压力从 3 600 Pa 降低到 1 350 Pa 所需的泄漏时间定义为密封指数。很容易证明，两种定义实质是一致的。

根据式（3-9），即可根据泄漏试验来测定车辆的密封指数。对 CRH_2 进行泄漏试验，要从压差 4 kPa 降到 1 kPa 的泄漏时间不小于 50 s，测得 τ=36 s。

必须指出，以上用泄漏试验测得的密封指数并不能在隧道瞬变压力向列车内传递计算中采用。除试验中车辆的密封情况同实际运营情况不尽相同外，主要是因为以上计算在对$\frac{\mathrm{d}p_i}{\mathrm{d}t} = -c_2$（$p_i - p_e$）进行积分时假定 p_e=const。这适合于测定密封指数的“静态”情况。相应地，漏露试验测得的密封指数称为“静态密封指数”τ_{stat}。对于列车在隧道中运行的实际情况，车外压力是瞬变的，即 $p_e = p_e$（t），因此，在计算车内气压时，上述方程的解应表达为

$$p_i = \frac{1}{\tau}\mathrm{e}^{-\frac{t}{\tau}}\left(\int \mathrm{e}^{\frac{t}{\tau}} p_e(t)\mathrm{d}t + K\right) \tag{3-10}$$

式中 K——取决于初值条件的常数。

UIC CODE 779-11 将式（3-10）中反映列车运行时实际密封情况的密封指数称为“动态密封指数”表示为 τ_{dyn}，并指出，τ_{dyn} 要通过全比例实车试验测得。但 τ_{dyn} 可以通过静止车辆在车外气压不变化环境中进行泄漏试验测得的“静态密封指数”τ_{stat} 加以估计。关系式如下：

$$\tau_{dyn} = \left(\frac{1}{3} \sim \frac{1}{2}\right)\tau_{stat} \tag{3-11}$$

表 3-38 给出了目前在国外运用车辆的密封指数 。根据最近的密封技术水平，密封指数可以达到 15 s。

表 3-38　车辆的密封程度

车 辆 类 型	密 封 指 数 $\tau(\tau_{dyn})$
不密封车辆(例如用于支线)	<1 s
最低密封性(例如 Eurocity)	1～6 s
密封较好(例如 ICE1，TGV)	6～10 s
密封很好(例如 ICE3，Transrapid)	>10 s
计算列车气动荷载时的密封假定	=∞

我国采用动车组的密封指数的估算值如表 3-39 所示。

表 3-39　根据泄漏试验测定的车辆密封指数

（“静态密封指数” τ_{stat}）

	p_{do}(kPa)	p_d(kPa)	t(s)	τ_{stat}(s)	τ_{dyn}(s)
CRH_2	4	1	50	36	12～18
CRH_3	4	1	40	28	9～14

2. 列车内空气压力对车外瞬变压力的响应

图 3-49 为 200 km/h 的动车组相继通过长 4 366 m 的荆竹岭隧道和长 1 320 m 的松林堡隧道时测得的车外瞬变压力时态曲线（两隧道间隔 477 m）。

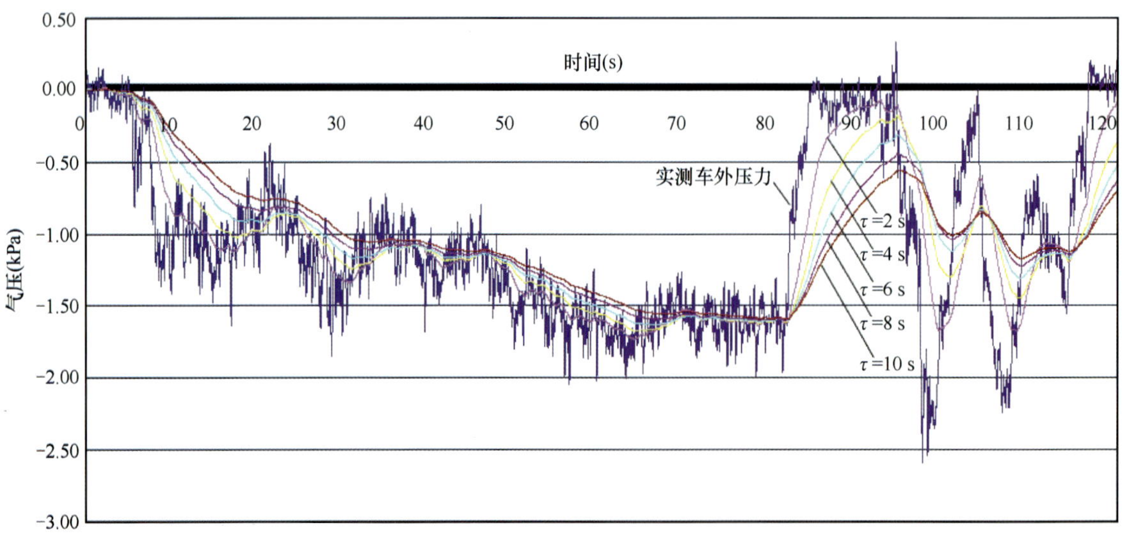

图 3-49　根据车外压力计算相应于不同密封指数的车内瞬变压力时态曲线

从图 3-49 可以看出：

(1) 车辆密封性对缓解压力波动程度的作用可以归为“滞后”和“衰减”，密封指数越高这种作用越明显；

(2) 列车通过长 4 366 m 的荆竹岭隧道时，车辆密封对压力波动缓解程度远不如通过长 1 320 m 的松林堡隧道时明显。

3. 隧道长度对密封效果的影响

研究表明，由于长隧道压力波之间的时间间隔较大，使得车内压力有足够的时间对外部压力波动作出响应。相同密封指数的车辆，在短隧道中的“动态”密封效果比长隧道好。这种动态密封效果是应该在瞬变压力计算的程序中加以考虑的。当列车在大于临界长度的长隧道中行驶时，隧道中及列车外部压力波动的程度同短隧道相比，会有所缓解。但是，车辆的“密封效果”则有所下降。

表 3-40 和表 3-41 为不同长度隧道中车内压力对车外瞬变压力的响应。图 3-50 为隧道长度对 200 km/h 列车车头密封效果的影响。

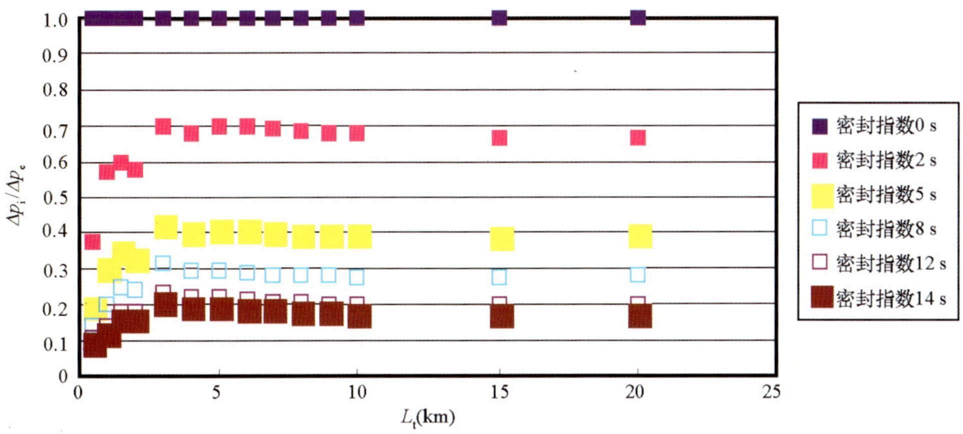

图 3-50 隧道长度对 200 km/h 列车车头密封效果的影响

表 3-40 车内外 3 s 内最大压力变化值之比（车头、L_v=200 m、v=200 km/h）

Lt(km)		0.5	1.0	1.5	2.0	3.0	4.0	5.0	6.0	7.0	8.0	9.0	10.0	15.0	20.0
密封指数(s)	0	1	1	1	1	1	1	1	1	1	1	1			
	1	0.53	0.78	0.85	0.83	0.87	0.85	0.89	0.88	0.87	0.87	0.86	0.85	0.84	0.84
	2	0.37	0.57	0.59	0.58	0.70	0.68	0.71	0.69	0.69	0.68	0.68	0.67	0.66	0.67
	3	0.29	0.44	0.46	0.43	0.57	0.55	0.57	0.56	0.56	0.55	0.55	0.55	0.54	0.54
	4	0.23	0.36	0.40	0.37	0.48	0.46	0.48	0.47	0.47	0.46	0.46	0.46	0.45	0.46
	5	0.20	0.30	0.35	0.33	0.42	0.40	0.41	0.41	0.41	0.40	0.40	0.39	0.39	0.40
	6	0.17	0.26	0.31	0.29	0.38	0.36	0.36	0.36	0.36	0.35	0.35	0.35	0.34	0.35
	7	0.16	0.23	0.28	0.27	0.34	0.32	0.33	0.32	0.32	0.31	0.31	0.30	0.31	0.32
	8	0.14	0.20	0.25	0.24	0.31	0.29	0.30	0.29	0.29	0.28	0.28	0.28	0.28	0.28
	9	0.13	0.18	0.23	0.22	0.29	0.27	0.27	0.26	0.26	0.26	0.25	0.25	0.25	0.25
	10	0.12	0.17	0.21	0.21	0.27	0.25	0.25	0.24	0.24	0.24	0.23	0.23	0.23	0.23
	11	0.11	0.15	0.19	0.19	0.25	0.24	0.23	0.23	0.22	0.22	0.22	0.21	0.21	0.22
	12	0.11	0.14	0.18	0.18	0.24	0.22	0.22	0.21	0.21	0.20	0.20	0.20	0.20	0.20
	13	0.10	0.13	0.17	0.17	0.22	0.21	0.21	0.20	0.20	0.19	0.19	0.19	0.19	0.19
	14	0.09	0.12	0.16	0.16	0.21	0.20	0.20	0.19	0.19	0.18	0.18	0.18	0.17	0.18
	15	0.09	0.12	0.15	0.15	0.20	0.19	0.19	0.18	0.18	0.17	0.17	0.17	0.16	0.17

注：表中所列数字为车内压力同车外压力的比值$\frac{\Delta p_i}{\Delta p_e}$(指 3 s 内最大变化值)。

表 3-41　车内外 3 s 内最大压力变化值之比（车尾、L_v=200 m，v=200 km/h）

Lt(km)		0.5	1.0	1.5	2.0	3.0	4.0	5.0	6.0	7.0	8.0	9.0	10.0	15.0	20.0
密封指数(s)	0	1	1	1	1	1	1	1	1	1	1	1	1	1	1
	1	0.57	0.71	0.75	0.81	0.78	0.87	0.86	0.87	0.87	0.87	0.87	0.86	0.87	0.87
	2	0.41	0.48	0.56	0.57	0.57	0.72	0.68	0.68	0.68	0.68	0.68	0.68	0.68	0.68
	3	0.32	0.37	0.44	0.41	0.43	0.58	0.56	0.54	0.54	0.55	0.55	0.54	0.55	0.55
	4	0.27	0.31	0.36	0.32	0.34	0.47	0.46	0.45	0.45	0.45	0.45	0.45	0.45	0.45
	5	0.22	0.26	0.31	0.29	0.29	0.39	0.39	0.38	0.38	0.38	0.38	0.38	0.38	0.38
	6	0.19	0.23	0.27	0.27	0.26	0.35	0.34	0.33	0.33	0.33	0.33	0.33	0.33	0.33
	7	0.17	0.21	0.24	0.25	0.24	0.32	0.30	0.29	0.29	0.29	0.29	0.29	0.30	0.30
	8	0.15	0.20	0.22	0.23	0.22	0.29	0.28	0.27	0.26	0.26	0.26	0.26	0.26	0.26
	9	0.14	0.18	0.21	0.21	0.21	0.27	0.26	0.25	0.24	0.24	0.24	0.24	0.24	0.24
	10	0.13	0.17	0.19	0.20	0.20	0.26	0.24	0.23	0.22	0.21	0.22	0.22	0.22	0.22
	11	0.12	0.16	0.18	0.19	0.18	0.24	0.23	0.21	0.20	0.20	0.20	0.20	0.20	0.20
	12	0.11	0.15	0.17	0.18	0.17	0.23	0.21	0.20	0.19	0.18	0.18	0.18	0.19	0.19
	13	0.10	0.14	0.16	0.17	0.17	0.22	0.20	0.19	0.18	0.17	0.17	0.17	0.17	0.17
	14	0.09	0.13	0.15	0.16	0.16	0.21	0.19	0.18	0.17	0.16	0.16	0.16	0.16	0.16
	15	0.09	0.13	0.14	0.15	0.15	0.20	0.18	0.17	0.16	0.16	0.15	0.15	0.15	0.15

注：表中所列数字为车内压力同车外压力的比值$\frac{\Delta p_i}{\Delta p_e}$（指 3 s 内最大变化值）。

从图 3-50 可以发现，“密封效果”主要在隧道长度小于 5 km 的范围内变化，隧道长度超过5 km后，“密封效果”基本不变。

（五）压力波动程度的评估和相关舒适度准则

瞬变压力会造成旅客耳朵不适，必须采取加大横断面净空面积 A_t，提高车辆密封指数等措施控制车厢内压力的瞬变程度。因此，需要从旅客乘车舒适度出发，对压力波动程度进行评估并提出相关舒适度准则。

目前在国外高速铁路设计中通常采用一定时间内压力单调变化值来制订舒适度准则。它克服了单纯用气压变化幅度或单纯气压变化率的局限性，从生理学角度较科学地给出了同舒适度相关联的压力波动阈值。

人的鼻咽腔通过一个称为耳咽管的器官同中耳相连。通常耳咽管是关闭的。当鼻咽腔的压力比中耳的压力低将近 2 kPa 时，耳咽管会因收缩而自动打开。在外界气压降低的情况下，耳咽管开启，中耳和外部气压不平衡即得以消除，则不会作用于鼓膜的两边。而当外界气压增高时，鼻咽腔随之增高的气压不会自动传到中耳，因此在耳膜的两边产生压力差，在这种情况下必须通过吞咽、打呵欠或挤捏鼻子等动作人为地开启耳咽管，以消除耳膜两边的不平衡压力。因此，采用特定时间内（3 s 或 4 s）压力单调变化值作为瞬变压力波动特征参数，其“特定时间”，即 3 s 或 4 s，正是自动或人为（通过生理反应）开启耳咽管，建立中耳和外界的压力平衡所需要的时间。

表 3-42 列出了目前国际上高速铁路所采用的耳膜舒适度准则。其中 ERRI 和 UIC 以及荷兰等采用“复式”舒适度准则，即对不同时间内的压力变化做不同的规定，见图 3-51。

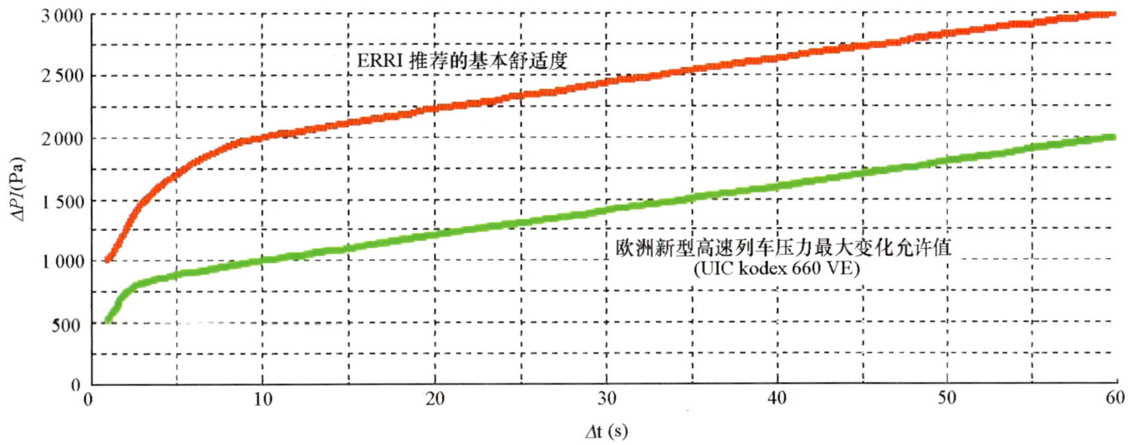

图 3-51 ERRI 和 UIC 采用的舒适度准则

表 3-42 国外高速铁路采用的耳膜舒适度准则

国家	铁路类型	单双线	阈值				车速 (km/h)	车辆	隧道截面
			Δp (kPa)	变化率 (kPa/s)	$\Delta p/\Delta t$ (kPa/ns)				
					kPa	n			
英国	城际铁路	双线			3	3	160 200	不密封	小
					4	4			
	海峡联络	单线			2	4	225～300	不密封	大
		双线			3.5	4			
美国	地铁			0.41	0.7	1.7	80～100	不密封	小
日本	新干线	双线	1	0.2			210,240, 270	密封	小
				0.3～0.4					
意大利	FS		1.5	0.5			高速	密封	中
IERR/ C218		单线			3.0	4		不密封 τ<0.5	
		双线			4.5	4			
瑞士 SBB	Rail 2000				1.5	4			
韩国		单线 双线			0.8 1.25	3 3	高速		
德国	DB	单线			0.5 0.8 1.0	1 3 10	240～280	密封	大
UIC 660					0.5 0.8 1 2	1 ≤3 ≤10 ≥60	高速	密封	
IERR C218 / RP1		单、双线			1 1.6 2 3	1 ≤4 ≤10 ≥60	高速	密封 τ>0.5	

续上表

国家	铁路类型	单双线	阈值				车速(km/h)	车辆	隧道截面
			Δp (kPa)	变化率 (kPa/s)	Δp/Δt (kPa/ns)				
					kPa	n			
荷兰		单线			0.5	1	高速		
					0.85	4			
					1.40	10			
					2.00	20			
					2.40	30			
					2.80	40			
					3.20	50			
		双线			0.85	1			
					1.35	4			
					2.10	10			
					3.00	20			
					3.60	30			
					4.20	40			
					4.80	50			

1. 隧道稀少平原线路的舒适度准则

规划中的京沪高速铁路全长 1300 余 km 的线路中隧道仅 11 km，占线路长的 0.9%。从经济、技术的合理性出发，京沪高速铁路隧道参数的设计采用了较为宽容的舒适度准则 3 kPa/3 s（英国 British Railway Board，1976），降低对车辆密封性的要求（$v=300$ km/h，$\tau=1.2\sim2.0$），同时，根据国外高速铁路隧道设计参数的发展趋势，采用了相对比较富裕的净空断面 100m^2、70 m^2）。预留了远期通过车辆密封进一步提高乘车舒适度的余地。

2. 隧道密集的山区线路舒适度准则

遂渝铁路试验段长 48.695 km，其中隧道 18 座，隧道长度占线路比例>25%。在动车组上进行了旅客耳膜不适情况调查，将旅客不适度分为无感觉、略有不适、相当不适、非常不适、难以忍受等 5 级。调查数据及统计情况见表 3-43。

表 3-43　旅客耳膜不适情况统计数据（累计百分数）

车型	速度(km/h)	文字描述	无感觉	略有不适	相当不适	非常不适	难以忍受	Δp(kPa/(3 s))	不适度均值* η
		折算不适度*	1	3	5	6	7		
		旅客总数	累计百分数(%)						
动车组	160	111	100	91.9	20.7	3.6	0	1.41	3.29
	180	97	100	96.9	27.8	3.1	0	1.60	3.53
	190	80	100	98.9	29.0	2.5	0	1.81	3.60
	200	119	100	98.3	43.7	4.2	0	1.88	3.88
	210	96	100	98.0	61.5	6.3	0	2.11	4.25
	220	83	100	98.8	66.3	14.5	0	2.18	4.45
CRH_2	160	73	100	6.8	0	0	0	0.24	1.13
	180	82	100	19.5	0	0	0	0.29	1.39
	190	69	100	24.1	1.4	0	0	0.31	1.49
	200	77	100	17.0	0	0	0	0.45	1.34
	210	96	100	33	0	0	0	0.49	1.66
	220	68	100	44	4	0	0	0.52	1.96

注：折算为 Gawthorpe 七分法指标。

由表 3-43 可见，对于密封性较差的动车组，当列车车速为 160 km/h 时，20.7%的旅客认为不适度在“相当不适”以上，而此时列车内 3 s 间隔压力波动变化值为 1.41 kPa 左右；当列车车速为 200 km/h 时，43.7%的旅客认为不适度在“相当不适”以上，而此时列车内 3 s 间隔压力波动变化值为 1.88 kPa 左右。

按 R·G·Gawthorpe（1991）的舒适度准则（表 3-44），对于隧道密度大于 25%的情况，为满足乘车舒适度，要求 $\eta<2.5$（按七分法），相当于 $\Delta p=0.8$ kPa/4 s（正常场合）或 $\Delta p=1.25$ kPa/4 s（极端场合）。因此，以前针对规划中的京沪高速提出的舒适度标准 3 kPa/3 s 对山区隧道密集的线路过于宽容，应该提高，目前车辆的密封性能也有待提高。

表 3-44　R·G·Gawthorpe 舒适度准则

旅行类型	压力变化阈值(kPa/(4 s)		不适度 η
	极端场合	正常场合	
常规,隧道占 10%,不密封车辆	4.0	2.5	4.5
常规,隧道占 25%以上,不密封车辆	3.0	2.0	3.5
高舒适度服务,隧道占 25%以上,密封车辆	1.25	0.8	2.5
地铁,隧道占 50%以上,不密封车辆	1.0	0.7	2.0

对于客运专线的一般情况，对乘车的舒适度及压力波动特征参数阈值的要求应随具体情况的不同而各异，这主要是指运输服务的类型（长途运输、城际运输、短途通勤等）、旅途经历压力波动过程的频繁程度（车辆每小时通过的隧道座数小于 4 或大于 4，对于隧道密集的快速客运专线，宜采用较为严格的舒适度准则）、运输服务舒适度等级（可分为不密封车辆 $\tau=0.4\sim0.8$ s 的常规服务和密封车辆 $\tau=8.0$ s 及以上的高标准服务）。

参照国外经验，对我国规划中的高速铁路提出表 3-45 所示的舒适度准则。

表 3-45　我国规划中的高速铁路舒适度准则的建议

铁路类型	隧道长度(占线路比例)			隧道密集程度(座/h)	瞬变压力(kPa/(3 s)
A(平原)	单线	<10%	而且	<4	2.0
B(平原)	双线	<10%	而且	<4	3.0
C(山丘)	单线	>25%	或者	>4	0.8
D(山丘)	双线	>25%	或者	>4	1.25

由于双线隧道列车在隧道内交会的概率较小，特别是在相应于最大瞬变压力情况的最不利位置处会车的概率更小。因此考虑会车情况时可采用较宽阈值（3.0 kPa/3 s 及 1.25 kPa/3 s），相当于国外准则中的“极端场合”。而对于单线隧道则须采用较“严格”的阈值（2.0 kPa/3 s 及 0.8 kPa/3 s），相当于国外准则中的“正常场合”。荷兰采用了这样的准则。

遂渝铁路第 2 次提速试验采用密封性较好的型动车组。调查表明，当车速为 200 km/h 时不适度为 1.34，相应压力变化最大值为 0.45 kPa/3 s，满足乘车耳膜舒适度要求。

（六）压力波动最大幅度和乘员健康标准

压力波动最大幅度指“峰对峰”最大值，通常发生在双线隧道内列车在“最不利位置”交会的情况。

卫生专家指出，可引起中耳气压损伤的最低气压差为 8.0 kPa。

欧洲铁路研究所（ERRI）C218 工作组建议，从医学角度出发，为保证旅客和乘务员的健康，车厢内压力变化幅度最大允许值为 10 kPa，并且要考虑列车密封性完全丧失（密封指数 $\tau=0$）的最坏情况。此建议已纳入“互用性技术规范”TSI 中。

（七）车辆结构所承受的气动荷载

车辆结构所承受的荷载应为内外压差 $p_d=p_i-p_e$，对于密封车辆，可以偏安全地假定 $\tau=\infty$，即；$p_d=-p_e$；对于不密封车，在确定 $p_d=p_i-p_e$ 时，可以假定 $\tau=0.5$ 来计算 p_i。

表 3-46 为武广咨询计算作用于车辆的空气动力荷载结果。

表 3-46　作用于车辆的空气动力荷载（武广咨询）

$At=101\,m^2$，$v=350\,km/h$，ICE3（$Av=10.4\,m^2$），$Lv=400\,m$

	L_t(m)(临界值)	p_{max}(kPa)	p_{min}(kPa)	注
单　线	1490	3.7	-1.4	
双　线	1380	7.5	-4.5	中点会车

根据国际铁盟 UIC 活页文件 566 中 4.2.2 条规定，客车车身和门窗须承受变化幅度为 $\pm 2\,500\,N/m^2$，频率为 3 Hz 的交变荷载 1 000 000 次。按该条文设计的车辆当压差小于 2.5 kPa 时是不会受到损害的。

（八）作用在隧道衬砌或固定设备上的气动荷载

在遂渝铁路现场试验中测得的空气动力荷载最大值见表 3-47 所示。

表 3-47　不同车型空气动力荷载（遂渝铁路现场试验）

车　型	车　速(km/h)	p_{max}(kPa)	p_{min}(kPa)
动　车　组	200	2.13	-2.43
提速货物列车	120	0.96	-1.20
提速双层集装箱列车	120	1.56	-1.08

隧道内空气动力荷载最大值都为 kPa 量级，对隧道衬砌的安全性不会产生明显影响，但对隧道衬砌结构的瑕疵和缺陷的反应较为灵敏，同时对隧道内的设备和设施可能会有一定影响。

根据德国联邦铁路“铁路隧道的设计，施工和养护”标准 DS853（1993），作用在衬砌表面的法向荷载：

$v=300\,km/h$，$A_t=92\,m^2$，$p=\pm 6.0\,kPa$；

$v=300\,km/h$，$A_t=56\,m^2$（单线），$p=\pm 4.5\,kPa$；

$v=250\,km/h$，$A_t=82\,m^2$，$p=\pm 5.0\,kPa$。

作用在衬砌结构上的纵向荷载：

$v=250\,km/h$，$A_t=82\,m^2$，$p=0.75\,kPa$。

DS853 也指出，此类荷载对衬砌结构不会有显著影响，但对某些设备和设施可能会有影响。

（九）横断面净空面积和车辆密封的计算

为了缓解空气动力学效应，可以采用两种措施：加大净空断面或提高车辆密封程度。

20 世纪 60 年代初在日本东海道新干线试验段运行中发现了瞬变压力引起耳膜不适问题。由于那时整条东海道新干线隧道断面已经确定，因此采取了提高车辆密封性能的措施，并且将通风系统在通过隧道时自动关闭。后来，在修建山阳新干线时，由于隧道数量多，而且有不少长隧道，车辆密封又作了改进，使得既能不间断的通风又能阻止瞬变压力向车内传播。当然，这就大幅提高了车辆的造价。日本人比较过将隧道横断面净空面积从 $63.4\,m^2$ 增加到 $82.4\,m^2$ 和采用高性能密封车辆的造价。结论是：对于隧道密集，且投入运营车辆不多的线路，宁愿采用高密封性能车辆而不是放大断面 。

综合有关研究成果，从旅客舒适度出发，根据目前车辆的密封技术水平并考虑发展余地，对我国新建 200 km/h 级铁路（客运专线）隧道设计提出横截面净空面积单线为 $52\,m^2$，双线为 $80\,m^2$ 的建议。

根据专隧（01）0012 和专隧（01）0034，我国既有线隧道横截面净空面积分别取单线 30 m^2 和双线 66 m^2。针对提速线路中既有隧道的特点，计算的任务是对车辆的密封性提出要求。

图 3-52 和图 3-53 分别为 $A_t=30\ m^2$ 和 $A_t=52\ m^2$ 条件下车外压力和不同密封指数条件下的车内压力计算结果。表 3-48 为 不同密封指数车辆的密封效果。

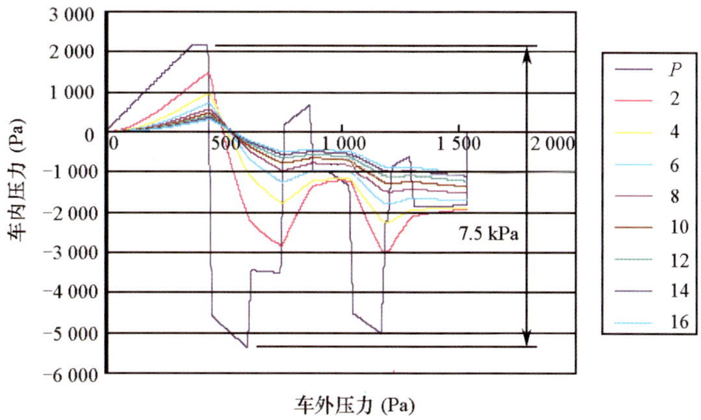

图 3-52 车外压力和不同密封指数条件下的车内压力

$v=200$ km/h，$A_t=30\ m^2$，$A_v=13\ m^2$，$L_v=200$ m $L_t=851$ m（最不利长度）

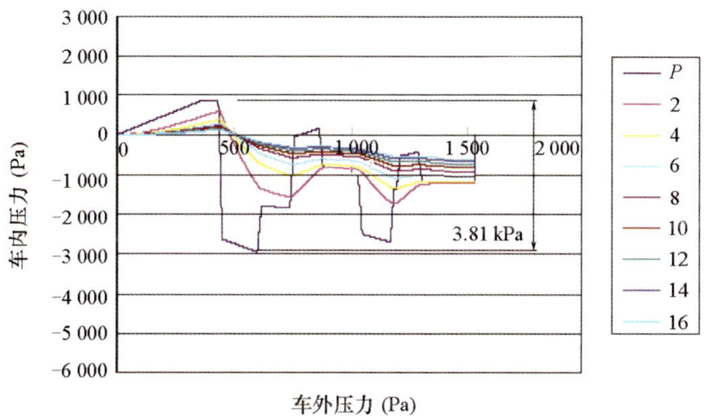

图 3-53 车外压力和不同密封指数条件下的车内压力

$v=200$ km/h，$A_t=52\ m^2$，$A_v=13\ m^2$，$L_v=200$ m ，$L_t=851$ m（最不利长度）

表 3-48 不同密封指数车辆的密封效果 单位：Pa

密封指数(s)	$A_t=30\ m^2$	$A_t=52\ m^2$
0	7 525	3 805
2	4 252	2 137
4	2 688	1 387
6	1 924	1 006
8	1 490	786
10	1 214	643
12	1 023	544
14	883	472
15	827	422
16	777	416

在以上计算的基础上，利用 UIC CODE 779-11 提供的图表对我国铁路 200 km/h 等级提速的各种情况提出车辆密封指数的估算值，见表 3-49 所示。

表 3-49　200 km/h 等级提速车辆密封指数估算表

<table>
<tr><th rowspan="2">单双线</th><th rowspan="2">A_t(m^2)</th><th colspan="2">车辆密封指数(s)</th></tr>
<tr><th>山岳(隧道密集)</th><th>平原(隧道不密集)</th></tr>
<tr><td rowspan="2">单　线</td><td>30</td><td>12～16</td><td>4～6</td></tr>
<tr><td>52</td><td>5～8</td><td>1～2</td></tr>
<tr><td rowspan="2">双　线</td><td>66</td><td>10</td><td>3</td></tr>
<tr><td>80</td><td>6</td><td>2</td></tr>
</table>

在对瞬变压力进行计算时，除了考虑乘车耳膜舒适度外还须假定密封丧失（$\tau=0$）确定压力波动最大幅度 Δp（指“峰对峰”最大值），确保乘务员健康的车上压力波动最大幅度 $(\Delta p)_{max} \lt$ 10 kPa（ERRI C218）。

以 $A_t=30\ m^2$ 和 $A_t=52\ m^2$ 为例，计算表明，压力波动最大幅度 $(\Delta p)_{max}$ 分别为 7.5 kPa 和 3.81 kPa（见图 3-52 和图 3-53），小于 10 kPa。

（十）微气压波

高速列车进入隧道，前方的空气受到挤压，这种挤压状态以声速传播至隧道出口，骤然膨胀，产生一个被称为微气压波的次生波。由于微气压波的产生伴有影响环境的爆破噪声，并会对邻近建筑物产生危害，因此，对隧道设计而言，微气压波问题同瞬变压力一样，是关注的重点，必须通过缓冲棚一类辅助结构物加以消减。表 3-50 给出了各国缓冲结构物设置基准。

表 3-50　缓冲结构物设置基准

<table>
<tr><th colspan="2" rowspan="2">条　件</th><th colspan="4">微压波峰值 Pmax</th></tr>
<tr><th>日　本</th><th>DB</th><th colspan="2">京沪暂规</th></tr>
<tr><td rowspan="2">洞口有建筑物</td><td>建筑物无特殊环境要求</td><td>建筑物处
$P_{max} \lt 20$ Pa</td><td rowspan="4">最近住宅处
$P_{max} \lt 20$ Pa

距洞口 50 m
$P_{max} \lt 20$ Pa</td><td colspan="2">建筑物处
$P_{max} \lt 20$ Pa</td></tr>
<tr><td>建筑物有特殊环境要求</td><td>按要求</td><td colspan="2">按要求</td></tr>
<tr><td colspan="2" rowspan="2">洞口无建筑物
（或住宅距洞口大于 50 m）</td><td rowspan="2">距洞口 20 m
$P_{max} \lt 50$ Pa</td><td>建筑物有特殊环境要求</td><td>距洞口 20 m
$P_{max} \lt 50$ Pa</td></tr>
<tr><td>建筑物无特殊环境要求</td><td>不设</td></tr>
</table>

根据山本（A. Yamamoto）基于线形声学理论，通过低频远场假设对微气压波进行的研究，微气压波主要取决于列车进入隧道诱发的第一个压缩波（称“首波”），得出了微气压波峰值同首波传递到隧道出口处时的压力梯度（波前梯度）最大值（$\frac{dp}{dt}_{EXmax}$）的关系：

$$P_{rmax}=\frac{2A_t}{\Omega rC}\left(\frac{dp}{dt}\right)_{EXmax} \tag{3-12}$$

式中　r——距隧道口距离，m；

C——标准声速；

M——马赫数，$M=v/C$；

Ω——从洞口向外看时的空间立体角；

A_t——隧道净空面积。

因此，微气压波的关键是首波波前梯度的确定。

日本新干线对列车进入隧道诱发的“第一压缩波”（首波）压力变化近似地用下式表示：

$$p = p^*\left(\frac{1}{2}+\frac{1}{\tau}\arctan^{-1}\frac{vt}{l}\right) \tag{3-13}$$

其中 $l\approx\left(0.3\sim\frac{1}{3}\right)d$（对于日本新干线机车），$d$ 为隧道的水力直径，

$$p^* = \frac{1}{2}\rho_0 v^2\frac{1-(1-\beta)^2}{(1-M)[M+(1-\beta)^2]}$$

记 $p^*=kv^2$

$$k = \frac{1}{2}\rho_0\frac{1-(1-\beta)^2}{(1-M)[M+(1-\beta)^2]}$$

波前梯度

$$\left(\frac{\mathrm{d}p}{\mathrm{d}t}\right)= p^*\ \frac{1}{\pi}\ \frac{v}{l}\ \frac{1}{1+\left(\frac{vt}{L}\right)^2} \tag{3-14}$$

其极值

$$\left(\frac{\mathrm{d}p}{\mathrm{d}t}\right)_{\max} = \frac{p^* v}{\pi l} = \frac{kv^3}{\pi l} \tag{3-15}$$

式中 ρ_0——空气标准密度；

β——阻塞比；

v——列车速度。

计算表明，车速为 200 km/h 时，对于 $A_t=30\ \mathrm{m}^2$，$A_t=52\ \mathrm{m}^2$ 的不同情况，距离隧道门 20 m 处的微气压波峰值分别为 22.7 Pa 和 23.1 Pa，均小于允许值，不用设置缓冲结构。

（十一）列车风

Richtlinie 853 der DBAG - Eisenbahntunnel planen, bauen und in stand halten 通过对隧道内气流和动压的多次测量给出了隧道边墙附近的无量纲空气速度（见图 3-54）：

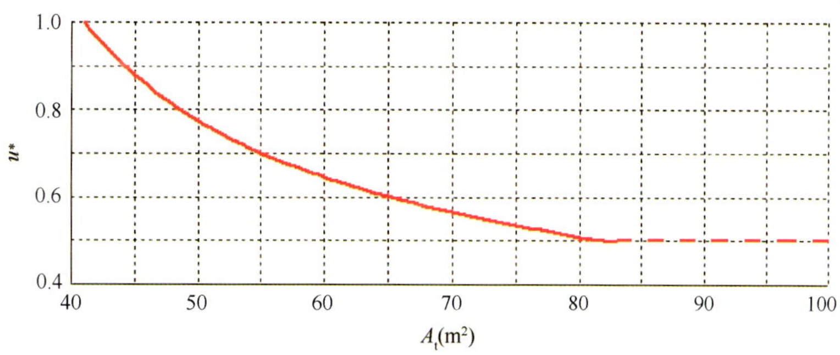

图 3-54 隧道边墙附近的无量纲风速

$$u^* = \frac{u_{\max}}{v} \tag{3-16}$$

式中 $u_{\max}$——最大风速；

v——车速。

则

$$u_{\max} = u^* v \tag{3-17}$$

最大动压

$$q_{\max} = 0.5\rho(u^* v)^2 \tag{3-18}$$

对于 A_t 取 52，66 和 80 m^2，车速为 200 km/h 的情况，边墙附近最大风速分别为 42，33 和 27.5 m/s；动压分别为 1.08，0.667 和 0.463 kPa.

200 km/h 提速线路列车开行时，不允许人员滞留隧道。

（十二）小结

1. 为京沪高速暂规所提出的 $[\Delta p]=3$ kPa/3 s 的舒适度准则并不适合铁路提速的普遍情况。针对我国铁路的各种不同情况，表 3-45 给出了建议的舒适度准则。

2. 由于既有线隧道断面过小，因此 200 km/h 等级提速对车辆的密封性有较高要求。以 $A_t=30\ m^2$（单线）和 $A_t=66\ m^2$（双线）为例，在隧道密集的山岳线路，动态密封指数分别达到 12～16 s 及 10 s 左右才能满足乘客耳膜舒适度要求。必须采用特殊密封技术的动车组，即使是通过技术改造将隧道净空断面放大为单线 52 m^2 和双线 80 m^2，动态密封指数也要分别达到 5～8 s 及 6 s 左右才能满足乘客耳膜舒适度要求。对于隧道稀少的平原线路，密封性要求可略降低。就隧道而言，200 km/h 等级提速对动车组的要求不只是动力性能，关键是密封性能。

3. 计算表明，车速 200 km/h 时对于 $A_t=30\ m^2$，$A_t=52\ m^2$ 的不同情况，距离隧道门 20 m 处的微气压波峰值均小于允许值，不用设置缓冲结构。

4. 列车进入隧道诱发的车内压力波动不仅取决于横断面净空面积、车速和车辆密封指数，而且同隧道长度和列车长度有关。同时还涉及辅助坑道的设置、轨道结构形式、双线隧道列车在隧道内交会的概率（特别是临界交会发生概率）以及线路的平纵断面等多种因素。此外瞬变压力由车外向车内的传递同隧道长度有关。因此，在根据瞬变压力确定隧道净空断面积时，应根据工程的情况进行具体分析，对于重要的隧道工程要“一隧一算”。

二、200 km/h 等级提速铁路隧道断面设计

在常速铁路隧道的设计中，由于列车速度较低，可不考虑列车在隧道内引起的空气动力学效应问题。而提速或客运专线隧道与常速铁路隧道最大的区别就是当列车以高速通过隧道时，产生的空气动力学效应对行车、旅客舒适度、列车相关性能和洞口环境的不利影响十分明显。因此，隧道断面设计必须考虑如何缓解和消减旅客列车进入隧道时诱发的空气动力学效应，设计主要应考虑的因素有：①隧道建筑限界；②轨道数量和线间距；③缓解空气动力学效应所需的空间；④需预留的空间，如安全空间、避难和救援空间、养护维修及工程技术作业空间、其他使用要求所需的空间；⑤设备安装空间等。

世界各国高速铁路隧道净空断面形式各不相同，不同的设计行车速度有不同的隧道净空断面积要求，即使是相同的设计速度，各国的隧道净空断面积也不尽相同。

（一）隧道净空有效面积

日本新干线隧道主要在车辆的密封性上采取措施，通过提高车辆的密封性来解决空气动力学中的瞬变压力问题，微气压波问题则主要用修建洞口缓冲结构物的方法来解决。所以日本新干线隧道净空断面比较小，如上越新干线铁路设计行车速度目标值为 250～260 km/h，双线隧道净空有效面积只有 64 m^2。

欧洲一些国家高速铁路线路纵坡比较大，如法国地中海线、东南线最大纵坡达 35‰，德国科隆—法兰克福线纵坡达 40‰，隧线比相对不高。因此，这些国家和地区主要是通过放大隧道净空断面的方法来解决高速引起的空气动力学效应问题。德国科隆—法兰克福高速铁路、法国东南延伸线高速铁路以及使用德法技术的韩国首尔—釜山高速铁路和中国台湾台北—高雄高速铁路。双线隧道的净空有效面积分别为 92 m^2、100 m^2、107 m^2、90 m^2。

我国客运专线隧道净空有效面积见表 3-51。

表 3-51　客运专线隧道净空有效面积标准　　单位：m^2

序号	铁路类别	单　线	双　线
1	200 km/h 客运专线兼顾货物运输	52(53.6)	80(85)
2	250 km/h 客运专线	58(60)	92
3	300～350 km/h 客运专线	70	100

注:括号内数值为客运专线兼顾双层集装箱运输条件下,考虑特定接触网高度等因素的面积。

（二）铁路隧道内轮廓

根据高速铁路隧道建筑限界和隧道内必须配置的各功能空间的要求，结合前面介绍的隧道空气动力学研究有关成果，我国统一制定了 200 km/h 和 250 km/h 隧道衬砌内轮廓，并编制了相应的隧道衬砌通用参考图。

1. 200 km/h 客货共线铁路隧道衬砌内轮廓

根据开行列车的性质，200 km/h 铁路隧道衬砌内轮廓有客货共线铁路单双线隧道衬砌内轮廓和客货共线铁路兼顾双层集装箱运输的单双线隧道衬砌内轮廓两类。

(1) 单线隧道衬砌内轮廓形状如图 3-55(a) 所示。隧道一侧设置宽 125 cm 的救援通道，另一侧设置宽 125 cm 的水沟、电缆槽，当列车在隧道内停车时其上也可以作为救援通道使用。救援通道底面与内轨顶面齐平。

(2) 双线隧道衬砌内轮廓形状如图 3-55(b) 所示。隧道两侧各设宽 125 cm 的救援通道，救援通道底面高出内轨顶面 30 cm。隧道底部结构根据隧道长度和地质条件分别按有砟道床和无砟道床设计。隧道采用曲墙衬砌形式，Ⅱ级围岩设置钢筋混凝土底板，Ⅱ级以下围岩设置仰拱。隧道两侧各设置两槽一沟，电缆槽宽为 25 cm，水沟宽 30 cm，水沟和电缆槽总宽度 135 cm。两侧排水沟的功能主要是集水，间隔适当距离与中心排水沟（管）连通。在隧道中线处仰拱填充内设置中心排水沟（管）。短隧道水量不大时，也可不设中心排水沟（管）。

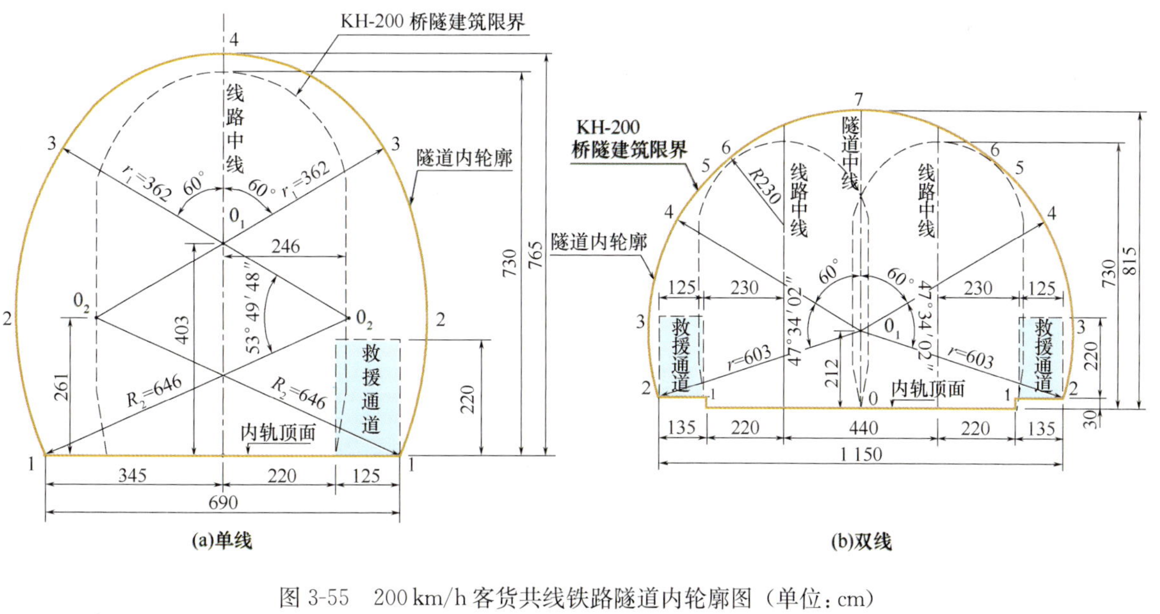

图 3-55　200 km/h 客货共线铁路隧道内轮廓图（单位：cm）

2. 客货共线铁路兼顾双层集装箱运输的隧道衬砌内轮廓

是否兼顾双层集装箱运输的衬砌内轮廓主要区别在于采用的建筑限界不同，水沟、电缆槽的布置则基本相同。其内轮廓形状如图 3-56 所示。

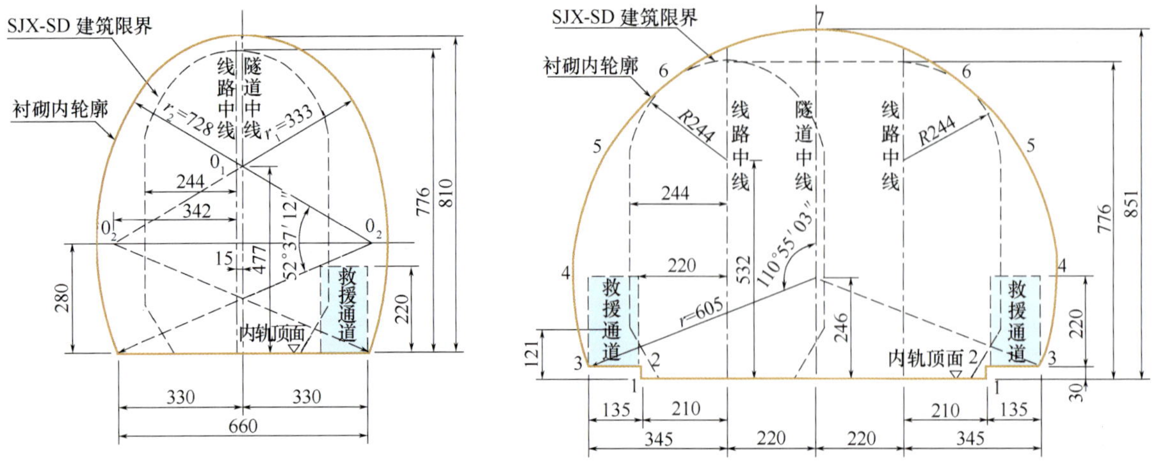

(a)单线　　(b)双线

图 3-56　200 km/h 客货共线铁路兼顾双箱运输隧道内轮廓　（单位：cm）

三、提速铁路隧道的改、扩建

（一）既有线隧道的病害整治

既有铁路隧道经过多年的运营，极易出现渗漏水、衬砌结构开裂变形、隧底翻浆冒泥、衬砌背后托等病害，需保留使用的既有隧道应进行全面检测评估，根据病害现状有针对性地进行治理，以保证行车安全。对于早期修建的铁路隧道，在必要的情况下应对衬砌结构进行加固补强。在整治病害的基础上可以保留使用。整治后的隧道在保证同样的车内旅客舒适性（3 kPa/3 s）的前提下，可以以 160～200 km/h 速度通过。建筑限界不满足 GB146.2—1983 隧限-2A 要求的隧道，普通旅客列车允许通过速度不宜大于 120 km/h。对于隧道集中区段需根据各隧道长度、平面线形、隧道间距大小、隧道间引线工程情况等条件综合考虑列车限速。

1. 整治原则

（1）病害整治尽量在不中断运营的情况下进行或尽量减少对运营的影响。

（2）降低病害整治费用，病害整治时宜尽量利用既有的临时设施，如便道、房屋、水池等，以降低费用。

（3）选择合理整治方案，摸清病害产生的原因，根据围岩地质等具体因素有针对性地选择合理的整治方案。

2. 检测方法

（1）声波检测法

超声波检测仪主要用于衬砌强度检测。根据隧道不同区段衬砌强度的差异，布置多个测站，以便更客观地反映隧道的病害状况，同时为保证检测结果的可靠性，在同一测站中应布置不同的测点，然后取其平均值。

（2）探地雷达检测法

探地雷达检测法是通过对所接收的反射波进行叠加、滤波和以不同方式显示等一系列处理后，根据回波的速度和时间确定目标层的位置，再根据回波的形态、强度及其变化等判定目标的性质。

探地雷达对隧道及围岩的检测主要包括以下几方面内容：

① 隧道衬砌厚度，可设不同的测线，从而分别测出拱顶、拱腰、拱脚及边墙位置的衬砌厚度，必要时也可测出道床仰拱的厚度，同时还可沿隧道的横断面进行厚度探测。

② 隧道周围 2～3 m 范围（根据需要可进行调整）内的围岩状况、钢筋及钢拱架、格栅钢架等的分布，并可准确定位。

③ 隧道衬砌或围岩中排水盲沟的分布及堵塞或畅通情况，高寒地区的冻融情况。

④ 隧道围岩或衬砌中的裂隙水分布及赋水情况，初衬与二次衬砌之间的密实状况以及衬砌间空洞的展布情况，在岩溶地区还可测出溶洞的位置和范围。

⑤ 隧道围岩超挖部分的位置、分布和回填情况，超挖空间回填的性质及空间的展布情况，隧道欠挖情况可通过衬砌厚度反算得出。

⑥ 衬砌中的裂隙分布，尤其是衬砌深部不易为肉眼看出的裂隙分布和发展趋势，配合强度检测可对衬砌状况作出全面的评价。

3. 整治措施

（1）衬砌混凝土开裂

① 拱部较长范围有纵横相错裂缝（裂缝纵向长度大于 5 m）

采取打设 WTD 系统中空注浆锚杆、凿除表面混凝土、挂网、喷射混凝土的整治办法。对于设计为复合式衬砌的隧道，为防止锚杆打穿防水板，造成隧道漏水，只采用凿除表面混凝土、打设 35 cm 钎钉、挂网、喷射混凝土的整治办法，如图 3-57 所示。

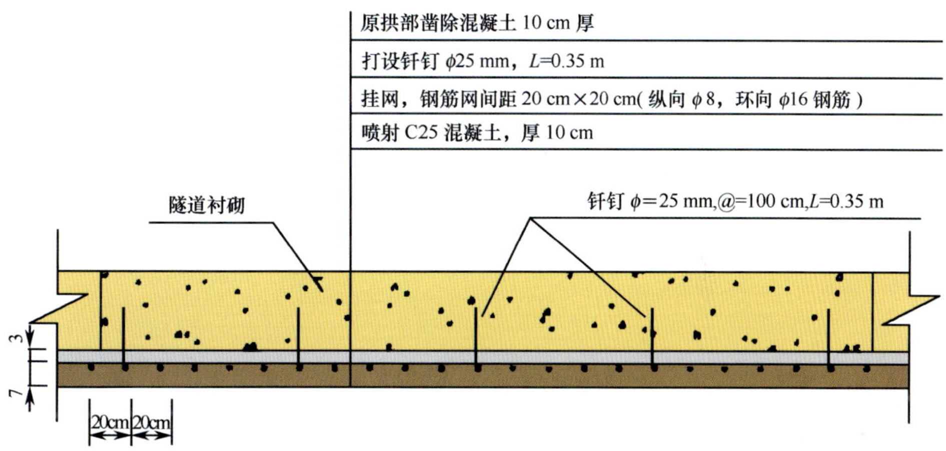

图 3-57 拱部挂网、喷锚断面示意图

② 拱部小范围纵横向裂缝（裂缝长度小于 5 m）

采用沿裂缝两侧打设 WTD 中空注浆锚杆、凿除表面混凝土、挂网、喷射混凝土的整治办法，锚杆布置如图 3-58 所示。

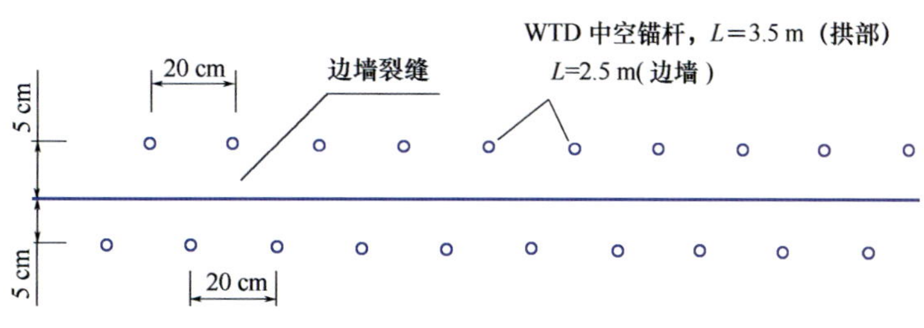

图 3-58 拱部、墙部裂缝加固示意图

③ 单一纵、斜向裂缝

a. 拱部裂缝

采用沿裂缝两侧打设双排 WTD 中空注浆锚杆、裂缝凿槽、环氧树脂砂浆嵌补的整治办法。若拱背后有空洞，另进行填充注浆。

b. 墙部缝宽大于或等于 3 mm 的裂缝

采用沿裂缝两侧打设双排 WTD 中空注浆锚杆、裂缝凿槽、环氧树脂砂浆嵌补的整治办法。

c. 墙部缝宽小于3 mm的裂缝

采用裂缝凿槽、环氧树脂砂浆嵌补的整治办法。

④竖向施工收缩缝、水平拱墙接头（刹尖）缝

采用凿槽、环氧树脂砂浆嵌补。对于较大刹尖缝可以采用打设双排WTD中空注浆锚杆、凿槽、用高标号砂浆塞缝。

（2）衬砌混凝土渗漏水

采取注浆封堵，渗漏水集中后凿槽加设塑料半圆管用防水砂浆抹平，将水引入水沟排出。

（3）隧底破损

隧底破损一般是由于以下原因造成的：①仰拱及铺底施工时虚砟和积水未清理干净；②仰拱及铺底厚度严重不足；③洞内水沟未铺底或铺底混凝土厚度不够。前两种情况下产生的隧底破损往往在隧道运营中，经列车反复碾压后，形成道心翻浆冒泥。第三种情况下虽然仰拱、铺底质量较好，但由于水沟未铺底，沟内流水常年侵蚀道床，加之列车反复碾压，最终也会造成道床侧向翻浆冒泥。合理的整治办法就是拆除仰拱重做和重新铺设水沟底混凝土。

为不影响行车，需进行扣轨施工。纵向扣轨为P43钢轨，长度12.5 m，3根一束，每组4束，分别用M20 U形螺栓加垫铁固定在枕木上方，如图3-59和图3-60所示。扣轨在施工段（每段5 m）两端用混凝土支墩支垫；长枕既作为轨道枕木，又作为施工的横向抬梁。为防止扣轨段轨道发生横向移动，轨道两侧设木撑加固。

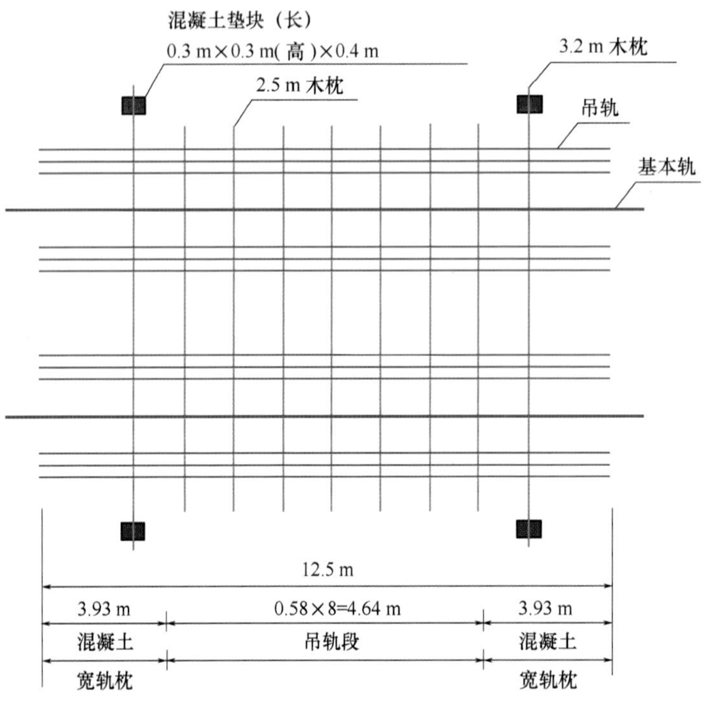

图3-59　扣轨平面示意图

仰拱可分段间隔施工。根据病害具体情况，仰拱及铺底可改为钢筋混凝土或钢轨混凝土。

（4）衬砌混凝土厚度不够

衬砌混凝土厚度不够必将引起局部应力集中，使结构受力不利，因此必须采取相关措施进行结构补强。常用的补强手段为嵌钢轨拱、凿除表面混凝土、网喷及打设WTD中空注浆锚杆。

一般衬砌混凝土厚度不够多发生在拱部，当因衬砌厚度不足导致混凝土严重开裂及掉块时，均应凿除表面混凝土、嵌钢轨拱、网喷及打设WTD中空注浆锚杆。当设计为曲墙衬砌时，还应根据情况，必要时拱墙、仰拱全环嵌钢轨拱，如图3-61所示。为利于结构安全，拱部钢轨拱建议采用

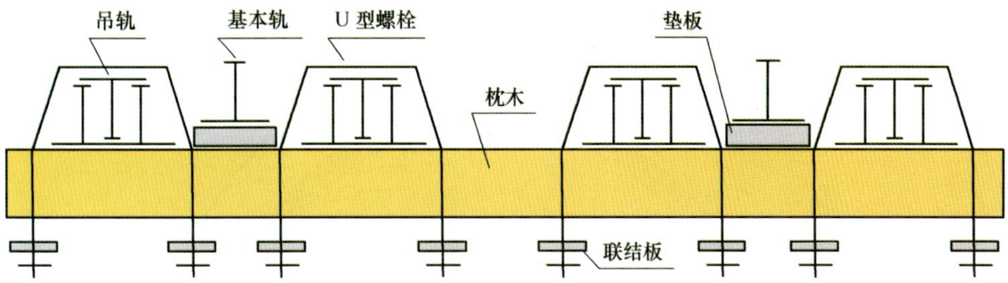

图 3-60 扣轨横断面示意图

P35 钢轨，边墙及仰拱采用 P43 钢轨。钢轨拱间距一般为 1.0 m，钢筋网格为 0.2 m×0.2 m。

(5) 衬砌混凝土强度未达到设计标准

工程实践中一般很少发生混凝土强度达不到设计标准的情况。一旦发生，唯一的处理方法就是衬砌拆除重做。衬砌拆除的方法有爆破拆除和非爆破拆除两种。为保护无病害段衬砌混凝土和减少对隧道使用的影响，推荐采用第二种方法。常用的非爆破拆除方法为静态破碎剂辅助人工风镐凿除。

需要注意的是重新灌筑混凝土与原有混凝土的接茬处理。为保证接缝的密实性及良好的防水效果，一般采用橡胶止水条和环氧树脂砂浆将施工新老混凝土接茬处的施工缝进行封堵。封堵时需预埋注浆管，注浆管间距 0.3～0.5 m，待环氧树脂砂浆终凝后向施工缝内压注水泥浆，注浆压力 0.3～0.5 MPa。

(6) 衬砌混凝土背后空洞

对于衬砌背后较大的空洞，建议采用混凝土输送泵，在衬砌混凝土上开口以泵送混凝土进行回填，然后再由洞内进行注浆加固。对因混凝土捣固质量差引起的衬砌混凝土密实度不好及局部背后存在小的空洞，只需从洞内进行注浆填充和加固即可。

(二) 既有隧道的改扩建

当对既有线隧道进行改建或对支护结构进行处理时，改建应与扩大隧道净空同时进行，以满足列车高速通过的要求。

既有隧道扩大隧道净空的工程措施主要有：调整线路平面，凿除或拆换局部衬砌；调整线路纵断面，落底处理；隧道挑顶，增加隧道高度；局部或全部拆换衬砌。

以上几种扩大净空断面的措施，应根据隧道的支护结构现状、围岩条件、地下水情况、隧道两端引线工程情况等综合考虑。

隧道改扩建的原则如下：

1. 无论采取何种工程措施，均要求考虑对既有衬砌采取临时或永久加固措施，以保证施工及运营安全，并在施工期间对施工地段采取加强线路上部结构的稳定措施和运营的安全防护。

2. 施工一般在维持正常运输的条件下进行，因此应安排在区间封锁天窗时间进行。由于改(扩)建施工期间每天封闭线路的次数和每次封锁的时间均受严格限制，势必影响工程进度，造成施工期限延长，增加运营损失，工程造价也比较高，因此应与新建隧道方案做经济技术比较后确定。

四、隧道排水技术

(一) 防排水原则

铁路隧道防排水应遵循"防、排、截、堵结合，因地制宜、综合治理"的原则，在设计时需要考虑的因素有水文和气候因素，地下水类型、水位以及补给径流和排泄特征，地下水化学成分(是否具有侵蚀性或腐蚀性)，地下水排放对周围生态环境的影响，隧道开挖方法和隧道衬砌设计等。

(二) 防排水隧道类型的选择

隧道可分为防水型隧道及排水型隧道两类。

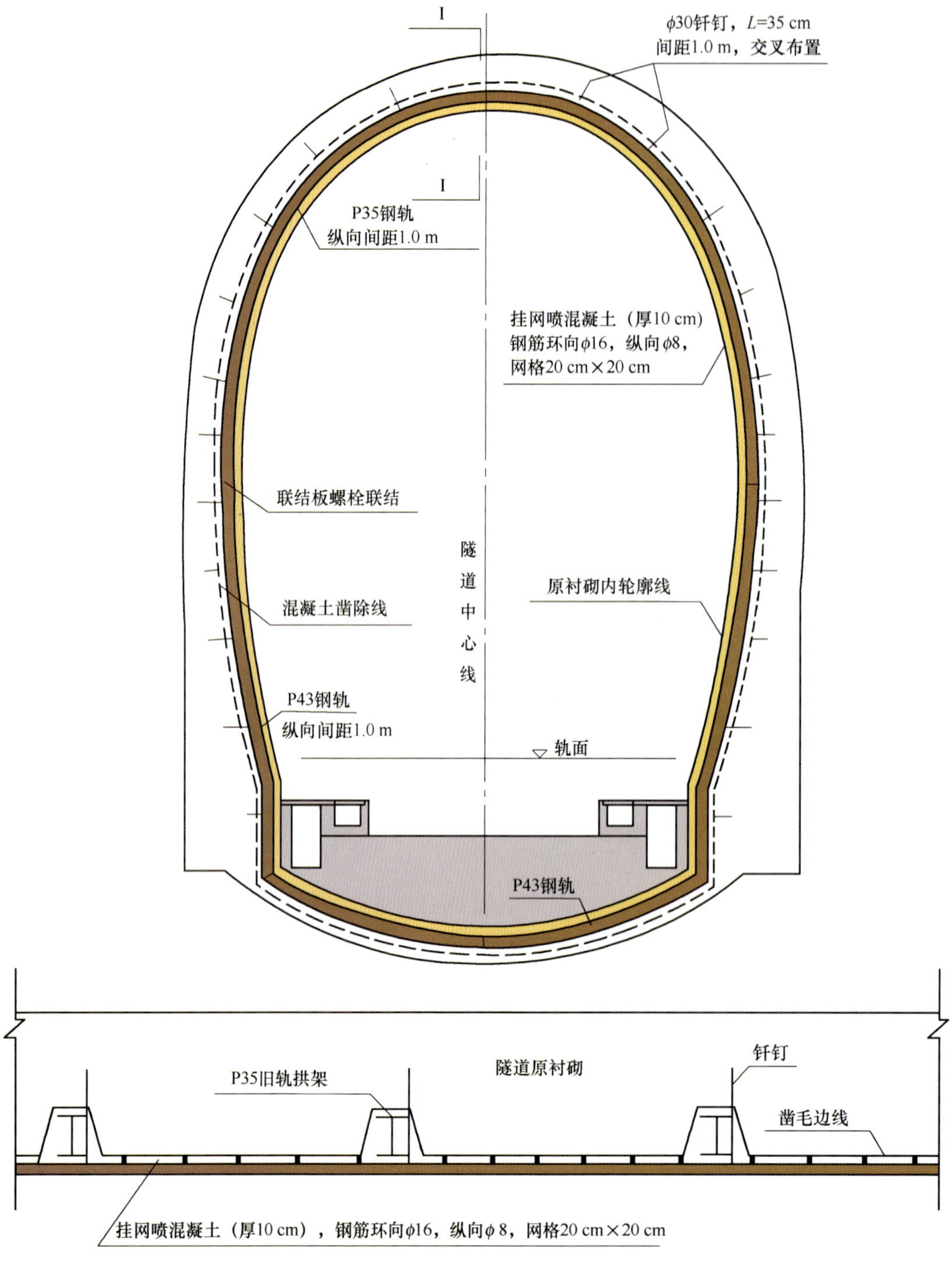

图 3-61 隧道衬砌结构嵌钢轨拱补强示意图

1. 防水型隧道（承受水压）

通过采取各种措施，如防水层、止水带等将水封堵在隧道衬砌之外。不排水的全封闭防水型隧道在静水头不超过 30 m 的地方广泛应用。经过大量的工程实践，人们认识 60 m 水头是防水型隧道的上限，虽然超过 60 m 水头从技术上来讲防水问题仍然可以解决，但是对隧道防水材料和结构的要求都将大大提高。在防水型隧道中也要设置排水系统，为隧道渗漏水预留排水通道。实践证明，即使是精心设计和施工的隧道，也可能会产生渗漏。防水型隧道在支护结构设计和防水板材料选用时，必须考虑水压作用。

2. 排水型隧道

排水型隧道包括控制排水型。在高水位以及不允许过量排放地下水处修建隧道时，应采取“以堵为主，限量排放”，即“控制排放”的原则。地下水允许排放量是根据隧道周围的具体情况确定的。如挪威 Oslofjord 跨海通道，对于海底隧道段，按排水设备能力和经济考虑，确定允许排放量，而对位于陆地居民区和休闲区的隧道，环保当局提出的允许排放量为 0.288 m^3/（m·d）。渝怀铁路圆梁山隧道高水压富水区设计时，地下水允许排放量为 5 m^3/（m·d）。歌乐山隧道实际排放量为 0.95 m^3/（m·d）。青函隧道海底段排放量为 0.2736 m^3/（m·d）。在排水对地面生态环境影响不是很大的地区，一般可不必控制排水，而是利用衬砌背后的盲沟等排水设施，让水流入隧道内排水沟排出洞外，但必须保证初期支护和二次衬砌的排水系统畅通。任何排水系统的堵塞，都将导致隧道承受水压。

在下列条件下，需优先设计防水型隧道：

（1）地面生态和社会环境敏感，要求严格限制排水以免对其造成影响，特别是在隧道地区居民分布密集或存在地下水供水水源，大量排水会对环境等造成重大影响的场合。

（2）地表下沉影响较大，从而危及结构物正常使用及周边环境的场合。

（3）地下水具有腐蚀性，需要将地下水与混凝土隔离的场合。

当隧道穿过岩溶发育带、断裂破碎带，预计围岩中地下水水量丰富，采用以排为主可能影响生态环境时，应根据实际情况采用“以堵为主，限量排放”的原则，达到堵水有效、防水可靠、经济合理的目的。在岩溶地下水发育地段，则采用“以疏为主，以堵为辅”的原则，应强调尽量维系岩溶暗河的既有通路，不要随意封堵溶洞、暗河。

在一座隧道的不同区段，也可能存在以排为主的排水型，同时又有全周防水的防水型式。在这种隧道的设计中，必须充分考虑防水型和排水型之间设计合理的过渡措施。不同防排水类型隧道的特点对比见表 3-52。

表 3-52 不同防排水类型隧道特点对比

比较项目	防水型隧道	排水型隧道	
		控制排水	不控制排水
地下水流失	基本无流失	部分流失	地下水流失
衬砌压力	全水压	部分水压	无水压
建造费用	随水头的增大而明显增加	随水头的增大而增加	低
维护成本	少	随时间的增长而增加	随时间的增长而增加

隧道防水工程措施包括围岩注浆堵水，初期支护喷射混凝土防渗，防水层，施工缝、变形缝防水，衬砌混凝土自防水，衬砌背后回填注浆等。各种防水设计与施工见有关专业文献，本书不详细论述。

在排水型隧道中，必须做好衬砌背后的排水系统，使水能通畅排出。隧道排水系统主要包括环向排水盲管、纵向排水盲管、侧沟、横向排水盲管和中央排水管（沟）。图 3-62 是高速铁路隧道一种横向排水系统断面示意图。

五、防灾救援系统

隧道内列车发生灾害主要可分为脱轨翻车、隧道内列车火灾两类。

脱轨翻车是列车由于各种原因在隧道内脱离轨道、发生翻车，脱轨的列车与隧道或地面发生剧烈碰撞，造成人员伤亡，设施以及建筑物损坏的灾害事故。

隧道内列车火灾的主要特点是：火灾时会产生烟囱效应，火势发展迅猛；烟雾不易排出，隧道

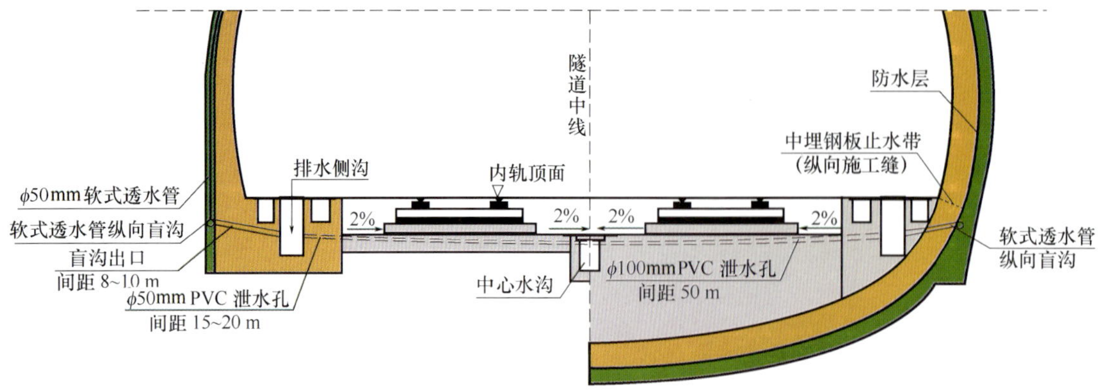

图 3-62　高速铁路隧道横向排水系统断面

空间内能见度低；有害烟气积聚，致死率高；空间狭小，逃生救援困难。火灾造成的危害一般较严重，所造成的损失往往也是巨大的。中断行车的时间也很长。

有关资料表明，在这两类灾害事故中，以火灾发生的概率为最高，脱轨翻车次之。因此，在发生脱轨翻车事故时，应尽量采取有效措施防止造成隧道火灾。

隧道灾害国内外都有血的教训，因此，在提速改造隧道和新建隧道设计时应全面系统地考虑防灾救援设计。

（一）防灾救援设计基本原则

1. 针对高速铁路的营运特点，消防设计应贯彻“以防为主，以消为辅，防消结合，立足自救”的消防工作方针，要充分体现“以人为本”的设计理念。

2. 要采取经济、可靠的防火措施和消防手段，做到安全可靠、经济合理、使用维修方便。

3. 当列车在隧道内发生火灾时，凡能继续运行的，均应遵循“先将列车拉出洞外再进行列车解体及火灾事故处理”的基本原则。一旦列车失去动力不能运行或因隧道太长无法及时拉出洞外时，必须考虑在洞内实施快速疏散和消防救援。

4. 隧道内应设置贯通的救援通道和必要的紧急出口。

5. 总长大于 20 km 的特长隧道或隧道群的防灾救援方案应优先采用“定点”模式，“定点”附近应设置紧急出口。

6. 需要防灾救援设计的隧道内应设置必要的监控系统、防灾报警系统、消防灭火系统、防排烟系统等。

（二）防灾及消防系统设计

防灾包括两层内容，即防止灾害的发生和控制灾害的发展，可通过一系列运营维修管理程序的规范运行来保障。

1. 隧道灾害防范系统

隧道灾害防范涉及隧道结构、轨道、行车、机车车辆、电力、接触网、信号、环控及公共安全等多方面，属于跨越多域的综合技术。

为了达到灾害防范，应建立综合灾害管理体系，包括应急联动、防灾协调、专家决策咨询等系统，并针对潜在灾害的防治加速立法，建设防灾管理大型数据库，制定防范工作规范。

以防范工作规范为指导，设计、运营部门结合具体的隧道工程条件，对具体隧道的灾害防范工作贯穿到设计、建设及运营管理之中，保证隧道内正常运营处于可靠的防灾技术条件。

2. 救援与安全疏散设计

由图 3-55 和图 3-56 中可以看出，速度 200 km/h 级以上的隧道都设计了救援通道（单线隧道应单侧设置，双线隧道应双侧设置），可以满足灾害发生时旅客逃生和救援人员走行需要。除此以外，还应在双向单线隧道间设置联络通道，其间距为 400～500 m，“定点”处适当加密。对于长度大于

1 000 m 的隧道，有条件时宜设置紧急出口，大于 6 000 m 的隧道应考虑设置紧急出口。

紧急出口通道断面最小尺寸应符合下列规定：

① 宽度不应小于 2.3 m，高度不应小于 2.5 m；

② 纵向仰角不应大于 30°。

满足以上条件的施工辅助坑道可改造为紧急出口。紧急出口通道内应设置通风排烟系统、照明系统和其他相关设施。

隧道紧急出口外应设置能提供紧急车辆停车和容纳逃出人员的安全区，并有道路与外界公共道路（公路）连接。

在有条件的洞口应设置救援车辆停放的停车场。

救援通道每隔 200 m 应设图像、文字标记，指标两个方向分别到下一个洞口或紧急出口的整百米数，并配备灯光显示方向，如图 3-63 所示。

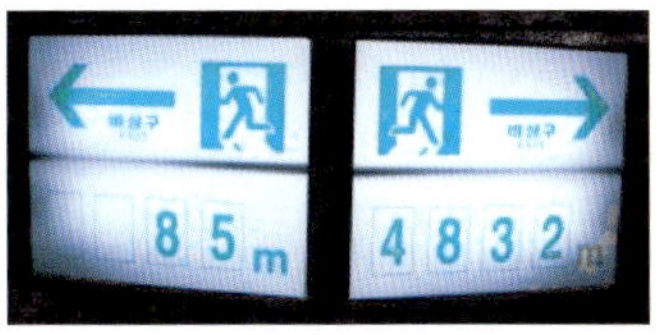

图 3-63　逃生路线标识牌

（三）消防系统设计

隧道内应按照防火设计规范要求设置火灾报警装置、消火栓系统、防排烟系统、防灾通讯设施、防灾双路电源。还应设置消防设备监控系统，如火警控制器、通风排烟监控系统、紧急供电供水监控系统、火灾事故广播消防通讯体系等。

隧道洞内消防方案目前有“消防分区”、“定点”和“随机停车”3 种。

1. 消防分区消防

（1）划分消防分区

当隧道发生火灾时，烟气流有一确定流向，有利于火灾消防、救援和安全疏散工作的进行。根据近、远期列车行车速度、左右线的行车方向和隧道火灾烟气流扩散速度等条件，进行防火分区划分。

防火分区的划分，应综合考虑安全与经济因素，达到功能与费用的平衡。

（2）消防分区消防方案

①加强辅助坑道中的排烟能力，尽量使隧道中着火时的烟气流在隧道断面 3 m 以上的空间流动，从而使救援疏散不被阻止。

②需要列车停止运行而在洞内实施消防时，宜采取如下措施：

a. 隧道内着火成灾，必须立即停车，组织旅客下车并向低端洞口方向行走，远离火场，有横通道时经过横通道向邻线疏散，等待救援。

b. 司乘人员组织义务消防人员，利用列车上的消防设备和隧道中设置的消火栓系统对着火列车实施灭火。

c. 等待消防救援列车进入洞内灭火和救援。

d. 着火列车等待消防列车从低端洞口进入隧道，接近着火列车实施灭火。该救援列车应装备较完善的灭火设备（如水炮、泡沫炮、高倍数泡沫系统、干粉灭火系统等），还应有水和各种灭火材料的储备和进料接口、医务车、工具车和公务车等。

消防分区的特点是可充分利用隧道自身洞口高差和斜井的烟囱效应，斜井的排烟能力应设计足够，能将隧道中大部分地段的烟气流集中在隧道 3 m 以上的断面中流动，使隧道下部基本是新鲜空气，便于人员疏散。

2. 定点消防

考虑列车着火且能继续运行时，参照欧洲对初期着火列车“可以继续运行 20 km”（残余运行能力时间为 15～20 min 时，按事故情况下时速 80 km 考虑，列车通常可以运行 20 km）或参照日本“可继续运行 15 min”的规定，结合隧道长度、列车运行速度、地形、地质条件等，在特长隧道中部设置“定点”，特长隧道的“定点”间距宜为 20 km。定点范围内，应设置消火栓等消防设施。

两座平行的单线可在适当位置以加密横通道的方式实现定点消防，双线单洞隧道或单线单洞隧道必须在定点处设置斜井等人员疏散的通道。

列车在“定点”停车后，司乘人员都应先将乘客从联络通道安全疏散到另一隧道的救援通道或在联络通道内待避等待救援列车，然后利用消火栓系统进行灭火。如不能成功灭火，则应先撤离，等待训练有素的消防队员前来灭火。对于货物列车着火，由于司乘人员少、人单力弱，灭火是难以奏效的，他们应先撤离，等待消防队员前来灭火。

3. 随机停车消防

如果列车着火且不能继续运行，则可能在隧道的任何一个地点停车。在两座平行单线隧道内，列车停车后，司乘人员应先将乘客从联络通道安全疏散到另一隧道。如果是双线隧道，司乘人员应将旅客沿烟气反方向沿救援通道疏散。

救援列车或消防列车宜面对人员疏散的方向进入隧道进行救援及消防。

图 3-64 为日本东北新干线措糠斜坡道、女鹿斜坡道内的防火系统设计。

第四节　站　　场

我国在 20 世纪 90 年代及以前修建的既有铁路车站和枢纽都是按照旅客列车最高运行速度为 120 km/h 的技术条件设计和建设的。当旅客列车最高运行速度提高到 200 km/h 时，对铁路枢纽线路平面总体布局及设施的影响，应针对具体情况进行专项研究论证后再做明确要求。本节中论述的站场主要针对提速 200 km/h 等级线路区段内的车站，各项技术改造项目应达到规定的标准和要求。

既有线提速改造必须综合考虑投入与产出的技术经济问题。因此，改造必须遵循原则是：对改建站场中较复杂的问题，应坚持多方案比较，择优选用；在满足 200 km/h 旅客列车安全、快速通过和线路所需通过能力的前提下，应充分利用既有站场的设施与设备，节省工程费用；车站内通过旅客列车正线标准与相邻区间线路正线的设计速度目标值、技术标准协调一致。

一、站内线间距

站内通过 200 km/h 等级旅客列车，正线与相邻站线直线地段的线间距离，应根据基本建筑限界和机车车辆限界的要求，并考虑车站平面布置和两线间设置有关设备和保证作业安全等因素确定。线间距应符合表 3-53 的规定。

表 3-53　站内线间距

<table>
<tr><th>序号</th><th colspan="2">名　称</th><th colspan="2">线间距(mm)</th></tr>
<tr><td>1</td><td colspan="2">正线间</td><td colspan="2">5 000</td></tr>
<tr><td>2</td><td colspan="2">正线与无列检(或加水)作业的到发线间</td><td colspan="2">5 000</td></tr>
<tr><td rowspan="2">3</td><td colspan="2" rowspan="2">正线与有列检(或加水)作业的到发线间</td><td>一般</td><td>6 500</td></tr>
<tr><td>改建特别困难</td><td>5 500</td></tr>
<tr><td rowspan="2">4</td><td rowspan="2">正线与牵出线间</td><td colspan="2">调车作业频繁车站</td><td>6 500</td></tr>
<tr><td colspan="2">改建困难或仅办理摘挂取送作业</td><td>5 000</td></tr>
<tr><td>5</td><td colspan="2">正线与其他站线间(含机车走行线)</td><td colspan="2">5 000</td></tr>
</table>

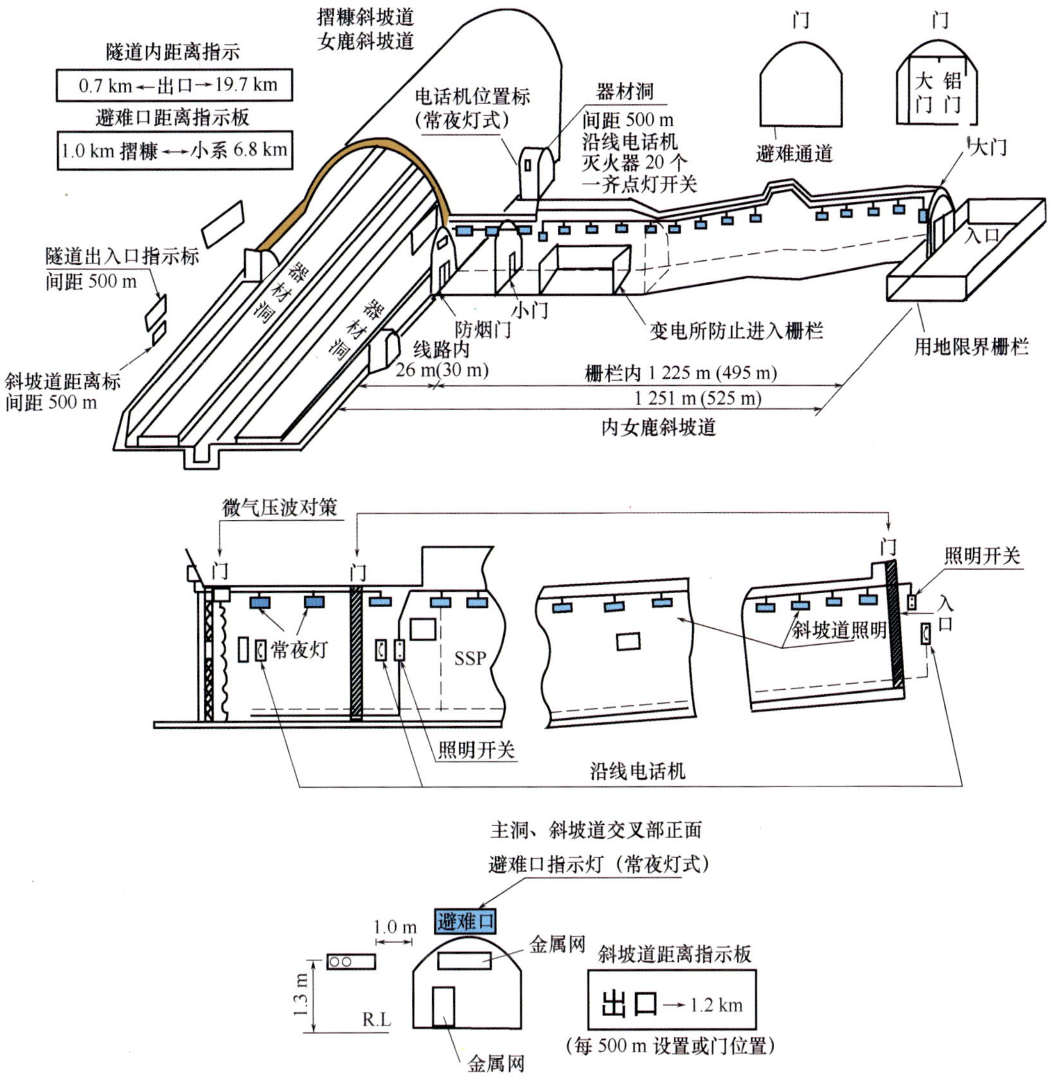

图 3-64 摺糠斜坡道、女鹿斜坡道内防火系统

表 3-53 中序号 1 和序号 2 所列线间距的依据是：

1. 当站内正线有 200 km/h 等级旅客列车通过时，线间距主要取决于列车交会运行时产生的会车压力波影响，这与区间正线线间距扩大的确定条件相同，故站内不得小于 4 400 mm 的线间距。

2. 站内股道间设有高柱信号机或其他设备时，须 5 000 mm 线间距，两个因素取大值即 5 000 mm。为避免车站两端为线间距的调整过渡而设置大半径、小偏角的反向曲线，使保证 200 km/h 等级旅客列车安全、平稳通过车站区间，从正线线间距 4400 mm 过渡到站内正线间距 5000 mm，应在站外两端的曲线自然顺接完成。

序号 3 系根据“八五”、“九五”国家重点科技，有关客运专线研究结论：位于距通过 200 km/h 及以上高速列车车体外侧 2 000 mm 时，会车压力波已减至可保证人员安全的允许范围内。线间距为：机车车辆限界宽（3 m 高处）＋安全距离＋人行道宽＋高速安全距离＝2×1 700＋300＋800＋2 000＝ 6 500 mm，在特别困难条件下，可不考虑第 2、3 项要求，采用 5 500 mm，此时应在正线与到发线之间的地面设置安全标志，当 200 km/h 旅客列车通过时，严禁人员侵入；线间距不足时，技术作业应不在正线一侧进行。

序号 4 线间距为：大于或等于机车车辆限界宽＋调车作业要求宽＋防护栅栏距正线中心距离＋

余量＝1 700＋800＋3 750＋250＝6 500 mm。在改建困难或仅办理摘挂取送作业时，调车人员可在不靠近正线一侧走行，计算线间距 5 000 mm。

序号 5 正线与其他站线（含机车走行线）的线间距，按现行《铁路车站及枢纽设计规范》（以下简称《站规》）标准确定采用 5 000 mm。

二、客运设施

（一）站前广场

站前广场的设置应根据客流量的大小、性质、旅客站房的规模及布置形式，结合城市规划、道路布局、交通条件、绿化要求、地形等统一规划，远近结合，合理确定广场面积、位置及布置。使站前广场与站房进出口取得有机联系，缩短旅客进出站走行距离，达到广场内各种流线合理，减少或避免各种车流与人流和行包流的交叉干扰，保证广场各项设施应有的功能。设计时合理分配广场内车道、人行道、停车站、场和广场的面积，形成合理的空间比例。站前广场面积的选择，可参考表 3-54。

表 3-54　站前广场用地面积

站房规模	最高聚集人数(人)	站前广场用地面积(m^2)
特大型站	4 000 以上	20 000～30 000
大型站及有特殊意义的客流量较大的中型站	1 500～4 000	10 000～20 000
中型站	400～1 500	3 000～10 000
小型站	200～400	1 500～3 000
	200 以下	600～1 500

（二）站房

旅客站房规模以旅客最高聚集人数（H）为主要依据划分，根据规定站房规模分为 4 类：10 000人及以上为特大型站房；2 000≤H<10 000 人为大型站房；400≤H<2 000 人为中型站房；50≤H<400 人为小型站房。

在通过式车站上根据两端均为通过式咽喉的特点，应将旅客站房设于车站中部靠主要居民一侧，或当设有高架候车室时设于两侧，为适应客运发展及城市规划的需要，大型客运站站房除在靠城市中心一侧设主站房外，还可在另一侧设副站房，其间用高架候车室连通。邻靠基本站台，站房站台侧最外凸出部分至站台边缘的距离，客运站宜采用 20～25 m；其他站宜采用 8～20 m；当地形困难，旅客人数及行包件数不多的中间站也可采用较小距离，但不应小于 6 m。

在尽端式车站上，站房应设在列车到发线的尽头站台的端部，当到发线为贯通式布置或有条件时，可将站房设在线路一侧。旅客站房设在尽头线站台的端部，旅客可直接由站房经分配站台至各中间站台，可不设跨线设备。

旅客站房与站台的布置，宜尽量使站房基地高程与站台面高程在一个水平上或相差很小，使旅客从站房经由地道或天桥到站台的升降高度最小。为节省工程量，可根据地形合理利用其高差，设在不同的高程上，按其断面关系分为线平式、线上式和线下式。

（三）旅客站台

中国制造 CRH 型动力车组，车体宽度为 3 300～3 380 mm，动车组列车停靠站台。站台边缘距线路中心的距离 1 750 mm，站台高度 1 250 mm，经验证是合理的。

由于大部分客车车辆宽度约为 3 106 mm，而目前车站站台边缘到线路中心的距离为 1 750 mm，有大约 197 mm 的间隙，旅客上下车很不方便，存在特殊旅客上下车不安全的隐患。非动车组列车停靠站台，站台边缘距线路中心的距离宜采用 1 700 mm，站台高度 1 250 mm，中间站站台和邻靠正线的站台如图 3-65 所示。

图 3-65　站台高度

1. 旅客站台边缘距线路中心线的距离

(1) 测量过程

为了合理确定站台边缘距线路中心线的距离，并确定车辆与站台边缘间的安全间隙内设置梳状橡胶的合理宽度，2004 年 1 月，在北京站 5 站台安装了 40 m 梳状橡胶进行车辆偏移量的测试，见图 3-66 测试列车为进出站列车和出入库空列车。

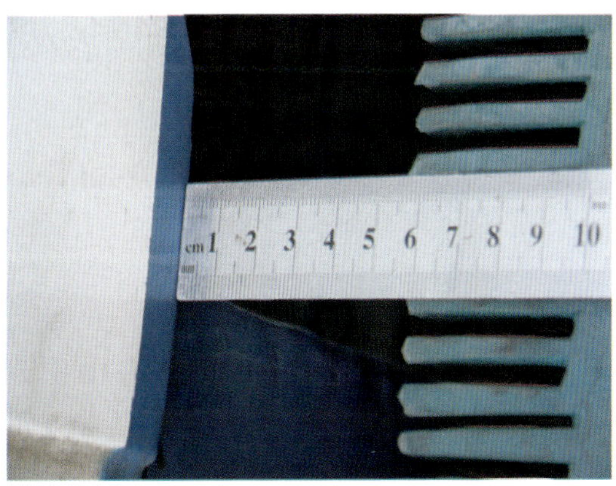

图 3-66　梳状橡胶与车体的距离

采用激光二维扫描技术测量列车车厢 1 000～1 250 mm 位置的动态轮廓，并用单点激光测距，进行精度校核。测量方案见图 3-67。扫描传感器共检测 74 列，单点传感器共检测 37 列。其中直线段测点共测量 40 列，曲线段测点测量 34 列。测量过程中记录的机车车辆断面轮廓数据达 60 多万个，每个断面有 180 个点，总数据量超过 1 亿个。测量结果如下：

① 在直线段，线路不平顺满足经常保养标准的情况下，在高度为 1 200 mm 的位置处，所有被测机车的最大动态轮廓尺寸为 1 576 mm。

② 在直线段，线路不平顺满足经常保养标准的情况下，在高度为 1 200 mm 的位置处，车辆动态轮廓大于 1 600 mm 的断面数只有 5 249 个，所占比例不到总测量断面数的 1%。大部分为车体以外的原因造成，如餐车注水口未关闭、塞拉门未关闭而车辆已起动等。其中，车辆的最大动态轮廓尺寸为 1 655 mm（塞拉门打开）。

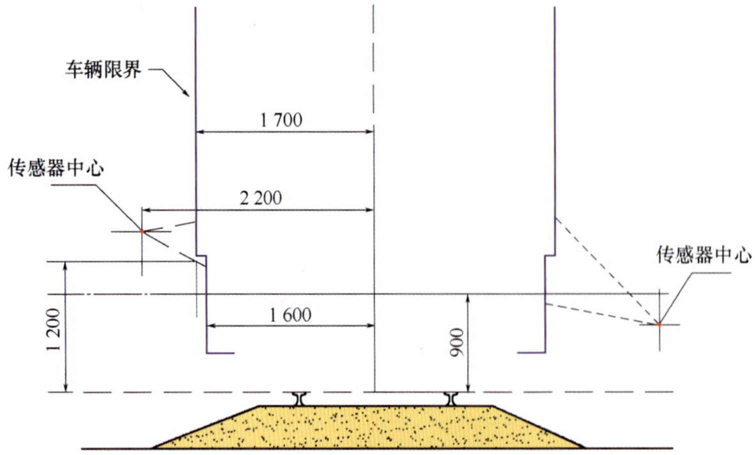

图 3-67 测量方案示意图（单位：mm）

③ 在直线段，在高度为 1 200 mm 的位置处，车辆箱体的动态偏移一般均在 1 600 mm 以下。

④ 实际测量中，塞拉门在打开时，车门厚度有差异，向站台方向伸出的最大距离为 100 mm。

⑤ 列车在曲线内侧的站台停车时，车厢中车门位置处距站台的距离最大，而列车在曲线外侧的站台停车时，车门位置处距站台的距离最小。

⑥ 当安装 120 mm 梳状橡胶后，站台边缘距轨道中心不足 1 750 mm 时，塞拉门打开时，车门需压缩梳状橡胶方可打开。

⑦ 当安装 120 mm 梳状橡胶后，站台边缘距轨道中心不足 1 750 mm 时，塞拉门未关闭开动时，同样压缩梳状橡胶。

⑧ 梳状橡胶贴近塞拉门时，车门打开困难。

（2）测量小结

①站台边缘距线路中心线的距离由 1 750 mm 改为 1 700 mm 是可行的。此时，被测车辆动态轮廓的绝大部分断面与站台间有 100 mm 左右的间隙；静态塞拉门车辆考虑车体 1 553 mm，门打开厚度 100 mm，轮轨游间等导致的最大偏移距离 23 mm，则车门距线路中心 1 666 mm，车辆与站台边缘间仍有安全空隙 24 mm。但如果列车开动后，仍有未关闭的塞拉门时，塞拉门有可能贴靠站台。

② 站台边缘距线路中心线的距离改为 1 700 mm 时，静态塞拉门车辆考虑车体 1 553 mm，减去踏板距车厢外沿 50 mm，再减去轮轨游间等，导致车厢向远离站台方向的最大偏移量 23 mm，则踏板距站台为 220 mm。

③ 站台边缘距线路中心 1 750 mm 时，为了减小站台与车厢间的空隙，可以设置梳状橡胶。考虑塞拉门最大轮廓为 1 666 mm，与站台间距 84 mm。如果不允许车门与梳状橡胶接触，则梳状橡胶宽度可为 80 mm。

④ 对于曲线站台，仅靠拨道和加梳状橡胶，并不能完全解决列车车厢与站台间空隙过大的问题，应考虑其他方式。

2. 站台长度

站台长度应为 550 m，在困难条件下，可采用 450 m。根据需要，在高站台下方设置列车检查通道，有效高度不低于 1 800 mm。邻靠通过超限货物列车线路的站台或改造困难时，可根据超限级别选用 300 mm 或 500 mm 的站台高度。

试验结果表明，站台上旅客和工作人员允许承受的最大气动阻力为 110 N，采用非流线型机车时，当旅客列车以 160 km/h 以上速度通过车站，正线侧站台边缘的安全标志线，应设在距站台边缘2 m 处。当设置站台防护栅栏时，参考日本新干线站台栅栏设计情况，防护栅栏距站台边缘距离不应小于 1 m。因此，为保障 200 km/h 等级旅客列车通过时，在正线侧站台上候车旅客和车站工作人员的安全，规定旅客站台不宜邻靠正线。困难条件下，既有邻靠正线的站台安全线距站台边缘2 m，或设栅栏防护，栅栏至站台边缘的距离不应小于 1 m。

为了保证 200 km/h 等级旅客列车安全、快速通过车站，应避免站内行人、车辆对列车的干扰，在站内通行旅客、行包、邮政车辆、维修人员的人行过道、平过道应改为立交。

（四）旅客站台雨棚

旅客站台雨棚按柱列可分为单柱雨棚和双柱雨棚。单柱雨棚的柱子占用站台面积少，站台内空间开敞，便于旅客和搬运车辆两侧通行，适合于站台宽度在 10 m 以内时采用。站台宽度在 10 m 以上，跨线设备出入口较多时采用双柱雨棚。

客运站的雨棚应与站台等长；站房规模 400 人以上的其他站的雨棚长度一般不宜小于 200 m；站台地道出入口应设雨棚。

（五）旅客跨线设备

跨线设备的设置数量应根据客运量及行包、邮件数量确定。旅客人行天桥、地道的设置，当站房规模为 400～2 000 人以下不应少于 1 处，站房规模为 2 000～10 000 人以下，不应少于 2 处，站房规模为 10 000 人及以上的大型客运站，不应少于 3 处；设有高架候车室时，出站地道或天桥不应少于 1 处。当行包和邮件数量很大时，可设行邮地道 1～2 处，也可根据需要分别设置行包地道和邮件地道各 1 处。

跨线设备根据其功能要求，必须按相应的最小尺寸设置，设计时最小宽度、最小净高度、地道天桥出入口宽度以及地道天桥出入口距建筑物外缘的距离，按表 3-55、表 3-56、表 3-57 设置。

表 3-55 跨线设备最小宽度和最小净高度 单位：m

名 称	旅客地道、天桥			行包地道	人行平过道	行包平过道		
	大型客运站	一般客运站	其他站			客运站	其他站机动车辆	其他站非机动车辆
最小宽度	6.0	4.0～5.0	3.0	5.2	1.5	5.0	3.5	2.5
最小净高度	2.5（封闭式天桥 3.0）			3.0				

表 3-56 地道、天桥出入口最小宽度 单位：m

大型客运站	一般客运站	其他站	
		双向	单向
4.0	3.5	2.5	3.0

表 3-57 地道、天桥出入口距建筑物外缘的最小距离 单位：m

名 称	大型客运站	一般客运站	其他站
基本站台	7.0	5.0	4.0
中间站台	12.0	9.0	6.0

当旅客站台上设有天桥、地道的出入口、房屋和其他建筑物时，其边缘至站台边缘的距离，客运站不应小于 3 m；其他站不应小于 2.5 m。改建在困难条件下，天桥、地道出入口的其中一侧距离可减至 2 m；柱类建筑物到站台边缘的距离不应小于 1.5 m。为避免进出站，上下车旅客流线间的相互交叉干扰，做到流线在平面上分开，保证旅客流线的畅通，缩短旅客进出站的时间，并考虑与雨棚的柱距一致，因此两地道（天桥）或地道与天桥出入口的距离，大型客运站不应小于 24 m；一般客运站不应小于 18 m。

（六）站台上客运设施

特大型、大型客运站客流较大，列车停靠时间也较长，为了服务和方便旅客，可设站台售货亭。其位置宜在站台长度中心两侧90～120m处，将站台中间部位留给旅客上下车使用，按照一个站台上设2处售货亭，并兼顾可能同时设置旅客盥洗台而应统筹考虑。规定位于基本站台上的售货亭与站台边缘的距离不宜大于15m，是考虑旅客下车购物比较方便，防止漏乘。

在温暖及炎热地区，最高聚集人数1000人及以上的车站应设置旅客盥洗台，位置应方便列车上的旅客使用，并与售货亭位置相互匹配。

地道、天桥出入口和旅客进出站的主要通道，是旅客必经之地，且需要引导，故宜设置站台号牌、导向牌等。使用反光材料标记，是使夜间或光线不足的情况下也可看到明显的标志。

（七）消防与疏散

各型客运站的站房、站台雨棚及地道、天桥的耐火等级不应低于二级。安全疏散口及每座楼梯净宽度，应根据人流计算，并不得小于1.6m；安全疏散口通路净宽度不得小于3m。

特大型、大型客运站的站台上应设室外消火栓。特大型、大型客运站站房的室内消防管网应设消防水泵接合器，其数量应按室内消防用水量计算确定。特大型、大型客运站的软席候车室、贵宾候车室、售票票据室、行包房、配电室等场所应设置火灾自动报警系统，并相应设置消防控制室。当综合型站房的非站房部分设有消防控制室时，应与旅客站房分别设置。

三、站场设施

（一）站场图型

改建越行站应采用不少于两条到发线的横列式站型（见图3-68）。越行站两端咽喉区的正线间宜设单渡线，有条件时应预留铺设八字型渡线的空间。

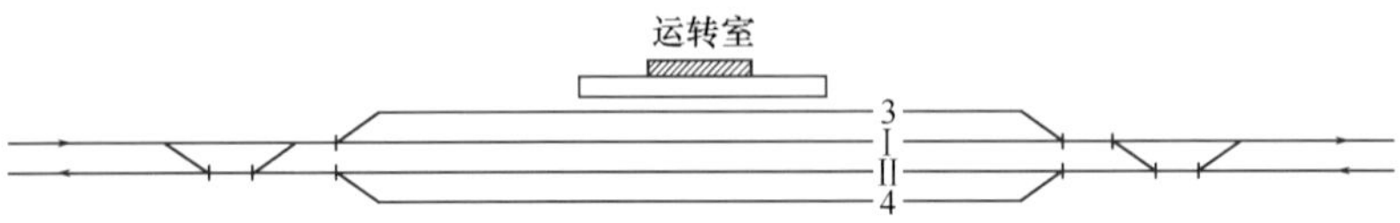

图3-68　越行站平面布置示意图

改建中间站应采用不少于两条到发线的横列式站型（见图3-69），两端咽喉区正线间设置渡线的规定宜与越行站规定相同。中间站台宜设在站房对侧的到发线外侧。

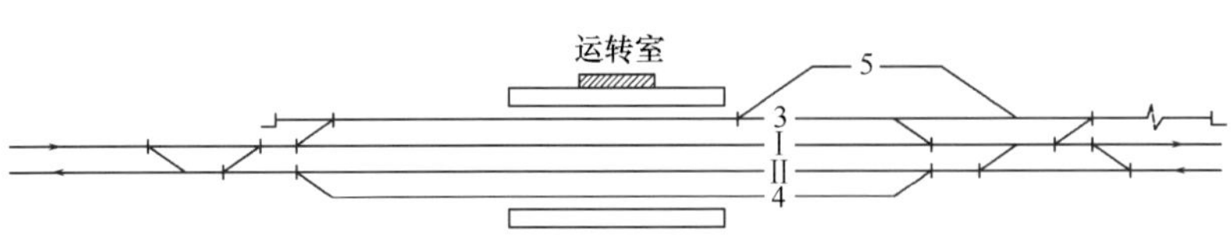

图3-69　中间站平面布置示意图

推荐采用的越行站和中间站平面布置图型基本参照现行《站规》。在越行站上，为满足到发线使用的灵活性及其他非正常行车条件下的运行调整措施要求在车站两端咽喉区的正线间设置渡线。为了减少正线出岔数量及节省工程费用，可采用单渡线，有条件时两端咽喉区预留采用“小八字”渡线的空间。

到发线数量不是以其使用效率来衡量，而是要满足各种列车在站同时产生不同作业的机遇，即一般情况下的列车会让或越行，以及在摘挂列车作业期间产生的其他列车的会让或越行等。因此到发线数量需综合分析以下主要因素：行车密度、旅客列车与货物列车的技术速度差、旅客列车对数及其中快速旅客列车所占比重、摘挂列车在站作业时间等。

（二）站线平、纵断面

200 km/h 中间站的到发线平面曲线半径可保留既有标准。

站线上由于行车速度较低，一般不超过 80 km/h，因此站线的曲线可不设缓和曲线。但有时为了节约工程量，改善运营条件，也可设置缓和曲线。

为了平衡部分离心力的侧压力，保证行车安全，减轻钢轨侧磨，防止曲线反超高，利于维修养护，并考虑列车进入曲线的平顺性和旅客的舒适性，所以规定到发线上的曲线地段和连接曲线宜设曲线超高。到发线曲线地段的外轨超高值按式（3-19）分析计算确定。

$$h = 7.6v^2/R \tag{3-19}$$

式中 h——曲线超高（mm）；

v——列车允许速度（km/h）；

R——曲线半径（m）。

到发进路上或有列车通过的道岔导曲线与岔后连接曲线形成反向曲线或同向曲线，为了减少列车振动的叠加的影响，提高旅客乘车舒适度，在道岔与岔后连接曲线间应设置必要的直线段，两曲线间的夹直线长度在现行规范基础上增加 10 m，规定为 30 m。

车站站坪宜设在平道上。困难条件下，可设在不大于 1.0‰的坡道上。

（三）站内道岔

正线与到发线的连接道岔的号码应根据道岔侧向通过速度确定。站内道岔的选型、连续对向或顺向铺设的两道岔间插入短轨长度、道岔距曲线头距离，均按照 200 km/h 旅客列车安全、快速通过车站，并适当考虑旅客列车通过车站时旅客舒适度的原则（$L \geqslant 0.3 \sim 0.6v$，$v$ 为侧向允许通过速度，km/h）要求确定。

当有旅客列车同时通过两侧线时，站内正线上两组连续对向铺设的道岔间插入短轨长度不应短于 50 m；困难条件下，不应短于 33 m。当无旅客列车同时通过两侧线或道岔顺向铺设时，道岔间插入短轨长度宜采用 25 m，困难条件下不应短于 12.5 m。

车站两端 200 km/h 等级旅客列车通过的正线道岔距曲线头长度不宜短于 70 m，困难条件下不应短于 30 m。

（四）安全措施

1. 为确保 200 km/h 等级旅客列车通过车站的运行安全，在一般情况下，禁止正线上直接衔接专用线、机车走行线及其他段管线等线路，以免这些线路上的机车、车辆影响正线畅通和安全。既有线在技改特别困难，线路已与正线直接衔接时，必须在衔接处的线路前方增设安全线或其他隔开设施或设备，防止这些线路上的机车、车辆移动时侵入正线安全行车范围，安全线的有效长不应小于 50 m，安全线与相邻线的间距不应小于 5 m。

2. 为防止中间站调车作业占用正线而影响 200 km/h 等级旅客列车通行，既有线货运作业量较大的中间站宜采用牵出线办理调车作业。

3. 与通过正线相邻的同向到发线设于 1.0‰以上的下坡道上时，为防止车辆受提速列车通过风压影响而发生溜逸或其他原因引起车辆侵入正线，应在到发线下坡方向末端设置安全线，以隔开 200 km/h 等级旅客列车通过正线与到发线间的进路。线路顺向坡度小于 1‰时仍存在车辆溜逸的可能性，但为节省投资，应采用防溜设备防止车辆溜逸。另外，运行 200 km/h 等级的线路侧向接车速度比普通线路高，为防止列车在下坡道上因制动不及时造成侵入正线，设置安全线是有效的措施之一。

（五）路基和排水

车站内正线路基基床标准应与区间正线相同。当到发线与正线处于同一路基时，到发线路基应与正线标准相同；当到发线与正线间设有纵向排水槽、站台等设施时，到发线路基可与正线路基分开设置。

为加强路基面的横向排水能力，以免路基面长期集水，到发线路基基床表层顶面、基床底层顶面及底面应设置 4%倾向两侧的排水横坡。其他站线路基面排水横坡应结合各地区年降雨量具体确定，但不宜小于 2%。

车站站台范围内纵向排水槽宜设在到发线与站台之间，也可设在到发线与到发线、到发线与正线之间，并在其间设置适宜的排水系统；横向排水槽不宜穿越正线；站、场、段内排水槽应设置盖板。

第五节　轨　　道

一、国外高速客货列车共线运行铁路的经验及其轨道结构的基本形式

（一）德国高速铁路

德国 1991 年开通运营的汉诺威—维尔茨堡和曼海姆—斯图加特的高速铁路及 1998 年开通运营的汉诺威—柏林的铁路都是采用高速客货列车混合运输模式。旅客列车采用 ICE 型动车组，最大轴重 19.5 t，最高运行速度 280 km/h，一般为 250 km/h；货运机车轴重 21 t，货车轴重 22.5 t，运行速度一般为 80～120 km/h。

我国既有线提速 200～250 km/h 的区段，也是采用客货列车共线运行模式。200 km/h 等级旅客列车采用中国制造的 CRH 型动车组，其最高运行速度 250 km/h，一般运行速度 200 km/h，轴重≤17 t；货物列车速度 80～120 km/h，轴重一般≤25 t。

因此，我国提速 200 km/h 等级区段和德国铁路在运输组织模式、客货列车速度范围及轴重数值等方面有很多相近或相似之处。特别是上述德国高速客货列车共线运行铁路采用有砟轨道结构，与我国提速线路的轨道结构形式一致，其轨道结构参数对我国 200 km/h 等级提速线路更具参考价值。

德国高速铁路的有砟轨道结构如图 3-70 所示。

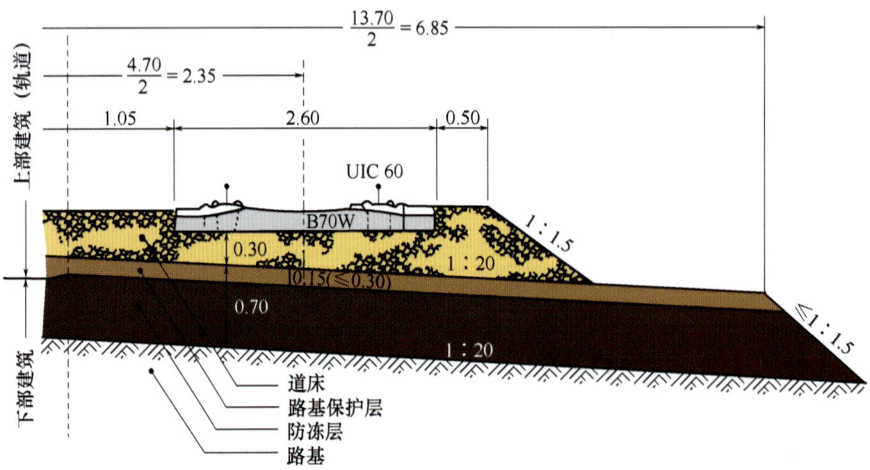

图 3-70　德国高速铁路的有砟轨道结构（单位：m）

钢轨采用 UIC60 断面钢轨，单位重量为 60.34 kg/m，其材料为最低抗拉强度为 880 N/mm^2 的 UIC900A 自然硬度轨（非淬火轨）。36 m 长定尺的钢轨在工厂用闪光对接焊焊成 180 m 长的轨条，再在工地用铝热焊焊成跨区间无缝线路。在出厂前进行超声波探伤，厂焊及工地焊的焊接接头也要进行超声波探伤。钢轨中间部分的轧制平直度要求达到 0.3 mm/3 m，焊接接头的平直度也要求达到 0.3 mm/3 m。

轨枕采用 B70 型混凝土轨枕，长度 2.6 m，重量 300 kg。轨枕间距 60 cm。按轨枕中间部分

50 cm 长不受支承考虑，其枕底在道床上的支承面积为 5 702 cm^2。由于支承面积大，从而大大降低了道床顶面上的轨枕压应力。由于轨枕的抗弯刚度大，保证了高速条件下，轨底坡和轨距的稳定性。

扣件采用普通线路上大量使用的 SKL1 型和 SKL14 型 ω 形弹性扣件，其弹条设计扣压力为 11 kN，弹程为 14 mm。轨下胶垫厚 6 mm，其静刚度为 400 kN/mm。典型的 SK14 型 ω 形弹性扣件如图 3-71 所示。

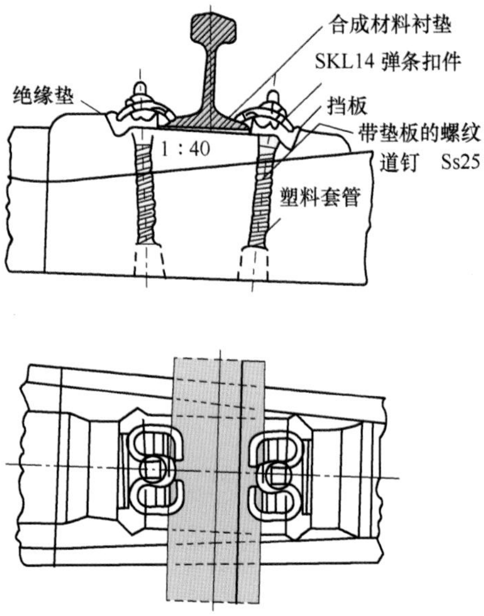

图 3-71　德国 ω 形扣件（SKL14 型弹条）

道床最小厚度 30 cm，轨距范围的枕下道床厚度 30～37 cm，道床肩宽 50 cm，边坡 1∶1.5。道砟粒径 25～65 mm，其级配曲线见图 3-72。道床材质应满足碎石道砟的供货技术条件 TL91871。

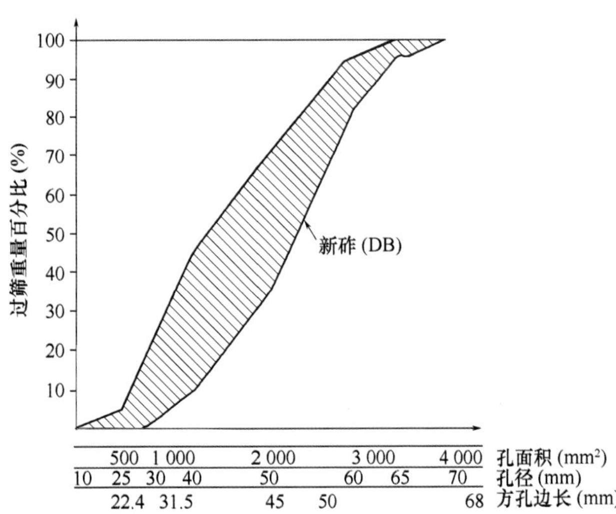

图 3-72　德国铁路碎石道砟的级配曲线

为提高有砟轨道结构的承载能力，曾分别采取过下列改善道床工作条件的措施，有效地提高了道床抗力。

1. 采用 2.6 m 或 2.8 m 长的混凝土轨枕，以扩大枕底支承面积，降低道床顶面压力，最后经研究采用 2.6 m 长轨枕。

2. 增加轨下胶垫弹性，使胶垫刚度从普通线路的 400 kN/mm 降到高速线路的 80 kN/mm，以降低轨枕作用到道床顶面的准静态荷载、冲击荷载和振动荷载。

3. 增加碎石道床厚度。从普通线路的碎石道砟厚 30 cm，增加到高速线路的 35 cm，以提高轨道的弹性，降低碎石道砟层传递到路基保护层的压应力。

4. 铺设砟下胶垫。特别是在高架结构的有砟线路及长 10 m 范围内的路桥过渡段上，在道砟下铺设减振胶垫，以减少道砟的破碎和粉化。砟下垫层的刚度为 0.10 N/mm³。

5. 在砟肩及边坡上涂喷塑胶，提高道床砟肩和边坡的稳定性。

6. 道床下为厚度 15～30 cm 的路基保护层。

车站到发线采用 EW60-1200-1：18.5 型可动心轨道岔，其直向最高允许通过速度为 280 km/h，侧向通过速度为 100 km/h，采用单圆曲线型导曲线，半径 R=1 200 m。

（二）我国既有线提速铁路

我国提速 200～250 km/h 的线路或区段的轨道结构形式如图 3-73 所示。

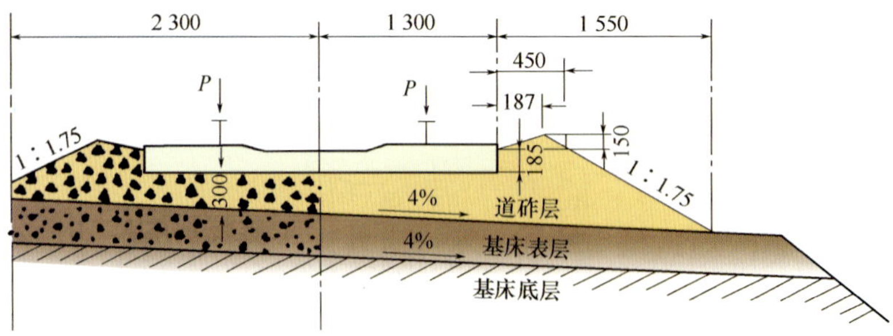

图 3-73　中国 200km/h 提速线路的有砟轨道剖面图（单位：mm）

钢轨采用 CHN60 钢轨，单位重量为 60.64 kg/m，其材料为 PD_3、$U_{71}M_n$、BNbRe 等钢种，强度≥980 MPa（N/mm^2）等级。目前由厂制 25 m、100 m 长的标准轨，经工厂焊（基地焊）和工地焊，铺成跨区间无缝线路。

轨枕采用ⅢA 型有挡肩混凝土轨枕或ⅢB 型无挡肩混凝土轨枕，长度 2.6 m，重量 320 kg，轨枕间距 60 cm，轨枕底面全支承，支承面积为 7 720 cm²。其重量和枕底支承面积均大于德国高速铁路上采用的 B70 轨枕。

ⅢA 型轨枕配弹条Ⅱ型扣件，弹条扣压力 10 kN，弹程 10 mm。轨下胶垫型号为 60-10-17，其静刚度为 55～80 kN/mm。ⅢB 型轨枕配弹条Ⅲ型扣件，弹条扣压力 11 kN，弹条弹程 13 mm，轨下胶垫型号、性能与弹条Ⅱ型扣件相同。

可见，提速 200～250 km/h 级线路上的扣件性能与德国高速铁路上经改善后的 SKL14 型 ω 弹性扣件相当。

经改造后 200 km/h 等级提速的线路道床结构应达到图 3-73 所示的标准，即：土路基的道床最小厚度为 30 cm，桥上道床厚为 35 cm，砟肩宽 45 cm、堆高 15 cm，边坡 1∶1.75，Ⅲ型枕地段道床顶面高度与轨枕中部顶面平齐，岔枕、桥枕等特殊轨枕地段，道床顶面低于轨枕承轨面 30 mm，采用一级道砟，其道砟级配如图 3-74 所示，其道砟材质，在抗磨耗、抗冲击指标方面略低于德国 TL91871 道砟供货技术条件中的指标。

经改造后提速到 250 km/h 的线路道床结构形式仍同图 3-73 所示，其相应的尺寸为：土路基上道床厚 35 cm，桥上和隧道内道床厚不小于 35 cm，并加铺砟下胶垫或采用弹性轨枕，砟肩宽度 50 cm、堆高 15 cm、边坡 1∶1.75。Ⅲ型枕地段，道床顶面高度与轨枕中部顶面高度平齐，岔枕、桥岔等特殊轨枕地段，道床顶面低于轨枕承轨面 40 mm。采用特级道砟，其道砟材质应符合《350 km/h 客运专线特级碎石道砟暂行技术条件》（铁科技［2004］120 号）的规定，其粒径级配应满足图 3-75 和表 3-58 的要求。

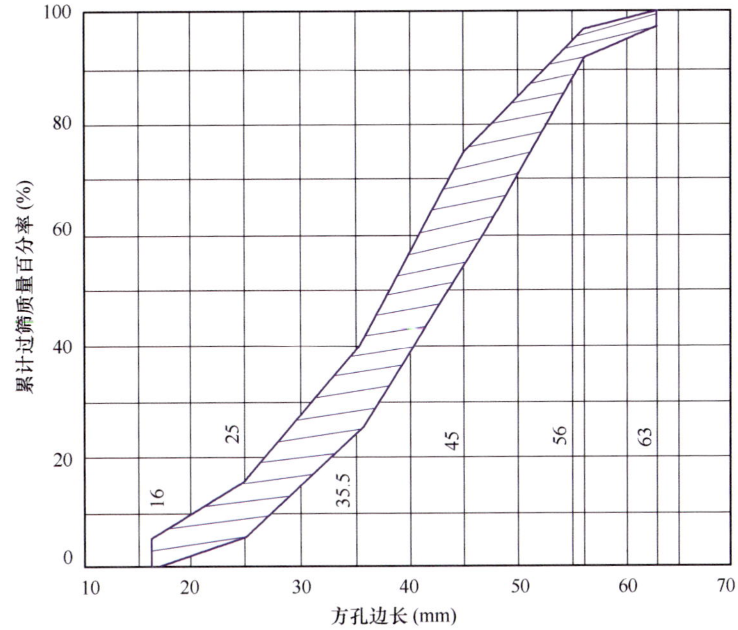

图 3-74　中国 200 km/h 线路道砟级配曲线

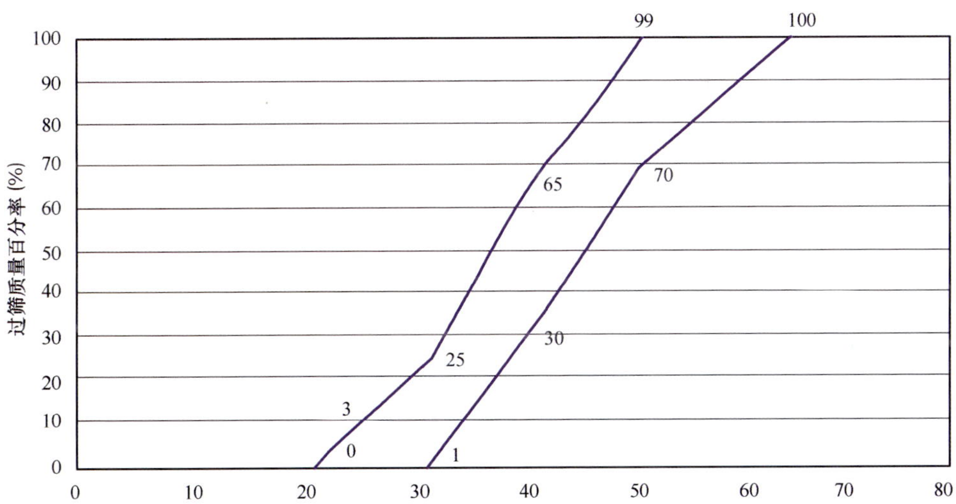

图 3-75　中国提速 250km/h 线路道砟粒径级配曲线

表 3-58　道砟粒径级配

粒　径	筛　分　机　底　筛　和　面　筛　孔　边　长					
级　配	方孔筛*孔边长(mm)	22.4	31.5	40.0	50.0	63.0
	过筛质量百分率(%)	0～3	1～25	30～65	70～99	100
颗粒分布	方孔筛*孔边长(mm)	31.5～50.0				
	颗粒质量百分率(%)	≥50.0				

注:本技术条件检验用方孔筛系指金属丝编织的标准方孔筛。

对于路基稳定，土质良好、无路基病害的地段，可暂不作基床加固处理，只要道床清洁，状态良好，暂可保留原有的双层道床结构，即：非渗水土路基道床，碎石砟厚不小于 30 cm，底砟厚不小于 20 cm；岩石、渗水路基碎石道床厚不小于 35 cm。砟肩宽应在提速前加宽到 50 cm。提速250 km/h的线路，应在岔枕、桥枕等特殊轨枕地段，将道床顶面高度降到轨枕承轨面以下 40 mm。

（三）我国既有线提速线路与德国高速铁路的比较

我国提速 200 km/h 等级线路与德国客货共线运行高速铁路的运营条件及设备标准比较见表 3-59。

表 3-59 我国提速线路与德国客货共线高速铁路运营条件及设备标准比较

参数	线路名称	
	德国 汉诺威—维尔茨堡 曼海姆—斯图加特 柏林—汉诺威	中国 200 km/h 等级提速线路
运营模式	客货混合运输	客货混合运输
客运	最高速度 280 km/h 一般 250 km/h 最大轴重 19.5 t	最高试验速度 260 km/h 一般运行速度 200 km/h 轴重≤17 t
货运	运营速度 80～120 km/h 货车轴重≤22.5 t	运营速度 80～120 km/h 货车轴重≤25 t
轨道结构	有砟轨道	有砟轨道
钢轨	UIC60-900 A 钢轨，抗拉强度 880 MPa，跨区间无缝线路	CHN60 PD_3 等钢种钢轨，抗拉强度 980 MPa，跨区间无缝线路
轨枕	B70 混凝土轨枕，重 300 kg，长 2.6 m，枕底支承面积5 702 cm^2	ⅢA 型或ⅢB 型混凝土轨枕，重 320 kg，长 2.6 m，枕底支承面积 7 720 cm^2
扣件	SKL14 型 ω 弹条扣件，扣压力 11 kN，弹程 14 mm，轨下胶垫静刚度 80 kN/mm	Ⅱ型弹条扣件，扣压力 10 kN，弹程 10 mm，或Ⅲ型弹条扣件，扣压力 11 kN，弹程 13 mm，轨下胶垫静刚度 55～80 kN/mm
道床	级配碎石、最小道床厚度 30 cm，砟肩宽 50 mm，道砟材质满足 TL91817 供货条件要求	级配碎石、提速 200 km/h 线路最小道床厚度 30 cm，砟肩宽 45 m，堆高 1.5 cm，道砟材质满足 TB 2140—1990 一级道砟要求；提速 250 km/h 线路道床厚 35 cm，砟肩宽 50 cm，堆高 15 cm，采用特级碎石道砟
运营模式	客货混合运输	客货混合运输
路基面	道床下为路基保护层，防冻层	道床下为基床表层
车站到发线道岔	UIC60 轨 18.5 号道岔，单圆曲线型导曲线，R=1200m，直向通过速度 280 km/h，侧向通过速度 100 km/h	CHN60 轨，18 号道岔，单圆曲线型导曲线，R=1 100 m，直向通过速度 250 km/h，侧向通过速度 80 km/h

由上述比较可以看出，我国 200 km/h 等级提速线路与德国客货共线运行高速铁路的运营条件及轨道设备大体相近或相似，故就轨道设备的主要部件而言，我国按 200 km/h 等级提速改造后的轨道结构能开行时速 200 km/h 等级的旅客列车和时速 80～120 km/h 的货车，这已被过去的五次大提速及第六次大提速牵引试验所证实。

但是，与德国高速客货共线铁路相比，我国提速线路的货车轴重大，德国货车轴重≤22.5 t，而我国货车轴重是≤25 t；另一个更大的差别是我国提速线路的运量大，年通过总重多达 $0.8\times10^8\sim1\times10^8$ t，而德国的几条高速客货共线运行的铁路，年通过总重仅 $3\times10^7\sim4\times10^7$ t，仅为我国提速线路的一半左右。而在客货共线运行的铁路上大轴重货车对线路的破坏占主要地位。在这种被大轴重货车急剧破坏的线路上，如何保证运行高速客车所要求的轨道平顺条件，是提速后能否保持长期正常运营的关键。

二、钢轨伸缩调节器

(一) 钢轨伸缩调节器的功能、型式及基本结构

对于桥梁上的无缝线路，由于钢轨和梁体在线路纵向锁定状态的不同，以及铺设在桥面的钢轨的轨温变化情况及其温度伸缩系数与位于轨道下部的梁体的温度变化情况及其温度伸缩系数不同，在环境温度变化时，钢轨的伸缩长度与梁体的伸缩长度就不同，钢轨和梁体之间在纵向就会有发生相对位移的趋势。由于钢轨是通过扣件、轨下基础与梁体相连，因此这种相对位移就会受到约束。这种约束的存在就会使钢轨和梁体之间产生相互作用力，约束愈强，相互作用力愈大。这种沿线路纵向相互作用的附加力，通过梁体会传到桥的墩台，增大墩台的荷载和变形；作用在钢轨内的纵向附加力，会增加轨道失稳的危险。

钢轨伸缩调节器就是在一些跨度较大的桥梁区段，安装在梁上或跨端，使钢轨断开，可以在纵向产生一定伸缩位移的装置。它的功能主要有两个：一是减小桥梁与轨道的相互作用力，改善长钢轨和桥梁墩台的受力；二是减小桥梁与轨道的相对位移，以保持轨道的稳定。《铁路桥涵设计基本规范》(TB 10002.1—1999) 第 3.3.7 条规定“对于温度跨度>100 m 的钢桥，每一温度跨度应安设一幅温度调节器”。

调节器按其结构可分为单向钢轨伸缩调节器和双向钢轨伸缩调节器。

1. 单向钢轨伸缩调节器

单向钢轨伸缩调节器由 2 根基本轨、2 根尖轨等组成。尖轨采用 AT 钢轨加工制造，在与基本轨密贴的一侧进行轨头和轨底的刨切加工，另一侧则进行跟端的辊锻加工，将尖轨锻制成 60 kg/m 钢轨标准断面。单向钢轨伸缩调节器一般铺设在大跨度钢桁梁上，主要解决单跨度桥梁的伸缩问题。

单向钢轨伸缩调节器结构如图 3-76 所示。

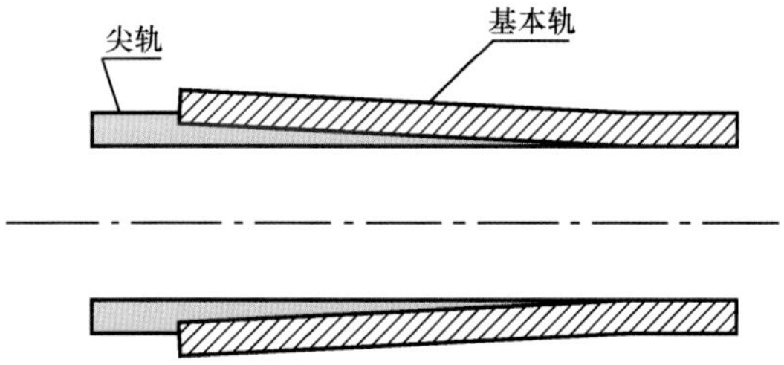

图 3-76 单向钢轨伸缩调节器结构形式

2. 双向钢轨伸缩调节器

双向钢轨伸缩调节器由 4 根基本轨、2 根尖轨等组成。尖轨采用 AT 钢轨加工制造，在尖轨的两端均进行轨头和轨底的刨切加工。双向钢轨伸缩调节器也可由两单向调节器直接联结而成。双向钢轨伸缩调节器一般可铺设在大跨度连续梁上。

双向钢轨伸缩调节器结构如图 3-77 所示。

3. 钢轨伸缩调节器由尖轨、基本轨、铁垫板、轨撑、螺栓等组成，其结构特点如下：

(1) 调节器采用基本轨伸缩，尖轨固定不动的结构形式，保证在基本轨的伸缩过程中，调节器范围轨距保持不变；

(2) 调节器基本轨的伸缩位移量较大，我国既有线采用的调节器设计伸缩量一般能达到 ±500 mm，能满足桥梁以及线路上钢轨伸缩的要求；

(3) 调节器基本轨的伸缩阻力小，其阻力不大于 50 kN；

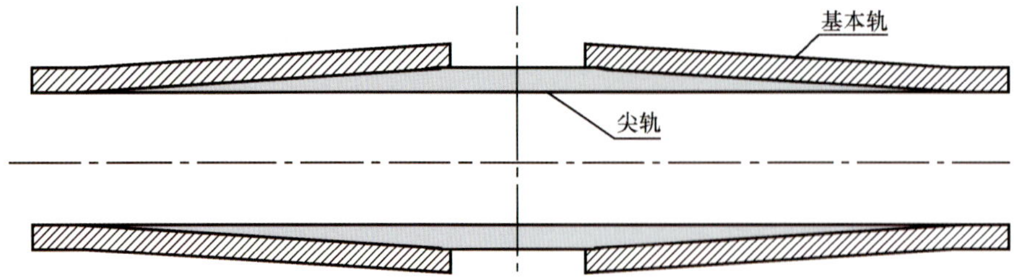

图 3-77　双向钢轨伸缩调节器结构图

（4）为满足调节器基本轨的伸缩要求，一般在调节器两端一定范围内，采用小阻力扣件或不同的扣压方式，适当降低线路的纵向阻力；

（5）尖轨与基本轨密贴段，依靠尖轨轨撑、基本轨轨撑保持尖轨、基本轨位置，轨撑式扣件结构见图 3-78。

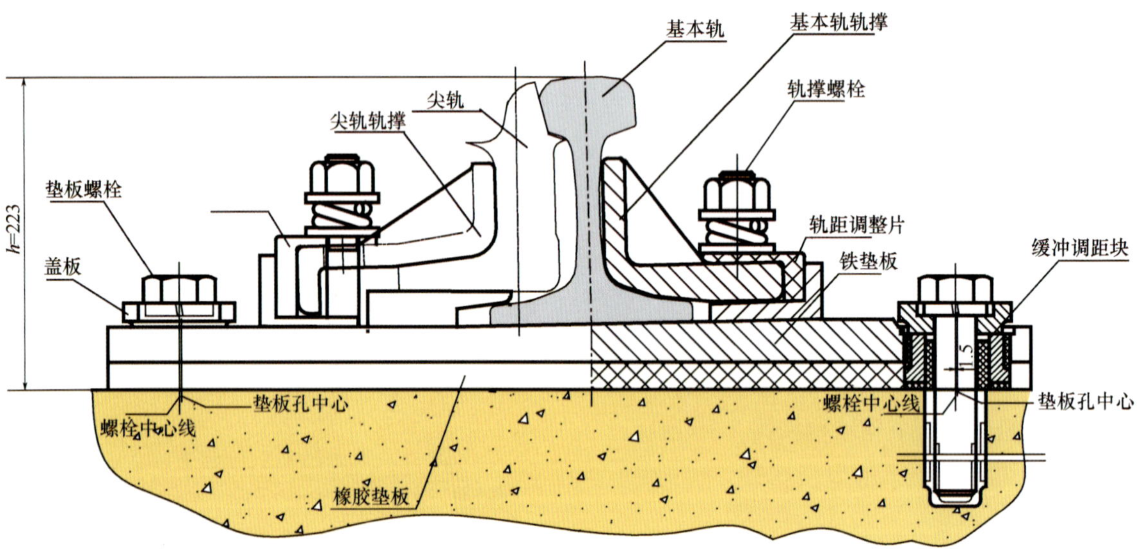

图 3-78　调节器断面结构组装示意图（单位：mm）

目前，我国在无缝线路有砟铁路桥上设置钢轨伸缩调节器，调节器两端的线路一般都采用小扣压力的扣件及配套轨枕。小扣压力扣件的特点是弹条的设计扣压力为 4 kN，弹程为 7.1 mm，轨下使用带不锈钢板的复合胶垫，钢轨调高量为 10 mm，轨距调整量－4～＋8 mm，采用轨距挡板和挡板座调整轨距，见图 3-79。

（二）影响调节器通过速度的主要因素

影响调节器通过速度的主要因素与可动心轨辙叉式道岔直向通过速度的影响因素相类似：调节器有类似于道岔转辙器的结构不平顺，车轮踏面与钢轨的接触面发生变化；因扣件型式不同，扣件系统轨道刚度的变化，导致轨道刚度沿线路纵向分布不均匀，影响列车运营的速度和舒适度；扣件联结零件的结构形式和性能，影响运营过程中调节器几何状态的稳定，也是调节器限速的因素。

1. 调节器结构不平顺

尖轨轨头经加工后断面削弱，为避免尖轨尖端一定范围内的断面因承受列车垂直荷载而压溃，影响尖轨的使用寿命，同时为保证列车逆向通过尖轨尖端时的安全，将尖轨尖端进行了藏尖处理。由于以上两方面的原因，将尖轨尖端一定范围内的轨顶垂直刨切成纵向斜坡，在尖轨尖端，尖轨低

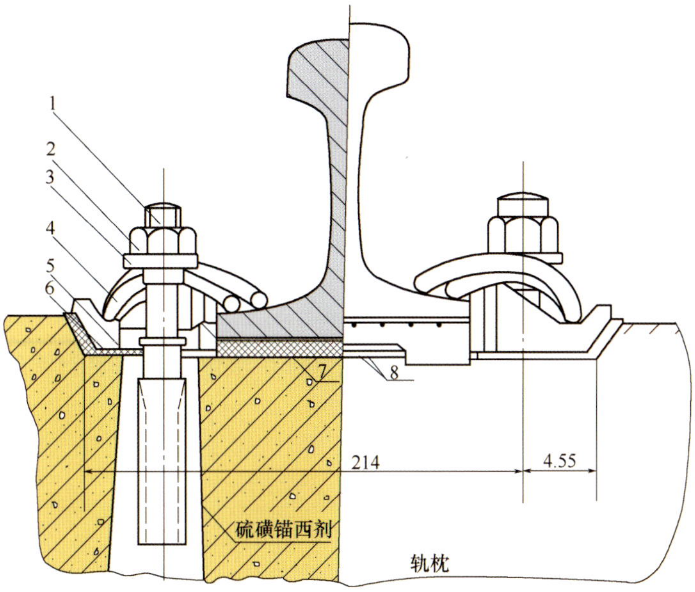

图 3-79　调节器两端线路采用的小阻力扣件（单位：mm）

1—螺旋道钉；2—螺母；3—平垫圈；4—弹条；5—轨距挡板；6—垫板座；7—橡胶垫板；8—调高垫板。

于基本轨 23 mm，在尖轨轨顶宽 50 mm 断面处，尖轨与基本轨等高。

车轮通过调节器时轮轨接触点由基本轨单独承载过渡到尖轨、基本轨共同承载，再过渡到尖轨单独承载，然后再由尖轨、基本轨共同承载过渡到基本轨单独承载，这种轮载的过渡会造成轮轨接触点的变化。轮轨接触点外移，车轮的滚动半径也会随之减小，同时车辆的重心会降低，形成类似于顺向结构的不平顺，引起列车的竖向振动和横向振动。图 3-80 和图 3-81 为列车通过调节器时的两种轮轨接触状态。

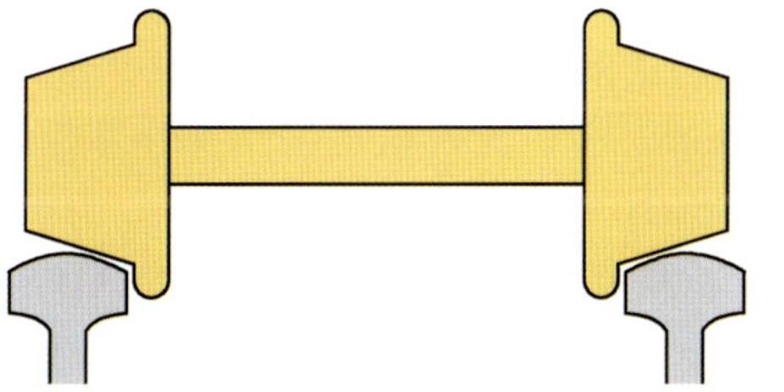

图 3-80　一点接触（基本轨或尖轨单独承载）

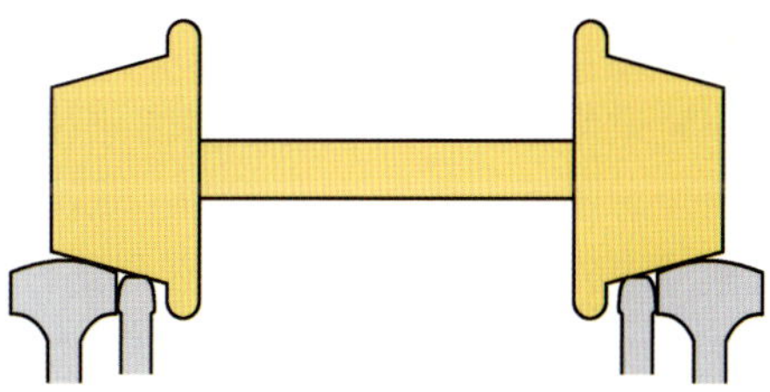

图 3-81　二点接触（基本轨、尖轨共同承载）

我国铁路规定，测量轨距的位置在轨顶以下 16 mm 处，而尖轨尖端低于基本轨 23 mm，因此从尖轨尖端至尖轨低于基本轨 16 mm 这一范围内，实测轨距均较标准轨距大。这种由于调节器的结构所造成的轨距加宽，称之为构造轨距加宽。最大构造轨距加宽值与 16 mm 位置尖轨的轨头宽度有关。在调节器设计时，应合理选择尖轨的刨切线型和轨顶刨切量，既要保证尖轨的刨切长度不能太长，又要保证构造轨距加宽梁在允许的偏差范围内。

一般可通过线型比较和动力仿真的方法确定较为合理的尖轨刨切量。

2. 伸缩调节器范围及前后轨道刚度不均匀

轨道刚度是影响轨道振动与变形，列车运行速度、安全性、平稳性以及轨道维修工作量的重要参数。调节器设计时，必须使调节器范围内轨道刚度与区间基本一致，即在相同的列车荷载作用下，调节器范围和相邻区间轨道的各种动力响应基本相同（指钢轨、轨枕、道床动压力、动位移和加速度）。

轨道整体刚度定义为当一个集中荷载作用在钢轨上，钢轨产生单位下沉所对应的集中荷载大

小。假设集中荷载为 P，荷载作用点处的钢轨下沉为 Z_{max}，则轨道整体刚度 k 为

$$k=\frac{P}{Z_{max}} \tag{3-20}$$

将轨道视为连续地基梁，当钢轨产生单位下沉时，在单位长度的基础上作用到钢轨上的反力，称为轨道模量或钢轨基础弹性系数，用 u 表示，则：

$$u=\sqrt[3]{\frac{k^4}{64EI}} \tag{3-21}$$

式中 EI——钢轨抗弯刚度。

如果将轨道视为连续弹性点支承梁，使一个支点产生单位下沉需要钢轨作用到支点上的压力，称为钢轨支点刚度，用 D 表示，则：

$$D=ua=\sqrt[3]{\frac{k^4a^3}{64EI}} \tag{3-22}$$

式中 a——轨枕间距。

轨道刚度 k 可由式（3-23）计算：

$$k=\sqrt[4]{\left(\frac{4D}{a}EI\right)^3} \tag{3-23}$$

式中 k—— 轨道刚度，kN/mm；

D—— 钢轨支点刚度，kN/mm；

a—— 轨枕间距，mm；

E—— 钢轨弹性模量，GPa；

I—— 钢轨惯性距，mm^4。

在调节器设计时，应根据相邻轨道结构和列车的运行条件，选择合理的轨道刚度变化范围，根据轨道刚度的匹配原则，合理确定调节器橡胶垫板的刚度范围。例如对于高速铁路用调节器，西班牙马德里—巴塞罗那运行速度为 350 km/h 的高速铁路线，轨道刚度 k 值为 106～128 kN/mm。法国是以有砟轨道为主的国家，轨道整体刚度为 97～105 kN/mm。德国无砟轨道采用弹性基板结构形式，区间静态刚度（钢轨用 UIC60，轨枕间距 65 cm）为 68 kN/mm。

根据国内外目前高速铁路轨道合理刚度的研究资料，调节器范围钢轨的总体下沉位移宜为 1.0～1.3 mm，则调节器范围轨道整体刚度的合理范围取 70～100 kN/mm，调节器尖轨采用 60AT 钢轨，$EI=5.332\times10^6$ N·m^2，GST 型轨枕，长度 2.6 m，轨枕间距 $a=60$ cm；道床采用特级道砟，厚 35 mm，砟肩宽 50 cm，边坡 1∶1.75；设计最高速度为 350 km/h，列车静轮载取 100 kN。轨道刚度与道床刚度比值按 1∶1 考虑，轨道的整体刚度基本控制在 80～100 kN/mm，钢轨的整体位移为 1.00～1.25 mm。

3. 优化扣件及联结零件设计

扣件及联结零件优化设计的原则是，保持尖轨与基本轨、钢轨件与板及底板之间的密贴状态，保持扣件零部件性能和状态良好，防止轨道爬行及轨枕空吊等病害发生。

（三）我国有代表性的三代钢轨伸缩调节器的主要特征及参数

1. 我国有代表性的三代钢轨伸缩调节器的主要特征及参数（列于表 3-60）

表 3-60 我国三代钢轨伸缩调节器的主要特征及参数

线别	设计速度(km/h)	试验速度(km/h)	型式	长度(m)			尖轨刨切线型	尖轨基本轨轨底坡	大铁垫板橡胶垫刚度(kN/mm)
				全长	基本轨	尖轨			
1. 石龙桥钢轨伸缩调节器	160	200	双向	24.0	10.0	10+10	复合曲线	1/40	500
2. 秦沈线钢轨伸缩调节器	200	250	双向	25.0	8.5	20	复合曲线	1/40	150～240
3. 规划京沪高速铁路钢轨伸缩调节器	300～350		双向	35.7 (主:23.2) (辅:12.5)	主:20.9 辅:10.0	20	缓和曲线+圆曲线	1/40	60～80 90～110

图 3-82 和图 3-83 分别为广深线石龙桥和秦沈线连续梁桥的钢轨伸缩调节器的全貌。

图 3-82 广深线石龙桥钢轨伸缩调节器

广深线石龙桥钢轨伸缩调节器设有护轨，而秦沈线的钢轨伸缩调节器无护轨，在调节器外侧有挡砟墙，在列车脱轨时可起到安全防护作用。

石龙桥钢轨伸缩调节器由于当时在结构及联结零件设计和加工上存在问题，在以后的使用过程中，出现过尖轨和基本轨不密贴、尖轨爬行（与列车在该区段经常制动停车有关）、尖轨和基本轨与台板和底板不密贴、轨距调整板失效、轨枕底下有暗坑等病害。

秦沈线钢轨伸缩调节器是在广深线石龙特大桥钢轨伸缩调节器的基础上，结合多年的工程实践经验设计完成的。

调节器采用尖轨固定，基本轨伸缩的方式，基本轨跟端与无缝线路长轨条焊接，能提高列车运行的平稳性。基本轨、尖轨设 1∶40 轨底坡，依靠尖轨轨撑、基本轨轨撑保持尖轨与基本轨密贴。秦沈线桥上无缝线路和调节器未设置护轨。

秦沈线调节器设计中考虑了以下几点：

(1) 采用双尖轨结构。由于单向尖轨必须在跟端进行辊锻加工，造成尖轨寿命短，养护维修工作量大等缺点。秦沈线调节器选用双向尖轨，克服了上述弊端。

(2) 双向尖轨采用 60AT 尖轨刨切加工，尖轨轨头刨切选用复合曲线，构造轨距最大加宽值为

图 3-83　秦沈线连续梁桥钢轨伸缩调节器

4 mm。尖轨的顶面纵坡考虑了列车的安全性和动力响应，尖轨尖端低于基本轨 23 mm，尖轨尖端为藏尖式，尖轨顶面宽 20 mm 时，尖轨低于基本轨 2 mm。尖轨顶面宽 50 mm 时，尖轨与基本轨等高。

(3) 尖轨垫板上采用Ⅱ型弹条扣件，轨下采用橡胶垫板，明显增加了尖轨的纵向阻力，能保证温度变化时尖轨基本不伸缩，从而保证基本轨伸缩过程中，轨距保持不变。

(4) 设计中力求保证调节器范围轨道刚度的均匀一致。钢轨支点弹性系数变化率控制在一定的变化范围内，避免了调节器范围内轨下刚度的突变，提高了列车运营的平稳性。

(5) 调节器范围采用Ⅲ-GS 型轨枕，铁垫板采用螺钉、塑料套管与轨枕联结，提高了扣件的整体绝缘性能，且提高了调节器保持轨距的能力。

针对秦沈线的运营条件和钢轨伸缩调节器的结构尺寸，设计了Ⅲ-GS 型配套轨枕。与Ⅲ型枕相比，由于截面高度的减小，Ⅲ-GS 型轨枕轨下截面的承载弯矩及抗裂弯矩均减小约 12.5%。Ⅲ-GS 型枕上设置长度为 600 mm 的铁垫板，使枕上动压力作用于轨枕表面的分布宽度较原Ⅲ型枕的分布宽度 150 mm（60 kg/m 钢轨底宽）有所增加，较不设铁垫板的Ⅲ型枕相应弯距减小约 15.7%，完全可以弥补由于截面高度减小影响的承载能力。两种轨枕类型的承载弯距和抗裂弯距的比较见表 3-61，可见，Ⅲ-GS 型枕轨下截面的承载安全储备与Ⅲ型枕相当。

表 3-61　轨下截面承载弯距和抗裂弯距的比较

枕　　型	外荷载弯距 M_1(kN·m)	承载弯距 M_2(kN·m)	M_2/M_1
Ⅲ-GS 型(设铁垫板)	14.00	16.81	1.20
Ⅲ 型(不设铁垫板)	16.61	19.24	1.16

2. 秦沈线钢轨伸缩调节器 250 km/h 提速试验

秦沈线钢轨伸缩调节器（K206+836～K206+861）于 2006 年 12 月进行了 250 km/h 的提速试验，试验测试分为动态测试和静态测试。

试验结论有以下几点：

(1) 试验列车以 250 km/h 速度通过跨兴闫公路特大桥钢轨伸缩调节器区段时，列车脱轨系数最大为 0.35，轮重减载率最大为 0.35，均在安全限值以内。

试验列车以 220～250 km/h 的速度通过调节器时，列车脱轨系数最大值与速度的关系不明显，轮重减载率有随列车速度的增加而增大的趋势。

(2) 试验列车通过调节器时，钢轨轨头横向位移实测最大值为 0.51 mm，轨头横向位移较小，钢轨动态轨距扩大量最大仅为 0.76 mm，钢轨轨头横向位移、动态轨距扩大量与列车运行速度的关系不明显，且与运营列车通过时的测试值基本相当。

(3) 试验列车通过调节器时，钢轨垂向位移实测最大值为 1.43 mm，钢轨垂向位移与列车运行速度的关系不明显，且小于运营列车通过时的测试值。

(4) 钢轨、轨枕垂向振动加速度实测最大值为 244.8 g 和 15.4 g，小于运营列车的测试值。

(5) 试验列车上的数据表明，试验列车通过调节器时，动态轨向、轨距、车体横向加速度、垂向加速度等测试波形无明显变化；各速度级下，试验列车通过调节器的平稳性指标等级有 1 次为良好，其他为优；脱轨系数小于限值；轮重减载率有 1 次超过限值，但为单峰；轮轴横向力小于限值。

(6) 在试验列车通过前后，对调节器及两端一定范围线路的轨距、水平进行了观测，从观测结果来看，调节器以及两端线路的轨距、水平均在容许范围之内。另外 2006 年 12 月 24 日，对调节器基本轨与铁垫板的间隙、尖轨尖端与基本轨的密贴进行了检查，尖轨尖端与基本轨的间隙最大为 1.5 mm。结合测量结果，建议加强调节器以及两端一定范围内线路的养护维修，尽可能降低轨道几何状态的偏差值，注意保持调节器尖轨尖端与基本轨的密贴，减小基本轨与铁垫板的间隙。

综上所述，试验列车通过调节器时，列车运行安全性指标能满足要求，调节器的动态振动测试结果与运营列车在其他区间线路的测试结果基本一致，平稳性指标有 1 次为良好外，其余为优。因此可以认为，跨兴闫桥钢轨伸缩调节器（研线 0017）能满足试验列车以 250 km/h 顺向和逆向安全行车的要求。

规划中的京沪高速铁路钢轨伸缩调节器是在参考国外高速铁路经验，为满足通过速度为 300～350 km/h 研究设计的钢轨伸缩调节器。

（四）提速 200～250 km/h 区段的钢轨伸缩调节器

在既有线提速 200～250 km/h 的区段，原则上应采用秦沈线上使用的、于 2006 年底经过 250 km/h提速试验检验过的钢轨伸缩调节器。但秦沈线钢轨伸缩调节器无护轨、有挡砟墙作防护。在某些既有线提速地段，过去采用的是低速有护轨、无挡砟墙的伸缩调节器。如果要换成秦沈线上使用的调节器，则会是既无护轨、又无挡砟墙的钢轨伸缩调节器，需重新考虑列车脱轨安全性。

1. 在提速之前，应对钢轨伸缩调节器做好下列检查和更换工作

(1) 若调节器尖轨、基本轨与无缝线路长钢轨间采用夹板联结方式，应根据调节器的使用情况，及时做好调节器的更换，且尖轨、基本轨与两端无缝线路焊接。

(2) 若双向钢轨伸缩调节器的尖轨采用两单向尖轨联结的方式，应及时更换为双向尖轨。

(3) 调节器范围轨道几何尺寸经常超出允许范围，且无法整治的，根据情况及时更换。

(4) 调节器基本轨、尖轨与铁垫板的间隙超出允许范围，且不易整治的，应分析原因，及时更换。

(5) 对于钢桁梁桥钢轨伸缩调节器，若其调节器设计速度目标值＜200 km/h，则应及时更换。

(6) 对于无砟桥上钢轨伸缩调节器，应结合调节器结构，适当改善调节器范围内的刚度匹配，若铁垫板下为平板橡胶垫板，应更换为沟槽式弹性橡胶垫板。同时应测试列车通过调节器时的动态参数，根据测试结果确定合理的通过速度。

(7) 对于有砟混凝土桥上调节器，若铁垫板下为平板橡胶垫板，应更换为弹性橡胶垫板。

2. 在提速后应注意做好观测和养护维修工作，确保轨道几何状态满足规定要求

(1) 调节器范围轨道静态几何尺寸应满足其容许偏差管理建议值，见表 3-62。

3

表 3-62 调节器范围轨道静态几何尺寸容许偏差管理建议值

项 目	作业验收 管理标准	临时补修 管理标准	说 明
高 低(mm)	2	7	用 10 m 弦测量最大矢度
轨 向(mm)	2	5	用 25 m 弦测量最大矢度
尖轨尖端轨距(mm)	+1 −1	+3 −2	
其他范围轨距(mm)	+2 −1	+5 −2	
水 平(mm)	2	7	

(2) 在养护维修中，应注意防止调节器基本轨的异常伸缩及尖轨的爬行，避免引起调节器范围轨距的变化，调节器尖轨的爬行最大不应超过 15 mm，超出此范围时应及时进行调整。

(3) 应注意保持调节器范围轨枕的间距在允许范围内，轨枕间距的允许偏差一般不应超出 ±5 mm，在养护维修中应注意加强调节器范围道床的捣固，防止轨枕的移动。轨枕间距超过允许值时，应及时进行调整。

(4) 注意调节器范围内尖轨与基本轨的密贴程度，尖轨尖端至 1 100 mm 范围内≤0.2 mm，尖轨刨切范围内的其他部位≤0.5 mm。

(5) 调整轨距前，必须测量调节器的轨向、轨距，轨距测量结果决定调整方法和调整量。调节器范围内的改道作业，应采用调整不同厚度的调整片的方法进行，调整量不足时可加垫片调整，但厚度一般不超过 2 mm，应防止出现调整片的缺失。

(6) 基本轨和尖轨出现飞边，应及时铲除打磨，防止轨头掉块剥落。

(7) 加强保养，清扫灰砂，每年定期清扫各部件及螺栓的污垢，定期涂油，保持不脏不锈。

(8) 单独更换尖轨时，应在更换前校核尖轨的几何尺寸，更换后要进行基本轨、尖轨的顺坡打磨，保证换后符合技术标准。

(9) 当调节器有下列缺陷之一时，应予更换。

① 基本轨垂直磨耗量>6 mm；

② 尖轨顶面宽<50 mm 部位的顶面高于基本轨顶面 2 mm 及以上，尖轨顶面宽≥50 mm 部位的顶面低于基本轨 2 mm 及以上；

③ 尖轨尖端轧伤长度>200 mm；

④ 轨头侧面磨耗，影响调节器范围的轨距调整，轨距偏差经常超出允许限值；

⑤ 尖轨或基本轨达到轻伤钢轨标准。

三、道 岔

道岔是轨道结构的重要组成部分，是两股或以上轨道在平面上的重合，借助于可动部件的转换引导列车走行于道岔的直股或侧股轨道。由于道岔区线路刚度急剧变化，轨下基础弹性不均匀，道岔区间线路不平顺等引起更为复杂的荷载、变形及振动，使道岔成为轨道结构的薄弱环节。

(一) 国外提速道岔

国外客货共线运行铁路多为有砟轨道，提速强化的主要措施是采用 60 kg/m（及以上）级重型钢轨，提高钢轨钢强度等级及材质，并涂油润滑，定期打磨；铺设无缝线路；加强道床断面，提高其密实度以增大轨道的承载能力。道岔保留原有号数及主要平面尺寸（减小改造工程量）。其结构则与区间轨道的轨型、轨底坡、轨下基础相适应，满足客、货运列车相应的运行条件。国外既有线主要道岔结构特征如表 3-63 所示。

表 3-63 各国既有线主要道岔结构特征

<table>
<tr><th rowspan="2">国别</th><th rowspan="2">道岔轨型</th><th rowspan="2">道岔号数</th><th rowspan="2">导曲线半径(m)</th><th rowspan="2">转辙器结构</th><th rowspan="2">辙叉及护轨</th><th rowspan="2">扣件</th><th rowspan="2">轨下基础</th><th colspan="2">容许速度(km/h)</th><th rowspan="2">备注</th></tr>
<tr><th>直向</th><th>侧向</th></tr>
<tr><td rowspan="4">德国</td><td rowspan="4">UIC60</td><td>1∶14</td><td>760</td><td rowspan="4">Zul-60 可弯式尖轨，跟端设限位器</td><td rowspan="4">可动心轨辙叉，不设护轨</td><td rowspan="4">Vossloh 窄型弹条扣件；弹性滑床板</td><td rowspan="4">木岔枕预应力混凝土岔枕</td><td rowspan="4">≥200</td><td>80</td><td rowspan="2"></td></tr>
<tr><td>1∶18.5</td><td>1200</td><td>100</td></tr>
<tr><td>1∶26.5</td><td>4 800/2 450</td><td rowspan="2">130</td><td rowspan="2">用于渡线</td></tr>
<tr><td>1∶32.5</td><td>6 000/3 700</td></tr>
<tr><td rowspan="3">法国</td><td rowspan="3">UIC60</td><td>tan0.065(1∶15.3)</td><td>820</td><td rowspan="3">60D 可弯式尖轨，跟端不设限位器或间隔铁</td><td rowspan="3">可动心轨辙叉(高锰钢铸造翼轨、60D 心轨)，两向设护轨</td><td rowspan="3">Nabla 弹性扣件</td><td rowspan="3">整体式预应力混凝土岔枕</td><td rowspan="3">≥200</td><td>80</td><td rowspan="2"></td></tr>
<tr><td>tan0.0476(1∶21)</td><td>1 540</td><td>100</td></tr>
<tr><td>tan0.034(1∶29.4)</td><td>2 998</td><td>160</td><td>用于渡线</td></tr>
<tr><td rowspan="2">日本 S1067</td><td rowspan="2">60</td><td>8</td><td>108</td><td rowspan="2">90 S 可弯式尖轨跟端设间隔铁；间隔铁夹板式跟端结构</td><td rowspan="2">可动心轨辙叉，侧向设防磨护轨；固定式辙叉两向设护轨</td><td rowspan="2">刚性扣板式可调扣件</td><td rowspan="2">木岔枕</td><td>120</td><td>25</td><td></td></tr>
<tr><td>12</td><td>245</td><td>120</td><td>35</td><td></td></tr>
<tr><td rowspan="4">前苏联 S1520</td><td rowspan="4">P65</td><td>1/9</td><td>200</td><td rowspan="4">OP65 尖轨，可弯式和间隔铁夹板式跟端结构</td><td rowspan="4">双肢可弯及回转式可动心轨辙叉，不设护轨；固定式辙叉，两向设 KP65 护轨(与走行轨联结)</td><td rowspan="4">钩头道钉；BK 型扣件</td><td rowspan="4">木岔枕预应力混凝土岔枕</td><td>120</td><td>40</td><td></td></tr>
<tr><td>1/11</td><td>300</td><td>200/160</td><td>40</td><td></td></tr>
<tr><td>1/18</td><td>1 698/960</td><td>160</td><td>80</td><td></td></tr>
<tr><td>1/22</td><td>3 308/1 440</td><td>160</td><td>120</td><td></td></tr>
</table>

(二)我国提速道岔

1. 直向通过速度 160 km/h 的道岔

我国在 20 世纪 80 年代末期的 60-9（Vz140）道岔、广深线准高速 60-12（Vz160）道岔研制试验成功的基础上，从 1996 年起研制并大量铺设 60-12 提速道岔。提速道岔与原有道岔相比较，有以下特点：

（1）道岔设计速度目标值为旅客列车 160 km/h、货物列车在轴重≤23 t 条件下为 90 km/h。

（2）道岔平面采用圆曲线型导曲线，原则上保留道岔中心、辙叉理论交点不变，尖轨尖端及道岔全长作局部调整。

（3）道岔结构沿用双尖轨式转辙器，辙叉则有固定型和带可动心轨型两种（道岔全长不同，转辙器部分通用）。

（4）有预应力混凝土枕和木岔枕两类，间距均为 600 mm（道岔全长为 600 mm 的整倍数）。

（5）侧向采用切线型尖轨，尖轨长度加大至 13.88 m，跟端设限位器，以期降低无缝道岔的钢轨温度力。

（6）采用弹性分开式扣件（Ⅱ型或Ⅲ型弹条），将原有螺栓硫磺锚固的铁垫板与混凝土岔枕联结的方式改为在岔枕中预埋尼龙套管螺栓的方式。

（7）道岔区直侧向轨距均为 1 435 mm。

（8）道岔两尖轨互不联结，转换采用分动外锁闭装置，尖轨和心轨各设两个牵引点。

（9）道岔牵引点部位采用钢岔枕，将转换杆件和外锁闭机构设在钢岔枕内，为道床捣固留出空间。

（10）可动心轨尖端附近锻压转换凸缘，妥善解决了接头铁穿翼轨轨腰引起的翼轨削弱和因心轨爬行引起的转换卡阻问题。

（11）道岔带 1∶40 轨底坡（轨顶坡），与区间线路一致。

第一代提速道岔的推广应用为第一次和第二次全路提速提供了良好的线路连接设备，强化了道岔这个轨道结构薄弱环节。

2. 直向通过速度 200 km/h 的道岔

总结第一代提速道岔的运营经验及动态测试结果，1998 年起对 60-12 提速道岔进行了修改，并明确：60-12 提速道岔分三种形式，即：

（1）Ⅰ型——带可动心轨辙叉、混凝土岔枕，设 1∶40 轨底坡，尖轨分动转换，设外锁闭装置，适用于旅客列车运行速度≥160 km/h，但运行速度<200 km/h 的线路区段。

（2）Ⅱ型——带固定型辙叉，混凝土岔枕或木岔枕，设 1：40 轨底坡，尖轨分动转换，设外锁闭装置，适用于旅客列车运行速度>120 km/h 但运行速度≤160 km/h 的线路区段。

（3）Ⅲ型——带固定型辙叉，混凝土岔枕或木岔枕，不设轨底坡，适用于列车运行速度≤120 km/h 的线路区段，尖轨联动转换，内锁闭。

取消钢岔枕，转换设备的外锁闭装置及杆件均设于岔枕盒内。

尖轨改导向道岔侧股的切线型为半切线型，长度从 13.88 m 改小至 12.40 m。

可动心轨辙叉的翼轨局部采用 60AT 锻制成特种断面，强化其结构，并与标准轨焊接。

推广运营表明，改进的提速道岔克服了第一代的不足，从而为后续的几次提速提供了更为成熟的设备。运营部门根据线路提速要求分别选用相应的Ⅰ、Ⅱ或Ⅲ型提速道岔。60-12 提速道岔在使用当中也出现了一些新问题，例如转换杆件及外锁闭装置占据岔枕盒，无法捣固。

在 60-12 提速道岔的基础上，按相应结构原则，研制了 60-18 及 60-30 道岔，分别适用于要求道岔侧向最高通过速度为 80 km/h 及 140 km/h 的线路。其中 60-18 道岔侧线线型为 *R*860 m 的圆曲线，60-30 道岔为 *R*2 700 m 的圆曲线；均采用多机多点牵引、分动外锁、可动心轨辙叉、侧向设防磨护轨的方案。两种道岔的直向通过速度均为 160 km/h。

3. 直向通过速度 200 km/h 道岔的改进

直向通过速度 200 km/h 道岔（60-12 道岔）是在原有Ⅰ型提速道岔的基础上，从平面到结构进行了一些调整和改进，其中 SC325《60 kg/m 钢轨 12 号Ⅰ型（直向 200 km/h）道岔》有以下特点：

（1）改用 *R*500 m/350 m 复曲线半切线型尖轨，公切点在支距 75 mm 处。尖轨宽 20 mm 断面前为半切线型，并在宽 2.3 mm 前作斜切（长 200 mm），直线段冲击角 30′43.87″，从而既减小了逆向进入道岔侧线的车轮导向力，提高旅行舒适度，又可改善顺向从侧线出岔的运行条件，有利于提高尖轨的抗磨耗寿命。

（2）道岔不设钢岔枕，采用加大断面的混凝土岔枕，间距 600 mm（牵引点处 650 mm，在相邻两枕盒内各减小 25 mm），均垂直于道岔直股布置。

（3）道岔区钢轨接头全部焊接，绝缘接头采用胶接。

（4）调整弹性垫层刚度，提高道岔区刚度的连续性。不同部位的结构不同，依据刚度匹配原则，选用不同的轨下和板下橡胶垫层，如基本轨下橡胶垫板采用单面沟槽。

（5）调整尖轨纵坡降低值起点至 71 mm 断面，减小纵坡变化率；调整心轨降低值，在心轨 20 mm 及 50 mm 断面分别下降 1 mm，改善其受力条件。

（6）尖轨设 3 个牵引点以减小其不足位移，也有设两个牵引点另加密贴检查器的方案。

（7）改进滑床垫板、护轨垫板结构，实现转辙器和辙叉部分的轨距调整（包括向内调整），量值达＋8、－6 mm。

（8）转辙器部分在牵引点两侧的基本轨外侧及可动心轨密贴段增设弹性可调轨撑，提高其抵抗侧向力的能力，并保持弹性连续。

(9) 翼轨跟端采用长度为 810 mm 的间隔铁，通过高强度螺栓联结满足温度力 1 000 kN 的传力要求，适应跨区间无缝线路的需要。

(10) 牵引点处岔枕下设联结板，引成框架结构，减小爬行卡阻。并为该部位岔枕两侧道砟捣固及其状态保持提供一定的可能性。

(11) 在尖轨跟端固定段内侧及一些特殊部位从原有刚性扣压改为Ⅲ型弹条弹性扣压。

(12) 增强限位器结构，从减小其变形、提高传递温度力能力出发，根据试验结果，限位器子块底块厚度从 25 m 增加到 35 m。

(13) 增加防跳限位结构；密贴尖轨通过尖轨与基本轨下腭配合及外锁闭装置实现防跳，斥离尖轨则在牵引点附近设防跳限位滑床板（每根尖轨两处）。长心轨尖端附近锻压防跳台，与之相对的翼轨下腭增加配合台面；心轨第 2 牵引点前设防跳顶铁。

(14) 采用左、右翼轨不对称结构，目的是方便辙叉的组装调试。

(15) 加长护轨尺寸，缓冲段冲击角由 50′02″减小到 38′01″。

截至 2006 年 9 月全路已铺设 997 组，与此同时，中铁宝桥研制了适应直向运行 200 km/h 的 60-12 提速道岔（CZ2516）。

CZ2516 道岔的特点也是侧线采用半切线复曲线线型，但分别为 R330 m 及 R350 m，目的也是加厚尖轨尖端断面，以提高抗磨耗性能。

第六次大提速实施后，线路最高运行速度 200 km/h 区段，位于整线道岔，均采用 S325 及 CZ2516 道岔。

4. 经运营实践中发现以下问题尚需进一步改进

(1) 心轨转换凸缘对工、电结构有以下影响：

①形成心轨结构强度的“控制截面”，该截面左右两侧惯性矩差别较大，且过渡距离短，有明显的应力集中区。因此，该截面对轮载、材料缺陷、工艺缺陷及养护状态的敏感性较高。

②转换设备的锁钩通过转换凸缘实现心轨转换，由于转换力作用点离轨头 4 mm，检查点较远，有时心轨会发生偏斜，构成行车安全隐患。

(2) 道岔传力部件不完全适应无缝道岔的轨温变化，不能对尖轨、可动心轨的伸缩位移实施有效控制，紧固螺栓受剪力偏大。此外，锁闭机构卡阻也时有发生。

(3) 扣件系统中，垫板与岔枕联结的紧固结构失效率较高。

(4) 为满足货物列车轴重 25 t、120 km/h 的运行条件，道岔结构（特别是垫板结构）有必要加强。

尚未开展对速度＞200 km/h 列车运行平顺性和旅客舒适性有重要影响的岔区刚度优化及刚度均匀化的研究。

(三) 直向通过速度 250 km/h 的道岔

随着运行速度的进一步提高，道岔区轨道线路刚度、基础弹性及不平顺方面的矛盾日益突出。因此新一代道岔结构设计主要围绕解决以上问题进行。

1. 国外高速铁路道岔系列

国外高速铁路以法国、德国及日本为代表，法德除在本国使用的道岔外，还向海外出口。

(1) 法国

法国高速铁路应用及向外出口的道岔系列参见表 3-64。所列的 15.3 号用于特殊情况下（如处理故障车）进站停车，正线与到发线连接用 21 号或 26 号，46 号用于区间渡线，65 号用于高速线间或其与干线的联络线。

表 3-64 法国高速铁路道岔系列

道岔号数（60 kg/m 钢轨）	导曲线半径（m）	侧向容许速度（km/h）	欠超高（mm）	欠超高时变率（mm/s）
15.3	820	80	92.0	
21	1 540	100	76.6	
26	2 500	130	79.8	
46	3 000(3 550)～∞	160(170)	100.7(96.0)	33(39)
65	6 720(7 350)～∞	220(230)	85.0(84.9)	30(35)

（2）德国

德国高速铁路用于进站停车和出站的道岔为 14 号和 18.5 号，渡线用 26.5 号及 32.5 号，42 号用于高速线间连接，表 3-65 是德国高速铁路用道岔系列。

表 3-65 德国高速铁路道岔系列

道岔号数	导曲线半径(m)	侧向容许速度(km/h)	欠超高(mm)
14	760	80	99.0
18.5	1 200	100	98.0
26.5	4 800＋2 450～∞	130	81.4
32.5	6 000＋3 700	160	81.6
42	7 000＋6 000	200	78.7
39.11	10 000～4 000～∞	160	75.5
50	17 000～7 300～∞	220	78.3

德国早期高速道岔的线型采用复合圆曲线，后来发展缓和曲线＋圆曲线＋缓和曲线线型，他们认为应使未被平衡的离心加速度≤0.5 m/s^2，相当于欠超高 76 mm，较法国道岔小；加速度的增量应≤0.4 m/s^3。由于德国将道岔分为三段曲线，所以要求每段的列车运行时间≥1 s。

根据最新研究成果，德国新设计了侧向容许速度为 160 km/h 和 220 km/h 的道岔，采用抛物线＋圆曲线＋抛物线的线型。为缩短道岔长度，每段曲线长度均较短，欠超高时变率分别高达 60.8 mm/s和 67 mm/s（后者的离心加速度增量为 0.438 m/s^3，已超过规定的 0.4 m/s^3），未被平衡的离心加速度为 0.5 m/s^2。向中国台湾出售的 32.5 号道岔侧向速度为 160 km/h，采用 R10 000～4 000 的螺旋线＋圆曲线线型，欠超高为 75.5 mm。向西班牙出售的 50 号道岔侧向容许速度为 220 km/h，采用 R17 000～7 300～7 300～∞的螺旋线＋圆曲线＋螺旋线线型，欠超高及其时变率为分别为 78.2 和 62.73 mm/s（离心加速度增量 0.41 m/s^3）。

（3）日本

日本高速铁路进站停车和出站道岔主要用 18 号，38 号用于高速线出岔，14 号为对称道岔，用于到发线间的连接，16 号用于段线，12 号用于站线，具体参数见表 3-66。

表 3-66 日本高速铁路道岔系列

道岔号数	导曲线半径(m)	侧向容许速度(km/h)	欠超高(mm)
12	516	55	69.0
14	1 366	80	55.3
16	861	75	77.0
18	1 106	70(80)	52.3(68.3)
30	3 050	160	99.0
38	8 400＋4 200＋8 400	160	72.0

从对国外高速铁路道岔系列分析可见，对通过道岔侧线的旅客乘坐舒适度的控制上升为第一位，因此多控制圆曲线的欠超高；在侧向允许通过速度较高的大号码道岔中，由于导程长，为设置缓和曲线提供了可能性，明显的趋势是通过速度＞160 km/h 的道岔侧线采用三次抛物线，并控制其欠超高时变率。

国外高速铁路用道岔侧向容许通过速度等级可归纳为：80（100）、130（140）、160（170）、200、220（230）km/h，视不同地点根据运输需要选用。通常 80（100）km/h 的道岔用于高速列车进入到发线停车及从到发线出发，160（170）km/h 的道岔用于渡线，200 km/h 及以上的道岔铺设于高速线与其他线连接的联络线。

2. 道岔平面及线型

（1）道岔平面设计参数

在秦沈线 18 号及 38 号道岔动态测试及运营实践的基础上，参考国外大号码道岔设计参数的选值，确定我国 250 km/h 及以上道岔采用以下标准：

①未被平衡离心加速度 $\alpha \leqslant 0.5\ m/s^2$；

②未被平衡离心加速度的时变率 $\psi \leqslant 0.4\ m/s^3$；

③夹直线长度 $l \geqslant 0.4mv$，车站到发线道岔及渡线道岔间的夹直线长度不应小于 20 m，采用两支反向缓和曲线的起点可直接连接。

（2）道岔平面设计

我国 18 号道岔有两种，导曲线半径分别为 800 m 的提速道岔和 1 100 m 的秦沈线道岔，两种道岔的欠超高分别为 94.4 mm 和 69 mm，根据与国外高速铁路同类道岔的对比，以及秦沈线 18 号道岔的试验结论，保留导曲线半径为 1 100 m。

但在尖轨尖端附近，为改善机车车辆逆向进岔和顺向出岔的运行条件，R1 100 m 导曲线起点与基本轨应相离 12 mm，并在 25 mm 断面处斜切连接的线型。在该点的冲击角 $\beta = 0.386\ 162\ 833° = 23'10.19''$减小到 $0.278\ 465\ 717° = 16'42.48''$。

两种线型道岔平面设计主要数据计算结果参见表 3-67，18 号道岔线间距 4.6 m 渡线平面主要尺寸及动力性能参见图 3-84。

表 3-67　18 号道岔两种线型的参数对比

线　型		圆曲线	切线＋圆曲线	备　注
号　数 N		18	18	
导曲线半径 R(m)		1 100	1 100	
夹直线长度 l(m)		21.864	21.432	适合于线间距为 4.6 m
道岔前长 a(m)		31.729	31.748	
道岔后长 b(m)		37.271	37.252	
道岔全长 L(m)		69.000	69.000	
尖轨长(m)		22.010	22.011	辙跟跟距以不小于 240 mm 计
尖轨刨切段长(m)		11.114	10.844	
车体横向振动加速度(m/s^2)		0.45	0.45	导曲线部分静态计算结果
		0.88(逆向)	0.59(逆向)	侧线动力响应仿真计算最大值（发生在尖轨范围内）
		0.20(顺向)	0.10(顺向)	
尖轨冲击角		23′10.19″	16′42.48″	适合于轮轨游间 25 mm

确定 18 号道岔导曲线采用 R1 100 m 圆曲线，圆曲线起点与基本轨相离 12 mm，在尖轨26.8 mm 断面斜切连接。

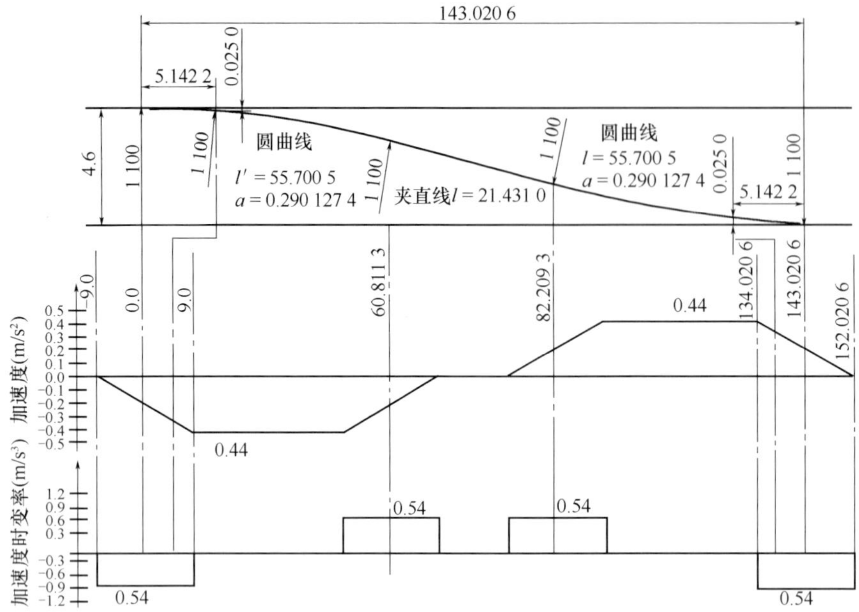

图 3-84　18 号道岔的渡线平面主要尺寸及动力性能（单位：m）

3. 道岔结构设计

（1）设计原则

满足《客运专线道岔暂行技术条件》及相关规程、规范的要求。无缝道岔的轨温适应范围为允许温升 45 ℃，允许降温 55 ℃。轨下基础分为有砟道床和无砟道床。道岔扣件分为有螺栓扣件和无螺栓扣件。

（2）钢轨件

基本轨、导轨、岔跟轨用中国 60 kg/m 钢轨制造。尖轨、心轨用 60D40 钢轨（见图 3-85）制造，护轨采用 33 kg/m 护轨用槽形钢（TB/T 3110—2005）制造，侧面工作边作淬火处理。尖轨、心轨可动部分用整根钢轨制造，不焊接。各钢轨件材质与区间线路钢轨相同。

（3）尖轨跟端结构

①尖轨跟端过渡段和成型段长度

尖轨采用 60D40 钢轨制造，跟端需锻压成中国标准 60 kg/m 钢轨断面。成型段的长度为 450 mm，过渡段长度采用 150 mm。

②尖轨跟端的弹性扣压

目前道岔采用两种扣件形式，滑床板部分（含尖轨跟端的基本轨内侧）采用施维格弹性夹扣压，尖轨两侧采用普通弹条扣件扣压，尖轨跟端的轨底可作少量刨切。

③尖轨跟端加工的设计

尖轨跟端加工成型段的断面尺寸及公差，应与运行 250 km/h 等级线路的 60 kg/m 钢轨相同，但需扭转成 1∶40 的轨底坡。

④尖轨跟端的传力结构

本道岔均适用于跨区间无缝线路，道岔钢轨与线路钢轨焊接。无缝道岔尖轨跟端可以采用限位器、间隔铁或只用扣件固定。

（4）滑床板的弹性扣压

客运专线道岔基本轨轨底与 AT 轨轨底的高差达 36 mm，采用施维格公司的道岔滑床板和扣压系统，弹性夹扣压基本轨，安装和拆卸均较为方便。

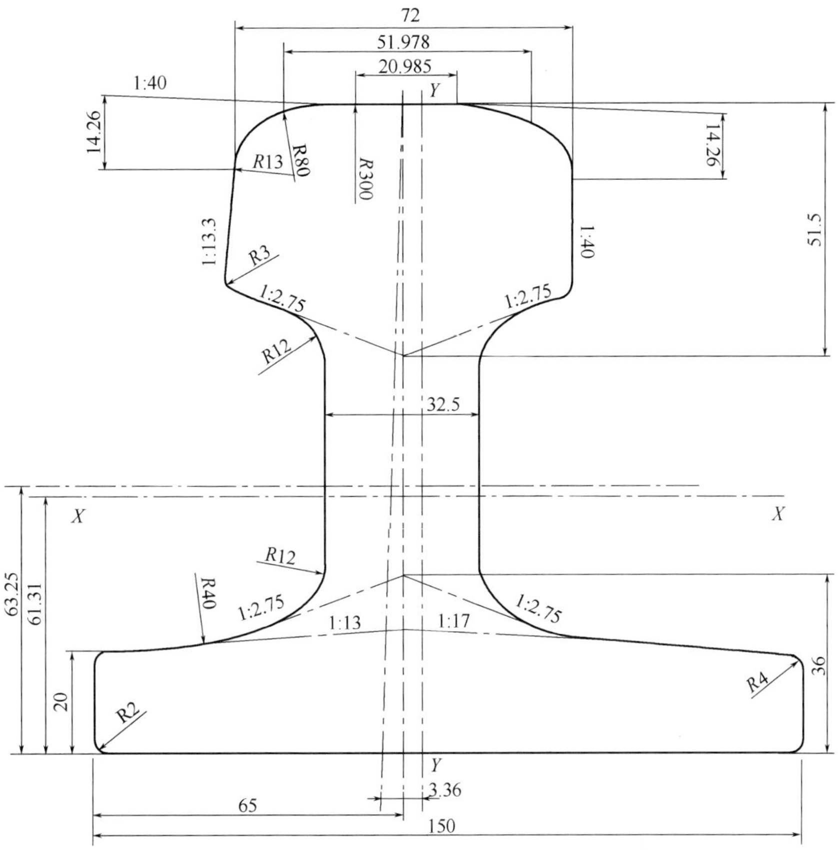

图 3-85　60D40 钢轨截面（单位：mm）

（5）滑床台减磨方案

国外高速铁路道岔分别采用滑床板（铸造）台面涂油、滑床台面镀厚 0.3 mm 的镍铬镀层方式及镍铬镀层与辊轮配合使用等方式进行减磨。

（6）翼轨方案

由于目前的特种断面翼轨与心轨的空间有限，造成翼轨、心轨和电务锁沟间的相对关系较为紧张，最后确定采用如下的方案（图 3-86 与图 3-87）。

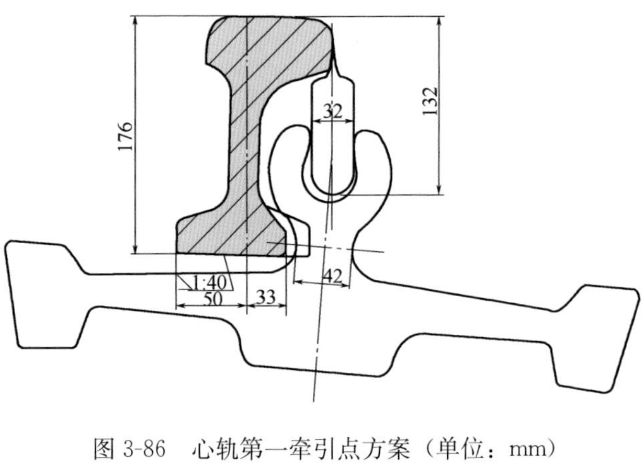

图 3-86　心轨第一牵引点方案（单位：mm）

本方案的优点是翼轨、心轨强度削弱稍小，各方面比较均衡，但计算的电务锁沟应力稍大。

决定采用目前的特种断面翼轨进行机加工。

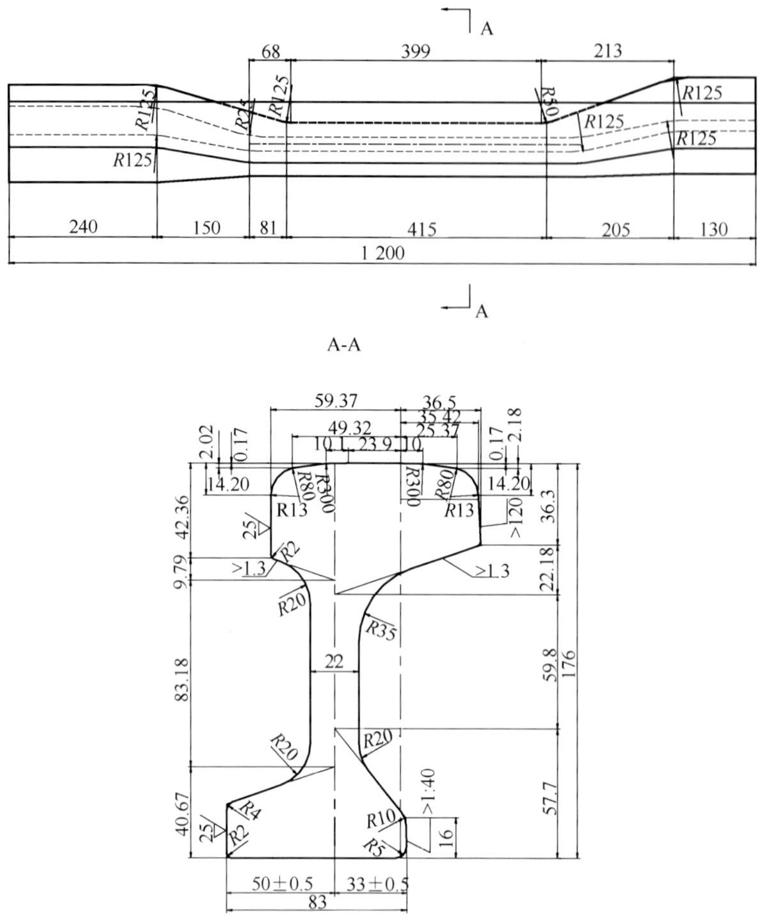

图 3-87　翼轨设计图（单位：mm）

（7）心轨结构

①心轨结构主要有两种方案，一种为采用 AT 钢轨组合而成，另一种为在心轨尖端锻压成整体，其后与普通钢轨焊接。

为确保道岔的可靠性，采用 60D40 AT 钢轨组合结构。

根据目前的工电结合部方案，心轨前端不再轧制转换凸缘，结构示意见图 3-88。

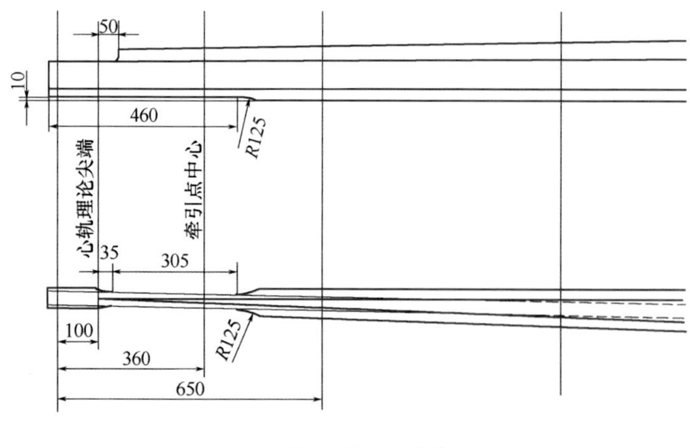

图 3-88　心轨设计图（单位：mm）

②心轨的跳动，除影响列车运行的平稳外，对道岔的影响也较大，因此应严格控制心轨的跳

动，国内采用以下三种防跳措施：

a. 增加心轨前端的宽度，使心轨藏入基本轨内侧；

b. 在翼轨轨腰上设计防跳卡铁；

c. 用顶铁防跳。

③为减小心轨的不足位移，拟采用如下的措施：

a. 尽量缩短心轨可动部分的长度；

b. 将最后一个牵引点后移；

c. 滑床台板采取减磨措施；

d. 加强长短心轨的连接，提高心轨的刚度；

e. 减小短心轨后端的顶弯支距，保证在开通直股时，短心轨不受力；

f. 在弹性可弯中心处，刨切长心轨的轨底，降低横向刚度。

（8）铁垫板

提速道岔和秦沈线道岔的使用证明，在一般部位，目前采用的焊接垫板可以满足使用要求，因此客运专线道岔也可以采用焊接垫板，钢轨中心线处的厚度为 27 mm，宽度 180 mm。

铁垫板的设计结合扣件系统的设计进行，为增加垫板的整体性，通用平垫板采用铸造的整体硫化垫板，其他垫板由于规格较多，长度也较大，仍采用焊接垫板。如果制造周期允许，也将采用硫化垫板。

对于滑床板、护轨垫板和翼轨密贴段部位的垫板，滑床台容易脱焊或垫板断裂，扣压翼轨的耳铁也容易脱焊，因此对这两处的垫板，将进行整体铸造的研究。

（9）翼轨跟端结构

由于客运专线道岔均用于跨区间无缝线路，因此应采用长翼轨，以传递无缝线路的纵向力。

（10）护轨及护轨垫板

客运专线 18 号道岔中设置了防磨性护轨。

18 号道岔护轨设置在可动心轨辙叉咽喉处，两端设置缓冲及开口段，因为护轨的位置已进入导曲线内，故其平直段线形设计为曲线形的护轨。

护轨缓冲段冲击角 $\beta_c = \arccos(1-\delta_1/R_w) = 0.4945°$

平直段长度＝1 800 mm

缓冲段长度≥（65－42）/$\tan\beta_c$＝2 664.69＝2 700 mm（圆整）

开口段长度＝150 mm

（11）道岔扣件系统

①设计原则

a. 有砟与无砟轨道上道岔区扣件系统的可互换性、通用性；

b. 货混运与客运专线系统的通用性；

c. 道岔区不同区段结构具有统一性。

②技术关键

a. 道岔区刚度的合理匹配；

b. 铁垫板与混凝土基础的可靠联结；

c. 调距方式的优化；

d. 道岔区整体铁垫板结构。

③设计参数

a. 扣压件扣压力：不小于 10 kN；

b. 防爬阻力：＞10 kN；

c. 疲劳性能：参考 EN 标准，横向水平荷载为 40 kN；

d. 绝缘性能：100 MΩ；

e. 高低调整量：无砟30 mm，有砟10 mm；

f. 轨距调整量：−8～+4 mm，调整级别1 mm；

g. 预埋件抗拔力：>100 kN；

h. 轨底坡：1∶40；

i. 系统刚度：节点刚度50 kN/mm，其他地段轨道刚度均匀化设置。

④结构特征

a. 带铁垫板弹性分开式结构；

b. 挡肩与钢轨轨底间设轨距块可用于调整和保持轨距；

c. 钢轨与铁垫板间设轨下胶垫，主要起缓冲作用；

d. 铁垫板与混凝土岔枕间设弹性垫层以发挥系统弹性作用；

e. 铁垫板与混凝土岔枕采用螺栓与预埋套管配合紧固方式联结；

f. 铁垫板与螺栓间设置复合定位套，用以缓冲铁垫板对螺栓的横向冲击，同时使得螺栓紧固时对铁垫板不产生较大的压力，有利于充分发挥铁垫板下弹性垫层的弹性；

g. 复合定位套与螺栓间设缓冲调距块，既缓冲铁垫板对螺栓的横向冲击又可调整铁垫板的位置进而调整轨距；

h. 垫板螺栓通过盖板扣压铁垫板，盖板上附有弹性较好的橡胶垫圈，既不对铁垫板产生较大压力也可防止垫板倾翻；

i. 一般地段轨距调整无需备件，调整级别为1 mm，可实现精细调整。

⑤岔区刚度均匀化

根据轨道整体刚度均匀一致的原则确定道岔区各部位刚度。

刚度匹配措施为：上硬下软。

a. 轨下设5 mm缓冲垫层；

b. 铁垫板下设弹性垫层。

⑥技术创新点

a. 根据轨道整体刚度均匀一致的原则确定道岔区各部位扣件系统刚度，使道岔区刚度均匀；

b. 采用分块式结构实现铁垫板下弹性垫板弹性；

c. 研发成功硫化一体的弹性铁垫板，首次在国内道岔区采用，达到国际先进技术水平；

d. 妥善解决了铁垫板与基础的可靠联结，通过附有橡胶垫圈的盖板和复合定位套配合紧固铁垫板，不影响铁垫板下弹性垫板的弹性发挥；

e. 设置缓冲调距块调整铁垫板位置进而调整轨距，解决了道岔区各部位轨距调整的难题。

（12）有砟轨道岔枕

①结构承载能力

a. 正弯矩：23.6 kN·m；

b. 负弯矩：17.7 kN·m。

②岔枕布置

a. 适用条件：线间距为4.6 m和5.0 m，正线与到发线连接；

b. 长度：2.30～4.72 m，进级100 mm、150 mm。

（四）道岔组装

200 km/h及250 km/h道岔出厂前须逐组组装，按表3-68进行检查验收。

表 3-68　道岔厂内铺设检验基本项点表

序号	项　目		允许偏差(mm)	项目分类[a]
1	道岔平面度		水平≤3,不应有反超高,用 10 m 弦量高低≤2	C
2	道岔方向		目测成直线,用 10 m 弦量≤2.0	C
3	道岔前后轨缝相错量		≤2.0	B
4	两尖轨相错量		≤2.0	B
5	道岔始端轨距		±1.0	B
6	尖轨尖端轨距		±1.0	A
7	直股尖轨竖切点基本轨内侧距		±1.0	A
8	尖轨牵引点动程	定位	±3.0	B
		反位	±3.0	B
9	尖轨牵引点处开口值		±3.0	A
10	辙叉咽喉处开口值		+2.0 −1.0	A
11	直股尖轨与侧股基本轨密贴	第 1 牵引点前	≤0.2	A
		其余部分	<1.0	A
12	侧股尖轨与直股基本轨密贴	第 1 牵引点前	≤0.2	A
		其余部分	<1.0	A
13	直线型尖轨工作边直线度		0.3/1 m,≤1.0/全长	B
14	曲线型尖轨正矢		<1.0	B
15	直股尖轨与侧股基本轨顶铁缝隙		<1.0	C
16	侧股尖轨与直股基本轨顶铁缝隙		<1.0	C
17	尖轨轨底与滑床台缝隙	牵引点前后各 1 块	<0.5	A
		其余部分	<1.0,缝隙≥0.5 的不应连续出现 2 块以上	B
18	尖轨限位器两侧缝隙		<1.0	C
19	直股尖轨跟距及弹性可弯尖轨起始固定位置支距		±1.0	B
20	侧股尖轨跟距及弹性可弯尖轨起始固定位置支距		±1.0	B
21	尖轨跟端轨距		±1.0	B
22	尖轨中部轨距		±1.0	B
23	可动心轨辙叉翼轨趾端开口距		±2.0	C
24	可动心轨辙叉心轨(叉跟轨)跟端开口距		±2.0	C
25	可动心轨实际尖端至直股翼轨前端距离		+4.0 0	B
26	可动心轨实际尖端至咽喉的距离		+4.0 0	A
27	可动心轨辙叉咽喉宽度		±1.0	B
28	可动心轨尖端至第一牵引点处与翼轨的缝隙	直　股	<0.2	A
		侧　股	<0.2	A
29	可动心轨与翼轨密贴部分(尖端至第一牵引点处除外)的缝隙	直　股	<1.0	B
		侧　股	<1.0	B
30	可动心轨长、短心轨轨头贴合部分的缝隙		<0.5	A

续上表

序号	项目		允许偏差(mm)	项目分类[a]
31	可动心轨叉跟尖轨尖端长 100 mm 范围内与短心轨的缝隙		<0.5	A
32	可动心轨叉跟尖轨其余部位与短心轨的缝隙		$v_{侧}$=50 km/h 时≤1.5； $v_{侧}$≥80 km/h 时≤1.0	B
33	可动心轨轨底与滑床台缝隙	牵引点前后各一块	<0.5	A
		其余部分	≤1.0，缝隙≥0.5 m 的不应连出现 2 块以上	B
34	可动心轨辙叉直股工作边直线度		<0.3/m，全长 2.5 m，心轨前后各 1 m 范围内不允许抗线	B
35	顶铁与可动心轨轨腰间缝隙		<1.0	C
36	可动心轨尖端前 1 m 处轨距		±1.0	B
37	可动心轨可弯中心后 500 mm 处轨距		±1.0	C
38	长心轨全长 1/2 处轨距		±1.0	B
39	侧股护轨轮缘槽宽度[b]		+2.0 −1.0	B
40	转辙器部分最小轮缘		≥65	A
41	可动心轨尖端轨距		±1.0	B
42	可动心轨跟端轨距		±1.0	B
43	导曲线支距		±1.0	B
44	道岔联结部分轨距(在尖轨跟端至导曲线终点总长的 1/4、1/2、3/4 处测量)	直　股	±1.0	B
		侧　股	+2.0 −1.0	B
45	辙叉长度(沿工作边的长度)		±4.0	B
46	道岔全长(不含两端轨缝)[c]		±8，±12，±15	C
47	铁垫板间距	可动心轨辙叉部分	±2.5	B
		其余部分	±5.0	B
48	岔枕间距及位置偏差		±5.0	B
49	混凝土岔枕偏斜量	牵引点两侧和心轨部分	±2.0	C
		其余部分	±5.0	C
50	60AT 尖轨 0～40 mm 断面范围内顶面不允许高于基本轨顶面			A
51	螺栓无缺少、无松动、无缺油			C
52	轨距块一般按规定号数安装			C
53	弹片安装正确，安装销钉时应涂抹润滑脂			C
54	金属垫板、橡胶垫板或塑料垫片齐全			C
55	轨撑的顶面应与基本轨轨头下腭密贴，局部允许有<0.5 mm 的缝隙			B
56	扣件齐全密靠，离缝>1 mm 不超过 3%，连续离缝>1 mm 不超过 2 根轨枕，最大离缝≤2 mm			B

续上表

序号	项　目	允许偏差(mm)	项目分类[a]
57	标记正确齐全		C

注：a. 分类是指铺设质量对运营影响的重要程度；
b. 可动心轨辙叉与侧股护轨查照间隔均不应小于 1 391 mm；
c. 道岔全长允许偏差视不同道岔号数而异

项点分类	判定规则	项点总数	合格项点数	合格率
A 类项点	合格率 100%			
B 类项点	合格率 90%			
C 类项点	合格率 80%			
检验结论				

注：1. 计算合格率时，检查项点中某一项点若有多处，按多个项点计；
2. 表中 $v_{侧}$ 指道岔侧向容许通过速度，单位：km/h。

（五）道岔铺设

道岔铺设是投入运营的道岔保持良好技术状态至关重要的环节，道岔制造要求允许偏差以毫米计，如果铺设精度不能满足要求，必然造成先天不足，致使不能通过养护手段达到设计条件。因此必须按照以下要求进行铺设。

1. 新铺道岔技术要求

（1）一般规定

①新建客运专线应在拟铺岔位铺设临时线路，放行运砟、运梁及其他材料的工程列车。

②道岔应按标准及铺设图进行铺设和检验。

③核查托运单及装箱单所列道岔零部件（含岔枕、扣件系统、钢轨件、联接零件及转换设备）的品种、规格及数量，并检查外观。

④道岔铺设应采用整组预铺然后平移就位铺设法或原位铺设法。

⑤道岔应采用专用机械设备铺设。

⑥道岔应按测设的控制桩确定铺设位置。

⑦铺设前应明确道岔前后绝缘接头设置位置和方式。

⑧铺设前应检查道砟材质、粒径级配和道床断面是否符合有关规定。

⑨道岔铺设前道床应平整密实。

⑩道岔前后与正线连接时，应铺设岔枕或Ⅲ型轨枕（过渡枕），过渡枕上宜安装与道岔或区间同类型的扣件。垫板刚度按设计规定。过渡枕数量应符合表 3-69 之规定。

表 3-69　过渡枕数量

直向通过速度（km/h）	$v \leqslant 250$			$250 < v \leqslant 350$		
侧向通过速度（km/h）	80	160	220	80	160	220
道岔直向过渡枕数量(根)	≥60			≥90		
道岔侧向岔后过渡枕数量(根)	≥20	≥40		≥20	≥40	≥60

⑪道岔轨面高程应与连接的正线一致，与侧线的轨面高差，应自岔后第一根普通轨枕起向站内或连接线顺坡，其坡度不应大于该线最大设计坡度。与相邻坡段的坡度差及进入到发线有效长范围内的坡度，应满足铁建设［2005］140 号《新建时速 200～250 公里客运专线铁路设计暂行规定》和铁建设［2004］157 号《京沪高速铁路设计暂行规定》的要求。

⑫渡线道岔应位于同一平面。

（2）技术要求

①铺设前道床须经压实，压实密度不应低于 1.70 g/cm³。砟面平整度用 3 m 直尺检查不应大于 10 mm，预留起道量不应大于 50 mm，道岔前后各 30 m 范围应作好顺坡并碾压。检验数量和检验方法按铁建设［2005］160 号《客运专线铁路轨道工程施工质量验收暂行规定》执行。

②应采用道岔铺设机械或其他专用机具将预组装验收合格的道岔平移、就位（转辙器部分和可动心轨辙叉部分分别铺设时，还要布设连接轨道），平移道岔时应采取可靠的吊装措施，保证轨排不产生大的变形。随后铺设岔后线路的岔枕和金属件（含轨下非金属垫层）。

③人工补砟、起道、捣固达设计标高，完成岔区内部钢轨焊接及道岔与区间钢轨的焊接，随后大机捣固并稳定，按表 3-70 所列项目进行检查及验收。

④转辙器及可动心轨辙叉应安装转换设备，并经转换试验，确认符合有关规定。

⑤道岔起道捣固并经稳定后，道床密度应达到 1.70 g/cm³。

2. 道岔更换技术要求

道岔更换对基础的要求：

（1）测量拟更换道岔区的道床厚度及脏污程度，路肩高度和宽度，计算道砟用量（连同清筛并清除粉化磨耗等不合格道砟后回填的道砟），确保枕下道砟厚度不小于 350 mm（含有砟桥面上的道岔）。

（2）拆除旧道岔及岔枕，进行道床清筛。清筛道床时应消除道砟囊，使路基顶面标高低于枕底不小于 450 mm。

（3）清筛处理后路基面应设置路拱，修建排水坡。

（4）路基顶面补垫厚度不小于 100 mm 的砂垫层，再铺垫厚度不小于 350 mm 的道砟。

①宜采用经预铺并检验合格的道岔金属件（含轨下非金属垫层）连同岔枕及转换设备整体平移的施工方法。

②道岔应优先就纵向对位。连接道岔直股后拨道，确保直股方向准确。再按道岔后线间距调整与连接轨道的方向。

③按设计标高补砟、起道、捣固，随后进行精细调整，按表 3-70 所列项点逐项检查。

④无缝道岔应在允许锁定轨温条件下进行道岔前后的钢轨接头焊接。

表 3-70 道岔铺架（设）验收基本项点

序号	检 测 项 目	偏 差 要 求(mm)	特性分类
1	道岔铺架(设)水平、高低	水平≤1.0,导曲线不得有反超高,高低用 10 m 弦量≤1.0	B
2	道岔方向	目视成直线 用 10 m 弦量≤1.0	B
3	道岔始端轨距	±1.0	B
4	尖轨尖端轨距	±1.0	A
5	直线尖轨轨头切削起点处轨距	±1.0	A
6	直尖轨第一牵引点前与曲基本轨密贴	间隙≤0.2	A
7	直尖轨其余部分与基本轨密贴	间隙≤0.8	B
8	直尖轨与曲基本轨间顶铁	间隙≤0.5	C
9	直尖轨各牵点前后各一块滑床台	间隙≤0.5	B
10	直尖轨轨底与其余滑床台	间隙≤0.8,不得连续出现间隙	B
11	曲尖轨第一牵引点前与直基本轨密贴	间隙≤0.2	A
12	曲尖轨其余部分与基本轨密贴	间隙≤0.5	B

续上表

序号	检测项目	偏差要求(mm)	特性分类
13	曲尖轨与基本轨间顶铁	间隙≤0.5	C
14	曲尖轨各牵点前后各一块滑床台	间隙≤0.5	B
15	曲尖轨轨底与其余滑床台	间隙≤0.8,不得连续出现间隙	B
16	转辙器部分最小轮缘槽	≥65.0	A
17	尖轨限位器两侧间隙偏差	±0.5	B
18	直尖轨固定端支距	±1.0	B
19	曲尖轨固定端支距	±1.0	B
20	直尖轨跟端支距	±1.0	B
21	尖轨跟端直股轨距	±1.0	B
22	尖轨跟端曲股轨距	±1.0	B
23	可动心轨辙叉趾端开口距	±1.0	C
24	可动心轨辙叉咽喉宽	±1.0	B
25	心轨尖端至第一牵引点处密贴(直)	间隙≤0.2	A
26	其余部位心轨与翼轨密贴(直)	间隙≤0.5	B
27	心轨尖端至第一牵引点处密贴(曲)	间隙≤0.2	A
28	其余部位心轨与翼轨密贴(曲)	间隙≤0.5	B
29	叉跟尖轨尖端(100 mm)与短心轨密贴	间隙≤0.2	B
30	叉跟尖轨其余部位与短心轨密贴	间隙≤0.5	C
31	心轨各牵点前后各一块滑床板	间隙≤0.5	B
32	心轨轨底与其余滑床台	间隙≤0.8,不得连续出现间隙	B
33	长心轨轨腰与顶铁的间隙	≤0.5	C
34	短心轨轨腰与顶铁的间隙	≤0.5	C
35	叉跟尖轨轨腰与顶铁的间隙	≤0.5	C
36	可动心轨尖端前 1 m 轨距	±1.0	B
37	可动心轨固定端轨距	±1.0	B
38	护轨轮缘槽宽度	$^{+1}_{-0.5}$	B
39	查照间隔	≥1 391	A
40	导曲线部分轨距(尖轨跟端至导曲线终点或辙叉趾端总长的 1/4、1/2、3/4 共 3 处)	±1.0	C
41	辙叉跟端轨距	±1.0	B
42	辙叉趾端轨距	±1.0	B
43	尖轨各牵引点处开口值	±1.0	B
44	可动心轨辙叉第一牵引点处开口值	±1.0	B
45	道岔全长	18 号道岔±10.0,其他道岔±20.0	C
46	18 号道岔岔枕铺架(设)相对于直股的垂直度	牵引点两侧和心轨部分±2.0,其余±5.0	C
47	岔枕位置偏差	牵引点两侧±2.0,其余±5.0	B
48	螺栓无缺少、无松动、无缺油		C
49	金属垫板、弹性垫层齐全		C
50	扣件齐全、密靠,离缝>0.5 mm 不超过 1%,连续离缝>0.5 mm 不超过 2 根轨枕,最大离缝≤1 mm		C

续上表

序号	检测项目	偏差要求(mm)	特性分类
51	标记正确齐全		C

项点分类	判定规则	项点总数	合格项点数	合格率
A 类项点	合格率 100%			
B 类项点	合格率 90%			
C 类项点	合格率 85%			

注：计算合格率时，检查项点中某一项点若有多处时，按多个项点计。

3. 无缝道岔技术要求

(1) 无缝道岔与相邻无缝线路的焊联应在设计锁定轨温范围内进行。

(2) 无缝道岔与相邻轨条的锁定轨温差不应大于 5℃。

(3) 不应在道岔区进行温度放散。

(4) 无缝道岔内焊接接头平直度应符合表 3-71 规定。检验方法按 TB/T 1632 执行。其他焊接要求满足 TB/T 1632 的要求。

(5) 应按 TB/T 1632 的要求对无缝道岔内焊接接头进行超声波探伤，并填写探伤记录。记录应包括仪器、探头、焊接接头编号、测试数据、探伤结果及处理意见。

(6) 辙跟结构采用限位器的道岔铺设应使限位器子母块居中，两侧间隙容许偏差 1 mm。

4. 转换设备技术要求

(1) 一般要求

①道岔轨距及岔枕位置调整合格后方可安装外锁闭装置。

②尖轨与基本轨、心轨与翼轨密贴应符合道岔铺设技术条件规定。

③转换设备零部件数量齐全，质量合格，不应有遗漏和损伤。

表 3-71　工地钢轨焊接接头平直度容许偏差　　单位：mm

序　号	项　目	容　许　偏　差
1	轨　顶　面	$^{+0.2}_{0}$
2	轨头内侧工作面	$^{+0.2}_{0}$
3	轨底(焊筋)	$^{+0.5}_{0}$

注：1. 轨顶面中符号"＋"表示高出钢轨母材轨顶基准面；
2. 轨头内侧工作面中符号"＋"表示凹进，轨底中符号"＋"表示凸出。

④转换设备零部件的防腐层在运输、安装过程中不应被破坏，如出现防腐层失效，应及时进行处理。

⑤道岔预铺时，电务转换设备应与道岔进行转换试验。

⑥各部螺栓紧固件应紧固并达到规定的紧固力矩，螺栓丝扣露出螺母外部，螺栓防松部件、开口销应符合标准要求。

⑦各部绝缘安装正确，无遗漏和破损。电务转换设备安装调试完毕后，应检查系统绝缘性能。用 500 V 的兆欧表测量绝缘电阻，其数值不应小于 100 MΩ。

⑧道岔及转换设备预铺完成后，宜解锁外锁闭装置，拆下转辙机，待道岔就位后再将转辙机重新安装调整好。

⑨各类电气配线整齐、美观，端子紧固，接点调整良好。

⑩转辙机、密贴检查器安装位置应排水良好，必要时应设置排水沟槽。

⑪道床道砟不应影响转换设备的放置，必要时进行硬面化处理。

（2）转辙器外锁闭装置的安装程序及技术要求

①连接两锁闭杆，两锁闭杆保持平直，与绝缘垫板、夹板配合良好，各螺栓、螺母、垫圈紧固联结。

②将尖轨连接铁安装在尖轨上，其间应预置 3 mm 调整片，用以调整尖轨开口。

③将锁钩与连接铁相联，销轴螺纹端远离尖轨连接铁位置。应保证销轴水平，与锁钩配合良好，移动和转动灵活。

④先安装一侧锁闭框，将同侧尖轨与基本轨密贴，插入连接好的锁闭杆，用锁钩钩住锁闭杆。

⑤将斥离尖轨一侧锁钩套入锁闭杆后插入另一锁闭框，用螺栓连接锁闭框与基本轨。锁闭框应与基本轨轨头和轨底侧面贴靠，同时保证锁闭框与锁闭杆的接触面水平。

⑥锁闭框安装后，同一牵引点处左右侧两锁闭框方孔中心应同轴，允许偏差±1 mm。

⑦将锁闭铁插入锁闭框并用固定螺栓固定，初始安装时锁闭铁与锁闭框之间预置入 5 mm 调整片，调整片可根据道岔的调整要求进行增减。锁闭铁与锁闭框紧固后，应保证锁闭铁内侧上顶面与锁闭框方孔面接触。

⑧外锁闭安装后，转换过程中，锁闭杆、锁钩应动作平稳，准确到位。转换到位后，尖轨与基本轨应密贴良好。

（3）辙叉外锁闭装置的安装程序及技术要求

①先安装一侧锁闭框，插入锁闭杆，然后将锁钩套住心轨后插入锁闭框，再将另一侧锁闭框套入锁闭杆和锁钩并与翼轨用螺栓联结。

②锁闭框与翼轨联结后，锁闭框应与翼轨的轨头和轨底侧面贴靠，同时保证锁闭框与锁闭杆的接触面水平。

③将锁闭铁插入锁闭框并用固定螺栓固定，安装时锁闭铁与锁闭框之间预置入 5 mm 调整片，调整片可根据道岔的调整要求进行增减。锁闭铁与锁闭框紧固后，应保证锁闭铁内侧上顶面与锁闭框方孔面接触。

④外锁闭安装后，转换过程中，锁闭杆、锁钩应动作平稳，准确到位。转换到位后，心轨与翼轨应密贴良好。

（4）安装装置、转辙机的安装程序及技术要求

①检查外锁闭装置，满足安装技术条件后方可进行安装装置和转辙机的安装。

②在岔枕上安装转辙机基础弯板，不紧固岔枕的连接螺栓。

③转辙机可以安装在道岔左右任意一侧，必须按照技术要求和相关尺寸进行零部件配置和安装。

④转辙机在基础弯板上准确就位后，联结各杆件。调整基础弯板位置，保持杆件平直，并与道岔直基本轨垂直。检查转辙机高度尺寸，满足要求后，紧固岔枕连接螺栓。

⑤转辙机基础弯板与岔枕固定后，基础弯板组件方正，保持弯板与道岔直基本轨垂直。转辙机垫板应与弯板垂直并安装牢固。

⑥转辙机及其垫板安装后保持水平。当基本轨与岔枕进行高低调整时，基础弯板应做同样调整。

⑦调整动作连接杆长度，使锁闭量满足要求。动作连接杆应保持水平，并与转辙机动作杆、锁闭杆的连接良好。

⑧调整表示连接杆长度，在道岔定反位时，转辙机的检测柱落入表示（锁闭）杆缺口，并使缺口内两侧间隙相等，表示连接杆安装后应保持水平。

⑨检查并紧固所有紧固件及其防松装置，保证其可靠性。

⑩转辙机安装后，转辙机动作杆应与道岔直基本轨垂直。

⑪各连接杆件应平顺，无别卡。螺栓销置入、退出自如，不应强行敲击。

（5）转换试验及检验验收

①安装调试完成后进行转换阻力测试。

②转换设备安装完成后，相关参数和指标应满足表3-72的要求。

表3-72　道岔铺架（设）验收基本项点

序号	验收项目	验收标准
1	转换杆件沿线路纵向偏移量	≤3 mm
2	转辙机外壳边缘与基本轨直线距离偏差	≤3 mm
3	各牵引点两侧锁闭框中心位置偏差	±1 mm
4	各牵引点尖轨、心轨动程(两侧开口)	理论值±2 mm
5	各牵引点心轨外锁闭两侧锁闭量	两侧相差≤2 mm
6	尖轨、心轨转换阻力	≤设计指标要求
7	牵引点密贴检查(密贴段)	4 mm 不锁闭
8	牵引点间密贴检查	4 mm 有表示，5 mm 无表示

5. 道岔铺设验收规则

（1）道岔各部分尺寸容许偏差

道岔铺设后，视不同铺设部位按表3-70和表3-71逐项检查，记录实测数据，归入技术档案。

（2）客运专线道岔铺设及更换验收条件

按表3-70规定，验收条件如下：

① A类项目合格率100%。

② B类项目合格率90%。

③C类项目合格率85%。

其中B类和C类项目均不应超过相应的客运专线道岔综合维修验收标准中相应项目的容许偏差，否则进行整治。

（3）道岔的验交

道岔铺设完成后，由建设单位组织设计、施工、监理、及设备管理等相关单位验收，验收合格后交付运营单位。

（六）道岔的养护维修

1. 道岔维修周期

（1）在无货运的250 km/h等级线路上的道岔每4年进行一次道床全面起道捣固作业；

（2）在客货共线250 km/h等级线路上的道岔每年进行一次道床全面起道捣固作业。

2. 起道捣固作业要求

（1）作业前先拆除影响大型机械捣固的转换设备的杆件。

（2）起道捣固应采用专用08475道岔捣固机进行，要求捣固、用稳定车稳定各3遍。

3. 道岔的养护

（1）道岔静态检查

①速度200 km/h线路上的道岔每月用道尺、塞尺、支距尺、卡尺、弦绳等工具进行静态检查。

②速度250 km/h线路上的道岔每两旬用道尺、塞尺、支距尺、卡尺、弦绳等工具进行静态检查。

③对照轨距、导曲线直径、辙叉侧股查照间隔及护轨轮缘槽、水平、高低、方向、扭曲的测量值与允许偏差的差异进行调整。

④用经纬仪或激光准值仪测量并拨正道岔直股方向。

⑤通过调整轨距块或复合定位套调整道岔轨距及导曲线支距。

⑥通过局部起道捣固消除道岔水平、高低及扭曲的偏差。

（2）道岔养护允许偏差

①道岔轨道静态几何尺寸容许偏差管理值应符合表 6-30 的标准

②道岔轨道动态检测的轨距及其变化率、水平、高低、轨向、扭曲以及 160 km/h 检测时的舒适性指标（车体垂向、横向振动加速度）均按表 6-31 执行。

第六节　通信信号及信息工程

一、通信信号

通信信号由运输调度指挥、车站联锁、闭塞、列车运行控制、移动通信五部分组成。

（一）提速改造技术条件

1. 运输调度指挥系统

运输调度指挥系统是提高铁路现代化水平、保证列车安全正点运行的重要技术装备。提速 200 km/h线路的运输调度指挥系统采用 TDCS 或分散自律调度集中系统。分散自律调度集中的成功运用除与运输组织模式有关外，还取决于铁路基础设施与配套设施的完善，如：车站到发线数量及有效长、车站的调车作业量及调车机车的配置情况、有无站外跟踪调车、牵出线的配置、调车与列车作业的隔开设备、咽喉区平行进路情况以及专用线的配置和作业模式等。

为了保证分散自律调度集中系统功能的实现，还应配备调度命令无线传送系统、可靠的信息传输通道及车次号核查设备。对于相关设备的要求，在铁道部正式颁发的“分散自律调度集中技术条件”中均有明确规定。

2. 车站联锁

计算机联锁是保证列车安全运行的基础设备，计算机联锁与 TDCS/CTC 站机接口较继电联锁简单，有利于 CTC 与 TDCS 的发展。计算机联锁信息量大、功能强、便于联网、维修量小，易于实现设备在线监测和远程诊断。车站宜采用计算机联锁。

地面设备应满足 200 km/h 速度等级车载信号设备在站内控车所需信息的要求。联锁区域轨道电路最小长度应满足 200 km/h 速度等级列车可靠接收地面轨道电路信息的要求。

由于公共通信网的通信成员不固定，传输媒介及特性未知而且非法访问不能忽略，因此计算机联锁、列控等系统间进行安全信息传输时不宜使用公共通信网。联锁系统、列车运行控制等系统间的安全信息传输应采用冗余配置的专用信息通道。

车站联锁系统应具备与 TDCS、调度集中系统接口的能力，并满足调度集中控制中心远程控制的要求。

随着列车运行速度的进一步提高，列车运行安全问题更为重要。为保证提速列车正线通过的安全，当车站接车进路末端与正线列车进路间没有隔开设备时，应设置延续进路或采取其他安全防护措施。如经检算车站接发列车能力不能满足运输要求时，宜增加隔开设备。

3. 闭塞

在列车高速运行的条件下司机难以准确辨认地面信号，没有列控的车载控制信息难以满足高速高密度运行安全的要求。因此，提速 200 km/h 速度等级旅客列车应使用列控车载设备，以车载速度信号作为行车凭证。

既有线提速到 200 km/h 速度等级后，仍然是客货混运、不同速度列车共线运行。为满足车载设备控车的需要，双线区间应采用多信息无绝缘轨道电路。闭塞分区的划分应满足 200 km/h 速度等级旅客列车控车要求和四显示自动闭塞行车的要求。

双线区段自动闭塞应具备正向自动闭塞、反向自动站间闭塞行车功能。

4. 列车运行控制

运行 200 km/h 速度等级的动车组应安装以车载安全计算机为核心满足 CTCS-2 要求的设备。《CTCS 技术规范总则》及《CTCS-2 级技术条件》已经铁道部审查。通过胶济线的列控系统功能试验，确认了由列控车载设备、列控中心、应答器、ZPW2000 系列轨道电路及 CTC、计算机联锁、车站电码化等地面设备构成的既有线 CTCS-2 级信号系统具备列车超速防护、限速、追踪运行等基本功能；列控中心满足《列控中心技术原则》所确定的功能要求；大量试验证明 CTCS-2 级列控系统用于 200 km/h 速度等级提速线是可行的。因此，200 km/h 速度等级旅客列车应装备 CTCS-2 级车载设备，地面应按照 CTCS-2 级配置设备。

为使列车在 200 km/h 速度等级提速线和其他未装备 CTCS-2 级的既有线互通运行，列控车载设备应具备既有机车信号，200 km/h 列控车载设备应满足列车在其他未装备 CTCS-2 级设备的线路运行时有机车信号显示及相应的防护功能。

5. 移动通信

列车提速到 200 km/h 速度等级后对调度通信的可靠性要求更高，采用的无线系统应具备司机与调度员通信的能力，应完善既有 450 MHz 列调系统“大三角”通信功能。在今后设备更新改造时逐步过渡到 GSM-R 移动通信系统。

移动通信系统为列车调度指挥、列车控制、安全保障、应急抢险、维修施工和列车运行工况监控等提供可靠的话音与数据传输。充分利用既有 450 MHz 无线列调系统，有条件的可向 GSM-R 移动通信系统过渡。

提速改造后无线通信加入了数据传输功能：调度命令和车次号传输，数据信息对无线覆盖的质量要求也有所提高。在采用 GSM-R 的线路上，基站场强应连续覆盖。GSM-R 系统在机车顶部最小接收电平应满足-98 dBm、95％的覆盖概率要求；在场强满足覆盖标准时，特别注意电磁环境的干扰。无线信号的载干比要满足 12 dB 的要求。移动通信设备（单层交织覆盖）示意见图 3-89。

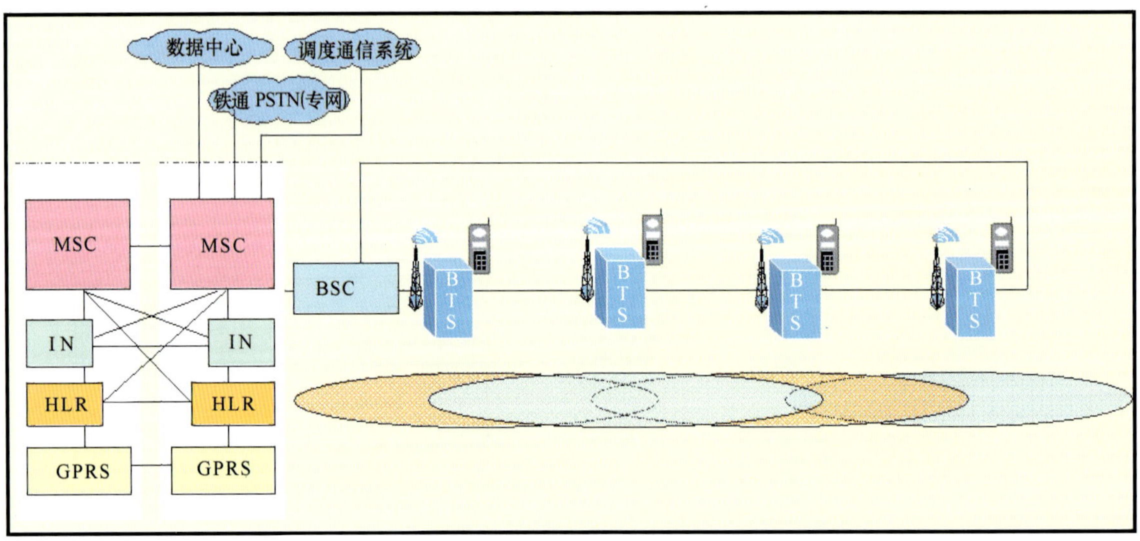

图 3-89　GSM-R 移动通信设备（单层交织覆盖）示意图

在采用 450 MHz 无线列调系统的线路上，接收机天线入口处最小接收电平应在全线满足-97 dBm（10 dBv）、95％覆盖概率要求。覆盖概率是指在每一个位置间隔内（长度 100 m）所测覆盖电平大于或等于所要求的电平概率的最小值。根据铁道部发布的《铁路 GSM-R 数字移动通信系统最小可用接收电平测量方法（V1.0）》执行。

GSM-R 移动通信系统机车综合通信设备根据需要可兼容 450 MHz 列车无线调度通信系统功能。

6. 通信信号的检测和监测

随着利用无线设备传输信号信息需求的增大，信号对无线通信基础设施依赖性的增强，需要信号监测与通信监测建设同步发展，轨道电路、机车信号、应答器、移动通信服务质量、电波场强和电磁环境等宜采用专用检测车进行定期动态检测。

为保证既有线提速后的高效运营，车站联锁、列控车载设备及列控中心等主要信号设备应具有自诊断功能，以便快速诊断故障点，及时进行故障处理。

（二）CTCS-2 级列控系统

我国既有线第六次提速 200 km/h 采用的列控系统为中国列车控制系统（Chinese Train Control System，以下简称 CTCS）规范中的 CTCS-2 级。采用目标距离模式曲线监控列车安全运行的“点-连式”列车控制系统，解决动车组跨线运营、互联互通和多种车型混合运输的技术难题。

目前，8 个铁路局已经在 7 条提速线的 13 个区段，223 个车站，行车速度超过 200 km/h 的 2 457 km线路上进行了 CTCS-2 系统地面设备的安装，为第六次大提速提供了条件。

1. CTCS 简介

体系结构按照铁路运输管理层、网络传输层、地面设备层和车载设备层配置（图 3-90）。

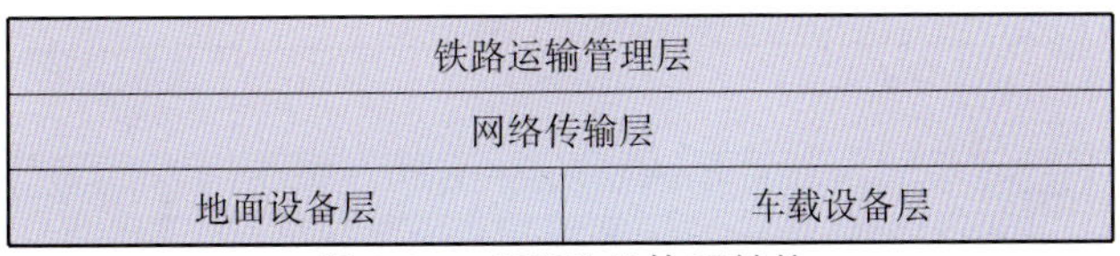

图 3-90　CTCS 的体系结构

铁路运输管理系统是行车指挥中心，以 CTCS 为行车安全保障基础，通过通信网络实现对列车运行的控制和管理。

CTCS 通信网络分布在系统的各个层面，通过有线和无线通信方式实现数据传输。

地面设备层主要包括列控中心、轨道电路和点式设备、接口单元、无线通信模块等。列控中心是地面设备的核心，根据行车命令、列车进路、列车运行状况和设备状态，通过安全逻辑运算，产生控车命令，实现对运行列车的控制。计算机联锁与地面列控系统关系框图见图 3-91。

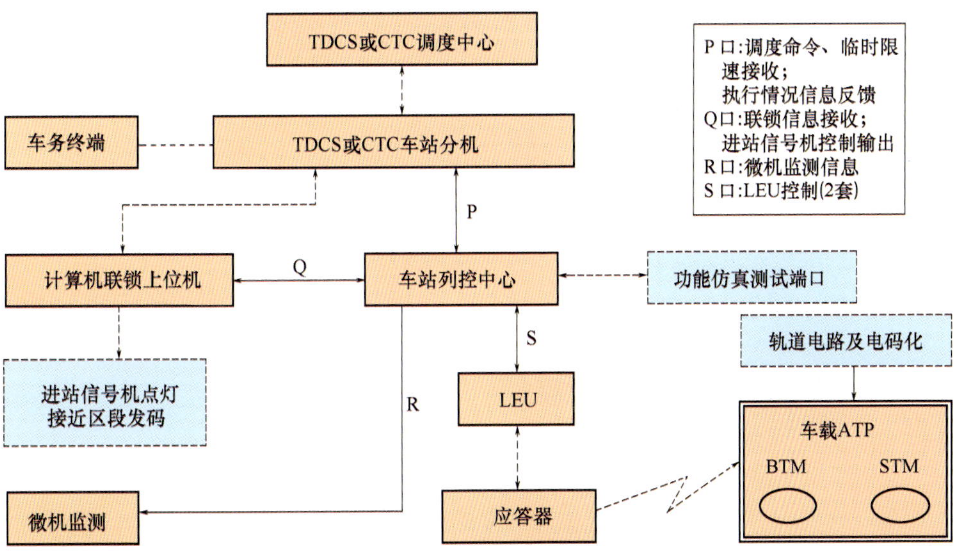

图 3-91　计算机联锁条件下的地面列控系统框图

车载设备层是对列车进行操纵和控制的主体，具有多种控制模式，并能够适应轨道电路、点式传输和无线传输方式。车载设备层主要包括车载安全计算机、连续信息接收模块、点式信息接收模块、无线通信模块、测速模块、人机界面和记录单元等。

CTCS 体系的构建原则是以地面设备为基础，车载与地面设备统一设计。系统结构如图 3-92 所示。

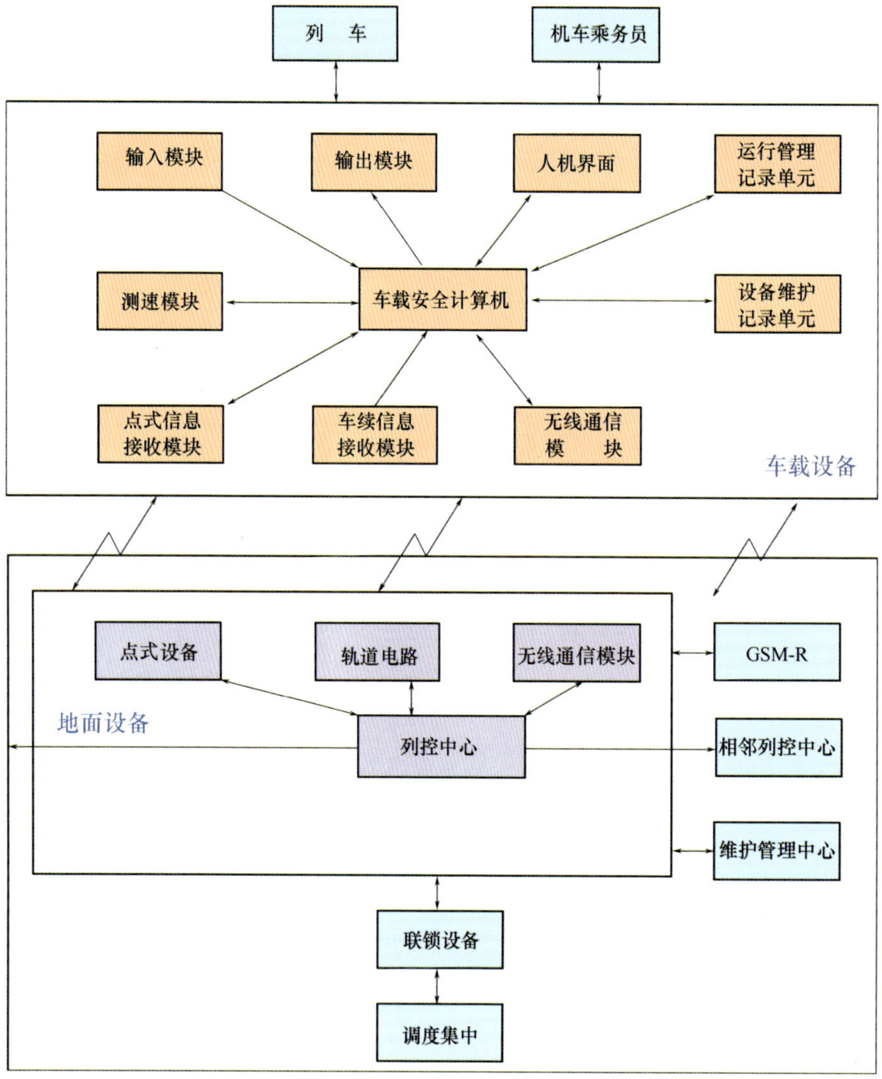

图 3-92　CTCS 系统结构图

CTCS 按系统运用条件和功能分为 0～4 级。

CTCS-0 级是既有系统，由既有的轨道电路、自动闭塞和我国铁路绝大部分机车采用的通用机车信号和运行监控记录装置（LKJ）构成。

CTCS-1 级是在 CTCS-0 级基础上的升级系统，当地面和车载设备配置满足主体机车信号要求和安全型运行监控记录装置标准后可实现。

CTCS-2 级是基于轨道电路信息和应答器信息的点连式的列车控制系统。在 CTCS-2 级区段，通过地面—车载一体化设计，能为运行速度 200 km/h 及以上的动车组提供完整的列车超速防护功能，保证列车运行安全并提供最佳的运输能力。在该级 LKJ 仅作为记录器使用。

在 CTCS-2 级，通过位于车站进/出口的应答器组（固定/可变应答器）提供车站和区间所有的线路参数，区间限速信息以及某些特殊用途（如信号制式自动转换等）信息。

在 CTCS-2 级，由车载设备计算行车许可终点（EOA）。列控车载设备根据信号机状态（轨道电路信息）和线路参数（闭塞分区长度、坡度、线路静态速度曲线、限速等信息）对列车进行连续监控，防止列车超速运行和冒进信号。

CTCS-3/4 级是基于无线传输信息的列车运行控制系统。图 3-92 中的 GSM-R 移动通信系统和地面/车载无线通信模块只用于 CTCS-3/4 级列车运行控制系统。CTCS-3/4 级与 CTCS-2 级的主要区别是通过 GSM-R 向车载传输连续线路信息和行车许可，地面应答器仅提供列车定位信息。3 级采用轨道电路方式检查列车占用，而 4 级取消了轨道电路，由车载设备实现列车完整性检查。

2. CTCS-2 级系统构成

CTCS 系统包括两个子系统，分别为地面子系统和车载子系统。

CTCS- 2 级主要设备含：列控车载设备、列控中心、与既有的计算机联锁、调度集中（TDCS 或 CTC）、自动闭塞结合构成。CTCS-2 系统设备结构及动车组运行示意见图 3-93。

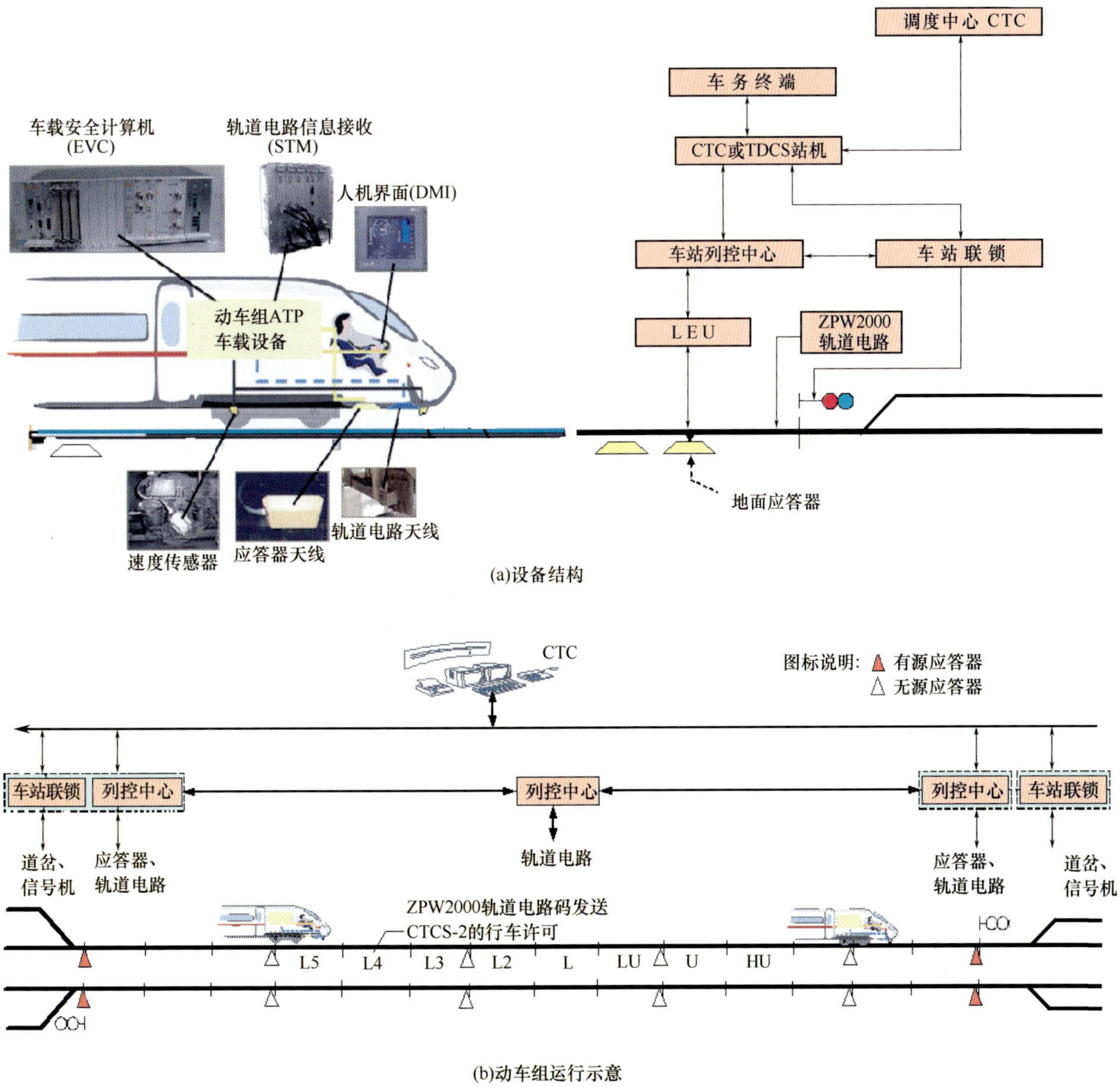

(a)设备结构

(b)动车组运行示意

图 3-93　CTCS-2 系统设备结构及动车组运行示意图

列控中心设备，按统一的技术标准、功能需求和技术平台，已经由国内自主开发研制成功，是地面列控设备的系统主要设备之一。CTCS-2 列控车载设备、地面应答器和 LEU 电子单元，通过技术引进、消化吸收再创新，实现了与国内系统设备的有机结合和国产化。

（1）地面子系统

地面子系统由列控中心、轨道电路和点式信息设备组成。

应答器是一种能向车载子系统发送数据的传输设备（图 3-94），可以用于从地面向车载子系统发送报文信息；向车载子系统传送固定的报文信息，也可以通过轨旁电子单元（LEU）传送可变的报文信息。应答器可由一个或多个应答器组成应答器组，所有应答器报文的组合定义了由应答器组所发送的消息。

图 3-94　应答器

轨道电路具有轨道占用检查、沿轨道连续从地面向列车传送信息（又称为机车信号信息）的功能。采用符合主体机车信号要求的 ZPW-2000 系列无绝缘轨道电路。

车站列车控制中心是 CTCS-2 地面子系统的重要组成部分。它是基于安全计算机的控制系统。列控中心根据地面子系统或来自外部的信息，如轨道占用信息、联锁状态等，产生行车许可命令，并通过轨道电路传输给车载子系统，保证其管辖之内的所有列车的运行安全。

图 3-95　LKD1-Y 型列控中心主机

图 3-95 给出一种自主开发的列控中心的主机照片。

（2）车载子系统

根据应用级别，车载子系统可由列控车载设备、无线系统（GSM-R）车载电台组成（图 3-96）。列控车载设备基于安全计算机的控制系统，通过与地面子系统交换信息来控制列车运行。

为实现车载设备的通用性及不同应用等级的兼容，应规范车载设备的功能，规范地面子系统和车载子系统的数据通信格式，规范车载子系统和司机以及与列车之间的软硬件接口。

车载无线通信模块预留用于车载子系统和无线闭塞控制中心（RBC）之间进行双向数据通信。

图 3-97 给出一种 CTCS-2 级车载主机的照片。

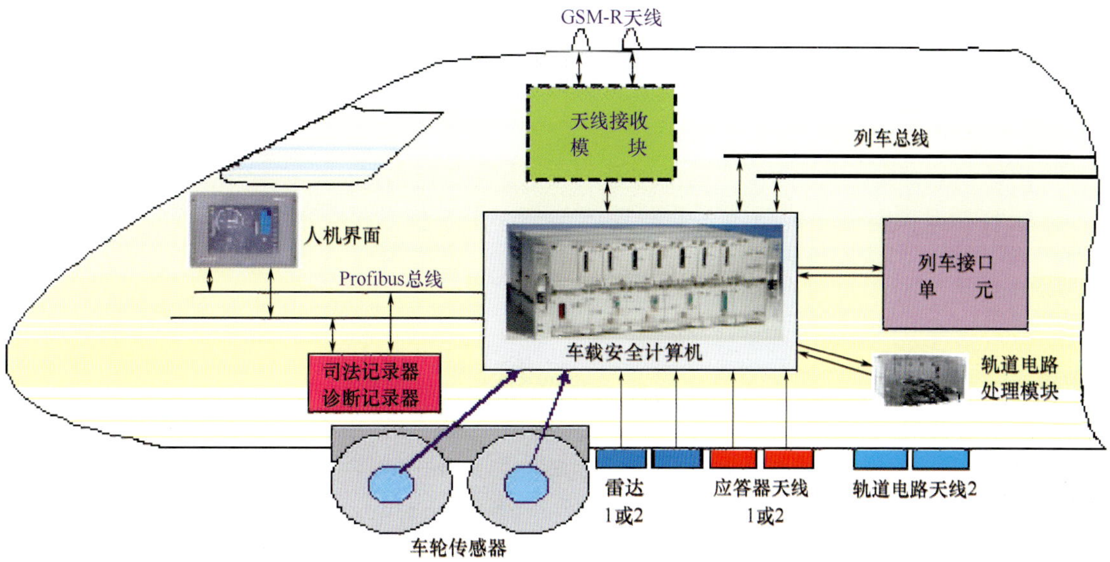

图 3-96　车载子系统

图 3-97　CTCS2-200H 车载主机

（3）既有线 CTCS-2 级技术体系文件

既有线 CTCS-2 级技术体系文件包括：《CTCS 技术规范总则》、《CTCS-2 级技术条件》、《既有线 CTCS-2 级列车运行控制系统技术规范（暂行）》、《既有线 CTCS-2 级列控系统车载设备技术规范（暂行）》、《既有线 CTCS-2 级列控系统车站列控中心技术规范（暂行）》、《既有线 200 km/h 动车组列控系统车载和地面设备配置及运用技术原则（暂行）》、《既有线 200 km/h 动车组列控系统车载和地面设备配置及运用技术原则（暂行）补充规定》、《应答器技术条件》、《既有线 CTCS-2 级列控系统列控中心技术条件》、《既有线 CTCS-2 级列控应答器用户数据表编制规定》、《既有线 CTCS-2 级列控应答器安装通用技术规定》、《既有线 CTCS-2 级列控地面设备运用维护管理规定》、《既有线 CTCS-2 级列控地面工程验收指南》、《既有线 CTCS-2 级列控车载 DMI 技术规范》、《既有线 CTCS-2 级列控车载设备验收指南》。

3. CTCS-2 级车载和地面设备配置及运用技术原则

（1）应答器设置原则

进站信号机处设置有源应答器，以提供接车进路参数及限速信息。接车进路建立后，进站应答器发送相应的接车进路信息，具有直股发车进路的股道，应同时提供直股发车进路及前方一定距离内的线路参数和限速信息。各有源应答器应有缺省报文，缺省值应按照该进站口所有接车进路范围内的最低道岔限速和最短进路长度等最不利条件设置。

车站出站口处设置无源应答器和有源应答器。无源应答器提供前方一定距离内的线路参数等信息；有源应答器提供前方一定距离内的限速等信息。出站信号机处（含股道）原则上不设置应答器。

区间间隔 3～5 km 成对设置无源应答器分别提供正向、反向前方一定距离内的线路参数及定位信息，原则上设置在闭塞分区分界处。除进出站口外，区间可不设置专用于反向运行的应答器。

根据需要可设置特殊用途的无源应答器（如 CTCS 级间转换等）。

列控车载设备可通过成对的应答器识别运行方向。

应答器的正线线路参数应交叉覆盖，实现信息冗余。

（2）列控车载设备主要工作模式

①列控完全监控模式

当车载设备具备列控所需的基本数据（轨道电路信息、应答器信息、列车数据）时，列控车载设备生成目标距离模式曲线，并能通过 DMI 显示列车运行速度、允许速度、目标速度和目标距离等，控制列车安全运行。

② 列控部分监控模式

若列控车载设备接收到轨道电路允许行车信息，但线路数据缺损时，列控车载设备产生固定限制速度，控制列车运行。

连续两组及以上应答器的线路数据丢失，列车在列控车载设备已查询到的线路数据末端前触发常用制动，当列车运行速度低于 120 km/h 后，提供允许缓解提示，司机缓解后，列控车载设备根据线路最不利条件，产生监控速度曲线（最高限制速度 120 km/h），控制列车运行。

侧线发车，列控车载设备根据股道轨道电路信息（根据道岔限速发送 UU 码或 UUS 码），形成并保持固定限制速度（至出站口），控制列车运行。

引导接车，列控车载设备收到接近区段的轨道电路信息（HB 码），形成并保持固定限制速度（20 km/h），控制列车运行。

③ 目视行车模式

在列控车载设备显示禁止信号时，列车停车后，根据行车管理办法（含调度命令），司机经特殊操作（如按压专用按钮），列控生成固定限制速度（20 km/h），列车在列控车载设备监控下运行，司机对安全负责。

④调车监控模式

车列进行调车作业时，司机经特殊操作（如按压专用按钮）后，转为调车模式，列控生成调车限制速度，控制车列运行。牵引运行时，限制速度 40 km/h；推进运行时，限制速度 30 km/h。

⑤ 隔离模式

列控车载设备故障，触发制动停车后，根据故障提示，司机经特殊操作，列控车载设备控制功能停用，在该模式下司机按调度命令行车。若仅 BTM 失效，列控车载设备提供机车信号，可人工转换为 LKJ 控制列车。

（3）限速设置原则

相邻两个车站之间一个运行方向仅考虑一个限速区。

设置限速的起点里程精度暂定为 500 m，限速长度等级不少于 2 挡，限制速度等级不少于 4 挡（最低限速为 45 km/h）。

限速信息通过有源应答器向列控车载设备提供，并纳入轨道电路发码条件。限速区前方的地面信号显示应根据不同的限速等级进行相应降级显示（如 LU、U 等），并根据需要可重复显示。轨道电路发码信息应与地面信号显示相符，并符合 TB/T 3060—2002 标准的规定。

装备 CTC 系统区段，限速可在调度中心由调度员设置，向车站列控中心传输，也可由车站值班员直接通过车站列控中心设置。

未装备 CTC 系统的区段，限速应由车站值班员通过车站列控中心设置。原则上车站值班员负责设置本站站内及本站出站口至接车站进站信号机（含反向）范围内的限速。

车站站内、经道岔侧向发车时车站 1 离去区段等特殊区段的限速应通过调度命令实施。

在通过进路建立且离去区段有限速时，根据制动需要，进站信号机显示黄灯，对应接近区段轨道电路发 U 码；其他区段的限速不纳入轨道电路发码条件。

装备 TDCS 系统的区段，限速可在调度中心由调度员设置，向车站列控中心传输，车站值班员需对限速的设置和撤销进行确认；另外限速也可由车站值班员直接通过车站列控中心设置。

为提高限速的设置精度，应答器信息报文宜采用列控中心储存或动态组帧方式。

车站正线接车进路限速时，可通过进站信号机外方设置相应的限速确保安全。

（4）反向运行要求

既有线 CTCS-2 级区段，动车组列控车载设备控制的反向最高速度可按线路允许速度设置。

反向正线发车进路建立后，出站信号机后方的电码化设备应发送与相应区间轨道电路相同的低频信息，低频信息可以是正常的列车追踪码序或 27.9Hz。反向运行时，若 27.9Hz 掉码，列控车载设备比照正向运行时允许信号掉码处理。

CTCS-2 级区段地面设备改造，有条件时，正反向区间轨道电路应采用相同的发码规则。

（5）级间转换

CTCS 级间转换应分别设置具有预告、执行功能的固定信息应答器。原则上执行点设置在车站正向的 1 离去或 2 离去信号点。

级间转换的预告点与执行点设置间距约为 240 m。动车组越过预告点，ATP 车载设备进行语音及图形提示，越过执行点且自动实现级间转换后，机车乘务员应根据提示信息按压确认按钮。

级间转换时若已触发制动，则应保持制动作用完成，停车或发出缓解指令后，自动转换。

为保证 CTCS-2 级列控车载设备与 LKJ 的正常转换，级间转换点前后的适当距离（动车组速度自 160 km/h 减速至零时所需的制动距离）均应采用 ZPW-2000（UM）系列轨道电路。

（6）车站电码化

CTCS-2 级区段，列控车载设备的锁频功能通过应答器信息实现，若应答器信息丢失，由机车乘务员按现行规则手动切换轨道电路载频。

车站正线电码化，接车进路和发车进路应采用不同的载频（以下行正线正方向为例，若接车进路为 1 700 Hz，则发车进路应为 2 300 Hz）；进站信号机前方轨道电路和接车进路电码化宜采用不同的载频。

（三）既有线无线列调采用通用式机车台

我国铁路既有线路采用 450 MHz 频段的列车无线调度通信系统，根据线路等级不同，系统分为 A、B、C 三种不同的通信制式；为了克服频率干扰和提高频率的利用率，不同线路区段可配置不同的工作频率。既有线提速后，机车实行了长交路运行，有可能跨越不同的线路和区段，这就要求机车装备通用式机车电台以便在不同线路区段与不同的制式、不同工作频率的车站台实现良好通信。目前据不完全统计，全路已装备了 4 000 余台通用式机车台。

通用台预置了运用交路各种无线列调车站电台的工作模式（制式及工作频率），根据 GPS 接收数据连续判断机车运行位置，自动转换工作模式，在 GPS 失效时还可手动切换工作模式，保证了机车长交路运用时无线列调大小三角的可靠通信。

1. 设备组成

（1）通用式机车电台包括电台主机（含机车电台功能单元和 GPS 单元）、控制盒、扬声器、送话器、控制电缆、电台天线、电台射频电缆、GPS 天线、GPS 射频电缆、电源电缆以及应用软件和应用数据库等组成。设备组成见图 3-98。

（2）机车电台功能单元包括 450 MHz 信道机设备、机车台控制单元、电源单元等。

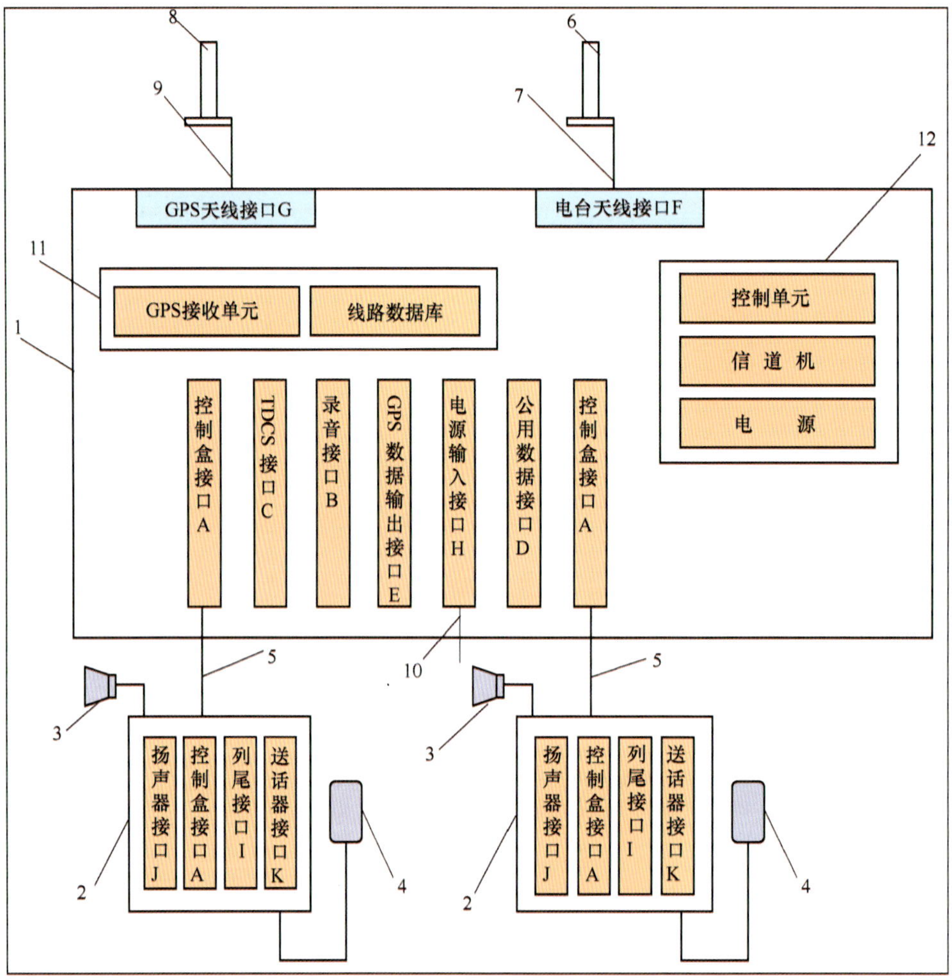

图 3-98　列车无线调度通用式机车电台组成示意图
1—主机；2—控制盒；3—扬声器；4—送话器；5—控制电缆；6—电台天线；
7—电台射频电缆；8—GPS 天线；9—GPS 射频电缆；10—电源电缆；11—GPS 单元；
12—机车电台功能单元。

（3）GPS 单元包括 GPS 接收机和线路数据库等。

2. 基本功能

设备基本功能包括：符合 TB/T 3052—2002 标准 B、C 制式机车电台功能和性能的有关规定；可承载无线车次号传送系统规定的业务；可承载调度命令无线传送系统规定的业务；可承载 450 MHz 列车尾部风压传送系统规定的业务；连续判断机车运行位置并自动转换电台工作模式。在工作模式转换地点，应给出听、视觉提示。根据需要或自动转换功能失效时，可手动转换工作模式；可显示工作状态；可自动检测 GPS 接收机工作状态。当 GPS 功能失效时，应给出视觉提示；强制转入手转换模式时，应由人工恢复自动转换模式；可更新模式转换数据信息；可输出公用数据信息；可输出 GPS 原始数据信息；可记忆工作模式。设备开机后，应工作在关机前所记忆的模式；具有模式转换记录和转储功能；可记录话音信息。

（四）调度命令无线传送系统设备和 TDCS 无线车次号校核系统

1. 调度命令无线传送系统设备

调度命令无线传送系统采用移动无线数据传输、数据处理、多媒体和无线信道安全技术，以调度信息管理系统和列车无线通信系统设备为基础，由调度命令车站转接器和机车综合无线通信设备（调度命令机车设备）实施，可以实现调度命令、行车凭证、作业通知和进路预告等生成后以图文的形式下达给运行中的列车司机，实现了不停车交付调度命令。

系统采用了多项数据编解码和传输控制技术，保证了无线调度命令传输的可靠性和正确性，使无线调度命令可以作为列车运行的正式凭证，减少列车临时停靠车站次数和时间，减少列车追踪间隔，提高运输效率，保障行车安全。系统的列车进路预告和调车进路自动开放显示功能为调度集中 CTC 区段实现车站无人化指挥提供了技术手段，为提高运输效率和铁路跨越式发展提供了条件。

（1）系统构成和设备组成

调度命令（含调度命令、行车凭证、调车作业通知单、列车接车进路预告信息）无线传送系统如图 3-99 所示，由 TDCS 系统设备、无线列调系统设备、TDCS 无线车次号校核系统设备、机车安全信息综合监测装置（TAX 箱）、调度命令车站转接器、调度命令机车装置等组成。通过调度命令无线传送系统实现调度命令、行车凭证的传送。

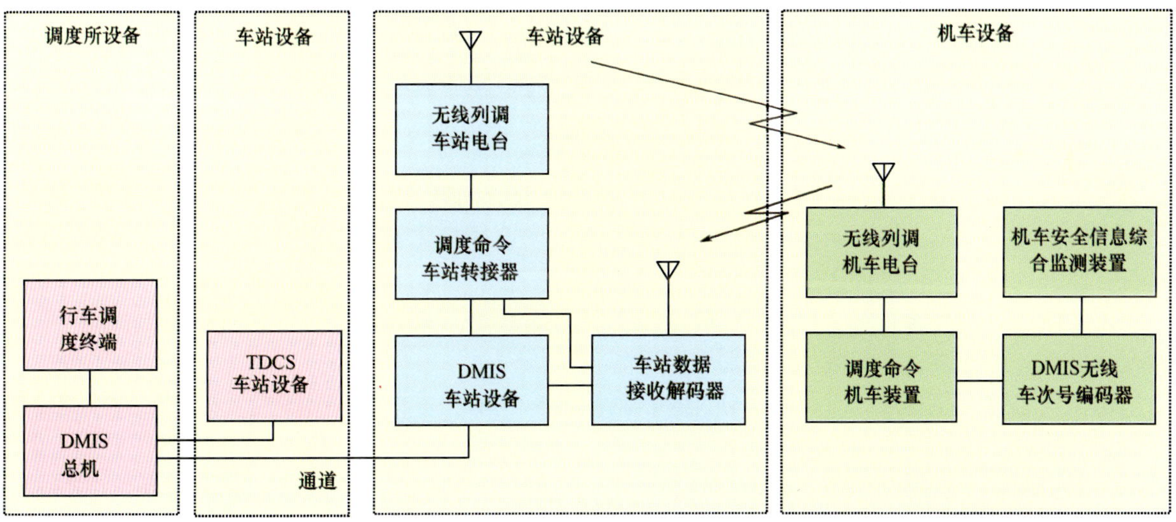

图 3-99　调度命令无线传送系统构成

调度命令无线传送系统利用的既有设备有 TDCS 总机和车站分机，无线列调车站台、机车台，机车安全信息综合监测装置，TDCS 无线车次号机车数据采集编码器、车站数据接收解码器。系统新增的设备有调度命令车站转接器和调度命令机车装置（包括机车装置主机、显示操作终端和打印机）。调度命令车站转接器见图 3-100，调度命令机车装置（包括机车装置主机、显示操作终端和打印机）见图 3-101。

（2）系统功能和工作原理

调度命令无线传送系统完成下列信息传送和打印、存储功能：

调度员向辖区内的运行列车发送调度命令；在 CTC 区段调度员向辖区内运行列车发送行车凭证；向辖区内运行列车发送调车作业通知单；自动向辖区内运行列车发送列车接车进路预告信息；

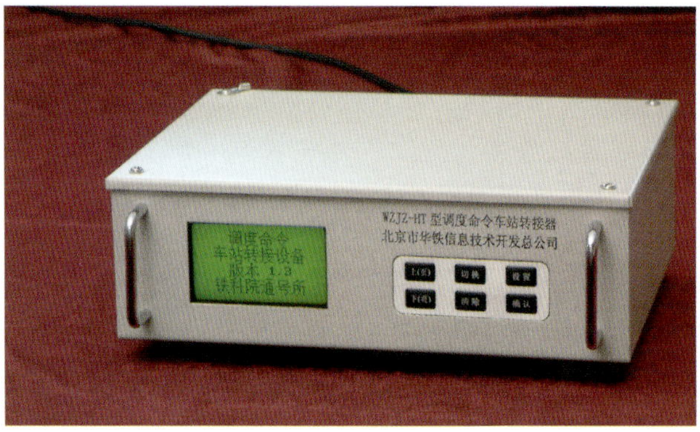

图 3-100　调度命令车站转接器

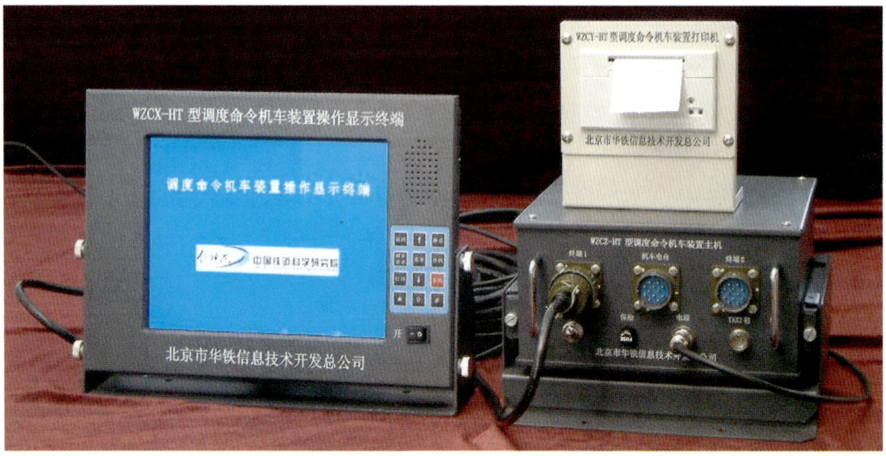

图 3-101　调度命令机车装置（包括机车装置主机、显示操作终端和打印机）

车站值班员向辖区内运行列车发送行车凭证；车站值班员向辖区内的运行列车发送调车作业通知单；司机向车站值班员发送调车请求；司机可根据需要选择打印调度命令；TDCS 设备和机车装置具备存储调度命令并记录操作过程的功能等。

调度命令、信息含有年、月、日、时、分、秒，车次号、机车号、发令处所、调度命令编号、调度员姓名、总包数、本包数、调度命令正文等。

确认信息含有年、月、日、时、分、秒，信息名称、车次号、机车号、发令处所、调度命令编号、包号等。

调度员向列车发送调度命令有 4 种方式：

方式一：调度员向列车直接发送调度命令；

方式二：调度员向车站发送调度命令，车站值班员签收后向列车转送调度命令；

方式三：调度员选站向列车直接发送调度命令；

方式四：调度员选站向车站发送调度命令，车站值班员签收后向列车转送调度命令。

调度命令由 TDCS 系统调度员终端发出，方式一和方式二发送的调度命令由 TDCS 总机自动搜寻列车位置，经 TDCS 通道传送到相应车站；方式三和方式四发送的调度命令由 TDCS 总机将调度命令发送到所选车站。

通常，行车凭证由车站值班员发送，在 CTC 区段，行车凭证由行车调度员发送。

调度命令车站转接器收到 TDCS 系统发来的调度命令或行车凭证，对该命令进行纠错、检错编码和 FFSK 调制，控制无线列调车站台用原工作频率发送。无线列调机车台在原工作频率接收调度命令，通过音频接口输出给机车装置主机。机车装置主机解调 FFSK 信号，完成对调度命令数据纠错、检错解码后，读取数据中列车车次号和机车号字段进行判断，如与本列车的车次号、机车号相一致，机车装置主机自动发送回复确认，并将调度命令储存、显示，同时向司机发出调度命令阅读提示语音。如判断结果不一致，机车装置主机不对该条命令继续处理。

司机阅读调度命令或行车凭证，按“签收”键发送人工确认信息。机车装置的自动确认、人工确认信息由无线列调机车台通过 TDCS 无线车次号载频发送到车站，车站数据接收解码器接收确认信息，通过音频输出接口传送给车站转接器，经车站转接器解调，将数据信息传送给 TDCS 系统，最终在 TDCS 调度终端或车站终端显示。

司机根据需要，可以按“打印”键打印调度命令。机车装置存储调度命令和人工确认、打印等操作记录，事后可读取存储记录，从而反映调度命令接收操作的真实全过程。

为确保 TDCS 系统接收人工确认回复信息可靠，机车装置除在操作“签收”的同时立即向车站发送人工确认信息外，还将在列车运行到下一车站的进站信号机位置时，自动重发上一次人工确认信息。车站转接器接收到来自车次号解码器的自动确认、人工确认信息时，将确认信息转送给 TDCS 设备。

调度命令或行车凭证发出后在 15 s 内若收不到自动确认信息，行车调度台或车站值班员终端则自动重发 2 次调度命令或行车凭证。重发 2 次后，若仍收不到自动确认信息，则在调度台 TDCS 终端上给出提示，显示调度命令传送失败。此时操作人员可选择“重发”或“结束”。选择“重发”则重复以上发送过程；选择“结束”则退出命令发送状态。

调度命令的发送时机由 TDCS 系统控制，列车行进到“1 接近信号机”位置，自动向列车发送调度命令。如发令时列车已越过“1 接近信号机”，则列车在本站“1 接近信号机”与“出站信号机”之间位置时，立即发送调度命令。

列车进路预告信息的发送时机由 TDCS 系统控制，在半自动闭塞区段，接车站接车或通过进路已排列，在出发站，TDCS 选择以下位置向列车发送列车接车进路预告信息：

a. 出发站的出站信号机。

b. 反向进站信号机。

c. 反向接车预告信号机。

信息发出，列车收到并自动确认后则不在后续位置发送列车接车进路预告信息。如果在上述位置，信息发送后均未收到自动确认，列车越过反向接车信号机后，TDCS 改由接车站发送列车进路预告信息，每隔 120 s，自动向列车发送 1 次列车接车进路预告信息。信息发出后收到自动确认或列车越过接车站进站信号机后，则不再发送列车接车预告信息。

在自动闭塞区段，接车站接车或通过进路已排列，TDCS 系统控制出发站当列车在以下位置时发送列车接车进路预告信息：

a. 出发站的出站信号机。

b. 1 离去信号机。

c. 2 离去信号机。

信息发出，列车收到并自动确认后则不在后续位置发送列车接车进路预告信息。如果在上述位置，信息发送后均未收到自动确认，列车越过 2 离去信号机后，TDCS 改由接车站发送列车进路预告信息，TDCS 在每个闭塞分区自动向列车发送 1 次列车接车进路预告信息。信息发出后收到自动确认或列车越过接车站进站信号机则不再发送列车接车预告信息。

在调度命令无线传送系统中，车站向机车发送调度命令利用无线列调原工作频组 F2 发送；机车向车站发送回复确认，则利用 TDCS 无线车次号传输频率 457.550 MHz。

2. TDCS 无线车次号校核系统

无线车次号校核系统实现了由行进中的列车向调度中心可靠地传送列车车次号、机车号、速度和列车位置等运况信息，是列车调度指挥系统（TDCS）自动采集跟踪列车车次号、运行时刻，自动绘制列车实际运行图或调整计划的重要环节，是铁路移动无线数据传输在列车运行监控信息自动化领域中的实际应用，也是通信信号一体化的范例。

在没有解决列车车次号自动输入之前，我国调度监督系统依靠人工输入列车车次号，一般是在调度所或编组站的出发场设置列车车次号输入设备，在列车进入调度区段时人工置入列车车次号，此后列车在一个调度区运行时完全依靠逻辑推理追踪列车车次号。我国列车运行情况复杂，客货混运，多数车站有调车作业，车站停电或信号故障都会增加逻辑推理追踪列车车次号的难度。

（1）系统构成和设备组成

TDCS 无线车次号校核系统如图 3-102 所示，由机车安全信息综合监测装置、机车数据采集编码器、无线列调机车电台、车站数据接收解码器、调度监督分机和调度监督总机等设备和连接电缆组成。机车数据采集编码器见图 3-103；车站数据接收解码器见图 3-104。

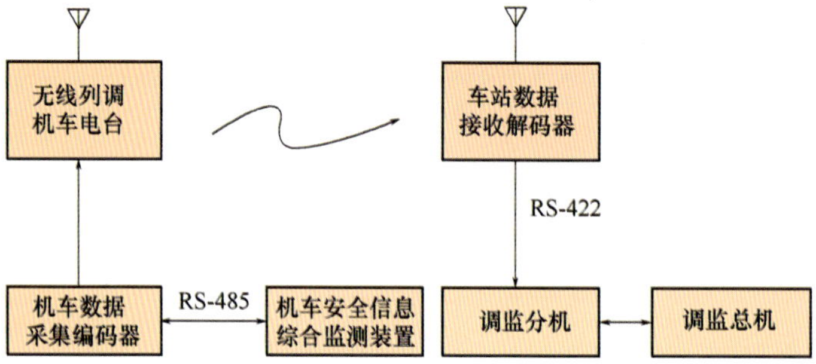

图 3-102　TDCS 无线车次号校核系统

图 3-103　机车数据采集编码器

（2）系统功能和工作原理

作为一个公用的信息平台，机车安全信息综合监测装置即 TAX 箱为 TDCS 无线车次号校核系统提供信息来源，通过 RS-485 接口周期地向机车数据采集编码器传送如车次号、机车号、列车种类、编组、速度、位置等信息。

机车数据采集编码器随时读取上述信息，当根据信号机种类判为有效时，按照 TDCS 车次号校核系统数据结构协议的规定进行信息数据的编码包括纠错和检错编码、数据打包，调制并启动无线列调机车电台改变原有的工作频率，以部颁无线列调 2 组 f_4 频率发射。无线列调机车台收到数据采

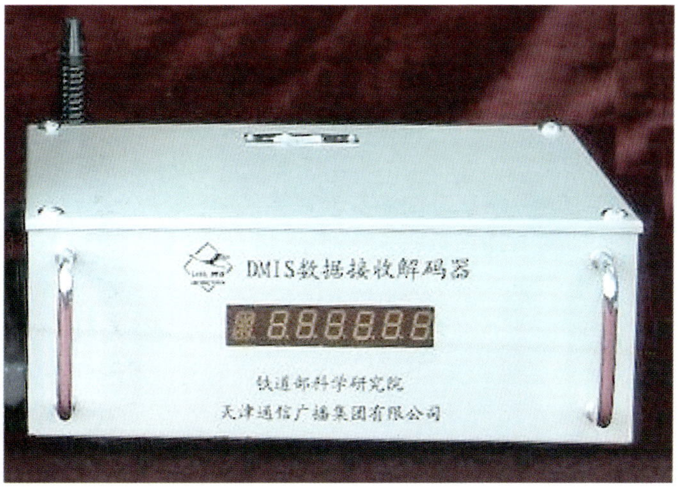

图 3-104 车站数据接收解码器

集编码器送来的 TDCS 控制发射信号（低电平有效）时，不管是否正在通话，均切断话音调制并在 350 ms 内在 2 组 f_4 信道建立发射，强行转为传送车次号信息数据，传送完成后（TDCS 控制发射信号由低电平转为高电平）恢复话音通信。如发生在 2 组 f_4 上长发的现象，则应在发射 1.5 s 后自动切断发射并回到原机车电台工作频率，以免影响无线列调正常通信。

车次号信息发送地点和条件规定为：

在始发站内时，当 TAX 箱给出的信息中的监控状态为“非监控状态”，机车速度从 0～5 km/h 时，单向发射 3 次。

在始发站机车对标点时，单向发射 3 次。

机车在沿线运行，经过各站进站和出站信号机两个位置时，均连续、单向发送 2 次。第一次是在机车数据采集编码器判定有效后立即发送，第二次则随机延时 3～5 s 后发送。

车站数据接收解码器以无线列调 2 组 f_4 的接收频率收到车次号等信息，并对数据纠错、检错解码，确认信息无误后读取位置信息进行公里标比较。经比较后确认为本站辖区列车传来的信息，则把接收的信息重新打包通过 RS-422 接口送到本站调度监督分机，再由调度监督分机通过专用二线送给调度监督总机。如果经列车位置公里标比较判为非本站辖区列车传来的信息时，则清除该信息。为了增加数据传输的可靠性，对每帧数据，车站数据接收解码器都向调度分机传送 3 次。

本系统从列车向地面方向可靠地传送了车次号、机车号、列车速度、位置、种类、编组等信息，实现了 TDCS 对运行列车车次号的可靠连续追踪。

（五）GSM-R 数字移动通信系统

铁路移动无线通信是无线通信在铁路运输生产中的应用，是实现车地之间信息传输交换与处理，确保行车安全、提高运输效率的有效技术手段。随着无线电技术特别是数字技术、数据通信技术和计算机技术的发展，随着铁路客运提速，货运重载班列化的发展，结合运输生产作业过程管理与控制监测以及车地之间运行、安全、状态和故障监测实时数据信息双向无线传输的需要，使铁路移动无线通信成为运输生产管理与列车控制、监测系统中重要而必需的环节，并向综合、数字、数据传输发展，向通信、信号、信息一体化应用发展。

我国铁路以无线列调为典型代表的移动通信系统与铁路运输生产和信息化的发展需求差距比较大，必须大力发展铁路综合移动无线通信系统。

GSM-R 是由 UIC 支持开发的欧洲铁路数字移动无线专用通信系统，可以解决铁路运输综合移动话音通信、数据通信的需要；可在 CTCS 中连续传送列车控制命令信息实现车地之间双向、大容量的数据通信，体现通信信号一体化的特点；还可作为无线列调、集群、分散对讲或数传系统的更新换代产品。

因此，铁道部决定采用 GSM-R 数字移动通信系统作为我国铁路综合移动通信的技术体制。现已经建设了青藏线、大秦线和胶济线三条 GSM-R 铁路线。铁道部还制定了系统网络标准、业务应用标准和设备标准，并使用 GPRS 作为铁路信息传输平台。

1. 系统构成

GSM-R 系统结构如图 3-105 所示，由网络交换子系统（NSS)，基站子系统（BSS)，智能网子系统（IN)，网管子系统（OMC)，通用分组无线子系统（GPRS)，固定用户接入系统（FAS)，终端子系统等七部分构成。

（1）系统设备

网络交换子系统（NSS）包括移动交换中心（MSC）、归属位置寄存器（HLR）、访问位置寄存器（VLR)，鉴权中心（AuC)、组呼寄存器（GCR)、网络互联功能模块（IWF)，确认中心（AC)。

基站子系统（BSS）包括 BSC/TRAU、BTS 及天馈系统。

智能网子系统（IN）包括业务控制点设备（SCP)、业务交换点设备（SSP)、智能外设（IP)、业务管理系统设备（SMS）等。

网管子系统（OMC）包括交换网管中心（OMC-S)、无线网管中心（OMC-R)、FAS 网管中心（OMC-F)、GPRS 网管中心（OMC-D）和直放站网管中心（OMC-T）等。

GPRS 子系统 SGSN、GGSN、PCU、Radius 服务器、域名服务器（DNS）等。

固定用户接入系统包括铁道部 FAS、铁路局 FAS 以及各站段 FAS 等。

终端设备包括调度终端、车站终端、机车综合通信设备、手持台和列尾主机装置以及其他相关用户终端等。

（2）网络接口

Um 接口（空中接口，BTS 与移动终端之间)、Abis 接口（BTS 与 BSC 之间)、Asub 接口（BSC 与 TRAU 之间)、A 接口（MSC 与 BSC 之间)、B 接口（MSC 与 VLR 之间)、C 接口（MSC 与 HLR 之间)、D 接口（HLR 与 VLR 之间)、E 接口（MSC 与 MSC 之间)、F 接口（MSC 与 EIR 之间)、G 接口（VLR 与 VLR 之间)、Gb 接口（BSC 与 SGSN 之间)、Gi 接口（GGSN 与铁路信息系统以及外部 IP 网络之间)、Gn 接口（SGSN 与 GGSN 之间)、Gr 接口（SGSN 与 MSC 之间)、H 接口（HLR 与 AuC 之间)、I 接口（MSC 与 GCR 之间)。

2. 系统功能

与铁路业务有关的系统功能有：个别呼叫、电路型数据传输、GPRS 分组数据传输、语音广播和语音组呼、增强多优先级与强拆 eMLPP、功能寻址（包括功能号显示)、基于位置的寻址。

3. 应用终端子系统

（1）列车调度通信

主要功能是列车调度员组呼调度辖区内的机车司机、某个车站的车站值班员、助理值班员以及该车站基站区内的所有机车司机、所有或部分车站值班员；列车调度员向调度辖区内所有机车司机发布语音广播；列车调度员组呼调度辖区内所有相关人员并通话；列车调度员用 ISDN 号码呼叫调度辖区内的相关人员及相邻调度区相关人员并通话；车站值班员（助理值班员）按不同方式呼辖区内或相邻区间范围内的相关人员并通话；机车司机、助理值班员按不同方式呼叫相关人员并通话。

（2）车次号校核信息传送

利用 GPRS 数据传输功能实现车次号校核信息的传送，主要包括实现车次号传送的目的 IP 地址自动更新；按要求进行车次号信息传送；进行列车停稳信息的传送；调度命令信息传送；利用 GPRS 数据传输功能实现调度命令信息传送。

数据功能包括对无线机车信号和调车监控信息、同步操作信息和进路预告信息的传送等。

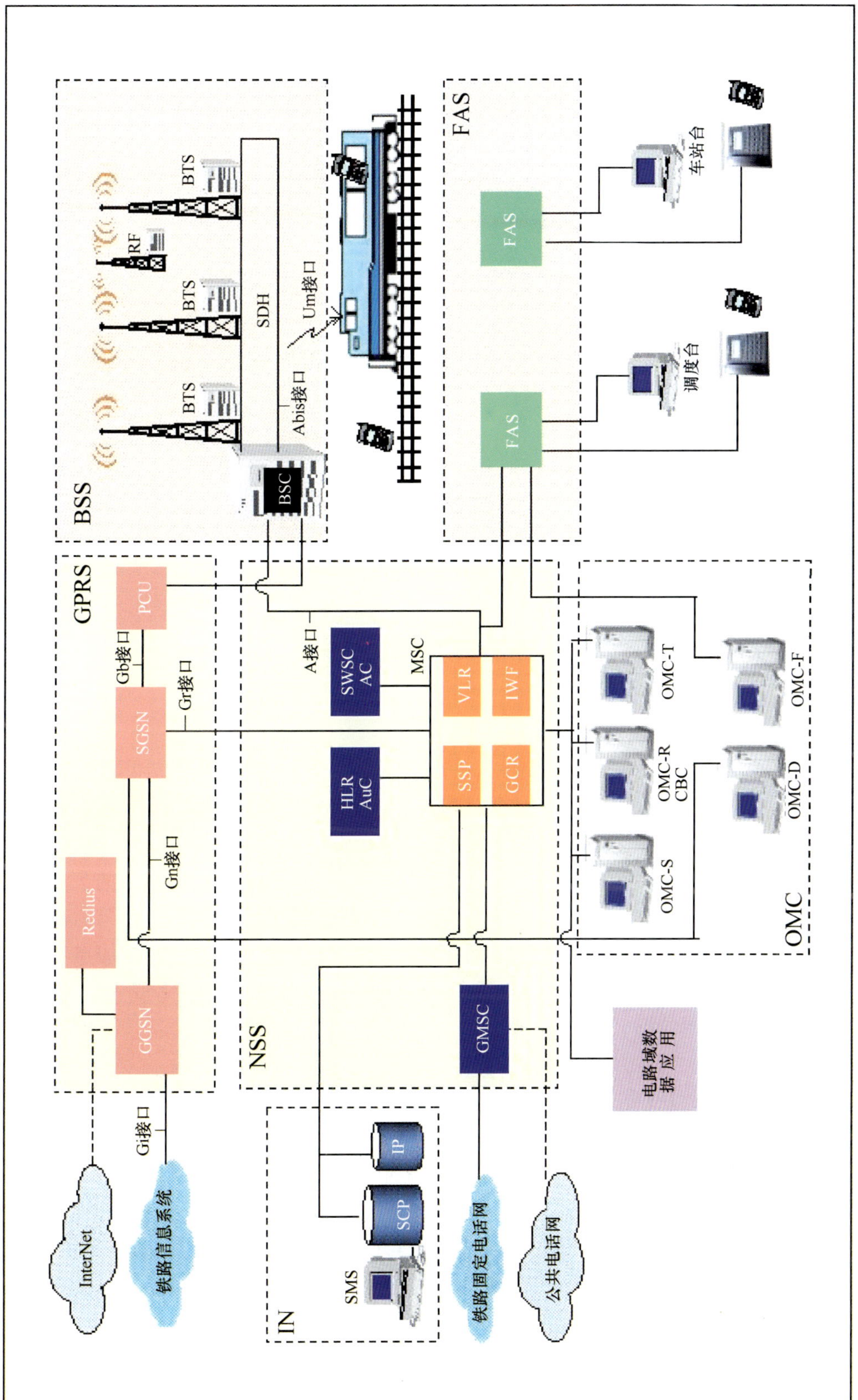

图3-105　GSM-R系统结构

其他语音业务包括货运调度通信、牵引供电调度通信、其他调度及专用通信、站场通信、应急通信、施工养护通信、道口通信等。

（六）机车综合无线通信设备

随着列车移动无线通信的发展，特别是车地之间话音通信和各类数据通信设备的增多，需要以GSM-R数字移动通信系统机车设备为基础考虑机车各种通信设备的综合应用和统一建设。近期，铁道部从统一规划机车无线通信设备入手，制定机车综合无线通信设备的技术条件，在技术规范和设备制造方面构建机车综合通用平台，承载机车无线通信的各种业务。

机车综合无线通信设备根据功能模块的不同选配，同时或分别实现以下功能。

（1）列车无线调度通信系统机车电台功能。

（2）450 MHz列车无线调度通信系统承载的列车尾部风压、无线车次号、调度命令等无线数据信息的传输功能。

（3）GSM-R调度通信系统机车台通话功能。

（4）以GPRS或电路数据传输链路方式，提供GSM-R通用数据传输功能。

（5）800 MHz列尾和列车安全预警系统机车台的功能。

（6）提供IEEE 802. 11b标准规定的数据传输功能。

（7）提供在GSM-R调度通信模式与450 MHz列车无线调度通信工作模式之间自动切换和手动切换的功能。

（8）向用户提供GPS原始信息、公用GPS位置信息等。

（9）操作显示终端提供操作、状态显示和语音提示功能。

（10）主机和MMI具有信息存储功能和主、副MMI之间通话功能。

（11）利用列尾主机的GPS位置信息计算机车与列尾之间距离，超出规定报警。

二、客票系统

《全路客票发售和预订系统》（以下简称客票系统）1996年开始建设，先后经历了1.0版车站计算机售票，2.0版地区联网售票，3.0版全路联网售票，4.0版适应收入清算需求以及4.18版提前180 d预约预订直达特快旅客列车车票的版本升级。

为了铁路客运快速网建设和第六次大提速售票组织的需要，客票系统进入了新的发展阶段，在2005年完成了客票系统5.0版的研制，在2006年完成了全路联网车站的推广，为第六次大提速动车组的新售票组织模式、管理模式都奠定了坚实的基础。随动车组技术方案和延伸服务方案的进一步确定，客票系统在2007年第六次大面积提速前还要进行一次小版本升级。

1. 客票系统5.0的主要特点

（1）优化体系结构

客票系统5.0重新定义并优化了系统的体系结构，增加了应用服务层，将席位（包括有座和无座）集中存储到路局中心。席位集中后，便于席位管理，利于售票组织，方便旅客购票，提高席位利用率，达到挖潜提效。

客票系统5.0支持车站保留服务器的运行模式，也支持取消车站服务器的运行模式，客票系统的体系架构将由原来的三级建库（铁道部、地区中心、车站）逐步转变为两级建库（铁道部、地区中心）。

取消车站服务器可以大幅降低系统的运营成本，包括硬件设备投入、场地投入、人员投入和维护投入等。

客票系统5.0版本支持席位集中和取消车站服务器，这就对路局中心主机能力提出了更高的要求，但物理上机器总有一定的能力限制，为此，客票系统5.0版本引入“非动态负载均衡”概念：当一个铁路局中心主机能力受限时，通过扩展若干个负载中心，将客票系统业务分布在这若干个负载中心机器上，从而实现“非动态负载均衡”。

"非动态负载均衡"解决了计算机硬件不能提供无限能力的问题以及某些数据库不能提供系统能力扩展的问题，从而最大限度利用原有资源，充分共享全路范围已有的系统能力。

客票系统 5.0 版本设计了超越行政管辖的数据中心架构，数据存储物理地点与售票业务管理无关的崭新观念，可以大大提高客票系统对生产力布局调整的适应能力。

这些优化的体系结构为第六次大面积提速，为将来客运专线票务系统提供灵活的组织模式，可以根据网络状况、硬件设备条件有选择地组建系统。

（2）完善客票系统功能

客票系统 5.0 在售票组织上实行"全路一盘棋"的总体思路，建立了有效的售票组织监控机制、强化灵活的票额动态调整手段，理顺站、车信息的传递流程，实现列车全程能力利用最大化、全路客票收入的最大化。主要提供席位复用、剩余票额调整、票额共用等具体售票组织功能。

第六次大面积提速动车组的高密度大流量开行，势必有些区间的能力会剩余，这些售票组织功能就可以在列车沿途站间实现动态票额调整，从而提高旅客列车利用率。

客票系统 5.0 支持面向社会的多元化的售票模式，如电话订票、网上订票、自动售票、自动检票、社会查询服务，以及与其他运输方式的联运售票服务等将可随着安全、支付等条件的成熟逐步得以实现，客票系统 5.0 在支持传统现金支付的基础上，还支持储值卡支付、银行卡支付、储值账户转账支付（支票和汇票支付）以及它们的混合支付。营销手段、营销模式、营销渠道及支付方式的多样化是动车组客票销售所必须的。

客票系统 5.0 为支持与其他系统的信息共享，在铁道部和铁路局设计了专门的数据接口服务平台，除提供客票基础数据、收入和统计数据、列车补票数据外，还可以为动车组送餐提供售票数据，为 CRH 优惠卡提供持卡购票数据。

除上述与动车组直接相关的功能外，客票系统 5.0 还完善了包括客票优惠方式、客票业务管理、生产统计分析、信息沟通与传递等方面的功能，间接地提高动车组客票产品的管理水平、销售和分析能力。

2. 延伸服务的变化

随着动车组技术方案、开行方案和其他延伸服务的进一步确定，客票系统 5.0 版本在不改变现有体系架构和基本功能的基础上，还需要进行再次版本升级，包括与规章、票制、CRH 优惠卡、自动售检相关的接口和功能变更。

（1）规章、票制和 CRH 优惠卡

为了实现第六次大提速动车组车票的科学管理，规章规定动车组车票当日当次有效、最远只发售至本次列车终点站、可以办理一次提前或改晚乘车签证手续等，客票系统为支持这些变更规章，需要进行小功能的修改。

动车组在试点站采用一次性磁介质纸制客票，客票系统要同时适应两类票制管理、两类票制识别、两类票制结账统计。

对经常乘坐 CRH 动车组探亲、通勤、商务出差、异地办公等常旅客，铁路提供了 CRH 动车组优惠卡，在规定的有效期内，在旅客支付一定初始费用的前提下，为常旅客提供购票固定折扣的票价优惠。客票系统要支持卡识别、卡优惠率读取、黑名单判定、票价折扣计算、信息回写卡等功能以及与优惠卡系统的数据交换。

（2）AFC 系统工程

AFC（Automatic Fare Collection）直译为自动收费，在交通行业定义为自动售检票，AFC 系统也就是交通行业的自动售检票系统，是通过自助售票机、自动检票机等自动化设备取代人工作业，完成售票和检票业务的自动化作业系统，体现了现代交通行业的高度自动化水平。

世界 AFC 系统的起源始于 20 世纪 60 年代。1967 年，Montreal 建立第一条公共交通磁介质收费系统。20 世纪 70 年代开始，所有新的城市交通都开始配置 AFC 设备，其中 San Francisco 建立了第一条采用电子票的地铁自动售检票系统；20 世纪 80 年代年代初期，香港的地铁 MTRC 系统是第一条采用可循环使用磁票的系统，以后发展到与市郊列车实现联合购票；20 世纪 90 年代初期，香港在使用几年磁卡票后，决定采用非接触式 IC 卡，带来的好处是：设备更可靠，维护成本大大降低，交易更快，安全性得到增强。法国、德国、意大利、西班牙、美国、澳大利亚、日本、韩国、新加坡等国家的 AFC 系统在世界处于领先地位。

我国的 AFC 系统的建设始于城市轨道交通。1999 年，国内第一套 AFC 系统在上海地铁 1# 线开通，经过几年的发展，上海轨道交通 AFC 系统形成以地铁 1#、2#、1# 北延伸线和轨道交通 3# 线组成的城轨 AFC 系统，采用非接触式 IC 卡和磁卡两种票制，兼容城市“一卡通”，能容纳的客流量最高达到 203 万人次。广州是国内第二个开通 AFC 系统的城市，在地铁 1#、2# 线使用，2002 年将 1# 线的磁卡票系统改造完毕后，开始全部采用非接触式 IC 卡作为车票媒介，兼容广州的“羊城通”。深圳地铁 AFC 系统的特点是 70% 的国产化率，全部采用非接触式 IC 卡票制，兼容“深圳通”和香港“八达通”，2004 年底投入使用，当天的客流量达到 11.6 万人次。

我国 AFC 系统的设备经过了全部进口、部件进口国内组装、全部国产化三个阶段。票介质经过循环使用磁卡票、纸质磁卡票、非接触式 IC 卡票的发展历程，设计初期就考虑了与城市公共交通互通的问题。技术上从引进国外先进技术、国内消化吸收，形成国内自有技术的技术线路。目前国内厂家已具备系统集成和设备制造能力，但关键部件仍依靠进口。

①AFC 系统组成

铁路 AFC 系统由自动售票系统和自动检票系统两大部分组成。

自动售票系统由自动售票终端、应用服务器、数据库服务器、通信网络、客票接口服务器、管理终端、监控终端几部分组成，如果提供银行卡支付功能，还需要银行接口服务器支持。

自动检票系统由自动检票机、数据库服务器、通信网络、客票系统接口服务器、运营调度系统接口服务器、时钟同步设备几部分组成。

②AFC 系统的功能

根据 AFC 系统的定义，AFC 系统的功能可归纳为如下几个方面：

a. 自动售票功能：根据实际需要定制不同的售票模式，如指定发站、指定到站、指定车次等。

b. 自动取票功能：对客票系统预约预定和呼叫中心订票功能的一个补充，旅客获得订票号后，可以到自动售票机上方便地取到所订车票。

c. 自动检票功能：对进出站旅客所持车票实现自动检查。

d. 业务管理功能：主要包括设备管理、现金管理、钱箱札账、银行对账、检票计划生成、相关业务统计等功能。

e. 运营管理功能：主要包括参数定义、权限管理、日志查询、应用服务器线程管理等。

f. 系统监控功能：业务监控、设备状态监控、实时图像监控。

③铁路大提速与 AFC 系统的关系

铁路第六次大提速明确了在主要干线上开行动车组的要求，届时铁路客运的旅行速度将达到 200 m/h。速度的提升，意味着铁路客运服务水平的提升，作为直接面向旅客的铁路售票和检票作业在第六次大提速中将引入 AFC 系统试点工程，试点工程定位在上海局的沪宁、沪杭两条客流密集的铁路线上，在上海、上海南、南京、杭州四个车站安装自动售票机和自动检票机，实现旅客自助购票，进站自动检票。

第七节　牵引供电

牵引供电系统为电力牵引设备提供稳定可靠的动力电源，满足列车高速运行的弓网关系，供电能力应适应列车高速度、高密度运行要求，供电系统应具有远程监控能力。

牵引供电分为牵引变电所和接触网两大部分，合在一起统称牵引供电系统。牵引变电所负责提供电力机车/动车组所需要的 25 kV 的电能，接触网/受电弓系统将变电所提供的电能传递到机车/动车组上。为保证 200 km/h 速度级铁道线路的可靠供电，必须对接触网进行技术性分析，必要时做相应的改造。

牵引供电、电力、SCAD 系统结构如图 3-106 所示。

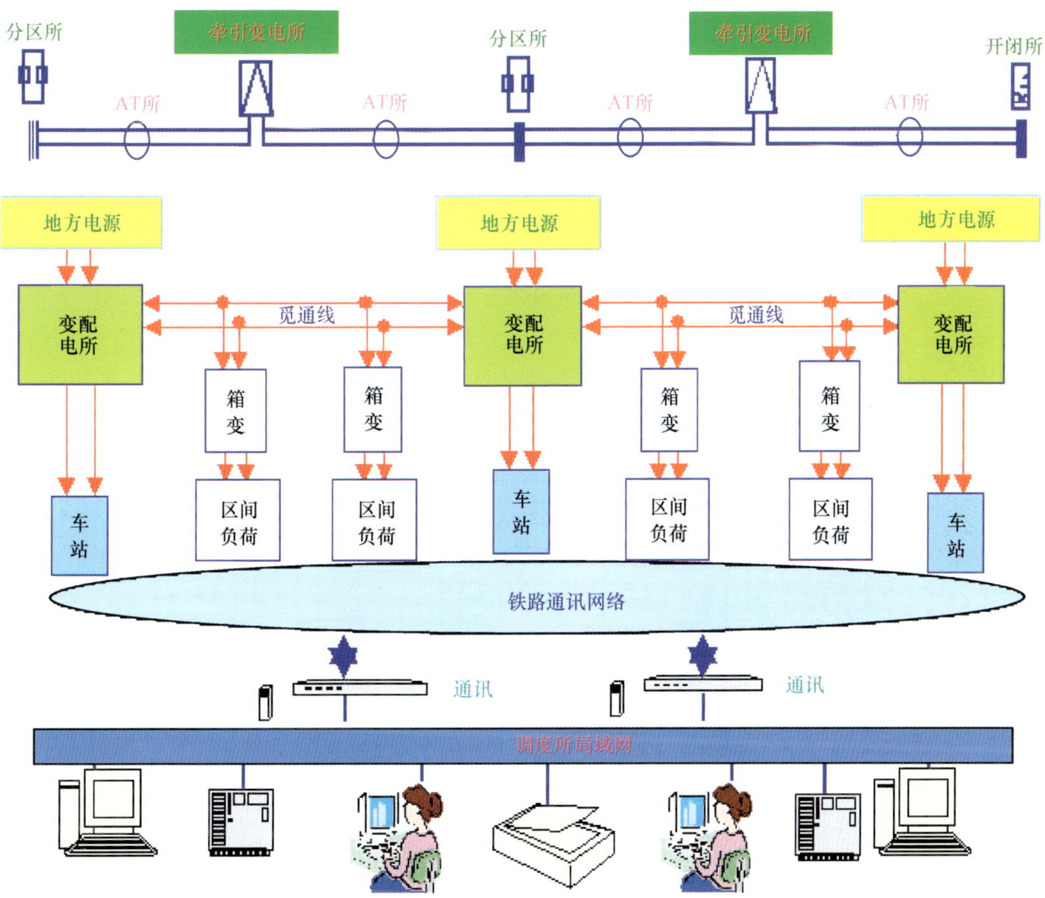

图 3-106 牵引供电、电力、SCAD 系统结构

一、牵引变电所

(一) 牵引变电所改造的技术要求

提速线路对牵引变电所的要求是提供负荷要求的电源，主要满足电动车组/电力机车对电源电压质量等的要求，以及电力系统对负荷电能质量方面的要求，主要有负序、谐波和功率因数等。

200 km/h 等级提速的线路，牵引负荷并未明显增大。改造牵引变电所原则上不改变进线电源；新建变电所进线电源可采用 110 kV 或 220 kV，优先采用 220 kV。两路电源互为热备用。

现有的供电方式有：AT 供电方式、带回流线的直接供电方式、直接供电方式等。考虑到供电距离、电压稳定性、抗干扰能力等，新建的牵引变电所优先推荐 AT 供电方式或带回流线的直接供电方式。在对既有线进行改造时牵引供电方式一般不做改动。

选用供电方式时，应根据线路的牵引质量、行车组织模式及电力系统状况，进行技术经济综合比较后确定。

在牵引变电所的设计改造中，应充分考虑满足牵引变电所一次侧功率因数不应低于 0.9 的要求，以及：①馈线接线应能满足上、下行分别供电和并联供电的要求。②牵引变电所、开闭所、分区所、AT 所宜采用综合自动化系统及安全监控系统。③有条件时，牵引变电所、开闭所可采用无人值班、定期巡检的工作方式，适当考虑有人值守的条件；分区所、AT 所采用无人值班、无人值守、定期巡检的工作方式。

（二）牵引变电所主要设备改造方案选择

200 km/h 等级提速线路牵引变电部分的标准按新建客货共线提速电气化铁路的相关要求进行。

运行速度提高（包括客车从 120～160 km/h 提速到 200 km/h，货物列车从 80 km/h 左右提速到 120 km/h 且牵引定数为 5 000 t）后，由于空气阻力的迅速增大，使得单列列车（车组）的耗能大大增加，如提速以前货物列车采用的 SS_4 电力机车额定功率为 6 400 kW，SS_9 型客运电力机车额定功率为 4 800 kW，提速后，几乎所有的电动车组的功率均超过 10 000 kW。

负载的增加，使得变电所需要的功率增加，负载电流增大，使得在输电线、接触网、主变压器上的压降增大，最终导致电力机车/电动车组的弓网上的电压降低，过低的工作电压可能造成电力机车/电动车组功率下降甚至不正常工作。

根据标准规定，电力机车/电动车组的功率/网压特性如下：①网压在 29.0～31.0 kV 时，最大输出功率随电压的升高由额定功率线性下降至零；②网压在 22.5～29.0 kV 范围内，发挥额定功率；③网压在 22.5～19.0 kV 时，最大输出功率随电压的降低线性下降至额定功率的 84%；④网压在 19.0～17.5 kV 时，最大输出功率随电压的降低由 84%额定功率线性下降至零。

为了保证网压满足电力机车/电动车组的运行要求，可以采取以下措施：①改用 AT 供电系统，提高供电电压，降低供电电流，但可使供电距离大幅度延长；②加强接触网，降低接触网的电压损失；③增大变压器的额定容量，降低变压器的电压损失；④缩短变电所间的间距，即缩短供电距离，降低接触网的电压损失；⑤改用更大容量的电力系统。

实际上，由于受到各种条件的制约，只能折中采用上述方案中的几种，以保证列车的正常运行。

在 200 km/h 速度级提速线路中推荐使用的 AT（自耦变压器）供电方式和带回流线的直接供电方式的比较见表 3-73。

表 3-73　AT 供电方式和带回流线的直接供电方式技术经济性能比较

项 目	AT 供电方式	带回流线的直接供电方式
牵引网结构	大体相当，对桥梁、隧道等净空要求较高	对隧道、桥梁等净空要求要低于 AT 供电方式
电能输送能力	2×25 kV 系统；牵引网标么阻抗小；牵引网压降小，损耗低	1×25 kV 系统；牵引网标么阻抗大；牵引网压降大；电能损耗高
供电设施	牵引变电所数量少，但需设置 AT 所，总的供电设施较多	牵引变电所数量多，但不需设置 AT 所，总的供电设施较少
供电质量	电压等级高，牵引网电流小，供电臂长，工作电压水平高，供电质量好	缩短供电臂长度才能保证供电质量
运行影响	电分相数量少，对速度影响较小	电分相数量多，对速度影响较大
故障影响	供电臂长，故障影响范围大	供电臂短，故障影响范围小
外部电源工程	接入点少，外电工程少，但变压器安装容量大，对 PCC 点短路容量要求大	接入电源点多，外电工程多，但变压器安装容量小，对 PCC 点的短路容量要求小
电磁干扰	小	较大
总体投资	路内投资大，外部电源投资较小	路内投资较小，外部电源投资较大
运营成本	供电设施多；设备折旧高	供电设施略少；设备折旧略低

同样道理，由于 220 kV 的电力系统采用了比较高的电源电压，在传输相同功率的前提下传输电流比 110 kV 的电力系统的传输电流下降一倍。所以进线应优先 220 kV 的电力网供电。

牵引负荷的特点是：单相、变化剧烈、谐波含量较大。单相和变化剧烈 2 个特点决定了在接入电力系统时会产生较大的负序电流，谐波注入电力系统会造成系统的其他设备不必要的发热等。因此国家标准对电能质量做出了相关规定，在电力系统中的所有负荷均应满足规范的要求。当采用 220 kV 进线供电时，由于系统容量较大，牵引负荷占系统总负荷的比重降低，使以前比较严重的负序、谐波等问题迎刃而解。这样，主变压器可以使用结构比较简单的单相变压器，便于提高牵引供电系统的可靠性，并可提高变压器容量的利用率。

牵引变压器大致可分为 220 kV 用及 110 kV 用 2 种，接线形式在国内使用的有：Y/Δ 接线、斯科特接线、平衡变压器接线、V/V 接线以及单相变压器等。

提速区段牵引变压器的供电电压等级以及接线方式的选择主要取决于：外部电源、对外部电源的影响（负序及谐波要求）以及经济性可靠性等方面的要求。

各种接线方式的变压器的特点如表 3-74 所示。

表 3-74 各种变压器接线的特点

接线形式	Y/Δ 接线	斯科特接线	平衡变压器接线	V/V 接线	单相变压器
变压器结构	较复杂	复杂	最复杂	较简单	简单
对系统的影响	小	较小	最小	较大	较大
容量利用率	低	高	高	高	高
一次投资	较大	大	大	小	小
运用成本	略高	略低	略低	略低	略低

提速线路多处于经济发达地区，沿线电源质量较好。多数地区具备采用 220 kV 和 110 kV 电压等级供电的条件。电压等级不同对短路容量的影响不同，外部电源条件对牵引供电系统的突出影响反映在变压器接线形式和容量上。

外部电源对牵引变压器安装容量的限制主要决定于不同接线牵引变压器下牵引负荷对外电系统产生的负序影响，以胶济线（设计）为例，分别说明如下：

负荷最重的王村牵引变电所，采用 220 kV 单相 Ii 接线牵引变压器，远期负荷 50 MV·A 时为：

εu =（50 /8 000）×100%=0.625%<2%（国标要求）；

牵引负荷较轻的潍坊西牵引变电所，采用 110 kV 单相 Ii 接线牵引变压器，最大负荷 25 MV·A 时为

εu=（25 / 2600）×100 %=0.96%<2%（国标要求）。

多数客货共线的提速线路货物列车多采用 SS_4 型电力机车牵引。SS_4' 型八轴电力机车采用不等分 3 段半控桥整流电路，机车功率 6 400 kW。

旅客列车采用国产 CRH 型电动车组和 SS_9 型机车牵引。SS_9 型六轴电力机车采用不等分 3 段半控桥式整流电路，机车功率 4 800 kW。2 种机车均为交直型电力机车，功率因数较低，正常运行时一般在 0.85 左右，CRH 型由于采用了新型的变流技术，功率因数在 0.98 以上。

电力系统要求用户的功率因数必须达到 0.90 以上，对于超过 0.90 的用户实施奖励，对于低于 0.90 的用户征收功率因数调节电费（罚款）。对于提速线路，预计变电所高压侧（110/220 kV）及低压侧（27.5 kV/55 kV）的功率因数如图 3-107 所示。

因此，一般需要加装并联补偿装置以补偿功率因数的不足。并补装置有固定并联补偿和动态并联补偿装置等多种，补偿效果及投资不一，需要通过技术经济比较后确定采用那种方式。

变电所的二次系统包括直流电源、测量系统、信号及控制系统、继电保护系统以及远动系统等。提速线路多采用将保护、控制、测量等功能组合在一起的综合自动化系统，连同（视频）安全监控系统等一起提供。

综合自动化及远动技术为提高牵引供电系统调度管理水平，为快捷分析、查找、切除故障点，提高系统智能化水平，确保系统安全、可靠、高效运行提供了有力的技术支持。

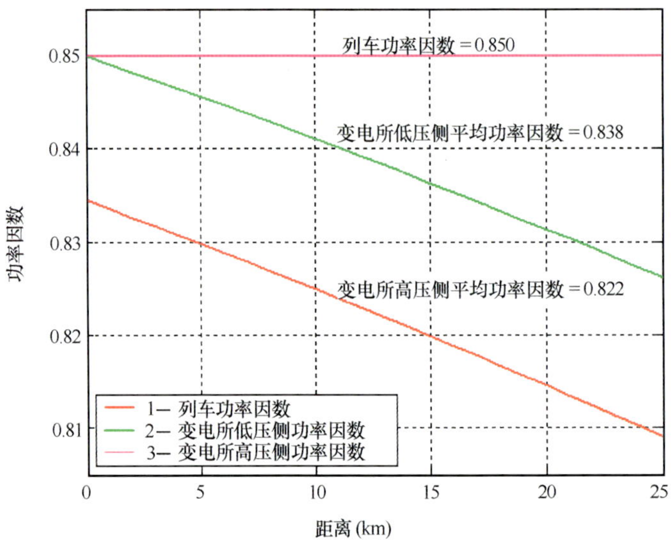

图 3-107　列车在供电臂的不同位置下变压器高压侧和低压侧功率因数曲线

采用安全监控系统，变电所和开闭所室内外设置多个摄像机，对重要设备的运行状态、火灾、外物侵入等进行监视，提供实时的和一段时间内任意时刻的图像，自动输出报警信号，自动记录现场图像并给出报警现场图像，通过专用的数字通道将各类信息传至调度中心，调度中心通过计算机操作，实现视频图像的变焦、变光圈及云台的转动，实现对牵引变电所远程的全面信息跟踪及掌握。牵引变电所采用安全监控系统为实现变电所无人值班、提高供电可靠性及铁路装备自动化水平提供了有力的保障。图 3-108 所示为一个牵引变电所的外景，图 3-109 为变电所的一次设备。

图 3-108　某牵引变电所的外景

二、接触网

接触网（图 3-110）作为地面设备和移动设备的连接部件，对 200 km/h 等级提速起着关键的作用。改造的接触网悬挂类型宜采用全补偿简单链形悬挂，接触线采用铜合金接触导线，截面积不宜小于 120 mm^2，承力索采用铜合金绞线，正线承力索截面积不宜小于 95 mm^2，吊弦宜采用铜合金整体式吊弦，张力补偿装置宜采用铝合金滑轮组结构，锚段关节不宜小于四跨。

图 3-109　变电所的一次设备

正线的分相装置应采用带中性段的空气绝缘锚段关节形式，电力机车过分相方式采用地面感应、机车自动切换的方式。

图 3-110　接触网及受电弓

（一）接触网悬挂主要参数

1. 正线接触线额定张力不宜小于 15 kN；

2. 正线接触线距轨面的最低高度应保证接触线至机车、车辆（包括装载货物）最高点的距离不小于 350 mm。对于开行双层集装箱运输的线路，接触线距轨面的最低高度一般不应小于6 330 mm；

3. 接触网的结构高度宜采用 1.1～1.6 m，隧道或跨线建筑物等困难条件下可适当降低或特殊设计接触悬挂，但接触网性能应满足 200 km/h 列车运行要求；

4. 接触线工作支在支柱悬挂点高度变化时，其坡度不应大于 1‰；

5. 正线接触线工作部分改变方向时，其与原方向夹角不宜大于 4°，困难情况下不宜大于 6°；

6. 接触网支柱跨距不宜大于 65 m，最小跨距为 50 m，相邻跨距之差一般不大于 10 m；

7. 为确保接触网张力补偿器的补偿精度，正线接触网锚段长度不宜大于 2×800 m；接触线、承力索的张力差均不得大于额定张力的±10％；

8. 接触网支柱侧面限界应大于 3.1 m。

（二）弓网受流性能要求

1. 接触线动态抬升量不大于 120 mm；

2. 受电弓滑板受到的垂向冲击加速度（硬点）不大于 50 g；

3. 受电弓滑板受到的纵向冲击加速度（冲击）不大于 50 g；

4. 单弓状态下弓网间最大动态接触压力不大于 200 N，最小动态接触压力不小于 40 N。

国外 200 km/h 线路接触网的悬挂高度均未考虑运行双层集装箱列车装载高度的要求，均在 6 m 以下，普遍为 5.3 m。德国与我国 200 km/h 速度级接触网参数对比列于表 3-75。由于接触线悬挂高度达到了 6 330 mm，受电弓在这种高度的受流特性及空气动力学的影响需要深化研究。在胶济线，通过试验研究，建立起客货共线、运行双层集装箱适应 200 km/h 速度级的电气化线路接触网技术体系。

表 3-75　德国与我国 200 km/h 速度等级接触网参数对比

类型 \ 项目		德国	200 km/h 双层集装箱客货混跑	
		Re200 mod	胶济线	遂渝线
悬挂类型		弹性链型悬挂	简单链型悬挂	简单链型悬挂
接触线	型号	Ris100	CTHA-120	CTHA-120
	额定张力(kN)	13.0	15.0	14.7
承力索	型号	Bz50	THJ-95	THJ-95
	额定张力(kN)	10.0	15.0	14.7
弹性吊索	型号	Bz25		
	额定张力(kN)	2.3		
预留弛度(mm)				40～50
接触线悬挂高度(m)		5.30	6.45	6.45
结构高度(m)		1.8	1.4	1.4
跨距(最大)(m)		80	60	60
锚段长度(m)		≤1500	≤1500	≤1500
侧面限界(m)			3.1	3.1
绝缘子泄漏距离(mm)			1200	1200
绝缘子抗弯强度(kN)			8	8
接触网补偿装置		棘轮补偿装置	铝合金大滑轮补偿装置	
电分相			七跨式锚段关节分相	
腕臂		旋转式平腕臂结构(铝合金腕臂)	旋转式平腕臂结构(铝合金腕臂)	旋转式平腕臂结构(镀锌无缝钢管腕臂)
定位器		矩形铝合金限位定位器	矩形铝合金限位定位器(德国进口)	矩形铝合金限位定位器(国产)

（三）接触网参数选择

根据上述分析，我国 200 km/h 等级客货共线双层集装箱列车运行铁路接触网参数值应按表 3-76 选取。

表 3-76　200 km/h 等级客货共线双层集装箱列车运行铁路接触网参数标准

类型 \ 项目		200 km/h 双层集装箱客货混跑		
		建议技术参数		
		单弓运行	双弓运行	
悬挂类型		简单链型悬挂	简单链型悬挂	弹性链型悬挂
接触线	型　号	CTHA-120	CTSH-120	CTHA-120
	额定张力(kN)	15	20	15
承力索	型　号	THJ-95	THJ-95	THJ-95
	额定张力(kN)	15	15	15
弹性吊索	型　号			THJ-10
	额定张力(kN)			2.8
预留弛度(mm)		40～50	40～50	
接触线悬挂高度(m)		6.45	6.45	6.45
结构高度(m)		1.4	1.4	1.6
跨距(最大)(m)		60	55	60
锚段长度(m)		≤1 500	≤1 500	≤1 500
侧面限界(m)		3.1	3.1	3.1
绝缘子泄漏距离(mm)		1 200	1 200	1 200
绝缘子抗弯强度(kN)		12	12	12
接触网补偿装置		铝合金大滑轮补偿装置		
电分相		七跨式锚段关节分相		
腕　臂		旋转式平腕臂结构(镀锌无缝钢管腕臂)		
定位器		矩形铝合金限位定位器(国产)		
定位器		矩形铝合金限位定位器(国产)		

第四章 200 km/h 速度等级动车组

第一节 基本要求及主要类型

一、基本要求

动车组均为 200 km/h 速度等级的动力分散交流传动动车组，适应在中国铁路既有线 200 km/h 等级提速及新建的客运专线上运营。其适用的环境和运用条件基本要求如下。

（一）自然环境

1. 气温条件：－25 ℃～＋40 ℃。
2. 部分动车组适应：－40 ℃～＋40 ℃。
3. 相对湿度：≤95%（该月月平均最低温度为 25 ℃）。
4. 海拔高度：≤1 500 m。
5. 最大风速：一般年份 15 m/s；偶有 30 m/s。
6. 有风、沙、雨、雪天气，偶有盐雾、酸雨、沙尘暴等天气。

（二）200 km/h 速度等级线路参数

1. 坡 道：

区间最大坡度：12‰，困难条件下 20‰。

站段联络线坡度：不大于 30‰。

2. 最小曲线半径：

最小曲线半径为 2 200 m。缓和曲线为三次抛物线线型，缓和曲线超高顺坡率为 1/（10 v_{max}），困难条件下为 1/（8 v_{max}）。

新建或改建地段夹直线及圆曲线最小长度为 0.7 v_{max}，困难条件下为 0.5 v_{max}，既有线保留地段困难情条件下为 0.4 v_{max}，并取整为 10 m 的整数倍。

3. 线间距：4.2 m。
4. 到发线有效长度：650 m，困难条件下 520 m。
5. 轨 距：1 435 mm。
6. 最大超高：150 mm。
7. 最大欠超高允许值：110 mm。
8. 道 岔：

区间道岔直向通过速度 200 km/h；进出站为 18 号可动心轨道岔（侧向通过限速 80 km/h）或 12 号可动心轨提速道岔（侧向通过限速 50 km/h）。

9. 竖曲线半径：15 000 m。
10. 车站站台高度：500～1 200 mm。
11. 车站站台边缘距轨道中心线的距离：1 750 mm。
12. 正线数目：双线。
13. 轨底坡度：1/40。

（三）既有线其他有关参数

1. 坡 道：≤30‰。
2. 轨底坡度：1/40。
3. 辙叉心作用面至护轮轨头部外侧的距离：（$1\,394_{-3}^{\ 0}$）mm。

4. 辙叉翼轨作用面至护轮轨头部外侧的距离：（$1\,348^{+3}_{0}$）mm。

（四）关于运输组织

1. 列车为 2 端均可操纵控制的动车组，可单列运行，也可 2 列连挂运行。
2. 两列连挂时间：≤3 min。
3. 列车立即折返时间：<16 min。
4. 运输组织模式：客货混运，适合与既有线列车混运；动车组不通过驼峰；不与货物列车混编。

救援列车（或救援机车）采用自动空气制动机和中国标准 15 号自动车钩。

（五）供电系统

1. 供电制式：单相 AC25 kV，50 Hz。
2. 电网供电品质：
   最高网压　　31 kV；
   最低网压　　17.5 kV。
3. 其余符合 GB 1402—1998“铁路干线电力牵引交流电压标准”。
4. 线路设点式信号设施为列车提供过分相位置信号。
5. 接触网采用全补偿简单链型悬挂和全补偿弹性链型悬挂两种。
6. 接触线张力：15～25 kN。
7. 接触网结构高度：1.1～1.8 m。
8. 接触导线高度：5 300～6 500 mm。
9. 接触导线高度变化：一般<3‰。
10. 接触网跨距一般为 60 m，最大跨距不大于 65 m。
11. 接触导线采用铜接触线或铜合金接触线。
12. 接触网的最大拉出值按 400 mm 考虑。

（六）限　界

符合 GB 146.1—1983 的电力机车限界和“客运专线机车车辆限界暂行规定”的限界。

（七）信　号

1. 闭塞分区长度一般为 1 000～1 200 m。
2. 车载列控设备适合中国铁路既有线上各种信号制式。

（八）供水设施

1. 相隔距离：600～1 000 km。
2. 上水嘴型式符合 TB/T 112—1974“客车用注水口（A、B 型）型式与尺寸”要求。
3. 供水质量为非直接饮用水。

（九）排污设施

1. 相隔距离：600～1 000 km。
2. 排污嘴型式为符合 UIC563 有关规定的通用 2.5 英寸快速接头。

注：①CRH_2 型动车组仅满足 1 100 mm 以上站台高度要求。
　　②动车组距轨面 1 250 mm 处超限 6 mm。

二、主要类型

主要类型有以下 3 种：CRH_1 动车组，适用于短途运输；CRH_2 动车组，适用于南方地区；CRH_5 动车组，适用于北方寒冷地区。

3 种动车组的主要技术参数见表 4-1。

（一）CRH_1 型动车组

1. 动车组总体组成

动车组采用 8 辆编组，5 动 3 拖，由 2 个 2 动 1 拖单元和 1 个 1 动 1 拖单元组成。CRH_1 动车组总体布置见图 4-1，断面布置见图 4-2。

表 4-1　3 种动车组的主要技术参数

项　目 \ 车　型		CRH_1 动车组	CRH_2 动车组	CRH_5 动车组
编组形式		8 辆编组，可 2 个编组连挂运行	8 辆编组，可 2 个编组连挂运行	8 辆编组，可 2 个编组连挂运行
动力配置		2 (2M+1T)+(1M+1T)	4M+4T	(3M+1T)+(2M+2T)
车　种		一等车、二等车、酒吧座车合造车	一等车、二等车、酒吧座车合造车	一等车、二等车、酒吧座车合造车
定　员		670	610	606+2(残疾人)
客室布置		一等车 2+2、二等车 2+3	一等车 2+2、二等车 2+3	一等车 2+2、二等车 2+3
最高运营速度 (km/h)		200	200	200
最高试验速度 (km/h)		250	250	250
适应轨距(mm)		1 435	1 435	1 435
适应站台高度(mm)		500～1 200	1 200	500～1 200
传动方式		交一直一交	交一直一交	交一直一交
牵引功率(kW)		5 500	4 800	5 500
编组重量及长度		213.5 m，420.4 t	204.9 m，约 345 t	211.5 m，451 t
车体型式		不锈钢车体	大型中空型材铝合金车体	大型中空型材铝合金车体
气 密 性		无	车内压力从 4 kPa 降到 1 kPa 的时间>50 s	车内压力从 4 kPa 降到 1 kPa 的时间>40 s
端车车辆长度(mm)		26 950	25 700	27 600
中间车车辆长度(mm)		26 600	25 000	25 000
车辆宽度(mm)		3 328	3 380	3 200
车辆高度(mm)		4 040	3 700	4 270
空调系统		分体式空调系统	准集中式空调系统	车顶单元式空调系统
转向架	类　型	DT206/TR7004B 型无摇枕空气簧转向架	二系空气簧无摇枕转向架	无摇枕空气簧转向架
	一系悬挂	单组钢弹簧单侧拉板定位+液压减振器	双组钢簧双转臂定位+液压减振器	单组钢弹簧单转臂定位+液压减振器
	二系悬挂	空气弹簧+橡胶堆	空气弹簧+橡胶堆	空气弹簧+橡胶堆
	轴　重(t)	≤14	≤17(动)/16(拖)	≤16
	轮　径(mm)	860/790	890/810	915/835
	固定轴距(mm)	2 500	2 700	2 700

续上表

项目 \ 车型		CRH_1 动车组	CRH_2 动车组	CRH_5 动车组
受流电压制式		AC25 kV-50 Hz	AC25 kV-50 Hz	AC25 kV-50 Hz
牵引变流器		IGBT 水冷 VVVF	IGBT 水冷 VVVF	IGBT 水冷 VVVF
牵引电机		265 kW	300 kW	550 kW
起动加速度(m/s^2)		0.6	0.406	0.5
制动方式		直通式电空制动	直通式电空制动	直通式电空制动，备用自动式空气制动
紧急制动距离（制动初速 200 km/h)(m)		≤2 000	≤1 800	≤2 000
辅助供电制式		3 相 AC380 V-50 Hz，DC110 V	DC100 V，单相 AC100 V、AC220 V、AC400 V	3 相 AC380 V-50 Hz，DC24 V
列车控制网络系统		车载分布式计算机网络系统，符合 IEC 61375(TCN)标准	车载分布式计算机网络系统，符合 ANSI 878.1 (ARCNET)＋EIA 485/ISO 3309/4335(HDLC)标准	车载分布式计算机网络系统，符合 IEC 61375 (TCN)标准
压力保护		无	高压、低压压力开关保护	列车通过隧道及交会时关闭新风口及废排口
车钩		车端为自动车钩(带风、电连接管)、编组内为半永久性车钩(带风管)	自动车钩(带风、电连接)	车端为自动车钩(带风、电连接管)、编组内为半永久性车钩(带风管)
风挡		密封式折叠风挡	密封式橡胶风挡	密封式折叠风挡
侧门		电动对开拉门	电控气动液压压紧内拉门	电动塞拉门
车窗		独立式车窗	独立式车窗	独立式车窗
座椅		二等车靠背固定式座椅	旋转式、靠背可调式座椅	靠背可调式座椅
一等车座椅间尺寸(mm)	宽度	475	480	500
	座间距	440	430	458
二等车座椅间尺寸(mm)	宽度	1 160	960	1 000
	座间距	980	960	900
过道宽度(mm)	一等车	600	600	600
	二等车	600	570	604
卫生系统		真空座式、蹲式便器	净水冲洗式非真空座便器和小便器	真空座式、蹲式便器

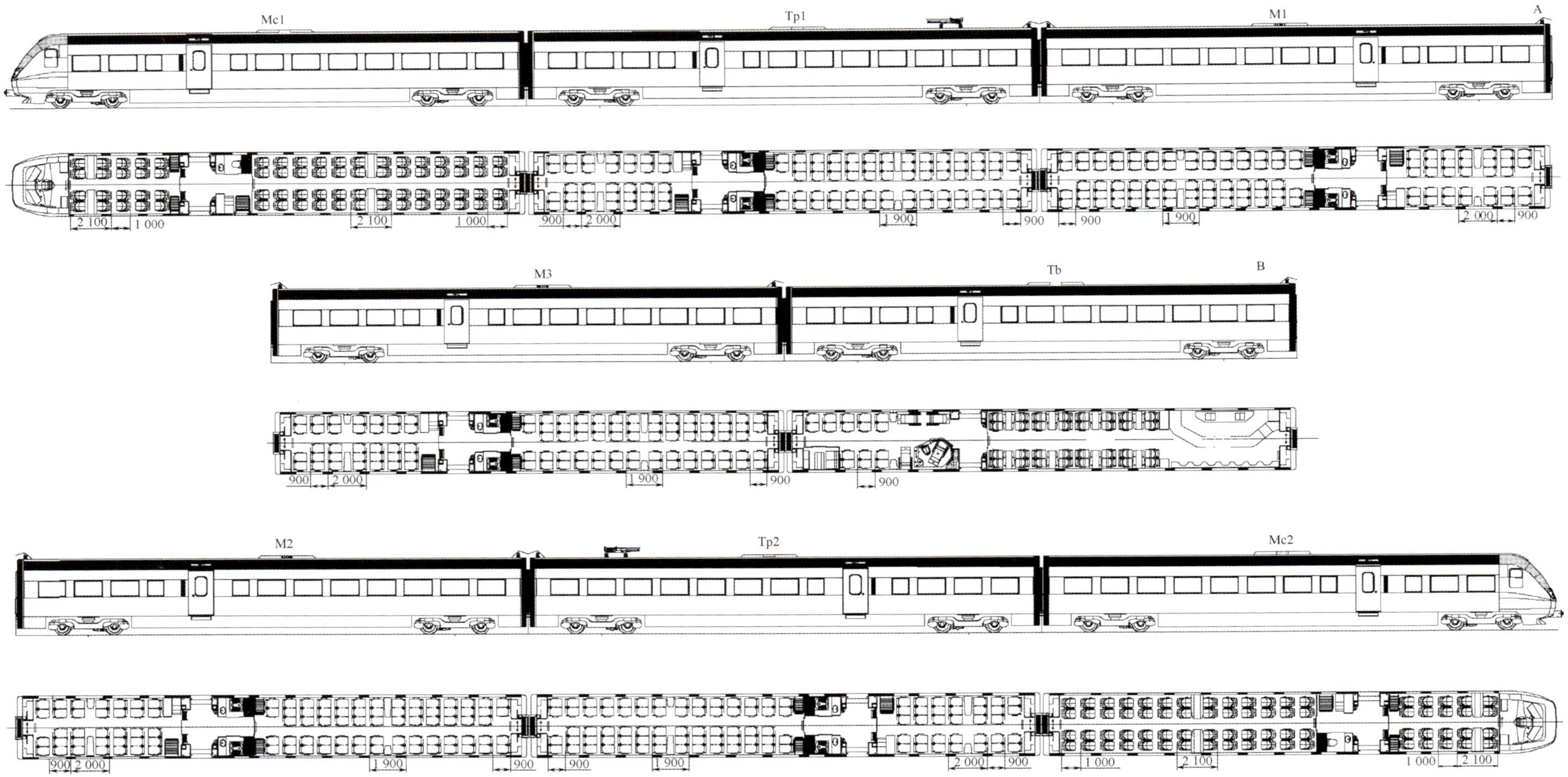

车　型	Mc1	Tp1	M1	M3	Tb	M2	Tp2	Mc2	总定员
一等车定员	72							72	670
二等车定员		102	102	102	16	102	102		

图 4-1　CRH_1 动车组总体布置（单位:mm）

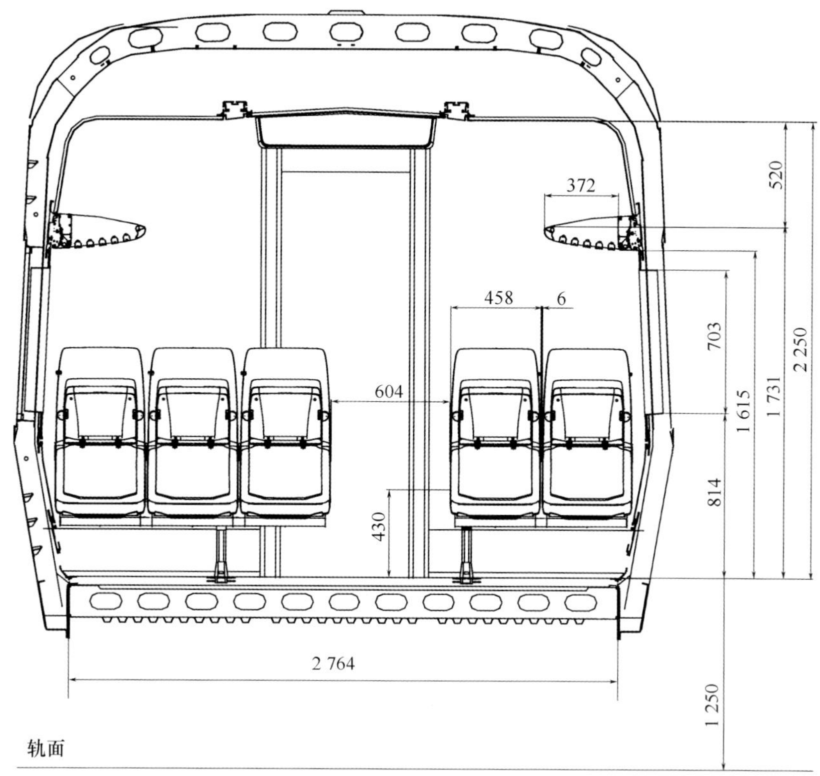

图 4-2 CHR1 动车组断面布置（单位：mm）

2. 车内设备

一等车座椅布置为 2+2 形式，二等车座椅布置为 2+3 形式，座椅为可调靠背座椅。

列车基本设置在舒适度方面有两个等级：一等和二等。列车两头端车为一等车，其余为二等车。

列车的车厢布置：

每辆车（除 Tb 车外）设 1 个洁具间，存放清洁用具，清洗拖布用的水盆，开水炉；

每一个头等车（Mc1&Mc2）设 1 个座式厕所；

每一个二等车（M1，M2，M3，Tp1 和 Tp2）设 2 个蹲式厕所；

二等车 T3 车厢为残疾人设 1 个座式厕所；

二等车 T3 车厢设 1 个乘务员室；

二等车 T3 车厢设 1 个厨房；

二等车 T3 车厢设 1 个就餐区；

列车配备音频、视频系统，可以在固定的公共显示屏上播放音乐和电影，在一等车和餐座合造车上各设 4 个 30 英寸显示屏，显示屏为平面 LCD 或等离子屏幕；

客室及司机室设有烟雾报警系统。

3. 厕所、盥洗室

厕所为完全密封的真空系统并带有废水（冲厕所的污水和洗脸池的污水）收集装置，污物箱置于地板下面。

车内的每个厕所配 1 个水箱，同厕所间一起置于车内，规格为蹲式厕所 370 L 左右，座式厕所 550 L 左右。

厕所真空系统为紧凑型中间推拉式真空系统。

每次冲水的消耗量不超过0.5 L，每次洗手的消耗量不超过0.15 L。

水箱容积：头等车550 L，二等车740 L。污物箱容积：头等车500 L，二等车1 020 L。

4. 门　窗

动车组适应站台高度：500～1 200 mm，侧门采用塞拉门，开口宽度1 100 mm，开口高度2 000 mm，每车每侧1个。车端门有双扇自动滑动门，并作为防火屏障。车端门通过启动红外传感器开启，如果电气部分出现故障，可以手动开启。通过台门通过启动红外传感器开启，如果电气部分出现故障，可以手动开启。

侧窗为隔热的双板玻璃窗。外窗板采用安全玻璃，内窗板为双层复合玻璃，玻璃之间有夹层。客室部分适当数量的车窗设计为紧急出口。

5. 空　调

空调装置是分体式空调装置，使用R134a制冷剂。

6. 车钩缓冲装置

动车组的两个外端为自动车钩，带空气连接和电气连接器，可在司机室操纵，使两列动车组之间进行自动连挂，主要技术参数：

连接速度	正常	1 km/h
	最高	5 km/h
压缩载荷		900 kN
拉伸载荷		600 kN
缓冲器容量	压缩	14 kJ
	拉伸	7 kJ
缓冲器行程	压缩	45 mm
	拉伸	40 mm
车钩中心线距轨面高度		(880^{+10}_{-5}) mm

动车组内部为螺栓连接的半固定车钩，带空气连接器，没有间隙，在发生碰撞时这种车钩可以通过变形管吸收一定的能量，其主要技术参数如下：

压缩载荷		900 kN
拉伸载荷		600 kN
缓冲器容量	压缩	14 kJ
	拉伸	7 kJ
缓冲器行程	压缩	45 mm
	拉伸	40 mm
变形管能量吸收	压缩	525 kJ
变形管行程	压缩	350 mm
车钩中心线距轨面高度		940 mm

救援时采用和中国标准车钩连挂的过渡车钩。回送时采用和中国标准车钩连挂的重型过渡车钩。轻型车钩重量40 kg，重型车钩重量100～150 kg。

7. 车间连接风挡

风挡为双层折篷风挡，在中间位置能够得到半永久车钩的支撑。主要性能参数：

风挡外部长度	800 mm
风挡内部高度	1 970 mm
风挡内部宽度	900 mm
隔热系数	3.5 W/(m^2·K)
隔　　声	Rw 38 dB

空气压力载荷　　　　　　±4 000 Pa

8. 车体结构

车体为钢结构。车体材料使用不锈钢和碳素钢，奥氏体不锈钢 EN 1.4318（AISI 301 LN）或 1.4301（碳含量低于 0.05%）（AISI 304 L）。在载荷高的区域使用硬化冷轧不锈钢。低合金高强度（LAHT）EN 10149-2 和 EN 10 025 钢用于冲击座、车体螺栓和司机室结构。

司机室结构采用低合金高强度钢制成，具有足够的变形特性，能形成 1 个能量吸收结构。司机室同车体之间的结构为螺栓连接。

（二）CRH_2 型动车组

1. 动车组总体组成

动车组采用 8 辆编组，4 动 4 拖，由 2 个动力单元组成。每个动力单元由 2 个动车和 2 个拖车（T-M-M-T）组成。CRH_2 动车组总体布置见图 4-3，断面布置见图 4-4。

2. 车内设备

各车厢内主要设备如表 4-2 所示。

表 4-2　各车厢内主要设备参数

车号	代号	定员	主 要 设 备	其　他
1	T1c	55	二等车、司机室 座式厕所、洗脸间、小便间、饮水机	禁烟车厢
2	M2	100	二等车、饮水机	禁烟车厢
3	M1	85	二等车、自动售货机、备品室 座式厕所、洗脸间、小便间、饮水机	
4	T2	100	二等车、饮水机	安装受电弓，禁烟车厢
5	T1k	55	二等车、酒吧餐饮区、 座式厕所、洗脸间、小便间、电话间、饮水机	禁烟车厢
6	M2	100	二等车、饮水机	
7	M1s	51	一等车、多功能室、乘务员室、 座式厕所、洗脸间、小便间、备品室、饮水机	适应残疾人使用的车厢，禁烟车厢
8	T2c	64	二等车、司机室、饮水机	禁烟车厢

一等车座椅布置为 2+2 形式，二等车座椅布置为 2+3 形式，座椅为旋转式可调靠背座椅。

5 号车（T1k）为餐、座合造车，设置咖啡机、微波炉、冰箱等，设置饮食用简易餐桌、椅子，设置可以提供饮食服务的区域。设置广播、联络电话设备。

各车设有广播系统；一等车和酒吧餐饮区适时设视频系统。

3. 厕所、盥洗室

奇数号车厢设置带滑门的座式厕所、洗面室及带折叠门结构的小便室，厕所内设节水型冲洗式带污物处理装置的便器设备、洗手器、紧急呼叫按钮、厕所纸支架（带备用厕所纸盒）、镜子、垃圾桶、便座垫支架、物品架及排气装置。7 号 M1s 车的座式厕所还设置了用于更换尿布的折叠床及带温水冲洗下身装置的便座。各厕所均装有带检测传感器的臭氧发生除臭器。有 1 个为残疾人设置的座式厕所。

水箱容积：700 L（2 个车设 1 个）。污物箱容积：700 L（2 个车设 1 个）。

4. 门　窗

动车组适应站台高度为 1 100～1 200 mm，侧门采用滑门，不设脚蹬。客室分隔门设置使用光电开关检测的自动开关电动式分隔滑门；通道滑门，对于 8 辆编组，在 2～8 号车的通道车端部的1 处或 2 处位置设置具备防火性能的不锈钢材质的手动开关门（采用 1 mm 的不锈钢板），门在全开、全闭状态时可锁闭。

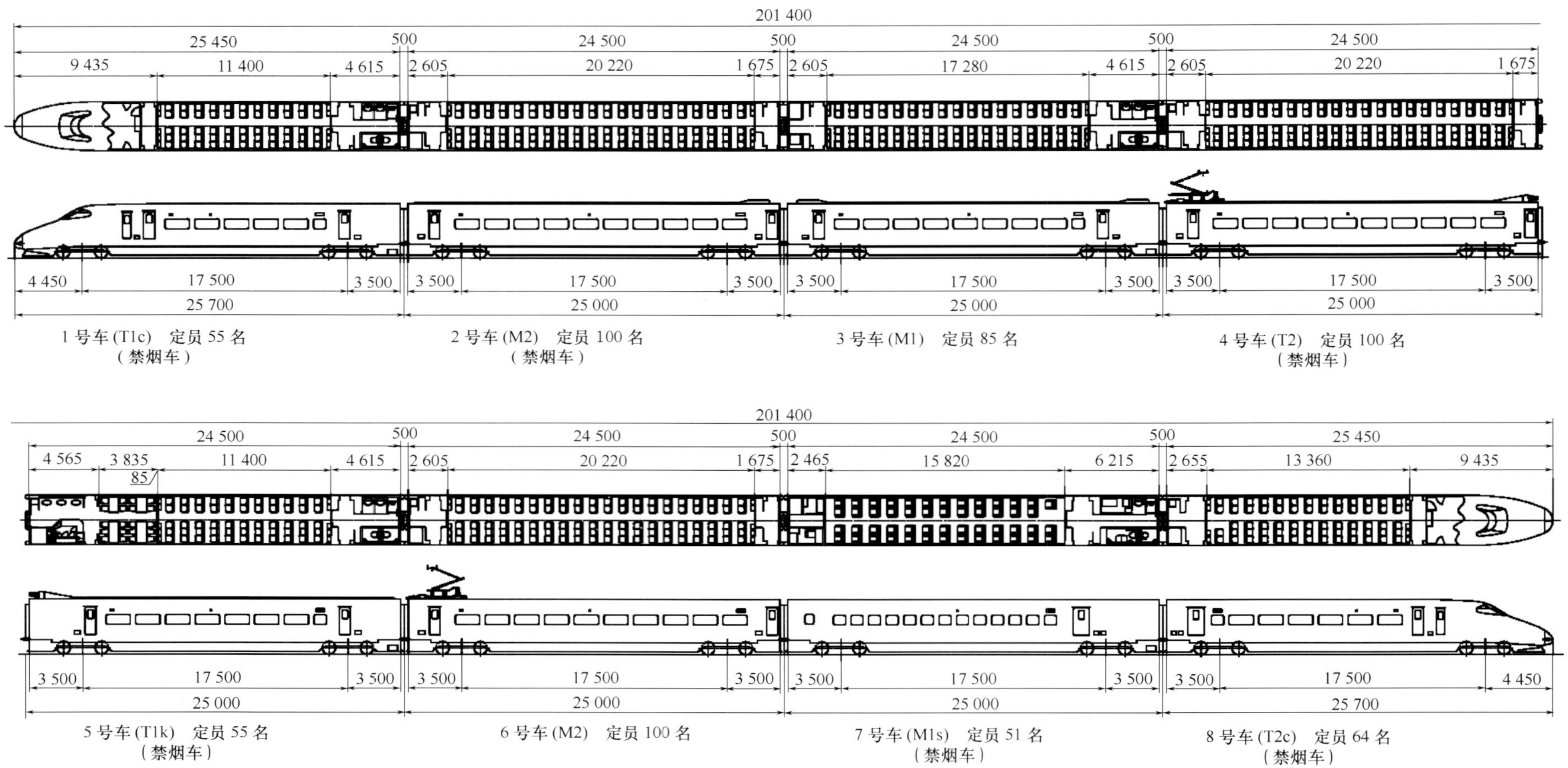

1 等席	2 等席	总定员	餐饮席
51 名	559 名	610 名	20 名

T: 拖车　M: 动车　c: 操纵台　k: 小卖部　s: 一等车

图 4-3　CRH_2 动车组总体布置 （单位：mm）

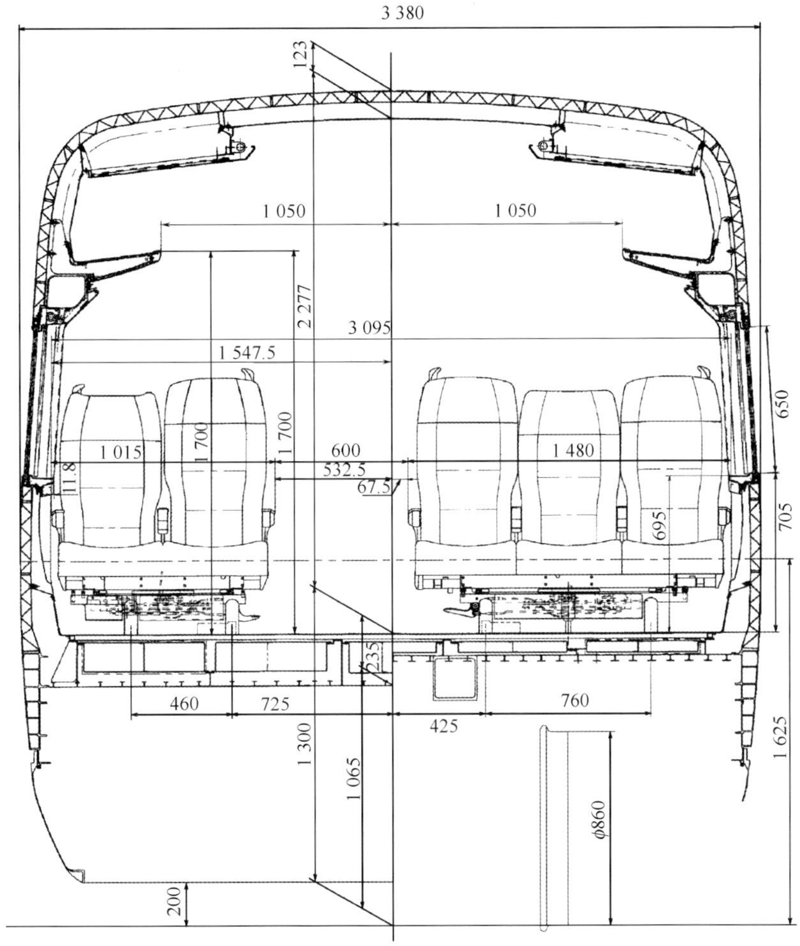

图 4-4　CHR_2 动车组断面布置（单位：mm）

客室车窗使用钢化玻璃等材料，设置与外板平滑（高度差＜8 mm）的多层固定车窗，采用防噪声结构。客室四角设逃生窗。

5. 空　调

空调装置设置在车辆地板下侧，为 2 台小型、轻量的地板下型空调装置，使用 R22 制冷剂。

6. 车钩缓冲装置

车钩采用带总风管的密接式自动车钩和双向 W 型橡胶缓冲器。

车钩中心高度：距轨道面（$1\,000^{+10}_{-15}$）mm

车钩强度：拉伸载荷　约 160 t（约 1 570 kN）

　　　　　压缩载荷　约 310 t（约 3 040 kN）

缓冲器容量：　　　　拉伸 7 810 J

　　　　　　　　　　压缩 9 800 J

7. 车间连接风挡

内风挡为气密式风挡。外风挡采用压缩型外侧风挡，车厢之间的连接部位平滑，同时具有一定衰减性能［衰减系数 50 kN/（m・s）左右］。

8. 车体结构

车体承载结构采用车体全长的大型中空铝合金挤压型材组焊成筒型整体承载结构。车体材料使用 JIS H4 000（铝及铝合金的板、条），JIS H4 100（铝及铝合金挤压型材）的不燃性材料。车下的导流罩与侧墙圆滑过渡，设备罩下平面距轨面高度为 200 mm。

头车前端设有能在司机室中操作的自动开闭机构，打开头车鼻部进行两列动车组联挂。司机室前端的下方设置排障器。排障器中央的底部能承受 137 kN 的静压力。排障器距轨面的高度在车辆正常位置下为 150 mm，为固定式。

（三）CRH_5 型动车组

1. 动车组总体组成

动车组采用 8 辆编组，5 动 3 拖，由 2 个动力单元组成。其中，1 个动力单元由 3 个动车和 1 个拖车（M-M-T-M）组成；另 1 个动力单元由 2 个动车和 2 个拖车（T-T-M-M）组成。CRH_5 动车组总体布置见图 4-5，断面布置见图 4-6。

2. 车内设备

一等车座椅布置为 2＋2 形式，二等车座椅布置为 2＋3 形式，座椅为可调靠背座椅。

二等车中的酒吧与座车的合造车设 1 个动车组乘务员室，并设有 1 个厨房和 1 个就餐区。

每辆车设有行李存放间，开水炉。

一等车和酒吧区设有视频系统。

客室及司机室设有烟雾报警系统。

3. 厕所、盥洗室

一等车设 1 个座式便器卫生间和 1 个蹲式便器卫生间，每一个二等车设 2 个蹲式便器卫生间，其中一个二等车为残疾人设 1 个座式便器卫生间。

水箱容积：600 L；污物箱容积：600 L。

4. 门　窗

动车组适应站台高度：500～1 200 mm。侧门采用塞拉门，开口宽度 800 mm，开口高度 2 000 mm，头车和酒吧车每车每侧设 1 个车门，其余车每车每侧设 2 个车门。车端门为双扇自动滑动门，车端门通过轻触按钮控制开启；如果电气部分出现故障，可以手动开启。通过台车门由轻触按钮和红外传感器控制开启；如果电气部分出现故障，可以手动开启。车门均有障碍返回功能。

侧窗为隔热的双板玻璃窗。每辆车配有 2 个紧急窗，紧急窗呈斜对角设在乘客车厢的 2 端。

5. 空　调

采用车顶单元空调装置，使用 R134a 制冷剂。

6. 车钩缓冲装置

动车组的两端装带电器连接器和空气连接器的全自动车钩，可实现两动车组自动联挂。两端设气动驱动的开闭机构，并由电子控制单元控制。动车组最大连挂速度不大于 5 km/h。

动车组内部车与车之间安装半永久性车钩。车钩没有永久变形情况下允许载荷：牵引载荷 600 kN，压缩载荷 800 kN。车钩分为带缓冲器的半永久性车钩和不带缓冲器的刚性半永久性车钩 2 种，配套使用。由气－液缓冲器和带有通风装置的圆弹簧实现能量吸收。

动车组在每个头车上均设有 1 个过渡车钩，在救援和回送时可以和调车机车连挂。

7. 车间连接风挡

内风挡为气密式风挡，尺寸为 800 mm×2 000 mm。

8. 车体结构

车体承载结构采用铝合金中空挤压型材纵向焊接，形成 1 个自承载筒形结构。使用的轻质铝合金为 6 000 系列轻合金，执行 EN755－2 国际标准。车体结构的设计使用寿命为 30 年。

司机室前端下面安装有 1 个排障器，排障器中间部分底部可承受 137 kN 的静态压力；排障器符合限界的要求，距轨面高度为（110＋100）mm，其高度可以调整。

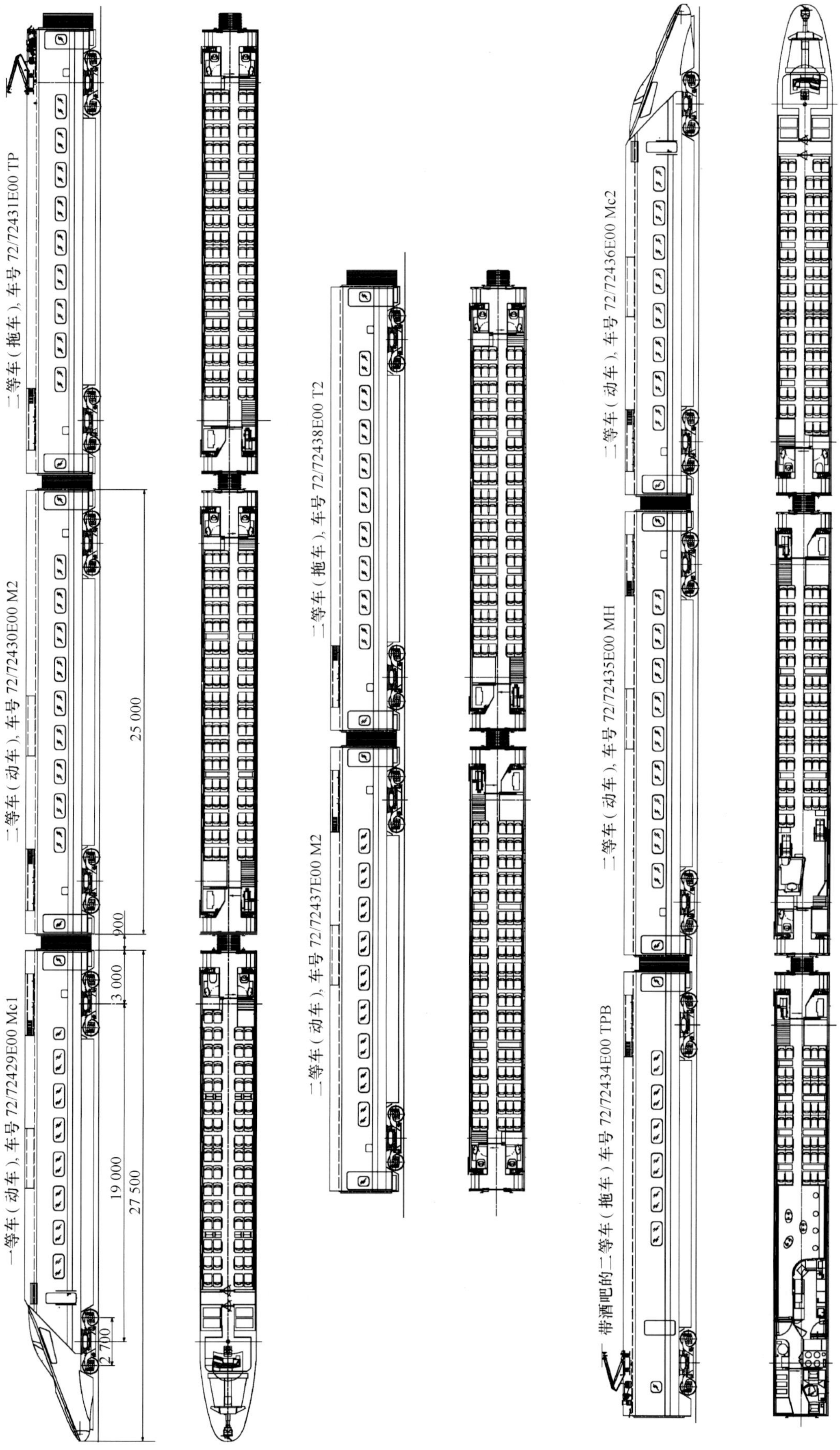

图 4-5　CRH_5 动车组总体布置（单位：mm）

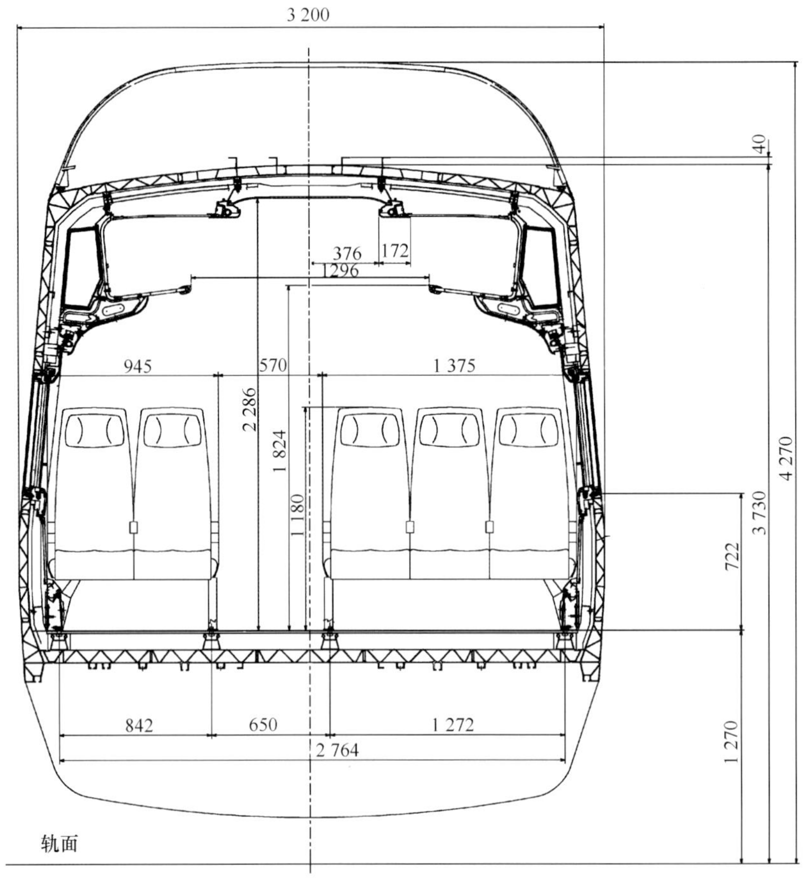

图 4-6　CRH_5 动车组断面布置（单位：mm）

第二节　牵引电气系统

一、概　况

200 km/h 等级提速动车组牵引电气系统均为交—直—交动力分散牵引变流系统。牵引变压器 CRH_2 为采用壳式结构、油循环强迫风冷方式；CRH_1 和 CRH_5 为芯式结构、油循环强迫风冷方式。牵引变流机组均为 IGPT 水冷机组。牵引电动机为三相鼠笼式异步电动机，强迫风冷方式。CRH_1 和 CRH_2 牵引电机为架悬方式，每个动力转向架配 2 台牵引电机，分别通过联轴节连接传动齿轮，驱动各自的动轴；CRH_5 牵引电机采用体悬方式，每个动力转向架配 1 台牵引电机，通过万向轴连接至安装在轮对上的变速箱，驱动 1 根动轴。

二、CRH_1 动车组的牵引电气系统

（一）系统组成

CRH_1 动车组中有 2 动 1 拖和 1 动 1 拖 2 种基本动力单元。每个基本动力单元的牵引传动系统主要由网侧高压电气设备、1 个牵引变压器、1 个或 2 个牵引变流器、4 台或 8 台三相交流异步牵引电动机等组成。全列共计 2 个受电弓、3 个牵引变压器、5 个牵引变流器、20 台牵引电动机，列车正常时升单弓运行，另 1 个受电弓备用。

（二）网侧高压电气设备

主要包括以下设备。

1. 受电弓

每个基本动力单元 1 个，全列共计 2 个。单臂型，具有自动降弓功能。

2. 主断路器

每个基本动力单元 1 个，全列共计 3 个。主断路器为真空型，有较高的断路能力并有内部过流保护。主断路器开关采用压缩空气控制。

3. 避雷器

每个基本动力单元 1 个，全列共计 3 个。避雷器为无气隙氧化锌（ZnO）避雷器，壳体由硅橡胶制成，为免维护型。

4. 高压电流互感器

每个基本动力单元 1 个，全列共计 3 个。安装在高压电缆组件上，用于测量接触网电流以进行监控及各种控制。

5. 高压电压互感器

每个基本动力单元 1 个，全列共计 3 个。安装在车顶上，壳体由树脂制成，用于对接触网电压和频率进行监控及各种控制。

6. 接地保护开关

每个基本动力单元 1 个，全列共计 3 个。与主断路器组合在一起，安装在车顶，为便于安全维护，接地开关装有联锁保护。

7. 网侧谐波滤波器

每个基本动力单元 1 个，全列共计 3 个。谐振电抗器设在牵引变压器内，用于减少一定频次的谐波含量，改善网侧谐波分布。

（三）牵引变压器

每个基本动力单元 1 个，全列共计 3 个。采用芯式结构、车体下吊挂、油循环强迫风冷方式。具有 1 个原边绕组（25 kV，1 600 kV·A）、4 个牵引绕组（930 V，4×400 kV·A），1 个谐振滤波电抗器（1 000 V）。外形尺寸（$L \times W \times H$）为 3 900 mm×2 200 mm×730 mm，重4 200 kg。

（四）牵引变流器

全列共计 5 个牵引变流器（2M1T 基本动力单元 2 个、1M1T 基本动力单元 1 个）。采用车下吊挂、水冷却方式。主电路结构为电压型 2 电平式，由脉冲整流器、中间直流电路、逆变器构成，设有 2 次谐振滤波装置。中间直流电压为 1 650～1 800 V（随输出功率进行调整）。采用架控原理，1 个牵引变流器中内装 2 组逆变器分别控制 1 个转向架上的 2 台并联的牵引电机，控制方法为矢量控制。采用 3 300 V/1 200 A 等级 IGBT 元器件，冷却介质采用去离子水。模块具有互换性，模块重 125 kg。系统具有各类故障诊断与保护功能。外形尺寸（$L \times W \times H$）为 2 730 mm×1 980 mm×450 mm，重1 250 kg。

（五）牵引电动机

每个动力车有 4 个牵引电机，全列共计 20 个。牵引电动机为三相鼠笼式异步电动机，采用架悬、强迫风冷方式，通过联轴节连接传动齿轮。电机额定功率 265 kW，额定电压 1 287 V，转差率 0.012，重 596 kg，效率 94%。

（六）系统性能

动车组牵引总功率 5 300 kW，满足动车组运营速度 200 km/h 和最高试验速度 250 km/h 的要求。定员载荷的动车组平直道上的启动加速度大于 0.6 m/s^2；200 km/h 运行时，其剩余加速度不小于 0.1 m/s^2。

具体牵引/制动特性见图 4-7。

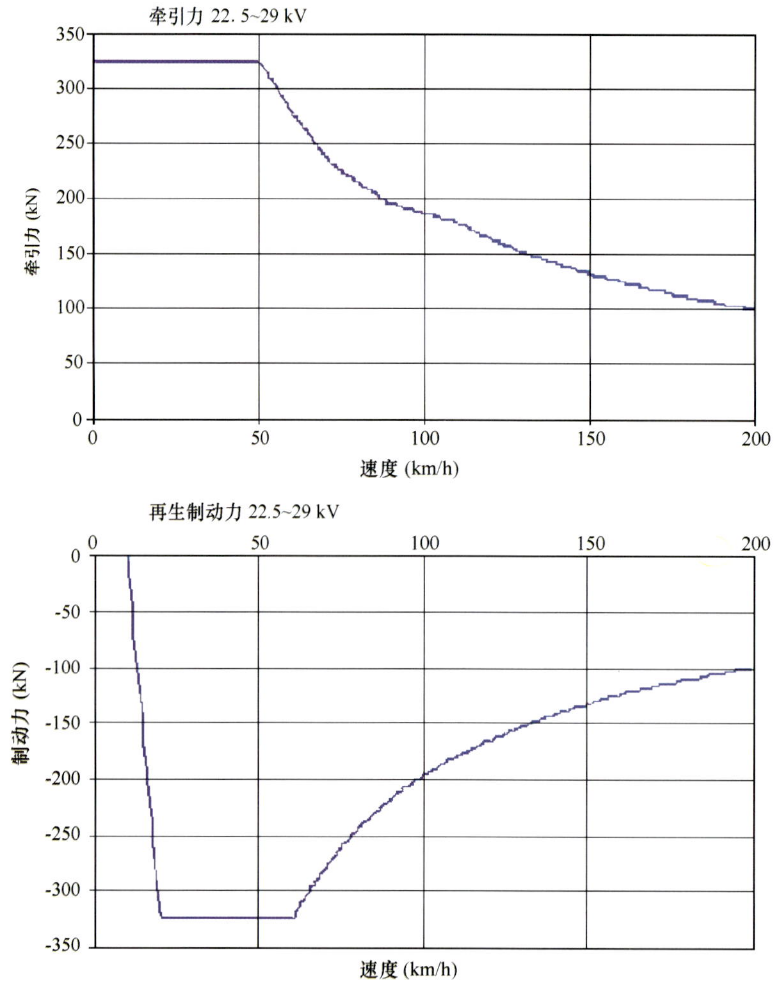

图 4-7　CRH$_1$ 动车组牵引/制动特性

三、CRH$_2$ 动车组的牵引电气系统

（一）系统组成

动车组以 2 动 2 拖为一个基本动力单元。每个基本动力单元的牵引传动系统主要由网侧高压电气设备、1 个牵引变压器、2 个牵引变流器、8 台三相交流异步牵引电动机等组成。全列共计 2 个受电弓、2 个牵引变压器、4 个牵引变流器、16 台牵引电动机，列车正常时升单弓运行，另 1 个受电弓备用。

（二）网侧高压电气设备

主要包括以下设备。

1. 受电弓（DSA250 型）

每个基本动力单元 1 个，全列共计 2 个。单臂型，额定电流 1 000 A，接触压力为（70±5）N，弓头宽度 1950 mm，具有自动降弓功能，适应接触网高度为 5300～6500 mm，列车运营速度为 200 km/h。

2. 主断路器（CB201C-G3 型）

每个基本动力单元 1 个，全列共计 2 个。主断路器为真空型，额定开断容量为 100 MV·A，额定电流为 200 A，额定断路电流为 3 400 A，额定开断时间＜0.06 s，电磁控制空气操作。

3. 避雷器（LA204 或 LA205 型）

每个基本动力单元 1 个，全列共计 2 个。额定电压为 42 kV（RMS），动作电压为 57 kV 以下（U1mA，DC），限制电压为 107 kV。由氧化锌（ZnO）为主体的金属氧化物构成，是非线性高电阻的无间隙避雷器。

4. 高压电流互感器

每个基本动力单元1个，全列共计2个。变流比为200/5 A，用于检测牵引变压器原边电流值。

5. 接地保护开关（SH2052C型）

每个基本动力单元1个，全列共计2个。额定瞬时电流为6 000 A（15周），电磁控制空气操作，具有安全联锁保护。

（三）牵引变压器（TM210型）

每个基本动力单元1个，全列共计2个。采用壳式结构、车体下吊挂、油循环强迫风冷方式。具有每个原边绕组（25 kV，3 060 kV·A）、2个牵引绕组（1 500 V，2×1 285 kV·A），1个辅助绕组（400 V，490 kV·A）。采用铝线圈、轻量耐热材料和环保型硅油，实现了小型化、轻量化；外形尺寸（$L \times W \times H$）为2 570 mm×2 300 mm×835 mm，仅重2 860 kg，效率>95%。

（四）牵引变流器（CI11型）

每个基本动力单元2个，全列共计4个。采用车下吊挂、液体沸腾冷却方式。主电路结构为电压型3电平式，由脉冲整流器、中间直流电路、逆变器构成，不设2次谐振滤波装置和网侧谐波滤波器，采用PWM方式控制；中间直流电压为2 600～3 000 V（随牵引电机输出功率进行调整），每个牵引变流器采用矢量控制原理控制4台并联的牵引电机。采用3 300 V/1 200 A等级IGBT或IPM元器件，冷却介质采用环保的氟化碳（FX3250）。模块具有互换性，功率半导体模块的换件时间为2 h以内。系统具有各类故障诊断与保护功能。牵引变流器输入为1 285 kV·A（AC 1 500 V，857 A，50 Hz），中间直流电路为1 296 kW（DC 3 000 V，432 A），牵引变流器输出为1 475 kV·A（3×AC 2 300 V，424 A，0～220 Hz）。外形尺寸（$L \times W \times H$）为3 240 mm×2 400 mm×650 mm，效率>96%，功率因数>97%。

（五）牵引电动机（MT205型）

每节动力车有4个（并联），每个基本动力单元有8个，全列共计16个。牵引电动机为4极三相鼠笼式异步电动机，采用架悬、强迫风冷方式，通过弹性齿型联轴节连接传动齿轮。电机额定功率为300 kW，额定电压2 000 V，额定电流106 A，转差率0.014，重440 kg，电气效率>94%，机械传动效率95%。

（六）系统性能

动车组最高运营速度为200 km/h，最高试验速度为250 km/h，动车组牵引总功率4 800 kW。定员载荷的动车组平直道上的启动加速度为0.406 m/s^2；200 km/h运行时，其剩余加速度不小于0.1 m/s^2。动车组损失25%的动力时，平直道上的平衡速度可>200 km/h。动车组在风速15 m/s逆风下也可进行正常的营业运行。具体牵引/制动特性见图4-8。

四、CRH_5 动车组的牵引电气系统

（一）系统组成

动车组内包括2个基本动力单元，3动1拖动力单元和2动2拖动力单元。基本动力单元的牵引传动系统主要由1套网侧高压电气设备、1个牵引变压器、3/2个牵引变流器、6/4台三相交流异步牵引电动机等组成。全列共计2个受电弓，动车组正常时升单弓运行，另1个受电弓备用。

（二）网侧高压电气设备

主要包括以下设备。

1. 受电弓（DSA250型）

每个基本动力单元1个，全列共计2个。单臂型，额定电流1 000 A，接触压力（80±10）N，弓头宽度1 950 mm，具有自动降弓功能，适应接触网高度为5 300～6 500 mm。

4

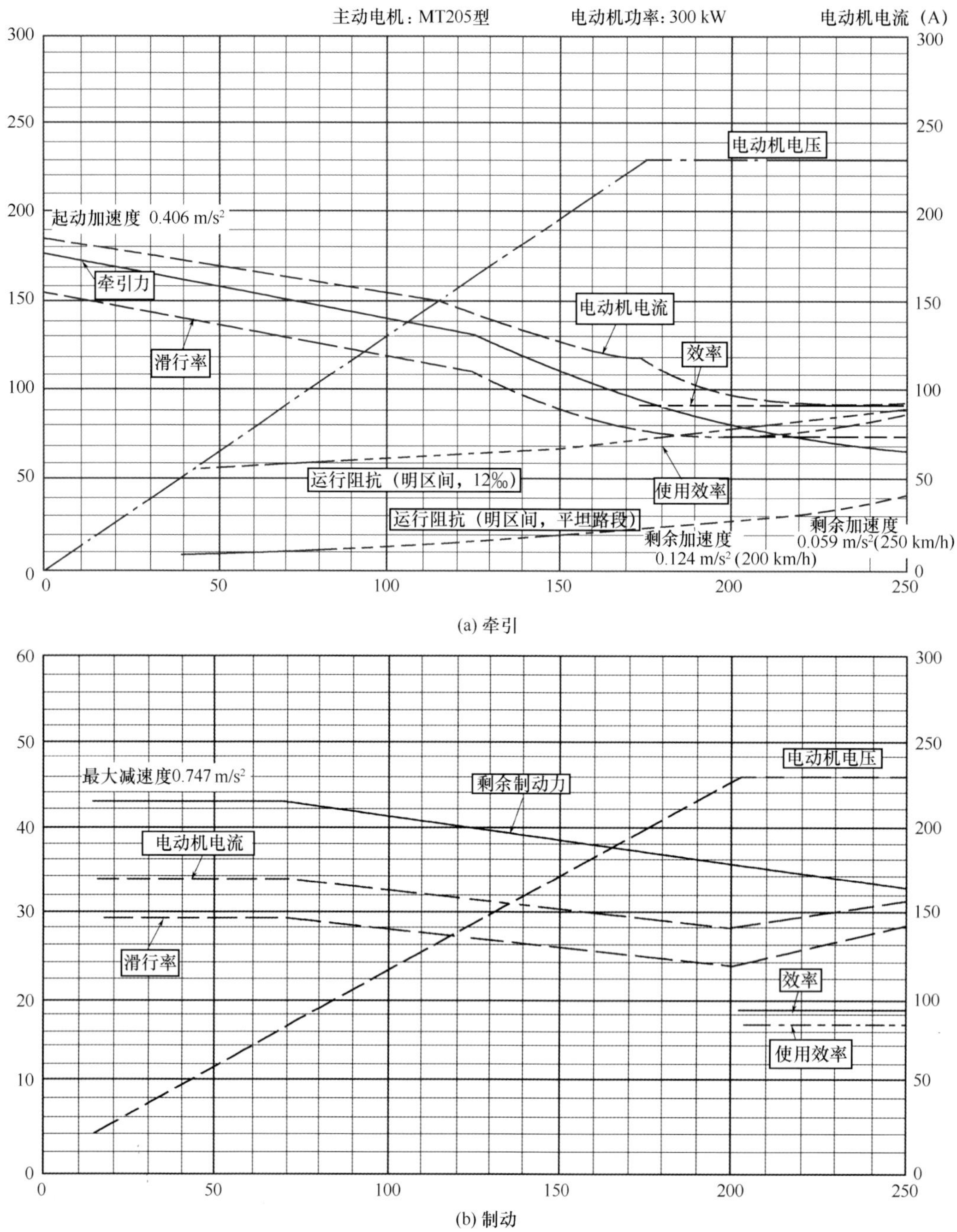

图 4-8　CRH_2 动车组牵引/制动性能曲线

2. 主断路器

每个基本动力单元 1 个，另设 1 个对 2 个受电弓进行隔离，全列共计 3 个。主断路器为真空型，额定开断容量为 440 MV · A，额定电流为 1 000 A，额定断路电流为 16 000 A，额定开断时间<0.025～0.060 s，电磁控制空气动作。

3. 避雷器

每个基本动力单元 1 个，全列共计 2 个。额定电压为 31 kV，限制电压为 107 kV。

4. 高压电流互感器

每个基本动力单元 1 个，全列共计 2 个。额定电流 800 A，用于检测牵引变压器原边电流值。

5. 高压电压互感器

每个基本动力单元 1 个，全列共计 2 个。安装在车顶上，用于对接触网电压和频率进行监控及各种控制。

6. 接地保护开关

每个基本动力单元 1 个，全列共计 2 个，与主断路器组合在一起，安装在车顶。为便于安全维护，接地开关装有联锁保护。

（三）牵引变压器

每个基本动力单元 1 个，全列共计 2 个。采用芯式结构、车体下吊挂、油循环强迫风冷方式。具有 1 个原边绕组（25 kV，5 735 kV・A）、6 个牵引绕组（1 770 V，6×955.8 kV・A）。外形尺寸（$L\times W\times H$）为 4 800 mm×2 335 mm×727 mm，效率 94%。

（四）牵引变流器

每个基本动力单元 2 或 3 个，全列共计 5 个。采用车下吊挂、水冷却方式。主电路结构为电压型 2 电平式，由四象限脉冲整流器、中间直流环节、牵引逆变器构成，设有 2 次谐振滤波装置。中间直流电压为 3 600 V。采用单电机控制原理（1 个转向架仅有 1 个电机），1 个牵引变流器控制 2 台牵引电机（车控方式），控制方法为矢量控制。采用 6 500 V/600 A 等级 IGBT 元器件。模块具有互换性，系统具有各类故障诊断与保护功能。

（五）牵引电动机

每节动力车 2 个，每个基本动力单元 6 个或 4 个，全列共计 10 个。牵引电动机为 6 极三相鼠笼式异步电动机，采用车体下悬挂、强迫风冷方式，通过万向轴连接至安装在转向架上的变速箱。电机额定功率 564 kW，电气效率 93.5%，机械传动效率 97.5%。

（六）系统性能

动车组最高运营速度为 200 km/h，最高试验速度为 250 km/h，动车组总功率 5 500 kW。定员载荷的动车组平直道上的启动加速度为 0.5 m/s^2，200 km/h 速度运行时，其剩余加速度不小于 0.15 m/s^2，具体牵引/制动特性见图 4-9。

第三节 制动系统

一、概 述

200 km/h 等级提速动车组制动系统都采用微机控制的直通式电空制动系统，并配备不同类型的辅助制动系统。基础制动均采用盘形制动，并配置电子防滑器。

二、CRH_1 动车组制动系统

（一）制动系统构成

采用 KNORR 公司生产的直通式电空制动系统。其主要技术特点为：①采用盘形制动，制动盘分轮盘和轴盘 2 种，其中动车采用 2 套轮盘，拖车采用 3 套轴盘结构。②每轴装设以微处理器为基础的车轮防滑装置（WSP）。③常用制动各级实施再生制动与空气制动的复合制动控制，即优先使用再生制动，当再生制动力不足时补充空气制动；并可按载重自动调整制动力，以获得不变的制动距离和最佳的黏着效果。④具有停放制动和保持制动功能。⑤司机室有紧急停车按钮，车门处设有乘客紧急制动阀。

（二）制动系统主要功能

1. 常用制动

常用制动设 1～7 级。常用 7 级制动时有效平均减速度为 0.8 m/s^2。

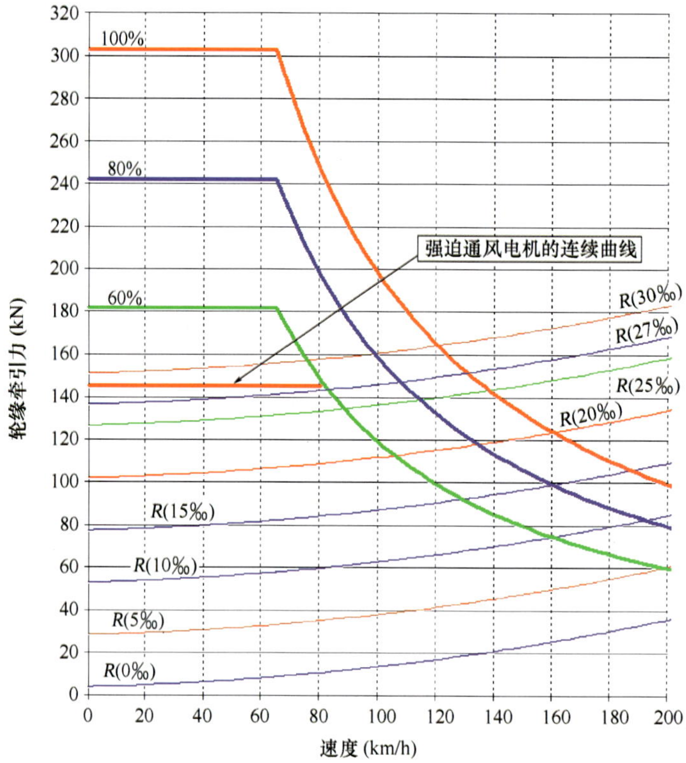

(a) 牵引

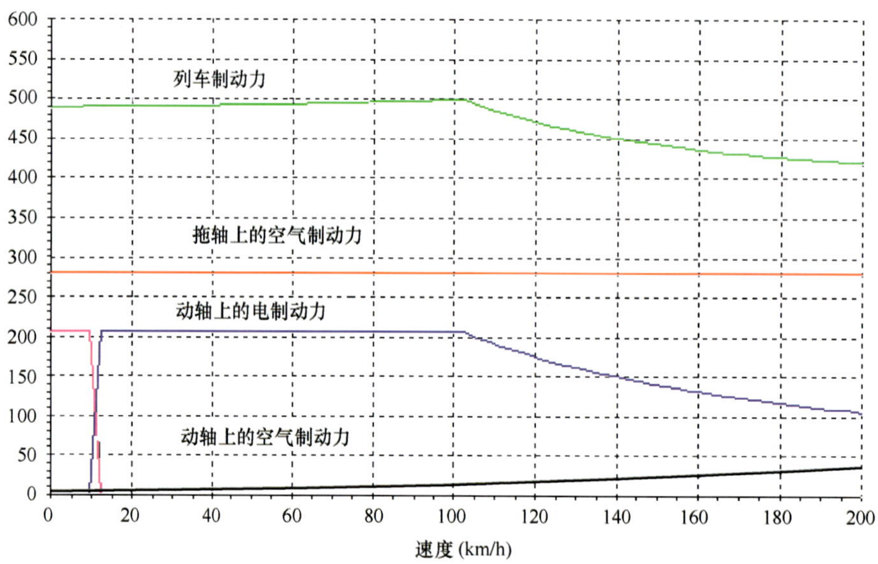

(b) 制动

图 4-9　CRH$_5$ 动车组牵引/制动性能曲线

2. 紧急制动

紧急制动同样实施计算机控制的复合制动，与常用制动不同的是，它首先投入最大空气制动力，另外再迭加 1 个 75 kN 的再生制动力。

3. 安全制动

动车组装有安全回路。如果安全回路打开，则实施安全性制动。所有与安全有关（并且同实施制动有关的）的系统和部件都可以打开安全回路。安全制动为空气制动，同紧急制动具有同样的停车距离。

安全制动在下列情况下以故障导向安全的方式控制和启动：

（1）在与安全性有关的系统中发生非常严重的故障（失去联络、系统压力低等）；

（2）安全制动的控制电源被切断；

（3）列车部件松动（分离）；

（4）ATP 制动需要；

（5）司机安全装置（DSD）制动需要；

（6）司机紧急停车按钮按下。

4. 保持制动

当动车组停车时自动施加，具有手动缓解功能。当动车组牵引力大于一定值时，保持制动自动缓解。保持制动能保证动车组在 30‰的坡道上不溜车。

5. 停放制动

当动车组长时间停车时，可由司机手动施加弹簧作用的停放制动，配有手动缓解。每辆动车配备 3 套停放制动单元。停放制动满足动车组在 30‰的坡道上安全停放。

三、CRH_2 动车组制动系统

（一）制动系统构成

CRH_2 动车组制动系统采用电气指令式微机控制直通式电空制动，其主要技术特点如下：

1. 制动力由动车的再生制动和各车的电气指令式空气制动组成；
2. 具有速度—黏着的模式控制；
3. 具有随负重自动调整制动力的控制；
4. 具有防止车轮滑行的保护控制；
5. 以 1 辆动车、1 辆拖车为 1 个制动单元，充分利用动车再生制动力，当动车再生制动力不足时，按照先本单元拖车、后本单元动车的顺序补充空气制动力；
6. 动车组基础制动采用悬浮方式的油压盘形制动，动车每轴装有 2 套轮盘，拖车每轴装有 2 套轮盘及 2 套轴盘；
7. 基础制动由制动缸、气油转换放大装置、液压压力传递部分、液压缸驱动卡钳装置组成，具有结构紧凑，放大倍数大的特点；
8. 具有与车载列车运行速度控制系统的接口，可实施安全制动；
9. 具有故障诊断及相关信息保存功能。

（二）制动方式

1. 常用制动

常用制动设 1～7 级，在制动初速 75 km/h 以上时，实施混合制动，由动车的再生制动负担拖车的部分空气制动；在 65 km/h 以下时切换成各车制动力的独立控制。

2. 快速制动

快速制动采用同上的复合制动模式，并具备最大常用制动 1.5 倍的制动力。

3. 紧急制动

紧急制动按安全回路失电制动的模式来建立，下列任何一种原因均可引起紧急制动指令的产生：

（1）总风压力下降至规定值以下；

（2）列车分离；

（3）检测到制动力不足；

（4）操作紧急按钮，使紧急电磁阀失电；

（5）换端操作，取出操作手柄。

以上的紧急制动使各车产生按速度进行 2 级调整的纯空气制动作用：160～200 km/h 速度区段为低压（约 0.6 m/s² 减速度）；160 km/h 以下速度区段为高压（约 0.778 m/s² 减速度）。

紧急制动指令和快速制动指令同时输出，并以紧急制动热备方式进行响应，即：只有制动装置发生故障的车辆才产生上述减速度的紧急制动，而其他制动装置正常的车辆产生快速制动模式下的减速度。

4. 辅助制动

在制动装置异常、制动指令线路断线时使用的电气指令式的辅助制动装置。可产生相当于 3 级、5 级、7 级常用制动及紧急制动的空气制动。

（三）救援/回送的需求

在动车组两端的控制车上设气/电转换装置，将实施救援的机车制动管压力控制信号转换成相应的电指令信号，再利用上述的辅助制动装置产生相应的制动作用。

四、CRH_5 动车组制动系统

（一）制动系统构成

动车组直通式电空制动系统由制动控制系统、动力制动系统（电气再生制动）、空气制动系统（包括风源）、电子防滑器和基础制动装置等组成。动车组采用复合制动模式，电制动优先。

作用在动轴上的动力制动为再生制动。仅在常用制动和列车定速运行时才使用动力制动。

动车每轴安装 2 套轴盘，拖车每轴安装 3 套轴盘。

动车组直通式制动系统可按制动模式曲线（根据手柄位置或信号系统设定）控制列车减速或停车。

制动系统具有与车载列车运行速度控制系统的接口。

采用电子控制的直通式电空制动系统。安装在每个车上的微机控制的制动电子控制装置负责执行本车的制动控制功能，包括接收和解码制动命令信号（从司机台上的制动手柄发生），以及其他用于列车制动控制的重要信息。

如果直通制动系统出现故障，系统故障导向安全，必要时实施紧急制动停车，如直通制动系统不能正常工作，通过手动转换后，启动备用空气制动系统。

备用空气制动系统为自动式空气制动系统，制动指令由列车管传递。备用空气制动系统可由采用自动式空气制动系统的中国铁路既有线机车操纵控制（包括制动与缓解），可满足动车组在救援和回送时的要求。

（二）制动系统主要功能

1. 常用制动

司机室中的制动手柄将向列车总线发送制动命令，制动命令由动车组各车辆的制动控制单元和牵引单元读取和编译后，进行电制动和空气制动的复合制动控制。最大常用制动具有和紧急制动相同的制动距离。

在常用制动模式下，电制动优先。

2. 紧急制动

紧急制动为空气制动，各车辆都施加最大的制动力。紧急制动可通过安全环路的以下装置进行控制：

（1）制动手柄处于紧急制动位置；

（2）运行中停放制动施加；

（3）按下司机紧急制动按钮；

（4）ATP 紧急制动；

（5）总风压力低等。

3. 备用制动

直通式电空制动系统发生故障或处于救援模式，动车组可启动备用制动继续运行。制动命令通过制动管（600 kPa）中的压力进行传递和控制，备用制动系统可由操纵司机控制器或紧急按钮进行紧急制动。

4. 保持制动

当动车组停车时自动施加，具有手动缓解功能。当动车组牵引力大于一定值时，保持制动自动缓解。保持制动能保证动车组在30‰的坡道上不溜车。

5. 停放制动

动车组除T2车外其他车的每个转向架配备1套停放制动单元，并配有手动缓解装置，可以满足动车组在30‰坡道上安全停放。

第四节 转 向 架

一、概 述

200 km/h 等级提速动车组转向架分为动力转向架（动车转向架）和非动力转向架（拖车转向架）。所有车型的转向架均为2轴无摇枕转向架，一系悬挂为钢弹簧转臂定位，二系悬挂采用空气弹簧。轮对采用空心车轴、磨耗形车轮踏面。CRH_1 和 CRH_2 动车组的动力转向架采用电机架悬方式；CRH_5 动车组动力转向架采用电机体悬方式。

二、CRH_1 动车组转向架

（一）转向架结构概要

转向架分为动车转向架和拖车转向架。转向架为2轴无摇枕转向架，一系悬挂为钢弹簧转臂定位，二系悬挂采用空气弹簧。采用磨耗形车轮踏面。

CRH_1 动车组转向架结构见图4-10和图4-11。

（二）主要技术参数

轴 距	2 700 mm
轮 径	915 mm
车 轴	UIC A4T 空心车轴
轴颈中心距	2 070 mm
空气弹簧横向间距	1 860 mm
空气弹簧上承台面距轨面高	945 mm
重 量	
动车转向架	约8.2 t
拖车转向架	约6.3 t

（三）主要部件

1. 转向架构架

拖车转向架为H形构架，动车转向架为两端带端梁的框形构架。材料为钢板（EN 10025）和铸件（ISO 3755）。

2. 轴箱定位装置

为转臂式定位方式，一系悬挂圆弹簧，置于转臂安装座上，转臂通过橡胶节点安装在侧架上。

3. 轮 对

空心车轴，按照EN 13104（动车）和EN 13103（拖车）设计，设有相应的轮座和制动盘座。

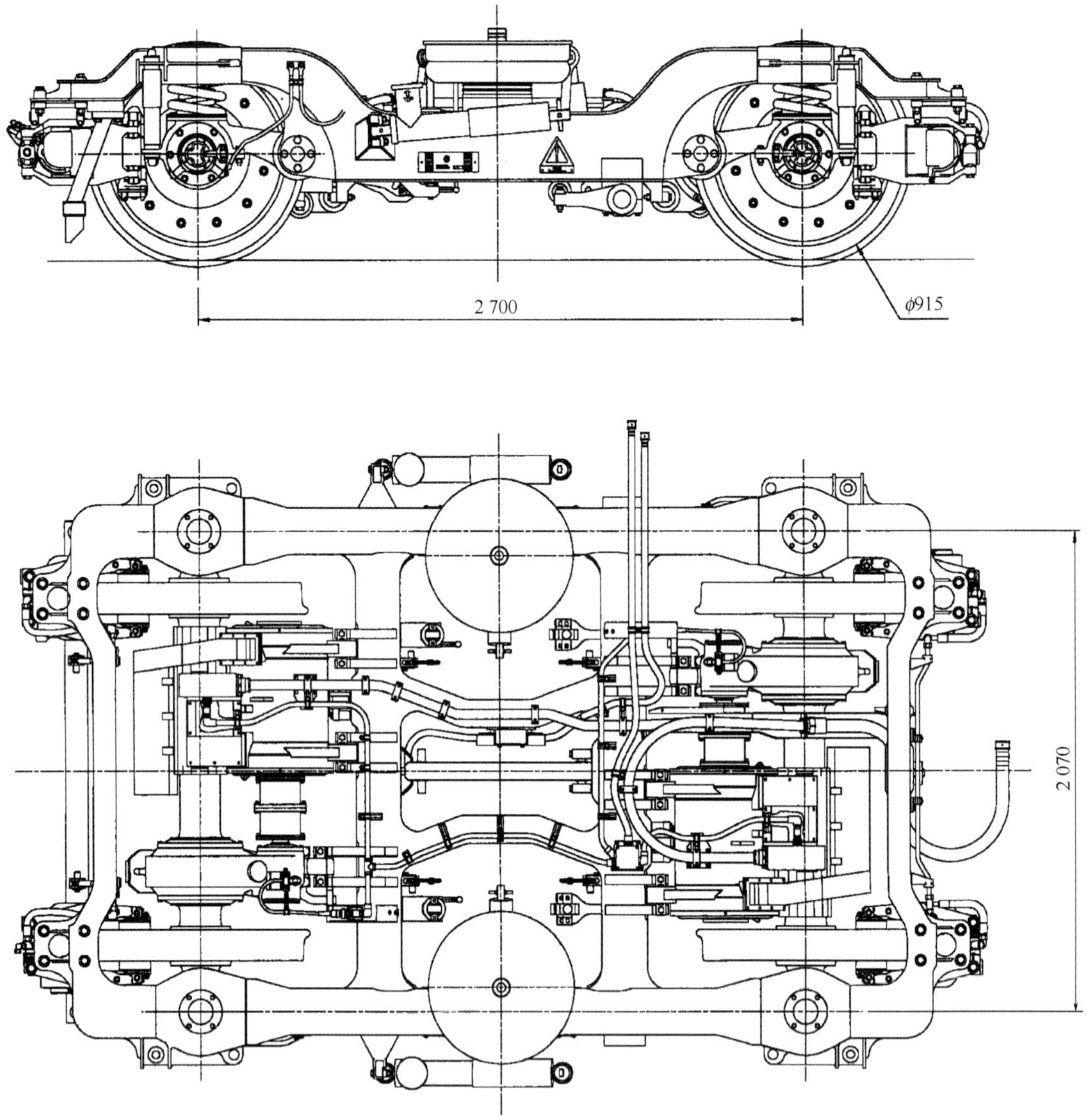

图 4-10　CRH_1 动车组动车转向架结构（单位：mm）

带有拆卸用注油孔的整体式车轮，车轮内侧距 1 353 mm。动车制动盘为轮盘，每轮对 2 组；拖车为轴盘（3 组/轮对）。

4. 齿轮箱

通过滚动轴承安装在车轴上，牵引电机和轴箱之间通过弹性齿型联轴节传递力。

三、CRH_2 动车组转向架

（一）转向架结构概要

转向架分为动车转向架和拖车转向架，其主要部分的结构型式基本一致。转向架为 2 轴无摇枕转向架，一系悬挂为钢弹簧双拉板定位，二系悬挂采用空气弹簧，单连杆牵引方式。采用磨耗形车轮踏面。

CRH_2 动车组转向架结构见图 4-12 和图 4-13。

（二）主要技术参数

转向架最大运行速度　　250 km/h（定员最大轴重以下时）

寿　命　　20 年

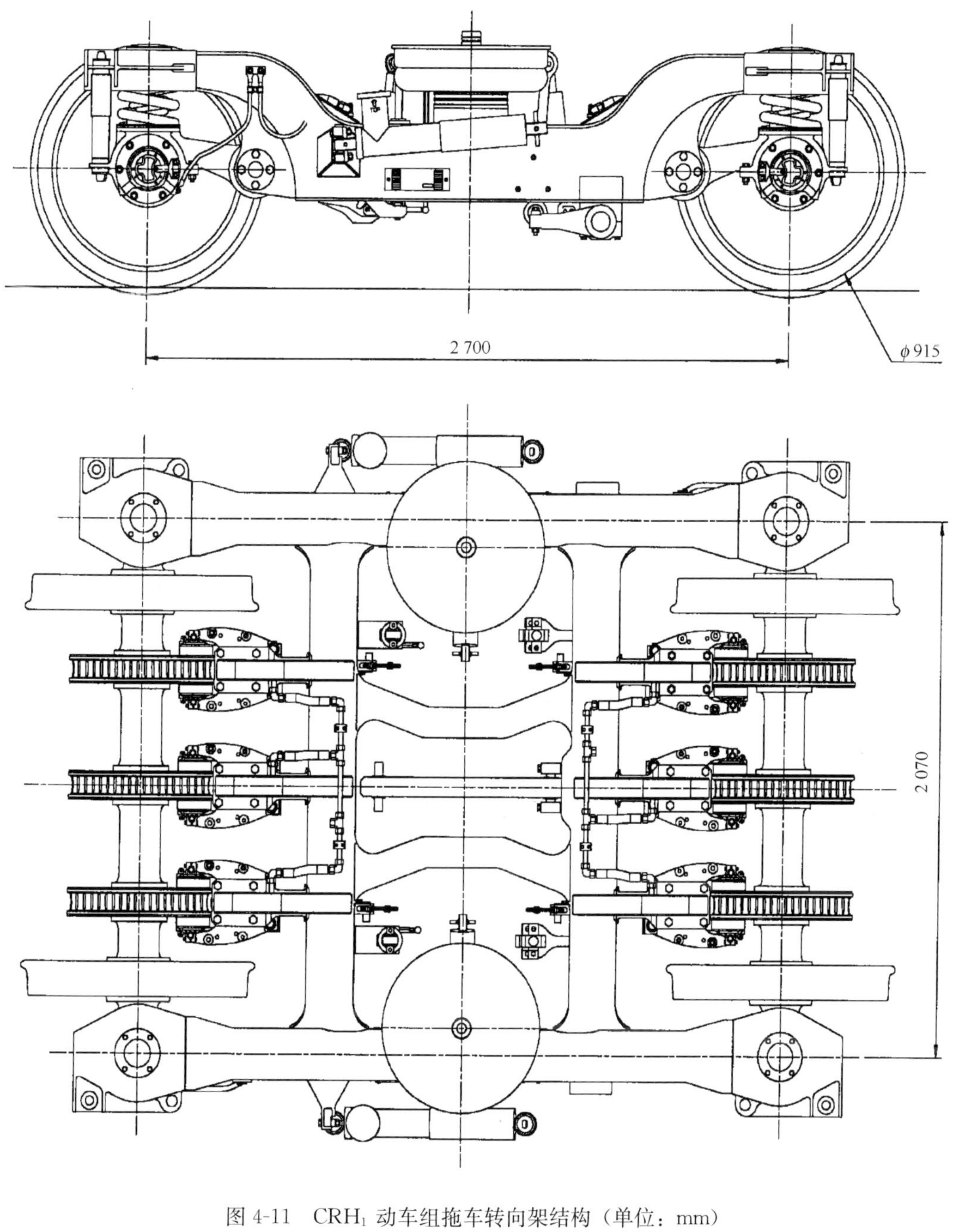

图 4-11　CRH_1 动车组拖车转向架结构（单位：mm）

定员最大轴重	14 t 以下（按照乘客 80 kg/人换算）
重　量	
动力转向架	7.5 t 以下
拖车转向架	7.0 t 以下
簧下重量	
动力转向架	2.0 t 以下
拖车转向架	2.0 t 以下
固定轴距	2 500 mm
车轮直径	ϕ860 mm（磨耗到限 ϕ790 mm）

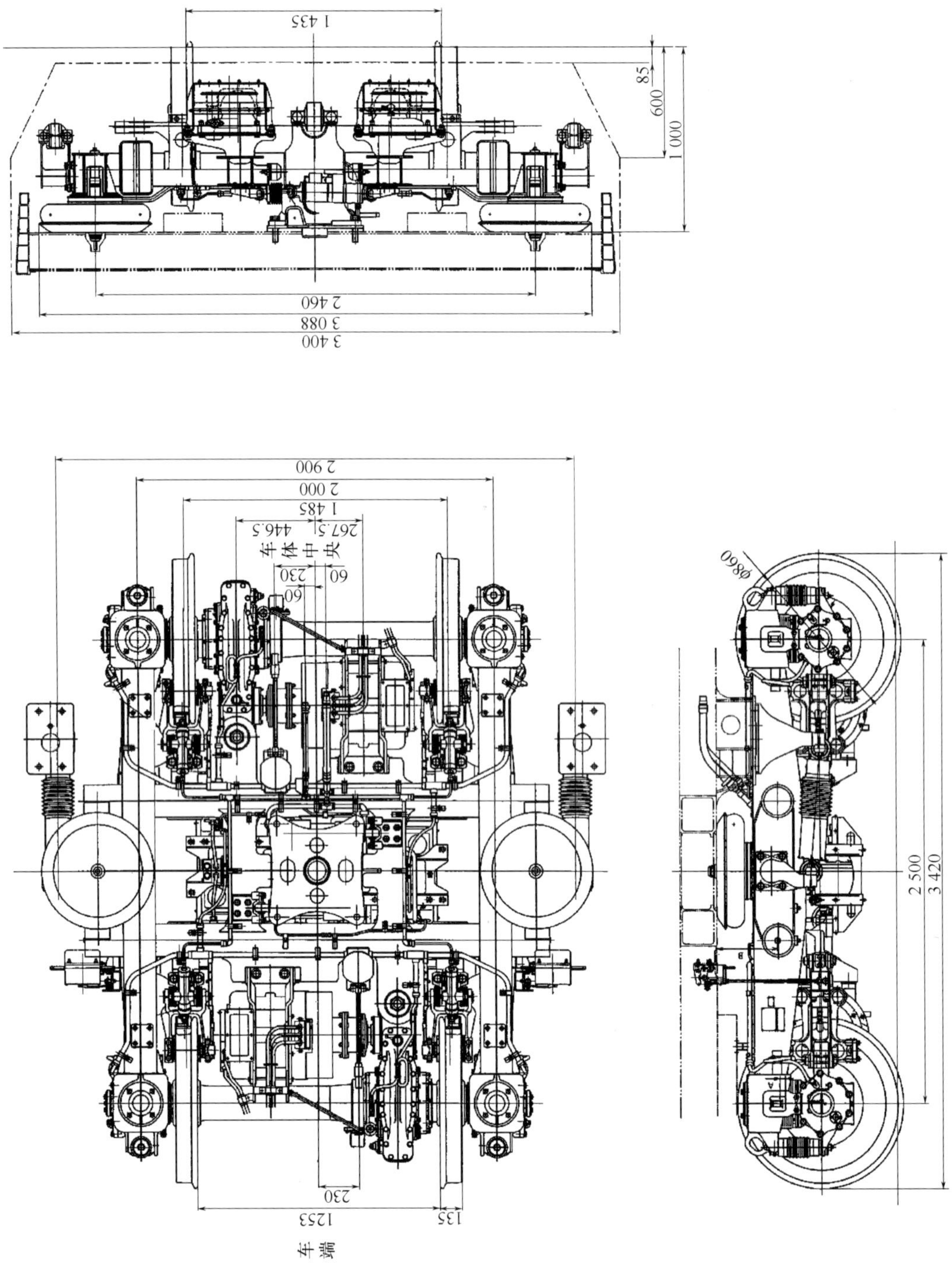

图 4-12 CRH$_2$ 动车组动车转向架结构（单位：mm）

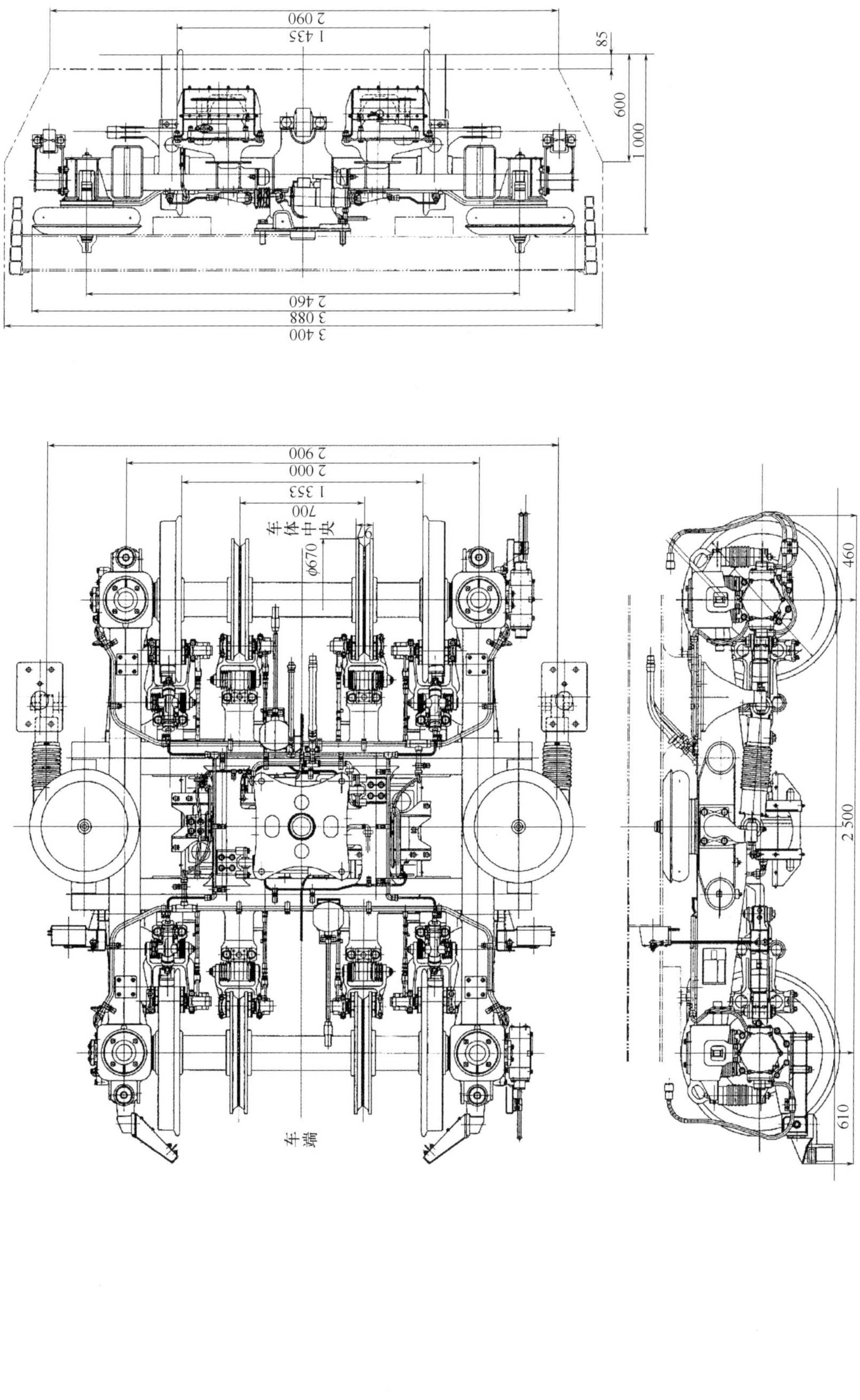

图 4-13　CRH_2 动车组拖车转向架结构（单位：mm）

（三）主要部件

1. 转向架构架

为H形构架，侧梁采用耐候钢板，横梁采用铸钢管材（耐候钢）(材质：SMA490BW JIS G3114)。

2. 轴箱定位装置

为双拉板式定位方式。轴箱体为钢结构，轴箱前后盖为铝合金结构。轴承采用圆柱滚动轴承（润滑脂润滑），设计计算寿命500万km以上。

3. 轮　对

空心车轴材料为S38C，轴颈直径ϕ125 mm。整体轧制车轮直径ϕ860 mm、宽度135 mm，车轮材质为SSW-Q3R，中国标准圆弧踏面。制动盘为锻钢材质。动车为轮盘，每轮对2组；拖车为轮盘制动（2组/轮对）＋轴盘制动（2组/轮对）。

4. 基础制动装置

为液压卡钳制动单元，制动效率95%以上。粉末冶金闸片，平均摩擦系数0.25。

5. 铝合金齿轮箱驱动装置

挠性齿型联轴节，飞溅润滑方式，传动比为3.036。

四、CRH_5 动车组转向架

（一）转向架结构概要

转向架采用了空气弹簧二系悬挂系统。转向架分为动车转向架和拖车转向架。转向架为2轴无摇枕转向架，一系悬挂为2组钢弹簧加拉杆定位，二系悬挂采用空气弹簧。采用磨耗形车轮踏面。

CRH_5 动车组动车转向架结构见图4-14。

（二）主要技术参数

最大轴重	17 t
轨　　距	1 435 mm
轴　　距	2 700 mm
新（旧）车轮尺寸	890（810）mm
轮对内侧距	(1 353±1) mm
设计使用寿命	30年
制动盘尺寸/材料	ϕ640 mm/钢
每个动力轴/拖轴的制动盘数量	2/3
动车转向架重量	约7.7 t
拖车转向架重量	约7.5 t

（三）主要部件

1. 转向架构架

焊接H形构架，整体结构由2个箱形构件组成并用2根管形横梁连接在一起。转向架构架使用Fe 510 D UNI EN 10 025型钢制造。

2. 轴箱定位装置

一系弹性悬挂由每个轴箱2组钢簧组成。轴箱与构架的连接达到最小纵向刚度，满足运行稳定性和通过曲线时减少轮缘的磨耗。

3. 二系悬挂

由空气弹簧等构成，安装在转向架底架和连接梁之间，允许必要的纵向和横向移动。

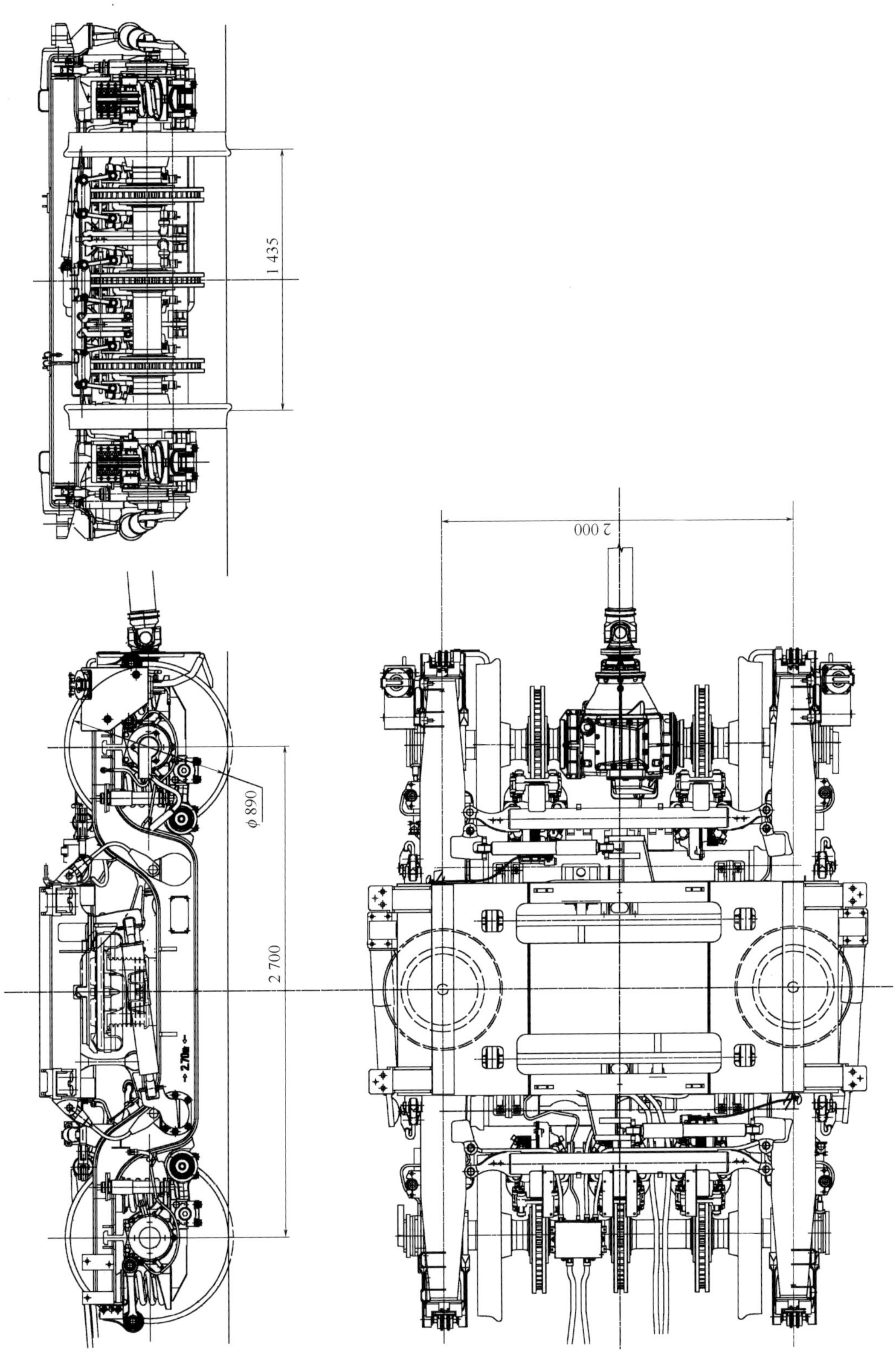

图 4-14　CRH_5 动车组动车转向架结构（单位：mm）

4. 轮　对

中空车轴用 30 NiCrMoV12 UNI6787 钢制造。整体型车轮，车轮材料为 R8T，车轮踏面符合 UIC/ORE S 1 002，半径磨耗可达 40 mm。每个轴箱配备 1 个 SKF-TBU 圆锥滚子轴承。

5. 驱动装置

动力转向架装有 1 台直接装在轴上的锥齿轮箱。齿轮箱由牵引电机驱动。牵引电机安装在车体底架下，用万向轴和齿轮箱连接。齿轮箱带 2 个锥齿轮，传动比为 1∶2.583。齿轮箱润滑采用溅油型。

6. 轮缘润滑装置

安装在头车前端转向架的第 1 个车轴上。可按照动车组运行方向、预定的时间间隔和动车组时速启动。润滑油采用生物可降解型白色植物油。

第五节　辅助系统

一、概　述

动车组辅助系统的主要功能是向主牵引传动系统之外的其他用电设备供电。包括主牵引传动系统的辅助系统、HVAC、照明、控制等。根据供货技术条件的要求，各动车组都采用干线供电方式和冗余设计。

动车组辅助系统的负载决定了辅助供电系统的结构。主牵引传动系统的辅助系统和 HVAC 系统用电设备如：牵引风机、变流器风机、变压器风机、水泵、油泵和压缩机等使用功率较大的三相交流电源。为了保证动车组在紧急情况下的安全，照明、控制等设备使用直流电源。因此动车组上包括交流供电系统和直流供电系统。交流供电系统的核心部件是辅助逆变器（CRH_2 动车组称为辅助电源装置）。直流供电系统的核心设备是蓄电池和充电机。

二、CRH_1 动车组辅助系统

（一）辅助系统构成

辅助供电系统采用干线供电方式，干线电压制式分为 AC 3×400 V/230 V 50 Hz 和 DC 110 V，各电源系统贯穿全列车。动车组辅助电气系统从牵引变流器的直流环节获取直流电源。

辅助供电系统由辅助逆变器、蓄电池和外接电源插座等组成。在每 1 个 Mc 和 M 车上设有 1 个辅助逆变器。辅助逆变器将牵引变流器中间直流电压转换成三相 380 V，50 Hz 电源，通过隔离变压器和接触器同三相列车供电母线相连接，向列车采暖装置、空调装置、蓄电池充电器以及牵引变流器和变压器的冷却风机等供电。

列车过分相的短暂过程中，辅助系统可不断电维持正常运行，牵引电机作为发电机向中间直流电路充电。

（二）辅助逆变器

辅助逆变器是辅助供电系统的核心部件。辅助逆变器（ACM）同直流环节连接，用来产生所需要的三相输出电压。三相输出滤波器包括 1 个三相电抗器和 1 个三相电容器，可将辅助逆变器产生的谐波成分过滤掉。三相隔离变压器将辅助电源和用电设备隔离。

1. 辅助逆变器的主要技术参数

主要技术参数如下：

（1）输出电压　　3×380 V，±5%

（2）输出电压中谐波的最大含量　　10%

（3）频　率　　50 Hz，±1.0%

(4) 逆变器的最大输出功率　　147 kW，$\cos\varphi=0.88$

(5) 总体尺寸（高/宽/长）　　350/410/810 mm

(6) 重　量　　90 kg

2. 辅助逆变器的工作原理

ACM 为三相 2 电平 IGBT 逆变器，包括功率模块、电源模块、滤波器电容、门驱动单元（GDU）、电压和电流传感器及控制单元等。

电源模块为控制单元、GDU 及电压和电流传感器供电。GDU 的主要任务是开关 IGBT。当电源出现故障或 IGBT 出现短路/过流时，GDU 可将 IGBT 断开。GDU 还可检测其自身的电源。控制器通过光纤向 GDU 传输信号，使系统具有较高的抗电气干扰能力。

ACM 采用空间矢量调制法控制。为了在起动和接上较大负载时达到最好的控制效果，应采用恒定的电压—频率比控制，直到达到额定电压为止。辅助电源的三相电压的幅值通过检测相电压实际值进行反馈控制。

（三）蓄电池

全列共设 5 组蓄电池，蓄电池组布置在 5 台动车上，每台动车上的蓄电池充电机将辅助逆变器输出的三相 AC380 V 电源转换成蓄电池直流充电电压向蓄电池组充电。当外部供电终止时，蓄电池可以向应急照明设备、列车无线装置、广播设备以及应急通风设备等装置提供 2 h 以上的用电。运行过程中，蓄电池组可在线路上充电。

蓄电池系统的主要技术参数如下：

1. 每列动车组蓄电池单元的数量　　5
2. 每列动车组蓄电池充电器的数量　　5
3. 系统额定电压　　110 V DC
4. 根据 IEC 77 的电压变化值　　77.0～137.5 V DC
5. 充电时的额定电压（＋10～＋30 ℃）　　121.8 V DC
6. 充电时的电压精度　　±1.0%
7. 正常（内部）充电时的蓄电池充电器单元容量　　22 kW，181 A
8. 额定蓄电池单元容量　　230 A·h，5 h，＋20 ℃
9. 动车组单独由蓄电池供电时间　　120 min

（四）外部电源插座

辅助系统各负载也可以从外部三相电源输入获取。外接供电时采用 3×380 V，50 Hz 地面电源。设置相位旋转保护装置以保护辅助电机，避免其以错误的方向运转。即使蓄电池完全放电，外接电源也可以启动蓄电池充电功能。当外接三相电源同三相母线连接后，同三相电源连接的辅助逆变器立即断开。

外接电源插座的位置为 Tp1 车和 Tp2 车每侧 1 个，Mc1 车和 Mc2 车各 1 个。其中 Mc 车的外接电连接器可用来给被拖动动车组提供 400 V/125 A 电源。该功能仅当本列车处于拖动模式、与另外 1 个 EMU 联挂以及至少 3 个 ACM 投入工作的条件下可用。

（五）辅助系统冗余设计

辅助系统采用冗余设计，系统所有负载容量低于 5 台辅助逆变器输出功率的最大功率。当 1 台或几台辅助逆变器出现故障之后，TCMS 会根据投入应用的辅助逆变器的数量切除相应的负载，投入应用的辅助逆变器平均分配负载。

三、CRH_2 动车组辅助系统

（一）辅助系统构成

辅助供电系统采用干线供电方式，干线电压制式分为非稳定单相 AC 400 V、非稳定单相 AC

100 V，稳定单相AC 100 V、稳定单相AC 220 V、稳定三相AC 400 V和稳定DC 110 V，各电源系统贯穿全列车。

辅助供电系统由牵引变压器辅助绕组、辅助电源装置APU、蓄电池组和车外插座等部分组成。牵引变压器辅助绕组向整列车辅助系统提供电源。辅助绕组将牵引变压器原边单相AC 25 kV电压转换为非稳定单相AC 400 V，直接向空调、换气装置及ATP主控电源和辅助电源装置APU供电，辅助电源装置APU将输入的非稳定单相AC 400 V转换为其他5种规格电源向列车上的用电设备供电。

列车过分相的短暂过程中，辅助电源装置停机。

（二）辅助电源装置

辅助供电系统的核心部件是辅助电源装置APU，每列车设置2台辅助电源装置，分别位于1号车和8号车，每台辅助电源装置向本单元4辆车提供辅助电源。当1台辅助电源装置发生故障时，可通过另1台辅助电源装置向全列车提供辅助电源。

1. 辅助电源装置的输入输出规格

输入输出参数如下：

（1）输　入　AC 400 V$^{+24}_{-37}$%，50 Hz；

（2）输出1　DC 100 V±10%，58 kW；

（3）输出2　单相AC 100 V±10%，50 Hz，12 kV·A；

（4）输出3　单相AC 220 V±10%，50 Hz，11.3 kV·A；

（5）输出4　三相AC 400 V±10%，50 Hz，123 kV·A；

（6）输出5　单相AC 100 V$^{+26}_{-41}$%，50 Hz，22 kV·A。

2. 辅助电源装置所挂负载

辅助电源装置APU所挂的负载如下：

（1）稳定DC 110 V　车辆的控制电源、车厢照明、蓄电池等；

（2）稳定单相AC 100 V　空调控制、空气净化器等；

（3）稳定单相AC 220 V　车厢220 V插座、视频、自动售货机等；

（4）稳定三相AC 400 V　牵引风机、牵引变流器风机、牵引变压器风机等；

（5）非稳定单相AC 100 V　热水器的加热器等。

3. 辅助电源装置的工作原理

辅助电源装置APU由APU输入辅助整流器、PWM三相输出逆变器、逆变器输出变压器、CVCF输出变压器、辅助变压器等构成。

辅助整流器柜由整流器变压器、辅助整流器构成。

APU的输入电源是牵引变压器辅助绕组输出的AC 400 V，通过可控硅混合电桥变换成为直流电。该直流电通过PWM三相逆变器变换成为交流电，通过逆变器输出变压器提供AC 400 V三相50 Hz电源。

CVCF输出变压器将AC 400 V三相电源变换成单相AC 220 V、AC 100 V的稳压电源。辅助变压器将牵引变压器辅助绕组的AC 400 V变换成另一单相AC 100 V电源。

辅助整流器箱使用整流器变压器将APU的400 V三相电压输出变压后，通过三相全波整流器，输出DC 100 V。

4. 辅助电源装置的技术特点

输入整流器部分使用大电流、高电压器件，实现了小型化、轻量化。

逆变器单元使用可高速开关的IGBT，通过高频PWM控制，实现了滤波电抗器的小型化、轻量化。

辅助整流装置采用自冷式，由整流器变压器、整流二极管单元和可用于实现输出电压下降特性的电阻等构成。

（三）蓄电池系统

全列共设3组控制蓄电池，适时设5组控制蓄电池，当外部供电终止时，蓄电池可以向应急照明设备、列车无线装置、广播装置、尾灯及应急通风设备（适时采用）等装置提供 2 h 以上的用电。运行过程中，蓄电池组可在线路上充电。考虑到低温时蓄电池的容量，在蓄电池箱上安装加热器。

（四）外部电源插座

动车组车体外侧面装有连接外部电源的插座（AC400 V、单相、50 Hz），M2 车（2 号车及 6 号车）上各有一处。车辆检修基地设置有外部电源，可供辅助电路工作。

（五）辅助系统冗余设计

辅助系统采用冗余设计，在动车组上安装 2 台牵引变压器，其辅助绕组输出至辅助电源装置的 AC 400 V 电压分别供电给 4 节车厢。当一台牵引变压器故障时，为了使另一台正常运转，牵引变压器能够通过辅助绕组向 8 节车厢供电，设置了用于切换的辅助绕组电源感应回路。当辅助绕组电源切换后，空调装置半功率运行。相邻单元的相互支援功能。

在动车组上安装 2 台辅助电源装置，1 台辅助电源装置供给 4 节车厢所需辅助用电。当一台辅助电源装置发生故障时，为了使另一台正常运转的辅助电源装置能够向 8 节车厢供电，设置了用于切换的扩展供电回路。辅助电源装置的输出容量的设计能够在故障时用 1 台正常运转的辅助电源装置向整列车供电。因此，当 1 台辅助电源装置故障时无需减少负荷。

四、CRH_5 动车组辅助系统

（一）辅助系统构成

辅助供电系统采用干线供电方式，供电制式为三相 AC 380 V 和 DC 24 V，各电源系统贯穿全列车。动车组辅助电气系统从牵引变流器的直流环节获取直流电源。

动车组辅助供电系统由辅助逆变器、蓄电池、充电机和车外插座等组成。每列车设有 5 台辅助变流器，每辆动车 1 台；8 组蓄电池和电池充电机，每辆车 1 套。

辅助供电系统的核心部件是辅助逆变器。辅助逆变器将牵引变流器中间直流电压转换成三相 3×380 V，50 Hz 电源，向空气压缩机、冷却通风机、油泵/水泵电机、空气调节系统、采暖设备等供电。蓄电池充电器的任务是把（由辅助变流器产生的）三相 3×380 V，50 Hz 电源电源系统三相电压转变成 DC 24 V 电压向蓄电池充电，并向照明设备、旅客信息系统、应急通风装置和控制装置供电。

（二）辅助逆变器

辅助逆变器是辅助供电系统的核心部件，它由输入滤波器、斩波器、逆变器、输出滤波器、控制单元等部件组成。辅助逆变器的输出特性如下：

1. 输出电压（V）　380（1±5%）；
2. 输出频率（Hz）　50（1±5%）；
3. 输出功率（kV·A）　夏季：290（持续）、400（15 min 短时）、525（峰值）；
　　冬季：300（持续）、400（15 min 短时）、530（峰值）。

输入滤波器的作用是对输入斩波器的电压进行限制；斩波器的作用是将中间直流电压斩波成逆变器所需要的输入电压 DC 600 V，另外斩波器实现了牵引变流器中间直流电路和辅助逆变器之间的隔离；逆变器利用 PWM 技术控制 IGBT 桥臂的开通与关断，将斩波器输入的 DC 600 V 电压逆变成三相 AC 380 V 交流电；三相输出滤波器的作用是限制输出电压的谐波成分；控制单元的作用是实现参数测量、输出控制、保护和通信等功能。

（三）蓄电池

动车组每辆车都装有 1 组 24 V 蓄电池，由 1 个 12 kW 充电机将三相电源（交流 380 V，50 Hz）转换为额定直流 24 V 向其充电。充电机采用 IGBT 元器件，采用自然通风冷却方式。

蓄电池是充电机和低压负载（DC 24 V）之间的 1 个缓冲，蓄电池还可以在接触网断电、牵引变流器故障、充电机故障等情况下向低压负载供电。整车蓄电池容量超过 360 A·h，能保证应急通风设备、应急照明设备、应急显示设备、维修用电、通讯及其控制等 2 h 的用电。

（四）外部电源插座

中压负载（三相 AC 380 V）也可以由外部三相电源通过外部电源插座（容量 425 A）供电。当外接三相电源同三相母线连接后，同三相电源连接的辅助逆变器立即断开。

每个车厢上有 1 个 LV（低压 DC 24 V）外部电源插座，它是 Schaltbau 320 A 型号的，位于蓄电池充电器上，可以用库内 DC 24 V 外部电源给蓄电池充电。

（五）辅助系统冗余设计

车上辅助供电电源系统采用冗余设计，发生故障时能进行切换，保证列车的正常运行。在 1 台或 2 台辅助变流器故障情况下，可以不受任何影响地向辅助负载供电。

在 2 台充电机故障的情况下不需要降低负载。其他充电机不能向故障车的蓄电池充电。

第六节　列车网络系统

一、概　述

列车网络系统一般简称为 TCMS（Train Control & Monitoring System）——列车控制与监视系统。CRH_1 和 CRH_5 动车组的网络系统采用的是符合 IEC 61375 的 TCN 列车控制网络，CRH_2 采用的是符合美国 ANSI 878.1 的 ARCNET 光纤网作为列车级网络和 4 线半双工的电流环作为车辆级网络。

二、CRH_1 动车组列车网络系统

（一）列车网络系统构成

CRH_1 动车组 TCMS 采用分布式网络结构，系统不同部件之间的数据通信符合 IEC 61375 标准，并支持 2 列动车组重联运行的网络配置与数据传输功能。

CRH_1 动车组的端车 VCU 负责处理整列车的控制和监视任务，称为 Train Control CCU（简称为 TC CCU），各车的控制和监视则分别由沿整列车分布的 VCU 处理。CRH_1 动车组 TCMS 负责控制与监视的系统包括：供风系统、自动过分相系统、ATP 系统、自动车钩、辅助供电系统、蓄电池系统、牵引系统、制动系统、司机安全装置、列车车门、火灾探测系统、供暖和通风空调系统、高压系统、照明系统、卫生间、旅客信息系统等。

TCMS 还负责处理与司机、乘务员和服务人员的接口，司控台上的按钮、开关、指示灯和其他装置分别与 TCMS 相连，TCMS 可将操作者的动作转变成不同系统的控制信号，并通过指示灯反馈给操作者。司控台上装有 1 个彩色触摸屏 IDU，其中包括表示列车和列车系统状态的菜单，可通过 IDU 控制一些列车系统功能，如激活、停用、切除、故障浏览等；IDU 设有不同的登录级别，如司机、乘务员和服务人员可以不同的身份登陆，乘务员和服务人员还可在列车运行过程中对未占用司机室的 IDU 或乘务员室 IDU 进行操作或浏览。

（二）列车级总线与车辆级总线

CRH_1 动车组的列车级总线采用的是 WTB（Wire Train Bus），连接动车组的 3 个动力单元中 Mc1、Tb、Mc2 车的 GW（网关），网关的作用是实现列车级网络与车辆级网络的数据交互功能；车辆级总线采用 MVB（Multifunctional Vehicle Bus），该动车组采用 3 个 MVB 网段，每个动力单元设计成 1 个网段，分别为 Mc1-Tp1-M1，M3-Tb and M2-Tp2-Mc2，MVB 总线通过本网段的网关与 WTB 通信，接收列车指令，并把本网段的网络状态信息反馈给列车级。

（三）网络系统的冗余管理

CRH_1 动车组 TCMS 具有与安全和关键性功能相关的冗余设计，TCMS 硬件的 1 个单点故障不影响与安全相关的功能，以提高列车的可靠性。WTB 和 MVB 采用双传输通道冗余，每个 MVB 网

段的 MVB 管理器 BA 冗余。除此之外，该动车组采用的另一个主要冗余设计方式为第二主站（Second Master）冗余。

列车主控单元（被占用司机室所在单元）的 TC CCU、网关、MVB 双通道、WTB 双通道或司控台关键控制设备故障等，都将导致该单元的 TC CCU 无法工作，牵引动力丢失，这时列车的网络控制权转移到另一端司机室，由另一端司机室 TC CCU 接替主控单元 TC CCU 进行全列车的控制，这种情况下，非主控端司机室 TC CCU 变为第二主站。由于存在贯穿全列的冗余 MVB 总线，列车司机仍能够在发生上述网络故障的主控端司机室驾驶列车运行。CRH_1 动车组的这种冗余设计模式称为第二主站冗余。

（四）故障诊断功能

CRH_1 动车组 TCMS 每个单元都包括 1 个列车诊断系统 TDS（Train Diagnosis System），用于存储列车上发生的预定义故障和事件，所定义的故障和事件几乎涵盖列车的全部系统以及 TCMS 系统本身。故障和事件基于严重程度和特点进行分类，与司机有关的故障和事件可显示在司机室内的 IDU 上。司机、乘务员和服务人员可在列车上的任何一个 IDU 上观察到全列车发生的故障和事件。TDS 还存储不同系统的其他诊断数据，如操作时间和操作次数等，并可将存储的诊断数据向地面系统进行远程传送。

三、CRH_2 动车组列车网络系统

（一）列车网络系统构成

CRH_2 列车信息控制系统由监控器和控制传输部分组成，硬件为一体化装置，但各自独立构成网络。光纤通信采用 ANSI 878.1 ARCNET 标准，前后中心的控制单元间采用母线仲裁，控制传输部为双重系统，确保系统冗余性，系统主要由列车信息中央装置、列车信息终端装置、列车信息显示器（包含 IC 卡架）以及车内信息显示器等组成，见表 4-3。

表 4-3　列车网络系统组成

车号/车型	1	2	3	4	5	6	7	8
设　备	T1c	M2	M1	T2	T1k	M2	M1s	T2c
中央装置	1	—	—	—	—	—	—	1
终端装置 G1	1	1	—	1	1	1	—	1
终端装置 G2	—	—	1	—	—	—	1	—
监控显示器	2	—	—	—	—	—	1	2
显示控制装置	2	—	—	—	—	—	1	2
IC 卡夹	2	—	—	—	—	—	—	2
车内显示器(LED)	2	2	2	2	2	2	2	2

CRH_2 动车组网络系统的功能主要有：牵引/制动系统的监控、牵引指令系统和制动指令系统的串行传输、救援连接时的制动指令的串行传输、设备的启动/复位、牵引变流器/辅助电源装置/向配电盘传送的复位指令、设备远程启动指令的传送、辅助绕组电源感应电路的控制、AC 100 V 电源感应的控制、空调温度控制器的复位及故障时的信息可以在司机台进行确认的画面显示。远程开启指令显示灯/蜂鸣器控制、司控台故障显示灯的显示输出、司控台状态标识显示灯的显示输出、司控台蜂鸣器的鸣响输出、各车配电盘显示灯的显示输出、空挡亮灯、乘务员支持、发生故障或者异常时司控台的警报生成和内容显示及引导显示。司机及列车长辅助用的各种列车信息/设备信息的显示、应急指南的显示和其他编组之间的联挂/解编状态的显示、安全设施故障记录的显示、最新故障记录的显示、服务设备控制、数据记录、车上试验等。

（二）列车级总线与车辆级总线

CRH_2 列车信息控制系统通过贯穿列车的总线来传送信息，同原来新干线列车采用硬连线来传输信息相比较，减轻了列车的重量。列车级总线有列车信息传送线（ARCNET光纤网络）和自我诊断信息传送线（多股绞合线）2种。列车重联运行时也可保持环形结构的高可信度数据传送。中央装置和各车辆内的终端装置由双重环形构成的控制/监视器传送线连接。

车辆级总线采用20 mA电流环形方式，步调同步方式（和一部分设备的传送是高级数据链路控制HDLC方式）。传送速率可为192 kbit/s、19.2 kbit/s、9.6 kbit/s、1.2 kbit/s。

（三）网络系统的冗余管理

CRH_2 司机室列车信息控制系统的中央装置为双重系统，具有冗余性，1套发生故障的时候，可以自动切换到另一套，并且采用不易发生故障的双向环形网络方式，具有向左和向右2条线路，是1种分散型的系统，即使是2处以上的线路发生故障，甚至环形网络断开时，也可以在其他连接着的正常线路之间继续传送数据。另外，即使在环形网络故障时，由于列车还设置有备份传送线，也可以进行数据传送，对各设备进行控制。

（四）故障诊断功能

CRH_2 动车组网络系统的主要诊断项目有牵引变流器、辅助电源装置、制动控制装置、安全设施、车门开关时间测定、车辆信息控制装置自我诊断等。针对问题所采取的对策由检查员根据数据结果的内容判断是否进行更换、修理等。列车自我诊断系统主要进行列车运行中各部件状态的监控及处理。列车还具有在车辆基地检修中进行自动检查的功能。列车信息控制系统对列车上设置的设备进行自动检查，检查时设备一端具有判断功能，列车信息控制系统只收集对各个设备发出的检查指令及检查结果。

列车信息控制系统可以区分重大故障和轻微故障，关于重大故障而且需要处置时，会将故障内容及可能的处理方法通知给乘务员。另外，故障信息可以无线方式传送至地面。

四、CRH_5 动车组列车网络系统

（一）列车网络系统构成

CRH_5 动车组TCMS是1套基于多台微机的系统，可控制并监视所有与列车和车辆相关的功能。网络结构同 CRH_1 一样都是基于TCN标准IEC 61375，支持重联运行时的网络配置和通信传输。

列车TCMS系统负责控制与监视列车的启动、重联时的联挂与解编、牵引系统、制动系统、司控台、辅助供电系统、ATP、过分相、配电柜、供风设备、转向架、HVAC、内/外部照明、厕所等设备。

司机驾驶台上有2个分别命名为TS和TD的监视器。TS监视器以图形化方式向司机显示主要驾驶信息，如线电压、线电流、力矩等，司机可以用屏幕周围置放的1组按键操作监视器，也可以使用这些按键向设备发送全局性或选择性命令，司机还可以在专门菜单中通过操作显示器按键的形式手动切除某些设备；TD监视器向司机显示有关整个编组（包括2列动车组重联为长编组的列车）全部设备的所有诊断信息，司机可看到所有被监视设备和组件的状态（启用、停用、故障、故障已排除等），并具有操作指导的自动报警（在故障情况下）功能。

（二）列车级总线与车辆级总线

CRH_5 列车网络采用列车级WTB和车辆级MVB2层通信网络，CAN总线作为另一种车辆网形式，主要控制与监视厕所、旅客信息系统、充电机等设备。重联情况下，2列动车组之间的连接通过穿过头车自动车钩的WTB冗余链路来实现。WTB可根据列车长度的变化实现网络的动态配置重组。动车组每个动力单元的MVB总线都分为MVB-A Signaling，MVB-B Traction和MVB-C Comfort三种网段。

网关实现列车总线与车辆总线之间的双向信息交换，每个网关与列车总线之间交换与列车动力单元相关的信息，并接收来自整个列车中其他网关的信息。MPU向WTB传输信息或处理来自

WTB的信息数据，负责整列车或本单元的控制与监视作用，分为牵引回路MPU-LT和列车舒适度MPU-LC2种设备，管理不同的MVB网段或CAN网段设备。

（三）列车网络的冗余管理

CRH_5动车组除具备WTB、MVB通信通道冗余外，每个动力单元还对主要设备进行了冗余设计，包括网关、MPU、司控台IDU（TS与TD互为冗余）、中继器、司机室I/O设备、车辆重要I/O设备等。系统冗余性排除了单一故障下影响列车性能的可能性。

例如，每一单元中都有2个MPU-LT，它们具有相同的输入，并具有相同的功能；其中1个MPU-LT出现故障后，另1个MPU-LT将自动接替其工作，列车不会因此丢失牵引动力或导致机破，较大地提高了动车组的可靠性。

（四）故障诊断功能

CRH_5动车组TCMS具有故障自诊断、保存故障信息及重要故障信息传送到司机监视器和本地监视器的功能，诊断级别包括司机诊断、乘务员诊断和维护诊断3种。通过显示器，司乘人员可获得与各种列车设备状态相关的信息。

列车TCMS系统监视列车的启动过程、重联过程、运行过程中的牵引系统、制动系统、司控台、辅助供电系统、ATP设备、过分相设备、配电柜、供风设备、HVAC、内/外部照明、厕所及其TCMS系统本身设备的工作状态，并对各设备状态进行故障诊断，通过人机接口设备进行显示和报警，支持故障记录和查询功能。

另外，动车组上还设有运行性能安全监测系统。该系统能对动车组和各个重要功能系统部件进行实时监测和报警，确保动车组运行安全。系统的监测内容包括车辆横向稳定性（仅限整列进口的首列动车组）、轴温、制动系统的工作状态、制动设备情况、防滑器的工作情况、车上用电系统的状态（如断路、短路、绝缘性、三相不平衡度等）、车门状态及必要的烟雾和火灾报警等。通过这种实时监测，能够及时发现故障，以便及时报告，及时维修，必要的紧急故障还可通过司机或调度台控制列车运行。

第五章　120 km/h 速度级货运机车和车辆

第一节　货运机车

一、对 120 km/h 速度级货运机车的基本要求

120 km/h 货运机车用于在我国铁路干线牵引货物列车，单机牵引质量 5 000 t。

（一）应用环境

应用在我国主要铁路干线上，在下列条件下，机车能正常工作。

1. 海拔不超过 1 200 m。

2. 环境温度（遮荫处）－25 ℃～＋40 ℃，机车能够在－40 ℃环境下存放，在采取一定的防寒措施后能够在－40 ℃气候条件下正常运用。

3. 最湿月的月平均最大相对湿度≤95%（该月的月平均最低温度为＋25 ℃）。

4. 机车能承受风、沙、雨、雪、盐雾、煤尘和沙尘暴的气候条件。

（二）环保要求

现代机车应满足环保要求，环保标准应与国际接轨。

1. 外部噪声

（1）机车外部噪声符合 EN ISO 3095－2005 和 prEN ISO 3381：2005 标准要求。

（2）无论静止还是运行，机车外部噪声均没有任何异常的刺耳声。

（3）当机车静止时，自动降低噪声对设备的影响。

2. 电磁干扰

机车具有良好的电磁兼容性，不仅在机车内部的车载电子设备和电气设备应避免相互干扰，而且还保证不会干扰铁路沿线的通信、信号等设备的正常工作。机车的所有部件均满足 EN 50121-1、EN 50121-3-1、EN50121-3-2 标准要求。电力机车不应对牵引供电网产生不良影响。

二、大功率货运机车的技术特点

（一）机车总体参数

1. 传动方式

机车采用目前在铁路牵引领域占主导地位的电压型变流器与交流异步牵引电机传动方式。

2. 最高运用速度　　120 km/h

3. 轴　重　　$25^{+1\%}_{-3\%}$ t

4. 限　界

机车外部限界尺寸应符合中华人民共和国国家标准 GB 146.1－1983 的有关规定。

5. 轨　距　　1 435 mm

6. 牵引、动力制动特性

对重载货运机车的牵引、再生制动特性的基本要求如下：

（1）应具有良好的黏着控制功能，起动黏着系数一般应不低于 0.4；

（2）恒功率范围要宽；

（3）持续速度要低，持续牵引力要高。

7. 机车电传动系统效率　≥0.85。

8. 机车起动状态下轴重转移率不大于±10%，并具有轴重转移的电气补偿功能。

9. 机车重联控制

(1) 机车能够通过列车总线（如：WTB、FIP 等）实现多台机车的重联控制。

(2) 在重载货运专线上，安装有无线控制系统（如：LOCOTROL）的机车采用分布式动力配置方式，可牵引 1.2 万 t 以上重载货物列车。

10. 机车具有采用外接电源或者车载蓄电池库内移车功能。

（二）电力机车电传动系统

1. 技术概况

(1) 电流制式

单相 25 kV/50 Hz，网压波动范围 17.5～31 kV。

(2) 主电路

电力机车主电路由主变压器、牵引变流器和异步牵引电机组成。由于机车轴功率很大（超过 1 200 kW），因此一般多采用轴控供电方式，即每个牵引电机由各自的逆变器供电。机车辅助电源为三相交流 380 V/50 Hz，目前技术发展趋势是辅助变流器从中间回路取电，逆变后生成三相高压电再通过滤波器滤波，辅助变压器降压、隔离后提供出品质良好的三相交流 380 V/50 Hz 电源。

采用单轴控制的电力机车的 2 轴转向架的主电路和辅助电路原理图见图 5-1。

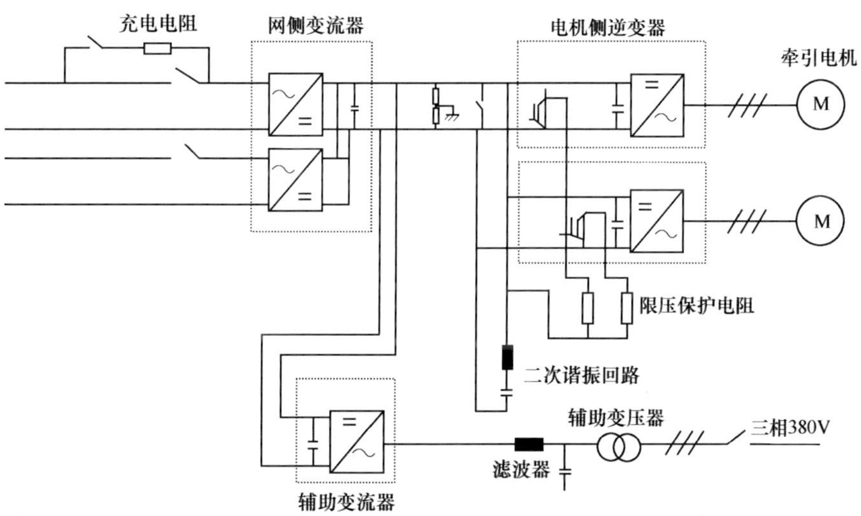

图 5-1　单轴控制电力机车 2 轴转向架的主电路和辅助电路原理图

(3) 牵引/再生制动功率

大功率货运电力机车轴功率为 1 200～1 600 kW，C_0—C_0 轴式的机车牵引功率为 7 200～9 600 kW，2（B_0—B_0）轴式的机车牵引功率一般为 9 600 kW。在网压波动到 22.5 kV 时，机车仍能发挥额定功率。网压在 22.5 kV 到 19 kV 时，机车功率线性下降到额定功率的 84%。网压低于 19 kV 直到 17.5 kV 时，牵引功率线性降为 0。网压高于 30 kV 直到 31 kV 时，牵引功率线性降为 0。机车再生制动功率与牵引功率相同，在网压高于 29 kV 直到 31 kV 时，再生制动功率线性降为 0。机车牵引及再生制动功率与网压的关系见图 5-2。

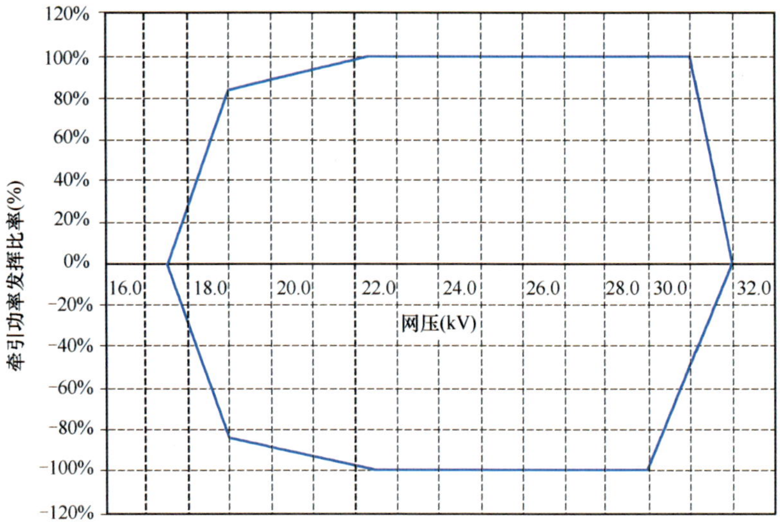

图 5-2　机车牵引及再生制动功率与网压的关系示意图

（4）牵引、再生制动特性

图 5-3 是一个轴功率为 1 600 kW 的 6 轴电力机车的牵引/再生制动特性曲线。

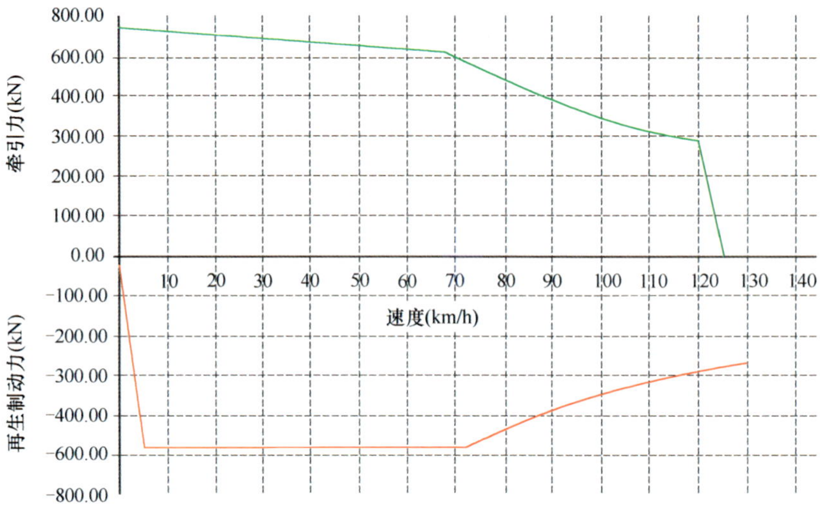

图 5-3　轴功率为 1 600 kW 的 6 轴电力机车的牵引/再生制动特性曲线

（5）机车最大起动牵引力　　≥580 kN

（6）机车持续牵引力　　≥500 kN

（7）机车最大制动力　　≥480 kN

（8）恒功率速度范围　　70～120 km/h

（9）机车功率因数 λ

当机车功率>10%额定功率时，$\lambda \geqslant 0.98$。

（10）等效干扰电流和谐波含量

Jp：　≤0.8 A

THD：　≤0.4%

（11）机车装有自动过分相区的设备，可自动过分相控制。

（12）机车控制电源为直流 110 V。

（13）机车安装有智能化诊断系统，能对主电路、辅助电路、控制系统以及空气制动系统的故障进行诊断和保护。机车主电路、辅助电路、控制电路在各种工况下均有完善而可靠的短路、过载、接地、过电压、欠压、过热、空转、滑行以及通风、油流系统的故障保护功能。

2. 主要电气设备

（1）主变压器

主变压器是电力机车重要的电压转换设备，它的重量、体积、效率等技术指标直接影响到整个机车的性能。现代机车主变压器一般采用卧式结构，吊挂在机车车体下。用于交流传动机车的主变压器具有短路阻抗高（一般在 30%～50%），牵引绕组间全解耦、体积小、重量轻、效率高（一般≥0.96）以及有利于环保等优点。

主变压器是由 1 个原边绕组、4～6 个次边牵引绕组构成的单相变压器。由于辅助逆变器从中间回路取电，因此取消了辅助供电绕组，简化了变压器结构。中间回路二次谐振电抗器一般安装在主变压器的钢制油箱内。主变压器冷却方式为油循环、强迫风冷。主变压器安装有温度传感器、油流继电器、压力释放阀、布赫继电器等，具有温度、油流、压力等保护功能。

（2）牵引变流器

牵引变流器由网侧变流器、中间直流回路和电机侧逆变器组成。网侧变流器输入端与主变压器的次边牵引绕组相连，并可通过接触器分离。通过四象限变流器将单相交流电压转变为稳定的中间直流电压。中间直流回路设有支撑电容、二次谐振电容（二次谐振电抗器在主变压器箱体内）、接地检测模块和保护模块等。在牵引工况，直流中间电压经过电机侧逆变器转换成三相频率和电压可变的输出电压供给三相异步牵引电机。在再生制动工况，异步牵引电机作为发电机运行，其发出的三相交流电经电机侧逆变器转换为中间回路的直流电压，再经四象限变流器转换为单相、50 Hz 与电网相位相反的交流电经主变压器反馈回电网。

随着半导体器件的发展，牵引/辅助变流器的功率开关器件经历了由晶闸管到可关断晶闸管（GTO）到 IGBT 的发展过程，目前，IGBT 器件已全面取代 GTO 而应用到铁道牵引的各个功率范围内。牵引变流器采用模块化结构，易于运用、维修。

大功率牵引变流器一般采用效率高、冷却效果好、简单易行、利于环保的水循环冷却方式。

牵引变流器具有完善的诊断、保护功能，保证在运用中不会发生功率器件烧损故障。

（3）牵引电机

牵引电机是电力机车传动系统中的关键设备，在牵引工况，牵引电机将电能转换成机械能，驱动机车；在再生制动工况，牵引电机又将机车/列车的动能转换成电能以反馈回电网。牵引电机性能指标直接反映了机车的牵引、制动性能。

目前交流传动机车的牵引电机绝大多数采用三相鼠笼式异步牵引电机，尽管牵引电机与普通工业电机在结构上区别不大，但由于机车空间、重量的严格限制，对牵引电机提出更苛刻要求。同时，牵引电机是由电压型 PWM 逆变器供电，电源品质与工业电网有较大差别。在牵引电机的设计、制造中充分考虑到了这些特点，从而保证在整个运用范围内电机的脉动转矩、损耗和噪声均满足铁路牵引运用要求。

大功率重载电力机车的交流牵引电机具有扭矩大、体积小、重量轻、可靠性高、少维护等特点，性能优越，满足重载牵引的要求。

交流牵引电机可承受由于机车运行时所产生的振动和冲击，以及由于电气突然短路时产生的短路转矩。

牵引电机及其所有部件，包括转子、端罩、轴承等均具有良好的互换性，以减少用户的维修时间并提高电机的可靠性。

牵引电机一般采用 4 极或 6 极机，200 级绝缘，强迫风冷方式。

电机设有防止产生电机轴电流的措施（如采用绝缘轴承）。

目前，异步牵引电机均采用先进、成熟、性能优越的矢量控制方法和直接力矩控制方法。

（4）机车控制网络

交流传动电力机车采用目前国际上最先进的车载计算机网络系统。该系统由中央控制单元、牵引控制单元、辅助控制单元、制动控制单元、诊断检测单元等多种模块，通过车辆网络构成一个有机的整体，对机车实行有效、可靠的控制。重联机车之间通过列车总线进行通讯，加大了机车之间交换的信息量，减少了重联机车之间的控制连线。

目前我国车载通讯网络主要有 TCN、FIP 等。

（三）车体、转向架

1. 车　体

车体采用整体承载的框架式焊接结构，承载能力（包括司机室）按 TB 2541－1995 标准确定，纵向拉伸、压载荷满足万吨重载牵引需求，同时在设计中对车体的疲劳强度进行了评估。车体结构符合标准化、系列化、模块化设计原则并满足可靠性、可用性、可维护性与安全性的要求。能满足万吨重载牵引的需求。

车体进行了良好密封，防止风、沙、雾、雨、雪、污水等对车内设备的侵袭。密封结构可多次重复使用并保持其密封性能。

电力机车车体采用中央走廊方式，走廊宽度不小于 600 mm，以便安装、检修车内设备。走廊地板平整防滑。

车钩及缓冲器满足机车双机重联牵引万吨列车的需要。

2. 转向架

转向架主要由构架，轮轴驱动系统，一、二系悬挂系统，牵引装置，电机悬挂装置，基础制动装置，空气管路和附属装置等组成，其性能优劣对机车运行稳定性、平稳性、运行品质等动力学性能有重大影响。

转向架采用标准化、系列化、模块化、轻量化设计，符合可靠性、可用性、可维护性与安全性的规定，尽量达到无磨耗、免维修的要求。

转向架与车体有良好的耦合，可通过悬挂系统抑制冲击和振动激扰对车体的影响，避免产生频率与车体固有频率相同或相近的振动。

转向架及其主要零部件符合 TB 2368－2005 对结构强度（包括静强度与疲劳强度）的要求，以及有关标准对弹簧强度、轮轴强度等方面的要求，并根据运用条件进行结构强度分析。

转向架可以方便地从车体下推出，轮对轴箱装置便于更换。

（1）构架

货运机车的转向架采用高强度、高可靠性和轻量化结构的构架。

构架采用焊接箱形结构，符合 TB 2368－2005 对结构强度的要求，构架上的电机吊座、基础制动吊座、减振器安装座等具有足够的强度，以满足重载牵引要求。

目前在构架的设计中多采用三维有限元分析和结构模态计算方法进行应力与频率分布、结构固有频率、动力响应及耐久性等分析、计算，尤其对电机吊座结构及其附近的结构强度进行重点分析，从而使构架结构得到优化。

（2）轮对驱动系统

轮对驱动系统由驱动齿轮箱（含齿轮）、轮对、轴箱、牵引电机、制动盘和抱轴箱等部件组成，根据机车的动力学性能、可靠性、可维修性进行科学合理的系统设计。

货运机车的牵引电机采用滚动抱轴悬挂方式，可满足 25 t 轴重下最大运用速度 120 km/h 的要求。

值得指出的是，在大功率货运电力机车上，有采用牵引电机和驱动齿轮箱一体化整体设计方案的，牵引电机输出轴与小齿轮轴之间设柔性联轴节，小齿轮轴两端各设1个轴承，具体结构见图5-4。这种双端支撑结构可显著提高轴承的使用寿命。

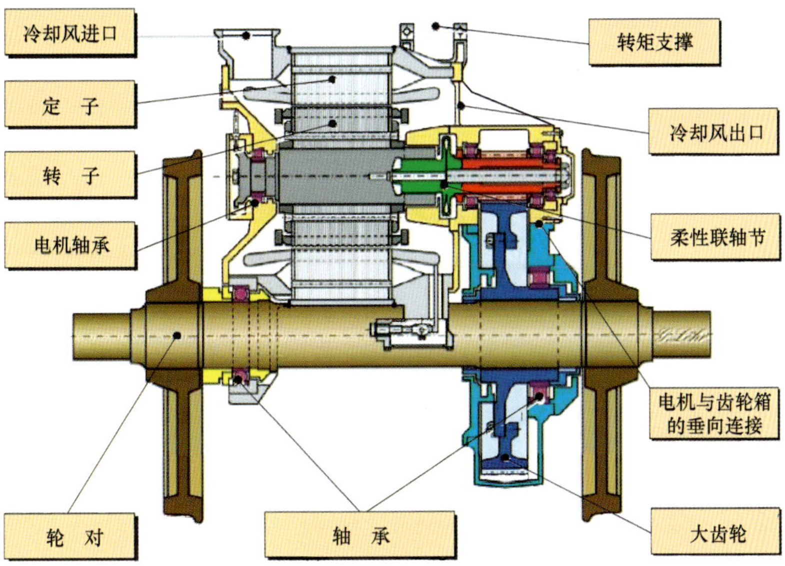

图 5-4　牵引电机和驱动齿轮箱一体化整体设计方案

抱轴箱、牵引电机和齿轮箱组成一个刚性构件，一端通过2个分别安装于抱轴箱内和齿轮箱内的滚动轴承支撑在车轴上，另一端通过1个吊挂点悬挂于转向架构架上。

（四）司机室

大功率货运机车司机室的结构和设备布置按照人机工程学的要求进行设计，适于单司机执乘，便于司机操作和日常的检查维修。司机室内宽敞明亮，具有良好的照明和瞭望条件。

司机室设有空气温度调节及取暖装置，顶棚、侧墙、地板具有良好的隔热保温性能。

司机室具有保护工作人员的安全措施。

司机室的噪声不超过 75 dB（A）。

司机操纵台的设计充分考虑到乘务人员的身材及其所执行的操作任务。操纵台的布置方便司机就坐及移动双腿，也能够让司机站着操纵。所有与运行有关的操纵装置、仪表、显示屏、操控开关、带转换、调节性的开关以及各种按钮等均布置在操纵台主台面上。而室内环境控制开关、辅助开关、作业转换开关则布置在操纵台主台司机右侧立柱面板上或司机上方车壁上，也可布置在司机室后壁上。操纵台台面的材质采用环保材料。

操纵台上具体分牵引区、制动区、运行区和气候区等。机车启动程序开关、按钮、机车运行状态显示屏和仪表布置在牵引区内。制动状态显示屏和与空压机、制动状态有关的开关、按钮布置在制动区内。ATP 显示屏、双针速度表、机车状态指示灯、各种操控开关、照明开关、标志灯开关等布置在运行区内。刮雨器、空调、采暖、前窗玻璃加热等转换开关、前窗玻璃喷水按钮以及电源插座等器件布置在气候区内。

（五）制动系统

货运机车制动系统引进了的克诺尔公司和法维莱公司的先进机车制动技术，采用微机网络控制，可实现与动力制动的联合作用，可靠性高。制动系统采用模块化设计，集成度高，维护工作量少。

制动及供风系统主要包括风源及干燥系统、制动控制系统、基础制动系统和撒砂系统，以及辅助系统中的辅助空压机系统。

在平直道上速度120 km/h时，紧急制动距离：

23 t轴重　　≤800 m

25 t轴重　　≤1 100 m

机车制动系统可与26-L、JZ-7、EL-14、DK-1、CCBⅡ或EUROTROL型制动系统兼容，与装有上述制动系统的机车可以重联操作。

机车制动控制系统中的主要部件和功能均有冗余，以保证机车的安全运用。

1. 机车制动系统功能

(1) 动力制动

电力机车动力制动采用再生制动，在再生制动时，将机车或列车的动能通过电传动系统转换成电能反馈回电网。

(2) 自动空气制动

司机可以通过自动制动手柄控制列车管压力，进而控制全列车的空气制动。

(3) 单独制动

司机通过单独制动手柄控制机车制动缸压力，进而控制机车本身的空气制动。

(4) 紧急制动

在运行中司机随时可通过自动制动手柄施加紧急制动，还可以通过司机室内单独的紧急制动按钮或紧急制动排风阀施加紧急制动。

(5) 停放制动

停放制动是用于停车后保持机车原地不动的制动。司机通过操作停放制动按钮进行停放制动的实施和缓解。另外，出于安全考虑，机车控制电源断电后，停放制动将自动实施。

停放制动靠弹簧施加，通过压缩空气缓解，停放制动装置可通过手动机械缓解。任何情况下，停放制动弹簧力与机车制动缸空气压力不可叠加实施。

2. 风源及干燥系统

风源及干燥系统主要包括：主空气压缩机（螺杆空压机）、主空气干燥器和过滤器、主风缸、辅助空气压缩机、辅助空气干燥器和过滤器、辅助风缸等。

压缩空气经过干燥装置处理后进入制动系统总风缸。

3. 空气制动和再生制动联合作用

机车制动控制系统具有将空气制动和动力制动联合作用，且动力制动优先使用的功能。由于目前的机车制动系统均采用计算机控制，自动制动手柄的指令可传输到机车主控制系统中，从而可根据自动制动手柄的指令来施加动力制动。当用自动制动手柄实施列车常用和紧急制动操作时，机车动力制动与车辆空气制动将会同时使用，机车动力制动力的大小与自动制动手柄对应的列车管减压量所产生的机车空气制动力相匹配。空气制动的投入和动力制动的增减或切除必须协调，以减小列车的冲动。

当机车通过主控制器手柄施行动力制动时，自动空气制动将被切除。

当用单独制动手柄实施机车制动操作时，出于安全原因，机车动力制动被阻止或切除，仅施加空气制动。

4. 基础制动

货运机车的基础制动采用踏面制动或轮盘制动，采用轮盘制动的机车在车轮两侧安装有制动盘，闸片将直接作用于制动盘上。制动单元或单元制动器带有间隙自动调整装置。

第二节　货运车辆

一、概　　述

（一）我国货运车辆升级换代概况

近些年来，我国研制开发了速度为 120 km/h 等级的不同载重的铁路货车车型：载重 60 t，以 C_{64K} 型、C_{64H} 型、P_{64GK} 型、P_{64GH} 型、NX_{17BK} 型、NX_{17BH} 型、G_{70K} 型、G_{70H} 型等为代表车型的 21 t 轴重的新型通用货车；载重 70 t，以 C_{70} 型、C_{70H} 型、P_{70} 型、P_{70H} 型、NX_{70} 型、NX_{70H} 型、GQ_{70} 型、GQ_{70H} 型等为代表车型的 23 t 轴重的通用货车；载重 78 t，以 X_{2K} 型、X_{2H} 型等为代表车型的 25 t 轴重的双层集装箱专用车。

为了积极推进货车技术装备现代化，全面提高货车技术水平，适应铁路运输发展的要求，满足铁路货车提速的需要，铁道部决定自 2004 年 3 月 1 日起对既有铁路货车进行速度为 120 km/h 的提速改造。预计 2007 年 4 月 18 日铁路第六次大提速时，全路对既有货车进行改造的总数将达到 40 万辆，到 2007 年年底将达到 50 万辆。

为了进一步考核对新型 120 km/h 速度级货车和提速改造车在现场运用条件和实际运行操作方式下长时间、长距离以 120 km/h 运行的可靠性，铁道部组织在铁道科学研究院环行试验基地进行了可靠性试验。试验总里程为 36 万 km，第一阶段 18 万 km 已完成，第二阶段 18 万 km 的试验（包括 70 t 级新型车和提速改造车）正在进行之中。到目前为止的试验表明：120 km/h 速度级新型货车及提速改造车总体上具有优良的动力学性能和较好的可靠性。在可靠性试验中也暴露出一些典型的问题，比如承载鞍顶面及承台与侧架连接面及挡边的非正常磨耗、旁承螺栓折断、摩擦减振器减振不良等。针对这些问题，在可靠性试验中进行了深入的试验研究，并由可靠性试验联合工作组提出了具体改进措施，改进后的动力学性能试验验证及可靠性试验均取得了比较理想的效果。

120 km/h 速度级新型货车对检修和运用工作也提出了新的要求。运用技术条件和检修限度是货车运行安全保障的重要环节。第六次大提速之前货车的速度绝大部分没有超过 80 km/h，只有 P_{65} 行包快运的最高速度达到 117 km/h，但轴重未达到标记轴重。因此，我国还没有 120 km/h 速度级成熟的运用及检修经验。铁道科学研究院环行线可靠性试验表明，120 km/h 速度级货车所暴露出的故障及问题有其自身特点，其运用技术条件及检修限度也相应有特殊的要求。可靠性试验联合工作组在现有运用检修技术要求的基础上，结合铁道科学研究院环行线可靠性试验，提出了 120 km/h 速度级货车的运用技术条件，同时正在试验研究相应的检修限度，以进一步提高 120 km/h 速度级货车的运用可靠性。

120 km/h 速度级的新型货车的研制成功及对既有货车进行的提速改造使我国铁路货车在速度和载重上进入了一个新的时代，为第六次大提速中货车提速 120 km/h 和实现铁路跨越式发展提供了技术装备上的有力支持。

（二）提速货车的车辆运用技术要求

速度为 120 km/h 等级的各型提速货车，除满足原有规定的技术条件和管理规定外，在运用中还应符合以下要求。

1. 转 K2 型转向架承载鞍顶面有金属碾出时承载鞍顶面局部磨耗不得超过 3 mm（以承载鞍顶面沟槽底面为判定基准）。

2. 转 K4 型、转 K5 型转向架侧架导框纵向与滚动轴承外圈无接触痕迹。

3. 转 K1 型、转 K2 型、转 K6 型转向架双作用弹性旁承滚子与上旁承磨耗板不得接触，同一转向架左右旁承滚子与上旁承磨耗板间隙之和应为 2～18 mm。

4. 转 K1 型、转 K6 型转向架轴箱橡胶垫中间橡胶无脱胶挤出。

5. 罐车罐带螺栓不松动、卡带无松弛，鞍木与罐体局部间隙不大于 15 mm。

6. 其他应符合铁道部颁发的《铁路货车运用维修规程》及相关规则、文件的规定。

二、货车转向架

货车的转向架主要有用于 21 t 轴重 120 km/h 速度级的敞车、棚车、平车、罐车等通用货车上的转 K2 型和转 K4 型新型转向架，用于 25 t 轴重 120 km/h 速度级的双层集装箱车及运煤专用敞车，以及用于 23 t 轴重 120 km/h 速度级的 70 t 级敞车、棚车、平车、罐车等通用货车上的转 K5 型和转 K6 型新型转向架。这些转向架均是我国按照引进、消化、吸收、再创新的思路而研制开发的新型 120 km/h 速度级货车转向架，具有优良的动力学性能。K2 型和 K6 型转向架是下交叉支撑装置型转向架，K4 型和 K5 型转向架为摆动式转向架。这 4 种转向架的主要技术参数列于表 5-1。

表 5-1　转向架结构类型与主要技术参数

参数类别	转向架型号			
	转 K2	转 K4	转 K5	转 K6
结构形式	下交叉侧架支撑杆铸钢三大件	摆动式铸钢三大件	摆动式铸钢三大件	下交叉侧架支撑杆铸钢三大件
轴　重(t)	21	21	25	25
最高运行速度 (km/h)	120	120	120	120
轨　距(mm)	1 435	1 435	1 435	1 435
轴　型	RD_2	RD_2	RE_{2A}	RE_{2A}
轮型及轮径(mm)	840	HDSA 型,840	840	840
转向架固定轴距(mm)	1 750	1 750	1 800	1 830
轴颈中心距(mm)	1 956	1 956	1 981	1 981
旁承中心距(mm)	1 520	1 520	1 520	1 520
旁承形式	双作用常接触橡胶弹性旁承	常接触橡胶弹性旁承	常接触橡胶弹性旁承	双作用常接触橡胶弹性旁承
弹簧悬挂系统	两级刚度摇枕螺旋弹簧			
弹簧静挠度(空/重)(mm)	15.1/40	20/42	16/42	
踏面形式	LM 磨耗型	LM 磨耗型	LM 磨耗型	
心盘面自由高(mm)	702	683	687	
基础制动倍率	4	6.48	4	
心盘允许载荷(kN)		370.44	443.94	
减振器形式	斜楔摩擦减振器			

(一) 转 K2 型转向架

转 K2 型转向架为下交叉侧架支撑杆铸钢三大件式转向架，见图 5-5。其结构特点是两侧架用位于摇枕下部的下交叉支撑杆连接，以提高转向架的抗菱刚度。转向架的弹簧悬挂系统为两级刚度摇枕螺旋弹簧，斜楔式变摩擦减振器。

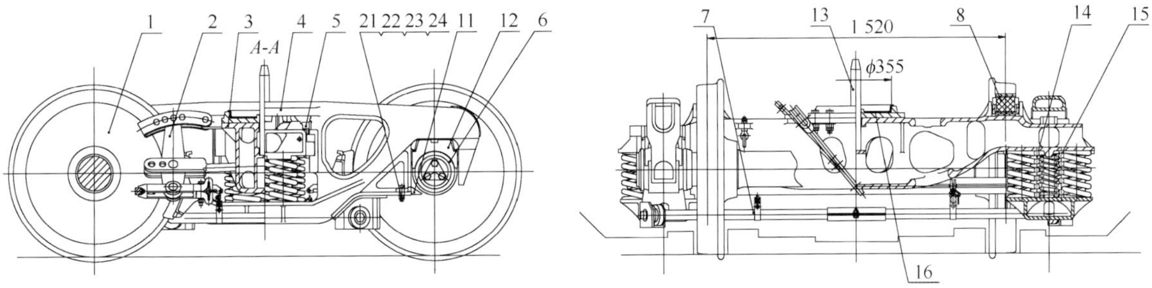

图 5-5　转 K2 型转向架（单位：mm）

1—货车 RD_2 型轮对；2—制动装置；3—摇枕组成；4—侧架组成；5—减振装置组成；6—货车 D 轴滚动轴承装置；7—交叉支撑装置；8—双作用弹性旁承；11—挡键；12—承载鞍；13—中心销 450；14—外圆弹簧；15—内圆弹簧；16—心盘磨耗盘。

（二）转 K4 型转向架

转 K4 型转向架为铸钢三大件式转向架，见图 5-6。该型转向架弹簧悬挂系统为两级刚度，楔形变摩擦减振器。其结构特点是两侧架用弹簧托板连接，提高了转向架的抗菱刚度，弹簧托板与侧架之间由摆块相连，侧架承台和轴箱承载鞍接触部位成弧形，使侧架可相对轴箱横向摆动，由侧架和弹簧托板组成了一个类似客车转向架摇动台的结构，增加了转向架的横向柔度，有利于改善车辆运行的动力学性能。转 K4 转向架基本上保留了原型转向架的结构特点，主要变动是将原 25 t 轴重改为 21 t 轴重，减轻了摇枕、侧架等主要承载构件的重量。另外，弹簧当量静挠度由 44.0 mm 变到 42.0 mm。

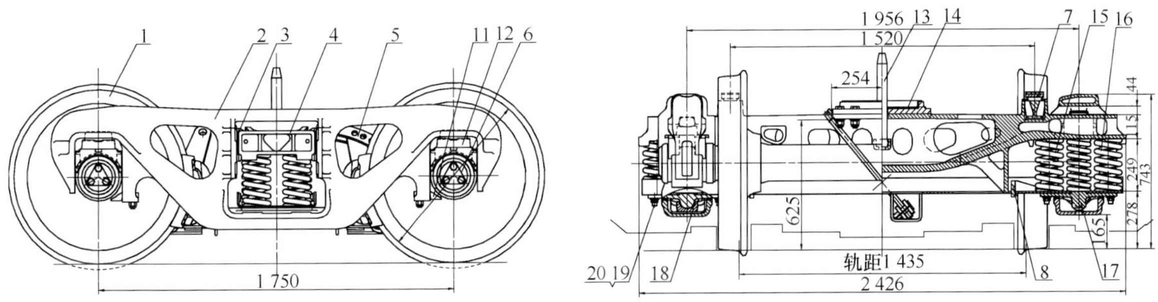

图 5-6　转 K4 型转向架（单位：mm）

1—RD_2 型轮对；2—侧架组成；3—减振装置组成；4—摇枕组成；5—基础制动装置；6—货车 D 轴滚动轴承装置；7—下旁承组成；8—弹簧托板组成；11—挡键；12—承载鞍；13—中心销 450；14—心盘衬垫；15—承载鞍外圆弹簧；16—承载内圆弹簧；17—摇动座；18—摇动座支撑；19—SFT 型圆柱折头螺栓；20—SFT 型防松螺母。

（三）转 K5 型转向架

转 K5 型转向架与转 K4 型转向架类似，均为摆动式的三大件式转向架，轴重 25 t，见图 5-7。采用两级刚度弹簧及变摩擦减振器，组合式斜楔的主摩擦板采用高分子复合材料，斜楔体为贝氏体球墨铸铁；侧架立柱磨耗板采用 45 号钢、滑槽磨耗板材质采用 T10 或 47Mn2Si2TiB，装用符合要求的 353130A 型或其他紧凑型双列圆锥滚子轴承及配套前盖后挡、RE_{2B}型 50 钢车轴及 LM 磨耗型踏面的 HEZB 轻型铸钢或 HESA 轻型辗钢车轮；基础制动装置采用符合要求的组合式制动梁、奥—贝球铁衬套。

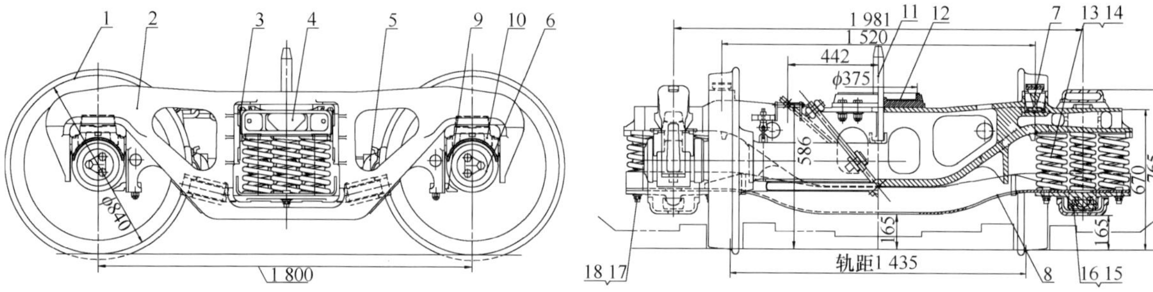

图 5-7　转 K5 型转向架（单位：mm）

1—RE_{2A}型轮对；2—侧架组成；3—减振装置组成；4—摇枕组成（1 位）；5—基础制动装置；6—货车 E 轴滚动轴承装置；7—下旁承组成；8—弹簧托板组成；9—挡键；10—承载鞍；11—中心销 450；12—心盘磨耗盘；13—承载鞍外圆弹簧；14—承载内圆弹簧；15—摇动座；16—摇动座支撑；17—ZT 型圆柱折头螺栓；18—SFT 型防松螺母。

（四）转 K6 型转向架

转 K6 型转向架结构特点与转 K2 型转向架类似，均为下交叉支撑装置的三大件式转向架，见图 5-8。转 K6 型转向架轴重 25 t，摇枕、侧架材质为 B 级铸钢，侧架采用宽导框式结构；两侧架之间装用下交叉支撑装置；一系悬挂采用轴箱橡胶垫；二系悬挂采用带变摩擦减振装置的中央枕簧悬挂系统，摇枕弹簧为两级刚度，组合式斜楔的主摩擦板采用高分子复合材料，斜楔体为贝氏体球墨铸铁；侧架立柱磨耗板材质采用 45 号钢，滑槽磨耗板采用 T10 或 47Mn2Si2TiB，采用锻造支撑座；采用直径为 375 mm 的下心盘，下心盘内设有含油尼龙心盘磨耗盘；装用要求的 353130A 型或其他紧凑型双列圆锥滚子轴承及配套前盖后挡、RE_{2B}型 50 钢车轴及 LM 磨耗型踏面的 HEZB 轻型铸钢或 HESA 轻型辗钢车轮；采用 JC 型双作用常接触弹性旁承；基础制动装置采用要求的组合式制动梁、奥一贝球铁衬套。

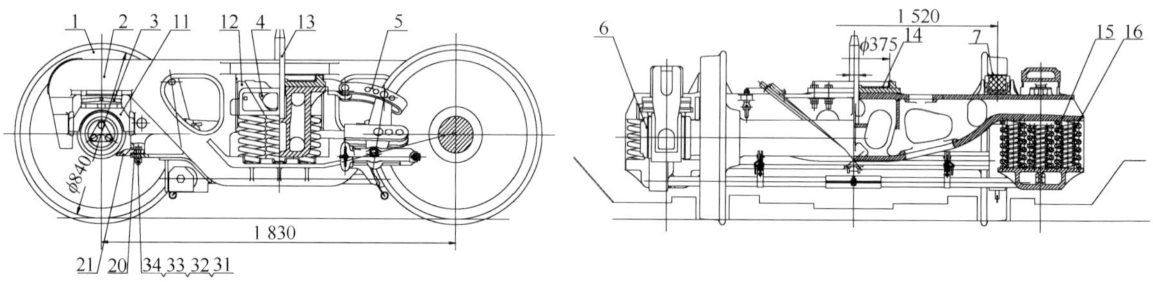

图 5-8　转 K6 型转向架总图（单位：mm）

1—组成；2—侧架组成；3—轴箱橡胶垫；4—摇枕组成；5—制动装置；6—货车 E 轴滚动轴承；7—双作用弹性旁承；11—承载鞍；12—斜楔；13—心盘中心销；14—心盘磨耗盘；15—外圆弹簧；16—内圆弹簧；20—调整垫；21—挡键；31—螺栓 M16×80；32—螺母 M16；33—垫圈 16；34—销 4×36。

三、新型（造）货车

表 5-2、表 5-3 列出了 120 km/h 速度级新型（造）货车的主要技术参数。

120 km/h 速度级货车采用转 K2 型或转 K4 型、转 K5 型或转 K6 型转向架，提高了车辆运行的安全可靠性；采用单侧踏面空气制动；车钩中心距轨面高 880±10 mm；限界符合 GB 146.1—1983 的要求；通过最小曲线半径 145 m；120 km/h 速度级新型货车重点加强了轴承、制动、车钩及缓冲等关键技术的研究，应用高强度、耐腐蚀材料，来进一步提升货车技术水平和安全可靠性。70 t 级新型货车重车紧急制动距离≤1 400 m。

2006 年，通用货车已全部按轴重 23 t、载重 70 t、商业运行速度 120 km/h 的新标准进行生产，并具有以下的共同特点：

装用统一标准 25 t 轴重的 SKF 紧凑型轴承和 RE_{2B}型车轴，减小了轴肩与轴颈中心距离，取消了车轴卸荷槽，从而可使轴颈后部应力降低 14%，并大大改善该处的应力集中和耐腐蚀性能；

采用技术成熟、性能可靠的转 K6 型或转 K5 型转向架，改善了车辆的动力学性能和运行品质，满足在既有线桥条件下车辆商业运行速度达 120 km/h；

采用 E 级钢 17 号车钩、MT-2 型大容量缓冲器、高强度钢中梁，提高了纵向承载能力，可适应编组万吨重载列车的要求。

在既有同类型车辆运用经验的基础上优化了结构，提高了车体的疲劳强度及耐腐蚀性能；主要零部件实现了寿命管理，延长检修周期，降低了检修维护成本。

安装铁道货车脱轨自动制动装置，提高了车辆运行的安全可靠性。

（一）120 km/h 通用敞车

1. 21 t 轴重 60 t 级通用敞车

21 t 轴重 60 t 级通用敞车主要包括 C_{64K}型和 C_{64H}型车。该类型车采用耐候钢全钢结构，满足翻车机卸货的要求。采用空重车自动调整装置、120 空气控制阀、13 号上作用车钩、高摩合成闸瓦、ST2-250 型闸调器等制动配套技术。装用了转 K2 型转向架（C_{64K}型）或转 K4 型转向架（C_{64H}型），提高了车辆的动力学性能和运行品质，商业运行速度最高 120 km/h。该型主要技术参数参见表 5-2，图 5-9 是 C_{64H}型敞车的外轮廓图，图 5-10 是 C_{64K}型和 C_{64H}型敞车外貌。

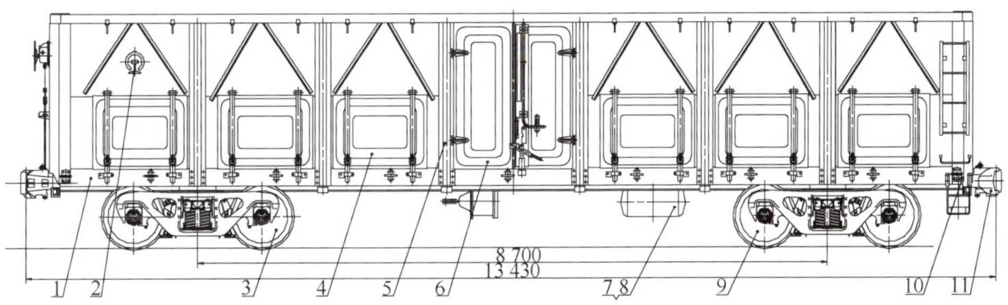

图 5-9 C_{64H}型敞车外轮廓图（单位：mm）

1—底架组成；2—标记；3—1 位转 K4 型转向架（转 K2 型转向架为 C_{64K}型敞车）；4—下侧门组装；5—侧墙组成（2 位）；6—侧开门组成；7—底架附属件；8—风制动装置；9—2 位转 K4 型转向架（转 K2 转向架为 C_{64K}型敞车）；10—端墙组成（2 位）；11—车钩缓冲装置。

(a) C_{64K}型车　　(b) C_{64H}型车

图 5-10 C_{64K}型与 C_{64H}型敞车外貌

表 5-2 120 km/h 铁路货车主要车型及技术参数(1)

类别	车型	车体尺寸(长×宽×高)(mm)	车体内尺寸(长×宽×高)(mm)	最高运行速度(km/h)	轴重(t)	转向架类型	车辆定距(mm)	空车重心高(mm)	重车重心高(mm)	车辆自重(t)	车辆载重(t)	有效容积(m^3)	比容(m^3/t)	罐体工作压力(MPa)	自重系数	地板面高(mm)	全车制动率(%)	全车制动倍率	车钩、缓冲器类型
60 t 级新型车	C_{64K}	13 430×3 242×3 149	12 490×2 890×2 051	120	21	转 K2	8 700	990	1 830	23.0	61	73.3	1.20	—	0.38	1 082			13A、MT-3
	C_{64H}					转 K4		1 045	1 780	22.2									
	P_{64GK}	16 430×3 340×4 448	15 478×2 804×2 855	120	21	转 K2	11 700	1 380	2 210	23.8	60	135.0	2.25	—	0.40	1 136			13A 上作用、MT-3
	P_{64GH}					转 K4													
	NX_{17BK}	16 338×3 165×1 416	—	120	21	转 K2	10 920	745	2 020	22.9	61	—	—	—	0.38	1 214	空 31.70 重 19.50	9.80	13A 下作用、MT-3
	NX_{17BH}					转 K4													
	G_{70K}	11 988×3 020×4 515	—	120	21	转 K2	7 500	1 401	2 237	20.4	62	69.7	1.12	0.15	0.33	1 088	空 32.37 重 17.53	9.06	13A 上作用、MT-3
	G_{70H}					转 K4													
转 K2 提速改造车	C_{62BK}	13 438×3 196×3 095		120	21	转 K2	8 700	1 000	1 800	21.6	60	71.6	1.19	—	0.36			9.28	13 号上作用
	P_{62K}	16 438×3 312×4 220		120	21	转 K2	11 700	1 050	1 900	24.0	60	120.0	2.00	—	0.40			8.27	13 号上作用
	NX_{17K}	13 930×3 170×1 212	—	120	21	转 K2	9 000	746	2 018	22.4	60	—	—	—	0.37	1 212	空 27.50 重 19.50	9.80	13 号或 13A 下作用
	G_{60K}	11 988×2 912×4 381	—	120	18.5	转 K2	7 300	1 296	2 211	21.0	53	60.0	1.13	0.15	0.40	1 088	空 21.00 重 17.00	4.47	13A
代用棚车	PB	17 930×3 356×4 664	16 770×2 854×2 900	120	21	转 K2	12 000			28.0	45	141.2	3.10	—	0.63	1 134		4.80	13 号、MT-3
双层集装箱车	X_{2K}	长宽:19 466×2 912	内长宽:12 300×2 600	120	25	转 K6	15 666	650	2 400(最高)	22.0	78	—	—	—	0.28	290	空 27.10 重 17.40	12.00	17 号、MT-2
	X_{2H}					转 K5													

表 5-3 120 km/h 铁路货车主要车型及技术参数(2)

类别	车型	车体尺寸(长×宽×高)(mm)	车体内尺寸(长×宽×高)(mm)	最高运行速度(km/h)	轴重(t)	转向架类型	车辆定距(mm)	空车重心高(mm)	重车重心高(mm)	车辆自重(t)	车辆载重(t)	有效容积(m^3)	比容(m^3/t)	罐体工作压力(MPa)	自重系数	地板面高(mm)	全车制动率(%)	全车制动倍率	车钩、缓冲器类型
70 t 级新型车	C_{70}	13 976×3 242×3 143	13 000×2 892×2 050	120	23.6	转 K6	9 210			23.6	70	77	1.100	—	0.33	1 083	空 19.4 重 17.4	11.20	17 号、MT-2
	C_{70H}					转 K5													
	C_{70B}	13 976×3 242×3 143	13 000×2 892×2 050	120	23.0	转 K6	9 210	1 085		23.8	70	77	1.100	—	0.33	1 083	空 24.1 重 17.9	7.80	17 号、MT-2
	C_{70BH}					转 K5													
	P_{70}	17 066×3 300×4 770	16 087×2 793×2 855	120	23.0	转 K6	12 100	1 290		24.6	70	145	2.070	—	0.35	1 136	空 22.0 重 17.3	11.20	17 号、MT-2
	P_{70H}					转 K5													
	NX_{70}	16 330×3 165×1 216	底架长×宽:15 400×2 960	120	23.0	转 K6	10 920	738		23.8	70	—	—	—	0.34	1 216	空 19.1 重 30.3	11.20	17 号或部批新型
	NX_{70H}					转 K5													
	X_{4K}	19 416×2 890×1 140	底架长×宽:18 400×2 630	120	23.0	转 K6	14 200	685		21.8	72	—	—	—	0.30	1 140			17 号、MT-2
	GQ_{70}	12 216×3 320×4 494	—	120	23.4	转 K6	8 050	1 399	2 197	23.6	70	78.7	1.100	0.15	0.33	1 083	空 24.40 重 16.67	10.73	17 号或部批新型
	GQ_{70H}					转 K5													
	GN_{70}	12 216×3 320×4 466	—	120	23.0	转 K6	8 050	1 359		23.8	70	73.7	1.100	0.15	0.34	1 082	空 24.20 重 16.59	10.73	17 号或部批新型
	GN_{70H}					转 K5													
	GHA_{70}	13 446×3 320×4 493	—	120	23.0	转 K6	9 280	1 368		23.8	70	88.3	1.260	0.15	0.34	1 083	空 26.30 重 17.20	7.50	17 号或部批新型
	KZ_{70}	12 074×3 168×3 726	内长×宽:8 700×2 920	120	23.0	转 K6	8 000			23.8	70	42	0.600		0.34	170*	空 20.00 重 16.00	10.90	17 号、MT-2
	KZ_{70H}					转 K5													
	KM_{70}	14 400×3 200×3 780	—	120	23.0	转 K6	10 500			23.8	70	75	1.070		0.34	210**	空 20.50 重 16.00	11.00	17 号、MT-2
	KM_{70H}					转 K5													
	GF_{70}	12 856×3 016×4 515	—	120	23.4	转 K6	8 340			23.8	70	75.5	1.080	0.40	0.34		空 23.70 重 17.60	11.20	17 号、MT-2
	GF_{70H}					转 K5													
	粮漏车			120	23.4	转 K6				23.8	70	107.8	1.418						

注:*—漏斗距轨面最小距离 170 mm;**—空车状态下漏斗板下缘距轨面高 210 mm。

2. 23 t 重轴 70 t 级通用敞车

70 t 级敞车采用了 25 t 轴重转向架，载重 70 t，整车实际轴重为 23 t，以满足线路对轴重的限制。70 t 级敞车主要包括是 C_{70} 型和 C_{70H} 型车，也包括 C_{70B} 型和 C_{70BH} 型不锈钢通用敞车。C_{70B} 型、C_{70BH} 型在 C_{70} 型、C_{70H} 型的基础上在车体侧墙、端墙、车门及底架上与货物接触的地板、下侧梁、端梁等主要部件采用屈服强度为 345 MPa 的 TCS345 不锈钢。70 t 级型主要用于运装煤炭、矿石、建材、机械设备、钢材及木材等货物的通用车。除能满足人工装卸外，还能适应翻车机等机械化装卸作业，并能适应解冻库的要求。

70 t 级敞车载重量比 C_{64} 型敞车增加了 10 t，载重量提高了 16.7%，按每天 10 万辆车运输计算，可增加运能 100 万 t。车辆换长 1.27，按 5 000 t 列车编组计算，车辆总长度为 754 m，比 C_{64} 型敞车减少 52 m，适合既有 850 m 到发线有效长度系列。对底架结构进行了优化，加大了强度储备；车辆中部集载能力达到 39 t，集载能力较 C_{64} 型敞车提高了 70%。采用新型中立门结构，提高了车门刚度、强度和使用可靠性。该型主要技术参数参见表 5-3，图 5-11 是 C_{70} 型敞车轮廓图，图 5-12 是 C_{70} 型与 C_{70H} 型敞车外貌。

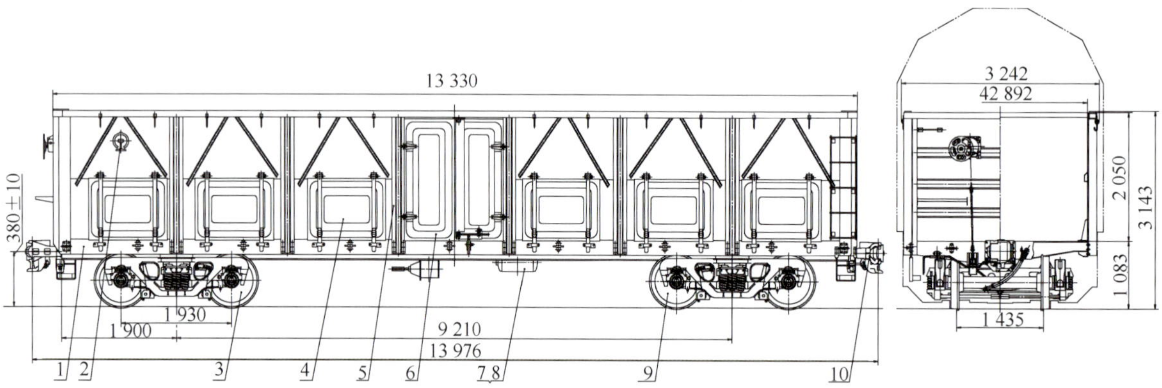

图 5-11　C_{70} 型敞车轮廓图（单位：mm）

1—底架组成；2—标记；3—转 K6 型转向架（1 位）；4—下侧门组装；5—侧墙组成（2 位）；6—侧开门组装；7—底架附属件；8—风制动装置；9—转 K6 型转向架（2 位）；10—车钩缓冲装置。

(a) C_{70} 型敞车　　(b) C_{70H} 型敞车

图 5-12　C_{70} 型与 C_{70H} 型敞车外貌

（二）120 km/h 速度级棚车

1. 21 t 轴重 60 t 级通用棚车

21 t 轴重 60 t 级通用棚车主要包括 P_{64GK} 型和 P_{64GH} 型车。P_{64GK} 型车装用转 K2 型转向架，P_{64GH} 型车装用转 K4 型转向架。该型主要技术参数参见表 5-2，图 5-13 是 $P_{64GK(H)}$ 型棚车总图，图 5-14 是

P_{64GK}型和P_{64GH}型棚车的外貌。

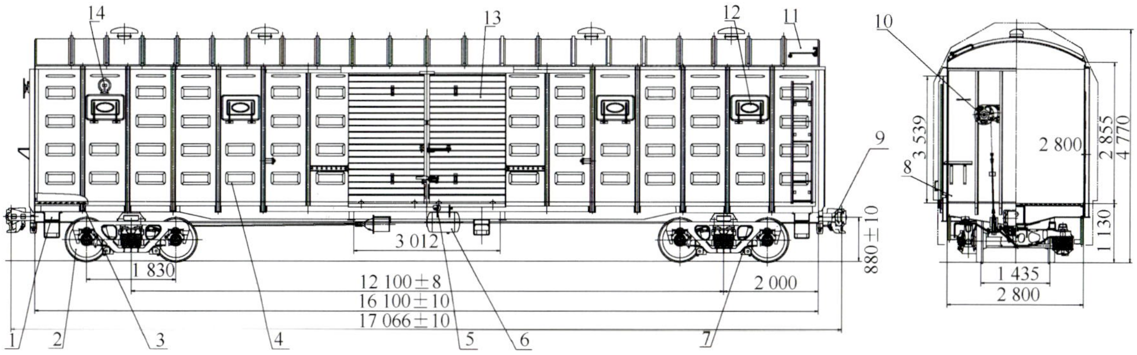

图 5-13　$P_{64GK(H)}$型棚车总图（单位：mm）

1—底架组成；2—转 K6 型转向架；3—底架木结构；4—侧墙组成；5—底架附属件；6—空气制动装置；7—转 K6 型转向架；8—端墙组成；9—车钩缓冲装置；10—手制动装置；11—车顶组成；12—车窗组成；13—车门组成；14—标记。

(a) P_{64GK}型车　　(b) P_{64GH}型车

图 5-14　P_{64GK}型和P_{64GH}型棚车外貌

2. 23 t 轴重 70 t 级通用棚车

70 t 级棚车采用了 25 t 轴重转向架，载重 70 t，整车实际轴重为 23 t，以满足线路对轴重的限制。70 t 级棚车主要是P_{70}型和P_{70H}型车，P_{70}型车装用转 K6 型转向架，P_{70H}装用转 K5 型转向架。该型车车体为全钢焊接整体承载结构，底架主要型钢板材采用 Q450NQR1 高强度耐候钢，端、侧墙及车顶的主要型钢板材采用 09CuPCrNi-A 耐大气腐蚀钢。容积 145 m^3，比容 2.07 m^3/t。

3. 70 t 级P_{70H}型棚车

较P_{64GK}型棚车容积增加 10 m^3，载重增加 10 t，单车载重量提高了 16.7%，按每天 3 万辆车运输计算，可增加运能 30 万 t。该型车每延米重较P_{64GK}型棚车增加 0.4，在既有 850 m 到发线有效长条件下，列车运能提高 300 t。

该型主要技术参数参见表 5-3，图 5-15 是P_{70}型棚车的总图，图 5-16 是P_{70}型与P_{70H}型棚车的外貌。

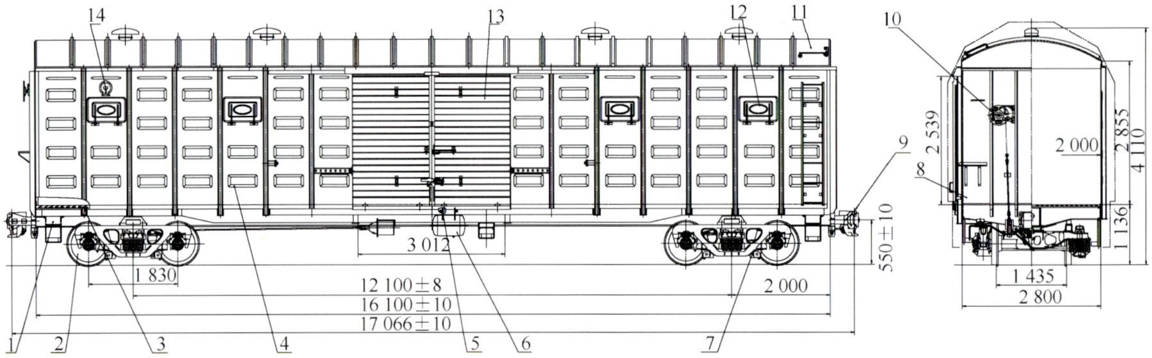

图 5-15　P_{70}型棚车总图（单位：mm）

1—底架组成；2—转 K6 型转向架；3—底架木结构；4—侧墙组成；5—底架附属件；6—风制动装置；7—转 K6 型转向架；8—端墙组成；9—车钩缓冲装置；10—手制动装置；11—车顶组成；12—车窗组成；13—车门组成；14—标记。

(a) P_{70}型车

(b) P_{70H}型车

图 5-16　P_{70}型和 P_{70H}型棚车外貌

（三）120 km/h 速度级平车

1. 21 t 轴重 60 t 级通用平车

21 t 轴重 60 t 级通用平车主要包括 NX_{17BK}型、NX_{17BH}型车。NX_{17BK}型车装用转 K2 型转向架，NX_{17BH}型车装用转 K4 型转向架。该型主要技术参数参见表 5-2，图 5-17 是 NX_{17BK}型和 NX_{17BH}型平车的外貌。

(a) NX_{17BK}型车

(b) NX_{17BH}型车

图 5-17　NX_{17BK}型和 NX_{17BH}型平车外貌

2. 23 t 轴重 70 t 级通用平车

70 t 级平车采用了 25 t 轴重转向架，载重按 70 t 进行设计，整车实际轴重为 23 t。70 t 级平车主要是 NX_{70} 型、NX_{70H} 型平车，NX_{70} 型车装用转 K6 型转向架，NX_{70H} 型车装用转 K5 型转向架。该型车主要参数参见表 5-3，图 5-18 是 NX_{70} 型与 NX_{70H} 型平车的外貌。

70 t 级 $NX_{70(H)}$ 型平车载重 70 t，集载最大可达 55 t/5 m，运载适应性强。屈服强度为 450 MPa 的高强度耐候钢 Q450NQR1，中梁采用耐候钢 09CuPTiRE-B，整车强度和抗疲劳性能大大提高，可有效提高车辆的寿命，降低维护费用。

(a) NX_{70} 型车

(b) NX_{70H} 型车

图 5-18 NX_{70} 型和 NX_{70H} 型平车外貌

（四）120 km/h 速度级罐车

以 G_{70K} 型和 G_{70H} 型为代表的 21 t 轴重的通用罐车，以 GQ_{70} 型和 GQ_{70H} 型为代表的 23 t 轴重 70 t 的通用轻油罐车，也包括 GN_{70} 型和 GN_{70H} 型通用黏油罐车和 GHA_{70} 型醇类罐车。G_{70K} 型罐车装用转 K2 型转向架，GN_{70} 型、GQ_{70} 型和 GHA_{70} 型罐车装用转 K6 型转向架，G_{70H} 型罐车装用转 K4 型转向架，GQ_{70H} 型、GN_{70H} 型罐车装用转 K5 型转向架。G_{70K} 型、G_{70H} 型、GQ_{70} 型、GQ_{70H} 型罐车参加了铁道科学研究院环行线可靠性试验。罐车种类比较多，其主要技术参数见表 5-2、表 5-3。

1. 21 t 轴重 G_{70K} 型及 G_{70H} 型通用罐车

21 t 轴重 60 t 级提速 120 km/h 的通用罐车主要包括 G_{70K} 型罐车和 G_{70H} 型罐车。G_{70K} 型罐车和 G_{70H} 型罐车车体基本相同，不同的是 G_{70K} 型车装用转 K2 型转向架，G_{70H} 型罐车装用转 K4 型转向架。该类型罐车的主要技术参数参见表 5-2。图 5-19 是 G_{70K} 型罐车的总图，图 5-20 是 G_{70K} 型和 G_{70H} 型罐车的外貌。

2. 23 t 轴重 GQ_{70} 型及 GQ_{70H} 型轻油通用罐车

与其他 23 t 轴重的车型一样，70 t 级罐车采用了 25 t 轴重转向架，载重按 70 t 进行设计，整车实际轴重为 23 t。GQ_{70} 型罐车与 GQ_{70H} 型罐车的区别在转向架上，GQ_{70} 型罐车装用转 K6 型转向架，GQ_{70H} 型罐车装用转 K5 型转向架。该类型罐车的主要技术参数见表 5-3。图 5-21 是 GQ_{70} 型罐车的总图，图 5-22 是 GQ_{70} 型罐车的外貌。

$GQ_{70(H)}$ 型轻油罐车除了具有 70 t 级货车共同的特点外还具有以下自身特点：

(1) 容积大、载重大。较现有主型轻油罐车 G_{70K} 型的有效容积增大 9 m^3，载重增加 8 t，每延米重提高了 0.79 t，运输能力提高 13%。

(2) 长度大。较 G_{70K} 型车长 228 mm，可以满足现有的地面装卸设施进行成列装卸工作的要求。

(3) 卸净率高。现有轻油罐车筒体多为圆柱状，筒体中部容易产生上挠，卸油作业时油品卸不干净，留有残液；该车采用了斜底结构，便于油品卸出，卸净率高。

(4) 部件可靠性高。参考欧美同类罐车的成熟结构和先进产品标准，对关键结构进行了优化，确定了牵引梁枕梁结构；采用助开式人孔，改进了呼吸式安全阀。

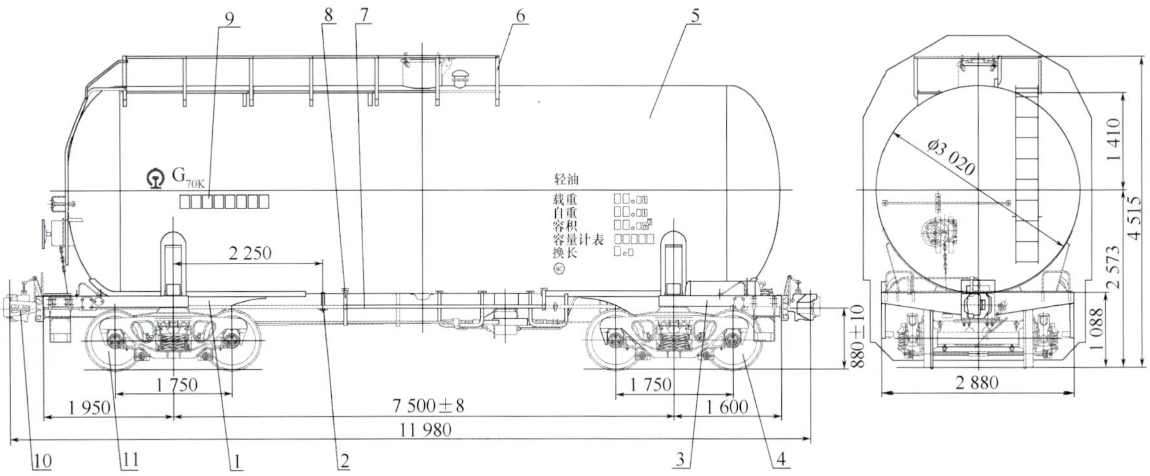

图 5-19　G_{70K}型罐车总图（单位：mm）

1—牵枕装配（1位）；2—标签安装总成（一）；3—牵枕装配（二位）；4—转K2型转向架；5—罐体装配；6—端梯及车顶走板装配；7—制动装置装配；8—吊托装配；9—车辆标记；10—车钩缓冲装置（1）；11—转K2型转向架。

(a) G_{70K}型车　　(b) G_{70H}型车

图 5-20　G_{70K}型和G_{70H}型罐车外貌

3. 23 t 轴重$GN_{70(H)}$型黏油罐车

与$GQ_{70(H)}$型罐型一样，70 t级$GN_{70(H)}$型罐车采用了25 t轴重转向架，载重按70 t进行设计，整车实际轴重为23 t。GN_{70}型罐车装用转K6型转向架，GN_{70H}型罐车装用转K5型转向架。该型车的主要技术参数见表5-3。图5-23是$GN_{70(H)}$型罐车的总图。

$GN_{70(H)}$型黏油罐车除了具有70 t级货车共同的特点外还具有以下自身特点：

（1）容积大、载重大。较现有主型轻油罐车G_{70K}有效容积增大9 m^3，载重增加8 t，每延米重提高了0.79 t，运输能力提高13%；较G_{17BK}型罐车有效容积增大7.3 m^3，载重增加7 t，每延米重提高0.68 t，运输能力提高10%。

（2）长度大。长度较G_{17BK}型罐车增长228 mm，可以满足现有的地面装卸设施进行成列装卸工作的要求。

（3）卸净率高。采用了斜底结构，便于油品卸出，提高卸净率。

（4）加热效果好。采用倾斜的加热管线、“Z”型补偿器及底部设加热槽钢，不会积水，热应力小，加热盲区少、时间短。

（五）120 km/h速度级双层集装箱车

北京二七车辆厂于2003年成功研制开发了我国第一代双层集装箱车，并于2003年11月2日至

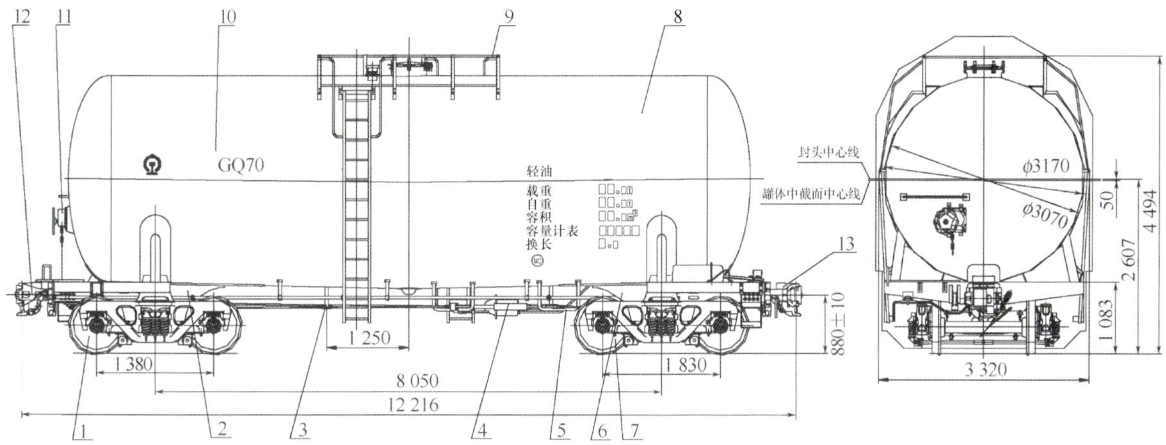

图 5-21 GQ_{70} 型罐车总图（单位：mm）

1—转 K6 型转向架；2—牵枕装配（1 位）；3—标签安装总成（一）；4—风制动装置装配；5—吊托装配；6—牵枕装配（2 位）；7—转 K6 型转向架；8—罐体装配；9—侧梯及走台装配；10—车辆标记；11—70 t 级轻、黏油罐车手制动装置装备；12—17 号车钩缓冲装配（1 位）；13—17 号车钩缓冲装配（2 位）。

图 5-22 GQ_{70} 型轻油罐车的外貌

11 月 8 在北京通过了线路动力学性能试验。同时齐车公司也研制开发了双层集装箱车。双层集装箱车根据所装转向架的不同分为 X_{2H} 型（装配 K5 型转向架）和 X_{2K} 型（装配 K6 型转向架）。为了保证双层集装箱列车开行的安全可靠性，铁道部组织各有关单位分别于 2003 年 12 月在京广线下行北京东—广州大朗间、2004 年 3 月在京沪线北京—上海杨浦间进行了 2 次运行试验，检验了 X_{2H} 型和 X_{2K} 型双层集装箱列车运行的线路适应性和装载的运行稳定性（安全性），为下一步双层集装箱车的设计生产和开展双层集装箱运输业务提供依据。我国铁路史上首列双层集装箱班列于 2004 年 4 月 18 日开通，最高运行速度为 80 km/h。

X_{2H} 型和 X_{2K} 型双层集装箱车可装运国际标准的 20 ft、40 ft 集装箱及 45 ft、48 ft、50 ft、53 ft 等长大集装箱。其下层可装运 2 个 20 ft 或 1 个 40 ft 集装箱，上层可装运 2 个 20 ft 或 1 个 40～53 ft 集装箱，上下箱间采用国际通用的双头旋转式锁闭装置。该车车体由牵枕梁、侧墙、底架组焊成凹底形式。采用 17 号或 13A 车钩，MT-2 型缓冲器，120 型控制阀，2 个 254×254 旋压密封式制动缸，

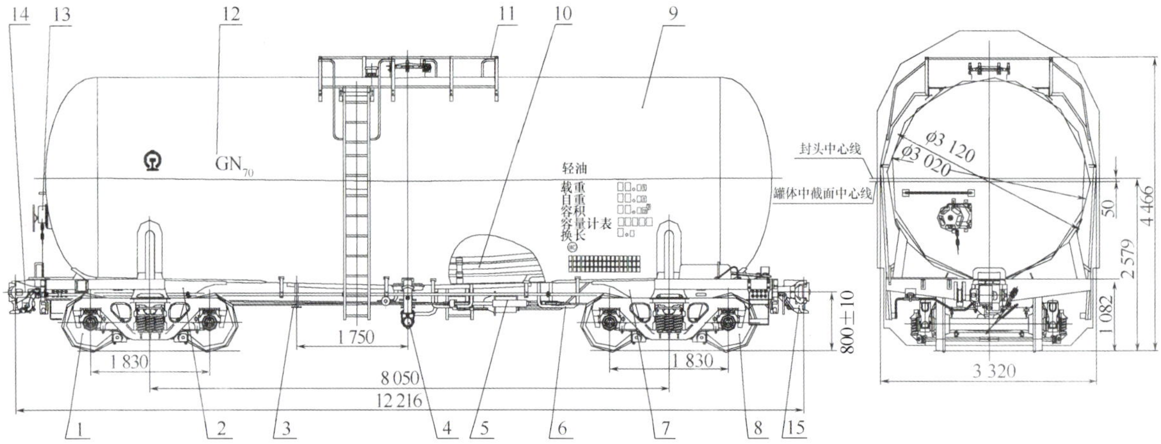

图 5-23　GN_{70} 型罐车的总图（单位：mm）

1—转 K6 型转向架；2—牵枕装配（1 位）；3—标签安装总成（五）；4—排油装置；5—风制动装置装配；6—吊托装配；7—牵枕装配（2 位）；8—转 K6 型转向架；9—罐体装配；10—加热管路装配；11—侧梯及走台装配；12—车辆标记；13—70 t 级轻、黏油罐车手制动装置装备；14—17 号车钩缓冲装配（1 位）；15—17 号车钩缓冲装配（2 位）。

KZW-4GAB 型空重车自动调整装置，高摩合成闸瓦，NSW 型手制动机。

图 5-24 是 2003 年 12 月双层集装箱列车在北京东—广州大朗间的运行试验情景。X_{2K} 型和 X_{2H} 型双层集装箱车的技术参数见表 5-2。

图 5-24　北京东—广州大朗间的运行试验

1. 装箱形式

（1）下层：2 个 20 ft　上层：1 个 40～53 ft　　总载重：78 t

（2）下层：1 个 40 ft　上层：1 个 40～53 ft　　总载重：61 t

（3）下层：2 个 20 ft　上层：2 个 20 ft　　总载重：78 t（X_{2K} 型）72（X_{2H} 型）

2. $X_{2K(H)}$ 型双层集装箱平车特点

（1）25 t 轴重，商业运行速度 120 km/h，重车重心高可达 2 400 mm。

与单层集装箱车相比，双层集装箱车在 800 m 编组长度内的装箱能力可提高 40%以上，并能减少列车编组辆数，减轻列车自重，具有较好的经济性。

（2）车体采用凹底结构。降低了集装箱承载面高度，在 GB 146.1—1983 的下部限界-1B 不变的条件下，最大限度地利用了下部限界。

（3）所有承载部件（包括型材和板材）均采用了高强度、高耐候性钢材，提高了车辆强度，降低了车辆自重。

（4）采用 E 级钢 17 号联锁式车钩和 MT-2 型缓冲器，提高了车辆连接的可靠性。

（5）采用转 K6 型或转 K5 型转向架，提高了车辆运行的稳定性和安全性，有效降低了轮轨间的作用力，减小了各种磨耗。

（六）其他 120 km/h 速度 70 t 级新型货车

其他类型的 120 km/h 速度 70 t 级新型货车还有 KZ_{70H} 型石砟漏斗车、KM_{70H} 型煤炭漏斗车、GF_{70H} 型氧化铝粉罐车和粮食漏斗车等。KZ_{70H} 型、KM_{70H} 型和 GF_{70H} 型车的主要技术参数列于表 5-3。该类车型同样具有 70 t 级新型货车的特点，以下进行简要介绍。

1. KZ_{70H} 型石砟漏斗车

采用转 K6 型或转 K5 型转向架，提高了车辆运行的稳定性和安全性，有效降低了轮轨间的作用力，减小了各种磨耗。

车体主要承载件采用屈服强度为 450 MPa 高强度耐候钢及专用冷弯型钢，应用可靠性设计理念优化断面结构，有效降低车辆自重，提高了车辆的技术经济指标。

对车体钢结构进行了优化，加大了强度储备；侧柱采用双曲面 U 形冷弯型钢，提高了侧墙的刚度、强度和使用可靠性。

在有效线不延长和列车行车密度不提高的情况下，载重量提高 16.7%，显著提高了列车运输能力。

操纵室端壁采用波纹板，提高了端壁的刚度，改善了整车的外观质量；端、侧门、侧窗及检修门采用新型结构，提高了操纵室的密封性及防盗性。

2. KM_{70H} 型煤炭漏斗车

车体主要承载部件采用 Q450NQR1 高强度耐大气腐蚀钢，中梁采用直梁结构，减轻了自重、提高了强度储备和结构可靠性，载重达 70 t，满足铁路货车运输发展的要求。

底门开闭装置在成熟顶锁机构的基础上进行了优化，提高了运用可靠性。

对车体扶梯、檐板等附属设施进行了人性化设计，提高了操作安全性。

采用转 K6 型或转 K5 型转向架，改善了车辆运行品质，可适应速度 120 km/h 的提速要求。

采用 E 级钢 17 号车钩，提高了车钩缓冲装置的安全可靠性，可适应编组万吨重载列车牵引的要求。

采用 25 t 轴重紧凑型轴承和 RE_{2B} 型车轴，减小轴肩与轴颈中心距离，取消车轴卸荷槽，可使轴颈后部应力降低 14%，大大改善了该处的应力集中和耐腐蚀性能。

安装铁路货车脱轨自动制动装置，提高了车辆运行的安全可靠性。

3. GF_{70H} 型氧化铝粉罐车

该车采用卧式小底架全钢焊接结构和 Q450NQR1 高强度耐候钢，大大提高了车辆的承载能力，延长了修理周期；装用新型转 K6 型或转 K5 型转向架，商业运行速度可达 120 km/h；车钩缓冲装置以及风手制动装置均采用我国铁路目前最先进的配置；罐体内铺设水平流化床，容积可达 76 m^3，载重为 70 t，较原车型每年可多装 10 t 物料，6 辆新型 70 t 级氧化铝粉罐车相当于 7 辆原老型车的装载能力，为用户大大节约了营运成本。

4. 70 t 级粮食漏斗车

该车吸收了国外粮食漏斗车先进、成熟的经验，车体采用全钢焊接整体承载结构，侧墙为大圆弧包板结构，采用屈服强度为 450 MPa 的高强度耐大气腐蚀钢，满足万吨载重列车牵引要求；该车较 L_{18} 型粮食漏斗车容积增加 3 m^3，载重增加 10 t，运输能力提高 10%；采用通长的装货口，满足各地粮库要求，当载重 70 t 时，两端的装货口盖关闭；当轴重达 25 t 时，两端的装货口盖开启。优化了卸货角度和卸货口尺寸，提高了卸货效率；主要梁采用新型冷弯型钢，优化了车体结构，减轻了自重，改善了制造工艺性及结构可靠性；采用 25 t 轴重紧凑型轴承和 RE_{2B} 型车轴，减小了轴肩与轴颈中心距离，取消了车轴卸荷槽，从而可使轴颈后部应力降低 14%，并大大改善了该处的应力集中和耐腐蚀性能；安装铁路货车脱轨自动制动装置，提高了车辆运行的安全可靠性。

（七）120 km/h PB 型代用棚车

PB 型代用棚车是广州铁道车辆厂根据铁道部实施铁路货车全面提速战略和满足铁路行包专列运输市场的要求而研发的新车型。该车型是在 B_6 型、B_{6N} 型和 B_{6A} 型冰冷车的基础上，进行提速改造以及进行扩大车门、车内结构及油漆标记改造的行包专列车辆。2005 年 6 月 20 日，试制的样车在北京通过了铁道部装备部部级技术审查。2006 年 4 月至 6 月初，工厂完成了 129 辆 PB 型代用棚车的小批量改造任务，该批车辆从 2006 年 7 月 11 日开始，在北京黄村—乌鲁木齐东 X83/84 次区间运行。2006 年 9 月份后，开始进行大批量改造，已相继在厦门—北京区间和广州北—乌鲁木齐区间运行。车辆容积较大，车内地板较平整，车内设施良好，适应行包运输需要，深受货主欢迎。PB 型代用棚车是我国铁路第六次大提速首批提速车型之一。图 5-25、图 5-26 是 PB 型代用棚车的外貌。

图 5-25　参加铁道科学研究院环行线可靠性试验的 PB 型代用棚车外貌

图 5-26　待出厂的 PB 型代用棚车外貌

PB 型代用棚车主要技术参数与尺寸参见表 5-2。

PB 型代用棚车在标准轨距线路上运行，用于各种免受日晒、风吹、雨雪侵袭的箱装、袋装货物及打包的零担货物，包括各种轻浮货物的铁路运输。

PB 型车采用转 K2 型转向架，速度达到 120 km/h；装载容积 141.2 m^3，采用对开式拉门（门孔宽度 3 m），装卸快捷；装用了符合运装货车［2006］158、162 号文件要求的弹性旁承磨耗板、心盘磨耗盘，装用提速轮对（静平衡车轮）；装用了 SKF197726、352226X2-2RZ、AP130 等型的提速轴承及符合运装货车［2006］190 号文件要求的 JC 型双作用弹性旁承，弹性旁承磨耗板上平面距滚子上部距离为 17^{+2}_{-1} mm；采用玻璃钢夹层内衬，强度高、耐腐性好、表面平整；采用 13A 型上作用式车钩，钩体、钩舌、钩尾框采用 C 级钢或 E 级钢；MT-3 型缓冲器及配套冲击座；采用 120 型空气制动阀、空重车自动调整装置。提高了车辆运行速度和安全可靠性。

四、提速货车速度 120 km/h 的环行线可靠性试验

（一）试验概况

为保证铁路货车提速 120 km/h 运行的安全可靠性，2003 年年中，铁道部决定在铁道科学研究院环行线试验基地进行 120 km/h 提速货车运行性能可靠性考核试验。试验分 2 个阶段进行，运行里程总计 36 万 km。2003 年 12 月 18 日至 2004 年 8 月完成了第一阶段 18 万 km 的可靠性试验；第二阶段的试验于 2006 年 3 月 1 日正式运行，截止 2007 年 3 月 15 日已运行完 147 568.5 km，其中 120 km/h 速度的运行里程为 99 331 km，占运行里程的 67.3%。

第一阶段试验表明，在正常安全监测与车辆检查情况下大部分车辆各主要零部件没有出现危及行车安全的故障；动力学性能试验结果表明，大部分被试车辆的状态比较稳定，动力学性能基本处在良好水平。

同时，在整个试验中也暴露出车辆性能及零部件等方面的一系列问题，比较突出的是 K2 型转向架出现承载鞍严重磨耗；K4 型转向架摇动座定位不良，侧架倾呈“八”字形，导框内侧磨耗严重；K4 型转向架旁承磨耗板螺栓折断、丢失，摇动座固定块开焊丢失；车轮踏面的剥离等。第二

阶段可靠性试验同样出现了一些类似的典型故障。在第二阶段可靠性试验中一方面进行运行公里的考核，另一方面针对可靠性试验中出现的典型故障问题，并结合第二阶段参加试验的 120 km/h 提速改造车出现的空车动力学性能不良问题，铁道部组织成立联合工作组进行深入的试验研究，提出了对此类问题的解决措施和运用技术条件。

（二）参试的车辆

第一阶段可靠性试验参试车辆为我国 120 km/h 速度级的新造通用货车。具体车辆型号及数量如表 5-4 所示。

表 5-4 第一阶段可靠性试验参试车种、车型及数量

车辆种类	车 型	数 量(辆)	转向架型式	轴 重(t)	装载状态
敞 车	C_{64K}	3+1(备用)	K2	21	2 重 1 空
	C_{64H}	3+1(备用)	K4	21	1 重 1 半重 1 空
棚 车	P_{64GK}	3+1(备用)	K2	21	1 重 1 半重 1 空
	P_{64GH}	3+1(备用)	K4	21	1 重 1 半重 1 空
平 车	NX_{17BK}	3+1(备用)	K2	21	1 重 1 半重 1 空
	NX_{17BH}	3+1(备用)	K4	21	1 重 1 半重 1 空
罐 车	G_{70K}	3+1(备用)	K2	21	2 重 1 空
	G_{70H}	3+1(备用)	K4	21	2 重 1 空
敞 车	C_{76}	3+1(备用)	K6	25	2 重 1 空
	C_{76H}	3+1(备用)	K5	25	2 空 1 重
	C_{80}	3+1(备用)	K6	25	2 重 1 空
	C_{80H}	3+1(备用)	K5	25	2 空 1 重

第二阶段可靠性试验的参试车辆包括参加完第一阶段可靠性试验的车辆，K2 型转向架改造车，23 t 轴重 70 t 级车辆，新型 80 t 级型运煤专用敞车 C_{80AH}型、C_{80B}型和 C_{80C}型，$X_{2K(H)}$型双层集装箱车和 PB 型代用棚车。具体名称与数量见表 5-5。

表 5-5 第二阶段可靠性试验参试车种、车型及数量

车辆种类	数 量(辆)	轴 重(t)	装载状态
第一阶段车辆	20+8(备用)	21	按第一阶段要求
	4+2(备用)	25	
K2 型转向架改造车	18+6(备用)	21	2 空 1 重
7 0 t 级 车	16	23	1 空 1 重
新型 80 t 车	3	25	全重
双层集装箱车	2	25	1 空 1 重
PB 型代用棚车	1	21	1 重

（三）试验条件及测试项目

1. 试验条件

每个月度（列车运行 4 周约 3 万 km）更换一次编组，每周整列调一次头。可靠性试验线路为铁道科学研究院环行试验基地，试验线路一圈 8.5 km。有 R 1432 m（超高 105 mm）、R 1000 m（超高 150 mm）的曲线段和 755 m 的直线段。120 km/h 速度的运行里程按 70%掌握，90 km/h 及以上速度级的运行里程占总运行里程的 90%以上。在每日的运行试验中，安排 5 次列车制动试验：调速制动 2 次（列车管减压分别为 100 kPa 和 70 kPa）、常用全制动停车 2 次（减压量 140 kPa）和紧急制动停车 1 次。

2. 测试项目

可靠性试验除了对车辆按规程进行日常、定期的检查获得数据外，还对车辆定期进行以下性能测试：①动力学性能试验；②车辆主要部件的动应力测试；③制动性能测试；④主要部件（配件）性能；⑤踏面磨耗测量等。

（四）可靠性试验故障统计

参加第一阶段可靠性试验的 37 辆车中，共出现 38 种不同类型的故障，累计进行了 740 次故障处理（包括制动试验、制动软管水压试验、轴承检测中发现的故障）。罐车故障发生次数、处理次数居首位，其他 3 种车型情况相当，反映了罐车的总体车况较其他 3 种车型要差一些，C_{80} 型和 C_{80H} 型运煤专用敞车由于参加试验时间短，运用里程少，故障发生次数不高。故障分配情况见图 5-27 和图 5-28。

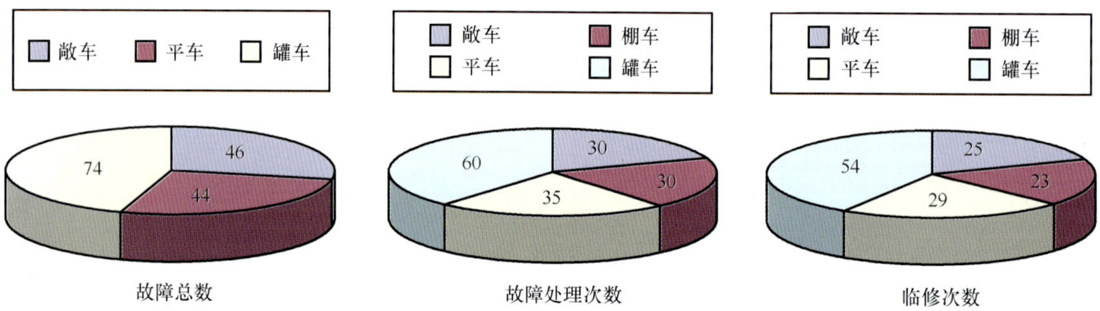

图 5-27　第一阶段可靠性试验 21 t 轴重各车型故障分配情况

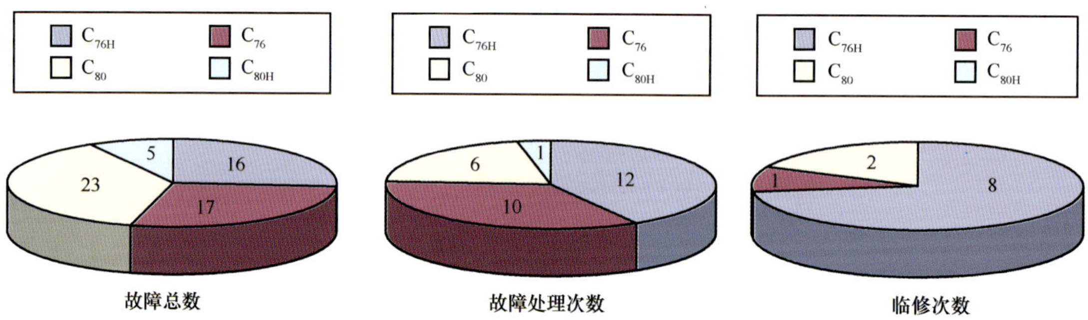

图 5-28　第一阶段可靠性试验 25 t 轴重各车型故障分配情况

第二阶段可靠性试验车型基本覆盖了我国提速 120 km/h 速度级的所有车型，其中包括 K2 提速改造车、70 t 级车新型车、$X_{2K(H)}$ 型双层集装箱车、PB 型代用棚车。到目前为止，各型车辆运行状态基本正常，运行状态良好。K2 型转向架提速改造车的故障还是主要集中在承载鞍与侧架导框横向磨耗、承载鞍顶面非正常磨耗；第一阶段 21 t 轴重车辆是在完成了第一阶段 18 万 km 的运行里程基础上参加第二阶段可靠性试验的，目前故障数量比较多，主要是承载鞍与侧架磨耗、K4 型转向架固定块及旁承问题，改进的方案在运行试验中表现正常；23 t 轴重 70 t 级新型车是第二阶段参加试验的新造车，故障率相对较低，运行状态稳定；$X_{2K(H)}$ 型双层集装箱车和 PB 型代用棚车由于参试时间较短，故障较少，还未统计进去；80 t 级车的故障主要是 C_{80H} 型和 C_{80C} 型敞车的故障，但目前经改进后运行比较稳定。具体统计数据见表 5-6，主要故障分配情况见图 5-29 和图 5-30。

表 5-6 第二阶段可靠性试验参试车辆主要故障统计

车　型	K2 型转向架改造车	原 21 t 轴重车	70 t 级车	80 t 级车	总　计
承载鞍磨耗	46	75		12	133
副构架与侧架导框磨耗				8	8
固定块裂丢		38	4	2	44
旁承与滚子间隙	18(超限)	10	9	7	26
制动缸	4	3			7
踏面剥离		9	1		10
车钩高超限		10	9		19
轴承甩油				7	7
开中销	2			2	4
卡　带	4				4
旁承裂	2	7			9
侧架立柱磨耗板	5	2		2	9
总故障数	147	287	41	58	
处理总数	87	148	27	30	
进库处理数	33	44	17	12	

注:故障总数包括所有故障,表中只列出主要故障。

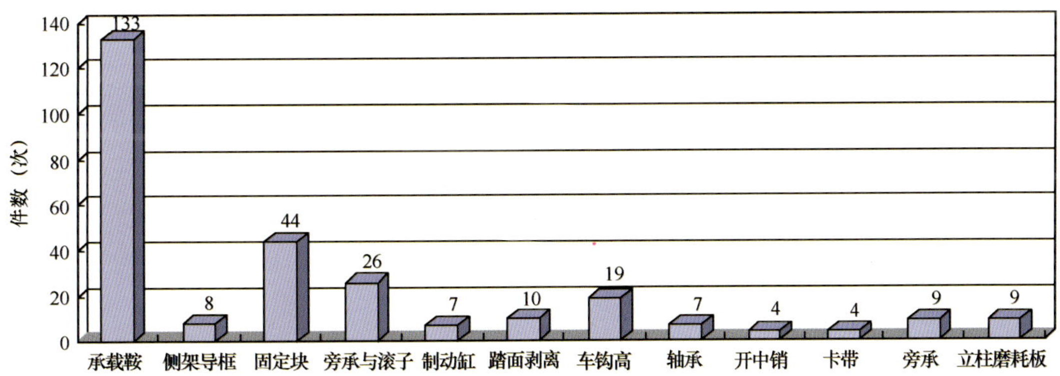

图 5-29 第二阶段可靠性试验主要故障分配情况（1）

（五）可靠性试验典型故障

1. 承载鞍顶面非正常磨耗

第一阶段可靠性试验在 G_{70K} 型空罐车在运行到 151 105 km 时，由于承载鞍顶面非正常磨耗被扣下，图 5-31、图 5-32 是承载鞍的实际磨耗情况。

承载鞍与侧架非正常磨耗的故障在第二阶段与第一阶段类似，第二阶段可靠性试验由于有转 K2 型转向架提速改造车的加入，这种故障的出现范围较第一阶段广，有罐车、平车和敞车。其中承载鞍异常磨耗的一辆空罐车，还出现了罐体卡带断裂、垫木松动的故障，见图 5-33 至图 5-35。

动力学试验和安全监测装置 TPDS 监测结果表明，车辆运行状态不良，动力学性能趋于恶化，运行安全性得不到保证。

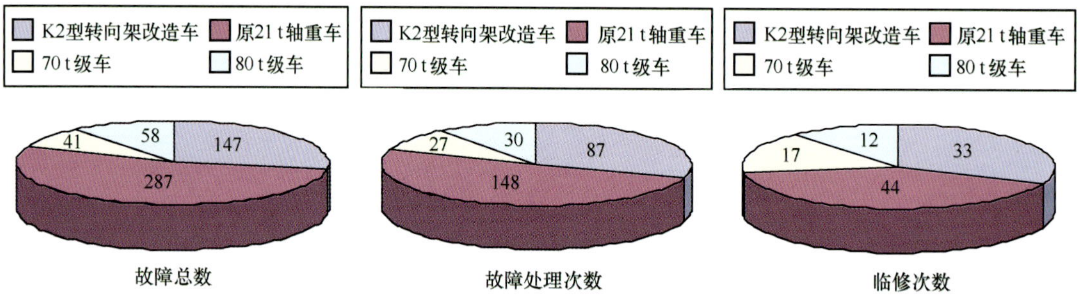

图 5-30 第二阶段可靠性试验主要故障分配情况（2）

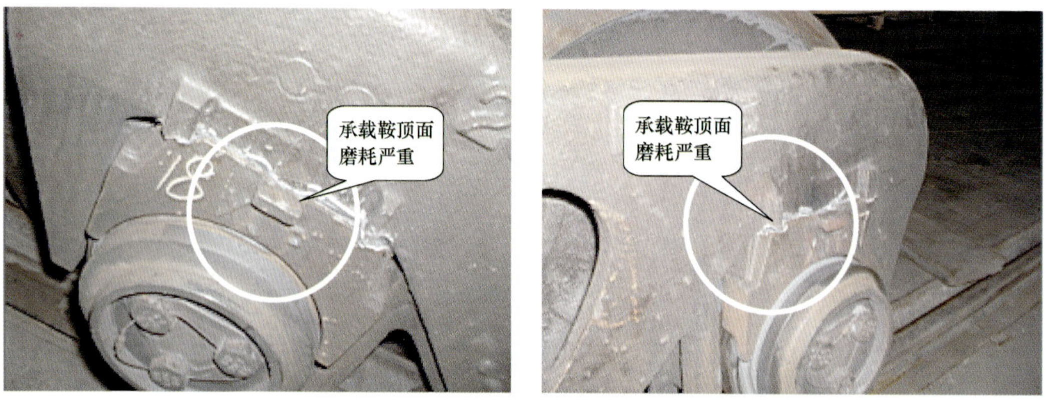

图 5-31 G_{70K} 型 6283954 空罐车 1 位、2 位承载鞍严重磨耗（运行到 151 105 km 时）

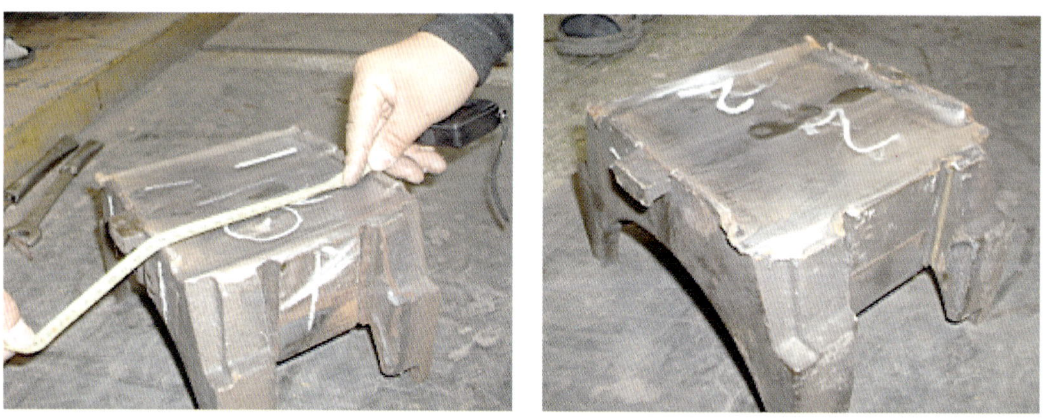

图 5-32 G_{70K} 型 6283954 空罐车 1 位、2 位承载鞍磨耗外观情况

在第二阶段可靠性试验初期，由铁道部组织成立了由各制造工厂，研究院、所和试验项目组组成的联合工作组，针对转 K2 型转向架出现的问题和试验中其他车辆出现的问题进行深入的理论分析与试验研究，提出了改进方案（主要是组合式斜楔和旁承）。改进方案已在第二阶段可靠性试验的后期进行考验中。到目前为止还没有出现明显的磨耗现象。

2. 摇动座定位不良

在第一阶段可靠性试验中，1 辆 G_{70H} 型空罐车运行到 61 727 km 时，车轮轮缘及承载鞍的挡边磨耗已非常严重，如图 5-36 所示。轮缘磨耗呈对角形。观察侧架发现 2 个转向架的 2 个侧架不同程度地呈内“八”字形。

第二阶段初期转 K4 型转向架承载鞍与侧架磨耗现象十分普遍（见图 5-37）。

(a) 1位　　(b) 2位

图 5-33　NX_{17BK}型 5283868 平车 1 位、2 位的承载鞍磨耗情况

(a) 5位　　(b) 6位

图 5-34　G_{70K}型 6229883 罐车 5 位、6 位的承载鞍磨耗情况

图 5-35　G_{70K}型 6227972 罐车罐体卡带断裂罐体垫木松动

针对 K4 型、K5 型转向架反映出的问题，生产厂家高度重视，从第一阶段试验中发现问题后，已开始进行分析研究，并提出改进。第二阶段试验以来联合工作组与生产厂家一道进行了大量的试验验证。改进后的车辆动力学性能已取得了比较理想的效果，目前改进的车辆正在进行可靠性考验，状况比较稳定正常。

(a) 轮缘磨耗　　(b) 承载鞍档边磨耗

图 5-36　G_{70H}型 6450103 罐车 3 位轮轮缘及承载鞍的磨耗情况

(a) 2位承载鞍　　(b) 3位导框

图 5-37　C_{64H}型 4203138 敞车承载鞍磨耗情况

3. 旁承磨耗板螺栓切断

在试验运用中，采用转 K4 型及转 K5 型转向架的车辆其旁承磨耗板固定螺栓折断（图 5-38）、磨耗板松动窜出是一个比较典型的故障，第一阶段试验中共更换旁承 53 次。其中参试的 13 辆采用转 K4 型转向架的车辆 73%的旁承都进行了更换。新结构旁承将磨耗板的固定 M8 螺钉改为 ϕ20 销钉（底面铆紧），在第一阶段后期及第二阶段试验中有很大改观。目前第二阶段可行性试验到 147 568.5 km 时还没有发现类似的问题。

4. 车辆踏面损伤

轮对的故障主要表现为踏面剥离、局部凹下，见图 5-39。从第一阶段可靠性试验中的 24 辆 21 t 轴重被试车辆的试验情况看，有 11 辆车的 15 条轮对由于损伤超过运用限度被换下，换轮比率为 15.6%。车轮踏面损伤的问题比较复杂，并且涉及多种专业。解决该问题需要多方面的合作，在第二阶段可靠性试验中同样存在着类似问题，并由铁道科学研究院金属及化学研究所和铁道科学研究院铁道科学技术研究发展中心对此问题进行了深入研究。

铁路货车提速 120 km/h 和载重由 60 t 级向 70 t 级全面升级换代，标志着推进车辆装备现代化进程已进入关键阶段。2006 年，通用货车已全部按轴重 23 t、载重 70 t 的新标准进行生产。70 t 级 23 t 轴重 120 km/h 速度级新型货车的研制成功是我国铁路快速与重载相结合的典范，是我国铁路货车发展的里程碑，该型车将成为我国铁路货车近期的主要车型。

图 5-38　旁承磨耗板螺栓切断及磨耗板裂

(a) G_{70K} 型6283956罐车轮5位

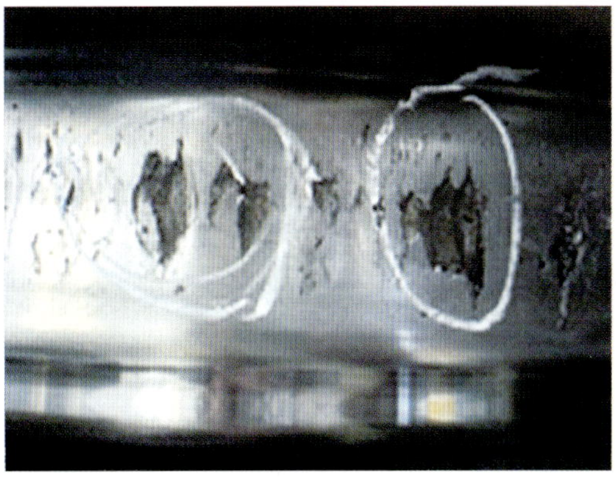

(b) G_{70H} 型6450101罐车轮1位

图 5-39　车轮踏面剥离情况

5

第六章　安全管理、风险控制及轨道养护维修

第一节　安全管理和风险控制体系的建立

第六次大提速与前五次提速相比，在提速的幅度、内容和技术上都有质的飞跃，许多关键技术需进行系统的试验研究解决，列车运行安全问题更加突出。所以，提速应结合我国铁路运输的实际情况，从“人一机一环境”的角度出发，运用系统工程的方法和理念，建立铁路运输安全管理及风险控制体系，从而提高我国铁路行车安全的整体水平，保证第六次大提速后铁路运输安全，为建设和谐铁路提供基本保证。

一、安全系统工程

（一）安全系统工程概论

安全系统工程是 20 世纪 60 年代迅速发展起来的一门新兴学科，主旨是采用系统工程的原理和方法，识别、分析、评估、排除和控制系统中的各种危险，并依据这些结果来调整设计、工艺、设备、操作、管理、生产周期和投资因素，使系统可能发生的事故得到控制、消除，并使系统的安全性达到最好的状态。

安全系统工程是系统工程学科的一个分支，其学科基础除有系统论、控制论、信息论、运筹学、优化理论等外，还有其特有的学科基础，如预测技术、可靠性工程、人机工程、行为科学、工程心理学、职业安全卫生学、劳动保护法规、法律以及与其相关的各种工程学等。

安全系统工程作为一门新兴学科有自身的特点：

1. 把安全概念具体化，为具体分析系统安全和产品安全提供了一整套数学模型，这样就由系统的安全与不安全的概念上升到数量来描述。

2. 把安全活动贯穿到施工生产的计划、准备、施工、使用和维修的全过程。

3. 实行费用、效率和时间的最佳组合，即费用最少、使用最合理、生产周期最短、出现事故最少。

4. 安全系统管理的程序和方法有利于实现安全管理的标准化和系统化，形成安全管理的完整体系。

（二）安全系统工程的流程

安全系统工作各阶段性的流程见图 6-1。

（三）安全系统工程的特征和内容

1. 安全系统工程的特征

（1）全局性特征。整体、全面地考虑问题。采取措施时，需要研究给其他的方面带来的隐患或不安全因素。

（2）综合性特征。要求用多种知识来管理现代化大生产的安全技术，即要求安全工作者必须掌握一定的技术、安全心理学、人机工程学、社会环境学、数学、物理学等综合知识，做到真正懂得安全技术学，并会进行安全管理。

（3）满意性特征。就是要考虑各方面的情况，做出最佳决策，以保证从各方面看，安全技术和防护技术都使人满意。

（4）可行性特征。就是要在许多可供选用的安全方案中选取与当时主客观条件相适应的可行性方案。

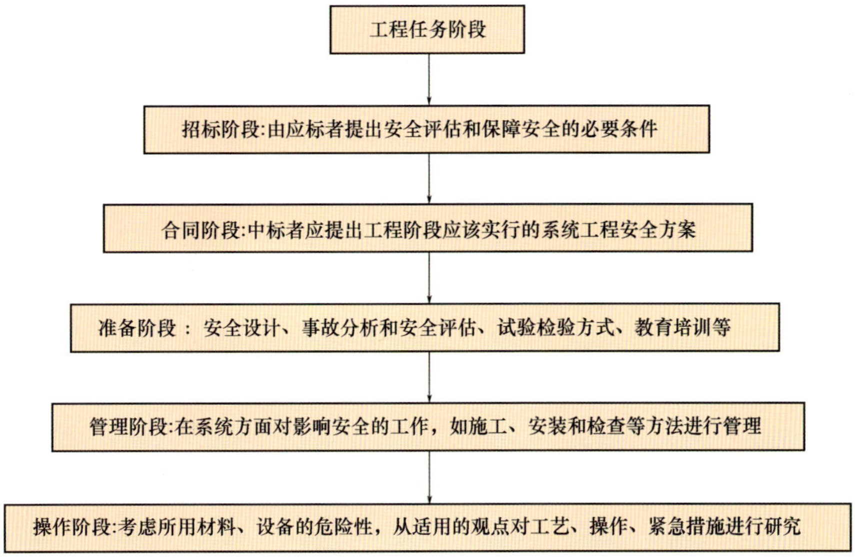

图 6-1 安全系统工程的各阶段性流程框图

2. 安全系统工程的内容

(1) 系统安全分析。即对系统的安全性进行定量和定性的分析。目前已经发表的系统安全分析方法有几十种之多，在我国经常使用的是故障树分析法。

(2) 系统安全评估。即以分析结果为依据，评估系统的不安全性及其严重程度，以加强安全生产的管理。

(3) 系统安全控制。即根据评估结果，对系统进行调整，对薄弱环节进行加强或修正，使安全状态得到控制，以最大程度地减少事故。

(四) 安全系统工程应用的意义

1. 通过对系统的定性定量分析，找到薄弱环节和可能导致事故的条件，预测事故发生的可能性，从而采取针对性的对策措施，实现安全管理预防为主的原则。

2. 通过评估和优化技术，找到最合适的方法使各系统之间达到最佳配合。

3. 适合于工程和管理两个方面，现在已经形成安全系统工程和系统安全管理两个分支。其应用范畴大致包括：①发现事故隐患；②预测事故引起的隐患；③设计和选用安全方案；④查清事故的真正原因和关键因素；⑤实现最优化安全措施；⑥设计新的安全系统，使安全生产建立在科学的基础上；⑦不断改善安全工作。

4. 可以促进各项安全标准的制定和有关安全可靠性数据的收集。

5. 能够迅速提高安全工作人员的工作水平和业务素质，加强群众的安全意识，明确事故隐患的要害处所，从而有针对性地防止事故发生。

(五) 铁路运输系统安全分析

1. 安全分析内容

铁路运输系统安全分析的内容包括：①调查和评估系统中可能出现的原始的、诱发的危害及其相互关系；②调查和评估与运营安全相关的环境条件、设备、人员及其他因素；③调查和评估通过利用适当的设备、规定、工艺或材料避免或根除某种特殊危害的措施；④调查和评估对不能避免或根除的运营安全隐患可能出现的后果；⑤调查和评估对可能的危害实施的控制措施，以及这些措施体现到铁路运输系统中的最佳方法；⑥调查和评估一旦对危害失去控制，为防止或减少伤害和损坏的安全防护措施。

2. 系统安全分析方法

迄今为止，已经有数十种成熟的系统安全分析方法，分别适用于系统生命周期内不同的阶段和不同的对象。适合于铁路运输系统的安全分析方法主要有：

（1）安全检查表

为了查找工程、系统中各种设备设施、物料、工件、操作、管理和组织措施中的危险、有害因素，事先把检查对象加以分解，将大系统分割成若干小的子系统，以提问或打分的形式，将检查项目列表逐项检查，以避免遗漏。

（2）预先危险性分析

在系统实施之前，为实现系统安全而对系统进行初步或初始的分析，包括铁路工程可研、设计施工、验收和投用前，首先对系统中存在的危险性类别、出现条件、导致事故的后果进行分析，其目的是识别系统中的潜在危险，确定其危险等级，防止危险发展成事故。

预先危险性分析可以达到以下目的：大体识别与系统有关的主要危险；鉴别产生危险的原因；预测事故发生对人员和系统的影响；判别危险等级，并提出消除或控制危险性的对策措施。

（3）故障类型和影响分析（FMEA）

将铁路运输系统划分为子系统、设备和单元，按实际需要将系统进行分割，然后分析各自可能发生的故障类型及其产生的相互影响（接口关系），以便采取相应的对策，提高系统的安全可靠性。

列出子系统、设备或单元的所有故障类型对一个系统或装置的影响因素，这些故障模式对设备故障进行描述，故障类型的影响由其对设备故障有系统影响确定。FMEA分析可直接导出事故或对事故有重要影响的单一故障模式。在FMEA中，不直接确定人的影响因素，但人员的误操作影响，通常以某一设备故障模式表示出来。一个FMEA不能有效地分析引起事故的详尽的设备故障组合。

（4）事件树分析（ETA）

ETA是用来分析普通设备故障或过程波动（称为初始事件）导致事故发生的可能性。

事故是典型设备故障或工艺异常引发的结果。与故障树分析不同，事件树分析是使用归纳法（而不是演绎法）。事件树可提供记录事故后果的系统性的方法，并能确定导致事件后果与初始事件的关系。

事件树分析适合用来分析那些产生不同后果的初始事件。事件树强调的是事故可能发生的初始原因以及初始事件对事件后果的影响。事件树的每一个分支都表示一个独立的事故序列。对一个初始事件而言，每一个独立事故序列都清楚地界定了安全功能之间的功能关系。

（5）故障树分析（FTA）

故障树是一种描述事故因果关系的有方向的“树”，是安全系统工程中重要的分析方法之一。它能对各种系统的危险性进行识别评估，既适用于定性分析，又能进行定量分析。它具有简明、形象化的特点，体现了以系统工程方法研究安全问题的系统性、准确性和预测性。FTA作为安全分析、评估和事故预测的一种先进的科学方法，已得到国内外的公认和广泛采用。

FTA不仅能分析出事故的直接原因，而且能深入提示事故的潜在原因。因此在工程或设备的设计阶段，在事故查询或编制新的操作方法时，都可以使用FTA对它们的安全性作出评价。日本劳动省积极推广FTA方法，并要求安全干部学会使用这种方法。从1978年起，我国开始了FTA的研究和运用工作。实践证明，FTA适合我国国情，应该推广和应用。

二、提速安全保障体系

列车行车安全保障系统是一个逻辑上相对独立的功能系统，它在实际构成和运作方式上，同铁路其他作业和管理系统具有不同程度的依存关系。提速后高速运行的列车的安全保障体系必须具有更高的时效性和可操作性。其应当是一个以行车系统人员为核心、管理为中枢、行车设备为基础、环境为条件的“人—机—环境”实时监控动态控制体系。该体系主要由安全管理及事故预防体系

（事前控制）、运营安全监控技术体系（过程控制）、应急救援及事故处理体系（事后处置）等部分组成，如图6—2 所示。

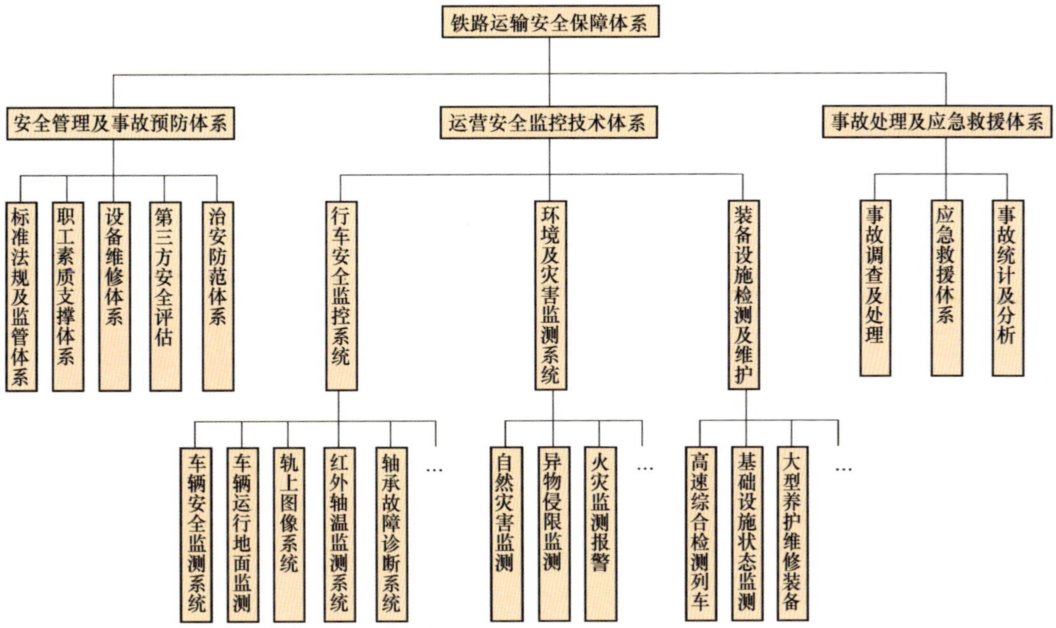

图 6-2　铁路运输安全保障体系示意图

（一）安全管理及事故预防体系

现代化铁路的快速发展要求与之相适应的安全管理和事故预防技术，采用安全系统工程的原理和方法，建立新形势下完善的铁路运输标准规范和规章制度、安全监察体系、安全评估体系、设备维修体系、职工素质支撑体系和治安防范体系，提高铁路运输各个环节中安全管理水平和质量，使铁路运输生产的各阶段建立在安全生产的科学基础上，实现事故管理从被动到主动、从事后到超前、从经验到科学的跨越，是铁路运输“安全第一”方针的具体体现。

（二）运营安全监控技术体系

运营安全监控技术包括运营设备动态监测、运营环境监测报警和设备设施检测及维护三个部分。

1. 运营设备动态监测系统

以铁路行车安全畅通为目标，以设备保安全为指导思路，通过先进的监测控制技术，及时准确地收集各种铁路行车信息，对铁路行车安全的各因素进行全方位监控，并将收集到的监控信息，通过安全可靠性模型处理，进行及时分析反馈，一旦出现危及行车安全的隐患和故障时，会发出告警信息，问题严重时还会自动控制列车减速，甚至停车，使铁路行车安全真正做到有序可控。该部分与列车运营管理系统和列车控制系统直接关联，在设备自检、互检形成安全监控网络的基础上，建立“机控为主，人控优先”的人机联控安全系统。按照各监测设备的方位进行设施设备技术群的系统整合，建立包括“地对车、车对地、地对地、车对车”四个相互匹配环节的闭路循环监测子系统，也可以按传统的车、机、工、电、辆等部门进行系统整合。

(1)“地对车”监测子系统。包括红外线轴温监测（THDS），货物列车超限超偏载检测（TPDS），货车滚动轴承早期故障声学诊断系统（TADS），列车运行故障动态图像检测系统（TFDS）等。

(2)“车对地”监测子系统。包括轨道动态检测单元（晃车仪）、机车信号记录仪、轨道检测车等。

(3)“地对地”监测子系统。包括车站微机联锁监测、道岔状态监测、轨道电路监测、牵引供电监测、道口监测、桥梁和隧道监测等。

(4)“车对车”监测子系统。包括车辆安全检测系统（TCDS）、列车运行品质动态监测、旅客列车车载安全监测等。

对于整个设备动态监控技术体系的信息源点，要按照均衡性、经济性、针对性、便利性、选择性等原则统筹安排，综合考虑检测布点方案。

2. 运营环境监测及报警系统

针对包括强风、暴雨、洪水、地震、山体滑坡、泥石流、异物侵限、轨温、隧道、桥梁等的监测。结合铁路通过地区实际可能发生的灾害，建立相应的监测、报警系统，并制定各种预防措施，控制列车运行速度，防止事故发生并减轻次生灾害的程度。这是现代化铁路运输系统中不可缺少的措施。

3. 设备设施检测及维护

广泛采用综合检测车、钢轨探伤车对轨道状态及设施、通信信号、接触网和钢轨进行定期检查，提供维修养护数据。线路设备执行状态修或定期检测制度，根据设备状态，实行预防性计划修和临时补修的维修制度。结合先进的维护管理系统，配套采用大型养护机具，始终保持线路和轨道处于良好状态。

（三）事故处理及应急救援体系

尽管建立了完善的安全管理及事故预防体系和运营安全监控技术体系，由于人类目前认识和能力的局限，仍有可能发生不可预见的安全事故。因此，除了各种防患于未然的事前控制和运营监控措施外，铁路运输安全保障体系还应当有各种应急救援、事故处理、状态恢复等的措施、设备和能力，以使事故损失减到最低程度。预先建立应急救援系统并制定事故发生后应急救援预案，充分体现了以人为本、重视生命的理念。

同时，事故调查处理技术和事故统计分析预测技术是事故发生后总结过去、优化现状、发展未来的重要措施。

三、提速铁路安全管理

“国家立法、政府督查、业主（企业）负责、职工守章”是西方国家推行的一种科学的安全生产管理体制。它和我国提出的构建“政府统一领导、部门依法监管、企业全面负责、群众参与监督、全社会广泛支持”的安全工作格局一脉相承。具体而言，国家为了保障公民的生命安全和职业健康，颁布安全生产法律，健全安全生产法律体系，并强制运输企业执行。铁道部依照法律制定安全生产监督监察法规，督导企业依法做好安全生产和职业安全健康工作。铁路运输企业把安全生产视为自己的责任和职责所在，主动依法依规行事，为职工创造安全生产作业条件，并认真履行自己的安全生产职责。职工在就业前获取相应的作业资质，并不断提高自身素质，把遵章作业视为自己的天职，各司其职，各负其责，各守其规，安全生产才能有序可控。

提速安全管理的总体要求是通过对提速运输组织和安全控制要素的整合，使提速安全全面步入“稳定、有序、可控”状态。主要体现在：运输设备质量达到提速要求的技术水平；规章制度、职工素质满足提速运营安全的要求；现场作业实现有序可控。

应根据客观环境的要求，以先进的理念和经验为指导，依托现有的管理体制和组织形式并加以创新，借助一定的控制技术和相应的运行机制，不断提高全员素质，实现设备管理、技术管理、人员管理、生产过程管理标准化，确保铁路运输企业安全生产的实现。

安全管理模式的创新，就是要彻底改变安全管理的“粗放”局面，实行“集约化”管理，按照“集约化”的要求，对管理体系进行全面“再造”，将影响运输安全的管理理念、管理体制、运行机制、技术手段、设施等级、装备水平、资金投入、人员素质等一系列主要因素集中整合、统一配置；要强化体制约束、机制约束、技术控制、设备控制、人员控制，加大安全控制的力度，增强控制的有效性；要通过一系列的管理、技术和素质的创新，构建起科学安全的管理模式，并使之高效运行。

（一）标准规范和规章制度

运输安全最基本的保障是建立科学、完善的技术标准体系和安全管理规章制度。在速度200 km/h运行条件下，技术标准体系设计必须科学严密，规章制度不能有任何疏漏，作业程序必须保证严谨、规范。为此，从21世纪初起，铁道部有关部门就开始了有关速度200 km/h提速线路技术管理的办法、各专业的技术标准和规章制度的研究和编制工作，按照速度200 km/h提速需要，建立起以设备标准、作业标准为主要内容的统一、规范的标准规范和规章制度体系。

（二）安全监督检查

按照科学发展观的要求，近年来，我国采取了一系列加强安全生产工作的重大措施，强化国家安全生产监督管理体制，加大对安全生产的投入，加强对安全生产的考核和监督，全面开展安全基础建设，我国安全生产工作逐步走上了法制化、制度化、规范化的轨道。

铁路运输“点多线长”，同时，运输的技术组织具有“联动”特性，需要车、机、工、电、辆等多部门的协同配合，由于运输生产的“结合部”较多，所涉及的生产工种较多，因而安全工作的难度相对较大。铁路分局撤消后，铁路局直管站段的管理模式更增加了安全工作的复杂性。因此，进一步健全我国铁路运输安全监察体系以适应提速后铁路运输的新形势，具有十分重要的意义。

经过近几年的实践，全路安全监督检查体系逐步健全和完善，铁道部安全监察司作为行业监管机构的职能得到了进一步的强化；铁路局和办事处两级安全监督检查力量的整体功能得到强化，全路安全监督检查队伍为稳定新体制、新布局下的安全形势发挥了重要作用。当然，理顺铁路局安监室与办事处安监室的工作关系，增强整体合力，仍然是当前完善安全监督检查体系的一项重要任务。

（三）职工素质支撑体系

为适应第六次大提速以及未来客运专线运营对人才培训的需要，需建设、完善全路性的职工培训基地、铁路局职工系统培训基地和站段实训基地。落实培训制度，坚持先培训后上岗，建立定期轮训机制，开展以新技术、新方法为主要内容的继续教育，不断提高职工的技能水平。

修订机车乘务员、车站值班员、列车调度员、动车组维修人员等行车主要工种的岗位应知应会内容，制定具体的培训方案，既要组织普遍性的学习培训，使干部职工全面了解新设备、新装备的技术性能和技术标准，还要分工种梳理规章制度、作业标准，做到易懂、易学、易掌握，分系统组织强化培训，确保培训质量。要对行车主要工种人员实行任职资格准入制度，规范持证上岗制度，铁道部机关有关部门要认真研究，明确资格准入和持证上岗人员的范围，制定具体实施办法，尤其是要对任职资格标准、准入程序方式、培训考试考核等作出严格的规定。要进一步完善职工培训制度，优化整合培训资源，加快培训基地建设，创新培训手段和方法，强化岗位技能培训，提高一线职工现场处理解决实际问题的能力。要健全和完善培训、考核、使用、待遇一体化管理机制，从源头上解决职工学习培训的内在动力问题。需增强员工安全意识，培养员工的敬业意识、忧患意识和主人翁意识。

（四）设备维修体系

科学的维修标准。借鉴国外先进经验，并从我国国情和路情出发，建立具有中国铁路特色的能够确保速度200 km/h及以上提速安全的行车设备设计、制造、养护维修的标准体系，应涵盖线、桥、隧、涵、通信信号、牵引供电、动车组等所有主要行车设备，以及日常养护维修、设备大修等所有修程。

先进的维修方式。以专业化、集中维修为基本原则，速度200 km/h及以上区段必须实行“天窗修”和“检修分开”；严格各类设备源点信息的管理，确保部门间共享信息的准确和对称；运用先进的检测设备获取设备运行的技术数据，动态掌握、及时反馈、准确判断设备质量问题，及时有效地消除设备隐患，实施科学合理的修程修制和养护维修办法。

先进的维修手段。装备具有世界先进水平的线路和接触网检修设备，加快钢轨道岔打磨车、线路清筛捣固车等大型养路机械和大型线路综合质量检测车、接触网检测车、电务试验车、动车组出入库检修测试设施、货车超偏载监测设备、动车组车载无线轨道监控装置等先进设备的配置工作，建设现代化的动车组和大功率机车检修基地，大幅度提高设备检修效率和检修质量。

四、安全评估体系

（一）开展铁路安全评估的重要意义

列车速度不断提高，在铁路行业中贯彻安全系统工程理念、实施工程或项目安全评估制度是铁路第六次大提速后刻不容缓的新课题。

开展独立安全评估是安全管理、监督及评估体系的重要手段之一，也是铁路运输安全保障体系的重要组成部分，安全评估机制的推行将实现事故管理从被动到主动、从事后到超前、从经验到科学的跨越，是将安全关口前移的安全监管体系。体现了对“以人为本”、“生命重要”的认识。

（二）国外相关行业开展独立安全评估的模式及现状

安全评估作为一种事故隐患预防及安全保障手段，已经在国内外许多领域得到了充分的重视和应用。对铁路运输领域的安全问题，发达国家已经形成了一整套较为科学的安全评估、认证、管理体系，制定了一系列切实可行的安全评估的技术标准，如目前英国的 CASS 安全评估框架，德国的 TUV 评估体系等，都以 EN 标准为主要依据，对轨道交通系统进行安全性论证。中国台湾地区在建的高速铁路采用的日本设备，也按 EN 系列标准进行检验认证。日本各铁路公司则主要依据 IEC 标准，新干线的安全评估也是主要依据 IEC 62278 标准进行的。

一个项目从设计应用到报废为该项目的生命周期，在整个生命周期内会存在各种各样的风险，如项目交付过程中典型的风险包括操作概念不完整、各项标准的基准不完整、利益相关人参与管理、项目要求说明不完整、子系统相互集成、子系统与外部系统集成、界面管理及改进技术以达到“地方”要求等，此外还有组织和文化风险等。开展独立安全评估的目的是对铁路产品及其应用的安全性证据提供专业性评价，同时通常还包括评价以下相关方面：①与相关标准的符合性；②RAM 性能和适用性；③对风险级别的特定意见。目前，欧洲国家的安全评估模式主要有两种：①与业主合作共同完成；②由安全评估机构与业主签订合同，独立进行。对于大型项目的不同部分可以同时采用上述两种模式。

欧洲国家的独立安全评估是保障铁路工程新建、扩建和改建项目安全性的体系，其主要工作内容包括：对关键系统及其在铁路应用实施第三方安全评估，其标准依据主要是 EN 系列标准（欧盟铁路相关 EN50126～EN50129 标准）中对安全相关系统的定义规则；对开发过程、安全文档、设计和测试指标规范的审核；项目发展的审计；工程安全报告（Engineering Safety Cases）的独立审核。在英国，独立安全评估的工作主要围绕一系列的项目提交文件或阶段报告（提交给业主或安全监管机构）进行，例如对下列内容的审查：①安全计划；②项目工程设计的安全状况报告；③铁路试验安排和试验报告；④最终的安全状况报告；⑤6 个月的性能审核（最终验收）。

对于一个具体项目，其评估流程如图 6-3 所示。

被评估的项目要将安全证据文件与独立安全评估报告一起呈交给验收委员会或安全管理部门。同时独立安全评估机构还要提出客观独立的安全性建议。

（三）建立我国提速线路安全评估体系

近年来，随着我国铁路跨越式发展战略的实施，铁路在安全管理方面取得了很大发展，面对前五次大面积提速及 2005 年以来撤销铁路分局和运输生产力布局大范围调整，给安全管理带来的全新变化，全路上下认真贯彻落实铁道部党组的决策和部署，积极探索、大胆实践，安全管理取得了重大进展。与速度 160 km/h 及以下的常速铁路相比，速度 200 km/h 铁路对设备、作业、环境、人

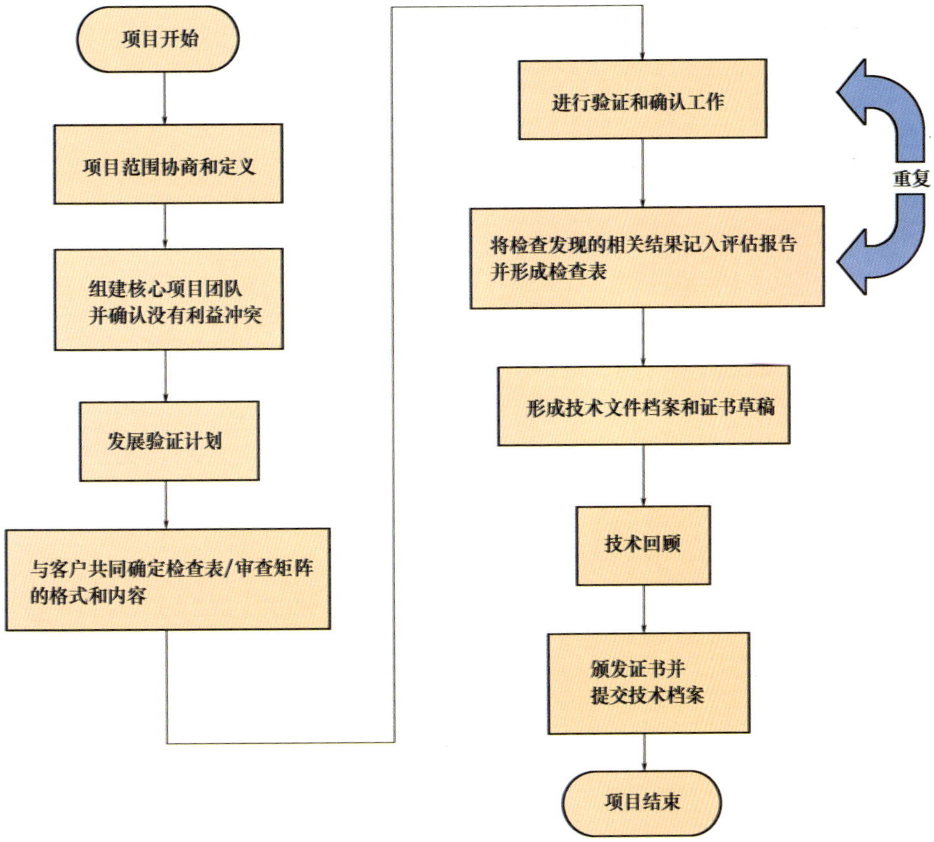

图 6-3 欧洲铁路开展独立安全评估流程图

员等方面的要求有了质的提升。我国速度 200 km/h 提速具有客货混跑、运输密度大等特点，除了要解决与世界上其他国家的铁路所共同遇到的问题之外，还要解决一系列特殊的难题，其提速安全的复杂性、艰巨性要远远高于世界上任何一个国家的铁路，面临的安全风险和考验也要远远大于世界上任何一个国家的铁路。因此，在铁路行业推行安全评估机制，采用科学的、先进的方法提高安全管理水平，是全力以赴确保第六次大面积提速持续安全的重要途径。

尽管安全评估在国际上也是近几年才开展起来的，但国外对安全评估相关标准规范的研究从 20 世纪 70 年代就开始了。至今，发达国家的铁路系统已经形成了一系列切实可行的安全评估的技术标准。欧洲国家以 IEC 标准为基础，结合欧洲轨道交通行业多年安全管理的研究成果，制定了一系列铁路安全评估的 EN 标准。目前，世界主要发达国家铁路基本都采用 EN 标准进行安全评估。我国铁路目前还未建立安全评估标准规范，因此可以借鉴国外铁路行业相关的经验和模式，深入分析研究 EN 和 IEC 系列标准与中国国家安监体系中相关规范的符合性，分析欧洲铁路安全评估标准与中国铁路管理体制的兼容性，深化研究适合于我国铁路安全评估的评估方法，建立适合我国铁路、特定国情的安全评估体系。

第二节 客运专线铁路技术法规及标准体系

高速铁路的设计、建设、装备制造及运行管理和维护集成了高可靠性的技术方案，发达国家及地区均以不同模式将这些技术制定为适用于高速铁路设计、装备制造、检验、安装、维护、系统评价等方面的技术法规和标准，并系统地运作和实施，为高速铁路安全可靠运行起到重要的技术支撑和保证作用。

欧盟为了确保跨欧洲高速铁路无内部边界、安全可靠地实现可互通性运行，建立了结构层次清晰、相互协调支持、充分考虑成本一效益经济性、具有高可操作性并内容详尽的技术法规和标准体系。可以说欧盟高速铁路是基于共同标准的相互兼容的铁路系统。

一、欧盟高速铁路技术法规及标准体系总体框架

（一）体系总体框架

欧盟为了确保跨欧洲高速铁路安全可靠地实现互通性运行，建立了欧洲指令（EC）、欧洲高速铁路技术规范（TSI）、欧洲标准（EN），欧盟各国国家、协会及企业支持性标准的技术法规及标准体系构架，如图 6-4 所示。

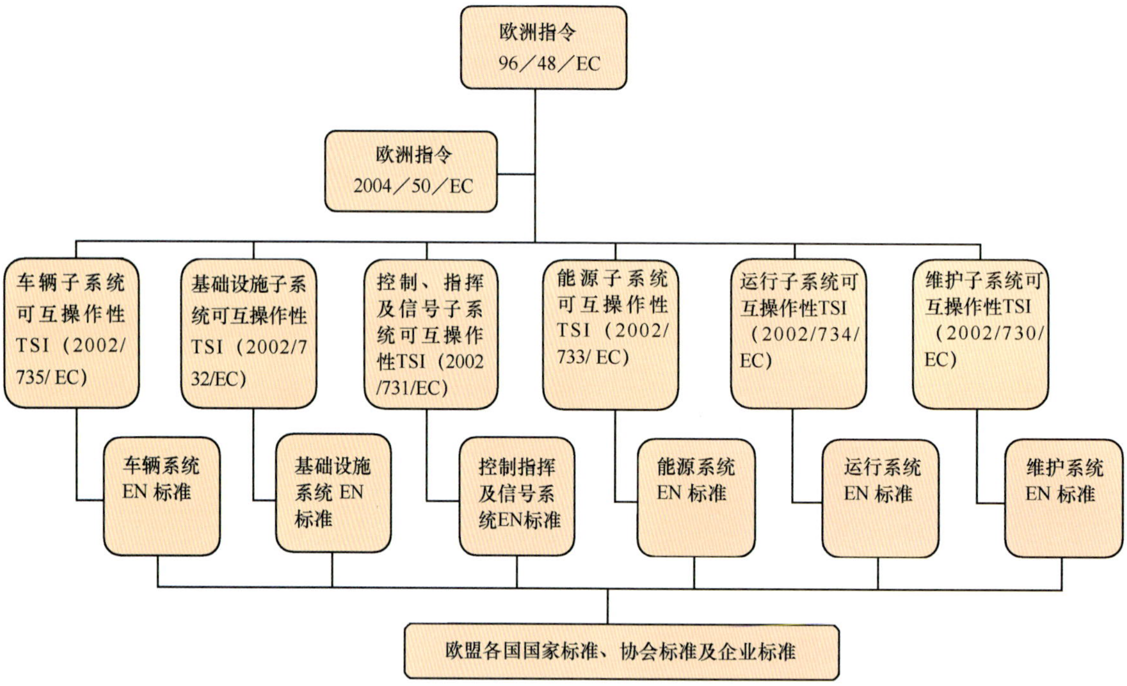

图 6-4　欧洲 EC、TSI、EN 及各国、协会和企业标准层次关系图

（二）欧洲指令（EC）概述

欧洲高速铁路指令全称为“跨欧洲高速铁路系统互通性的指令”（96/48/EC）及其修订补充指令（2004/50/EC），它对高速铁路系统的总体结构和功能提出了基本要求，并以安全性、可靠性、有效性、健康、环境保护、技术兼容性为主线进行限定。鉴于高速铁路系统的规模和复杂性，将高速铁路系统又进一步划分为结构或功能子系统，子系统包括基本结构范畴的基础设施、能源、控制及指挥和信号、铁路车辆及功能范畴的维护、环境、运行、使用者等系统。为使各项规定更具可实施性，指令对以下方面进行了定义和限定。

1. 欧洲指令对高速铁路基础设施和车辆的定义

（1）基础设施

①跨欧洲高速铁路系统的基础设施是在《欧洲共同体条约》所述的指导原则范围内认定的跨欧洲运输网线路上的设施，是专门为高速行驶而建造、改造的设施，其中包括联络线路、在建新线路或改造的高速线路交汇于某城镇所修建的枢纽站。

②高速线路应包括：车速为 250 km/h 或以上的新建线路、改造线路；由于地形、地势或城镇规划等限制因素而专门改造的具有特殊性能的高速线路。

（2）铁路车辆

高速列车在设计上必须保证行驶安全和不间断运输，对其车速的要求为：在专门建造的高速线路上，车速至少为250 km/h，在适当的条件下能达到300 km/h以上；在已经或将要特别改造的既有线路上，车速至少为200 km/h；在其他线路上亦尽可能采用最高的速度。

2. 基本参数

实现可互操作性需要限定的基础设施和机车车辆的基本参数有：铁路最小线间距、最小曲线半径、轨道轨距、轨道最大受力、站台最小长度、站台高度、供电电压、悬链线几何尺寸、欧洲铁路交通管理系统（ERTMS）特性、车轴荷载、列车最大长度、车辆轴距、最低制动特性、车辆边界电气特性、车辆边界机械特性、与列车安全相关的运行特性、与外部噪声相关的边界特性、与外部振动相关的边界特性、与外部电磁干扰相关的边界特性、与内部噪声相关的边界特性、与空调相关的边界特性、与残疾人车厢相关的特性。

以上技术参数在相应技术规范（TSI）或技术标准（EN）中有具体规定。

（三）欧洲高速铁路技术规范（TSI）概述

1. 指令规定，每个子系统都应符合互通性原则。TSI是按照欧洲联盟委员会的指令，由代表基础设施的管理部门、铁路公司和行业专家共同制定的。制定并实施TSI的目的是，通过建立跨欧洲高速铁路系统各子系统之间必要的相互功能关系，确保该系统的相容性，以满足指令规定的基本要求。欧洲委员会目前发布了六个“有关跨欧洲的高速铁路系统子系统方面的互通性TSI”，它们涵盖了上述指令规定的所有八个子系统，其中有关环境和用户的内容融入了相应的TSI，以使跨欧洲高速铁路系统可互操作性达到所需要的程度。

各TSI主要包括以下几部分内容：①子系统的定义/范围；②基本要求；③子系统的基本参数；④子系统接口及子系统特性；⑤实现互通性的部件；⑥一致性和/或实际使用适应性的评定；⑦子系统TSI的实施等。

2. 欧盟允许成员国不采用某些技术规范，但成员国必须保证刊印一份基础设施注册记录和机车车辆注册记录，并且每年对其进行更新。注册记录对本国基础设施和机车车辆的主要特性（如基本参数等），及其与适用的TSI所规定的特性的一致性作出描述。特殊条款规定得到了授权许可。这些特殊情况分为两种类型，即条款规定长期施用的情况（P情况）或暂时施用的情况（T情况）。暂时施用的情况又分为两类：一类是建议在2010年以前达到目标系统（“T1”情况），这个目标是欧洲议会和欧洲理事会在1996年7月23日就发展跨欧洲运输网欧共体指导意见所发1692/96/EC号决定中设定的；另一类是在2020年以前达到目标系统（“T2”情况）。

（四）欧洲标准（EN）概述

为了满足上述欧洲指令的基本要求和TSI的规定，欧洲标准化委员会（CEN）和欧洲电工标准化委员会（CENELEC）组织制定了技术内容更为详细的标准，以支持技术法规的实施。标准为推荐性质，但欧盟希望各成员国把欧洲标准纳入本国标准（如瑞典95%以上的标准采用了欧洲标准和国际标准，意大利83%的标准采用了欧洲标准和国际标准）。各成员国制定的国家标准和技术法规要有高度的透明度，以便相互了解，及时协调。在欧洲，一致性制度下的技术标准被称作“协调标准”，按照协调标准生产的产品被视为符合新方法指令的“基本要求”，可以在欧盟内自由流通。

欧洲标准化委员会设有“铁路应用”技术委员会（CEN/TC256），负责制定铁路应用标准。

二、TSI分析

由于TSI涵盖了高速铁路系统的所有子系统，技术内容详尽，重要技术参数具有给定量值（或采用欧洲标准），各系统接口技术明确，所以在研究欧洲高速铁路标准体系时，应详细分析研究TSI的结构和技术内容，这对确定我国高速铁路标准体系结构、高速铁路标准规划及具体技术法规和标准内容极具参考价值。

围绕安全、可靠性和可用性、健康、环境保护、技术兼容性五个方面，TSI规定了满足基本要求所应限定的条件，而这些条件有些在 TSI 中给出具体参数，有些则引用欧洲标准，结合起来构成完整的高速铁路技术法规及标准体系。

为实现跨欧洲高速铁路互通性运行，除满足基本技术要求外，各子系统涉及的部件也应满足安全、可靠性和可用性、健康、环境保护、技术兼容性的要求，所以在各子系统 TSI 中均对实现互通性的部件和一致性或实际使用适应性的评定作出了要求。以下对六个 TSI 规定的主要内容进行介绍及分析。

（一）跨欧洲高速铁路系统车辆子系统可互操作性 TSI（2002/735/EC）

1. 车辆子系统限定

车辆应该实现的功能包括：①运载并保护旅客和列车工作人员；②运行加速、保持速度、制动以及停车；③向列车司机提供运行前方情况等信息，保证正确操作；④支持及引导线路上的列车；⑤向其他列车发出线路占用信号；⑥发生故障时，仍然可以安全运行；⑦能够在现有供电系统下运行；⑧具有车载调度命令设备；⑨高速网服务期间的可维修性。

2. 车辆子系统基本要求

车辆子系统的基本要求如表 6-1 所示。

表 6-1　车辆子系统的基本要求

基本要求		满足基本要求的技术要素
安全	关键性安全部件设计、制造或装配、维修和监控	轨道最大受力、车轴荷载、列车最大长度、机车车辆限界、最低制动特性、机车车辆边界电气特性、机车车辆边界机械特性、与列车安全相关的运行特性、与外部噪声相关的边界特性、与外部电磁干扰相关的边界特性、与内部噪声相关的边界特性、与空调相关的边界特性、与残疾人车厢相关的特性等
	与车轮/轨道接触有关的参数	接触网应该可以保证在最高运行速度下走行部的稳定性、有砟轨道和无砟轨道不同的特性、轨距、欠超高以及缓和曲线、轮轨接触参数、轨头轮廓、轨道倾斜度、轮对几何特性(踏面外形、动力表面限界、内轮面之间的距离、车轮走行面之间的距离、车轮截面形式、技术特性、允许的表面磨损、轮对电阻、监控设备参数、监控方法等)
	所用部件的使用	车厢结构的静强度、车轮磨耗标准、轴温探测、车辆设备的环境条件、风挡玻璃特性、轨道最大受力、传输到钢轨的热量、侧风的影响、车辆机械边界特性、轮轨关系、车辆的环境条件、挡风屏和列车前部等
	固定设施和机车车辆防火	在列车着火的情况下：规定列车运行速度和时间；火势蔓延时间；大功率电力机车和乘客及列车工作人员区域之间及列车的两车厢之间防火能力；内燃机车的司机室与乘客和列车工作人员区域、发动机和油箱之间阻燃隔层的防火能力；必要部位火灾检测系统的配备；阻燃材料的应用；灭火器配备；紧急指示等
	机车车辆结构以及车厢间连接体的结构防碰撞或脱轨设计	铁路车辆车身的结构要求：防脱轨、限制减速、尽可能地保护旅客与司机所在区域、吸收碰撞产生的能量、车组的所有车厢应该有相同的耐撞性等
	电力设备不能消弱安全性以及影响调度、命令和信号装置的功能	车辆不能对轨道电路、计轴器以及通信网络造成干扰 车辆不能对地面设备及互通线路邻近装置造成干扰 为了避免电磁干扰影响车辆正常运行，整个机车车辆子系统满足 EN 50121-3-1标准；易受干扰的不同类型的车载设备满足 EN 50121-3-2 标准
	制动技术以及产生的作用力必须与轨道、工程结构以及信号系统的设计兼容	制动性能、作用与轨道上的最大纵向力不能超过基础设施最大可接受的纵向力
	采取措施，防止靠近通电部件，以避免危及人员安全	客车车体接地要求等
	遇到危险情况，必须能使旅客与司机及随行列车工作人员取得联系	旅客报警信号、有关的各种指示、广播系统、司机和列车工作人员之间对讲设备的相应功能
	车门必须具有开启和关闭系统，以保证旅客安全	门控的功能要求及开锁的限制条件

续上表

	基 本 要 求	满足基本要求的技术要素
	必须提供紧急出口并设有标志	紧急出口的数量、分布、操作及标志要满足疏散要求
	考虑到长大隧道中的特殊安全条件，必须要设立相应规范	停车地点的紧急报警装置、紧急照明设备和广播系统应符合相关技术要求
	紧急照明系统应该有充足的照度和持续时间，并符合车上的条件	紧急照明系统的主要功能要符合标准要求
	列车上必须配备广播系统，使车上工作人员和地面控制中心能够与旅客联络	广播系统的主要功能要符合标准要求
可靠性和有效性	对列车运行中有关的固定或活动部件进行监控和维护，必须使其在预定条件下以维持运行的方式组织、实施和量化 安全设备、运行、牵引及制动设备的设计及调度和命令系统，在特殊的降级条件下，必须使列车可以继续运行，而不会对其余工作设备造成不利的影响	最低制动特性、固定编组车组的设计（主要指动车组）、救援车组的连接配置、最低性能要求（降级模式下的容许极限值及运行条件）、牵引性能要求等
健康	不应在铁路机车车辆和铁路基础设施中使用可能对人造成健康危害的材料	可能会对人体造成伤害的材料的参数
	材料的选择和使用，必须能限制散发有害和危险的烟雾或气体，特别在发生火灾的情况下	使用有阻燃性能的材料，限制排放有害物质、满足相应的试验规范等
环境保护	铁路系统设计阶段需要评定和考虑该系统的建造和运行对环境造成的影响	要满足与外部噪声、外部振动、电磁干扰以及光污染等有关的边界特性标准的要求
	机车车辆和基础设施中所使用的材料，必须能防止散发对环境有害的和危险的烟雾或气体，特别是在发生火灾的情况下	限制材料有害物质的排放
	铁路机车车辆和能源系统必须在设计和制造上考虑可能受其干扰的设施、设备以及铁路网的电磁兼容	外部电磁干扰有关的基本参数
技术兼容性	基础设施和固定设施的技术特性应彼此相容，并应与运行的车辆的特性相容	轨道最大受力、车轴荷载、列车最大长度、机车车辆限界、最低制动特性、机车车辆边界电气特性、机车车辆边界机械特性、与列车安全相关的运行特性、与外部噪声相关的边界特性、与外部电磁干扰相关的边界特性、与内部噪声相关的边界特性、与空调相关的边界特性、与残疾人车厢相关的特性
	电力设备必须能与调度和命令以及信号装备的运行兼容	电力特性、电磁干扰的限值以及调度命令系统的接口的兼容性
	受流设备的特性必须能使列车在路网的能源供应系统下运行	能源系统与电气化系统接口的限定：能从接触网获得的最大功率、最大电流、电压，受电弓的分布等匹配
	机车车辆的特性必须能使机车车辆在预期线路上行驶	机车车辆性能基本参数值、各系统接口特性等匹配
	车辆子系统与其他子系统的接口	固定编组车组的设计、司机警惕装置、电气化系统、车载列车控制装置、站台高度、车门控制器、紧急出口、轮轨关系、轴温检测、报警信号、压力波作用、侧风影响、无黏着制动、轮缘润滑油、柔性系数等

6

（二）跨欧洲高速铁路系统基础设施子系统可互操作性TSI（2002/732/EC）

1. 基础设施子系统限定

跨欧洲高速铁路系统的基础设施子系统由所有固定设施构成，固定设施包括：轨道、道岔、建筑结构（如桥梁和隧道等）、安全和防护设备、车站基础设施（站台、出入区域等）。

依照基本要求，跨欧洲高速铁路系统的基础设施子系统应保证：在一个无障碍空间里将车辆限制在它们的通道上，包括它们的运输和导向装置并配有必要的安全设备，以保证其功能；旅客上下车。

2. 基础设施子系统基本要求

基础设施子系统的基本要求如表6-2所示。

表6-2　基础设施子系统的基本要求

基本要求	满足基本要求的技术要素
安　　全	最低基础设施接近限界、最小曲线半径、最大轨道应力(垂直力、横向力、纵向力)、轨距、轨底坡、轨头横断面、等效锥度、轨道超高、轨道欠超高、轨道的几何尺寸质量、轨道和道岔对制动和加速度的阻力、侧风的影响、在道岔上曲线的不连续性、轨道欠超高数值的特殊限定、普通和菱形道岔转辙轨以及摆动心轨必须配有锁闭系统、转辙轨的横截面和道岔的功能性尺寸(装配公差配合)必须与车轮的横断面和车轮的尺寸公差相匹配、道岔上的轨道欠超高满足或达到所要求的与高速列车和维修车辆作用相一致的结构强度和偏差标准等
可靠性和有效性	将关键性的安全接口特性作为监控和维护计划的重点，这些计划需要规定监控和修正这些部件的条件，这种要求尤其是涉及轨距、轨道超高、道岔等要素部分； 基础设施设计必须用适合实施维修计划的资源，以方便对其进行维修，用于制造关键性安全接口的产品必须有足够的耐磨特性，实施维护计划的运行车辆和控制维修车辆必须能够在轨道上行驶和工作。这项要求涉及轨道钢材的等级和结构、垂直静态荷载要素部分等
健　　康	隧道在设计上顺应可互操作性列车的最大压力变化、临近站台轨道列车速度、站台高度、与残疾人员上下车有关的特性、轨道与站台之间的标定相对位置公差、车辆通过地下车站内封闭空间时产生压力的变化等
环境保护	外部噪声边界特性、外部振动边界特性等
技术兼容性	基础设施最小建筑接近限界、轨道中心线间的间距、最大上下坡度、基础设施上的空气动力影响、停车轨道线上的最小水平和竖直曲线半径、水平线以下的工程(如隧道和明挖隧道)、轨道超高、轨道欠超高、等效锥度、轨距和公差、轨底坡、轨头断面、结构上的垂直荷载、结构上的横向水平荷载、结构上的纵向荷载、轨道和道岔对垂直荷载的阻力、轨道和道岔对横向荷载的阻力、轨道几何尺寸、转辙机和辙叉、轨道和道岔对制动和起动力的阻力、道岔上的特殊轮轨接触点以及转辙器分歧线路上的机械性载荷、钢轨刚度、侧风的影响、热轴探测器、对线路上设施的进出和闯入、旅客站台、高速铁路的地下车站、上部结构(钢轨、扣件等)的电力传输特性、站台高度和长度、当列车经过地下车站时的压力影响等(与车辆的接口) 基础设施子系统与其他子系统的接口： 与车辆子系统的接口(建筑和站台接近限界、车辆的载荷限界、受电弓净空限界和轨道中心线的间距，车辆和基础设施之间物理荷载在三个方向的转移，轨道方向、固定障碍物与车辆、车辆之间会车时的空气动力影响，列车经过隧道和地下车站时的压力影响及地下车站内的气流速度影响，在旅客必须被撤离疏散时出入停靠在站内或车站交通线上的列车的便利性，安装在地面上的列车监控系统)； 与能源子系统的接口(为高架线杆制定的建筑接近限界，高架线、受电弓的电力限界及其对建筑结构的影响，经过轨道的牵引电流的传输)； 与控制、指挥和信号子系统的接口(沿轨道安装或固定在建筑物上的部件的建筑接近限界，经过轨道的信号电流的传送)； 与运营子系统的接口(停靠在车站和在撤离疏散时停在车站交通线上列车的进出的便利性，道岔闭锁以保证列车在指定路径的安全，事故恢复和复轨手段)； 与维修子系统的接口(列车停车的专用线布局)； 与环境子系统的接口(产生在线路旁环境的振动和噪声)

（三）跨欧洲高速铁路系统控制、指挥及信号子系统可互操作性TSI（2002/731/EC）

1. 控制、指挥及信号子系统限定

跨欧洲高速铁路系统的控制、指挥及信号子系统由车载装置和铁路沿线装置构成，其具有的系统功能和它们的执行程序使铁路运输在安全和可预测的情况下满足以下要求：

（1）理想的运行活动车载装置的流动性、系统的互操作性取决于车载控制—指挥装备与铁路沿线所安装的不同设备之间共同工作的能力。

（2）满足子系统涉及接口的要求。子系统涉及的接口包括车载与铁路沿线装备之间的接口、控制—指挥互用组件的车载接口、铁路沿线的控制—指挥互用组件之间的接口、列车与轨道电路之间的兼容性、控制—指挥与机车车辆之间的数据接口等。

(3) 满足基本要求的性能级别。

1级。沿轨道的间歇(欧洲方向标)传输和某些情况下的半连续(欧洲回路或无线填实)传输满足数据传输要求。以轨道为基础的设备(通常为轨道电路或计轴器)实现了对列车的检测。信息从铁路沿线或驾驶室信号系统传送给列车驾驶员。

2级。沿轨道的无线(GSM-R)传输满足数据传输要求。对于一些功能,无线传输需要间歇(欧洲方向标)传输的补充。以轨道为基础的设备(通常为轨道电路或计轴器)实现了对列车的检测。信息从驾驶室信号系统传送给列车驾驶员。

3级。沿轨道的无线(GSM-R)传输满足数据传输要求。对于一些功能,无线传输需要间歇(欧洲方向标)传输的补充。以轨道为基础的设备将报告传送给数据处理系统而实现了对列车的检测。信息从驾驶室信号系统传送给列车驾驶员。

2. 控制、指挥及信号子系统的基本要求

控制、指挥及信号子系统的基本要求如表6-3所示。

表6-3 控制、指挥及信号子系统的基本要求

基本要求	满足基本要求的技术要素
安　　全	实施适用这一规范的每一个计划,所要采取的措施证明在控制—指挥系统的范围内一起事故发生的危险等级要不高于服务所要求的目标。对于这一目的,应该执行EN50128、EN50126和EN50129。 对于统一的控制—指挥接口,子系统的整体安全目标被分配在车载和铁路沿线的装置中。对于车载装置以及铁路沿线的装置中与安全有关的部分,2级ETCS的安全要求是:可忍受的危险等级为10^{-9}/h(对于随机故障),符合4级安全完整性(确认初值并提供给其他ETCS等级)。EN50129明确说明了详细的要求
可靠性和有效性	对于统一的控制—指挥接口,子系统的整体可靠性和实用性目标被分配在车载和铁路沿线的装置中。 EEIG 02S 1266—版本6及EN 50126明确说明了要求。 对于所有包含有控制—指挥子系统的系统,维修机构的质量应该保证危险等级是按照组件的寿命和磨损来控制的。维修的质量应该保证安全性不能由于这些活动而受到损害
健　　康	应该采取预防措施来保证所使用的物质和控制—指挥系统的设计不会对接近它们的人产生健康危害; 对于那些已经被现行欧洲法规所要求的系统,该技术规范并不引入任何附加的要求
环境保护	如果遭受过量的热量或火,控制—指挥系统应不超过烟雾或气体的排放限制,这些烟雾或气体对环境有害; 控制—指挥系统将不包含那些可能在正常使用中过度污染环境的物质; 控制—指挥系统应该执行有效的欧洲法规来控制铁路所有物质的排放,以及控制沿着铁路所有物质边界的电磁干扰; 对于那些已经被现行欧洲法规所要求的系统,该技术规范并不引入任何附加的要求
技术兼容性	技术上的兼容性要求被分为两类: 第一类为互用性规定了总的工程要求,即环境条件,铁路边界中的内部电磁兼容性(EMC)和安装; 第二类描述了为实现互用性控制—指挥子系统所必须做的事情,这一类组成了互用性规范的主要部分 对于工程兼容性中的物理环境条件,服从统一的控制—指挥接口要求的系统应该能够在气候和物理条件下运行,这些条件沿着跨欧洲高速铁路网络的相关部分而存在。对于这一目标,应该执行EEIG 97S0665—版本5、EN 50125-3、EN50125-1和EN 50155 工程兼容性中的电磁兼容性要求(包括列车检测要求)为: (a)内部控制—指挥兼容性:车载和铁路沿线的控制—指挥装备应不能互相干扰,不同类系统应不能互相干扰 (b)在控制—指挥子系统和其他互用性技术规范子系统之间的兼容性:统一的控制—指挥设备应该不干扰其他的互用性技术规范子系统,或者不被其他的互用性技术规范子系统所干扰;列车的操作器和基础设施的控制器都不能安装那些与统一的控制—指挥设备发射和敏感性不兼容的新系统 (c)在铁路和跨欧洲高速网络外部的系统之间的兼容性:对于由欧洲现行法规所详细说明的要求,该技术规范并不引入任何附加要求 应该应用下列标准: 控制—指挥电子设备的发射与敏感性限制: •车载设备:EN 50 121-3-2:2 000 •线路设备:EN 50 121-4:2 000 列车检测系统的抗干扰特性:欧洲规范的输入包括在互用性技术规范CC报告里 方向标和回路接口的发射与敏感性限制 列车无线通信接口的发射与敏感性限制 控制、指挥及信号子系统与其他子系统的接口: 车载与铁路沿线装备之间的接口、控制—指挥互用组件的车载接口、铁路沿线的控制—指挥互用组件之间的接口、列车与轨道电路之间的兼容性、控制—指挥与机车车辆之间的数据接口等其他技术兼容性要求

（四）跨欧洲高速铁路系统能源子系统可互操作性 TSI（2002/733/EC）

1. 能源子系统限定

跨欧洲高速铁路系统的能源子系统包括从高压单相或三相电网中取得电能来供给列车需要的全部固定装置。

能源子系统由下述部分构成。

(1) 变电所。变电所其引入端连接到高压输电网路，将高压转换成较低的电压和/或变换成适用于列车的供电系统。变电所的输出端连接到接触网。

(2) 电分段装置。电气设备安装在变电所到供电之间的中间位置，且并联于接触线，以及提供保护、隔离、辅助供电和补偿。

(3) 接触网装置。接触网把电能配给在线路上运行的列车，并借助受电弓把电能传输给列车。接触网配备有手动或远程控制断路器，根据操作的需要它用来隔离段区或架空接触线界。所有类型的馈电线，都属于接触线。

(4) 电流返回电路。牵引电流利用直接或间接连接到地的钢轨并回到导线，回流到变电所。因此，就这方面而论，电流返回电路是能源子系统的一部分。

(5) 受电弓。受电弓安装在移动的机车车辆上，其专有功能是直接连接到接触网，因此它被看作是能源子系统的部分。

能源子系统的下述方面与跨欧洲高速铁路系统的可互操作性有关：电气化系统；接触网装置和受电弓；受电弓与接触网的相互作用；在高速线路、升级线路和连接线路之间的界线。

2. 能源子系统基本要求

能源子系统的基本要求如表 6-4 所示。

表 6-4　能源子系统的基本要求

基本要求	满足基本要求的技术要素
安　全	电压和频率；接地和屏蔽接地；抗电击保护；受电弓配置；防火保护；外部电磁兼容性；谐波特性和在接触网上相关过电压；谐波电流对信号和内部通讯影响；供电系统、变电所和分所的安全应该通过设计和测试这些装置来实现；抗电击保护；最大线速度和列车对受电弓的功率需要；所有的带电部件都应安装在用户或其他任何人够不到的地方；接触网应集成到沿着线路的总的接地系统以遵守抗电击保护的要求，在运转中和在失效条件下抗电击保护可通过把接触电压限制到所规定的合格极限内而得到满足，对每一种装置的考察研究都应建立在证明其抗电击保护的基础上
可靠性和有效性	拟定维护计划，以保证能源子系统规定的性能维持在对其规定的极限内
健　康	接地和屏蔽接地，抗电击保护；对环境的影响的评估；防火保护；供电系统，变电所和分所的安全应该通过设计和测试这些装置来实现；接触网应集成到沿着线路的总的接地系统以遵守抗电击保护的要求，在运转中和在失效条件下抗电击保护可通过把接触电压限制到所规定的合格极限内而得到满足，对每一种装置的考察研究都应建立在证明其抗电击保护的基础上；在危险情况下供电的隔离；所有的带电部件都应安装在用户或其他任何人够不到的地方等
环境保护	对环境的影响的评估；防火保护；外部电磁兼容性
技术兼容性	电压和频率；用于直流和交流系统的接触网的几何结构、受电弓集电头的几何结构；基础设施的限度范围应考虑到与接触网相接触的受电弓通行所需要的空间以及安装接触网本身所需要的空间，隧道和其他（建筑）结构的尺寸应该与接触网的几何结构和受电弓的动态范围相互兼容；谐波电流对信号和内部通讯影响；车辆动态范围；最大功率消耗限制；在停止时列车吸入电流极限；电力保护协调；受电弓配置；通过分相装置的运行；通过分段装置运行；调节受电弓接触力；供电系统、变电所和分所的性能：配置的功率、功率因数、再生制动；接触网所要达到的性能相应于对跨欧洲高速铁路系统的每一种类型线路在功能上规定的相关性能；最大线速度和列车对受电弓的功率需要；对采集电流的动态特性和质量的要求；静态的和平均的空气动力接触力；高速线路与其他线路间的边界等 能源子系统与其他子系统的接口： 与基础设施的接口（测量仪表，抗电击保护） 与控制指令和信号装置的接口（谐波电流对信号装置和内部通讯的影响，分相装置和分段装置所需的控制信号） 与机车车辆的接口（车辆动态范围，最大功率消耗限制，在停止状态的电流，电压和频率，电气保护协调，受电弓的配置，通过分相装置运行，通过分段装置运行，受电弓接触力调整）

（五）跨欧洲高速铁路系统运行子系统可互操作性 TSI（2002/734/EC）

1. 运行子系统限定

其他子系统的技术和功能一经确立，运行子系统就由在铁路运行范围内使跨欧洲高速铁路系统全面实现和发挥功效的所有要素构成：一个铁路系统的运行应建立规章制度，规章制度必须由铁路企业予以实施；一个铁路网的运行需要配有合格的人员，人员应执行按照与铁路网整体安全系统相一致的原则而规定的程序；还要有机构组织来处理运行程序上的设计和更新、程序及必要的文件整理。

为了跨欧洲高速铁路系统的运行实施，与运行安全有关的主要功能应当加以分类区别：列车驾驶、车上乘务人员、地面运输管理。

2. 运行子系统基本要求

运行子系统的基本要求如表 6-5 所示。

表 6-5 运行子系统的基本要求

基本要求	满足基本要求的技术要素
安　　全	对于在与一个新系统运行直接相关的相同情况所要应用的程序的唯一性；确定司机所用文件的范围和文件格式的协调一致；程序规定的内容；时刻表规定的内容；列车乘务人员的“程序手册”的编制；将线路和线路上设施的介绍说明加以格式化和协调一致，并将用来事前通知司机的文件准备和更新程序，以及实时通告司机情况程序格式化；对安全信息和与安全相关的不同类型的语音通信的方法和使用语言规范加以格式化；对系统检查程序从安全角度加以格式化；对乘务人员组成的验证程序加以格式化；对在乘客超员情况下运行要遵守的程序加以格式化司机和列车乘务人员的资质有下列条款保证：对为使人员合格而建立起的组织机构，从程序和语言的角度上加以格式化和协调一致化；对了解和维护线路知识程序的格式化；为特殊资质专门培训程序的规定 如司机手册应按照下列标准化后的要点或下列格式进行编制： 铁路运输的组织 人员安全 信号发送、指挥和控制 车辆运行的条件 车上系统 列车的运行和驾驶 异常现象、事件和事故 司机条例手册附件 1：通信程序守则 司机条例手册附件 2：表格手册
可靠性和有效性	运行和维护的时间间隔、维护人员的培训和资质，以及相关运行商维修中心建立的质量保证体系必须保证高水平的系统可靠性和获得的便利性
健　　康	无特殊要求
环境保护	无特殊要求
技术兼容性	对于与一个新系统运行直接相关的相同情况所要应用的程序的唯一性；对安全信息和与安全相关的不同类型的语音通信的方法和使用语言规范加以格式化；在事件中对司机所提供的协助；通知交通运输管理人有关车辆运行的状态在一个重大系统降级恶化或事故中所要遵守的程序和处理方案的格式化；从运行质量角度对系统的遵从执行方面加以格式化 运营子系统与其他子系统无接口

（六）跨欧洲高速铁路系统维护子系统可互操作性 TSI（2002/730/EC）

1. 维护子系统限定

任何故障检修工作（除特殊情况需要）或检验都不能在专用列车组维修厂之外执行。目前 TSI 所涵盖的列车组维护在后勤工厂进行并明确限制在保证可互操作性的工作方面。这些工作涉及到消耗性材料（水和砂）的补充，清洁工作（列车组内外）和卫生间排空。维护装置，特别是对每个由 TSI 所涵盖的子系统的维护装置，将陈述在相应的 TSI 中。

就列车的可靠性和功能结构及维护机构来说，维护是有条理的，以便与经济可行性相一致并有益于列车工作。

为了可互操作性（TSI）属于维护技术规范应用领域的工厂需要提供以下服务：清洁列车车厢内外；处理垃圾和保持卫生间整洁；补充水和沙子供应。

2. 维护子系统基本要求

维护子系统的基本要求如表 6-6 所示。

表 6-6 维护子系统的基本要求

基本要求	满足基本要求的一些技术要素
安　全	补充沙子设备的要求；维护子系统的固定装置所用材料的选择，必须要以能在发生火灾时限制火和烟雾的发生、传播以及影响为目标
可靠性和有效性	列车运行所涉及到的固定或移动部件的监控与维修必须要进行组织、执行和量化，以维持它们在预定条件下运行 高速列车组与高可靠性技术方案及有内在静定性的功能结构特点结合在一起，确保了最大的列车组可用性。综合了自动隔离系统的监视和控制设备使得易于掌握列车组的功能状态，从而使它们能保证在商业应用中连续运作直到回到维护工厂
健　康	维护子系统中所安装的装置不能使用那些可能对靠近它们的人构成健康危害的材料；限制使用有害的和危险的烟雾和气体挥发的材料，特别是发生火灾时。在维护中心使用的技术装置和工艺过程不得对人的健康构成危害
环境保护	维护子系统的固定装置所使用的材料必须防止对环境有害和危险的烟雾及气体的散发，特别是当发生火灾时 在维护中心使用的技术装置和工艺过程不得超过周围环境允许的噪声水平
技术兼容性	固定装置的技术特性必须相互兼容并与跨欧洲高速铁路系统所使用的列车兼容；维护装置必须能够在所有列车上安全、健康和舒适地操作 维护子系统与其他子系统的接口： 与基础设施子系统的接口（停车线；停车轨道必须有一条架空线以供应列车的能源；几何特征必须与基础设施 TSI 的规定相一致；如果使用厕所清空小车，离轨道中心的最小距离至少为 6 m，而且要为小车提供运行路径） 与机车车辆子系统的接口（列车组外部清洁设备；厕所清空系统；列车组内部清洁设备；补充水的设备；供沙设备；对列车停车的特殊要求；厕所清空系统连接件结构及尺寸图和水箱进水连接件结构及尺寸图）

三、欧洲高速铁路标准体系分析

（一）欧洲标准

1. 制定欧洲标准，以满足指令和技术规范对产品具体技术细节的要求。这在欧洲标准的前言中，可以看到关于协调标准对欧盟指令支持的阐述，如钢轨产品标准 EN13674－1《46kg/m 及以上平底对称钢轨》、车轮产品标准 EN 13262：2004《铁路应用 轮对和转向架 车轮 产品要求》，标准前言中均阐述：该标准支持欧洲指令的基本要求（This document supports essential requirements of EU Directives）。

2. 欧洲没有独立建立高速铁路技术标准体系，多数标准适用范围广，对于高速铁路和普通铁路要求有所不同的一些特性则分级规定。这是欧洲经过几十年的研究积累和 20 多年的成功及失败的运营经验的积累。法国自 20 世纪 50 年代就酝酿建造高速铁路，1981 年才建成开通巴黎—里昂的高速线；德国新建的法兰克福－科隆高速铁路，计划及验证用了 16 年，修建用了 6 年才完成。因此，正是具有了高速铁路的综合技术基础和成熟的实际运行经验，适用标准才趋完善，可以形成统一的铁路应用标准体系，使标准的制定更加系统、配套、协调、统一和经济。以几个标准为例加以说明，欧洲标准 EN 50126《铁路应用 可靠性、可用性、可维修性和安全性（RAMS）规范和说明》，关于电磁兼容性的一整套标准和关于铁路通信信号系统安全性整套标准，分别见表 6-7、表 6-8、图 6-5，以上没有特别指出为高速铁路标准，但均适用于高速铁路（高速铁路技术引进中欧盟成员国明确采用上述标准）。通过上述例举的几项标准，说明欧洲更重视系统性、安全性及可靠性标准的研究和制定，而这类标准对于高速铁路安全可靠运行尤为重要。

2006～2010 年间，预计将有 200 多个新的欧洲铁路标准生效实施。其中，预计铁路车辆购置方面的标准为 114 个，高速铁路运输标准 47 个，运输安全与噪声防治标准 50 个。欧洲对高速铁路具有特殊性的标准会单独制定，但与传统铁路具有共性的标准将不独立制定。

表 6-7 欧洲标准 EN50126 简介

项 目	内 容 简 介
应 用	该欧洲标准在整个欧盟范围内给铁路管理部门和铁路支持企业为进一步实施可靠性、可用性、可维修性和安全性(RAMS)管理提供了一套方法，根据系统的寿命周期和任务，应用这种方法，管理 RAMS，能够有效地控制并管理 RAMS 各要素之间的冲突，同时定义系统化方法有利于对铁路各行业内 RAMS 相互作用进行评估； 标准适用于所有铁路实际应用及某一实际应用的各个方面(从整个的铁路线及某一线路的主要系统、主要系统中的独立和复合的子系统及这些主要系统中的各部件，其中包括那些拥有软件的主要系统)的 RAMS 的技术要求和验证
主要规定	RAMS 系统的所有相关术语及定义；RAMS 系统简介；铁路的 RAMS 和服务质量；铁路 RAMS 组成部分；影响铁路 RAMS 的因素；获得铁路 RAMS 技术要求的方法；风险；安全完整性；失效－安全方案等

表 6-8 欧洲关于电磁兼容性整套标准

序号	标 准 号	标 准 名 称
1	EN 50121-1	铁路设施. 电磁兼容性. 第 1 部分：总则
2	EN 50121-2	铁路设施. 电磁兼容性. 第 2 部分：整个铁路系统对外界的辐射
3	EN 50121-3-1	铁路设施. 电磁兼容性. 第 3－1 部分：机车车辆－列车和整个车辆
4	EN 50121-3-2	铁路设施. 电磁兼容性. 第 3－2 部分：机车车辆－设备
5	EN 50121-4	铁路设施. 电磁兼容性. 第 4 部分：通信信号设备的发射和抗扰性
6	EN 50121-5	铁路设施. 电磁兼容性. 第 5 部分：固定供电设备和仪器的辐射和抗干扰性

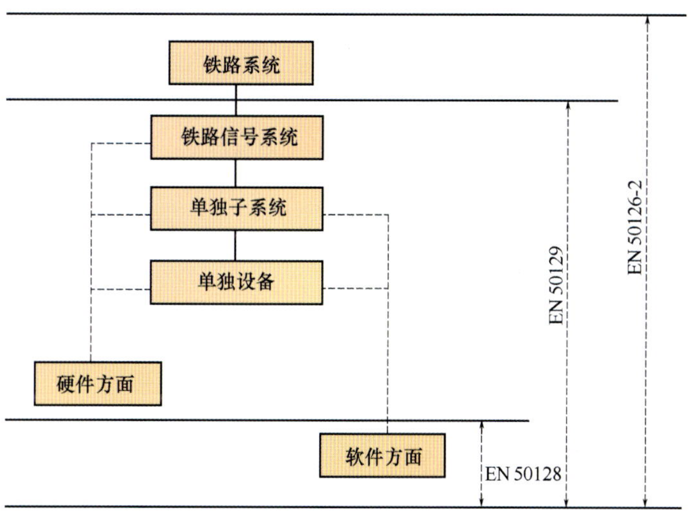

图 6-5 CENELEC 安全性系列标准应用范围图

（二）支持性标准体系

由于科学技术不断发展，新技术、新材料、新工艺、新监测方法和手段等不断出现，铁路运输需求不断提高。在满足欧盟指令及技术规范，同时又不影响实现互操作性的前提下，各国也随着这种变化及需求及时制定和修订相应的国家标准，如牵引供电用材料标准 DIN 48201《承力索》、NF F01－134《铁路车辆 极高速列车用整体车轮规范》；专业协会制定相应领域的协会标准，如德国标准学会与德国电气、电子与信息技术学会 DIN VDE 0831《铁路电气信号系统》、DIN VDE 0185－1《防雷保护系统——一般安装细则》。技术装备企业也在研发的基础上，制定出反映企业核心技术、要求更高的企业标准。这些标准为欧洲高速铁路的发展提供了强有利的技术支持并产生了极大的推动力，因此也应将欧洲各国的国家标准、专业协会标准、行业技术领先企业的企业标准等作为欧盟标准体系的重要组成部分给予极大关注。

四、我国铁路标准体系框架

（一）我国现有标准体系结构

我国铁道行业标准经历 40 多年的发展，特别是 20 世纪 80 年代中期以来，按照铁路技术发展的需求，经过前五次铁路提速，旅客列车速度从 120 km/h 提高到 160 km/h，已形成基本满足铁路运输要求的技术标准体系，构建了体系结构、标准体系表，包括整体构架、结构层次、标准体系表的组成、各专业标准体系结构、门类标准体系结构、标准项目、标准体系项目明细表。图 6-6 为我国铁路 1985 年以前和以后标准数量的变化。表 6-9 为 2006 年我国铁道标准数量统计。

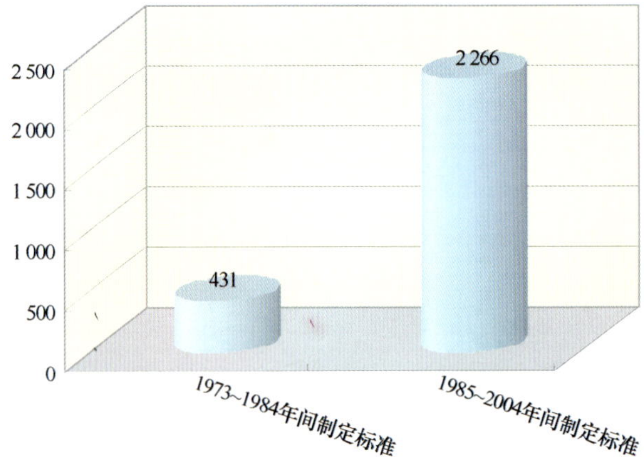

图 6-6　1973～1984 年间与 1985～2004 年间标准制定数量变化对比图

表 6-9　2006 年我国铁道国家标准、铁道行业标准数量统计

标准	机车车辆综合	铁道机车	铁道车辆	工务工程	牵引供电	通信信号综合	铁路通信	铁路信号	铁路运输	基础与综合	总计	强制性标准
铁　道行业标准	273	271	322	287	112	8	83	162	97	83	1 698	2
铁　道国家标准	6	28	20	4				6	23	13	100	13
铁道部门计量检定规程	16	10	18	12	2	6			5	15	84	
铁路专用国家计量检定规程				2					10		12	

图 6-7 为我国铁道行业现有标准体系结构。该体系第一层标准为行业通用的综合基础标准和一般规则，其内容包括标准化法规和通用管理标准、数系、产品图样、通用术语、通用图形符号、质量管理、环境条件和环境试验等；第二层标准为专业标准，共分机车车辆、工务工程、通信信号、运输组织、电气化铁道、安全卫生和环境保护、信息分类编码、物资流通等八类，每一专业内又分若干个门类，每一个类别体系基本上都由专业通用标准、门类通用标准（包括大类及小类）和个性标准（包括系列、品种、规格）三层组成，见图 6-8～图 6-15。多年来，标准体系运转良好，并随着技术的发展不断更新提高，特别是进入 20 世纪 80 年代，技术标准进入快速发展时期，为我国铁路跨越式发展奠定了技术基础。

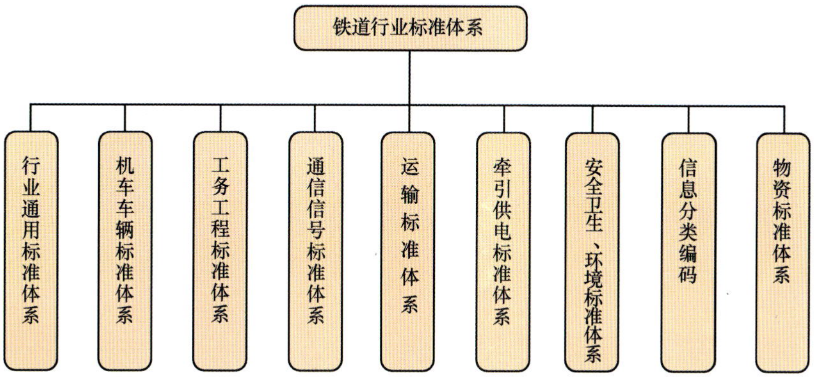

图 6-7　铁道行业标准体系结构总图

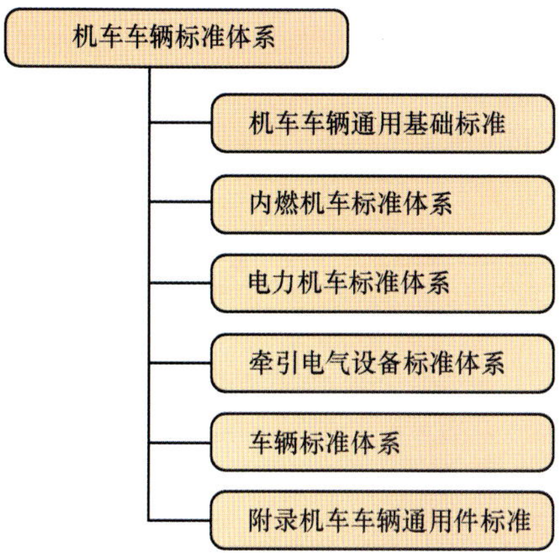

图 6-8　机车车辆标准体系结构图

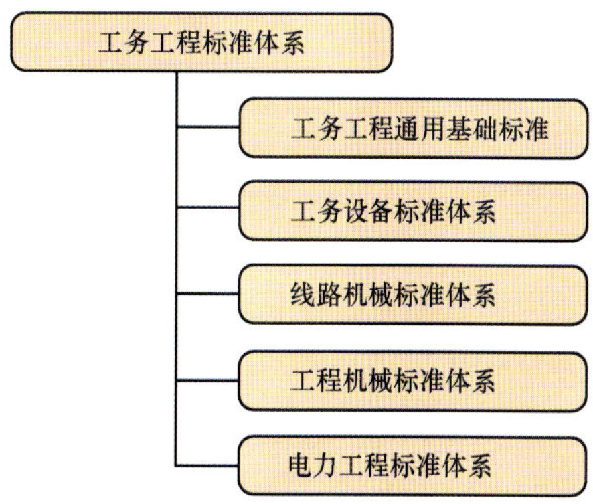

图 6-9　工务工程标准体系结构图

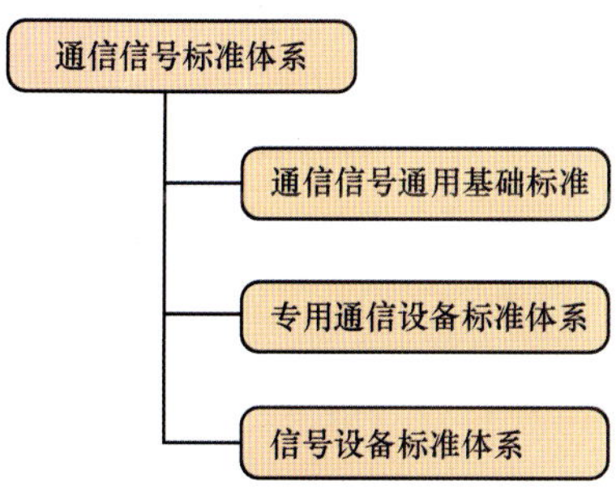

图 6-10　通信信号标准体系结构图

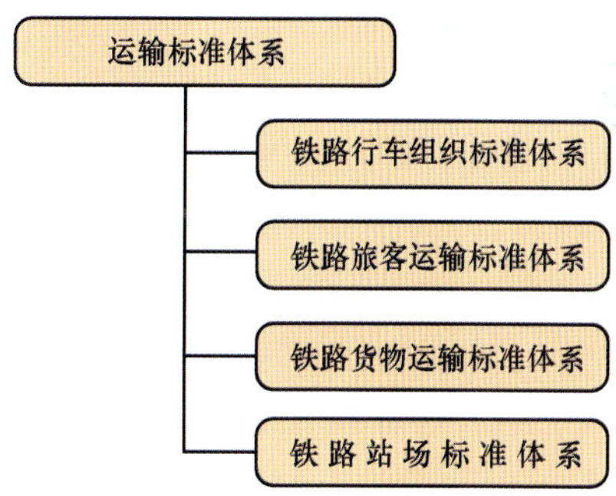

图 6-11　运输标准体系结构图

（二）我国既有线提速 200 km/h 等级相关技术规范和管理制度

为了满足既有线提速的需要，我国铁路在系统研究了高速铁路发达国家的技术标准和经验基础上，对关键技术进行了试验研究，结合中国铁路客货混运、高密度开行的国情，先后制定了《新建时速 200～250 公里客运专线铁路设计暂行规定》；《新建时速 200 公里客货共线铁路设计暂行规定》；《提速 200 km/h 技术条件（试行）》等技术规范，对 200 km/h 等级线路的正线平纵断面、正线轨道、路基、桥涵、隧道、站场、200 km/h 速度级旅客列车、其他机车车辆、牵引供电、接触网和通信信号等做出规定，指导既有线提速 200 km/h 的技术改造，为第六次大提速的顺利实施提供科学依据。

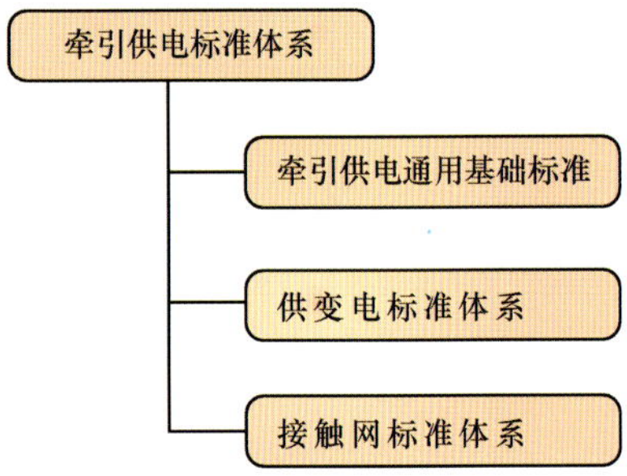

图 6-12　牵引供电标准体系结构图

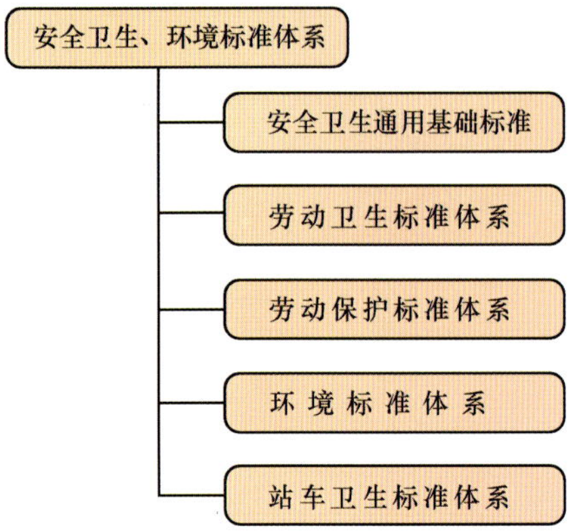

图 6-13　安全卫生环境保护标准体系结构图

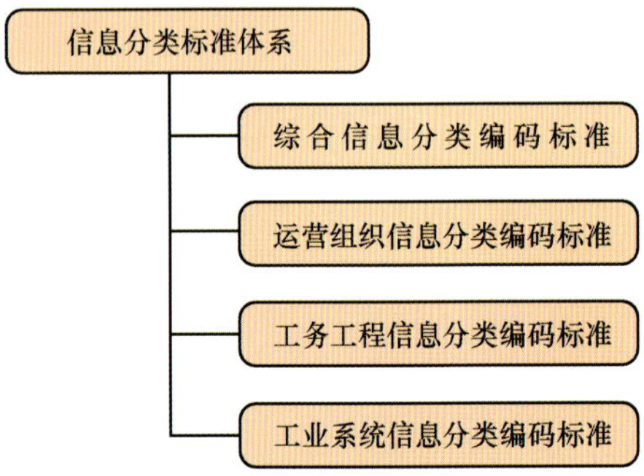

图 6-14　信息分类编码标准体系结构图

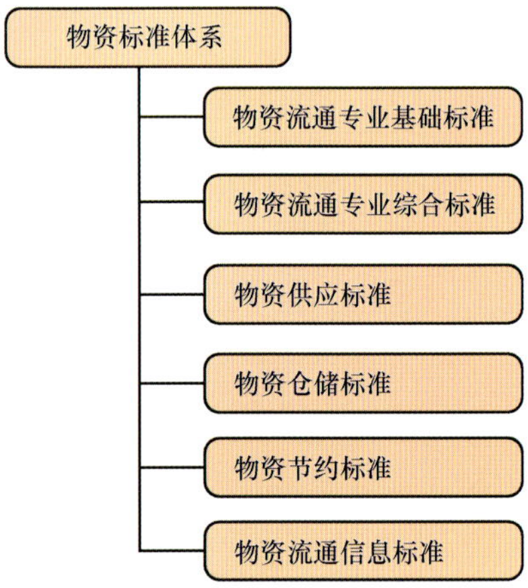

图 6-15　铁路物资标准体系结构图

此外，为保证提速线路和客运专线安全运营，铁道部还发布了一系列技术标准：包括《时速 200 公里铁路道岔技术条件（暂行）》；《客运专线道岔暂行技术条件》；《客运专线基床表层级配碎石暂行技术条件》；《客运专线高性能混凝土暂行技术条件》；《时速 200 和 300 公里动车组主要技术条件》；《120 km/h 提速货车运用技术条件》；《CTCS 技术规范总则（暂行）》和《CTCS-2 级技术条件》；《既有线 200 km/h ATP 车载和地面设备配置及运用技术原则》（暂行）；《分散自律调度集中系统技术条件（暂行修订稿）》；《主体机车信号系统技术条件（暂行）》和《应答器技术条件（暂行）》；《应答器数据传输电缆技术条件（暂行）》；《应答器技术条件（暂行）》和《主体机车信号系统技术条件（暂行）》；《既有线 CTCS-2 级区段应答器报文及应用原则》（暂行）；《既有线 200 km/h 铁路车站列控中心运用技术原则》；《既有线提速 CTCS-2 级区段临时限速操作流程和显示界面（暂行）》；《GSM-R 机车综合通信设备主要技术条件（暂行）》等。

针对客货列车速度、列车制动距离、机车车辆轴重、铁路线路线间距、列控系统及 GSM-R 系统等重大技术问题，铁道部对《铁路主要技术政策》做出修订。

《铁路技术管理规程》第十版已正式发布实施，对既有线提速 200 km/h 涉及的技术装备提出了相应技术要求。

为配合第六次大提速，铁道部颁布的规章制度也在不断健全。包括《铁路双层集装箱运输装载限界》；《200 km/h 客货共线铁路双层集装箱运输建筑限界》。在规则规范方面，有《铁路桥梁检定规范》；《铁路线路修理规则》；《铁路工务安全规则》；《铁路机车行车安全装备管理规则》；《JT-C

系列机车信号车载系统设备技术规范》；《关于 200 km/h 动车组 ATP 车载设备制动容限的有关规定》；《应答器编号规则（暂行）》等。2007 年年底前铁道部将印发《规范新体制下铁路运输安全基本管理制度的指导意见》（以下简称（《指导意见》），明确安全管理的基本制度、基本内容和基本要求。全路将按照《指导意见》，结合第六次大面积提速调图后对运输安全工作的新要求，在 2008 年 6 月底前，对现有的安全管理制度进行修废补建，真正建立起一套规范适用、操作性强、符合新体制要求的安全管理制度体系。

上述规范、规章的内容，分属于标准体系的不同层次，但是距离形成标准体系还有很大距离，是我国铁路今后需要研究的重要课题。

（三）客运专线铁路标准体系构架设计

随着我国客运专线的建设和既有线改造，在原有铁路标准体系的基础上，需要建立我国客运专线技术标准体系，为新线建设和既有线提速改造、运营、维护提供技术支持。

客运专线和铁路第六次大提速，涉及到与既有铁路不同的系统集成技术、动车组技术、列车行车控制指挥技术、无砟轨道技术、牵引供电技术及运营管理技术等，在列车速度提高条件下，车轮和钢轨的粘着力学性能、路基轨道等基础设施的动力学效应、机车一环境的空气动力学影响等，都将按速度的高次幂来变化，在某种程度上可说是由量到质的变化，按过去的技术标准建立起来的铁路系统不可能适应这一变化，必须建立相应的新标准体系，以满足客运专线基础设施、移动设备、通信信号、运营调度、牵引供电、客运服务等各系统及整体系统涉及到的设计、施工、制造、试验、检查、验收、维护等需要的统一标准。同时，在客运专线和第六次铁路提速建设中，各系统分别引进多国技术，有些施工、装备、检验及系统要求执行的标准也不统一，所以在研究建立我国铁道行业客运专线标准体系中，必须通过系统性研究，确保整个系统中各子系统构成需求标准的完整性、标准分类的科学性、各标准之间相互协调配套性。

根据现有客运专线和第六次铁路提速涉及的系统及欧盟高速铁路技术法规及标准体系运作模式，初步设计标准体系根据客运专线各系统标准需求建立。标准体系构架初步设想见图 6-16。

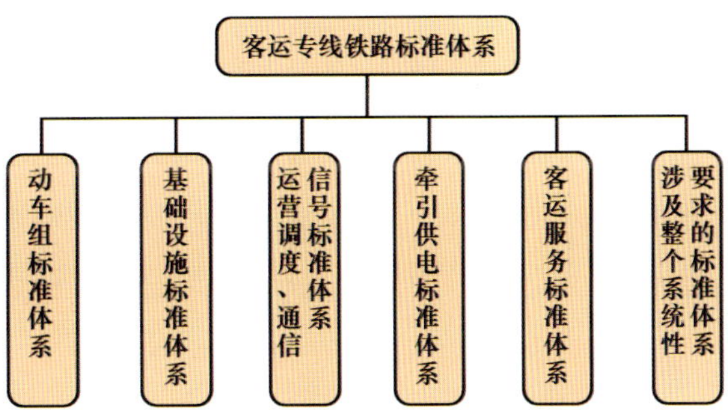

图 6-16　客运专线铁路标准体系初步设想

标准体系第二层次框图如图 6-17～图 6-22 所示。这些层次的标准体系需要认真研究才能完善，并与我国既有线的标准体系协调接轨。

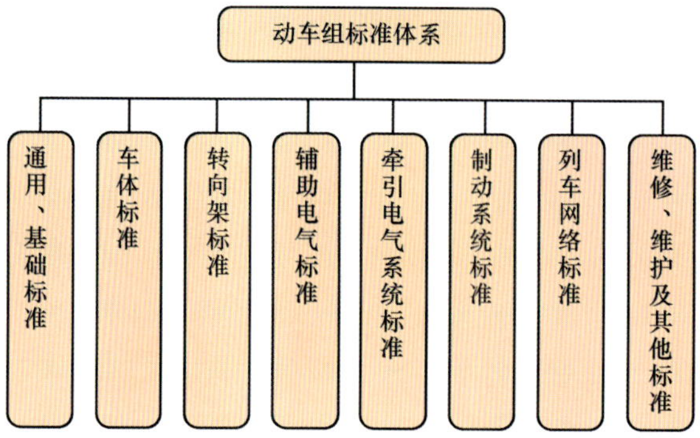

图 6-17　动车组标准体系结构图

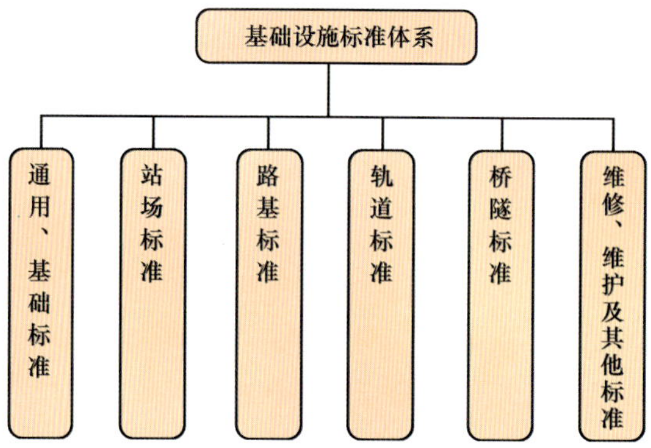

图 6-18　基础设施标准体系结构图

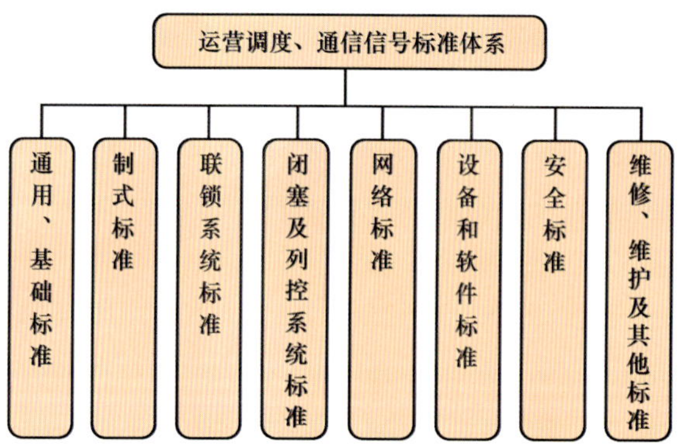

图 6-19　运营调度、通信信号标准体系结构图

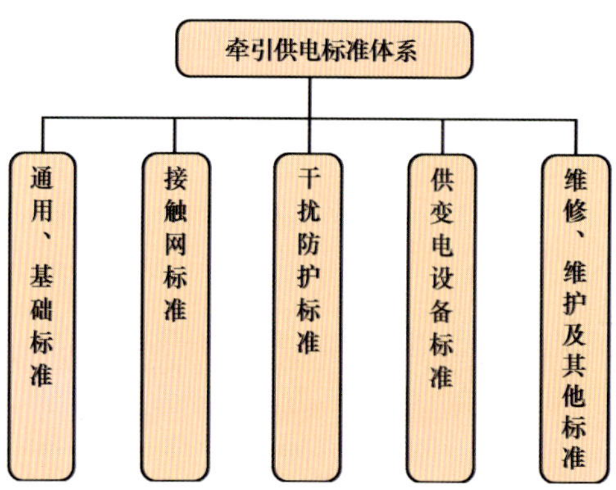

图 6-20　牵引供电标准体系结构图

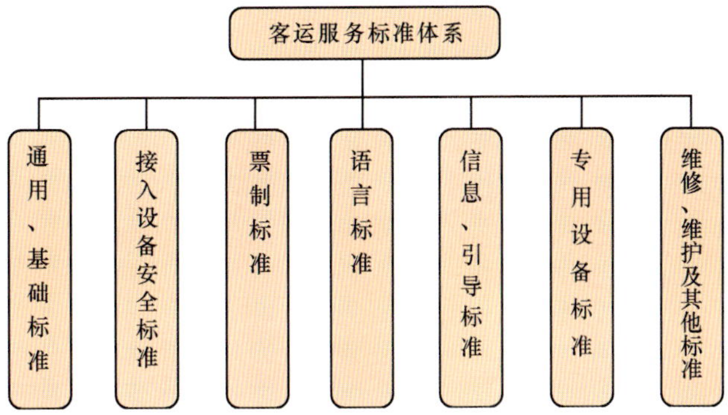

图 6-21　客运服务标准体系结构图

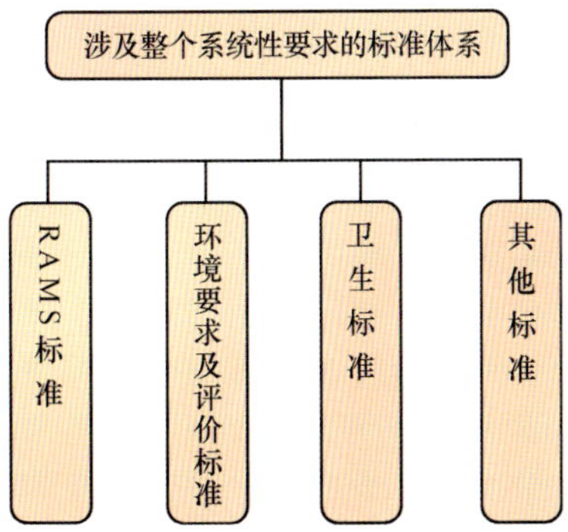

图 6-22　涉及整个系统性要求的标准体系结构图

第三节　世界各国轨道检测技术的发展

一、国外既有提速线路轨道检测技术

国外铁路的研究与实践经验已经证明，直接影响、控制运输速度提高的主要因素是铁路基础设施，一是线路的平、纵断面；二是线路的平顺性；三是线路的设备构成。列车运行速度的不断提高对于轨道平顺性提出了更高的要求。

高速铁路运输的成功经验证明，只有提高和长久保持轨道结构的强度和轨道状态的平顺性，才能满足高速铁路快速、平稳、舒适、安全的运输品质。因此，近年来国外铁路公司利用现代化高科技、高精端检测技术和手段，在加大铁路运输车辆的技术装备研究和科技投入的同时，更加重视对铁路基础设施状态、结构的监测控制，以及采用机械化维修和自动化的科学管理。

针对移动设备、固定设备的检测和监控需求，各国纷纷研制用于不同设备、不同结构、具有不同功能的专业性和综合性检测设备及技术。检测技术和设备覆盖了轨道几何状态、钢轨表面状态、钢轨伤损状态、轨道结构部件（联结扣件、轨枕）、道床断面尺寸、道床路基弹性刚度、线路限界、接触网几何状态、弓网受流状态、接触导线磨耗、机车信号、牵引电流、轨道电路传输特性、点式应答器、电容补偿器、无线通信、磁场覆盖强度、轮轨作用力、车辆动态响应（车体、构架、轴箱加速度）、桥梁变形等方面，实现了基础设施状态监控、设备维修、科学管理等方面的三个转变：①从定性和传统经验管理向定量化科学化管理转变；②对轨道、接触网、通信信号状态、轨道结构部件和质量的检测从静态检测向动态检测、综合检测转变；③轨道管理系统从分散的单独系统向覆盖全路的综合化、网络化、智能化系统转变。

（一）日本铁路检测技术

1926 年日本首次采用弦测法原理，将机械传动方式、接触式测量技术应用于轨道几何状态检测，从而掀起了世界性的轨道动态检测技术的革命。轨道检测技术也经历了机械方式、电气方式、光电伺服、CCD/PSD 激光成像方式的转变，检测原理由弦测法向惯性法过渡。

1964 年 10 月 1 日，世界上第一条高速铁路－日本东海道新干线建成通车，列车最高运行速度达到 210 km/h。以后又相继建成了山阳、东北、上越、山形、秋田、长野等新干线，共计 2 049 km。

为确保新干线高速铁路运输安全，日本在原有轨道检测技术的基础上，采用计算机网络技术，将陀螺、激光、CCD/PSD、无线通讯、GPS 等技术进行有机结合，通过光纤联结方式，经过系统集成实现高速铁路轨道几何状态、钢轨断面、轮轨作用力、接触网、信号、无线通信、环境监视等综合检测功能。1994 年研制开发出适用于新干线高速铁路的电气式轨道综合检测列车，也称为“黄色医生”。先后研制生产了 6 列电气轨道综合试验车，伴随检测技术的发展与完善，尤以 JR 东日本公司于 2002 年投入使用的 E926 型“East-i”最具代表性（i 表示 Inspection、Intelligent 和 Integrated，即检查、智能和综合）。该列车采用 700 系电动车组，运用于新干线以及与新干线过轨直通运行的既有线上，最高速度分别为 275 km/h 和 130 km/h，实现了新干线与既有线的维修管理一体化。

日本新干线运行 30 多年来，未曾发生一例旅客死亡和列车运行安全事故，其关键在于使用了技术先进、检测功能齐全、检测精度高的“黄色医生”，建立了较为科学的基础设施状态管理体系和列车限速紧急应对处理系统。

日本电气轨道综合检测列车“East-i”由 6 辆检测车组成，如图 6-23、图 6-24 所示，在新干线区间最高运行速度为 275 km/h，可进行轨道、接触网、轮轨作用力、车体加速度、通信信号的检测。其中，轨道检测系统安装在列车的第 3 号车上，该车采用了与实际运行车辆相同的二轴两转向架结构，以使轨检车车辆的性能与实际运行车辆相同。

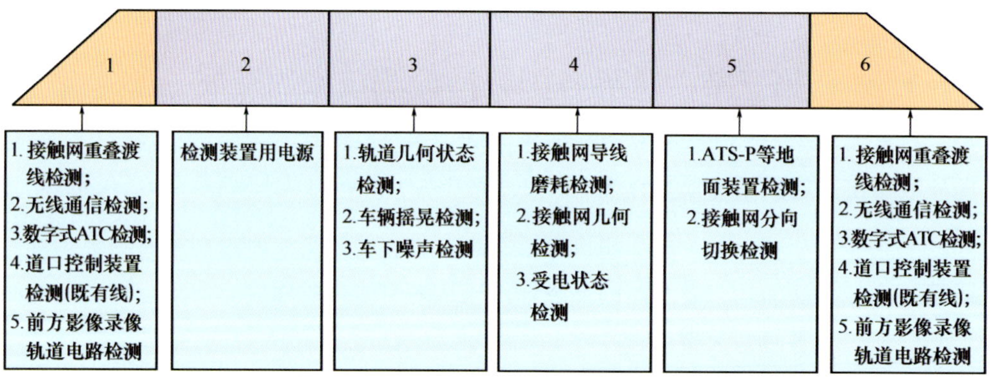

图 6-23　日本“East-i”综合检测列车系统布置图

该检测列车的检测项目由原来的 59 项扩大到 88 项，原来一直由人工检测的接触导线重叠部分、渡线部分也都实现了自动检测。列车头部安装了摄像装置，可以随时监视轨道及周边结构物的情况；其他检测装置包括对向列车检测装置、横向加速度检测器、转向架检测装置、激光陀螺仪、噪声计、接触导线间隔测定装置、冲击检测器、受电弓高度检测器、接触导线磨耗检测器等。

1. 日本“East-i”综合检测列车的特点

“East-i”综合检测列车的特点主要包括：实现高速检测（210～275 km/h）；可用于新干线、既有线检测；实现人工测定的自动化（接触网重叠、渡线等）；可对应新型设备方式（数字式列车无线通信、未来数字式 ATC）；数据处理速度快；编成辆数减少（由 2 编组实现 1 编组化）；可以对中波、长波长轨道不平顺检测。

2. “East-i”综合检测列车的数据处理

“East-i”综合检测列车实现了列车运行过程中对线路的综合检测功能，但各检测项目之间的检

图 6-24　日本“East-i”综合检测列车

测数据并不综合到一个统一的中心，各检测单元有各自的数据显示、记录、转储和地面分析、处理、维护管理决策等系统，全系统仅有位置、时间和速度是需要统一的。

JR 东日本旅客铁道公司开发了新干线运营管理系统（COSMOS），由八个子系统构成，其中设备管理子系统处理电气轨道综合试验车的检测数据，并与工务段终端机联机，工务段可随时检索、查询、调用、输出图表，指导线路的养护维修工作。系统流程如图 6-25 所示。综合检测列车各系统的检测数据存储在新干线系统中心的中央数据库，通过广域网传输到新干线养路技术中心进行数据分析、比对，输出报表，指导维修。

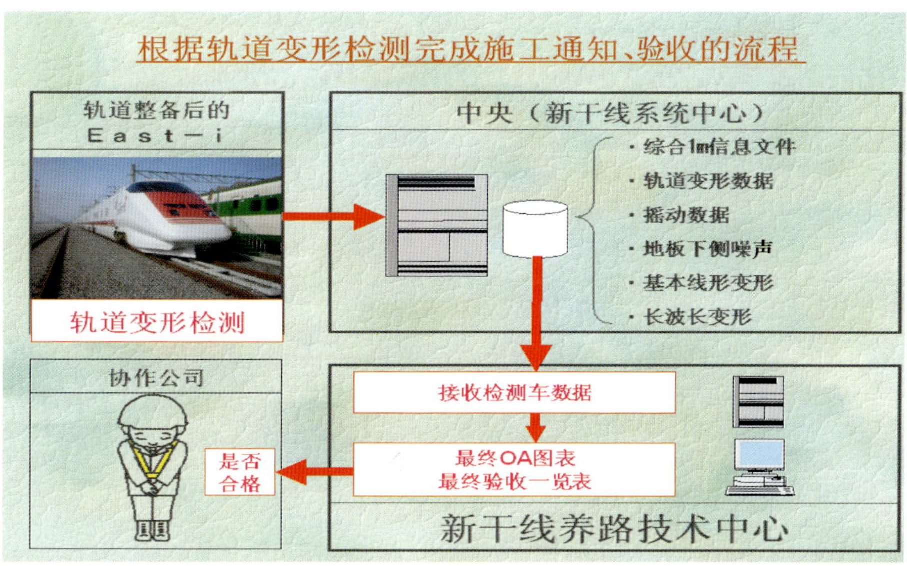

图 6-25　“East-i”指导基础设施养护维修流程图

3. 日本检测技术应用

日本除拥有高速综合检测列车外，还有 4 辆高速轨检车，负责新干线轨道状态检查任务，检测周期为每 10 天一次。

(二)法国铁路检测技术

1981 年法国国营铁路公司(SNCF)东南线高速铁路建成通车,试验速度达到 380 km/h,商业运营速度达到 270 km/h。随后大西洋、北方、地中海、东西部高速铁路相继建成,1990 年 5 月,TGV 列车在大西洋线上成功创造了 515.3 km/h 的最高世界记录,令世界瞩目。

随着高速铁路运输时代的到来,高速铁路列车运输的安全性和平稳性备受重视,法国国营铁路公司用于实现基础设施动态检测的技术和手段也不断得到提升和改进。早期仅具有单独检测功能的专业检测车,如 MAUZIN 轨道检查车、Melusine 轨道动态响应检测车和 Heline 信号检测车,分别见图 6-26、图 6-27 和图 6-28,经过技术改进,检测速度有所提高。可编挂在动车组中一起运行的新造 Melusine 轨道动态响应检测车检测速度可达 300 km/h。

图 6-26 "MAUZIN"自行轨检车

图 6-27 "Melusine"轨道动态响应检测车

为弥补各专业检测车检测功能分散、检测速度较低、基础设施设备检测需要开设"检测天窗"检测、检测数据缺乏综合性等问题,法国国营铁路公司于 2002 年开发研制了具有检测轨道几何状态、接触网、通信信号、钢轨断面、轨枕扣件、轨道动力响应加速度、环境等综合功能的高速综合检测列车——IRIS 320,如图 6-29、图 6-30 所示,最高检测速度达到 320 km/h。

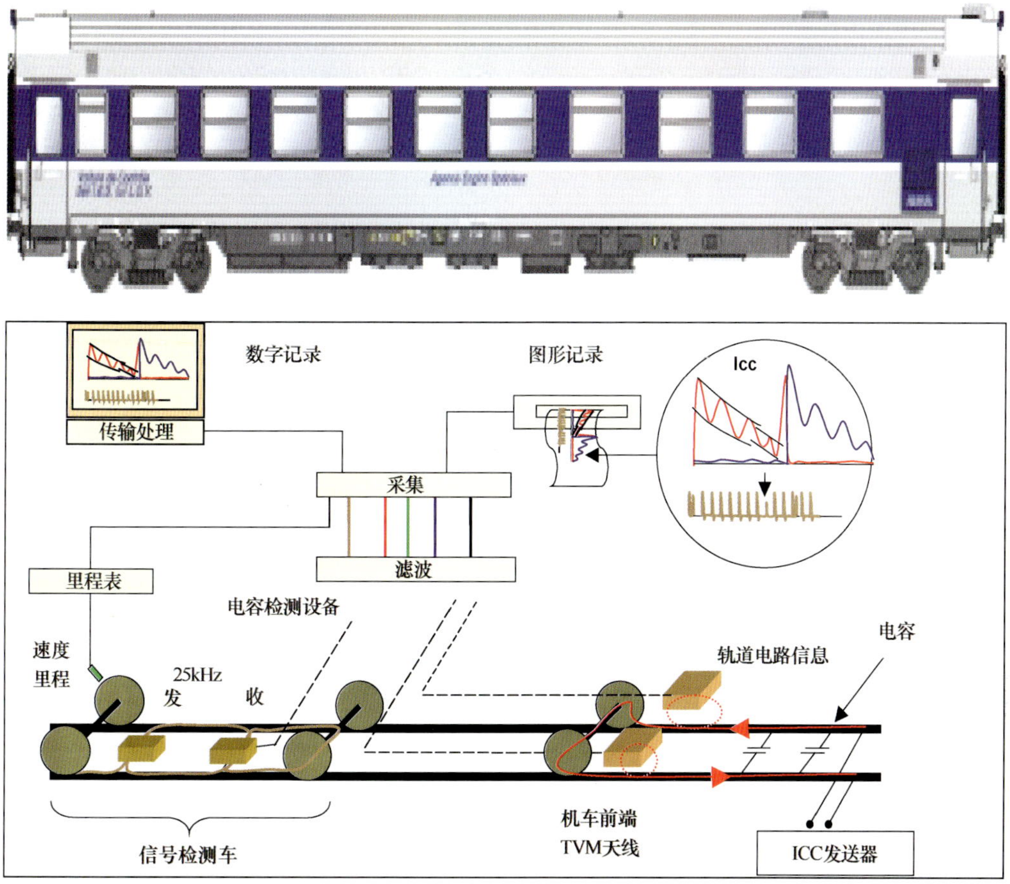

图 6-28 “Helene”信号检测车

图 6-29 法国 IRIS 320 综合检测列车

1. 法国 IRIS320 综合检测列车的功能

法国 IRIS320 综合检测列车的最高检测速度为 320 km/h。在轨道检测方面，实现了轨道几何状态（采用激光检测）、车体加速度、轴箱加速度、车辆噪声、扣件、枕木、道砟的检测以及钢轨表面图像记录、线路环境数字图像采集等功能。在接触网检测方面，实现了受流检测（电弧、电压、电流以及弓网图像）、接触网动态参数（冲击与硬点，垂向加速度、接触网高度和拉出值）检测等

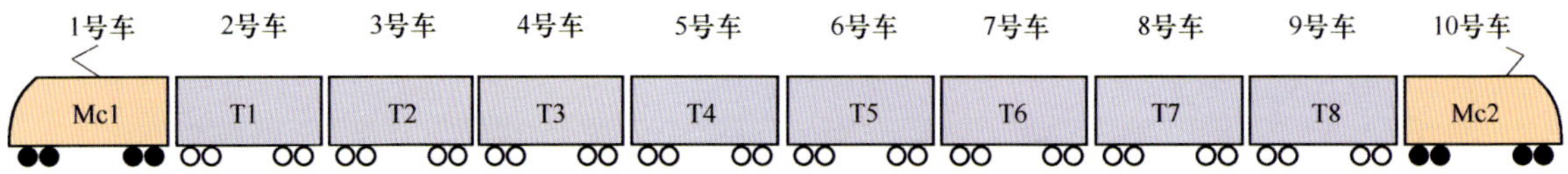

图 6-30　法国 IRIS 320 综合检测列车平面布置示意图

功能。在信号检测方面，实现了机车信号传输参数（TVM）、列车速度控制信标参数（KVB）、点式应答检测等功能。在通信检测方面，实现了车一地通讯的无线覆盖、GSM 和 GSM-R 的无线覆盖等功能。其他检测项目还包括列车定位、速度、气象条件、风速、道口等。

2. 法国 IRIS320 综合检测列车系统布置

法国 IRIS320 综合检测列车的 1 号和 10 号车为动力车；2 号车负责检测轨道几何状态、钢轨表面擦伤、车体构架轴箱加速度、空气压力等系统和信号传感器；3 号车装的是信号、接触网检测系统；4 号车是通信、整车同步定位系统和综合信息处理中心；5 号车为行政管理及会议室；6 号车是车体构架轴箱加速度采集单元；7 号车为贵宾休息车；8 号车为餐车；9 号车则装有车体构架轴箱加速度采集单元和信号检测传感器。

3. 法国 IRIS320 综合检测列车数据处理

为了更好地发挥检测数据的作用，诊断病害、指导基础设施的养护维修，法国国营铁路于 1985 年研制开发出基于“莫赞”检测车检测数据应用的工务计算机辅助维修系统软件 TIMON。近年来，在列车运行速度不断提高、检测设备不断更新、检测项目不断增加的基础上，法国国营铁路的技术人员对 TIMON 软件进行了系统升级和功能扩展（TIMON－2），增加了将车上数据传输到地面进行分析处理的维修工作辅助决策功能。同时，配合 IRIS320 综合检测列车的开发，在该车上开发研制了车载信息系统（MGV IRIS on Board Information Sysytem），如图 6-31 所示。TIMON 软件开发的数据来源主要包括：线路实际状态描述（方向、基础设备、道岔）；静态检测数据和质量评价（人工巡道和小型手推式检测设备）；动态检测数据和质量评价（各种大型专业、综合检测设备）；现场维修作业过程和内容数据（机械化捣固、钢轨打磨等），以及维修成本方面。该系统已普遍应用在线路维修部门。

4. 法国国营铁路各种检测技术应用

法国国营铁路针对高速铁路基础设施设备和状态检测的技术主要有 3 种：①人工步行或添乘机车方式（工区主任每 10 周添乘机车一次；白天人工每 5 周对道岔步行巡检一次，每 10 周对路基步行巡检一次）；②增设“检测天窗”方式，使用轨道动态响应检测车 Melusine 进行加速度检测（每 15 天一次）和使用“莫赞”自走性轨检车（MAUZIN）进行轨道几何状态检测（每 3 个月一次）；③采用运行图方式，避免增设“检测天窗”，使用高速综合检测列车（IRIS 320）进行综合检测。法国国营铁路所有检测设备的检测周期、检测内容、检测速度、应用范围见表 6-10。

表 6-10　法国国营铁路检测设备检测周期

车辆设备	应用范围	检测内容	检测速度(km/h)	检测周期
Mauzin 轨检车	既有线	轨道几何状态	160	3 个月
Melusine 动态响应检测车	既有线	高速线转向架、车体加速度	160 300	既有线 15 天 高速线 3 个月
Heline 信号检测车	既有线 高速线	信号设备	160 300	既有线 15 天 高速线 3 个月
IRIS320 检测列车	高速线	轨道几何状态、接触网、通信、信号、噪声	320	15 天

（三）德国铁路检测技术

德国铁路（DB）现有运营里程约 38 500 km，其中电气化铁路 19 000 km，新建高速铁路和通过

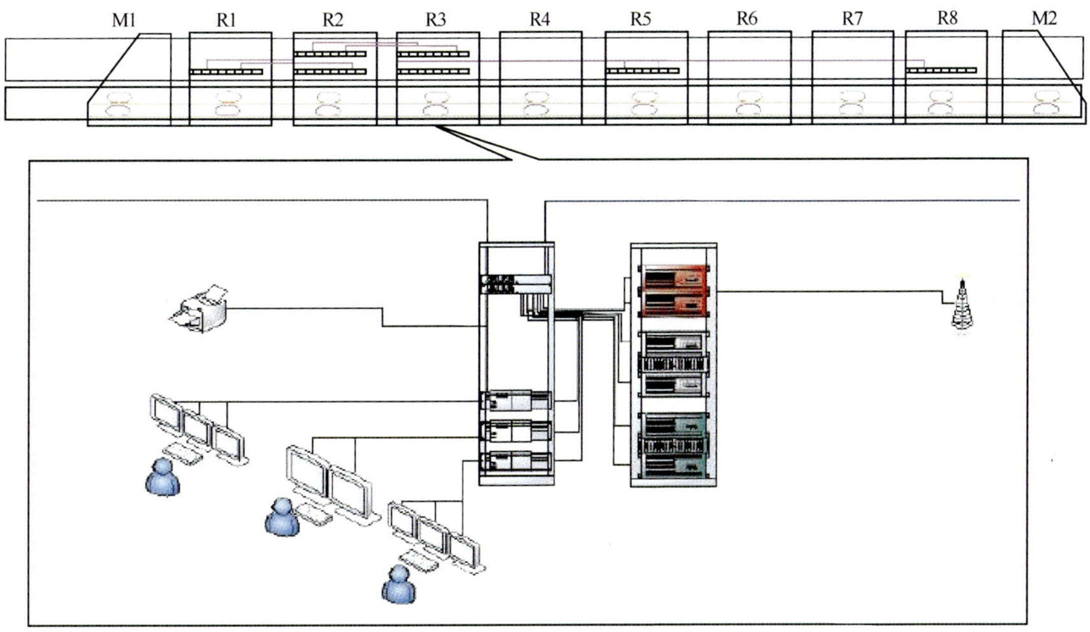

图 6-31　法国 IRIS320 车载信息流程

改造达到 200 km/h 以上的线路约 10 000 km。由德国铁路路网公司（DB Netz）管理和维护。

德国路网基础设施设备的检测和维护实行检修分开方式，检修分属不同部门，检测设备的开发应用与研究委托德国 DB Netz 和 DB Systemtechnik 公司负责，分别负责全国路网设备的检测和数据分析工作，为德国 DB 提供技术依托。

为确保德国铁路运输安全，有效控制铁路基础设备具有良好的状态，德国路网公司 DB Netz 和 DB Systemtechnik 分别负责轨道几何状态、接触网、轮轨力、通信、信号、车辆动态响应加速度等专业检测设备的研制。现在用于高速和普通线路设备检测的设备主要是专业化自走行检测车和部分专业综合项目检测编组列车。

德国路网公司 DB Netz 配属高速轨检车（200 km/h 以上检测速度）2 辆（OMWE、Railab）、既有线路轨检车 4 辆（GMTZ）、限界检查车 1 辆、超声波钢轨探伤车 2 辆、接触网检查车 7 辆、通信检测车 5 辆。

DB Systemtechnik 公司配属 ICE 检测列车、VT612 检测列车各 1 列，均为 3 辆车编组。其中 ICE 检测列车采用 ICE2 车体和 ICE3 转向架，最高运行速度 280 km/h，主要检测轮轨作用力和弓网参数；VT612 检测列车是内燃动车组，最高速度 200 km/h，主要检测轨道动态响应、轮轨力、车轮踏面等效锥度、钢轨断面等项目。

德国路网公司 DB Netz 和 DB Systemtechnik 的所有检测车辆分别存放在 MINDEN、MURCHEN、KILCHMASER 三个检修基地，车体委托车辆运用部门检修维护，检测设备和系统由 DB Netz 和 DB Systemtechnik 公司的技术人员负责维护和升级改造。

1. 德国铁路检测设备应用

德国各种检测设备的应用具有较强的针对性，不同速度情况下检测设备使用工况和检测周期、检测内容不同，各检测设备应用见表 6-11。

表 6-11　德国铁路检测设备应用情况

车辆设备	应用范围	检测内容	检测速度	检测周期
OMWE RaiLab	$v \geqslant 230$ km/h	轨道几何状态	200 km/h	2 个月
	$160 \leqslant v < 230$ km/h		160～200 km/h	3 个月
GMTZ	$120 \leqslant v < 160$ km/h	轨道几何状态	90 km/h	6 个月
	$80 \leqslant v < 120$ km/h			12 个月
	$v < 80$ km/h			18 个月
接触网	既有线	接触网	90 km/h	6 个月
超声波钢轨探伤车	各种线路	钢轨探伤	60～70 km/h	4 个月
限界检测	各种线路	限界检测	80 km/h	3 年
无线通信检测车	各种线路	无线通信检测	200 km/h	用于新线和既有线路大修验收
ICE 动态检测列车	$v \geqslant 230$ km/h	轮轨力及弓网参数	不低于运营速度的 90%	6 个月
VT612	ICE-T 运行的小曲线线路	轮轨作用力、加速度、车轮踏面等效锥度	不低于运营速度的 90%	1 年及线路大修后

2. 德国铁路检测数据应用

德国铁路运营管理的实践经验证明，铁路检测技术和设备在铁路运输安全方面的成功应用以及动态检测数据的合理应用及预测分析，为及时掌控轨道的实际状态，预防其发生发展变化规律发挥了重要作用。

DB Netz 以各种检测设备的动静态检测数据为基础，研制开发的检测数据管理信息系统 SAP R3 和 IIS，均为 DB 内部互联的 MIS 网络系统，其中 SAP R3 主要完成设备的静态管理和维修计划管理及维修投资经费的管理与控制。IIS（Intelligentes Inspektions System）实现了轨道几何状态和钢轨伤损状况信息数据的输入、超限判断、波形显示及相邻次检测数据的比较分析、报告汇总等功能。

IIS 系统的数据来源主要有两部分，一部分主要来源于轨检车（OMWE、Railab 和 GMTZ）、钢轨超声探伤车（SPE）和 SPINO 公司生产的波浪磨耗检测车（SM775）。这部分检测数据的输入由在柏林的数据处理中心完成，DB Netz 的各分公司的维修部门只能访问不能修改；另一部分数据来自工务维修保养的基层部门用小型检测设备在维修保养期间获得的检测数据。

IIS 系统可根据线路维修标准生成 SRA、SR100、SRlim 的超限报表以及线路区段的轨道质量分析报告，并与 SAP R3 系统相结合制定维修计划，指导线路的养护维修等。

（四）英国铁路检测技术

英国铁路路网公司 Network Rail 主要负责各种技术研究和检测产品的开发、基础设施状态检测、基础设施养修和维护、向未来国家路网规划提供技术支持、对既有线路改造、为新线建设提供设计改造方案和技术政策，并同时兼顾对国铁基础设施的质量认证等职能。

英国铁路路网公司 Network Rail 依照路网运输的情况，积极引进和吸收国外高速铁路检测技术，一方面研制开发了多种用于基础设施设备状态检测的专业检测车，包括轨道几何状态检测车（TIC）、轨道检测记录车（TRU）、超声波钢轨探伤车（UTC）、轨道限界检测车（RRV）、通信检测车（RSC1、IR1S2）等，用于铁路基础设施的检测和管理；另一方面，为了将管理体制从各专业分散分段检测和管理变成综合检测和统一管理，Network Rail 研制开发了综合检测列车（NMT、SMT）和地面基础设施综合管理信息系统，用以进行整个路网公司各类基础设施的全生命周期管理和有效养护维修。

1. 用于高速铁路安全保障的综合检测技术

英国 NMT 综合检测列车的研制成功与应用，为高速铁路列车安全运行提供了可靠保证，综合检测技术的运用使高速铁路运行的基础设备状态得到稳固和加强，轨道平顺性得到提高和均衡发展。该检测列车是由一列 7 辆编组的内燃牵引动车组组成，其中轨道几何状态、接触网、车辆动态响应、钢轨表面擦伤、轨枕扣件状态、轨道视频监测等系统综合在一起，共同安装在一辆车上，通过建立列车同步定位系统、计算机同步网络、数据网络和综合数据分析系统，将所有检测参数进行合成与处理。目前，该检测列车最高检测速度 200 km/h，已投放到英国高速铁路检测运营工作中使用，如图 6-32、图 6-33 所示。

图 6-32　英国 NMT 综合检测列车

图 6-33　英国 NMT 综合检测列车功能布置示意图

1 号、7 号车—内燃牵引机车；2 号车—会议车（视频显示系统）；3 号检测车—轨道几何状态、接触网、车辆动态响应、钢轨表面擦伤、轨枕扣件状态、轨道视频监测等系统；4 号试验车—弓网动态作用参数、接触导线磨耗、定位器坡度等系统；5 号、6 号车—生活设施和配套车。

2. 英国路网公司 Network Rail 各检测设备运用情况

英国铁路路网公司 Network Rail 对不同线路、不同设备进行合理匹配，按照基础设施设备的运输条件，具有针对性的安排检测周期和内容，各种检测设备应用情况如表 6-12 所示。

表 6-12　各种检测车的检测内容及周期

车辆设备	线路等级	检测内容	检测速度(km/h)	检测周期
检测列车 NMT	高速线、既有线	轨道几何状态、接触网、加速度、轨枕、扣件、道床断面、表面擦伤、线路环境	201.13	1 次/周、特殊情况 2 次/月
检测列车 SMT	既有线	轨道几何状态、接触网、加速度、线路环境	160.90	1 次/周
轨检车 TRU、TIC	既有线	轨道几何状态	112.63	2～4 次/年

续上表

车辆设备	线路等级	检测内容	检测速度(km/h)	检测周期
超声波钢轨探伤车 UTS	高速线、既有线	钢轨探伤	64.36	8次/年
限界检测 RRV	高速线、既有线	限界检测	64.36	1次/2年
无线通信检测 RSC1、IR1S2	高速线、既有线	无线通信检测	96.54	1次/3月

3. 综合检测数据处理分析

英国铁路路网 Network Rail 公司下 DerBy NST 负责机械化的基础设施检查、监控以及遥控状况的监视。为了提供准确翔实的高质量数据，有效防止和预测基础设施设备的故障发生、发展，从原来查找和解决故障职能，逐步转变到轨道状态预测和基础设施设备故障的预防。

2004 年 Network Rail 成立工程技术支持中心 ESC，在围绕列车运行安全和基础设施监控技术、延长基础设备使用寿命、降低维修成本，保障基础设施运用的安全性、可靠性、实用性等技术方面进行了深入研究。为了减少事故的发生、降低设备故障隐患，在 AEA Technology Rail 公司多年技术支持和相互协作下，成功开发了基于各种轨道检测设备数据的 TrackMaster 管理系统软件，为铁路维护和管理决策部门提供科学的数据分析和维修依据。TrackMaster 系统软件数据管理功能框图如图 6-34、图 6-35、图 6-36 所示。

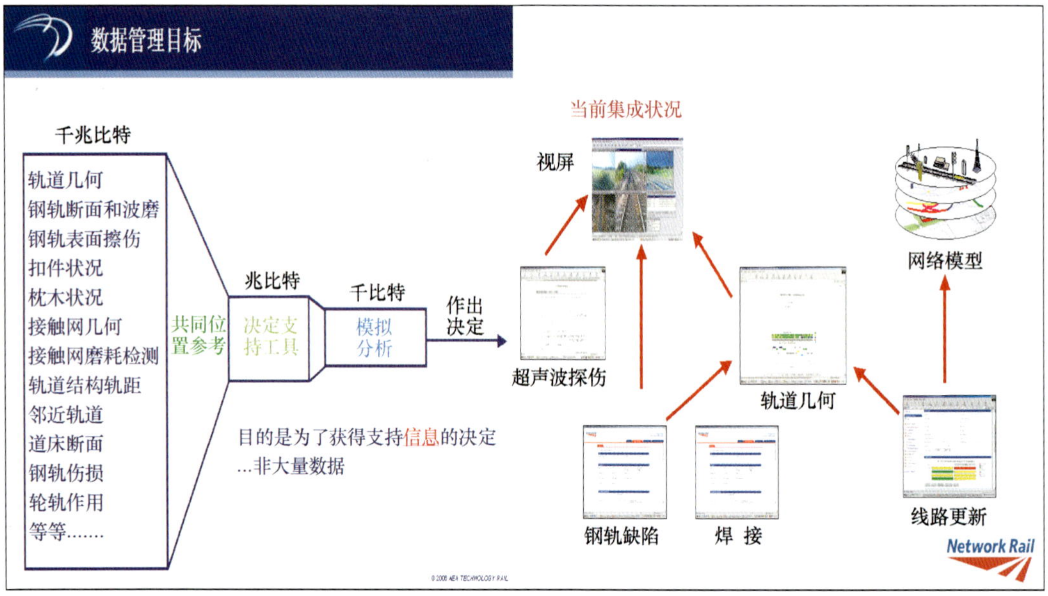

图 6-34　TrackMaster 系统软件数据管理功能框图

二、我国既有提速线路检测技术

(一) 国内既有提速线路检测技术应用现状

伴随既有线路提速战略的实施，列车运行安全和舒适性问题已成为运输生产中各环节控制的关键。在运输速度、轴重不断增加，行车密度越来越高，设备维护和维修时间逐步减少，设备寿命延长的双重矛盾中，如何解决好两者间的关系，确保基础设备具有良好状态，轨道状态检测技术的应用成为铁路运输中以科技保安全的典范。

1953 年我国铁路科技工作者通过不断努力和钻研，自主研制出适合我国的第一代大型检测设备

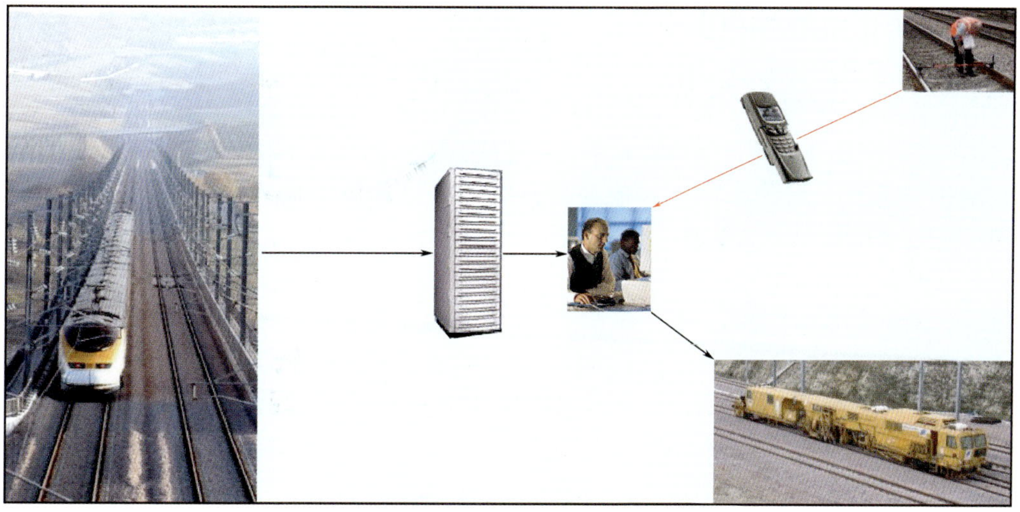

图 6-35　TrackMaster 系统软件功能框图

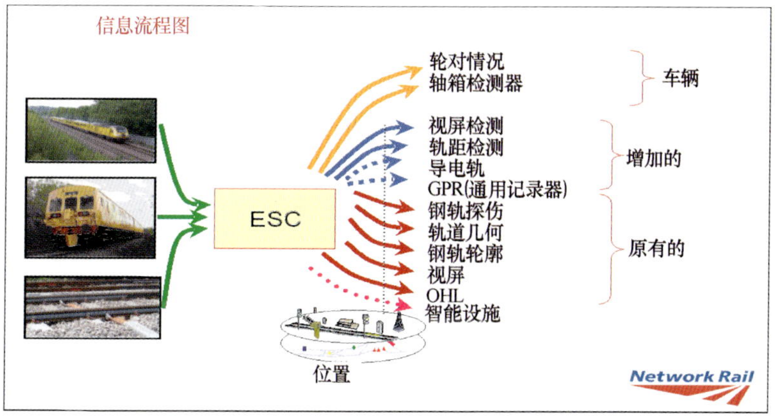

图 6-36　TrackMaster 系统软件信息流程图

——机械式轨道检查车。该车首次运用弦测法检测原理，通过机械传动方式，实现轨距、水平、三角坑、摇晃（单摆测量）等项目检测。1962 年研制的第二代电气式检测设备，依然采用弦测法检测原理，通过电传动方式，增加了长波高低和短波高低检测项目，通过人工进行超限判断和公里扣分计算，指导线路养护维修。

20 世纪 80 年代初期，在检测技术和计算机技术的迅猛发展下，我国轨道检测技术实现了一次质的飞跃。最具有代表性的 GJ-3 型轨道检查车问世，其特点是将先进的计算机技术、陀螺技术、惯性基准原理应用到轨道检查车上，实现了高低、水平（超高）、三角坑、车体、轴箱加速度的检测功能，计算机数据处理技术取代了人工超限判读和计算扣分的方式。当时共有 17 台 GJ-3 型检测设备用于干线检测。由于受当时电子产品和分离元气件技术的影响，该检测设备稳定性差，维修工作量大。

1985 年我国引进美国制造的 T10 轨检车技术，采用惯性基准检测原理，应用“传感器一模拟信号处理一数字信号混合处理技术”组成的综合补偿系统，经过对各种误差信号进行补偿修正，通过小型计算机实时处理合成，输出轨道不平顺超限数据，并实现轨道超限和公里扣分自动汇总。该检测设备对车辆无特殊要求，传感器安装简便，检测项目齐全，包括高低、轨向、轨距、水平（超高）、三角坑、曲率、车体、轴箱加速度等，同时还可检测出道岔、道口、桥梁、曲线拉杆等地面具有显著特征的标志物，用来科学评价轨道质量、指导线路养护维修、方便设备故障查找。该技术的引进与消化吸收，为20世纪90年代中期我国自主研制开发第四代轨道检测设备GJ-4型轨检车奠定了基础，标志着我国轨道检测技术又上了一个台阶。

1997年研制成功的GJ-4型轨检车，代表了当时国内轨检技术的最新产品，其检测项目齐全、使用方便、检测设备国产化程度高，对于全路轨检技术应用和推广具有深远意义。目前，GJ-4型轨检设备仍是各铁路局用于提速干线检测和重大科研试验的主要力量。但该检测设备由于复杂的机械系统和检测设备悬挂系统带来的安全隐患，在既有线路速度不断提高的情况下，特别是在对160 km/h以上速度的提速干线检测过程中，检测设备受速度影响较大，检测设备悬挂系统故障率较高，存在重大安全隐患。

近年来，国外检测技术迅猛发展，轨检技术已向非接触式测量、无移动部件、检测项目更加齐全、设备故障判断高智能化、检测系统网络化、检测数据处理科学化、管理综合化方向发展。2003年我国引进了美国ImagMap公司的钢轨断面检测技术并在轨检车上运用，弥补了GJ-4型轨道检测设备的缺陷和不足。

（二）胶济线200 km/h客货共线轨道检测方案

胶济线作为铁路第六次既有线路提速200 km/h改造的标志性工程，从提速技术含量、设备改造施工质量、提速幅度、运行安全控制和管理上，都将是我国既有客货共线提速历史上一次质的飞跃。

对于提速改造后的胶济线能否长期满足旅客列车200 km/h、货物列车120 km/h的安全运营的需要，能否始终保持轨道的高平顺性，今后的养护维修质量能否达到旅客乘车舒适性的要求，需要以先进技术为依托，以现代化装备为基础，以科学管理手段为保障，形成专业化、系统化、科学化的管理体制和生产布局。

面对胶济线客货共线的运输特点，在列车运行速度提高到200 km/h及以上时，轨道的平顺性（短波、长波不平顺）是影响列车高速、安全、舒适运行品质的关键。为确保高速列车运输的安全，应从加强轨道状态监测、提高轨道维修质量、完善轨道管理标准和管理技术角度出发，制定出一套具有针对性的胶济线既有线提速200 km/h客货共线的轨道检测技术方案，以填补我国既有线路提速200 km/h客货共线的检测技术方案的欠缺。

通过借鉴高速铁路发达国家的运营和管理经验，结合我国既有线提速运营管理、养护维修的需要，应建立适合我国既有提速线路的综合检测技术体系：综合确认检测技术设备—专业检测技术设备—综合检测列车技术设备。

1. 提速200 km/h铁路检测技术体系

（1）综合确认检测技术体系

在当今世界铁路运输向高速、重载方向发展的情况下，轨道部件巡视检测车是替代人工巡道，提高巡视效率和准确度，防止轨道部件丢失、损坏的有效途径。

综合确认检测技术设备是在每天“综合天窗”维修后，高速列车开行前，对轨道几何状态、轨道部件、建筑限界、轨道障碍物等设施进行检查、确认，确保高速列车以规定速度安全、平稳、舒适运行的动态检测设备。

轨道部件巡视检测车利用摄像和图像处理技术、激光扫描技术、计算机智能分析技术等，对线路外观（有无侵入轨道限界的异物）、轨道部件（扣件、钢轨）异常状态、道床和路基断面异常状态进行自动巡视检查与及时报警。轨道部件巡视检测车最高速度120 km/h，一般配属在综合维修工区。

我国秦沈客运专线已成功使用自主研发的轨道部件巡视检测车，如图6-37、图6-38所示。

图 6-37　轨道部件巡视检测车

图 6-38　轨道部件巡视检测车内部检测设备

（2）专业检测技术体系

专业检测技术设备是根据高速铁路专业检测需求而设置的大型动态检测设备，见图 6-39、图 6-40、图 6-41。检测内容包括：钢轨表面损伤、钢轨探伤、道床断面、路基、轨道沉降、轨道弹性变形、桥梁变形、梁体裂纹、墩台沉降、接触网磨耗等。专业检测设备按养护维修计划定期开行或根据实际需要开行，检测速度满足专业检测项目的精度要求，一般配属在综合维修中心。

钢轨探伤车是检测钢轨裂纹、内部伤损情况、诊断钢轨状态质量的重要手段。目前主要采用电磁超声波技术，由于受检测速度限制，采用自走行方式。国外铁路在役钢轨的探伤作业一般都采用大型钢轨探伤车，便携式小型探伤机具用于复查。

美国、法国、以色列和德国的大型探伤车比较先进、实用，但最高探伤速度均在 60 km/h 以下。德国准备研制的电磁超声探伤车，电磁超声不需耦合就能进行探伤，因而可大大提高探伤速度。

德国 BELFA-DB 桥梁检测车由德国不莱梅大学于 2001 年用重载运输车改装而成，车身设有伸缩机构，检测试验时，用其外部的液压支柱进行加载试验。在施加检测荷载情况下这些支柱能自由移动，通过装在桥身底侧的高灵敏传感器测出液压支柱所施加的压力和桥的变形，进而精确计算出

图 6-39　超声波钢轨探伤车

图 6-40　轨道弹性检测车

桥梁的荷载模式。

铁路桥梁检测车自动监测系统能够对桥梁的振动、变形和荷载进行自动实时测试并进行安全性评估，可随时掌握桥梁状态的变化发展情况，避免重大恶性事件的发生。一些发达国家已经开始在一些大型桥梁及其他结构物、病害桥梁上投入使用，特别是对于高速铁路发展建设中的国家，桥梁设备状态监控至关重要。

（3）综合检测列车技术体系

综合检测列车是模拟旅客列车正常运行条件下，定期对线路轨道、牵引供电、通信信号、周边环境中影响列车运行安全的技术指标和相关信息进行实时检测，用于指导基础设施的养护维修和新线验收。配合综合检测列车，地面配置完善的数据管理和处理中心，综合评估基础设施的质量状态，指导养护维修。综合检测列车一般配属在综合维修中心。

为实现铁路基础设备状态的有效检测和控制，保证高速铁路运输安全，针对影响高速铁路运输

图 6-41 瑞典轨道弹性检测车

安全的基础设备，日本、法国、英国、意大利等国家先后研制开发了高速综合检测列车，实现了对轨道几何状态、轮轨相互作用关系、弓网关系、接触网、通信信号等基础设施相关技术指标的综合检测。

近年来，科技水平飞速发展，计算机网络技术、激光、光纤数字陀螺、PSD、CCD影像技术的完美结合，为高速综合检测列车系统的研究奠定了基础。安全综合检测列车的研制成功，不仅实现了同一基准多专业项目、多任务同时检测，而且实现了实时高速检测、实时高速传输。

2. 提速 200 km/h 线路的检测内容及周期

(1) 轨道状态综合确认检测设备的检测内容及周期

轨道状态综合确认检测设备主要是用于提速列车开行前对提速铁路基础设施设备状态和轨道状态的评估和确认，确认其状态是否达到列车高速运行的要求。检测内容包括轨道几何状态、钢轨扣件状态、接触网几何状态、轨道限界状态等，检测周期为每天提速列车开行前和每天施工作业后，见表 6-13。

表 6-13 轨道状态综合确认检测内容及周期

序 号	检测内容	检测周期	检测速度(km/h)	标 准
1	轨道几何状态	提速列车开行前、每天施工作业后	≤120	满足 200 km/h 高速铁路检测舒适度标准要求
2	钢轨扣件状态			满足 200 km/h 高速铁路施工验收标准要求
3	接触网几何状态			满足 200 km/h 高速运行舒适度标准要求
4	轨道限界检测			满足 200 km/h 高速铁路建筑限界标准要求

(2) 专业检测设备的检测内容及周期

机车、车辆、轨道、信号、接触网等设备是组成客运专线铁路运输的主体，是专业性、技术性、综合性复杂的系统。轨道、接触网状态的好坏制约着机车车辆运行速度的提高，轨道电路和机车信号特性直接影响列车运行的安全；机车车辆状态的优劣又直接影响了轨道和接触网设备的质量。由于各种专业设备相互作用、相互依赖、相互影响、相互制约的特点，在运行环境下，如何保障各种专业设备状态和功能的最佳化，将是列车实现高速运输目标的基础。因此，实现对提速 200 km/h 铁路的专业化设备检测具有重要意义。

提速 200 km/h 铁路的专业设备检测应包括接触网磨耗、钢轨主体探伤、钢轨表面伤损、道床断面、路基沉降、轨道弹性刚度、桥梁裂纹、墩台沉降、轨道电路传输、应答器缺失、机车信号仿真等内容。

由于控制高速运行的基础设备复杂，技术实现难度大，检测设备的实现方式和检测速度差异明显。如检测钢轨裂纹、内部伤损的大型钢轨探伤车，目前世界上最高检测速度为60 km/h；检测钢轨表面伤损和道床断面检测设备，最高检测速度为120 km/h；检测路基沉降、轨道弹性需要空重对比检测设备，最高检测速度为45 km/h；用于测量桥梁变形、墩台沉降的检测设备需要间断停歇检测，速度较低；接触网磨耗目前主要采用接触和非接触测量两种方法，测量速度不一；测试轨道电路传输特性、应答器缺失、机车信号仿真等项目需要等速检测。以上检测内容、检测速度和实现方式的巨大差异，要求必须配备不同的专业检测设备，才能确保运行设备的状态和性能良好。各专业检测设备的检测项目及检测周期见表6-14。

表6-14　检测设备的检测内容及检测周期

序号	检测内容	检测周期	检测速度(km/h)	标　准
1	钢轨探伤	1次/月	60	钢轨伤损标准
2	接触网磨耗	1次/季度	120	接触网磨耗标准
3	钢轨表面伤损、道床断面	1次/季度	120	
4	轨道弹性、路基沉降	2次/年	45	
5	桥梁变形、墩台沉降	1次/年		新建速度200 km/h客货共线铁路设计暂行规定
6	轨道电路传输特性、应答器缺失、机车信号仿真	1次/季度	等速	铁路信号维护规则

（3）提速200 km/h铁路综合检测设备的检测内容及周期

提速200 km/h铁路的客货共线运输不同于普通线路的特点表现在：①客货列车运行速度差大；②对轨道的平顺性要求更高；③对设备状态的控制和管理更严格；④对设备维护和运用的标准不同；⑤原有的维修方法和维修手段需要变革；⑥动态检测代替静态检测；⑦综合检测替代单一检测。

作为高速铁路客货共线运输的特点和实现列车安全、舒适的运输目标，综合检测技术的应用为高速铁路安全运行带来了可靠保障。

日本、法国、英国、德国、意大利等高速铁路发达国家成功运用综合检测技术的经验证明，综合检测技术是解决和保障影响高速铁路运输安全的重要手段。综合检测内容全面，技术先进，检测精度高，综合数据处理和分析功能强大，具有真实再现和预测、指导设备维修，提高设备质量的功能，是高速铁路运输和科学管理的有效工具。

作为200 km/h及以上铁路客货共线运输安全保障手段的综合检测设备，检测应包含轨道几何状态、钢轨断面、钢轨波浪磨耗、轮轨作用力、轨道动力响应（车体、构架、轴箱加速度）、接触网几何状态、弓网受流状态、通信、信号、线路环境监视等检测内容。最高检测速度应与实际运行列车速度一致，从而实现由轨道到接触网等基础设备全方位、全断面的监控，提高设备质量，延长设备寿命，指导线路维护，保障高速列车平稳、舒适、安全运行。

国外运用综合检测技术检测高速铁路，在加强设备管理和努力提高线路平顺性的前提下，用于200 km/h及以上客货共线设备状态检测的综合检测周期：高速铁路正式运行的前半年，应该每7天检查一次；设备稳定后，综合检测周期为每10天一次；特殊时期（高温季节）可适当加密检测。综合检测列车的检测内容和周期见表6-15。

3. 综合检测数据应用及管理

（1）综合检测数据维护与管理

综合检测技术应用的目的最终体现在对高速铁路状态检测数据的应用，检测数据经过处理分析用于指导养护维修，评价设备状态和质量。

表 6-15　200 km/h 及以上客货共线综合检测列车的检测内容和周期

<table>
<tr><th>序号</th><th>检　测　内　容</th><th>检测周期</th><th>检测速度</th><th>标　　准</th></tr>
<tr><td>1</td><td>轨道几何状态</td><td rowspan="6">开通后前半年，7 天一次。开通半年后，10 天一次(高温季节适当加密)</td><td rowspan="8">同实际运行车辆一致</td><td rowspan="8">新建时速 200 km 客货共线铁路设计暂行规定、秦沈客运专线轨道不平顺管理标准动态建议值</td></tr>
<tr><td>2</td><td>钢 轨 断 面</td></tr>
<tr><td>3</td><td>钢轨波浪磨耗</td></tr>
<tr><td>4</td><td>轮 轨 作 用 力</td></tr>
<tr><td>5</td><td>轨道动力响应(车体、构架、轴箱加速度)</td></tr>
<tr><td>6</td><td>接触网几何状态、弓网受流状态</td></tr>
<tr><td>7</td><td>通 信 、信 号</td><td rowspan="2">1 次/月</td></tr>
<tr><td>8</td><td>线路环境监视</td></tr>
</table>

结合综合检测技术和设备的开发与应用，配合地面综合维修中心的设置，应建立相应的综合检测数据处理及分析机构，该机构应具有负责检测数据的二次分析和开发，完成所有动静态检测数据的统一收集、处理、分析、对比、分发、预测，制定计划，提出维修方案和长期数据管理，落实检测结果处理和维修计划实施情况，提供地面数据系统维护和技术支持等职能。

(2) 综合检测数据应用与养护维修设备的配备

为了更好发挥综合检测数据指导维修作用，需要与高精度、功能齐全的大型养路机械配套使用，形成高速铁路综合检测、数据综合处理分析、大型养路机械综合维修的一条龙管理模式。

根据铁工务［1998］62 号《关于发布养路机械及线路检测设备装备标准的通知》中规定，每个维修作业机组按照每年 200 个作业天考虑，每年维修能力为 600 km，胶济线正线双线里程 365 km，线路延长总计 730 km，按照每个综合维修中心配备一台大型维修作业机组，胶济正线最多只能保证每 1.5 年维修一遍。鉴于胶济线的线路条件和设备运用情况，该综合维修中心配置一个大型养路机械维修机组。机组配置见表 6-16。

表 6-16　胶济线 200 km/h 客货共线大型养路维修机组配备方案

序　号	设备名称	型号规格	数　量(台)
1	高速连续式捣固车	DG 09-32	2
2	动力稳定车	WD 320	1
3	配砟整形车	SPZ-200	1
4	道岔专用起拨道捣固车	08-4754S	1
5	边坡清筛机	FRM 76	1
6	钢轨轨枕道岔更换设备	SVV100	2
7	钢轨打磨车	PGM-96	1
8	道岔打磨车	PGM-24	1
9	大型机械牵引车	JY1350	2
10	发　电　车		2
11	机械维修车	B17-3 改	2
12	材　料　车	B17-3 改	2
13	工程指挥车	YW22 改	2
14	宿　营　车	YW22 改	10
15	焊 轨 列 车		1
16	路基处理车		1
17	钢轨探伤车		1
18	轨道检查车 200 km/h		1
19	高精度作业测量车		1

第四节　运营设备动态监控系统

铁路提速范围越来越大，运行速度越来越高，途中停靠站少，因此，在运行中及时发现和防止故障的发生和扩大，并采用相应信息化检修作业，成为保证列车运行安全急需解决的问题。

近年来，我国铁路陆续研发出不同形式的“地对车、车对地、车对车”运营设备动态监控系统，实现了对大部分影响列车运行安全的车载设备的监控。

2006年，铁道部按照5T系统统一标准、统一制式、统一结构的总体部署，建立了由铁道部查询中心、铁路局监控中心、列检复示中心及探测站组成的三级监测网络，实行了铁道部、铁路局和车辆段逐级管理、逐级负责制。

一、红外线轴温探测系统（THDS）

红外线轴温探测系统（THDS）综合运用了自动化控制技术、红外线辐射探测技术、光机电一体化技术、网络通信技术和计算机智能化技术，在列车运行状态具有轴计辆、智能跟踪、测量轴箱温度和自动预警故障热轴的功能，实现了“分散探测，集中报警，联网运行，信息共享”。

列车轴箱温度过高是列车车轴出现故障的征兆之一。红外线轴温探测系统通过在铁轨两侧安装的红外探头，探测列车通过时各车轴轴箱的红外辐射，计算给出各轴箱的温度，据此判断列车各车轴工作状态是否正常，并通过通信网络将预报的热轴故障及时报告给列车调度系统，防止事故的发生。它是保障列车安全运行的重要设施之一。

红外线轴温探测系统自20世纪70年代在我国开始运用，经历三次产品更新，第三代系统采用光子探头及相应技术，准确探测快速旅客列车的轴温。该系统能够准确探测最高车速达360 km/h的高速运行列车的轴温，并且能自动适应探头工作状态的变化，适应系统探测部件性能的变化，轨边设备具有较完善的自检，从而提高了系统的适应性和智能化程度，使系统更加可靠，并减少系统维护的工作量。

目前，全路已安装红外线轴温探测系统4 372台，主要干线覆盖率为100%，全路覆盖率超过80%，形成了布局合理、点线成网、全路监控的智能化、网络化、信息化安全防范体系，预报的热轴防止了多起车辆切轴事故。

（一）主要功能

1. 探测站采用光子探头和/或热敏电阻探头，自动探测客、货车辆的热轴。
2. 自动识别机车、客车、货车。
3. 自动测速。
4. 系统测温精度：静态标定在温升40 ℃时，误差不大于±2 ℃；温升70 ℃时，误差不大于±3 ℃；动态检测中低温区误差不大于±3 ℃，中高温区误差不大于±4 ℃。
5. 计轴计辆精度：计轴误差小于2×10^{-6}；计辆误差小于2×10^{-5}。
6. 具有双向同时接车的功能。
7. 自动采集车号信息，准确跟踪列车，对热轴进行智能跟踪和预报。
8. 具有音频专线、音频拨号、宽带网络及无线传输通信接口。
9. 热轴预报规范：可动态探测客车、货车的各类轴箱的温度，并智能化处理轴温信息，通过智能跟踪、结合5T信息进行热轴预报。THDS分三个级别进行热轴预报，微热：监护运行；强热：前方站停车；激热：立即停车。

THDS具有完备的自检功能，可对设备自身的工作状态进行检验，在设备出现故障时可及时进行警示。

（二）探测站构成

THDS探测站设备分为轨边设备和室内设备两部分。轨边设备包括一对或两对红外探头，通过卡轨器安装在铁轨两侧。室内设备包括主机箱、控制箱、电源箱、防雷设备等。主机箱采用工控机结构，为多CPU系统，内含主板、智能采集板、智能通讯板等板卡，可配备显示器、键盘、鼠标等。

（三）应用实例

2006年3月5日17点03分，哈尔滨铁路局牡佳线宝林上行预报61辆右4轴（总64辆268轴）激热，温升114℃，环温−9℃，车号C_{64} 4881690，拦停甩车后经检查该轴承前盖及外圈呈红褐色，密封罩脱出并熔化，滚子碾堆并露出，保持架破损。

2006年4月24日8点35分，北京铁路局石太线井陉上行预报16辆右3轴（总51辆220轴）激热，温升115℃，环温17℃，车号C_{64} 4870119，拦停甩车后经列检鉴定轴头发红、冒烟、流铁粉，温度238℃，分解轴承发现保持架粉碎。

2006年4月29日19点08分，广铁集团京广线岳阳北上行预报Z18次列车8辆右4轴（总16辆70轴）强热，温升73.6℃，环温25.4℃，车号RW 554158，拦停后经检查该轴承滚子磨损，保持架破损。

二、货车运行状态地面安全监测系统（TPDS）

货车的装载状态、车轮踏面损伤、车辆的运行状态（动力学性能）对列车运行安全至关重要，它直接关系到铁路运输安全。然而，由于车辆运行状态（动力学性能）仅凭人工和车辆静态检查难以判断，车轮踏面损伤及其导致的燃切轴事故尚未得到有效控制，货车装载情况在铁路运输正线上还未能得到全面监控。因此，迫切需要研制开发一种能将货车超偏载、车辆运行状态检测、车号自动识别及信息传输集成在一起的货车运行状态安全检测装置。

TPDS系统设备于2000年在京沪线安装了2套，进行全面试验考核和初步验证，于2001年12月通过铁道部组织的产品鉴定。至2006年年底，全路TPDS推广到60多套。2006年TPDS共监测743 715列货物列车，总计40 567 788辆次的货车，发现了大量踏面损伤、超偏载及运行状态不良货车，为确保铁路行车安全奠定了坚实基础。

（一）主要功能

1. 识别运行状态不良货车

TPDS采用较长的高平顺性测试平台和连续测量轮轨垂直、横向荷载技术，从测试的轮轨力波形、量值大小可捕获蛇行失稳车辆的主要动力学特征，如蛇行失稳导致车轮侧摆、车辆侧滚引起轮载交替增减载变化、车辆侧摆引起横向力增大等，可为监测蛇行失稳车辆提供重要信息。由于系统已把轨道不平顺对车辆振动的激扰作用降低到最低水平，测试结果能较真实反映车辆自身的动力学特性，使检测结果的可靠性大大提高。通过对测试数据的处理分析，对货车动力学性能进行分级评判，并将评判结果自动逐级上传至铁道部TPDS查询中心服务器，系统根据多测点多频次的评判结果，综合评判运行状态不良货车，并及时下发运行状态不良货车名单，通过对运行状态不良货车联网报警、追踪、扣修或技术改造，可大大提高运行货车整体运行品质，减少货车脱轨事故的发生，确保铁路提速过程中行车安全。

2. 识别车轮踏面损伤

车轮踏面损伤最为常见的是由于踏面损伤冲击作用的累积，导致货车轴承伤损而出现的燃切轴事故，严重的踏面损伤甚至造成断轨、断轴等恶性事故。经过多年验证，TPDS踏面损伤报警功能在兑现率和漏判率方面达到了较高水平，主要特点如下：

(1) 踏面损伤捕获率高：由于测量区长达4.8 m，可对车轮全周长范围内的踏面损伤进行检测，一级报警兑现率大于等于90%，二级报警兑现率大于等于70%。

(2) 评判踏面损伤指标科学：系统采用冲击当量来评价车轮踏面损伤的严重程度，冲击当量综合考虑了冲击力大小、速度、轮重等因素，因而更科学、更全面地反映了踏面损伤对轨道结构及车辆结构的危害。

此外，TPDS 还具有系统运行状态自检及故障报警和自动生成日报表、周报表、月报表功能。

3. 监测车辆的超偏载状态

TPDS 系统具有较高的超载检测精度（列车在 30～40 km/h 速度通过时检测精度优于 5‰，40～60 km/h 速度通过时检测精度优于 1%，60～120 km/h 速度通过时检测精度优于 3%），可在列车运行过程中实时获得车辆总重、前后架重、轴重、轮重和车辆超偏载情况，并将监测信息及时传递给铁路货运管理部门，控制严重的装载超偏载，减少对车辆、线路、桥梁等基础设施的破坏，同时，这些基础数据还可使铁路运输增收大量流失的运费。

4. 统计轨道负荷当量通过总重

TPDS 系统可将具体线路通过的列车数量、列车总重等基础数据进行统计，并将车轮踏面损伤冲击力换算为当量通过重量，从而为铁路部门获得准确的通过总重、当量通过总重、平均轴重等重要信息提供手段，为线路的科学管理、养护维修投入、工务计费收费等提供必要的技术依据。

5. TPDS 与 THDS 综合利用，可以提高防燃切轴的能力

踏面损伤是燃切轴的最重要的外因，因此将 TPDS 的踏面损伤信息与 THDS 热轴报警信息结合，可大大提高红外热轴报警的兑现率，降低其漏判率，从而提高防燃切轴的能力。

（二）TPDS 探测站构成

TPDS 探测站由室内设备和室外设备构成。室外设备主要有：测试平台与传感器、接线箱与接线盒、信号电缆、车号识别装置。室内设备主要有：监控机柜、传感器调理单元、测试工控机、测点服务器、不间断电源、数据远传单元、雨量计、隔离电源、防雷箱。探测站设备构成示意图如图 6-42 所示。

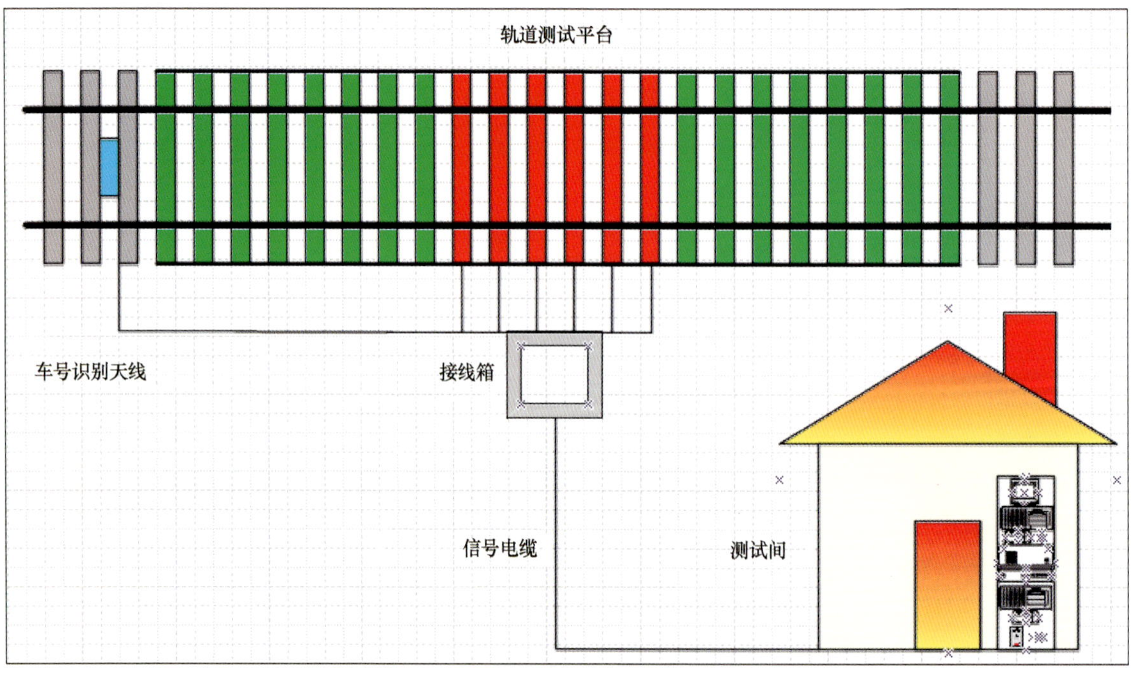

图 6-42　TPDS 探测站设备构成示意图

主要设备有：

（1）轨道测试平台

轨道测试平台安装在线路上，由 22 根混凝土轨枕组成（其中：A 型轨枕 6 根，B 型轨枕 16 根），轨枕间距 0.76 m，台面总长 16.27 m，轨枕长 2.6 m。A 型轨枕上装配二维板式传感器，B 型轨枕上设承轨槽和锚固螺栓孔，如图 6-43 所示。混凝土轨枕通过纵向连接形成框架式轨道结构平台，保证线路的高平顺性长期稳定性状态，纵向连接采用高强度螺栓技术。在线路上安装时，要求在框架式结构两端使用 10～15 根Ⅲ型混凝土轨枕，作为纵向刚度的过渡段。

图 6-43　货车运行状态地面安全监测系统 TPDS——轨道测试平台

（2）传感器

传感器是探测站测试的核心部件，设备采用板式双向传感器和不打孔剪力传感器。板式传感器可同时测试轮轨作用的垂直力和横向力，二者相互串扰严格控制在允许范围内。剪力传感器可准确测量钢轨剪力。板式传感器同时起着连接钢轨和轨枕的作用，实现了对钢轨的约束。每套设备使用 12 只板式压力传感器，8 对剪力传感器，如图 6-44 所示。

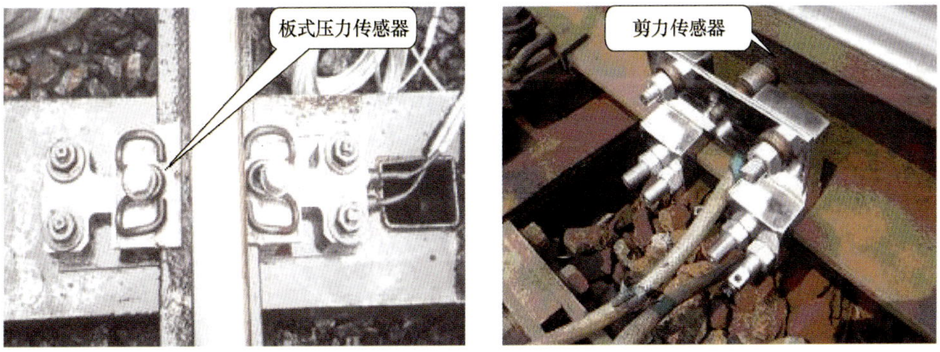

图 6-44　板式双向传感器、剪力传感器安装实景图

（3）接线箱

接线箱安装在线路路肩靠近测试平台中央部位，接线箱内放置传感器信号线接线盒，接线盒内安装接线板。接线板将传感器的信号中转连接到测试间二次仪表上，把传感器输出信号实时准确地传送至信号调理单元。

（4）雨量桶

雨量桶的作用是收集降雨，雨量桶内部有翻动机械装置，每当收集的雨水量达到相当于 0.1mm 的降雨量时，内部最下面的漏斗翻动一次，其中的一个常开的触点开关闭合一次。

雨量桶信号线连接在机房内雨量计主机专用接口上，雨量桶的触点开关闭合次数由雨量计的主机检测并存储。

（5）AEI 地面天线和磁钢

AEI 地面天线负责获取通过列车的过车信息（机车和车辆的标签信息），并通过电缆传至机房 AEI 主机，如图 6-45 所示。磁钢与 AEI 天线匹配，用来检测列车到达和通过信息，同时采集列车车速、轴距等信息。

图 6-45　AEI 地面天线

除上述设备外，还需要配置稳定可靠的不间断电源、防雷组件。

（三）TPDS 应用实例

1. TPDS 踏面擦伤实例

TPDS 的一项重要功能是车轮踏面擦伤检测。经过近几年的几千例的应用验证，TPDS 踏面损伤报警功能得到了广泛的认同。

2005 年 11 月，在哈南一场测到 4943470 号车踏面损伤，经检查如图 6-46 所示。该车位于机后 23 位，4 轴右。车次：86029；当量：27；擦伤深度：2.2 mm。

2. TPDS 踏面损伤报警与燃切轴事故

车轮踏面损伤与燃切轴事故密切相关。2006 年以来，已经发生 10 多起切轴事故或燃轴事故，均与车轮踏面损伤有密切联系。TPDS 对事故轮对进行了准确的预报，为防止事故发生创造了有利的条件。

（1）4301133 燃切轴事故

2006 年 3 月下旬，4301133 在鸡西附近发生燃轴险性事故，2006 年 1～3 月，在列车通过的长滨线、长大线的不同地段，TPDS 对其有 11 次踏面损伤报警。

（2）4873119 石太线燃切轴事故

2006 年 4 月，4873119 在石太线发生燃切轴险性事故，TPDS 从 2006 年 1～4 月，在京九线、长大线、长滨线、京广线、胶济线、津浦线的不同地点对事故轮对的踏面损伤一级报警达 17 次之多。

（3）2006 年 6 月 3 日京广线切轴事故

2006 年 6 月 3 日，P_{62} 3108023 车辆在京广线上行线发生热切轴事故，如图 6-47 所示。该车 2006 年共通过 TPDS 探测站 22 次，事故轮位有 19 次有踏面损伤报警（一级报警 2 次，二级报警 9 次，三级报警 8 次）；另外 3 次由于通过 TPDS 探测站时速度过低，踏面损伤对轨道结构的冲击小，所以没有探测踏面擦伤。尤其是最近两次通过 TPDS 监测的踏面擦伤报警均为一级报警，监测曲线如图 6-48 所示。踏面损伤的轮对在轮轨间产生的冲击载荷超过 25 t。另外，事故轮对轴承在事故发生前，THDS 有连续 6 次微热报警。

图 6-46　车轮踏面损伤复核实例

图 6-47　热切轴事故照片

3. TPDS 超偏载报警与宝成线脱线事故

2005 年 5 月 11 日，X87 次列车通过宝成线 K255＋456 处曲线，其中 P_{65} 3501730 发生脱线事故。事故处线路为 R300 左弯曲线，全长 191 m，缓和曲线长 60 m，超高 120 mm。通过最低速度 19 km/h。X87 次列车 2005 年 5 月 10 日曾通过京广线 TPDS 广武探测站，编组 21 辆，速度 55 km/h，其中辆序 12 的 P_{65} 3501730 左右偏一级报警，其详细监测情况如表 6-17 所示。

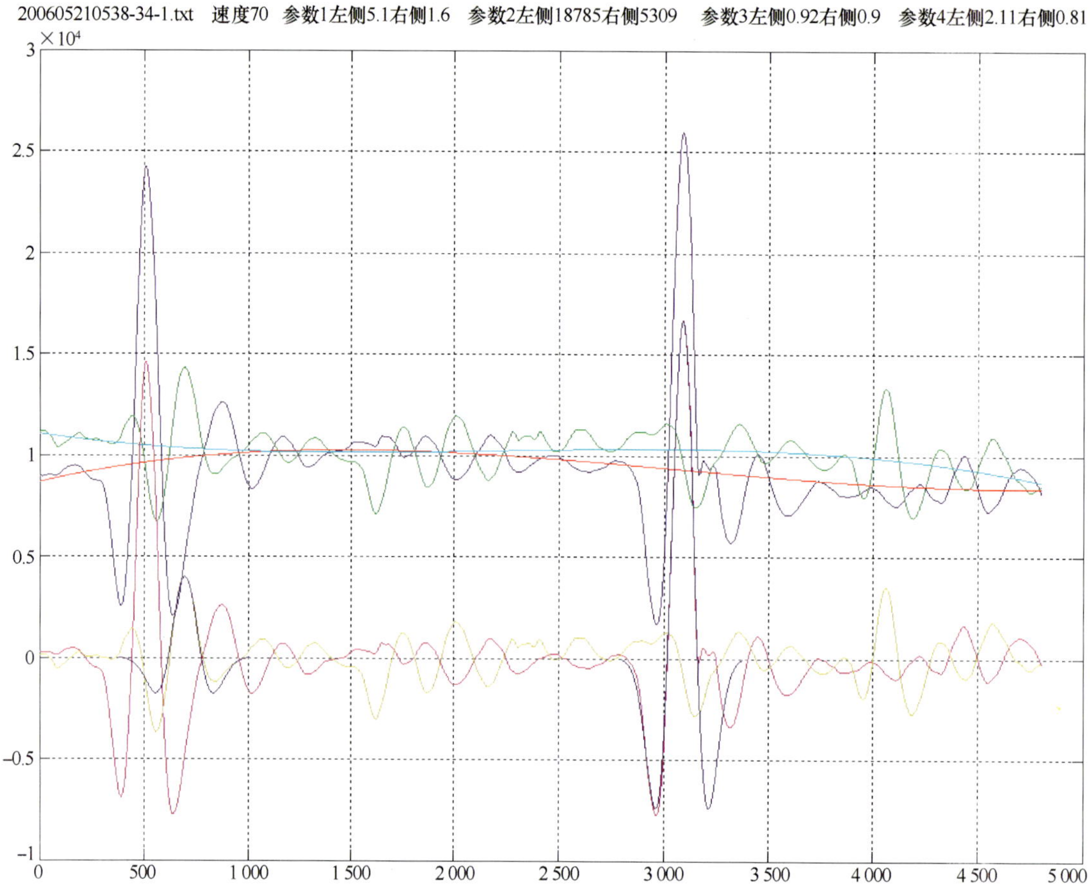

图 6-48 监测曲线图

从表 6-17 中可以看出该货车左右装载失衡严重，整车左右偏载达 210 mm，远远超过货物列车装载标准中货物左右偏载 100 mm 的限值。前转向架左右轮重差 10.2 t，后转向架左右轮重差 7.7 t，在运输过程中有可能出现左侧旁承压死，而右侧旁承存在间隙的情况，通过左弯曲线时，可能在较大过超高及左右偏载的联合作用下而导致车辆倾覆。

表 6-17 详细监测情况

轴　序	轴重(t)	左轮重(t)	右轮重(t)	左右偏载(mm)	总　重(t)
1	16.1	10.6	5.5	210 (货车总偏心)	64.1
2	16.1	10.6	5.5		
3	16.2	10.2	6.0		
4	15.7	9.6	6.1		

事件证明，TPDS 在广武站对 X87 次列车监测的机后 12 位车的偏载一级报警信息与安监事故调查及仿真计算吻合。如果广武列检人员根据 TPDS 偏载报警重点检查该车旁承间隙，事故可以避免。

4. 报警功能在 120 km/h 货车环形道可靠性试验中的应用

2003 年在铁道科学研究院环行试验基地大环直线段建成了 TPDS 探测站，在 2003 年 12 月至 2004 年 8 月间进行的 120 km/h 货车环行道可靠性试验中发挥了重要的作用，通过 TPDS 的监测，预报、追踪、处理了两辆状态不良参试车辆，得到了参试各方的认同。

TPDS 探测站对参试车辆运行状态进行评判，评判结果分成 1～6 级，1 级代表车辆运行状态最差，6 级为车辆运行状态未见不良，其余等级依次变化。TPDS 系统集成的车号自动识别系统可以提供车号信息。环形道的可靠性试验中，对 1～3 级评分的车辆安全监测中心会进行进一步分析，试验组通过对各被试车辆的评分频次的分析，可以掌握被试车辆的运行状态及其发展规律，以保证试验安全顺利地进行。

（1）6350103 号车

如图 6-49 所示，被试车 6350103 从试验第 1 月至试验第 2 月，评分比例上升迅猛，试验中被提示重点观察。试验中发现了该车明显异常，直至提前停止试验。试验表明车辆运行状态地面安全监测装置 TPDS 检测结果及时反映了被试车动力学性能的变化趋势。

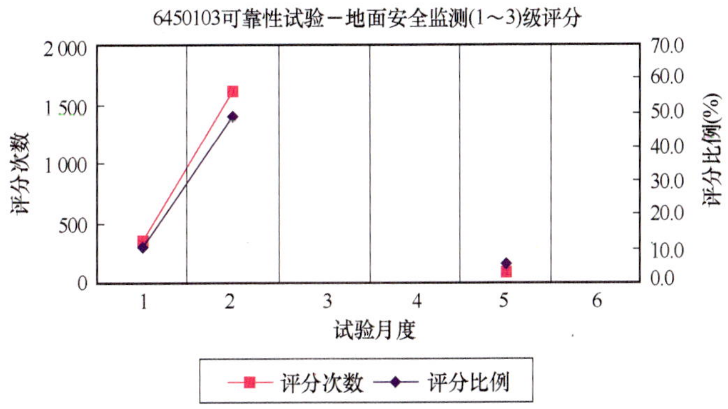

图 6-49　环行道可靠性试验 TPDS 监测结果——6350103 号车

试验中发现 6350103 的旁承磨耗板紧固螺栓频繁剪断，如图 6-50 所示。

图 6-50　环形道可靠性试验中 6350103 的旁承磨耗板紧固螺栓频繁剪断

（2）6283954 号车

如图 6-51 所示，被试车 6283954 在试验各月评分比例均较高，试验第 2 月评分比例高达 40% 左右，试验第 3 月评分比例虽有下降，但试验第 4 月又有明显上升，同期列检并没有发现该车特别异常。试验第 5 月该车评分上升更为迅速，试验中被列为重点观察对象，直至该车承载鞍出现异常磨耗，提前退出试验。

试验表明，在列检没有发现车辆明显异常情况时，车辆运行状态地面安全监测装置 TPDS 已检测出 6283954 号车动力学性能不良，且有变差的趋势，提前警示试验人员密切观察该车车况，确保了试验安全。环形道可靠性试验中 6283954 号车的承载鞍出现异常磨耗情况如图 6-52 和图 6-53 所示。

三、货车滚动轴承早期故障轨边声学诊断系统（TADS）

货车滚动轴承早期故障轨边声学诊断系统（Trackside Acoustic Detection System，TADS）是对货车滚动轴承早期故障进行诊断的设备。

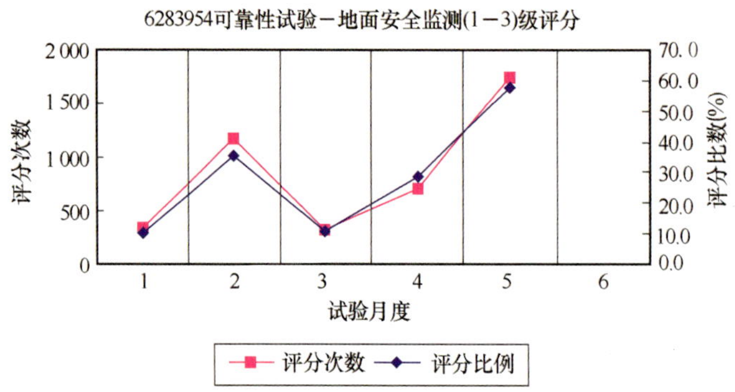

图 6-51　环行道可靠性试验 TPDS 监测结果——6283954 号车

图 6-52　环行道可靠性试验中 6283954 号车的承载鞍出现异常磨耗 1

图 6-53　环行道可靠性试验中 6283954 号车的承载鞍出现异常磨耗 2

红外轴温探测系统通过轴温变化预防由轴承故障引起的事故。但滚动轴承从故障发生到发热烧损的过程比较漫长，一般情况下故障轴承并不表现出明显的高温，而一旦发现温度过高就已经到了故障的后期，如不及时停车处理，温度将急剧上升并很快烧损。因此，仅仅依赖红外轴温探测系统难以有效地保障列车的安全。

轨边声学诊断系统采用声学诊断技术和计算机网络技术，通过对运行中货车轴承噪声信号的采集和分析，识别轴承的工作状态，可提供有效的轴承内部早期故障诊断结果，在热轴之前发现故障。轨边声学诊断系统与红外轴温探测系统相结合，共同构成货车轴承的安全保障系统，能更加有效地防止切轴和脱轨事故，提高轴承故障的防范水平。

我国 20 世纪 80 年代末，开始研究声学滚动轴承诊断系统，于 2003 年研制出第一台 TADS 设备，2004 年又在京广线郑州铁路局广武站安装了 TADS 设备。通过试验，发现了大量的早期轴承故障，为保证行车安全发挥了很大作用。

至 2005 年末，TADS 设备已经在全路六大干线、大秦线、青藏线建设安装 30 套，如图 6-54 所示。每天监控的车辆数为 7.5 万辆左右。截止到 2006 年年底，运行监测情况如表 6-18 所示。

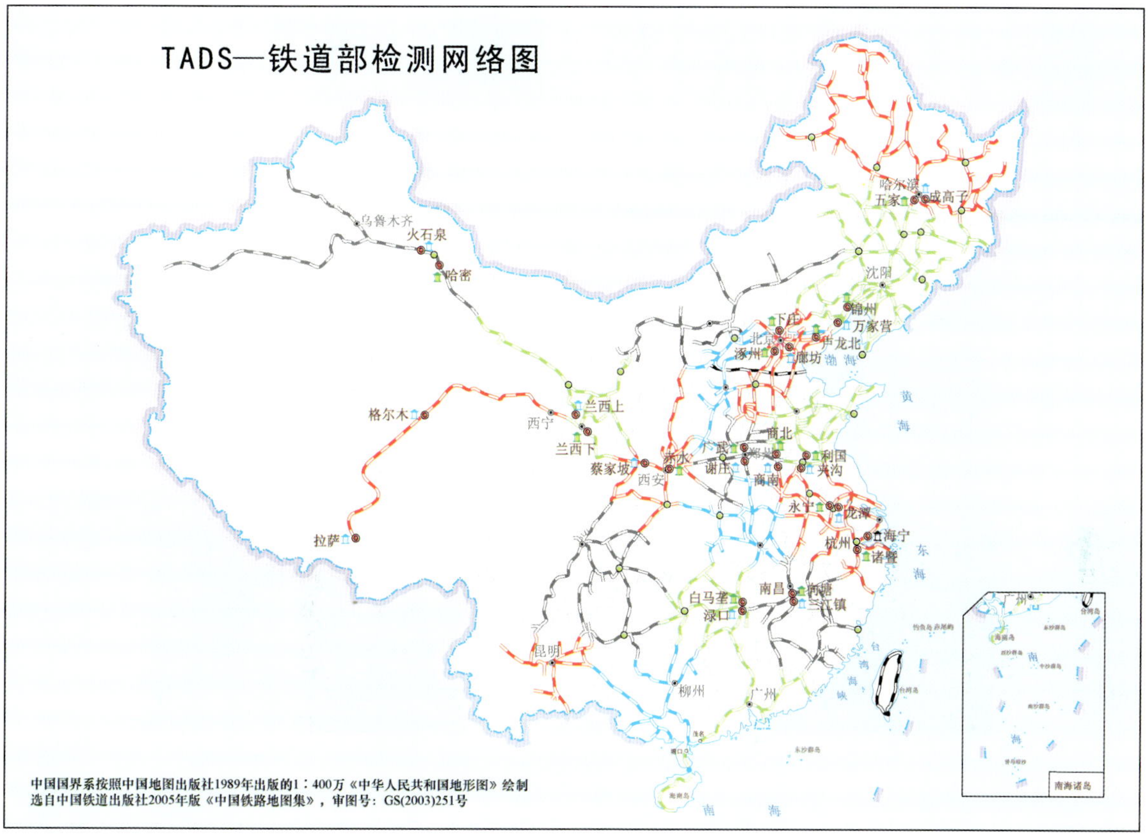

图 6-54　TADS——铁道部监测网络图

表 6-18　运行监测情况

序　号	内　　容	数　　量
1	过车总列数	694 304
2	过车总辆数	24 345 502
3	故障预报次数	317 011
4	外圈故障数	117 961
5	内圈故障数	70 545
6	滚子故障数	69 839
7	其他故障数	58 666
8	达到扣车报警数量	3 645

（一）主要功能

TADS 主要功能有自动检测通过列车滚动轴承的滚子、内圈、外圈等的故障，预报准确率大于等于 97%；自动计轴、计辆和测速；预报的故障轴承的车号和轴位的自动定位；自动识别列车车次、车号信息；自动跟踪故障轴承的发展趋势；探测站能够存储 1 个月的过车数据；自动建立全路车辆滚动轴承运行状态数据库和各种轴承故障的档案数据库，通过收集大量的数据，建立滚动轴承早期故障诊断专家系统，自动调整系统判别模型，综合评价各种轴承运行状态和质量，为铁路车辆的制造和检修提供科学、合理依据；自检，远程维护、升级和监控功能。

（二）TADS 探测站构成

TADS 探测站轨边设备是诊断系统的核心。它主要由室外、室内两部分组成。

1. 室外部分

室外部分如图 6-55 所示。

声学传感器阵列：安装于钢轨两侧，每侧 6 个传感器，用于拾取车辆轴承运转产生的声音信号，系统采用指向性设计，直接朝向轴承，具有很好的声学波瓣图，减少其他噪声影响。

图 6-55　TADS 探测站室外部分

每个声学传感器指向性设计的有效区域为 1.1 m 左右，并相互交叉，保证了某一个轴承在探测区域内传感器接收的轴承振动信号的连续。其位置及作用区间如图 6-56 所示。

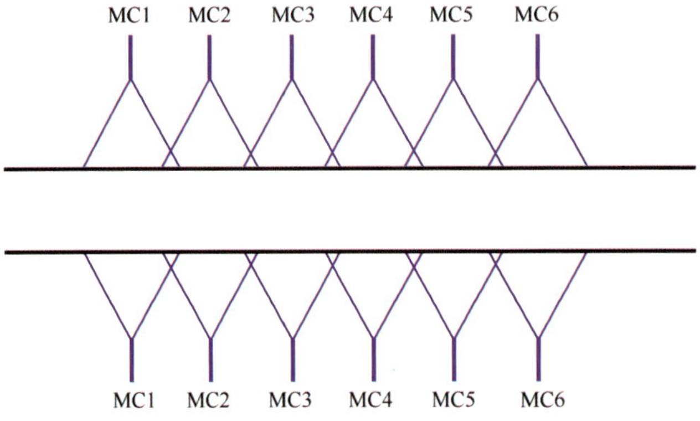

图 6-56　传感器位置布置示意图

车轮传感器：用卡具固定在钢轨上，当列车接近时，自动启动系统，用于车轮定位、计轴、计辆和测速等。

AEI 地面天线：发射微波载波信号，同时接收标签反射回来的已调制信号。

2. 室内部分

室内部分有通信、信号、电源防雷箱、声学信号放大器箱、电源信号控制分配箱、信号采集处理计算机、主处理计算机、HUB 集线器、KVM 转换器、AEI 识别设备。

（三）故障预报、处理及系统监控

1. 历史预报

TADS 历史预报趋势界面如图 6-57 所示。

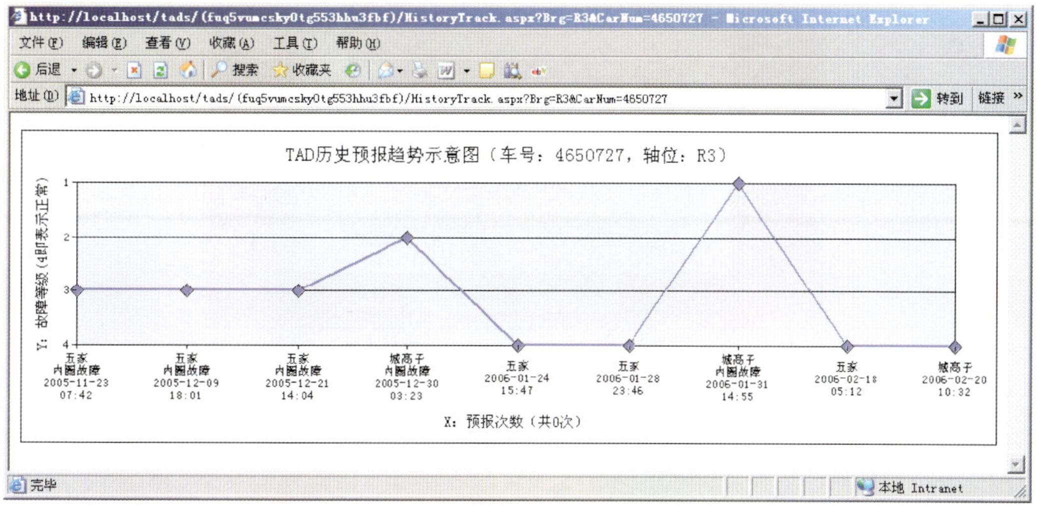

图 6-57 历史预报趋势界面图

2. 实时监控

TADS 实时监控界面如图 6-58 所示。

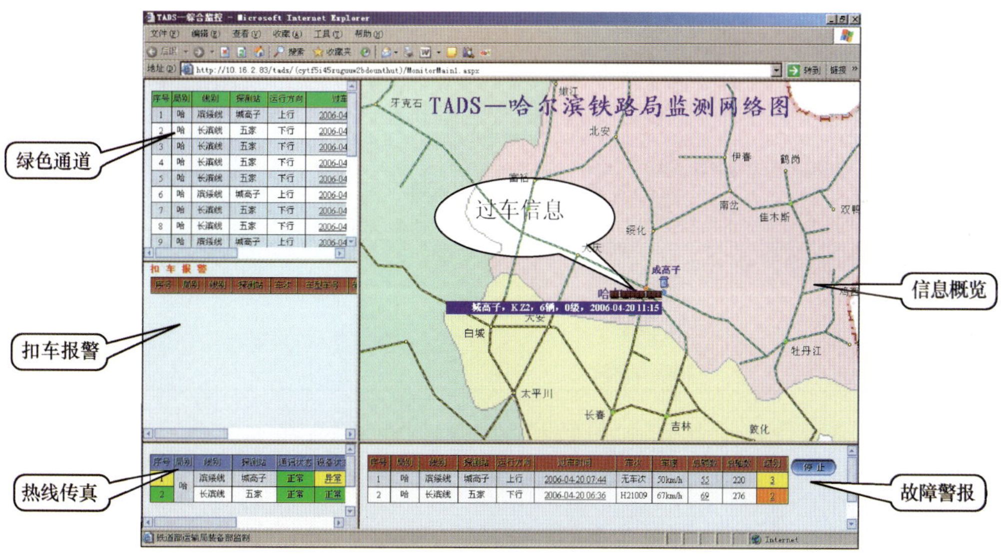

图 6-58 实时监控界面图

在实时监控界面中设立扣车报警窗口，对于经过联网评判后达到扣车标准的故障轴承进行报警。

扣车标准：连续 3 次以上预报 1 级，前方列检扣车；通过 5 次，累计 3 次 1 级，前方列检扣车；通过 6 次，累计 3 次 2 级，前方列检扣车。

对于符合扣车标准的故障轴承还会在屏幕上方弹出扣车报警对话框，通知列检值班员进行确认和处理。报警对话框中除了能显示出报警轴承的基本信息，还能够以示意图的方式标示出报警轴承的位置，如图 6-59 所示。

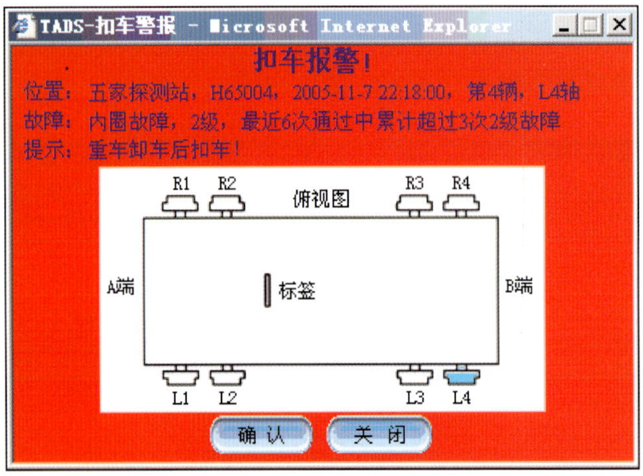

图 6-59 扣车报警界面图

3. 检查结果反馈

列检值班员在通知现场人员对轴承进行检查后，需要填写检查处理结果，铁路局 5T 服务器将值班员填写的信息形成上传报文并上报铁道部。

扣车报警及检查处理结果反馈示意图如图 6-60 所示。

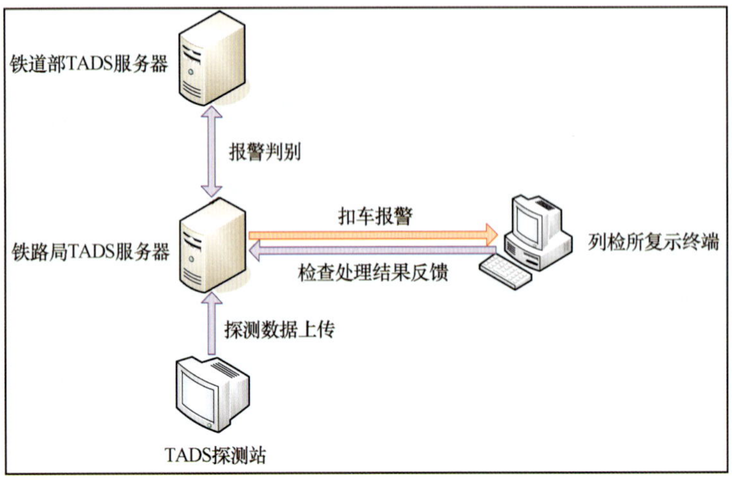

图 6-60 扣车报警及处理结果反馈流程图

4. 系统监控

实现对 TADS 设备通讯状态和设备状态的监控。

在 TADS 铁路局级和铁道部级服务器中，通过对数据上传情况的实时监控，对通讯状态异常的设备进行告警，并通过对 TADS 探测站上传的设备自检信息及探测数据的分析，对运行状态异常的设备进行告警。

系统监控界面如图 6-61 所示。

（四）应用实例

1. 外圈故障及故障轴承频谱图

车号：P_{62N} 3317724。TADS 预报：外圈故障，等级为 2 级。

检查结果：外圈剥离。图 6-62 为外圈故障图片，图 6-63 为外圈故障频谱图，最大剥离处 47 mm×20 mm。

序号	局别	线别	探测站	通讯状态	设备状态	最近过车	最近上传	告警设置
1	哈	滨绥线	城高子	正常	正常	2006-12-27 16:20	2006-12-27 16:29	4小时
2	哈	长滨线	五家	正常	正常	2006-12-27 15:00	2006-12-27 15:11	4小时
3	沈	沈山线	锦州	正常	正常	2006-12-27 16:21	2006-12-27 16:29	4小时
4	沈	沈山线	万家营	正常	正常	2006-12-27 16:09	2006-12-27 16:20	4小时
5	京	京广线	涿州	异常	未知	2006-12-26 07:19	2006-12-26 18:06	4小时
6	京	京山线	廊坊	异常	未知	2006-12-26 17:50	2006-12-26 18:12	4小时
7	太	大秦线	卢龙北	正常	正常	2006-12-27 15:41	2006-12-27 16:08	4小时
8	太	大秦线	下庄	正常	正常	2006-12-27 16:05	2006-12-27 16:16	4小时
9	郑	京广线	广武	正常	正常	2006-12-27 16:18	2006-12-27 16:28	4小时
10	郑	京广线	谢庄	正常	正常	2006-12-27 16:14	2006-12-27 16:24	4小时
11	郑	京九线	商丘北	正常	正常	2006-12-27 15:53	2006-12-27 16:03	4小时
12	郑	京九线	商丘南	正常	正常	2006-12-27 16:20	2006-12-27 16:30	4小时
13	西	陇海线	蔡家坡	正常	正常	2006-12-27 15:38	2006-12-27 15:48	4小时
14	西	陇海线	赤水	正常	正常	2006-12-27 16:23	2006-12-27 16:28	4小时
15	济	津浦线	夹沟	正常	正常	2006-12-27 16:15	2006-12-27 16:25	4小时
16	济	津浦线	利国	正常	正常	2006-12-27 16:00	2006-12-27 16:09	4小时
17	上	沪杭线	海宁	正常	正常	2006-12-27 16:07	2006-12-27 16:25	4小时
18	上	沪宁线	龙潭	正常	正常	2006-12-27 15:54	2006-12-27 16:08	4小时
19	上	津浦线	永宁	正常	正常	2006-12-27 16:13	2006-12-27 16:23	4小时

图 6-61　系统监控界面图

图 6-62　外圈故障图片

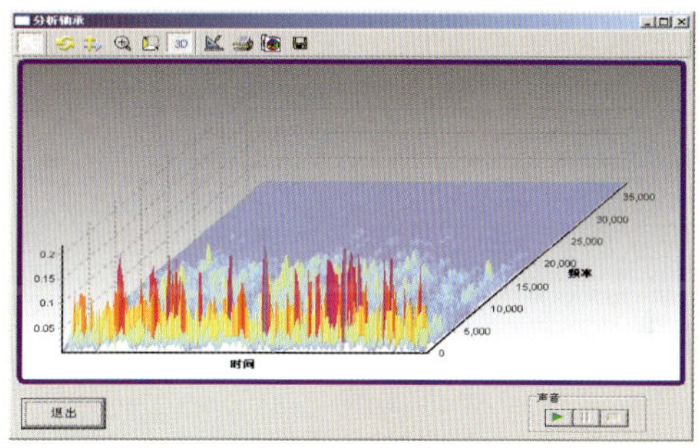

图 6-63　外圈故障频谱图

图 6-64　内圈故障图片

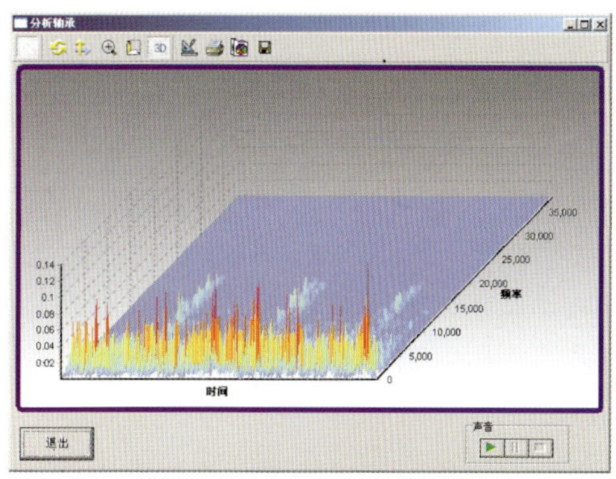

图 6-65　内圈故障频谱图

2. 内圈故障及故障轴承频谱图

车号：C_{61} 4300700。TADS 预报：内圈故障，等级为 2 级。

检查结果结果：内圈剥离。图 6-64 为内圈故障图片，图 6-65 为内圈故障频谱图。

3. 滚子故障及故障轴承频谱图

车号：C_{64K} 4943274。TADS 预报：滚子故障，等级为 2 级。

检查结果：滚子剥离。图 6-66 为滚子故障图片，图 6-67 为滚子故障频谱图。

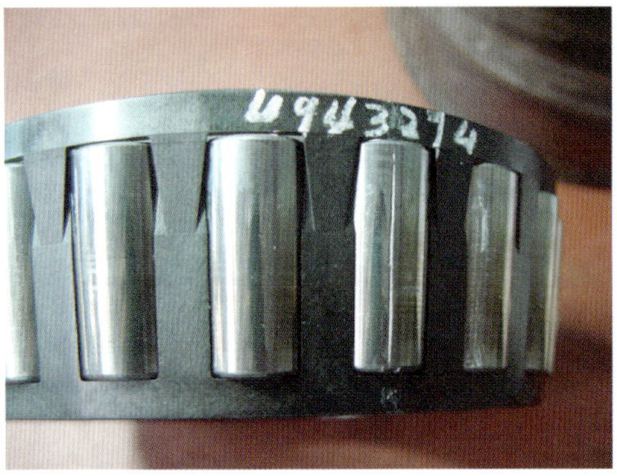

图 6-66　滚子故障图片

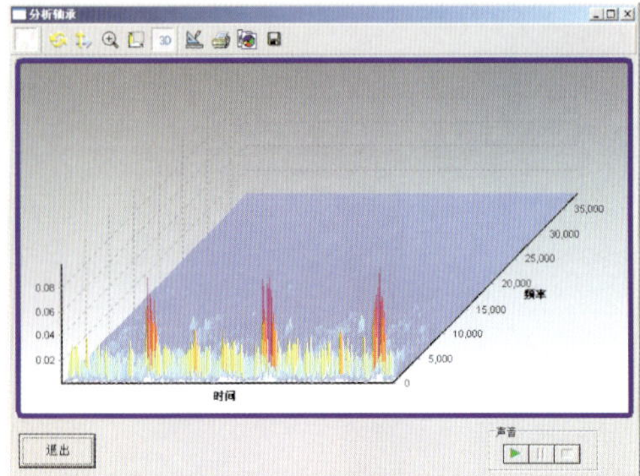

图 6-67　滚子故障频谱图

四、列车运行故障动态图像检测系统（TFDS）

长期以来，列检作业基本靠检车员"手摸、锤敲、眼看、耳听、鼻闻"，列检作业人员钻入、钻出列车车辆，不仅效率低，而且无法保证作业质量。列检、技检质量易受气候、职工素质、心理状态和人体疲劳程度等因素的影响，易给行车带来安全隐患。自从 2001 年 12 月，货车运行故障动态图像检测系统（TFDS）安装成功并投入试运行后，这种状况得到改善。

通过近 5 年的实际运用，TFDS 设备使列检工作实现了"人控"向"机控"、"室外"向"室内"、"静态检查"向"动态检测"的转变，满足了检查货车车辆新技术新结构的需要，压缩了列车技术检查时间，解决了列车密集到达列检作业与运输畅通之间的矛盾，实现了数据采集、资料统计查询和报表自动生成。

（一）主要功能

TFDS 系统是集高速数字图像采集技术、大容量图像数据实时处理技术、精确定位技术、模式识别技术、智能化、网络化技术以及自动控制技术于一体的智能图像检测系统。系统能够对通过的货车车辆，利用采集的图像对关键部位进行外观检查，重点检测车辆底部及侧下部部件，传送到列检检测中心部件信息浏览终端，采用人机结合的方式检测车辆故障。

（二）探测站构成

TFDS 系统主要由探测站设备、列检检测中心设备、铁路局监控中心设备、铁道部查询中心设备等构成。

1. 探测站设备

探测站的设备如图 6-68 所示。

室外设备包括沉箱、侧箱、图像信息采集设备、车辆信息采集设备配置、车号信息采集设备配置、室外设备控制箱、KVM 设备、防雷设备、网络传输设备及远程启动设备配置标准。轨边探测箱如图 6-69 所示。

远程启动设备与列检所服务器机房中的远程启动设备配套工作，在远程检查维护 TFDS 轨边探测机房设备时使用。远程启动设备需具备可以远程关闭和启动（含冷启动）机房设备功能，便于处理轨边紧急故障。

2. 列检检测中心设备

（1）列检检测中心设备组成

列检检测中心设备由服务器、部件信息浏览终端、电源防雷设备、网络传输设备、打印机等构成。

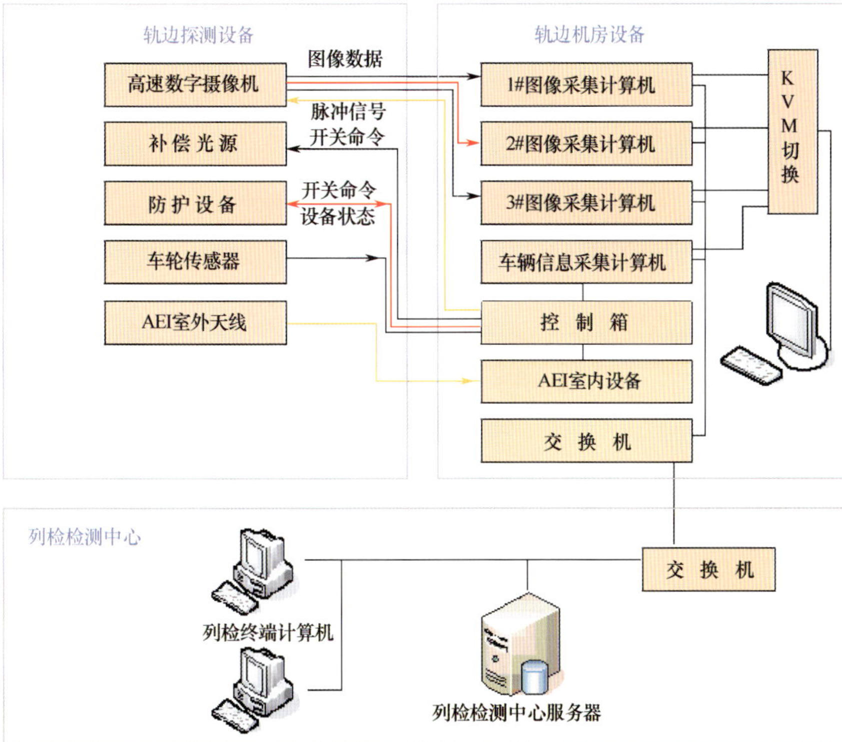

图 6-68　TFDS 探测站设备图

图 6-69　轨边探测箱

①服务器设备

TFDS 系统服务器设备主要用来存储探测站采集的列车图像信息和车号信息，以及列检检测中心检测的故障信息和检车员工作信息。服务器设备应采用双机热备技术，保证系统在出现非人力能保证的故障时系统是可实时切换的，数据是可恢复的。

TFDS 系统探测站采集的图像信息和车号信息在列车通过探测站后 10 s 内全部传输并存储到磁

盘阵列柜中，非故障图像信息保存 2 个月以上（具体时间根据探测站车流密度及单列车平均图像数据量调整，要求软件可配置），存满后应自动备份或删除。检测到的故障图片及相关信息在上传复示的同时也必须保存在磁盘阵列柜中，故障图片及相关信息保存 2 年（一个段修规程）。

②TFDS 设备实时监控设备

设备实时监控采用 EWIR470-50 监控系统，主要用来直接监控轨边探测站轨边设备的运行状态和过车情况，24 h 运行，夜间无环境光源时也能够看到轨边设备，同时检测中心能 24 h 储存监控的录像信息，并能查询回放存储的录像，可在网络上多点监控。监控系统具有对讲功能，探测站和检测中心可以通过网络通道进行语音通话。

（2）列检检测中心功能

列检检测中心存储探测站设备所采集的车辆、车号及图像信息，并显示在部件信息浏览终端，值班人员通过对分配部位的图像进行分析以判断车辆故障。

（三）应用实例

1. 发现基础制动手制动机手闸链丢失

图 6-70 所示为检测发现 3136350 号车基础制动手制动机手闸链丢失实况。

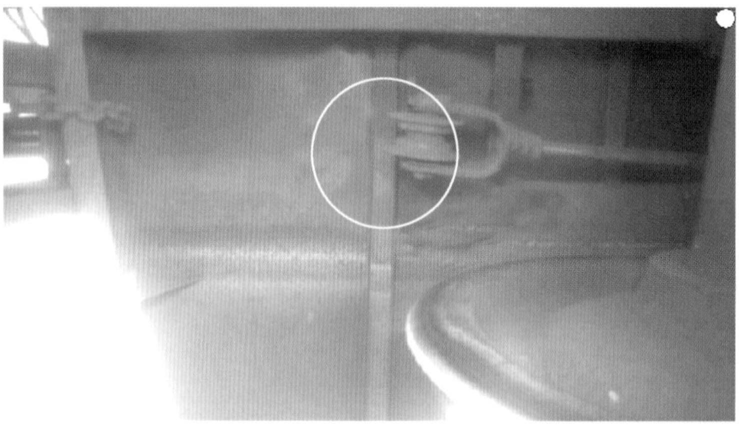

图 6-70　基础制动手制动机手闸链丢失实况

2. 发现截断塞门关闭

图 6-71 为检测发现 4667453 号车截断塞门关闭实况。

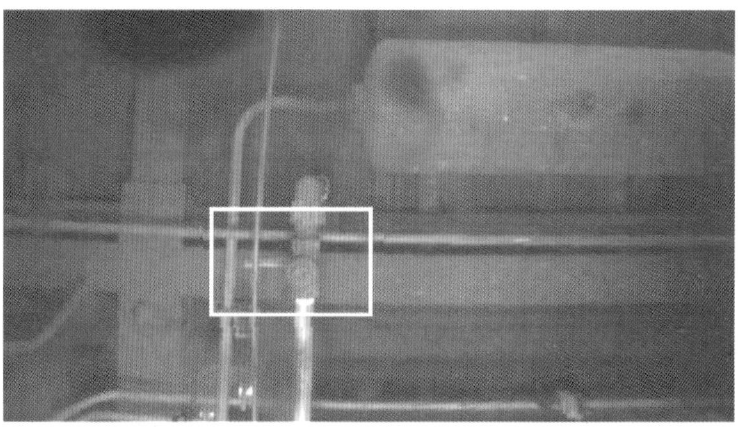

图 6-71　截断塞门关闭实况

3. 发现基础制动连接杠杆圆销丢失

图 6-72 为检测发现 4943297 号车基础制动连接杠杆圆销丢失实况。

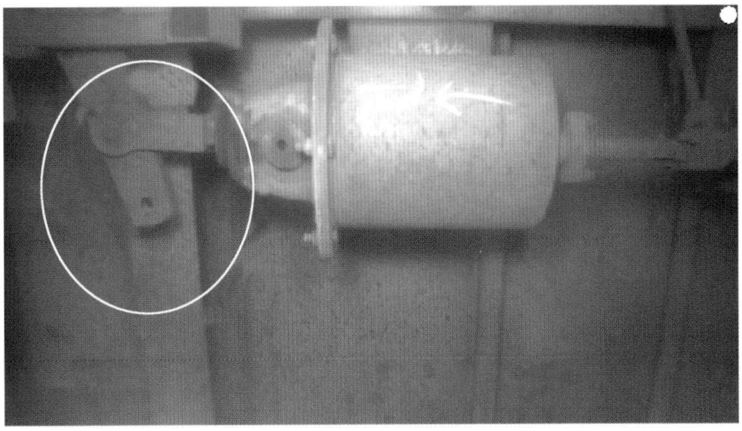

图 6-72 基础制动连接杠杆圆销丢失实况

4. 发现转向架交叉杆安全链脱落

图 6-73 所示为检测发现 4886622 号车转向架交叉杆安全链脱落实况。

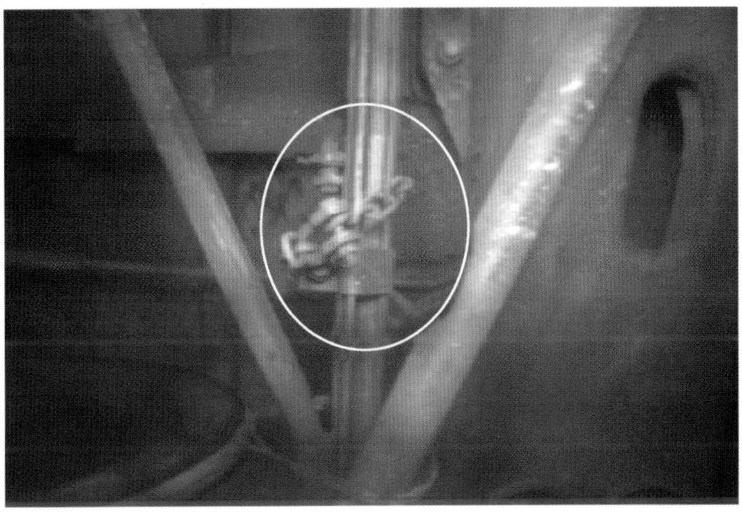

图 6-73 转向架交叉杆安全链脱落实况

五、车辆安全监测系统（TCDS）

客车运行安全监控系统（TCDS）重点对客车运行中的供电、车下电源、空调、轴温报警器、防滑器、制动系统、转向架动力学性能等影响安全的因素进行实时监控，通过地面监控设施的建立，运用无线通信技术，可以实时掌握客车的运行安全状况。

（一）主要功能

通过车载安全监控系统，监测列车运行中危及行车安全的主要设备的工作及安全状态，分散检测，集中显示报警，确保行车安全，并通过 GPRS（通用无线分组业务）无线通信设备将监测信息实时发送至地面，实现地面指挥中心对运行中客车的远程监控。

通过车上 GPS（全球定位系统）定位装置，实时向地面报告列车运行位置信息。

列车到站后通过 WLAN（无线局域网）与地面联网，自动下载数据，并通过地面专家系统进行数据统计，分析车辆各类设备的性能，定位故障指导维修，消除安全隐患。

通过 WEB 终端查询系统形成车辆段、铁路局、铁道部三级监控中心，实现车辆的安全运用、维修、管理和监督。

（二）TCDS组成

TCDS由车载安全监控系统、车载无线传输装置、客列检WLAN联网设备，以及客车整备所、车辆段、铁路局、铁道部TCDS设备及各级中心的联网组成，各级中心TCDS应用软件主要包括地面专家系统、电子地图、WEB查询及报表支持系统等。可以简单地概括为主要由车载安全监控系统、车地数据无线传输系统、地面联网应用系统三个部分构成。

1. 车载安全监控系统

车载安全监控系统采用车载网络和数据采集技术，实时对车辆部件的技术与安全状态进行监测和故障信息预报。车载安全监控系统实现了对供电系统、空调系统、车下电源、车门、烟火报警器、轴温报警器、防滑器、制动系统、转向架系统等工作状态进行监测，各编组客车通过车间通信连接器连接，系统网络汇总各车厢的监视诊断信息，然后集中到工程师车，由工程师车发出报警信息，提示乘务人员及时采取措施。列车网络能够收集网络上各车厢监视项的所有信息，各车厢能够汇总车厢内各监视设备的信息。安全监控系统车载网络采用两级总线式网络拓扑结构：上层网络为列车网，连接同一列车中的不同车厢；下层网为车厢网，连接同一车厢内的不同功能监测子系统。

2. 车地数据无线传输系统

车地数据无线传输系统建立了车载设备—地面之间的数据传输通道，运行中以GPRS方式建立车地数据通道，到站后以WLAN方式建立车地数据通道，如图6-74所示。实时故障信息由车载GPRS平台发出后，无线信号由中国移动的移动基站接收，移动基站将此信息通过移动GPRS网关与铁道部GPRS接收安全平台建立链接，铁道部GPRS接收安全平台再将此信息传输到铁路局和客技站服务器。

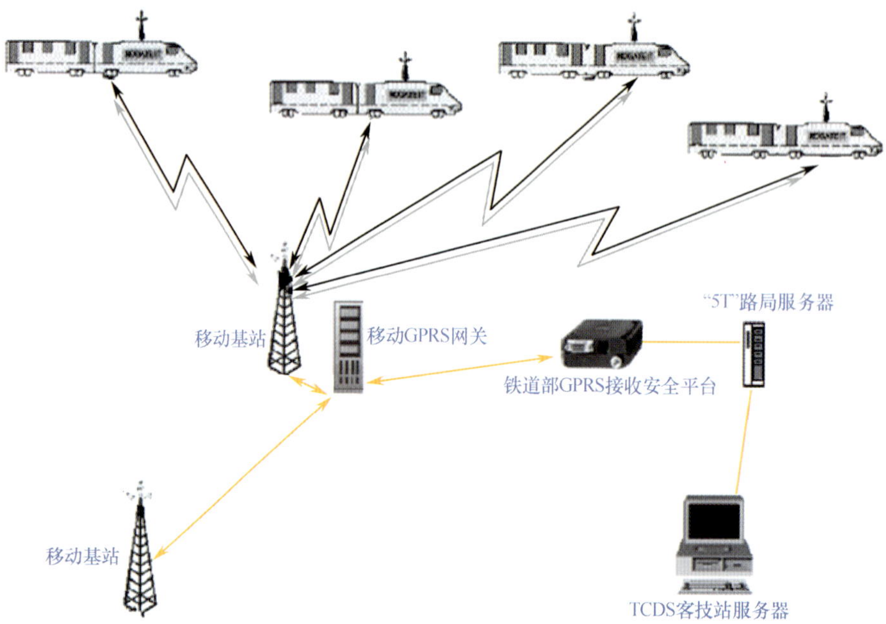

图6-74　车地数据无线传输系统GPRS连接示意图

3. 地面联网应用系统

地面联网应用系统包括专家系统、客车运行状态电子地图实时跟踪、客车运行安全信息查询与统计报表支持系统。

（1）地面专家系统对车上运行过程中记录的数据进行存储、处理、查询、回放、分析并打印报表。目的是通过这套系统详细了解运行过程中发生的各种情况，进行故障确认有数据的佐证，同时为列车的故障判断和检修提供有力的依据，从而做到对车辆运行状态的跟踪和动态质量控制。地面专家系统是用量化的方法分析和诊断列车故障的工具，处理数据的能力大，速度快，相对于人工处理大大提高了工作效率。它对历史数据的保存和检索非常方便，使我们在处理各种故障的时候有了历史数据的对照，对车辆以前的故障情况有更为全面的了解。图 6-75、图 6-76 分别为专家系统对制动及轴温故障的分析图。图 6-75 清晰地记录了一次完整的制动过程。列车管减压，制动缸压力上升，全部车辆制动，列车速度降低。随后列车管升压，制动缸压力下降，车辆缓解，但只有一辆车（车号 554142）压力始终不降低，不缓解，系统诊断出该车缓解作用不良。图 6-76 显示了大部分轴温和外温基本相同，在 0℃附近，只有一轴温度偏高，在 25℃附近。

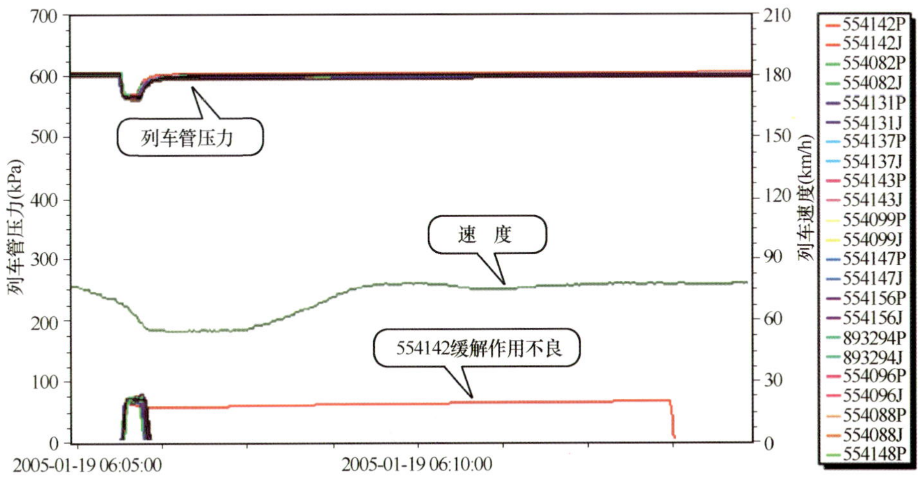

图 6-75 地面专家系统对制动故障的分析图

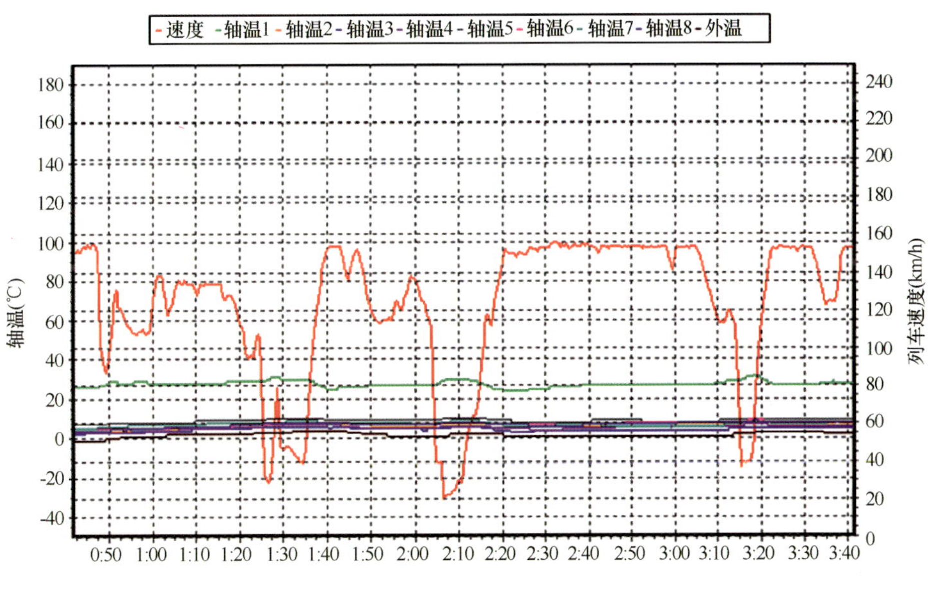

图 6-76 地面专家系统对轴温的分析回放图

（2）客车运行状态电子地图实时跟踪用于实时监控铁路客车的运行状态，在发生故障时为各级部门的及时决策提供依据。系统特点是通过电子地图的方式将运行客车的实时状态信息、运行方向、编组及位置信息（线路公里标）显示在地图上，形式直观，在线运行客车状况一目了然，此外，回放功能还可以重演客车运行轨迹。图 6-77 为客车运行状态电子地图实时跟踪图。

（3）客车运行安全信息查询与统计报表支持系统采用 B/S 应用模式，优点是可以实现客户端远程 WEB 查询的免安装和免管理。各级授权使用部门可以随时查询客车的详细数据以了解客车的实际运用情况，系统会生成故障记录表、故障统计表、故障汇总表、趋势图和比较分析表、派工单等各类报表，将安全监控数据以直观的方式呈现出来，便于工作安排与实施、任务管理、问题汇总存档。

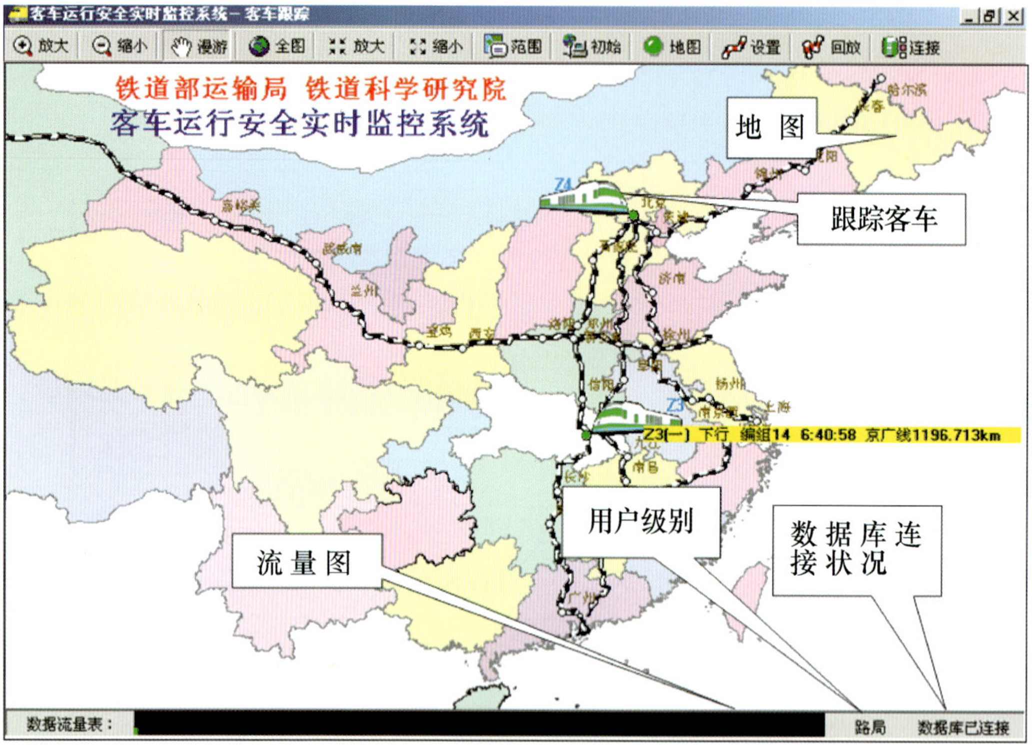

图 6-77　客车运行状态电子地图实时跟踪图

（三）TCDS 应用实例

TCDS 客车行车安全监测诊断系统从 2004 年 4 月 18 日在约 700 多辆 25T 型客车上投入运行以来，对所监测车辆的制动、转向架、防滑器及车载电器的工作状态能够及时准确地诊断报警。车载实时诊断系统和地面数据库与专家系统相结合，达到了运行中实时诊断报警，到站后生成故障报告、分析数据的功能。

［实例］　TCDS 制动子系统系统监测严重异常制动

2004 年 12 月 20 日，Z19/20（西安—北京西）列车管压力在 2：12 开始出现几分钟“失控”现象，压力从 597 kPa 开始缓慢下降至 407 kPa，下降斜率约 19 kPa/min。引起 554133 号车异常制动，554133 号车在 2：15 发生制动后制动缸压力迅速上升，2：22：54 制动缸压力升到 371 kPa，列车速度约 152 km/h。KAX1 系统报告“严重异常制动”。列检人员及时发现后马上与司机联系，列车管重新充风后险情解除。图 6-78、图 6-79 为列车管压力异常下降曲线。由于制动缸压力高、速度快，该车的闸片严重磨损，到北京西后更换了该车全部闸片，见图 6-80。

554161 号车一端构架横向和垂向加速度自 2005 年 1 月底起逐步增大，2005 年 2 月 10 日左右，TCDS 系统开始对 554161 号车转向架一端构架横向、垂向振动性能报警，见图 6-81。图 6-82 是该车所在编组 2005 年 2 月 15 日一端构架加速度有效值对比图，横轴是车号，纵轴是构架垂向加速度有效值，红线是最大有效值。从图中可以看出，554161 号车一端构架加速度有效值几乎是其他车辆的 1.5 倍，而且已经超过了正常最大值。当时查车后，没有发现异常现象，直到 2005 年 2 月 19 日，车辆段在现场日常检查时发现该车 2 位钢簧断折，见图 6-83，现场部件故障充分证明了 TCDS 报警信息的正确性，也为车辆系统状态修提供了定量检修依据。

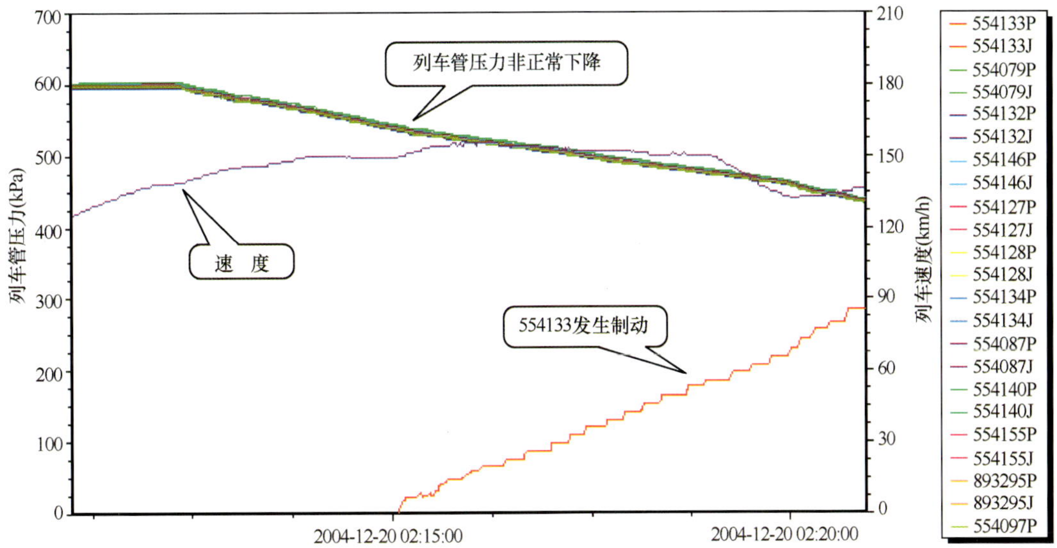

图 6-78　554133 发生严重异常制动

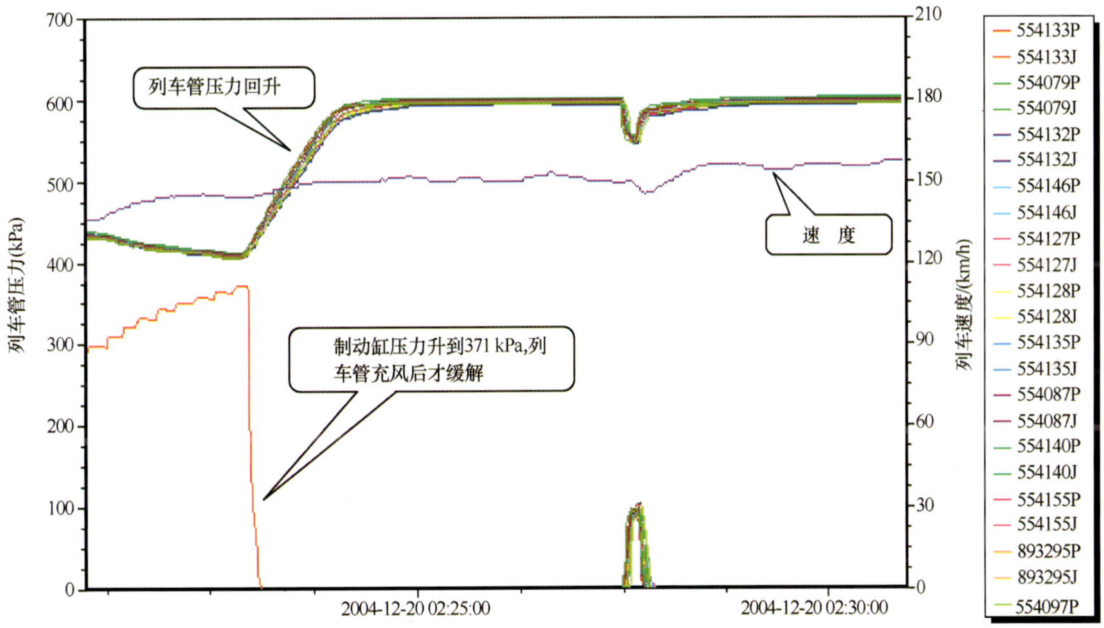

图 6-79　制动缸压力升到列车管充风缓解时间历程

第五节　防灾安全监控技术

列车运行速度大于 200 km/h 后，如果遭遇地震、强风和异物侵限等自然灾害或突发事件，可能会影响行车或导致列车发生重大事故。在改造的既有线上，还可能存在因路基质量、小半径曲线、大量有砟轨道、各种道口等对列车高速运行不利的影响因素。因此，对灾害的监测和预防非常重要，也是铁路舒适、安全运营的可靠保证。

建立防灾安全监控子系统的目的是，充分利用铁路通信网络资源，准确、及时地检测出发生的自然灾害或突发事件，并根据分析出的危害程度对列车运行进行管制，最大限度地减少灾害损失，

图 6-80　闸片严重磨损照片

输出Excel　另存为...

序号	车号	车顺号	节点类型	事件描述	开始时间	结束时间	维修建议
1	SS4161	4	转向架一端	构架横向振动状态关注			检查一系
2	SS4161	4	转向架一端	构架横向振动状态关注			
3	SS4161	4	转向架一端	构架横向振动状态关注			
4	SS4161	4	转向架二端	构架横向振动状态关注			检查一系
5	675539	18	转向架二端	构架横向振动状态关注			检查一系
6	675539	18	转向架二端	构架横向振动状态关注			
7	675540	14	转向架二端	构架横向振动状态关注			
8	675557	13	转向架二端	构架横向振动状态关注			检查一系
9	675557	13	转向架二端	构架横向振动状态关注			

图 6-81　报警信息

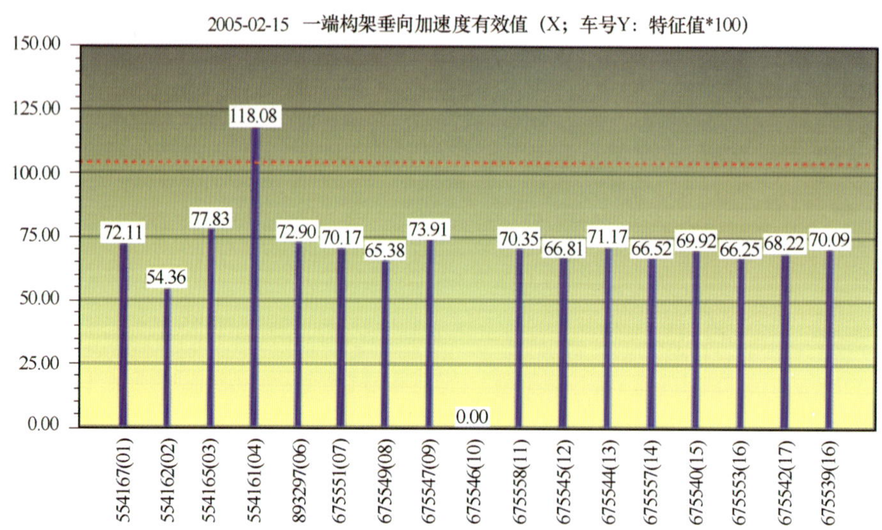

图 6-82　构架垂向加速度有效值

防止次生灾害发生。同时，系统的监测和数据分析为灾后救援和尽快恢复运营提供参考。

日本、法国和德国等高速铁路网中的既有线，在对基础设施改造的同时，还针对自然灾害和突发事件建立了监控子系统，以防止或减轻灾害对高速运行的列车产生危害。如日本新干线防灾安全监控系统是 COSMOS 综合运营管理系统的子系统，沿线设置了地震、风、雨、洪水、雪、轨温及异物侵限检测，以及基础设施、大型建筑物和车站灾害监测，沿线设防护开关和防护电话等。日本新干线目前运行速度大多在 220～270 km/h 之间。法国高速铁路采用以机车信号为主的列车自动控制系统。如在型号为 TVM430 的列车自动控制系统（ATC）中，除完成列车速度自动控制外，并具备对设备状态和自然环境检测、报警，进一步强化了列车安全运行的保障功能。该系统包括列车

图 6-83 折断的钢簧

自动检测（轮轴不转或防滑系统故障，万向节失衡和断裂，转向架的稳定性能检测）、接触网电压检测、热轴检测、降雨监测、降雪监测、大风监测、立交桥下落物监测 7 个子系统装置。在欧亚板块交汇的地中海线上，法铁和法国国家地震局联合设置了地震监测站。德国高速铁路网属客、货混运型，且隧道约占线路长度的 1/3，因此，隧道内的行车安全成为德国高速铁路安全保障的重点。此外，在高速新线上也采用了新型防灾报警系统 MAS90，除可监督线路装备的运用状况外，还可识别和及时报告环境对行车安全的影响，以及移动设备发生破损的情况，通过列控系统对列车进行控制。这些探测报警仪器主要有：HOA903 型热轴探测器；LSMA 隧道气流报警器（在长度大于 1.5 km 的隧道内安装）；WMA 风测量仪（在所有桥梁上安装）；BMA 火灾报警仪；EMA 隧道口坍方报警信号装置；隧道两端及隧道内每 1000 m（早期 600 m）设置应急电话（NR），仅需扳动手柄就可打开电话箱，紧急呼叫的信息具有绝对优先权；沿线设置防护开关。德国的计算机辅助列车监控（或称行车调度 LZB）系统，具有安全调度功能。

日本的安全信息是通过综调系统对列车进行控制，法、德铁路安全信息通过列控系统对列车进行控制。我国可结合国内铁路运营管理特点，合理确定某些突发性灾害监测，直接对列车进行实时控制（如地震超限、异物侵限、强风等）；另一些具渐进性灾害监测由调度人员确认处理后决定对列车进行控制（如降雨、洪水、轨温、火灾等）。

防灾安全监控系统提供有关防灾数据（预警、限速、停运决策信息），为列车运行计划调整、限速和恢复正常运行提供依据，保证列车正点运行。防灾安全监控系统设备必须安全可靠，直接对列车限速的软、硬件设备必须故障冗余。

一、自然灾害监控系统

地震、强风、暴雨、洪水等这些自然灾害，目前人类还难以抗拒，对高速行驶的列车有一定的影响。因此结合提速线路通过地区实际可能发生的灾害，建立相应的监测、预警系统，并制定各种预防措施，控制列车运行速度，防止事故发生或避免灾害的破坏，是现代化铁路运输系统中不可缺少的重要措施。

我国是一个幅员辽阔，地质地理条件复杂，南北气候差异很大的国家，也是自然灾害频繁发生的少数几个国家之一。据统计，8 万多公里既有铁路，每年造成行车事故的原因约 1/3 是因为自然灾害所引起的。

强横风作用下，可能引起接触网的强烈摆动和翻转；作用于车辆的侧向大风（简称“横风”），则将影响高速列车运行的横向稳定性。

强降雨主要由台风、气旋性涡流引起的，往往是引起洪涝塌方、泥石流的直接原因。连绵阴雨、大面积集中降雨或上游暴雨会引起河流陡涨，造成河堤决口的危险。河流自山区进入平原后，形成涨冲落淤或洪水渲泄不及，线路易受汛期江河下游大范围洪涝灾害。路基浸水造成线路溜坡、沉降、坍塌、变形和冲毁路基桥涵设备等。另外，桥墩冲刷、冰凌卡塞和船舶撞击桥梁等灾害也应引起注意。图 6-84 为风、雨量及洪水监测系统结构示意图。

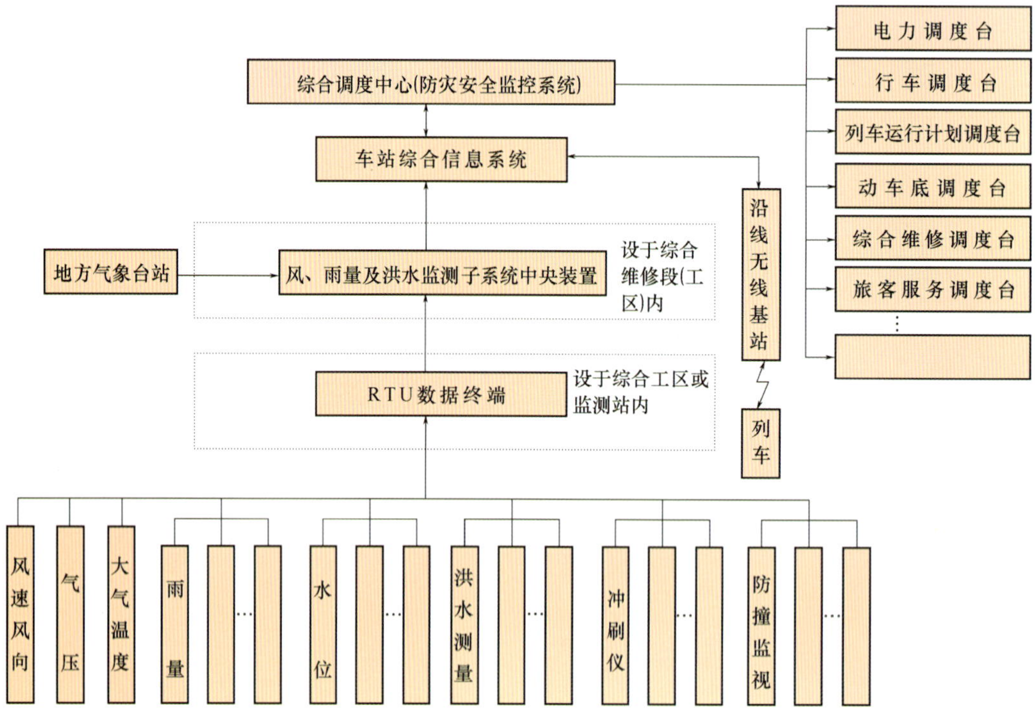

图 6-84　风、雨量及洪水监测系统结构示意图

（一）地震监测

地震是当今人类所面临的重大自然灾害之一，是一种发生概率相对小，但危害性大，监测投资高，暂时无法完全预测的一种自然灾害。中国位于世界两大地震带——环太平洋地震带与欧亚地震带之间，地震活动十分发育、频繁，强度大、震源浅、分布广，是内陆地震灾害严重国家之一。以京沪线为例，经过三个主要地震构造带：①北京—济南属河北平原凹陷构造带，历史上发生过 1679 年三河平谷 8 级地震，1966 年邢台 7.2 级地震，1976 年唐山 7.8 级地震。②济南—蚌埠属郯庐地震构造带，历史上发生过 1688 年莒县郯城间 8.5 级地震，1969 年渤海 7.4 级地震。③蚌埠—上海属扬子—南黄海地震构造带，历史上发生过 1624 年扬州 6 级地震，1979 年溧阳 6 级地震。资料表明，近 700 年来（1300—1990 年）距线路 200 km 以内，震级大于等于 6.0 级和距线路 500 km 以内，震级大于等于 7.0 级的地震共发生过 17 次，平均每 41 年发生一次，烈度大都大于等于 7.0 度。从地震震害资料可知，当地震烈度为 7.0 度时，就会对隧道产生轻微的破坏。1976 年唐山 7.8 级大地震，震中烈度 11 度，使京山铁路遭受严重损坏，受害线路总沿长达 500 多 km，多处桥梁墩台错动、断裂，甚至倾斜倒塌，梁体错位、翻倒或坠落，造成该地区铁路运输全面中断，导致抗震救灾生命线工程严重受阻。

对铁路而言，过去列车运行速度低时，地震的危害性还不特别突出，但当列车运行速度大于 200 km/h 以后，一定强度的地震对路基、轨道、桥梁的冲击都可能会导致高速运行的列车发生重大事故。在高速铁路较为发达的日本、法国等，均针对铁路运输建立了地震紧急处置系统，以防止或减轻地震灾害、特别是次生灾害对铁路运输造成的损失。当发生强烈地震后，列车根据警报，及时采取适当应急措施，并切断本地区供电，防止其他列车再进入本区域。通常认为强震发生后，应使高速运行的列车尽快将速度降低到 160～170 km/h 以内才较安全。地震监测系统的主要任务将使临近震中的列车尽快制动减速，或不进入地震区。

参照国外铁路地震防灾的结论和我国铁路地震防灾前期研究的成果，在《中国地震动参数区划图》标定为0.10g（地震基本烈度Ⅶ度）以上的地区，应建立地震监测设施。

1. 地震监测系统建设的目标及原则

地震监测系统建设的目标是应用先进的检测和分析技术，充分利用铁路通信网络资源，准确、及时地检测出已发生的地震，并根据分析出的地震危害程度对列车运行进行管制，最大限度地减少因地震导致的灾害损失，防止次生灾害的发生。同时，系统监测和分析的数据可对震后救援和尽快恢复运营提供参考。

地震监测系统建设的原则是标准化、规范化、先进性、安全性、可靠性、可扩充性和信息通道、服务器、数据库等软硬件共享性。

2. 系统功能

尽管地震处置系统可以根据地震波传播速度，采用各种技术在地震灾害传播到铁路轨道前发出报警，但其主要功能是检测到地震后起作用。因此，其功能主要是利用地震发生后短短的几秒钟到数十秒钟控制列车减速或停止运行，其作用是避免或降低灾害破坏程度、防止次生灾害，尽可能快速进行救援、维修、恢复运营，减少灾害损失。系统主要包括：数据采集、处理、数据传输和报警几部分。图6-85为地震处置系统信息流向示意图。

从图6-85中4个主要信息流（图中①、②、③、④）表示了地震处置系统的4个作用，分别如下：

（1）当监测到达到报警阈值的地震动加速度时，向牵引供电系统或列控系统发出停止列车运行的控制信息；

（2）地震发生时，车站级设备向车站综合信息系统提供报警信息和地震参数，供车站突发事件紧急预案参考；

（3）地震处置系统将地震信息实时传送到运营调度中心，调度中心根据最大地震动参数快速启动震后巡检和（列车停止运行后）恢复列车运行管制预案；

（4）地震处置系统通过运营调度中心将监测到的地震信息传送到综合维修和救援系统，供快速抢修和快速救援参考。

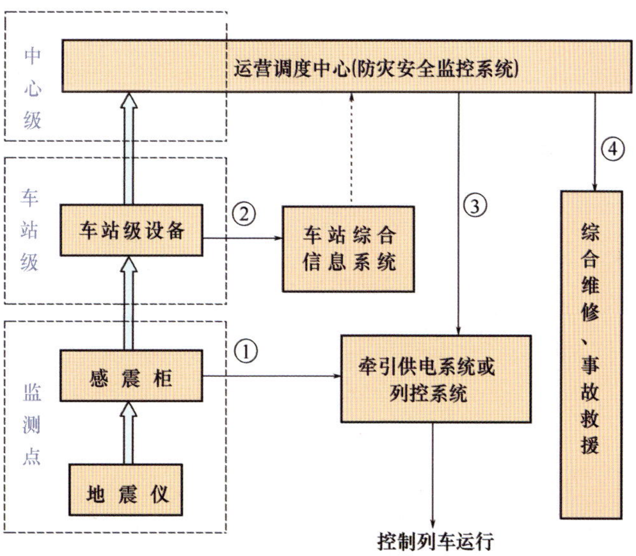

图6-85　地震处置系统信息流向示意图

3. 报警阈值（EAT）和报警方式的确定

（1）报警阈值

根据前期对大华北地区地震影响的研究结论，报警阈值由线路基础设施（路堤及各种桥梁）在典型地震波激励下的动力响应系数 D_i，确定最大动力响应系数 $D=\text{Max}(D_i)$；在保证列车安全运行前提下，轨道所能承受的最大横向加速度限值为 A，从而确定报警阈值：$EAT=A/\text{Max}(D_i)$。经计算，大华北地区地震处置系统报警阈值建议取：$EAT=45$ gal。

（2）报警方式

报警方式实际就是地震瞬间控制列车运行的方式。经前期研究对比，建议地震发生时采取对牵引变电所停止供电的方式对列车运行进行控制。这种控制方法安全性高、实时性强，能在监测到地震的第一时间控制列车制动。

4. 监测点的设置

由于报警方式采用对牵引供电系统控制的方式，因此监测点的设置，原则上设置在沿线牵引变电所或车站内，便于利用铁路通信通道进行信息传输和维护管理。在设置监测点时，要考虑避免非地震原因的报警。

5. 监测点与报警安全性分析

监测点的设置与报警安全性有密切的关系，按照大华北地区铁路地震报警阈值定为 45 Gal，监测点设置间距 20～30 km，在地震发生时，最坏情况如图 6-86 所示。图中 A，B，C 三个监测点，当距离震中最近的 B 监测点因故障未正常工作，相邻的 A 和 C 监测点监测到 45 Gal 地震波时，传送到铁路沿线（B 点）的地震冲击波已经达到灾害程度（120 gal）。从图 6-86 中可以看出，报警阈值与监测点设置间距是恰当的。

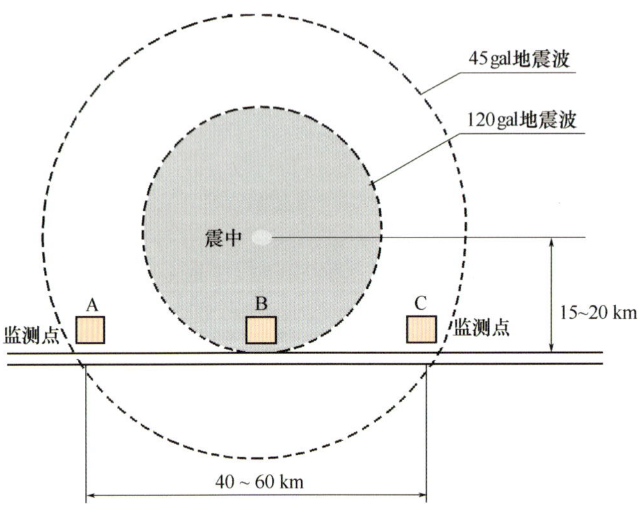

图 6-86　监测点设置间距与报警阈值的关系

（二）风监测

横风对列车运行时的稳定性，涉及到空气动力学和车辆动力学。列车运行时的稳定性与横风特性、列车外形、尺寸、质量、重心高、运行速度和线路结构物外形特征密切相关。横风作用下，用倾覆系数 D 表示列车运行危险程度。

车辆在临界倾覆状态下，$D=1$，为确保车辆不发生倾覆，我国采用 $D\leqslant0.8$ 作为评定车辆防止倾覆安全性的控制指标。须指出的是，D 与轮重减载率 $\Delta P/P$ 虽然都是衡量安全的指标，但意义不同。D 是动减载程度；$\Delta P/P$ 是静减载程度（低速运行时不计横向振动惯性力和离心力）。图 6-87 为作用于车辆的外力，其中主要有列车通过曲线时，未被平衡的离（向）心力、车辆振动横向惯性力和横风作用力。

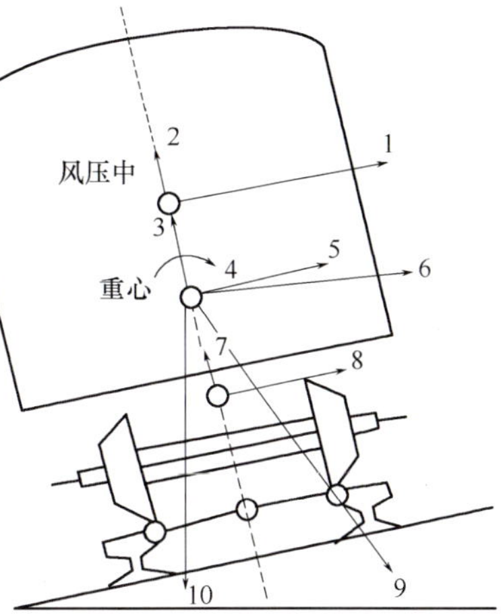

图 6-87　作用于车辆的外力及临界倾覆合力

1—风阻力；2—升力；3—车辆垂直振动惯性力；4—车辆侧滚振动惯性力矩；
5—车辆横向振动惯性力；6—离心力；7—车钩力的垂直分量；
8—车钩力的水平分量；9—临界倾覆合力方向；10—重力。

1. 监测点的设置

沿线长大桥梁、车站及大风区间应设置风向风速计，桥梁和路堤上的风向风速计宜安装在高5～7 m的电杆上。风监测系统应包括风向风速计、发送装置、接收分析记录显示装置。测风设备应满足该地自然环境条件要求。

2. 列车限速

当风速超过规定限值时，风监测系统应及时报警。警报标准应根据线路条件、列车抗风性能、风特性和周围环境等因素综合确定。提速区段列车限速标准，可参考京沪高速铁路前期研究的结果。

强风管制建议值见表 6-19。

表 6-19　强风管制建议值

风速(m/s)	不设挡风墙		设置一定标准的挡风墙
	风向向曲线外侧	风向向曲线内侧	
20≤风速＜25	注意观测	列车限速 200 km/h 以下	不加限制
25≤风速＜30	列车限速 200 km/h 以下	列车限速 80 km/h 以下	注意观测
30≤风速＜35	列车限速 80 km/h 以下	停　运	列车限速 200 km/h 以下
风速≥35	停　运	停　运	列车限速 80 km/h 以下

注：1. 风速指瞬时风速；
2. 计算时以国产 270 km/h 车辆为主，参考日本 500 系列车型，考虑高路堤和桥梁对风速的修正；
3. 曲线取 R=5 500 m，曲线超高 C=0.10～0.18 m 计算。

3. 设置铁路挡风墙

在风区铁路路堤和桥上迎风侧修建挡风墙（栅），降低作用于车辆上的气动力，从而提高车辆临界倾覆风速，是一项有效的防风安全措施。在强风区风口地段建议安装挡风墙。实践证明，挡风墙外7～8级风（13～18 m/s），挡风墙内可降至4级（6 m/s）；3 m高的挡风墙尾涡区的平均风速仅为路肩上10 m高处平均风速的20%。设计挡风墙时应结合挡风墙的防风机理和防风特性，合理确定挡风墙型式和高度，并适当考虑工程投资。

（三）降雨监测

雨害不像地震、风灾那样具有突发性，它是按积少成多，循序渐进的规律形成灾害的，但破坏力大，影响面宽，降雨直接诱发各种路基病害的发生。降雨的影响主要取决于降雨强度：时雨量、连续雨量（24 h）和累积降雨量（48 h 连续或间断雨量）。

防止路基灾害，对不同地区、不同河流，其雨量和水位警戒值也不同。目前各铁路局根据当地水文气象、地质地理条件，铁路设施状态和以往洪灾历史，在部分线路区段、桥涵等区域设置警戒值。气象防灾系统总体结构如图 6-88 所示。

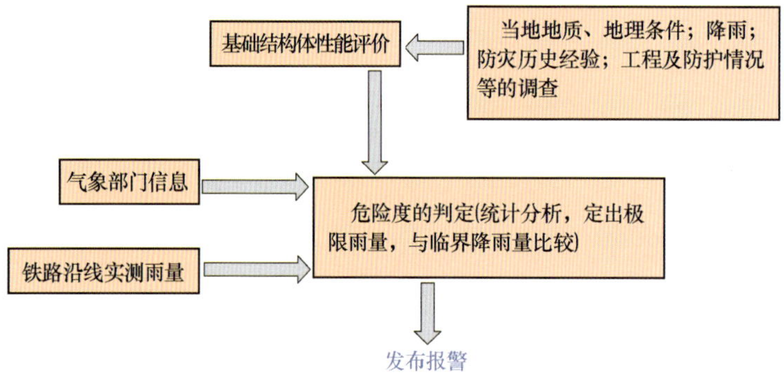

图 6-88　气象防灾系统简图

1. 雨量检测系统构成

雨量检测系统包括数据采集设备、数据传输网络、检测终端设备。图 6-89 为一种翻斗雨量检测系统。

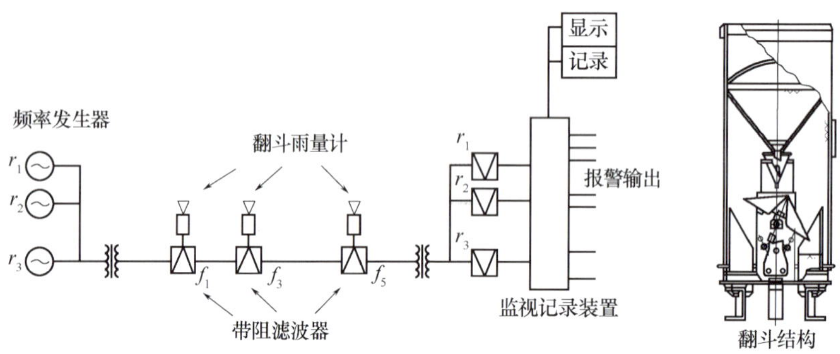

图 6-89　翻斗雨量检测系统

2. 监测点的设置

前期研究认为，沿线 5 年一遇的日最大降水量大于 100 mm 的区间，每间隔约 25 km 处、位于山坡山脚地带的填土路基，以及有可能发生滑坡、泥石流或路基下沉的路堑、路堤、隧道入口等应设置雨量探测器。

雨量计宜设在综合维修段、综合工区或车站所在地附近，并应安装在无遮掩、宽敞的场所，高度宜在地面以上 1～4 m。

3. 报警及相应措施

雨量及洪水报警标准与措施，应根据线路基础状况、气候与地理条件和致灾洪水强度综合分析确定。运行措施、巡检区域或巡检方式按各区段具体情况而定。雨量按小时雨量、连续雨量、累计雨量来确定警戒值大小。

对重点警戒区段，过去有过破坏历史的，按该地历史记录中破坏时的最小值的 90%作为发布警戒的标准；无破坏历史的，按过去 10 年间 5～11 月的最大累计降雨量的 90%作为发布标准值。水位及冲深警报标准还应综合桥梁梁底到水面净高、禁止通航水位、桥墩台耐冲刷能力、护岸提防强度等加以考虑。

报警标准达到警戒及巡检标准时，应加强地面巡检或添乘巡检，异常情况及时报调度中心（或列控中心）；综合维修工区应做好加固与维修准备工作；救援及车站应做好救援的准备工作。

提速区段列车限速标准，可参考规划中的京沪高速铁路前期研究成果，其降雨警戒及行车管制限值的建议见表 6-20。

表 6-20　降雨警戒及行车管制限值的建议

<table>
<tr><th colspan="3">运行管制</th><th>连续雨量
(24 h 累计)(mm)</th><th>时雨量
(mm)</th><th>连续雨量＋时雨量
(mm)</th><th>雨量报告(mm)</th><th>备　注</th></tr>
<tr><td rowspan="3">警戒</td><td colspan="2">第 3 种</td><td>100～110</td><td></td><td></td><td>每 1 h 一次</td><td></td></tr>
<tr><td colspan="2">第 2 种</td><td>120～130</td><td>35</td><td>110＋20</td><td rowspan="2">每 0.5 h 一次</td><td>每 3～4 h 巡检一次</td></tr>
<tr><td colspan="2">第 1 种</td><td>140</td><td>40</td><td>120＋25</td><td>每 2 h 巡检一次</td></tr>
<tr><td rowspan="3">限速
运行</td><td rowspan="2">200 km/h</td><td>B 区域</td><td></td><td>45</td><td>140＋30 或 160＋2</td><td rowspan="3">每 0.5 h 一次</td><td rowspan="3">实时地面巡检，
适当添乘巡检</td></tr>
<tr><td>A 区域</td><td></td><td>50</td><td>150＋30 或 180＋2</td></tr>
<tr><td>80 km/h</td><td>B 区域</td><td></td><td>55</td><td>150＋32 或 180＋2</td></tr>
<tr><td rowspan="2">停止
运行</td><td colspan="2">有砟轨道区域</td><td></td><td>60</td><td>190＋40 或 250＋20</td><td rowspan="2">每 10 min 一次</td><td rowspan="2">连续雨量时 B
区域紧急巡检。
一时的集中豪雨，
要注意地点紧急巡检</td></tr>
<tr><td colspan="2">无砟轨道区域</td><td></td><td>70</td><td>200＋50</td></tr>
</table>

注：第 3 种警戒是指在预先确定的区间，以及指定在设备保养上要注意的地点进行定时的巡检警戒；第 2 种警戒，是指在第 3 种警戒对象以外的土工结构物和隧道洞口附近，进行周期性的巡检警戒；第 1 种警戒，是指在第 2 种警戒对象以外的预先指定的区间或认为有可能受灾的地点，进行周期性的巡检警戒。

警戒：雨量达到颁布标准，基本没有发生灾害的可能，能预测出灾害的部分前兆，需要警戒。

限速运行：雨量达到颁布标准，经验表明没有灾害的发生，无异常降雨，有发生轻微灾害的可能性，要考虑限速运行。

停止运行：雨量达到颁布标准，有发生灾害的可能性，需要停止运行。

B 区域：连续雨量大于 150 mm，并且时雨量达 40 mm 时的巡检区间；其他的为 A 区域。

时雨量达 50 mm 时的巡检区间称之为“要注意地点”。

4. 管制解除

雨后，路基的受害程度可能要经过一定时期才能有所反映，因此需根据现场实际情况，地面巡检或添乘巡检确认安全后，才能按一定的标准恢复正常运输。雨停到解除管制的时间参考下列三者中的最大值：①雨停后 12 h；②雨停后土中水位超过最大值的时间；③有雨停后发生破坏历史的，雨停后到破坏的时间。

（四）轨温监测

速度 200 km/h 及以上线路全线将铺设跨区间无缝线路。在夏季，随着轨温的升高，无缝线路长钢轨的纵向应力将增大，有砟轨道如果在夏季夜间进行大型养路机械作业，作业后将改变道床作业前的状态，道床的纵向、横向阻力均有所下降，导致无缝线路保持稳定的安全储备量将减少。如果轨温继续升高，达到或超出某一临界值时，若有任意的激扰，如过车时的振动、列车在该地段制动、线路维修等，无缝线路将失去保持稳定的能力，从而发生胀轨跑道事故，对高速运行的列车安全构成威胁。

实测表明，经过人工或机械破底清筛的道床，或起道之后的道床，轨枕横向阻力大幅度降低，一般不足作业之前稳定道床阻力值的一半。取Ⅲ型轨枕在道床中横向位移 2 mm 的阻力值为比较条件，以沪宁、沪杭线为例：起道之前稳定道床的横向阻力值为 12.8 kN/根，当起道 40 mm、捣固之后的道床横向阻力值为 4.8 kN/根，动力稳定加边坡夯拍后为 6.4 kN/根，通过 12 万 t 运量后为 8.1 kN/根。可见，起道作业后的道床横向阻力较低，约为道床稳定状态横向阻力值的 38%；动力稳定加边坡夯拍后的道床横向阻力可以恢复至道床稳定状态时横向阻力值的 50%～60%；通过少量运量后横向阻力可以恢复至 60%～70%，所以，每次作业后应进行道床动力稳定工序。

由于桥上无缝线路长钢轨承受附加纵向力的作用，不设伸缩调节器的多跨简支梁无缝线路在两端的桥台附近，钢轨附加伸缩力最明显。因此应在有砟轨道无缝线路曲线半径较小的地段，以及多跨简支梁桥有砟轨道无缝线路地段设置轨温监测装置。并且，以该地段的大型养路机械作业前后的道床状态作为监测系统的计算参数。

由于轨温与气温有紧密的联系，通常小范围内（<10 km）的气温几乎相同。因此，一般情况下，每隔 70 km 设置一处轨温监测装置，在桥梁较多地段或曲线较多地段，可根据实际适当增设。

根据钢轨温度和不同的道床状态（如有砟轨道、路基或桥上、锁定温度、起道作业、横向阻力值等）定出不同的行车限速规定，保证运行安全。图 6-90 为轨温监测信息结构示意图。

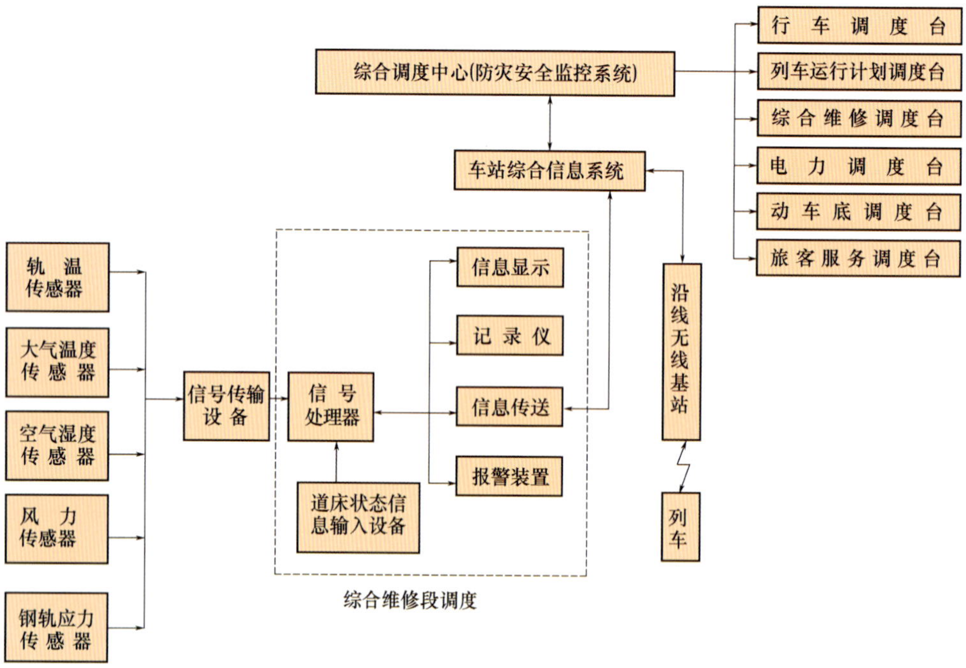

图 6-90 轨温监测系统结构示意图

二、异物侵限监控系统

（一）一般防护

为避免闲人进入铁路线路范围内，沿线路两侧或在铁路用地限界处，设置一定高度的金属防护网，每隔一定距离设禁止入内警示牌。防护网应满足行业标准 JT/T 374—1998《隔离栅技术条件》要求及铁路相应技术条件要求。

高速列车站台应设置可视监控装置；凡有列车高速通过的站台，在站台安全线内应增设固定或活动防护栅。

（二）防护栅及监视报警系统

线路上有可能发生崩坍、落石、塌方的地段，应设置防护栅及监视报警系统，严重地段应建棚洞。

公路跨越铁路或与铁路线并行（公路低于铁路 1.5 m 以上除外），在公路与铁路的交界处，应设置防止汽车翻落及异物跌落的防护工程，防护（网）工程应符合相应技术条件要求。

柔性防护系统是一种高强度金属网为主体的防护技术及结构。被动系统的防护能量从 50 kJ～5 000 kJ；主动系统从防止边坡风化，边坡加固，一直发展到可以治理浅表层边坡问题，应用范围涉及铁路、公路、矿山、建筑业等多个领域，将冲撞动能转换成变形能和摩擦能。防护网的最大位移既应满足吸收冲撞能量的需要，同时满足安全限界的要求。

图 6-91 为金属防护网，图 6-92 为金属防护网在出厂前进行强度和变形试验。建防护工程同时，应设置边界故障报警装置。

图 6-91　铁路线上桥梁金属防护网

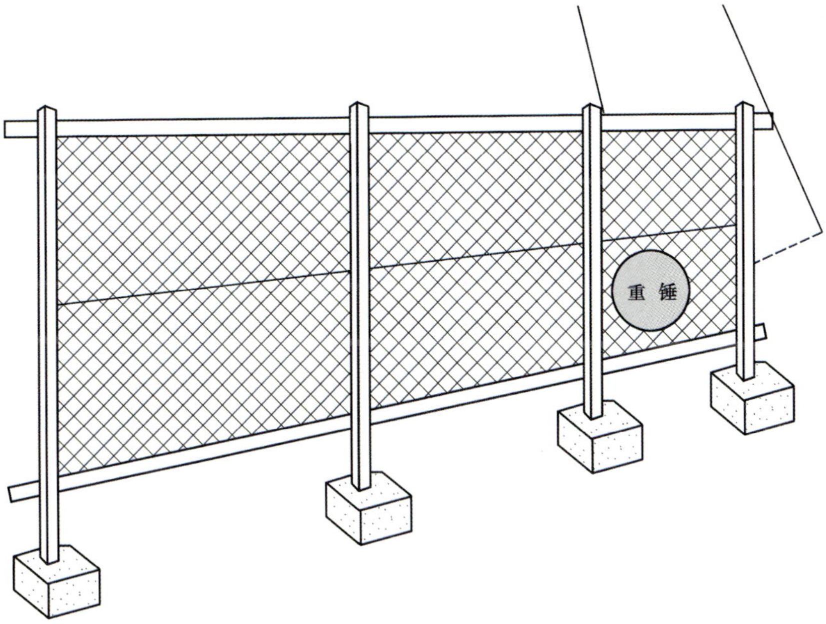

图 6-92　金属防护网强度试验

1. 柔性防护网的设计要求

垂直作用于护栏的碰撞能量 E 可由下式求得：

$$E=9\,810\times\frac{1}{2g}W\times v^2\sin^2\theta \tag{6-1}$$

式中　E——垂直作用于护栏的碰撞能量（J）；

g——重力加速度（9.81 m/s^2）；

W——汽车或其他物体质量（t）；

v——碰撞速度（m/s）；

θ——碰撞角度（°）。

部分国家的公路护栏设计要求见表 6-21。

表 6-21 部分国家的公路护栏设计要求

国家	碰撞车或物体质量(t)	碰撞速度(km/h)	碰撞角度(°)	垂直作用于护栏的能量(kJ)
日本	14	60	15	130
		80	15	230
美国	2	96	25	130
英国	1.5	113	20	88
法国	1.25	80	20	36
		80	30	77
		100	20	57
	3.5	80	30	220
	12.0	70	20	270
	38.0	70	20	840
荷兰	0.5～2.0	120	20	32～130
	3.5～10.0	85～60	20	110～160
德国	1.0	100	20	45
	10	70	20	230
意大利	1.5	113	20	88
瑞典	2.0	96	25	130
中国	10	60	15	93
		80	15	170

注：按 JTJ 074—1994 技术规范规定，我国防护栏的设计条件为：①设计标准车为卡车，车型为东风或解放，总质量为 10 t；②碰撞速度按平均速度的 80%计，设为 60 km/h，危险段强化型设计碰撞速度 80 km/h(适于铁路和居民区)；③碰撞角度 15°。

对于桥梁护栏，还要考虑到发生事故的严重性，其防护能量标准应相应提高。部分国家的桥梁护栏碰撞能量标准见表 6-22。

表 6-22 部分国家的桥梁护栏碰撞能量标准

防撞等级*	国别	车辆质量(kg)	碰撞速度(km/h)	碰撞角度(°)	碰撞能量(kJ)
PL1	日本	14 000	40	15	58
		14 000	35	15	44
	美国	2 040	96	15	49
		2 453	72	20	59
	英国	1 500	80	20	434
	中国	1 955	80	20	57
		9 200	50	15	60
PL2	日本	14 000	60	15	130
	美国	2 043	96	25	130
		2 453	104	20	120
	英国	1 500	113	20	87
	中国	9 290	70	15	120

（续上表）

防撞等级*	国　别	车辆质量(kg)	碰撞速度(km/h)	碰撞角度(°)	碰撞能量(kJ)
PL3	日　本	14 000	80	15	230
	美　国	9 080	96	15	220
		2 450	104	20	120
	中　国	13 300	80	15	220

*注：1. 根据碰撞能量桥梁护栏防撞等级分为三级，防撞等级表示桥梁护栏阻挡车辆碰撞的能力；
2. 日本高速铁路跨线桥和靠近铁路侧的公路旁设置的防护栏，要求能承受 PL3 防撞等级。

2. 柔性防护网的最大容许变形量

铁路柔性防护网的最大容许变形量应结合撞击能量标准、铁路限界、桥面距轨面高度、铁路用地限界等因素综合考虑。

参照汽车与护栏撞击计算模型，汽车与柔性防护网侧向撞击后的最大容许变形量与垂直碰撞力之间的关系由下式确定：

$$Z=\frac{\pi}{2}\cdot\frac{mv_1^2\sin^2\theta}{2\,000F_{横}}-C\sin\theta+b\ (1-\cos\theta)\ k/F_{横}+a \tag{6-2}$$

式中　$F_{横}$——撞击后作用在网上的垂直力；　　Z——网的最大容许变形量；

θ——碰撞角度；　　v_1——碰撞速度；

C——车辆重心至前保险杠的距离；　　m——车辆质量；

b——车辆宽度；　　k，a——常数。

由式（6-2）可知，在碰撞能量确定的情况下，设计要求最大容许变形量与所能承受的碰撞力成反比，由此计算的我国桥梁护栏不同等级碰撞力和变形量之间的关系如表 6-23 所示。

表 6-23　我国桥梁护栏不同等级碰撞力和设计变形量之间的关系

防撞等级	设计技术条件				
	车辆速度(km/h)	车辆质量(t)	碰撞角度(°)	碰撞力(kN)	
				$Z^*=0$ m	$Z^*=0.3\sim0.6$ m
PL1	80	2	20	120	85～70
	50	10	15		
PL2	70	10	15	200	160～125
PL3	80	14	15	360	280～230

注：Z^* 表示护拦的容许变形量。

曾选用两种国产防护网，进行了 135 kJ 和 212 kJ 级别的车辆碰撞试验，结果如表 6-24 所示。

表 6-24　车辆碰撞试验结果

防护网型号	最大防护能量(kJ)	网块规格宽×高	网孔直径(mm)	最大冲击能量(kJ)	变形距离(m)
AXⅠ-015	150	5 m×2 m	300	135	1.64
AXⅠ-030	300	5 m×2 m	300	212	1.80

通过本次冲击试验，研究和分析防护网系统性能及其变形，对系统的技术指标、安装系统性能进行了验证，为制定相关的柔性防护网标准提供试验依据和数据支持。

3. 柔性防护网的防腐要求

防护网长期在大气环境中服役，设计寿命达 50 年以上。要保证防护网在服役期间的强度和美观，应特别关注金属表面的保护问题。大气中的水分和污染物会慢慢腐蚀金属网，特别是空气中的

SO_2和Cl离子等在一定湿度下，还会加速金属的腐蚀，防护网腐蚀后会降低系统的防护能力，也影响城镇周围的景观。应选择防腐性能好、经济的防腐方法。

第六节　轨道状态控制和养护维修

轨道状态分为轨道几何状态、轨道部件伤损状态和轨道质量劣化状态。轨道几何状态包括轨道几何不平顺状态，即轨道结构的轨距、水平、高低、方向、扭曲5项。在高速线路上还包括长波不平顺的控制、轨距变化率和曲率变化率的控制。此外，轨道几何状态还包括钢轨踏面不平顺状态，即轨面波磨、剥离掉块及钢轨焊接接头的平直度。轨道部件伤损状态指钢轨轻伤、重伤标准、轨枕伤损标准等。轨道质量劣化状态指道床脏污板结等。

由于随着行车速度的提高，轨道几何尺寸的偏差对轮轨相互作用、行车安全及乘车的舒适性影响显著加大。为了将上述影响控制在适当的范围，轨道几何状态的控制必然是随行车速度的提高而愈加严格。当然，为了提高列车运行的安全性，轨道部件的伤损标准和轨道质量的劣化标准也会随着行车速度的提高而适当提高。

一、轨道几何不平顺管理

轨道几何不平顺静态及动态管理标准，目前在国内有下列几个不同的版本。

（一）《铁路线路修理规则》（2006年版）相关规定（v_{max}>160 km/h，正线）

1. 线路轨道静态不平顺允许偏差管理值（表6-25）

表6-25　线路轨道静态不平顺允许偏差管理值

项　　目	作业验收(铺设精度)	经常保养	临时补修
轨　距(mm)	+2 −2	+4 −2	+6 −4
水　平(mm)	3	5	8
高低(10 m弦)(mm)	3	5	8
轨向(10 m弦)(mm)	3	4	7
扭　曲(mm)	3	4	6

注：1. 轨距偏差不含曲线上按规定设置的轨距加宽值，但最大轨距(含加宽值和偏差)不得超过1 456 mm；
2. 轨向偏差和高低偏差为10 m弦测量的最大矢度值；
3. 三角坑偏差不含曲线超高顺坡造成的扭曲量，检查三角坑时基长为6.25 m，但在延长18 m的距离内无超过表列的三角坑；
4. 专用线按其他站线办理。

2. 道岔轨道静态不平顺允许偏差管理值（表6-26）

表6-26　道岔轨道静态不平顺允许偏差管理值

项　　目	作业验收(铺设精度)	经常保养	临时补修
轨　距(mm)	+2 −2	+4 −2	+5 −2
水　平(mm)	3	5	7
高　低(mm)	3	5	7

（续上表）

项　　目		作业验收(铺设精度)	经常保养	临时补修
轨　向(mm)	直　线	3	4	6
	支　距	2	3	4
扭　曲(mm)		3	4	6

注：1. 支距偏差为现场支距与计算支距之差；
2. 导曲线下股高于上股的限值：作业验收为 0，经常保养为 2 mm，临时补修为3 mm；
3. 三角坑偏差不含曲线超高顺坡造成的扭曲量，检查三角坑时基长为 6.25 m，但在延长 18 m 的距离内无超过表列的三角坑；
4. 尖轨尖端轨距作业验收标准为±1 mm；
5. 专用线道岔按其他站线道岔办理。

3. 轨道动态不平顺允许偏差管理值（表 6-27）

表 6-27　轨道动态不平顺允许偏差管理值

项　　目	经常保养	舒适度	临时补修	限速(160 km/h)
超限等级	Ⅰ级	Ⅱ级	Ⅲ级	Ⅳ级
轨　距(mm)	+4 −3	+8 −4	+12 −6	+15 −8
水　平(mm)	5	8	12	14
高　低(mm)	5	8	12	15
轨　向(mm)	5	7	10	12
扭曲(2.4 m)(mm)	4	6	9	12
车体垂向加速度 g	0.10	0.15	0.20	0.25
车体横向加速度 g	0.06	0.10	0.15	0.20

4. 区段整体不平顺（平均值管理）轨道质量指数（TQI）管理值（表 6-28）

表 6-28　轨道质量指数（TQI）管理值

项　　目		高低	轨向	轨距	水平	三角坑	TQI
管理值	$v_{max}\leqslant$160 km/h	2.5×5	2.2×2	1.6	1.9	2.1	15.0
	$v_{max}>$160 km/h	1.5×2	1.6×2	1.1	1.3	1.4	10.0

（二）《秦沈客运专线线路养护维修暂行规定》的相关规定

1. 线路轨道静态几何尺寸允许偏差管理值（表 6-29）

表 6-29　线路轨道静态几何尺寸允许偏差管理值

项　目	作业验收	经常保养	临时补修	限速(160 km/h)
轨　距(mm)	+2 −2	+4 −2	+6 −4	+8 −6
	变化率小于等于 1‰			
水　平(mm)	3	5	8	10
高　低(mm)	3	5	8	11
轨　向(mm)	3	4	7	9
扭　曲(mm)	3	4	6	8

注：1. 轨向偏差：直线段为用 10 m 弦测量的最大矢度值；
2. 高低偏差：为用 10 m 弦测量的最大矢度值；
3. 扭曲：基线长 2.4 m。

2. 道岔轨道静态几何尺寸允许偏差管理值（表 6-30）

表 6-30 道岔轨道静态几何尺寸允许偏差管理值

项 目		作业验收	经常保养	临时补修	限速(160 km/h)
轨距(mm)	岔 区	+2 −1	+4 −2	+5 −2	+8 −6
	尖轨尖	+1 −1	−2 −2	+3 −2	
水 平(mm)		3	5	7	10
高 低(mm)		3	5	7	11
轨距(mm)	直 线	3	4	7	9
	支 距	2	3	4	
扭 曲(‰)		变化率≤1	变化率≤2.5	变化率≤3	变化率≤4.2
查照间隔(mm)		+3 0			不小于 1 391
护背距离(mm)		−2 0			不大于 1 348

注：1. 支距偏差为实际支距与计算支距之差；
2. 导曲线下股高于上股道限值，作业验收为 0，日常保养为 2 mm，临时补修为3 mm；
3. 特殊道岔的轨距容许偏差按设计图办理。

3. 轨道动态不平顺允许偏差管理值（表 6-31）

表 6-31 轨道动态不平顺允许偏差管理值

项 目	作业验收管理标准	保养管理标准	舒适度管理标准	临时补修管理标准	限速 160 km/h 标准
等 级		Ⅰ级	Ⅱ级	Ⅲ级	Ⅳ级
轨 距(mm)	+4 −2	+5 −3	+6 −4	+8 −6	+12 −8
水 平(mm)	4	6	8	10	13
高 低(mm)	4	6	8	11	14
轨 向(mm)	4	5	7	8	10
扭曲(基线长 2.4 m)(mm)	4	5	6	8	10
车体垂向加速度 g	0.10	0.10	0.15	0.20	0.225
车体横向加速度 g	0.06	0.06	0.10	0.15	0.175

注：1. 表中轨道不平顺偏差限值为不平顺实际幅值的半峰值；
2. 高低、轨向不平顺的偏差限值按照轨道实际情况评定；
3. 轨道水平偏差限值不含曲线按照设计规定设置的超高量及超高顺坡量；
4. 轨道扭曲偏差限值包含缓和曲线超高顺坡造成的扭曲量；
5. 对连续三波及多波Ⅱ级周期性不平顺和轨向水平逆向复合不平顺要严格控制。

4. 区间整体不平顺（均值管理）轨道质量指数（TQI）管理值（表 6-32）

表 6-32 轨道管理质量指数（TQI）管理值

项 目	高 低	轨 向	轨 距	水 平	扭 曲	TQI
管理值	1.5×2	1.6×2	1.1	1.3	1.4	10.0

（三）《既有线提速 200 km/h 技术条件》的相关规定

1. 线路轨道静态不平顺允许偏差值（表 6-33）

表 6-33　线路轨道静态不平顺允许偏差管理值

项　目	作业验收(铺设精度)	经常保养	临时补修	限速(160 km/h)
轨　距(mm)	+2 −2	+4 −2	+6 −4	+8 −6
	变化率小于或等于 1‰(测点间距 3.125 m)			
水　平(mm)	3	5	8	10
高　低(10 m 弦)(mm)	3	5	8	11
轨　向(10 m 弦)(mm)	3	4	7	9
扭　曲(2.4 m)(mm)	3	4	6	8

注：1. 轨向偏差：直线为 10 m 弦测量的最大矢度值；高低偏差为 10 m 弦测量的最大矢度值；
2. 扭曲偏差不含曲线超高顺坡造成的扭曲量，检查扭曲时基长为 6.25 m，但在延长 18 m 的距离内无超过表列的扭曲量；
3. 铺设精度指区间有砟轨道的铺设精度。

2. 道岔轨道静态不平顺允许偏差管理值（表 6-34）

表 6-34　道岔轨道静态不平顺允许偏差管理值

项　目		作业验收(铺设精度)	经常保养	临时补修	限　速(160 km/h)
轨距(mm)	岔　区	+2 −2	+4 −2	+5 −2	+8 −6
	尖轨尖端	+1 −1	−2 −2	+3 −2	
水　平(mm)		3	5	7	10
高　低(mm)		3	5	7	11
轨距(mm)	直　线	3	4	6	9
	支　距	2	3	4	
扭　曲(‰)		3	4	6	8

注：1. 支距偏差为实际支距与计算支距之差；
2. 导曲线下股高于上股道限值，作业验收为 0；日常保养为 2 mm，临时补修为 3 mm；
3. 扭曲偏差不含曲线超高顺坡量，检查扭曲时基长为 6.25 m，但在延长 18m 的距离内无超过表列限值；
4. 特殊道岔的轨距允许偏差按设计图办理。

3. 轨道动态不平顺允许偏差管理值（表 6-35）

表 6-35　轨道动态不平顺允许偏差管理值

项　目	作业验收管理标准	经常保养	舒适度	临时补修	限速(160 km/h)
超限等级		Ⅰ级	Ⅱ级	Ⅲ级	Ⅳ级
轨　距(mm)	+4 −2	+4 −3	+8 −4	+12 −6	+15 −8
水　平(mm)	4	5	8	12	14
高　低(mm)	4	5	8	12	15
轨　向(mm)	4	5	7	10	12
扭曲(2.4 m)(mm)	4	4	6	9	12
车体垂向加速度 g	0.10	0.10	0.15	0.20	0.25
车体横向加速度 g	0.06	0.06	0.10	0.15	0.20

注：1. 表中轨道不平顺允许偏差限值为轨道不平顺实际幅值的半峰值；
2. 高低、轨向不平顺的偏差限值按照轨道实际情况评定；
3. 轨道水平偏差限值不含曲线按规定设置的超高值及超高顺坡量；
4. 轨道扭曲偏差限值包含缓和曲线超高顺坡造成的扭曲量，基长 2.4 m；
5. 对连续三波及多波周期性不平顺和轨向水平逆向复合不平顺要严格控制；
6. 铺设精度指有砟轨道的铺设精度。

4. 区间整体不平顺（均值管理）轨道质量指数（TQI）管理值（表6-36）

表6-36　轨道质量指数TQI管理值

项　目	高　低	轨　向	轨　距	水　平	扭　曲	TQI之和
管理值	1.6×2	1.5×2	1.1	1.3	1.4	10.0

注：轨道区段长度为200 m。

（四）《既有线提速200～250 km/h工务设备维修、安全管理暂行规定》的相关规定

1. 线路轨道静态几何尺寸允许偏差管理值（表6-37）

表6-37　线路轨道静态几何尺寸允许偏差管理值

项　目		作业验收	经常保养	临时补修	限速(160 km/h)
轨　距(mm)		+2 −2	+4 −2	+6 −4	+8 −6
水　平(mm)		3	5	8	10
高　低(mm)		3	5	8	11
轨向直线(mm)		3	4	7	9
三角坑(扭曲)	缓和曲线(mm)	3	4	6	8
	直线和圆曲线(mm)	3	4	6	8

注：1. 轨向偏差和高低偏差为10 m弦测量的最大矢度值；
2. 三角坑偏差不含曲线超高顺坡造成的扭曲量，检查三角坑时基长为6.25 m，但在延长18 m的距离内无超过表列的三角坑。

2. 道岔轨道静态几何尺寸允许偏差管理值（表6-38）

表6-38　道岔轨道静态几何尺寸允许偏差管理值

项　目		作业验收	经常保养	临时补修	限速(160 km/h)
轨　距(mm)		+2 −2	+4 −2	+5 −2	+8 −6
水　平(mm)		3	5	7	10
高　低(mm)		3	5	7	11
轨向直线(mm)	直　线	3	4	6	9
	支　距	2	3	4	
三角坑(扭曲)(mm)		3	4	6	8

注：1. 支距偏差为现场支距与计算支距之差；
2. 导曲线下股高于上股的限值：作业验收为0，经常保养为2 mm，临时补修为3 mm；
3. 三角坑偏差不含曲线超高顺坡造成的扭曲量，检查三角坑时基长为6.25 m，但在延长18 m的距离内无超过表列的三角坑；
4. 尖轨尖端轨距的作业验收的允许偏差管理值为±1 mm。

3. 轨道动态几何尺寸允许偏差管理值（表6-39）

表6-39　轨道动态质量允许偏差管理值

项　目	200 km/h≤v≤250 km/h			
	Ⅰ级	Ⅱ级	Ⅲ级	Ⅳ级
轨　距(mm)	+4 −3	+6 −4	+8 −6	+12 −8
水　平(mm)	5	8	10	13

续上表

项目			200 km/h$\leqslant v \leqslant$250 km/h			
			Ⅰ级	Ⅱ级	Ⅲ级	Ⅳ级
波长 1.2～42.0 m		高　低(mm)	5	8	11	14
		轨　向(mm)	5	7	8	10
三角坑(基长 2.5 m)(mm)			4	6	8	10
舒适性指标	等速检测	车体垂向加速度(m/s²)	1.0	1.5	2.0	2.5
		车体横向加速度(m/s²)	0.6	1.0	1.5	2.0
	160 km/h 检测	车体垂向加速度(m/s²)	0.6	1.0	1.2	1.6
		车体横向加速度(m/s²)	0.4	0.6	1.0	1.2
舒适性指标	波长 1.5～70.0 m	高　低(mm)	6	10	15	
		轨　向(mm)	6	8	12	
	轨距变化率(基长 2.5 m)(‰)		1.0	1.2		
	曲率变化率(基长 18 m)(1/m²×10⁻⁶)		1.2	1.5		

注：1. 高低和轨向偏差为计算零线到波峰的幅值；
2. 水平限值不包含曲线按规定设置的超高量及超高顺坡量；
3. 三角坑限值包含缓和曲线超高顺坡造成的扭曲量；
4. 车体垂向加速度采用 20 Hz 低通虑波，车体横向加速度采用 10 Hz 低通虑波；加速度等速检测速度应在 $v_{max}\pm10\%$ 范围内；
5. 避免出现连续多波不平顺和轨向、不平逆向复合不平顺。

4. 区段整体不平顺（均值管理）轨道质量指数（TQI）管理值（表 6-40）

表 6-40　轨道质量指数（TQI）管理值

项目		高低	轨向	轨距	水平	三角坑	TQI
200 km/h$\leqslant v \leqslant$250 km/h	波长范围为 1.5～42.0 m	1.3×2	1.2×2	1.0	1.2	1.3	8.0
	波长范围为 1.5～70.0 m	2.8×2	2.0×2				

注：波长范围为 1.5～42.0 m 的单项标准差计算长度 200 m，波长范围为 1.5～70.0 m 的单项标准计算长度 500 m。

（五）各规范中相关标准的对比和分析

分析上述 4 个规范（“规则”、“暂行规定”、“技术条件”和“暂行规则”）中的相关标准，可以得出如下结论。

(1)“轨道静态不平顺允许偏差管理值”表 6-25、表 6-29、表 6-33、表 6-37 中的数值，除表 6-25中缺少限速 160 km/h 的标准值之外，其他所有项目管管理值标准都是相同的。也就是说，上述 4 个规范中所规定的轨道静态不平顺允许偏差管理值适用于速度 160 km/h$\leqslant v \leqslant$250 km/h 的范围。但值得注意的一点是，表 6-29 中的秦沈线标准，扭曲的基线长是 2.4 m，其他 3 个标准中扭曲的基线长是 6.25 m。这个问题将在下面讨论。

(2) 关于《道岔轨道静态不平顺允许偏差管理值》标准，表 6-26、表 6-30、表 6-34 和表 6-38，除了表 6-26 中缺少限速 160 km/h 的标准值之外，其他所有项目和管理标准基本相同，其差异主要在秦沈线标准表 6-30 中，有以下两点：岔区轨道轨距偏差标准为$^{+2}_{-1}$ mm，其他规范相应标准为$^{+2}_{-2}$ mm；扭曲标准用‰率表示、无基线长的规定，其他规范中的道岔静态扭曲标准用 mm 表示、基线长 6.25 m。

(3) 轨道动态几何不平顺允许偏差管理值在本次制定的《既有线提速 200～250 km/h 工务设备维修、安全管理暂行规则》中有较大变动（见表 6-39），具体如下：

轨距、水平、高低、轨向、扭曲 5 个基本项的Ⅱ、Ⅲ、Ⅳ级标准与秦沈线标准（表 6-31）相同，而其中的Ⅰ级标准与《铁路线路修理规则》（表 6-27）及《既有线提速 200 km/h 技术条件》

（表 6-35）相同。

三角坑的测量基线长在《铁路线路修理规则》（表 6-27）、《秦沈客运专线线路养护维修暂行规定》（表 6-31）和《既有线提速 200 km/h 技术条件》（表 6-35）中，都是 2.4 m，而在本次制定的《既有线提速 200～250 km/h 工务设备维修、安全管理暂行规定》（表 6-39）中是 2.5 m。

在车体振动加速度检测项目中，本次《既有线提速 200～250 km/h 工务设备维修、安全管理暂行规定》（表 6-39）中划分了等速检测和 160 km/h 检测 2 档，且“等速检测”中各级的控制标准与《铁路线路修理规则》（表 6-27）和《提速 200 km/h 技术条件》（表 6-35）相同，而第Ⅳ级标准与《秦沈客运专线线路养护维修暂行规定》（表 6-31）有差异（秦沈为 0.225 g 和 0.175 g，而《既有线提速 200～250 km/h 工务设备维修、安全管理暂行规定》及其他规则为 0.25 g 和 0.2 g）。160 km/h 检测垂向和横向加速度标准为新制标准，无从对比。

长波 1.5～70.0 m 高低、轨间标准、轨距变化率（基长 2.5 m）和曲率变化率（基长 18 m）标准，是为检测、评定高速行车适舒性而新增加的项目。有关数值、标准是在参考国外资料，并结合我国大量实际检测资料的分析结果提出的。它对评定、控制提速 250 km/h 线路乘车的舒适性将有重要意义。

轨道动态局部不平顺偏差值为 4 个等级：Ⅰ级为保养标准，Ⅱ级为舒适度标准，Ⅲ级为临时补修标准，Ⅳ级为限速标准。按《铁路线路修理规则》的规律性，上一速度等级的限速（Ⅳ级）标准，就是下一速度等级的临时补修（Ⅲ级）标准，由于秦沈标准、提速 200 km/h 和提速 200～250 km/h 标准中，没有不同速度档次的标准，彼此之间的速度层次关系也并不明确，因此很难找出随着速度档次的提高各级标准之间的相对关系，今后有必要作为一个速度档次大系统，使不同速度档次、不同控制等级之间的相互关系更为协调。

制定轨道质量指数（TQI）管理标准（表 6-40）按波长范围 1.5～42.0 m 和 1.5～70.0 m 两挡分别列出了不同参数（项目）的 TQI 值及各参数的 TQI 总值管理值。在 1.5～70.0 m 波长范围只列出了高低和轨向两个单项的 TQI 值，没有列车各项 TQI 值之和的管理标准，这样只能进行单项管理和单项维修，和以前采用 TQI 进行综合维修管理在概念似乎有所差异。

（六）关于“扭曲”项目的检测基线长

在静态检测中，《铁路线路修理规则》、《既有线提速 200 km/h 技术条件》和《既有线提速 200～250 km/h 工务设备维修、安全管理暂行规定》中都采用测量基线长 6.25 m，唯独秦沈线在轨道静态检测中采用 2.4 m；在道岔轨道的静态检测中，扭曲用千分率表示，因而未标出基线长，在动态检测中，以前的三个规范检测扭曲的基长都是 2.4 m，而在本次采用的基线长是 2.5 m。

扭曲的管理值标准有的用“mm”表示，有的用“‰”表示。国内外相关技术标准对扭曲一项的表述也很不一致（见表 6-41）。

表 6-41　新建 200～250 km/h 客运专线有砟轨道几何尺寸静态验收标准

<table>
<tr><th>参数
规范</th><th>高低(mm)</th><th>轨向(mm)</th><th>水平(mm)</th><th>扭曲(三角坑)</th><th>轨距(mm)</th></tr>
<tr><td rowspan="2">时速 200 公里新建铁路线、桥、隧、站设计暂行规则</td><td>3</td><td>2</td><td>3</td><td>1‰</td><td rowspan="2">±2</td></tr>
<tr><td colspan="3">管理波长增加到 40～50 m</td><td>测量基线长 3 m</td></tr>
<tr><td rowspan="2">秦沈客运专线有砟轨道工程施工技术细则(试行)(建技[2000]121 号)</td><td>3</td><td>2</td><td>3</td><td>1‰</td><td rowspan="2">±2</td></tr>
<tr><td colspan="3">管理波长 40～50 m</td><td>测量基线长 3 m</td></tr>
<tr><td rowspan="2">秦沈客运专线有砟轨道工程质量检验评定标准(建技[2000]121 号)</td><td>3</td><td>2</td><td rowspan="2">3</td><td>1‰</td><td rowspan="2">±2</td></tr>
<tr><td colspan="2">测量弦长 10 m</td><td>测量基线长 3 m</td></tr>
</table>

（续上表）

<table>
<tr><th>参数
规范</th><th colspan="2">高低(mm)</th><th colspan="2">轨向(mm)</th><th>水平(mm)</th><th>扭曲(三角坑)</th><th>轨距(mm)</th></tr>
<tr><td rowspan="2">秦客运专线 300 km/h 综合试验段轨道不平顺管理标准建议值的研究</td><td colspan="2">3</td><td colspan="2">3</td><td rowspan="2">3</td><td>3mm</td><td rowspan="2">±2</td></tr>
<tr><td colspan="4">测量弦长 10 m</td><td>测量基线长 2.4 m</td></tr>
<tr><td rowspan="2">新建时速 200 公里客货共线铁路设计暂规(TB 10082—2005)
铁路轨道设计规范</td><td colspan="2">3</td><td colspan="2">3</td><td rowspan="2">3</td><td>3mm</td><td rowspan="2">±2</td></tr>
<tr><td colspan="4">测量弦长 10 m</td><td>测量基线长 6.25 m</td></tr>
<tr><td rowspan="4">欧洲标准，prEN 13231—1 轨道—施工验收，第一部分，轨道施工 1998</td><td>3</td><td>4</td><td>3</td><td>4</td><td rowspan="2">2</td><td>1‰</td><td rowspan="2">±2①</td></tr>
<tr><td>10 m</td><td>20 m</td><td>10 m</td><td>20 m</td><td>测量基线长 3 m</td></tr>
<tr><td>3</td><td>5</td><td>3</td><td>5</td><td rowspan="2">2</td><td>1‰</td><td rowspan="2">±2②</td></tr>
<tr><td>10 m</td><td>20 m</td><td>10 m</td><td>20 m</td><td>测量基线长 3 m</td></tr>
</table>

注：1. 适于速度＞200 km/h 而≤250 km/h 的线路；
2. 适于速度＞120 km/h 而≤200 km/h 的线路。

扭曲标准最先是从一个转向架上相距最远的两个轴上的四个轮子，因轨道平面扭曲使其中一个轮子减载、悬空，甚至轮缘爬上钢轨的概念引出来的，因此，测量基线长主要是取决于转向架的固定轴距。我国过去蒸汽机车转向架固定轨距最长为 6.4 m，但考虑到过去钢轨定长为 12.5 m 或25 m，测定轨道水平的位置在接头、大腰、小腰位置最方便，故规定测量轨道三角坑的基线长为 6.25 m。所以，后来蒸汽机车逐渐被淘汰，转向架最大固定轴距为客车转向架固定轴距2.4 m，又有测量基线长 2.4 m 的规定。日本动力分散型高速列车 300 系、500 系、700 系、E4 系的动车和拖车的转向架固定轴距均为 2.5 m，日本测定轨道扭曲的基线长为 2.5 m。我国有些标准、暂规中引用了日本的标准，故有测量基线为 2.5 m 的规定。法国铰接式 Y230 型转向架固定轴距为 3.0 m。德国 ICE-1 列车的 UmAn 转向架、ICE-2 型列车的 SPG-400 型转向架固定轴距均为 3.0 m，ICE-3 型列车 ICE500 型转向架固定轴距 2.5 m。意大利 ETR-500 列车转向架固定轴距是 3.0 m。故在欧洲 EN13231—1 标准中，采用轨道扭曲测定基线长度为 3.0 m。因我国某些标准、暂规中也引用了欧洲标准，故有测量基线长度 3.0 m 的规定。转向架固定轴距愈长，由轨道扭曲而引起减载、悬空、轮缘爬上钢轨的危险性愈大，对轨道扭曲的控制要求愈严。目前我国 200 km/h 电动车组动车和拖车转向架固定轴距都是 2.5 m；试验列车的动力集中型动车的转向固定架轴距为 3.0 m；试验列车的客车转向架固定轴距为 2.5 m；新生产的 CRH 系列动车组，转向架固定轴距为 2.7 m，考虑到我国动车集中型动车固定轴 3.0 m，以及将来引进新的高速列车转向架固定轴距可能为 3.0 m 情况，从安全方面考虑，扭曲测量基线长 3.0 m 是合适的。从扭曲标准的数值来看，欧洲 EN 标准是 1‰，我国铁路静态标准是 2 mm/2.5 m（0.8‰），日本在静态标准中，没有规定扭曲。鉴于欧洲标准已在法国、德国高速铁路得到检验，故建议采用欧洲标准，即采用基线长 3 m，扭曲标准值 1‰。

（七）关于长波不平顺的管理

随着行车速度的提高，有影响的轨道不平顺波长范围也会延长。在 200 km/h 速度下车体振动的主频范围在 1～2 Hz，其对应的敏感波长为 27.8～55.6 m，而高速车体的主频范围也多在 1 Hz 左右。因此，仅关注 30 m 波长范围内的不平顺幅值已不能满足 200 km/h 行车的安全和平稳性要求。

1. 国外高速铁路轨道长波不平顺管理标准

（1）表 6-42 列出了日本新干线轨道不平顺管理值（160 km/h 以上）。

表 6-42 日本新干线轨道不平顺管理值

类 别			作业验收	计划维修	舒适性管理	安全管理	限速管理
轨道不平顺	10 m 弦法	高 低(mm)	≤4	6	7	10	15
		轨 向(mm)	≤3	4	4	6	9
		轨 距(mm)	≤±2	+6 −4	+6 −4	+6 −4	
		水 平(mm)	≤3	5	5	7	
		平面性 mm/2.5	≤3	4	5	6	
	40 m 弦法	高 低(mm)	7～10				
		轨 向(mm)	6～7				
	轨面凹凸不平顺 mm/m		0.30	0.60			
车体加速度	垂 向(峰峰值)g			0.25	0.25	0.35	0.45
	横 向(峰峰值)g			0.20	0.20	0.30	0.35

(2) 表 6-43 列出了日本新干线各铁路公司或研究机构制定的长波轨道不平顺管理值。

表 6-43 日本新干线各铁路公司或研究机构制定的长波轨道不平顺管理值

测定弦长	轨道不平顺种类	国铁综研		JR 东日本	JR 东海	JR 西日本
		＜240 km/h	＜300 km/h	240 km/h	270 km/h	270km/h
40 m 弦正矢	高 低(mm)	10	7	10	7	8
	轨 向(mm)	10	7	7	6	7

(3) 法国高速铁路的轨道不平顺管理标准列于表 6-44 中。

表 6-44 法国高速铁路轨道不平顺管理标准

项目	线 路	横向振动加速度(m/s^2)		高 低(mm)		轨 向(mm)	
		车体	转向架	12.2 m 基长半峰值	31 m 基长峰峰值	12.2 m 基长半峰值	33 m 基长峰峰值
VO	新 线	0.8	2.5	3		2	
	既有线	1.0	3.0				
VA	不含曲线超高	1.2～2.2	3.5～6.0	5	10	6	12
VI	所有线	≥2.2	≥6.0	10	18	8	16
VR	v≥220(km/h)	2.8～3.0	8.0～10.0	15	24	12	20
	v＜220(km/h)	≥3.0	≥10.0				

注:1. 标准号 IN 1895;
2. 横向加速度中除特殊说明外,均包含曲线超高不足引起的加速度。

(4) 英国铁路根据不同速度范围，不同管理波长所制定的区段质量指数管理标准如表 6-45 所示。

表 6-45 英国铁路区段质量指数管理标准（单位计算长度：200 m）

序 号	速度范围(km/h)	35 m 波长低通滤波标准差								70 m 波长低通滤波标准差					
		高 低				轨 向				高 低			轨 向		
		50%	90%	100%	最大	50%	90%	100%	最大	50%	90%	100%	50%	90%	100%
1	25.74～51.48	5.2	7.4	8.3	8.3	3.0	5	5.6	9.3						
2	64.36～77.23	4.3	6.1	7.7	7.7	2.7	4.5	5.2	8.6						
3	90.10～102.97	4.1	5.8	7.2	7.2	2.5	4.1	4.7	7.9						
4	115.84～128.72	3.8	5.4	6.7	6.7	2.2	3.7	4.5	7.3						
5	141.59～154.64	3.5	5	6.3	6.3	2.0	3.3	4.2	7.0						
6	167.33～180.20	3.0	4.3	5.4	6.0	1.7	2.9	3.6	6.7						
7	193.08～205.95	2.7	3.8	4.8	5.7	1.5	2.5	3.1	6.3	3.7	5.7	6.3	3.0	5.2	5.7
8	218.82～244.56	2.2	3.2	4.0	5.3	1.3	2.1	2.7	6	3.3	5.1	5.6	2.6	4.5	5.0
9	257.44～283.18	1.9	2.7	3.4	5.0	1.1	1.8	2.3	5.7	2.9	4.5	5.0	2.2	3.8	4.3
10	290.05～321.8	1.7	2.4	3.0	4.7	1.0	1.6	2.0	5.0	2.4	4.0	4.4	1.8	3.2	3.7

（5）表 6-46 列出了欧洲 300 km/h 铁路轨道不平顺管理标准。

表 6-46 欧洲 300 km/h 铁路轨道不平顺管理标准

波 长	项 目	目 标 值	
		半峰值(mm)	标准差(mm)
0～25 m	水 平	5	0.7
	高 低	8	1.0
	轨 向	6	0.7
	轨 距	5	0.7
	三角坑	6	
25～70 m	水 平		1.3
	高 低		2.0
	轨 向		1.3
70～120 m	水 平		2.0
	高 低		2.7
	轨 向		3.4

在表 6-42 所示的日本标准中，除了规定 10 m 弦的标准之外，也规定了 40 m 弦的轨向和高低的标准，在表 6-43 中，日本各铁路公司及日本国铁研究所更制定了在不同速度范围的 40 m 弦高低、轨向不平顺管理值。表 6-44 所示的法国高速铁路轨道不平顺管理标准中，分别按“传统基长”12.2 m 和“扩展基长”31 m 列出了不同的管理标准。表 6-45 列出的英国铁路区段质量指数管理标准中，分别按波长 35 m 和波长 70 m 的低通滤波制定了管理标准。

表 6-46 所列出的欧洲 300 km/h 铁路轨道不平顺管理标准中，分别按波长 0～25 m，25～70 m，70～120 m 列出了不同参数的半峰值及标准差管理值。

从上述资料可以看出，表述检测长度范围的方式有“弦长”、“基长”、“波长”，而长度范围的划分，在日本是“弦长 10 m 和弦长 40 m”，在法国是“基长 12.2 m 和基长 33 m”，在英国是“35 m 波长低通滤波和 70 m 波长低通滤波”，在欧洲标准中是“波长 0～25m、25～70m、70～120m”。总之，都是希望对高低和轨向的长波不平顺进行检测、分析和管理，但是所采用的方法各不相同。至于具体的“管理值标准”，更是无法比较。这是因为各国的“管理值标准”不仅和上面提到的不同的检测方法和表述方法有关，而且还和各国的高速客车性能（车体垂向振动主频）和轨道检测车性能有关。

2. 关于长波不平顺的分析

在编制的《既有线提速 200～250 km/h 工务设备维修、安全管理暂行规则》中，制定了如表 6-39所示的“轨道动态质量容许偏差管理值”标准，其中提出了“波长 1.2～42.0 m”和“波长 1.5～70.0 m”的高低、轨向容许偏差管理值。这种波长范围的选取方法及管理值标准是否恰当、适用，必须考虑下面两方面的问题。

（1）将这一标准应用于我国提速线路的实际轨检资料，通过对比，能否对轨道质量作出与实际行车质量和轨道状态相符合的评估结果，或者说，本来一个轨道状态优良、提速后的行车质量很好的线路，用本标准评估，会不会出现与实际不符的表示轨道状态极差的轨检车高分。或者反过来，一条质量很差的线路，行车摇晃很严重，而用本标准评估得出表示轨道状态优良的轨检车低分。下面是这一标准实际应用分析的结果。

①采用 1.2～42.0 m（42 m）和 1.5～70.0 m（70 m）波长同时进行高低和轨向评估所得结果的差异。

a. 波形差异

目前 GJ-5 型车可以分别输出 42 m 和 70 m 的高低、轨向波形。图 6-93 为左、右高低 42 m 和 70 m 波长波形叠加对比图。图中外轮廓波线为 70 m 波长范围。在里程 45.3 m 处进行峰值测量，42 m 波长的幅值为 4.77 mm，70 m 波长的幅值为 11.08 mm。

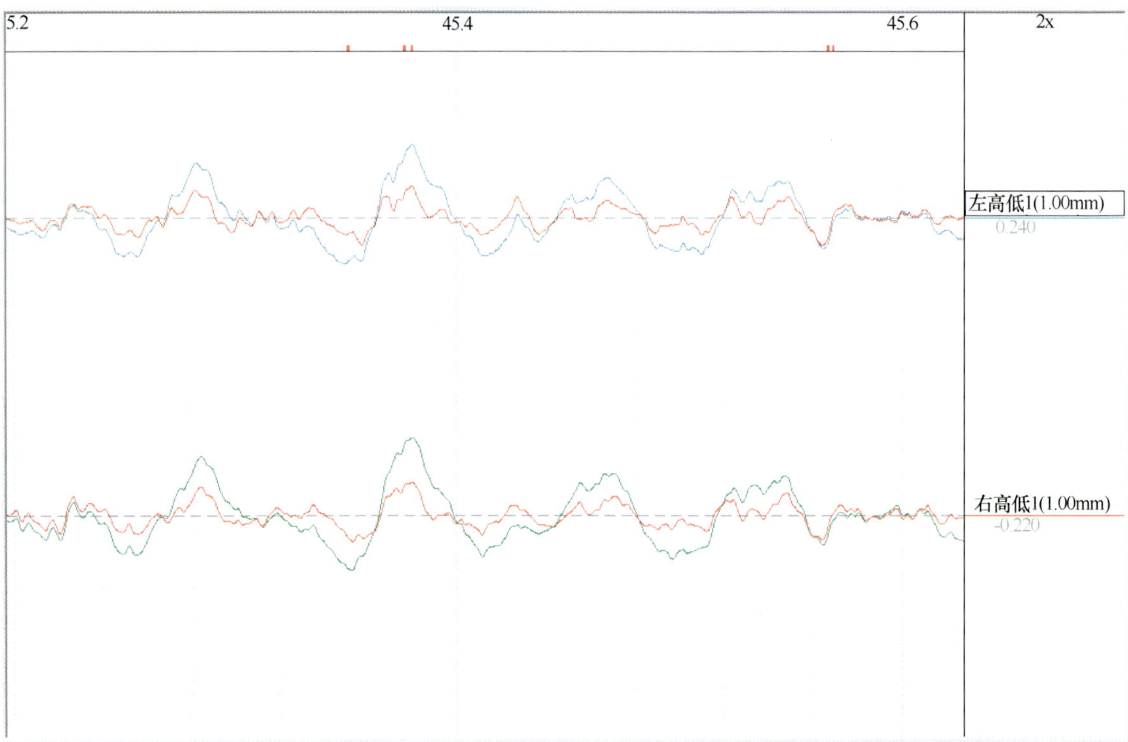

图 6-93　高低 42 m 和 70 m 波形叠加对比图

图 6-94 为左、右轨向 42 m 和 70 m 波长波形叠加对比图。图中外轮廓波线为 70 m 波长范围。同样在里程 45.38 m 处进行峰值测量，42 m 波长的幅值为 4.86 mm，70 m 波长的幅值为 9.47 mm。

b. 轨检扣分差异

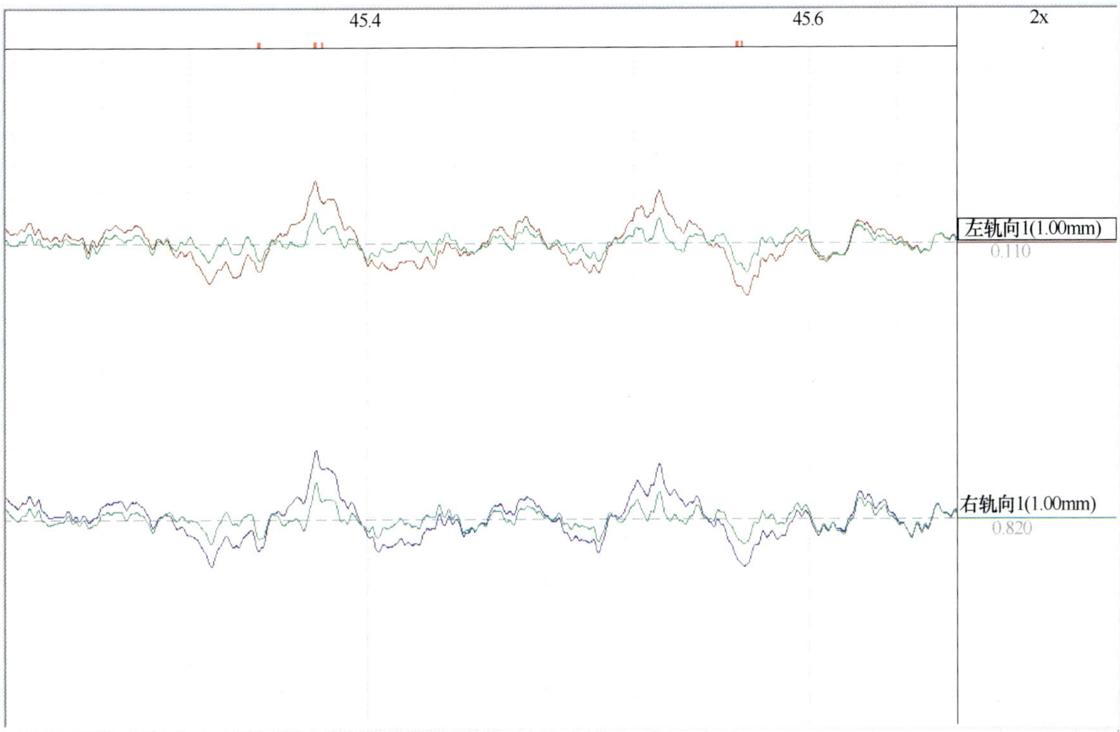

图 6-94 轨向 42 m 和 70 m 波形叠加对比图

为了进一步说明用 42 m 和用 70 m 波长对轨道状态评估所得结果的差异，选取胶济线全线 2006 年 3 月、6 月、9 月检测结果，依据《既有线提速 200～250 km/h 工务设备维修、安全管理暂行规则》中 200～250 km/h 轨道动态管理标准和评分管理办法，对选取的检测结果按照 42 m 和 70 m 不同波长分别进行回放，得到表 6-47 的轨检结果。

表 6-47 胶济线 70 m 和 42 m 波长扣分比较

波长	月份	扣分			单项扣分		优良率（%）	合格率（%）	失格率（%）
		下行	上行	平均	高低	轨向			
70 m	3	191	194	192.5	88	67	54.3	26.6	19.1
	6	190	155	172.5	80	58	57.9	26.8	15.3
	9	36	37	36.5	17	7	84.9	13.1	2.0
42 m	3	14.36	10.92	12.62	4.7	1.78	94.1	5.9	0
	6	11.94	8.88	10.41	3.78	1.81	96.2	3.8	0
	9	7.57	6.23	6.94	0.88	0.18	98.1	1.9	0

从表中可以清楚发现，采用 42 m 波长和 70 m 波长对同一线路进行评估所得到的结果差异很大。

c. TQI 及分项差异

对 2006 年 9 月 21 日检测结果采用 70 m 波长评判 TQI（区段长度依旧选 200 m），得到表 6-48、表 6-49、表 6-50 的数据。

从表中数据可知，42 m 波长下 TQI 约 90%在 11 以下，而 70 m 波长 90%在 15 以下，11 以下的只有 67%。

同样，42 m 波长下高低均方差约 90%在 1.8 以下，而 70 m 波长 90%在 3.3 以下，11 以下的只有 35%；42 m 波长下轨向均方差约 90%在 1.5 以下，而 70 m 波长 90%在 2.5 以下，11 以下的只有 50%。

表 6-48 胶济线 70 m 和 42 m 波长 TQI 比较

TQI 区段	42 m		70 m	
	频数	累积百分比(%)	频数	累积百分比(%)
0～1	0	0	0	0
1～2	0	0	0	0
2～3	0	0	2	0
3～4	16	0.49	2	0.11
4～5	220	7.29	7	0.31
5～6	581	25.24	52	1.76
6～7	799	49.92	224	8.03
7～8	623	69.17	463	20.99
8～9	332	79.43	575	37.08
9～10	226	86.41	610	54.16
10～11	123	90.21	464	67.14
11～12	81	92.71	361	77.25
12～13	65	94.72	229	83.66
13～14	48	96.20	165	88.27
14～15	36	97.31	104	91.18
15～16	27	98.15	78	93.37
16～17	15	98.61	42	94.54
17～18	16	99.10	38	95.61
18～19	7	99.32	23	96.25
19～20	6	99.51	18	96.75

表 6-49 胶济线 70 m 和 42 m 波长 TQI 比较

TQI 区段	左高低 42 m		左高低 70 m		右高低 42 m		右高低 70 m	
	频数	累积百分比(%)	频数	累积百分比(%)	频数	累积百分比(%)	频数	累积百分比(%)
0.4～0.5	4	0.11	0	0.76	7	0.20	0	0.76
0.5～0.6	45	1.37	0	0.76	41	1.34	0	0.76
0.6～0.7	132	5.06	1	0.78	147	5.46	2	0.81
0.7～0.8	288	13.12	6	0.95	280	13.29	3	0.90
0.8～0.9	397	24.23	12	1.29	392	24.26	14	1.29
0.9～1.0	416	35.87	31	2.16	418	35.95	25	1.99
1.0～1.1	421	47.65	47	3.47	400	47.15	60	3.67
1.1～1.2	390	58.56	72	5.49	381	57.81	92	6.24
1.2～1.3	315	67.38	118	8.79	319	66.73	98	8.98
1.3～1.4	265	74.79	159	13.24	236	73.34	149	13.15
1.4～1.5	174	79.66	176	18.16	189	78.62	181	18.22
1.5～1.6	150	83.86	202	23.82	139	82.51	180	23.26
1.6～1.7	110	86.93	191	29.16	125	86.01	206	29.02
1.7～1.8	85	89.31	221	35.35	89	88.50	233	35.54
1.8～1.9	72	91.33	223	41.59	66	90.35	230	41.98
1.9～2.0	51	92.75	189	46.88	96	93.03	187	47.22

续上表

TQI区段	左高低42m		左高低70m		右高低42m		右高低70m	
	频数	累积百分比(%)	频数	累积百分比(%)	频数	累积百分比(%)	频数	累积百分比(%)
2.0～2.1	49	94.12	211	52.78	43	94.24	187	52.45
2.1～2.2	30	94.96	179	57.79	17	94.71	170	57.21
2.2～2.3			169	62.52			167	61.88
2.3～2.4			162	67.06			170	66.64
2.4～2.5			146	71.14			148	70.78
2.5～2.6			116	74.39			126	74.31
2.6～2.7			123	77.83			118	77.61
2.7～2.8			117	81.11			108	80.63
2.8～2.9			81	83.38			81	82.90
2.9～3.0			66	85.22			77	85.05
3.0～3.1			59	86.87			58	86.68
3.1～3.2			61	88.58			62	88.41
3.2～3.3			54	90.09			46	89.70
3.3～3.4			41	91.24			49	91.07
3.4～3.5			30	92.08			50	92.47
3.5～3.6			36	93.09			35	93.45
3.6～3.7			36	94.09			32	94.35
3.7～3.8			26	94.82			21	94.93
3.8～3.9			18	95.33			14	95.33
3.9～4.0			22	95.94			30	96.17

表6-50 胶济线70m和42m波长轨向均方差比较

TQI区段	左轨向42m		左轨向70m		右轨向42m		右轨向70m	
	频数	累积百分比(%)	频数	累积百分比(%)	频数	累积百分比(%)	频数	累积百分比(%)
0.4～0.5	40	1.12	1	0.78	55	1.62	0	0.78
0.5～0.6	152	5.37	4	0.90	127	5.18	5	0.92
0.6～0.7	310	14.05	21	1.48	314	13.96	18	1.43
0.7～0.8	439	26.33	55	3.02	451	26.58	54	2.94
0.8～0.9	524	40.99	118	6.33	535	41.55	114	6.13
0.9～1.0	531	55.85	169	11.06	525	56.24	177	11.08
1.0～1.1	417	67.52	230	17.49	382	66.93	223	17.32
1.1～1.2	356	77.48	252	24.55	309	75.57	261	24.63
1.2～1.3	258	84.70	300	32.94	254	82.68	297	32.94
1.3～1.4	138	88.56	290	41.06	168	87.38	301	41.37
1.4～1.5	121	91.94	316	49.90	90	89.90	307	49.96
1.5～1.6	86	94.35	273	57.54	92	92.47	254	57.07
1.6～1.7	38	95.41	241	64.29	55	94.01	236	63.67
1.7～1.8	41	96.56	225	70.58	44	95.24	205	69.41
1.8～1.9	33	97.48	178	75.57	32	96.14	180	74.45

续上表

TQI 区段	左轨向 42 m		左轨向 70 m		右轨向 42 m		右轨向 70 m	
	频数	累积百分比(%)	频数	累积百分比(%)	频数	累积百分比(%)	频数	累积百分比(%)
1.9～2.0	22	98.10	129	79.18	34	97.09	135	78.23
2.0～2.1	12	98.43	117	82.45	26	97.82	107	81.22
2.1～2.2	8	98.66	85	84.83	13	98.18	96	83.91
2.2～2.3			87	87.27			88	86.37
2.3～2.4			62	89.00			64	88.16
2.4～2.5			63	90.76			58	89.78
2.5～2.6			38	91.83			51	91.21
2.6～2.7			31	92.70			40	92.33
2.7～2.8			26	93.42			36	93.34
2.8～2.9			27	94.18			28	94.12
2.9～3.0			18	94.68			22	94.74
3.0～3.1			21	95.27			19	95.27
3.1～3.2			16	95.72			25	95.97
3.2～3.3			18	96.22			16	96.42
3.3～3.4			22	96.48			19	96.95
3.4～3.5			8	97.06			14	97.34
3.5～3.6			9	97.31			9	97.59
3.6～3.7			8	97.54			5	97.73
3.7～3.8			5	97.68			9	97.98
3.8～3.9			8	97.90			8	98.21
3.9～4.0			6	98.07			9	98.46

上述实例表明，采用 42 m 波长和 70 m 波长进行的轨道管理，无论从幅值还是标准差上都有较大差别。

②采用表 6-39《轨道动态质量容许偏差管理值》新标准（包括 1.2～42.0 m 和 1.5～70.0 m 波长及轨距变化率、曲率变化率）对提速线路进行综合评估的结果。

表 6-51 和表 6-52 分别列出了采用新标准对京沪下行 162～218 区段和胶济下行 343～23 区段进行检查、评估的结果。

表 6-51　京沪下行 162～218 区段线路质量汇总表（数据日期 2007-1-6）

项　目	4	3	2	1	扣分	平均扣分	百分比(%)
左高低	0	0	1	32	37	0.66	2.97
右高低	0	0	0	33	33	0.59	2.65
左轨向	0	0	0	5	5	0.09	0.40
右轨向	0	0	0	6	6	0.11	0.48
水　平	0	0	0	4	4	0.07	0.32
大轨距	0	0	4	79	99	1.77	7.95
小轨距	0	0	2	2	12	0.21	0.96
三角坑	0	0	10	161	211	3.77	16.93
车体水加	0	0	7	108	143	2.55	11.48

（续上表）

项　目	4	3	2	1	扣分	平均扣分	百分比(%)
车体垂加	0	0	0	1	1	0.02	0.08
长波长左高低	0	0	3	119	134	2.39	10.75
长波长右高低	0	0	3	129	144	2.57	11.56
长波长左轨向	0	0	0	6	6	0.11	0.48
长波长右轨向	0	0	0	7	7	0.13	0.56
轨距变化率	0	0	35	48	223	3.98	17.90
曲率变化率	0	0	33	16	181	3.23	14.53
总　计	0	0	98	756	1 246	22.25	100.00

表 6-52　胶济下行 343～23 区段线路质量汇总表（数据日期 2007-1-15）

项　目	4	3	2	1	扣分	平均扣分	百分比(%)
左高低	0	0	1	143	148	0.49	1.07
右高低	0	0	2	201	211	0.70	1.52
左轨向	0	1	2	19	129	0.43	0.93
右轨向	0	0	2	154	164	0.54	1.18
水　平	0	0	0	68	68	0.23	0.49
大轨距	0	0	4	81	101	0.34	0.73
小轨距	0	0	3	3	18	0.06	0.13
三角坑	0	0	4	176	196	0.65	1.41
车体水加	0	0	599	2 941	5 936	19.72	42.82
车体垂加	0	0	3	207	222	0.74	1.60
长波长左高低	0	0	19	827	922	3.06	6.65
长波长右高低	0	0	18	933	1 023	3.40	7.38
长波长左轨向	0	0	14	89	159	0.53	1.15
长波长右轨向	0	0	14	196	266	0.88	1.92
轨距变化率	0	0	75	124	499	1.66	3.60
曲率变化率	0	0	682	390	3 800	12.62	27.41
总　计	0	1	1 442	6 552	13 862	46.05	100.00

可以看出，长波长高低不平顺、轨向不平顺及轨距变化率、曲率变化率各项参数的平均扣分及扣分百分比都占有一定的分量，对正确、全面评估轨道几何状态有重要的作用。

（2）利用轨检车、按表 6-39 的标准所找出的长波长高低、轨向不平顺，在线路上如何准确定位发现，并有针对性地采取修理措施给予清除，恢复轨道状态是提速后需解决的主要问题。用以前常用的拉线弦测法测长波高低、轨向不平顺几乎是不可能的。故在《既有线提速 200～250 km/h 线桥设备维修规则（暂行）的评审意见》中，提出了“进一步开展对轨道智能化静态检查方法和设备的研究”的建议。为了解决车上长波高低、轨向不平顺测试结果与地面实际不平顺位置的对应，从而可以有针对性地采取修理措施。

根据我国《时速 200～250 km/h 有砟轨道铁路工程测量指南（试行）的规定》，在既有线改造测量中，必须建立轨道精密控制网 CPⅢ用以控制线路中心位置，应在路肩测设永久性基桩，作为线路大修、维修轨道几何测量的依据。CPⅢ网必须附合到基础平面控制网 CPⅠ和线路控制网 CPⅡ。

根据国外的经验，必须建立轨道平面和高低位置的绝对测量和控制导线系统。利用轨检车的检测结果和大体位置，采用全站仪测量，在绝对坐标系统中找出不平顺的大小和位置，其方法可大体如图 6-95 所示。

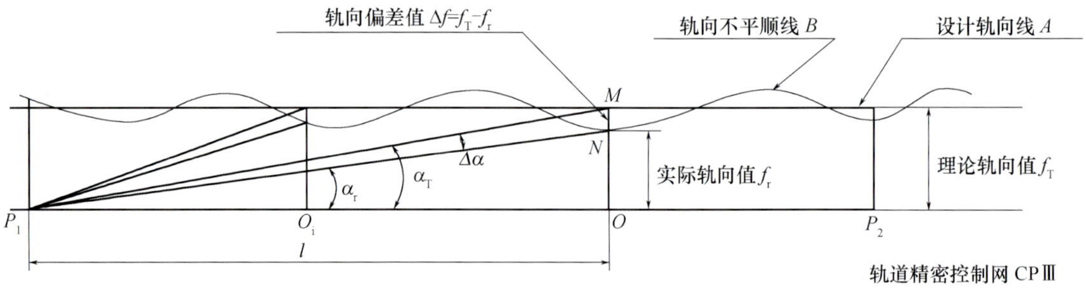

图 6-95　利用全站仪进行的长波轨向不平顺地面静态测量示意图

假定在某一直线段，其一股钢轨的设计轨向线为 A，而实际的轨向不平顺线为 B，在线路一侧有与设计轨向线 A 平行的绝对坐标导线网 P_1P_2，P_1、P_2 点为导线网的绝对坐标控制点。绝对坐标导线 P_1P_2 与设计轨向线 A 之间的距离为 f_T。

采用全站仪来测定该直线段的轨向不平顺线 B 及其上任意一点 n 的轨向偏差 $\Delta f=f_T-f_R=\overline{Om}-\overline{On}$。全站仪是具有激光测距功能、电子经纬仪测角（水平偏角和鉴向偏角）功能和计算器计能功能的仪器。假定要测定直线段绝对坐标导线网上任意一点 O 所对应的钢轨点的轨向偏差 Δf，则可立全站仪于绝对坐标导线网上的控点 P_1，照准 P_2 点，利用激光测距可测得$\overline{P_1O}$的距离 l，然后转动镜筒，在钢轨不平顺线 B 上对准与 O 点相对应的 n 点（ON 垂直于导线网），利用电子经纬仪测角功能可测得偏角 α_r。仪器的计算器功能将按下式计算并输出轨向偏差值 Δf：

$$\Delta f=f_T-f_r=f_T-l\tan\alpha_r \tag{6-3}$$

式中，f_T 为绝对坐标导线 P_1P_2 与设计轨向线 A 之间的距离，为已知。

同理，可求得坐标导线上任意 O_i 点上的轨间偏差值 Δf_i，从而得到钢轨的平面曲线（轨向不平顺线）。

二、钢轨焊接接头平直度管理

钢轨焊接接头平直度管理标准，可分为新建、线路大修作业验收标准、既有运营线平直度整治限度标准和整治（打磨）作业验收标准。新建、线路大修作业验收标准是指焊接作业后应达到的标准，平直度整治限度标准是指当平直度达到该限值时应进行整治。整治作业验收标准是指不平直的接头通过打磨作业后应达到的标准。

（一）国内外有关标准

1. 我国有关新建设计、施工规范中所规定的焊接作业验收标准列于表 6-53 中。

表 6-53　国内铁路钢轨焊接接头平直度验收标准汇总表

编号	出　处		钢轨顶面（mm）		轨头内侧工作面（mm）		轨底面（mm）	
			闪光焊	铝热焊气压焊	闪光焊	铝热焊气压焊	闪光焊	铝热焊气压焊
1	钢轨焊接接头技术条件(TB/T 1362—1991)		+0.3 0	0.5	0.3	0.5	+1.0 0	—
2	铁路轨道设计规范(TB 10082—2005J 448—2005)	v≥120 km/h	+0.3 0	—	±0.3	—	0.5 0	—
		120 km/h<v≤160 km/h	+0.3 0	—	+0.3 0	—	+0.5 0	—

续上表

编号	出　　处		钢轨顶面(mm)		轨头内侧工作面(mm)		轨底面(mm)	
			闪光焊	铝热焊气压焊	闪光焊	铝热焊气压焊	闪光焊	铝热焊气压焊
3	200 km/h 客运专线 60 kg/m 钢轨暂行技术条件		$^{+0.3}_{0}$	$^{+0.3}_{0}$	$^{+0.3}_{0}$	±0.3	—	—
4	既有线提速 200 km/h 技术条件(暂行)		$^{+0.3}_{0}$	$^{+0.3}_{0}$	$^{+0.3}_{0}$	±0.3		
5	新建时速 200 公里客货共线铁路设计暂规(铁建设[2005]285 号)		$^{+0.3}_{0}$	$^{+0.3}_{0}$	$^{+0.3}_{0}$	±0.3	$^{+0.3}_{0}$	$^{+0.3}_{0}$
6	秦沈客运专线有砟轨道工程施工技术细则		$^{+0.3}_{0}$	$^{+0.3}_{0}$	$^{+0.3}_{0}$	±0.3	$^{+0.5}_{0}$	$^{+0.5}_{0}$
7	300 km/h 60 kg/m 钢轨暂行技术条件		$^{+0.2}_{0}$	$^{+0.2}_{0}$	$^{+0.2}_{0}$	±0.3		
8	京沪高速铁路设计暂行规定(铁建设[2004]157 号)		$^{+0.2}_{0}$	$^{+0.2}_{0}$	$^{+0.2}_{0}$	±0.3	$^{+0.5}_{0}$	$^{+0.5}_{0}$
9	高速铁路轨道施工暂行规定		$^{+0.2}_{0}$	$^{+0.2}_{0}$	$^{+0.2}_{0}$	±0.3	$^{+0.5}_{0}$	$^{+0.5}_{0}$
10	客运专线铁路轨道工程施工质量验收暂行标准铁建设([2005]160 号)	v=200 km/h	$^{+0.3}_{0}$	$^{+0.3}_{0}$	$^{+0.3}_{0}$	$^{+0.3}_{0}$	$^{+0.5}_{0}$	$^{+0.5}_{0}$
		200 km/h<v≤250 km/h 300 km/h≤v≤350 km/h	$^{+0.2}_{0}$	$^{+0.2}_{0}$	$^{+0.2}_{0}$	$^{+0.2}_{0}$	$^{+0.5}_{0}$	$^{+0.5}_{0}$
11	钢轨焊接第一部分,通用技术条件 TB/T 1632.1—2005	v≤120 km/h	$^{+0.3}_{0}$	$^{+0.4}_{0}$	±0.4	±0.4		
		120 km/h<v≤200 km/h	$^{+0.3}_{0}$	$^{+0.3}_{0}$	±0.3	±0.3		
		v>200 km/h	$^{+0.2}_{0}$	$^{+0.2}_{0}$	$^{+0.3}_{0}$	$^{+0.3}_{0}$		

注:轨头内侧工作面正偏差为指向轨道外侧,使轨距扩大的方向。

2. 国外钢轨焊接接头作业验收标准分别列于表 6-54 和表 6-55 中。

表 6-54　国外主要高速铁路钢轨焊接接头平直度验收标准

编号	出　　处		轨　顶　面(mm)		轨头内侧工作面(mm)	
			闪光焊	铝热焊气压焊	闪光焊	铝热焊气压焊
1	日　本	新 干 线	0+0.3～0+0.0	0+0.3～0+0.0	0+0.3～0+0.0	0±0.3
		东北新干线	0+0.3～0+0.0		0±0.2	
		NKK 钢轨闪光焊[1]	0+0.3～0−0.1		0±0.3	
2	法国 TGV		0+0.2～0+0.0	0+0.2～0+0.0	0+0.2～0+0.0	0±0.3
3	韩国京釜高速铁路		0+0.2～0+0.0		0±0.2	

注:1. 宽度 3 mm 以下的微细凹凸(深度 0.2 mm 以下)允许存在。

表 6-55　德国钢轨焊接验收标准

项　　目	不同轨道类型的允许偏差(mm)						
线路类型	直通干线					其他干线	支线
列车速度(km/h)	≤300 >230	≤230 >160	≤160 >120	≤120 >80	≤80		
轨道类型	P300	P230 M230	P160 Ⅰ P160 Ⅱ M160	G120 R120 R80	R80 G60	其他干线	支线
∧钢轨顶面向上凸	0.2	0.3	0.3	0.3	0.3	0.5	0.5
∨钢轨顶面向下凹	0.1①	0.2①	0.2②	0.2②	0.2②	0.5③	0.5③
>轨头内侧工作面向轨道外侧凹进	0.1	0.3	0.3	0.3	0.3	0.5	0.5
<轨道内侧工作面向道心方向凸进	不允许(不允许轨距减小)						

注：1. 下凹面有 1/1 000 的坡度；
2. 下凹面有 1/500 的坡度；
3. 下凹面经火焰加热校直或再打磨后有 1/500 的坡度。

3. 钢轨焊接欧洲（EN）标准列于表 6-56 中。

表 6-56　钢轨焊接欧洲标准

焊接平直度要求	尺寸限值(mm)		
	一级	二级	三级
钢轨顶面平顺	0+0.3～0+0.1	0+0.3～0+0.0	0+0.4～0+0.0
轨头内侧工作面水平方向平直	0+0.3～0+0.0	0±0.3	0±0.4
轨底边缘水平方向平直	1.5	2	2
轨顶面短波不平顺	在 200 mm 长度范围内 0.2		

注：业主(用户)应根据使用要求选择合适的等级；轨头内侧工作面正偏差将使轨距加大。

（二）国内外相关标准分析

比较国内外标准，有下列几点值得借鉴。

1. 平直度表达方式，我国各项规范中表达方式不统一，有“$^{+\sim}_{0}$”，“$^{+\sim}_{-0}$”，“±～”等几种，其中的“0”、“－0”意义不确切。在表 6-54 和表 6-56 所示的国外高速铁路标准和欧洲标准中，采用“$^{0+\sim}_{0-\sim}$”表示，意义明确。“0”表示平直，±表示自平直面开始，向“＋、－”方向的偏差。

2. 明确指出“＋、－”所指的方向，国外标准明确规定：轨顶面“＋”指凸起向上，“－”指凹入向下；钢轨内侧工作面“＋”指工作面凹进使轨距扩大，“－”指工作面凸出，使轨距缩小。在轨头内侧工作面的“＋、－”上，国内过去在许多情况下与上述理解是相反的。把内侧工作面凸出（轨距缩小）理解为正，内侧工作面凹进（轨距扩大）理解为负。这一点今后一定要清楚说明。轨底“＋”指轨底凸出、指向下方。

3. 参考国外相应标准，我国新建和大修线路接头焊接平直度验收标准可建议如表 6-57 所示。

表 6-57　钢轨接头焊接平直度验收标准

速度(km/h)	轨　顶　面		轨头内侧工作面		轨底面(mm)
	闪光焊(mm)	铝热焊、气压焊(mm)	闪光焊(mm)	铝热焊、气压焊(mm)	
v≤120	0+0.3～0+0.0	0+0.5～0+0.0	0+0.3～0－0.3	0+0.5～0－0.5	0+1.0～0+0.0
120<v≤200	0+0.3～0+0.0	0+0.3～0+0.0	0+0.3～0+0.0	0+0.3～0－0.3	0+0.5～0+0.0
200<v≤350	0+0.2～0+0.0	0+0.2～0+0.0	0+0.2～0+0.0	0+0.3～0－0.3	0+0.5～0+0.0

4．国外标准中没有轨底平直度标准。从以上各表所列材料可以看出，只在国内相关标准中有轨底面平直度要求，而在所有国外标准中都没有这项规定。这是由于我国无缝线路的铺设、锁定工艺和国外的相关规定不同所造成的。作为跨区间无缝线路，铺设锁定后钢轨的纵向位移是很有限的，根据我国无缝线路养护维修的相关规定，在无缝线路固定区钢轨任何断面的纵向位移不得大于10 mm，否则需查明原因，进行重新放散和锁定。

欧洲铁路，根据钢轨长度24 m或36 m的特点，规定轨枕名义间距为600 mm，使每根钢轨长度恰为轨枕名义间距的整数位，即24 m轨长度范围内轨枕为40根，36 m轨为60根。这样，只要在线路铺轨前进行轨枕位置的合理设计；铺设和锁定时，利用轨枕间距允许偏差±20 mm（6根轨枕的总间距为3 m±30 mm）的规定，将轨枕位置作适当拨动，可以保证各钢轨焊缝位于枕盒中央；经锁定后，钢轨焊缝就不会爬上轨枕。故对钢轨焊接接头的轨底只需作一般的打磨，不必作出严格的轨底平直度要求。

我国的情况则不同，我国钢轨长度一般为25 m或100 m，铺设跨区间无缝线路时，完全放弃了我国传统的1 680根/km（25 m钢轨长度范围内的轨枕根数为42根）、1 720根/km钢轨布置方式，而是生搬轨枕名义间距600 mm的规定，致使钢轨长度不是轨枕名义间距的整数倍，无法通过铺轨前轨缝位置的合理设计及铺设时轨枕间距的适当调整，实现所有的钢轨焊缝位于枕盒中央，使焊缝和轨枕的相对位置完全是随机的，甚至可能焊缝恰好落到轨枕上。这样，在焊缝处所产生的轮轨冲击不可能像“悬接式”接头那样较均匀地分配到枕盒两侧的轨枕上，而是较邻近焊缝的轨枕（或承轨台）会承受更大的荷载，使之易于破损，对于无砟轨道，其危害性会更大。特别是当焊缝落到枕上时，会由于轨底焊筋的凸起直接招致轨下胶垫和承轨台的压跨。为此，对轨底焊筋的打磨平直度提出严格要求是非常必要的。根据国内的研究和运用经验，可建议轨底平直度标准为0＋0.5～0＋0.0 mm，其中正偏差是指焊筋凸出，方向相下的偏差。

日本东海道新干线钢轨轨顶不平顺（包括焊接接头顶面平直度）整治限度标准如表6-58所示。

表6-58 轨面不平顺整治限度标准

编 号	参 数	标 准	备 注
1	轨面连续不平顺	±0.4 mm/2	由轨头不平顺数据处理器提供资料
2	轴 箱 加 速 度	18g以上	在舒适度记录曲线上18g是9 mm
3	车箱底板下的噪声	比一般地段大5 dB以上	在噪声记录曲线上5 dB是5 mm

表6-58三项标准中有任何一项达到时都要进行整治作业，并对不平顺部位（包括焊接接头）用2 m长的直尺进行不平顺测量，将测量结果与表6-59所示的不平顺形状进行比较，确定整治作业方式。

表6-59 轨面不平顺整治作业方式

不平顺	形 状	基 准 值	作业种类
凹 入	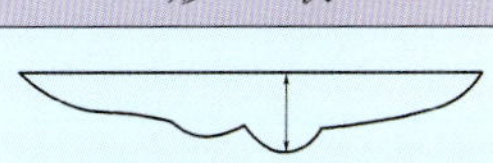	−0.4 mm/2 m	热状态校直＋打磨 打磨
	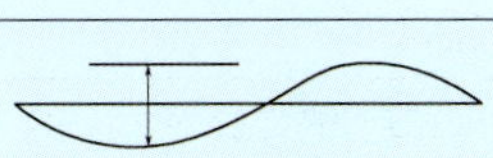	−0.4 mm/2 m	热状态校直＋打磨 打磨
凸 出	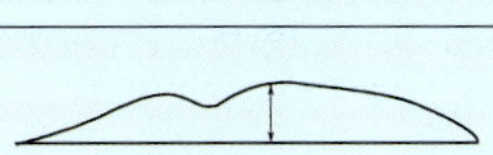	＋0.6 mm/2 m	打磨

焊接接头整治作业后应达到表6-60中的标准。

表 6-60　焊接接头整治作业验收标准（用1m直尺测量）

参　数	作业验收标准(mm)
钢　轨　顶　面	0+0.3 0−0.1
轨头内侧工作面	0+0.3 0−0.3

我国《铁路线路修理规则》规定，钢轨焊接接头不平顺整治限度标准为“焊缝凹陷”＞0.3 mm/1 m,焊缝打磨作业验收标准为“焊缝凹陷”＜0.3 mm/1 m。在本次制定的《既有线提速200～250 km/h工务设备维修、安全管理暂行规则》中，钢轨焊接接头不平顺整治限度是“焊缝凸凹＞0.3 mm/1 m，焊缝打磨作业验收标准是”焊缝凹凸≤0.2 mm/1 m。

我国既有线（v≤160 km/h）钢轨焊接标准，过去多数是按TB/T 1362－1991《钢轨焊接接头技术条件》执行，其验收标准比速度大于160 km/h、小于200 km/h的标准就低，加上多年的运营，焊接接头的状态会更差。因此，在本次提速200 km/h的线路或区段，在提速前必须按《铁路线路修理规则》规定的标准，对焊接接头进行检测，并对超限的接头进行处理，对于提速250 km/h的线路或区段，应按《既有线提速200～250 km/h工务设备维修、安全管理暂行规则》规定的标准对焊接接头进行检测、打磨和验收。

三、钢轨轨面波形磨耗管理

关于钢轨波形磨耗整治限度标准，日本新干线规定在高速列车运行区间钢轨波磨波谷深达0.2 mm时（由波磨测量仪测量并输出数据）应当打磨。

打磨作业完成后轨面不平顺应达到的精度为：0.02 mm/（30～300 mm），0.3 mm/（300～3 000 mm）。

我国《铁路线路修理规则》规定，波磨波谷深＞0.3 mm/1 m需进行打磨，打磨后的作业验收标准为＜0.2 mm/1 m。本次编制的《既有线提速200～250 km/h工务设备维修、安全管理暂行规则》规定，提速200 km/h线路波谷深超过0.3 mm/1 m，提速250 km/h线路波谷深＞0.2 mm/1m需进行打磨，打磨作业后的验收标准是波谷深≤0.1 mm/1m。

本次提速200及250 km/h线路或区段，应按上述标准进行检测和处理。

四、钢轨顶面硬变、凹陷、接头马鞍型磨耗等不平顺控制标准

在日本新干线把这类不平顺和钢轨焊接接头不平顺作为一类，其整治限度标准与表6-58所示标准相同，同样按不平顺形状及尺寸由表6-59选择不平顺整治方式，其整治作业后的验收标准见表6-61。

表 6-61　轨面不平顺修理作业后的验收标准

作业种类分类	轨面不平顺作业验收标准
热状态校值＋打磨	0.0～＋0.4 mm/2 m
打　　磨	−0.2～＋0.4 mm/2 m

我国《铁路线路修理规则》和《既有线提速200～250 km/h工务设备维修、安全管理暂行规则》都有相同的规定，当上述不平顺＞0.3 mm/1 m时应打磨，打磨后的作业验收标准是＜0.3 mm/1 m,我国提速200～250 km/h线路应按照标准执行，日本标准和方法可供参考。

五、钢轨打磨标准

欧洲标准prEN 13231－3《在轨道上进行钢轨打磨、研磨和铣平工程的验收》标准中对打磨后的钢轨纵断面、横断面，表面粗糙度及打磨面外观分别作出了下述规定。

（一）钢轨纵断面

根据业主的要求，可在合同中规定下列三项参数中的任何一项作为纵断面打磨质量的评定参数。即在给定波长范围内不平顺的均方根（RMS）幅值，在给定波长范围内不平顺峰峰值的移动平均值及每 100 m 打磨钢轨长度范围内不平顺峰峰值超过规定限值的个数。在一般线路上，采用上述三参数中的任何一项参数，都会给出大致相似的结论。

如果采用均方根（RMS）幅值或峰峰值移动平均值作为钢轨纵断面打磨质量的评定参数，则其验收标准如表 6-62 所示。

表 6-62　均方根（RMS）幅值或峰峰值移动平均值表示的纵断面验收标准

行	参　数	指　标			
0	波　　长(mm)	10～30	30～100	100～300	300～1 000
1	采样窗长度 L(m)	0.6	0.6	1	5
2	均方根(RMS)幅值限定值(mm)	0.004	0.004	0.012	0.040
3	峰峰值移动平均值限定值(mm)	0.010	0.010	0.030	0.100
4	一级标准允许超限百分率(%)	5	5	5	10
5	二级标准允许超限百分率(%)		10	10	

表中的第 0 行和第 1 行列出了滤波断面的波长范围（截止频率）及采样窗长度 L，例如波长 30～100 mm，其截止波长就是 30 mm 和 100 mm，其采样窗长度 L 为 0.6 m。根据规范的规定，纵断面的采样间隔不得大于 2 mm，其数字化增量不得大于 1 微米（10^{-6} m）。

表中第 4 行、第 5 行分别规定了一级标准和二级标准。这是根据过去钢轨打磨的经验，在某些线路区段，特别是在打磨前轨面存在擦伤、剥离、压溃等单个轨头伤损的情况下，要求 100%的打磨地段都达到打磨标准不仅是不经济的，有时甚至是不可能的。因此，在一级、二级标准中都规定了一定的允许超限百分率。在二级标准中，不仅规定了较高的允许超限百分率，而且对 10～30 mm 及 300～1 000 mm 两个波滤断面的超限百分率不作规定。应根据打磨前钢轨的实际状态及业主的要求，制定经济、可行的打磨等级，并在打磨合同中予以明确。

如果是采用均方根（RMS）幅值作为钢轨打磨质量的评定参数，且规定为一级验收标准时，则表 6-62 的第 2 行规定了不同滤波断面的均方根（RMS）幅值的限定值，第 4 行规定了相应的超限百分率。如 30～100 mm 的滤波断面，其均方根（RMS）幅值的限定值为 0.004 mm，其允许的超限百分率为 5%；如果规定为二级验收标准，则第 5 行规定了允许的超限百分率。如同样是 30～100 mm 的滤波断面，均方根幅值的限定值还是 0.004 mm，但其允许超限百分率为 10%。从第 5 行还可看出，在采用二级验收标准时，对于 10～30 mm 和 300～1 000 mm 两滤波断面的均方根（RMS）幅值的超限百分率不作规定。

如果是采用峰峰值移动平均值作为钢轨纵断面打磨质量的评定参数，表 6-62 第 3 行规定了不同滤波断面峰峰值移动平均值的限定值，第 4 行和第 5 行分别规定了采用一级和二级验收标准的允许超限百分率。如 30～100 mm 的滤波断面，其峰峰值移动平均值的限定值为 0.010 mm，一级验收标准时的允许超限百分率为 5%。二级验收标准时的允许超限百分率为 10%。同样，10～30 mm 和 300～1 000 mm 两个滤波断面，对峰峰值移动平均值的超限百分率不作规定。

如果是用每 100 m 打磨钢轨长度内不平顺峰峰值超过规定限值个数作为钢轨纵断面打磨质量评定参数，则验收标准如表 6-63 所示。

表 6-63　用峰峰值超限个数表示的纵断面验收标准

行	参　数	指　标			
0	波　长(mm)	10～30	30～100	100～300	300～1 000
1	峰峰值的限定值(mm)	0.010	0.010	0.030	0.100
2	一级标准时，在第 100 m 打磨钢轨长度内，允计单个不平顺超限的个数	250	100	25	10
3	二级标准时，在第 100 m 打磨钢轨长度内允许单个不平顺超限的个数		200	50	

其中，第 0 行规定了滤波断面的波长范围（截止波长），第 1 行规定了峰峰值的限定值，同样也规定了一级和二级两档不同的验收标准。表 6-63 的第 2 行，规定了在采用一级标准时，在第 100 m 打磨钢轨长度范围内单个不平顺峰峰值超过第 1 行所规定的限定值的允许个数。如，波长 30～100 mm 的滤波断面，峰峰值限定值为 0.01 mm，在 100 m 打磨钢轨长度范围内，允许单个不平顺峰峰值超过限定值的个数为 100 个，第 3 行规定了采用二级验收标准时，允许超过限定值的个数为 200 个。采用二级验收标准时，对波长 10～30 mm 和 300～1 000 mm 的滤波断面，无超限个数的规定。

（二）钢轨横断面

钢轨横断面打磨验收标准如表 6-64 所示。

表 6-64　钢轨打磨横断面验收标准

行	参　数	指　标		
等级	偏差限定值(mm)	0.6	1.0	1.7
Q	达限百分率(%)	80	100	100
R		/	80	100
S		/	/	100

其中，横断面打磨分 Q、R、S 三个等级。表中的偏差限定值（mm）应在合同中作出具体注释。如 0.6 mm 的偏差限定值应注明打磨后的断面与标准断面之偏差是＋/－0.3 mm，或＋0.2/－0.4 mm、还是＋0/－0.6 mm。表中达限百分率（%）是指处于偏差限定值以内的打磨断面的数量在打磨断面总数中所占的百分比。如采用 Q 级打磨时，偏差限定值在 0.6 mm 以内的断面数应占打磨断面总数的 80%，所有（100%）打磨断面的偏差应在 1.0 mm 范围之内。或者反过来说，当选定偏差限定值为 1 mm 时，Q 级打磨应当是 100%的断面达标，R 级打磨时应当是 80%的断面达标，S 级打磨时对达标数不作规定。不管采用哪个等级，所有（100%）打磨断面的偏差均应在 1.7 mm 以内。

（三）表面粗糙度

钢轨打磨后，就在基准点 A 左右 10 mm 范围以内的同一钢轨打磨面上沿钢轨纵向立即进行表面粗糙度测量。应在一个完整的特征长度范围内连续布置 6 个测点，计算 6 个测定值的平均值 Ra。

验收标准是计算平均值的 6 个数据中，表面粗糙度大于 10 μm（1 μm＝10^{-6} m）的不多于 1 个；或者在所有平均值中，表面粗糙度大于 10 μm 的不超过 16%。

所谓“特征长度范围”是指打磨砂轮每转动一圈，打磨列车沿线路走行的长度。

（四）打磨面外观

1. 打磨面最大宽度在轨距角圆弧上为 4 mm，在轨距角圆弧和轨顶圆弧的连接圆弧部分为 7 mm，在轨顶圆弧上为 10 mm。从轨头打磨区向非打磨区应平滑过渡。

2. 磨面宽度的最大变化在沿钢轨长度 100 mm 的范围内不应大于打磨面最大宽度的 25%。

3. 轨头打磨区无连续发兰带。

欧洲标准中，有关钢轨纵断面、钢轨横断面的打磨验收标准，由于需要专门的测量仪器和分析仪器才能提供相应的资料，故必须提请有关负责部门在将来引进打磨列车时一定要同时引进相应的测量和分析设备。我国在取得相关设备之前，暂时还不能根据这些标准来验收钢轨打磨质量，但关于表面粗糙度及打磨面外观的相应验收标准，在国内目前完全可以参照执行。

六、道床状态评估及作业方法的建议

道床脏污，特别是翻浆、冒泥、板结对线路的稳定和轨道的弹性有着直接的影响。由于道床病害往往具有局部性、区段性，局部区段轨道弹性的变化所造成的沿轨道纵向的轨道弹性不均匀，对提速列车的行车平稳性和乘车舒适性有着致命的伤害。在提速区段，道床翻浆、板结等病害必须严加控制。

道床害病，特别是翻浆、板结、硬化等严重病害绝不是一朝一夕形成的，它有一个较长的发生、发展、恶化的过程，只要在运营管理上注意观测、防范和及时处理，各种严重的道床病害是可以防治的。

铁路道床从新铺到清筛下道，大体都要经历松散、密实、恶化、失修四个阶段。如果维修作业得当，就可以延长道床的密实阶段，延长道床的使用寿命。表 6-65 列出了道床不同工作阶段的状态参数值以及 20 世纪 80～90 年代我国铁路干线上广泛使用一级、甚至二级道砟情况下，各阶段所对应的累计通过总重。在当今我国铁路干线道砟质量得到提高，普遍采用一级道砟甚至特级道床，不再采用二级道砟，道床作业主要采用大型机械振动捣固，基本取消洋镐冲击式捣固的情况下，道床各工作阶段、特别是密实阶段所对应的累计通过总重会要增加，道床的使用寿命会要延长。但是不同阶段所对应的状态参数将会大体不变，因而对于指导当今提速线路道床的养护维修、特别是作业方式的选择仍有现实的指导意义。

表 6-65　道床状态参数值及作业方法的建议

参数	累计通过总重(MGT)	脏污率(%)		密度(g/cm³)	空隙率(%)	轨枕横向阻力(kN/根)		轨枕支承刚度(kN/根)		道床状态	道床作业
		体积脏污率	重量脏污率			Ⅱ型轨枕	Ⅲ型轨枕	Ⅱ型轨枕	Ⅲ型轨枕		
松散阶段	0～70	0	0	1.69～1.90	32～24	4～10	5～12.5	35～120	40～135	松散、清洁	起、捣、夯
密度阶段	70～300	0～30	0～18.5	1.90～2.10	24～0	10～14	12.5～17.5	120～140	135～165	密实、稳定	减少扰动道床、垫板找平
恶化阶段	≤450	30～32	18.5～23	2.10～2.40	0	>14	>17.5	>140	>165	空隙填满、局部板结	枕盒、边坡清筛、疏通排水
失修阶段	>450	/	/	>2.4	/	/				板　结	破底清筛

第七章　胶济线提速及电气化改造工程实例

第一节　工程概况

胶济铁路位于我国山东省胶东半岛，东起重要的海港城市青岛市，途经潍坊、淄博，西至山东省省会济南市，线路全长 384.6 km。胶济铁路东端的蓝村与北起沈阳、大连、南至长江三角洲的东部沿海通道相衔接；西端的济南与既有京沪铁路和规划京沪高速铁路、邯（郸）济（南）铁路相衔接，是我国铁路网主骨架之一。沿线有张东、张博、辛泰、益羊、胶黄等多条支线接入，南北两侧分别有兖石线和规划的德龙烟地方铁路共同形成地区铁路运输体系。地理位置见图 7-1。

图 7-1　胶济铁路地理位置图

一、修建与改造简况

胶济铁路始建于 1899 年 9 月，1904 年竣工通车。1972 年增建第二线，1984 年蓝村—济南段一期工程建成通车，1991 年胶济复线改为内燃牵引，1991 年青岛—蓝村工程建成通车。

胶济线增建第二线，提高了技术标准，改善了运输条件。其中南流至潍坊、周村至王村采用双线绕行，取消了周村至王村、淄博至湖田以及坊子至北流共 3 段双机坡，大幅度提高了线路通过能力、输送能力。

济南枢纽 1958 年第一次进行总图布置，1960 年黄河大桥桥位变更，1973 年重新编制枢纽总图。济南西编组站 1976 年开始施工，1983 年 7 月建成通车。1994 年、1995 年为配合邯济线、京沪高速铁路引入分别编制了枢纽总图方案。1999 年邯济线引入枢纽，新建晏城北辅助编组站。洛口黄河老桥抬高已经修复。

二、既有线主要技术标准

铁路等级　　　Ⅰ级；
正线数目　　　双线；
限制坡度　　　5‰；
最小曲线半径　　　一般 800 m，困难 400 m，青岛至娄山个别 300 m；
牵引种类　　　内燃；
机车类型　　　DF，DF_{4C}，DF_{4D}；
牵引质量　　　上行 3 600 t/3 200 t，下行 4 000 t/3 700 t；
到发线有效长度　　　850 m，部分车站预留 1 050 m；
闭塞类型　　　自动闭塞。

三、提速及电气化改造工程简况

根据经济和社会发展需要，为满足人民群众出行快捷、舒适的迫切愿望，2003 年，铁道部组织、主持重新研究提速改造 200 km/h 等级方案。在建设、研制、设计、施工、监理等参建单位的共同努力下，克服了技术标准高、既有线行车密度大等重重困难，2005 年 9 月 1 日提速改造线路达到了开通水平。

线路改造工程中，即墨一高密和临淄一淄博客车线双绕，形成客货分线四线地段，四线地段的客线总长 68.53 km，其中即墨一高密 44.67 km，临淄一淄博 23.86 km；既有线平面条件较差的太堡庄一潍坊东和马尚一王村两段线路双绕取直，两段双绕长度共计 48.59 km；青岛西—济南东间车站到发线有效长度均由原 850 m 延长到 1 050 m。

提速及电气化工程改造后，青岛一济南的客运线路长度 365.71 km，比既有线缩短 18.99 km，货运线路长度比既有线缩短 10.32 km。

四、改造后的主要技术标准

铁路等级　　　Ⅰ级；
正线数目　　　双线，局部四线；
限制坡度　　　5‰，四线地段客线 12‰；
最小曲线半径　　　2 200 m；
牵引种类　　　电力；
机车类型　　　客运：动车组，SS_8；货运：SS_4；
牵引质量　　　4 000 t，5 000 t；
到发线有效长度　　　青岛一青岛西 850 m，青岛西一济南东 1 050 m；
闭塞类型　　　自动闭塞；
建筑限界　　　满足开行双层集装箱列车要求。

五、提速及电气化改造后路段速度及时间目标值

1. 改造后路段速度目标值见表 7-1。

表 7-1　提速及电气化改造后路段速度目标值

顺　号	区　段	速度目标值(km/h)	长　度(km)
1	青　岛一娄　山	70	23.30
2	娄　山一郭　店	200～250	322.49

续上表

顺　号	区　段	速度目标值(km/h)	长　度(km)
3	郭　店－济南东	120	16.30
4	济南东－济　南	80	3.62
5	合　计		365.71

2. 改造后的时间目标值

胶济线提速及电气化改造完成后，动车组全程运行时间为 2 h 30 min，比改造前最快旅客列车运行时间 3 h 58 min，至少缩短 1 h 28 min。

第二节　线路与站场

一、线　　路

（一）平纵面组合设计

线路平纵面设计原则：

（1）竖曲线与竖曲线、缓和曲线、道岔均不得重叠设置；

（2）尽量避免竖曲线与平面圆曲线重叠设置。

竖曲线与平面圆曲线重叠设置对行车安全和乘坐舒适度产生不利的影响、增加养护维修工作的难度，但由于胶济线 200 km/h 提速中平面圆曲线半径较大，圆曲线长度较长，一般可达 1～2 km 以上，按照上述原则设置增加的工程投资平均达 50%以上。因此，在困难条件下，允许竖曲线与圆曲线重叠设置，但应避免最小半径 2 200 m 的圆曲线与竖曲线重叠设置。

（二）线路技术参数

1. 线路平面

（1）曲线半径：200 km/h 路段最小曲线半径结合工程条件比选确定，一般地段 3 500 m，困难地段 2 800 m，特殊困难地段 2 200 m。

（2）线间距：200 km/h 路段区间直线段线间距按 4.4 m 设计，不足 4.4 m 地段按 4.4 m 拨移，曲线地段按《铁路线路设计规范》(GB 50090）加宽线间距。

速度目标值为 120 km/h 及以下路段区间直线段线间距按 4.0 m 设计，曲线地段按《铁路线路设计规范》(GB 50090）加宽，非改建地段维持现状。

（3）缓和曲线：新建绕行地段，尽量采用较长的缓和曲线标准；既有线改建困难地段，可选用较短的缓和曲线长度，但不得小于理论计算值。

（4）圆曲线长度和两相邻曲线间夹直线尽量采用较长的长度，困难地段下，最小长度不小于 140 m。

（5）缓和曲线长度和设计超高：对于缓和曲线普遍较长的高速线路，由脱轨安全要求计算的缓和曲线长度显然不起控制作用，故设计高速铁路缓和曲线长度主要考虑乘坐舒适度允许的未被平衡横向加速度时变率和车体倾斜角速度。

胶济线虽然是高、低速共线运输，其对舒适度的要求高于客货混行的标准。按第二章第二节所述的最大超高 h_{max} 由列车停在曲线上车辆倾覆安全度和旅客乘坐舒适度要求控制，取 180 mm。

胶济线缓和曲线长度和超高见表 7-2。

在缓和曲线足够长的条件下，2 800 m 半径可满足提速至最高速度 238 km/h。

胶济线建成后，在即墨—高密段进一步提速至 250 km/h 的研究中，全段共有 10 个 6 000 m 半径的曲线，除 D1K71＋640～D1K72＋810 段右线最短缓和曲线长度为 80 m 不能满足 250 km/h 的要求外，其余地段缓和曲线均大于 140 m，均能满足提速至最高速度 250 km/h，并且也满足困难条件下的缓和曲线长度 140 m 的要求。从而在提速至 250 km/h 的变更设计中只把 D1K71＋640～D1K72＋810 段右线缓和曲线长度由 80 m 调整为 140 m，以及调整曲线超高至 60 mm。

表 7-2　胶济线缓和曲线长度和超高（高、低速混跑）

曲线半径 R(m)	设计超高 H(mm)	实设超高范围(mm)		v_{max}(km/h)	计算超高(mm)				欠超高检算	欠、过超高和检算	缓和曲线长度(m)	
					低速列车		高速列车					
		h_{max}	h_{min}		平衡超高	过超高	平衡超高	欠超高	$h_q \leqslant [h_q]$	$h_g+h_q \leqslant [h_g+h_q]$	一般条件	困难条件
2 800	140	148	129	238	108	32	239	99	99＜110	131＜140	370	300
2 800	170	180	167	242	108	62	247	77	77＜80	139＜140	460	380
2 800	170	180	153	250	108	62	263	93	93＜110	155＞140	不能通过欠、过超高和检算	
6 000	60	90	43	250	50	10	123	63	63＜80	73＜110	170	140
6 000	90	130	85	250	50	33	123	40	40＝40	73＜110	250	210

2. 线路纵断面

（1）限制坡度：200 km/h 客货共线区段限制坡度采用 5‰；四线地段中，新建客车线限制坡度采用 12‰，新建货车线限制坡度采用 5‰；既有线个别地段保留既有坡度。

（2）最小坡段长度：200 km/h 区段利用既有线部分采用的坡段长最小为 400 m，且均未连续使用；四线地段中，新建客车线最小坡段长度为 600 m，且均未连续使用；120 km/h 既有线改建区段最小坡段为 200 m。

（3）200 km/h 区段相邻坡段的坡度差大于等于 1‰时，以圆曲线型竖曲线连接，竖曲线半径采用15 000 m。

120 km/h 区段相邻坡段的坡度差大于 3‰时，以圆曲线型竖曲线连接，竖曲线半径采用10 000 m。

（三）线路技术特征

胶济线线路平纵断面图见图 7-2（见插页）。

1. 线路平面特征

胶济线青岛—平陵城段全长 346.6 km，其中左线长 346.573 km，右线长 346.613 km；共有曲线 468 个，最小曲线半径 300 m。提速改造后，左线长 327.615 km，右线长 327.648 km，较既有线长度缩短 18.958 km。

娄山—平陵城按 200 km/h 进行提速改造，共改建小半径曲线 56 个，改线折单长度 448.541 km，其中，拨移量大于 2 m 地段折单长度 351.023 km，拨移量小于 2 m 地段折单长度 97.518 km。改造后的曲线：曲线半径 2 200 m，共 34 个；曲线半径 2 500 m，共 3 个；曲线半径 2 800 m，共 23 个；曲线半径 3 500 m，共 8 个；曲线半径 4 000 m 及以上，共 37 个。共计曲线 105 个，长133.526 km，占 200 km/h 提速段总长的 43.88%。

2. 线路纵断面特征

由于多年的运营和维修养护，既有线出现少量超限坡地段。既有上行线有超限坡 15 段共 11.94 km，上坡最大坡度为 6.9 ‰（含曲线折减值）；既有下行线有超限坡 17 段共 16.31 km，上坡最大超限坡度为 5.5 ‰（含曲线折减值）。

本次设计中对因改坡将引起较大工程、经检算能满足动力闯坡要求的超限坡地段予以保留，设计范围保留超限坡左线 4 段，长 1.950 km，最大坡度 6.5‰（含曲线折减）。

蓝村—平陵城段，考虑双层集装箱运输条件，对既有线不满足双层集装箱运输条件、且改建工程量大的上跨建筑物，8 处为既有线落道，落道总长折单 9.6 km。

二、站　　场

胶济线青岛(含)—济南(含)段既有车站 54 个，其中青岛站南部车场、济南东、济南站为客运站，青岛北部车场(青岛港湾站) 为港湾站，青岛西为编组站，东风、淄博为区段站，其余均为中间站。本次电气化改造全段封闭 20 个车站，新建 3 个车站，改建后共有车站 37 个。设在直线上的车站 28 个，其余 9 个车站设在曲线上；全线车站除青岛客站、蔡家庄站外均设有货运设备；位于 200 km/h 路段的车站有 19 个，其中即墨、高密、临淄、淄博 4 站为提速、普速共线的车站；有 12 个车站设有牵引变电所、接触网维修（抢修）工区或开闭所。

（一）主要设计原则

1. 平面

车站改建设计站型一般按横列式站型改建；新建车站站型均按横列式站型设计。改建中的高密站如图 7-3 所示。

图 7-3　改建中的高密站

办理摘挂作业的车站，均应设牵出线，其有效长一般不小于 450 m，有条件时可利用专用线或支线作牵出线。

站内正线曲线半径不应小于其衔接的区间正线曲线半径。

车站到发线不考虑通过 200 km/h 级旅客列车，故到发线曲线半径仍按一般标准设计。

与 200 km/h 正线相邻的到发线，位于与正线顺向的 1‰及以上的下坡道上，且该到发线上有摘挂列车作业时，为防止停留车辆受高速列车通过时所产生的风压影响而发生溜逸，在该到发线下坡方向末端设置安全线。

2. 纵断面

车站改建应充分利用既有纵断面，到发线有效长范围内一般不应大于 2.5‰，咽喉区可设在限制坡度－2‰的坡道上；特别困难时，个别道岔可设在不大于限制坡度的坡段上。

正线上的可动心轨道岔（含 L'，L'指道岔终端至末根岔枕中心距离）不得与竖曲线重叠。

3. 客运设备

各站旅客站房原则上保留使用，因技改需迁建时，按调查的旅客最高聚集人数或按原房屋标准予以赔建。

旅客站台应避免邻靠高速正线，既有邻靠高速正线的站台一律移位新建。

高速正线上不得设置平过道，当旅客站台之间或站台与站房之间有高速正线通过时，设置旅客跨线天桥或地道。

4. 货运设备

车站改建应尽量利用既有的货运设备，原则上不再扩建。

5. 轨道工程

(1) 站线铺轨

车站线路轨道铺设标准见表 7-3。

表 7-3　车站线路轨道铺设标准表

项　　目			到发线	驼峰溜放线	其他站线	次要站线
钢 轨 类 型(kg/m)			50	50	43	43
轨枕根数（根/km）	混 凝 土 枕		1520		1440	1440
	木　　枕		1600	1600	1440	1440
道床厚度（cm）	非渗水土	双　层	20/20	25/20		
		单　层	35	35	25	20
	岩石、渗水土		25	30	20	20
轨道高度（cm）	轨顶至路　肩	混　枕	0.92		0.76	0.71
		木　枕	0.87	0.92	0.71	0.66
	轨顶至路基面中心	混　枕	0.78		0.62	0.57
		木　枕	0.73	0.78	0.57	0.52
道　砟	面　　砟		碎石	碎石	碎石	碎石
	底　　砟		粗砂、中砂及卵石砂	粗砂、中砂及卵石砂		

站线铺轨、枕木均利用旧轨，不同类型钢轨接头采用模压异型轨。新铺混凝土枕采用专线3419，木枕采用Ⅱ类油枕。

混凝土枕地段配件：铺设 50 kg/m 的到发线采用弹条Ⅰ型扣件，其他站线采用 70 型扣板式扣件。混凝土枕轨道的轨下橡胶垫板型号：50 kg/m 钢轨采用 50-10-9 或 50-7-9；43 kg/m 钢轨采用 43-10-7 或 43-7-7。木枕地段采用普通道钉加铁垫板的扣件。

（2）道岔

位于 200 km/h 等级正线上的道岔均采用 P60 kg/m 可动心轨混凝土枕道岔，其中 18 号单开道岔采用图号为专线 4245A，12 号单开道岔采用图号为 SC325；普速段 18 号单开道岔采用图号为专线 4223；其余道岔除组合道岔外一律利用旧的。

（3）道砟

站线道床面砟采用二级碎石道砟，底砟可以采用碎石屑等。到发线采用双层道床，厚度 40 cm，其中面砟 20 cm，底砟 20 cm；其他站线及次要站线均采用单层道床，其他站线 25 cm，次要站线 20 cm。级配碎石地段到发线采用单层道床，厚度 0.25 m。

（4）尽头式线路除安全线以外的线路车挡前均安装挡车器。

6. 代表性车站路基横断面形式

代表性车站路基横断面形式见图 7-4。

（二）典型车站（东风车站）施工过渡方案

东风站为区段站（一级三场站型），上、下行正线外包。下行到发场到发线 7 条（含正线），上行到发场到发线 6 条（含正线），调车场调车线 16 条（其中上、下行编发线各 2 条）。本次工程将下行到发场增设到发线 1 条，形成到发线 8 条（含正线），上行到发场增设到发线 3 条，形成到发线 9 条（含正线），调车场调车线 16 条；将部分到发线、调车线有效长延长至 1050 m，驼峰维持现状不变，增设驼峰头部牵出线 1 条。为了不影响正常行车，施工过渡方案步骤如图 7-5。

（三）站场改造中几个重要问题

1. 正线道岔选型

道岔选型主要满足直向容许通过速度达 200 km/h 以上，结合京秦、秦沈线道岔使用情况，并在应用后作了部分改良工作，正线采用 60 kg/m12 号可动心轨道岔（SC325）。

2. 车站渡线设计

客货共线车站设置渡线的目的和作用主要有两方面：一是以满足转线作业、反向运行及双方向

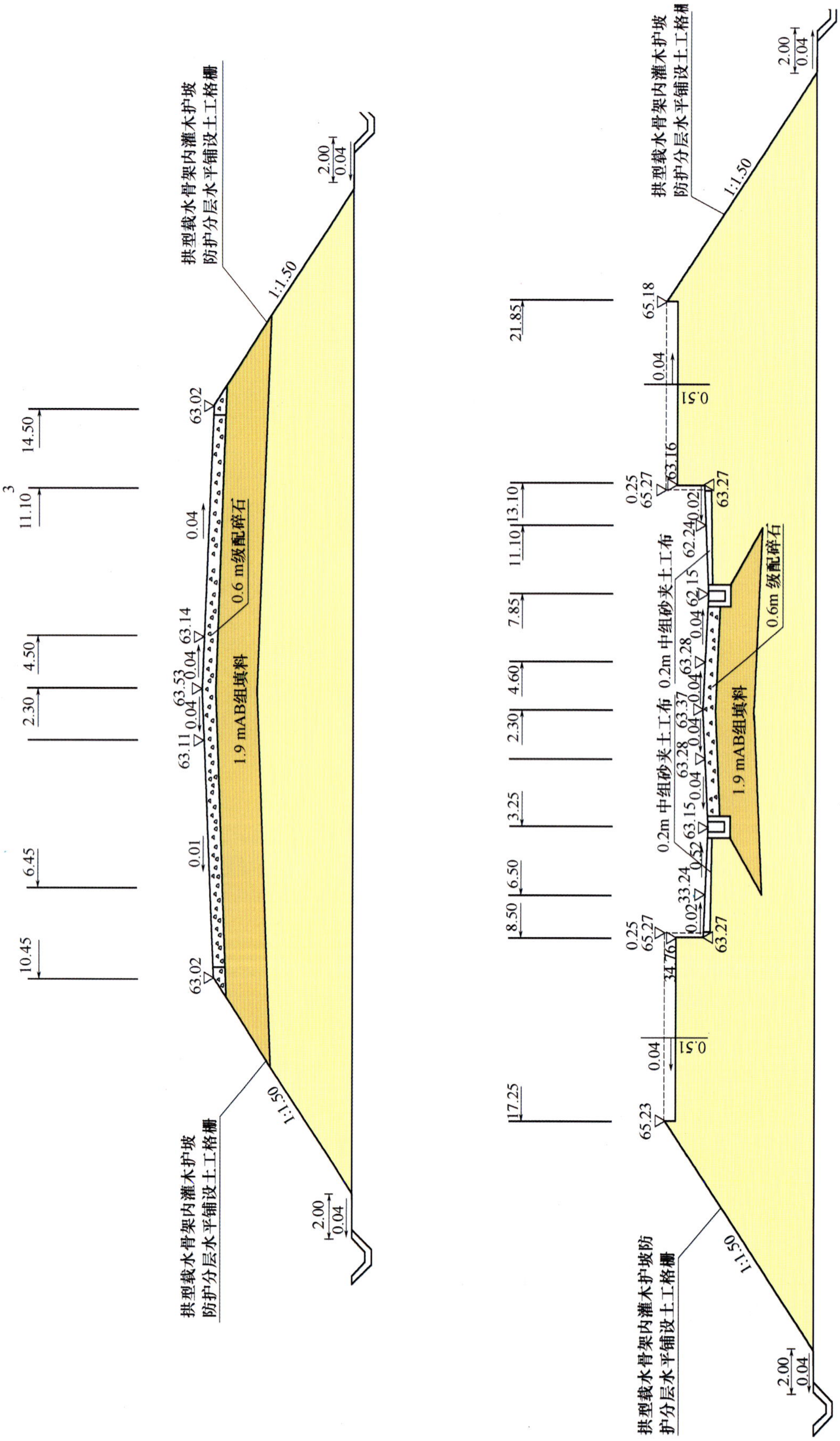

图 7-4 代表性车站路基横断面

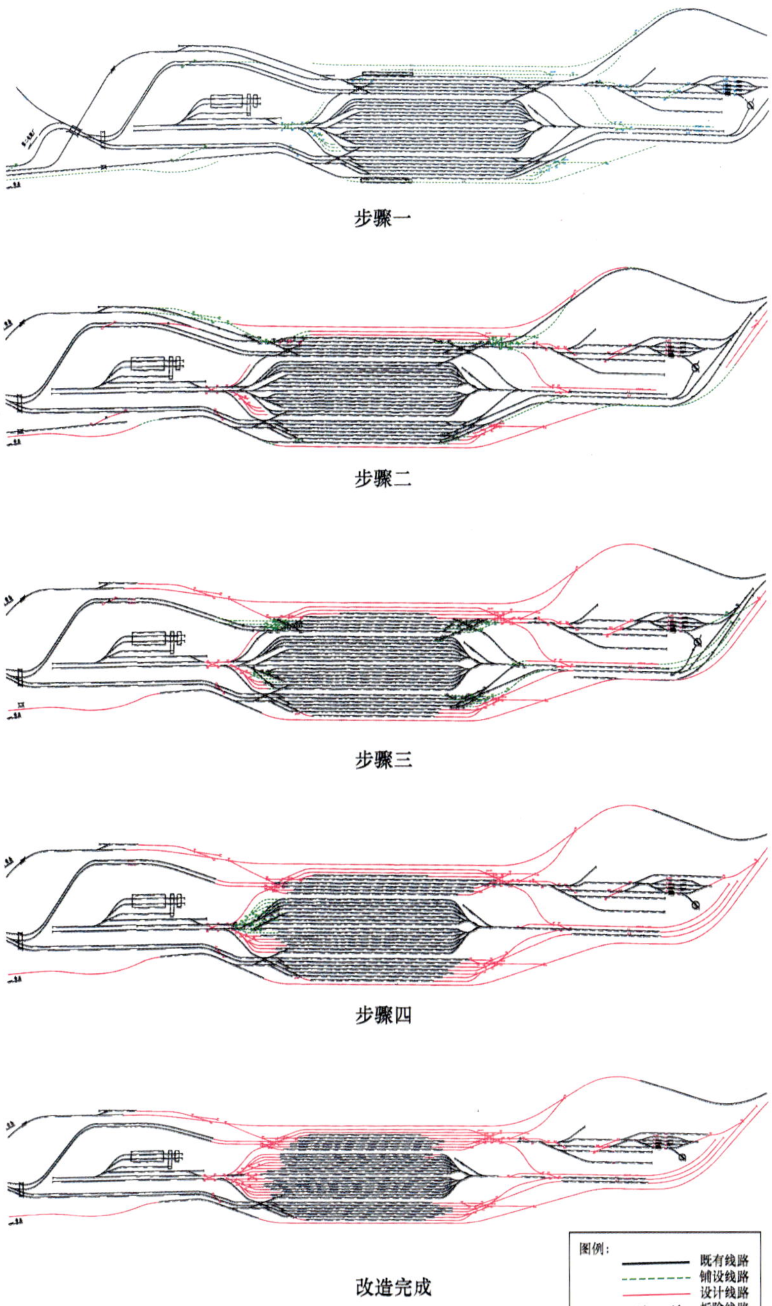

图 7-5　东风车站站场线路改造施工过渡方案

接发列车的需要；二是为区间线路大修、线路临时发生故障和其他情况下可采取灵活运行的调整措施，以便使一条线路上运行的列车转入另一条线路上继续运行。

在胶济提速及电气化工程中，充分结合 V 形天窗的开设方式及车站使用情况合理设置车站渡线，以避免长年闲置车站渡线的情况发生。共有高密、蔡家庄、昌邑、安丘、潍坊东、潍坊西、谭家坊、普通、马尚、周村东、王村 11 个车站一端铺设单渡线。

3. 站内站台设置

为避免 200 km/h 通过列车对站台上的旅客造成人身安全威胁，旅客站台应避免邻靠正线，既有邻靠正线的站台应拆除（不办理客运的车站），或者移位至到发线外侧。

4. 安全线的设置

胶济线电气化工程中在到发线顺接方向与正线间设置了隔开安全线。在 200 km/h 等级客货共线铁路安装 CTCS-2 系统后，是否需要设置安全线隔开有待进一步论证。

5. 站内正线缓和曲线与道岔前后的直线段

由于正线上道岔直向行车速度较高，道岔至曲线超高顺坡终点之间设有一定长度的直线过渡段，可减少列车通过时产生的震动和摇晃，而此过渡段的长度对站坪影响较大。根据《铁路车站及枢纽设计规范》及《工务养护维修规范》的要求进行了研究，确定过渡段长度不小于 30 m，与已经出版的《新建时速 200 公里客货共线铁路设计暂行规定》中内容统一。

6. 站内正线道岔的短轨配置

相邻道岔间插入短轨的目的是为了缓减列车过岔时的冲击振动，以提高旅客的舒适度，同时满足道岔结构需求。

根据《铁路车站及枢纽设计规范》以及广深线的使用情况，正线道岔间插入短轨不小于 12.5 m，这与《新建时速 200～250 公里客运专线设计暂行规定》、《新建时速 200 公里客货共线铁路设计暂行规定》中内容不符，因此可以在胶济线实际运行中检验正线道岔间插入短轨的最短长度，如需增长插入短轨的长度，可以结合胶济线客运专线工程中客运、货运车场分场设置后，客运车场有效长由既有的 1 050 m 减为 700 m，而拉开道岔间距处理。

第三节　路基工程

胶济铁路青岛（含）—平陵城（不含）正线长度 346.5 km。改建线路区间路基双线绕行长 164.102 km，双线改建长 21.748 km，单线绕行长 32.747 km，单线改建长 49.402 km。沿线主要分布有软土、松软土、顺层、膨胀土及采空区等路基工点。

一、路基工程设计技术特点

（一）低路堤设计

对于高度小于 2.5 m 的低矮路堤，当基床底层厚度范围内天然地基土的静力触探比贯入阻力 P_s 小于 1.5 MPa 时，对地基分别采取重型机械碾压、挖除换填进行处理。

（二）路基加固及防护工程设计

1. 挡土墙

正线共设置 7 处衡重式路肩挡土墙，墙高 2～8 m，10 处重力式路肩挡土墙，墙高 2～6 m，墙身均采用片石混凝土灌筑。为了掌握列车动荷载对路肩挡土墙的影响，选取代表性的挡土墙地段进行现场受力测试，测试结果表明衡重式路肩挡土墙及重力式路肩挡土墙能够满足客车 200 km/h 等级、货物列车 120 km/h 级动荷载影响要求。

2. 边坡防护工程设计

全线路堤及土质路堑边坡主要采用灌草护坡防护，既保护了边坡稳定，又美化了环境。

土质及边坡坡度等于或缓于 1∶1 的软质岩石路堑边坡，当边坡高度 $H \geqslant 3$ m 时，采用灌草防护；当边坡高度 $H \geqslant 5$ m 时，采用骨架内灌草护坡防护。

土质路堤边坡，当边坡高度 $H < 5$ m 时，采用灌草进行边坡防护；当 5 m$\leqslant H <$8 m 时，采用截水骨架内灌草护坡；当边坡高度 $H \geqslant 8$ m 时，采用截水骨架内灌草护坡防护。当填料为细粒土、砂类土或易风化的软质岩石时，高速线路堤边坡每隔 0.6 m 水平铺设 2.5～4.0 m 宽的土工格栅加筋加固。

灌草防护选择适宜当地气候、容易生长且根系发达、叶茎低矮、枝叶茂密的多年生草本植物（如紫树槐等），并应选择不同季节泛青的草籽混植。施工应保湿养生，定期追肥，保证草种成活。如图 7-6 所示。

图 7-6　绿色边坡防护

（三）软土、松软土地基加固设计

由于 200 km/h 等级铁路对路基的沉降控制要求较严，对地基处理提出了更高的要求，为此，对松软土地基处理显得非常重要。全线软土、松软土路基地段共计 212 处，长 45 590.61延米，主要分布于即墨—蔡家庄、青州—淄博地下水位较高地段。软土、松软土厚 2～13.5 m，主要为淤泥质土、软黏土、粉质黏土等，呈软塑或流塑状，C、Φ 值及承载力较低。高速线沉降控制标准：一般地段不大于 15 cm，沉降速率小于 4 cm/年。桥台台尾过渡段路基工后沉降量不大于 8 cm。设计中对软土、松软土地基分别采取挖除换填、重型碾压、碎石桩、搅拌桩等复合地基进行加固处理，经观测和沉降评估，路基工后沉降均能满足设计要求。

（四）岩溶、采空区路基

在湖田—淄博间有 1 处岩溶塌陷区，长 360 m，其埋深为 5.1～20 m。其中 D2K265＋900～D2K266＋000 段为岩溶物探异常严重区，极可能发生岩溶塌陷，其他地段为可能岩溶塌陷区。路基基底岩溶塌陷区采用钻孔注水泥砂浆加固。

在王村—章丘区间和章丘站内，共计长 1 086 m，地表覆盖土层厚 5～10 m，下伏砂岩、页岩，夹多层薄层状煤，存在采空巷道及部分采空区（地表下 30～35 m），地表有塌陷现象。根据岩溶塌陷区及采空区对路基的影响程度，采取在地表一定深度范围内钻孔灌注水泥砂浆和在路堤基底铺设土工格栅加固地基等措施进行处理。

线路通过煤系地层或其他地质矿藏地段时，应特别注意线路压矿范围。在工程建设竣工以后，应与地方有关部门签署协议，共同划定禁采范围，严禁在铁路沿线禁采范围内从事挖煤采矿作业，确保铁路运输安全。

（五）路基填料设计

胶济沿线地形平坦开阔，线路主要以填方通过，路堤占线路长度的 74.9%。由于地形平坦，地下水位较高，土质多为粉质黏土，且含水量大，不能满足设计要求。施工中进行了掺石灰、水泥对土质进行改良填筑试验。由于改良土需掺入的石灰、水泥比例较大，施工工艺要求高和施工工期紧等因素，经技术经济比较后，确定采取远运合格填料方案，既确保了工期，又控制了填筑质量。

二、既有线路基加固设计

（一）既有线抬落道地段

既有线抬道量小于 0.5 m、落道量小于 0.2 m 的地段，采用通过道砟调节进行抬落道。当抬道量大于 0.5 m，落道量大于 0.2 m 时，则考虑采用封单线或设置施工便线进行施工，对路基面高程进行调整，基床表层采用级配碎石填筑。抬落道后路基面宽度若不满足要求，则按新建线路基面宽度标准帮宽路基面。

（二）利用既有线提速地段

对既有线翻浆冒泥地段及路基基床静力触探比贯入阻力 P_s 值小于 150 kPa 的地段，采用水泥土挤密桩加固。加固后的路基基床复合地基承载力不小于 180 kPa。挤密桩加固既有线基床设计如图 7-7所示。

路堤基底有松软土分布，轨顶高程能通过道砟调节的地段，考虑既有线为多年长期运营的老线，压缩变形已稳定，故松软土地基未作加固处理。但线路纵坡抬高较大时，经稳定、沉降检算确定是否进行加固处理。

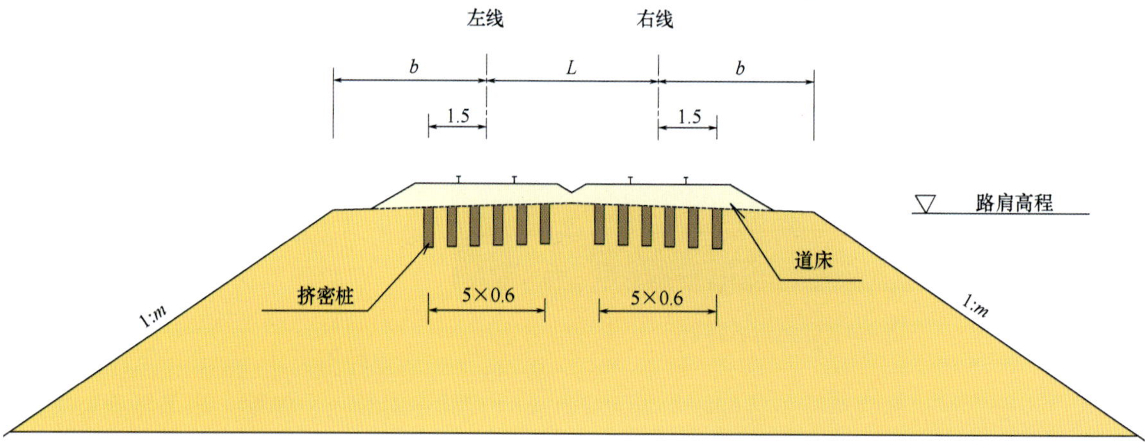

（a）纵断面布置图

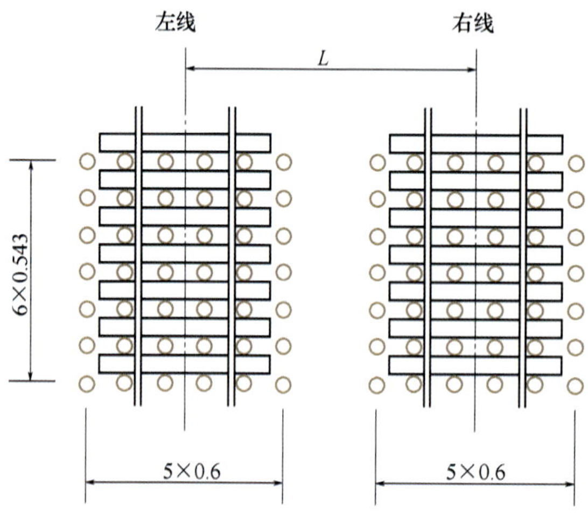

（b）平面布置图

图 7-7　双线地段基床表层挤密桩加固桩位平面布置图　（单位：m）

三、过渡段设计

为了确保线路平顺性，保证列车高速、安全、舒适运行，在高速线新建或改建地段的路堤与桥台连接处、路堤与横向结构物（立交框构、箱涵等）连接处、路堤与路堑连接处、既有路基与新建路基连接处均设置过渡段。如图 7-8～图 7-11 所示。

过渡段在基床表层以下采用级配碎石填筑，压实标准符合地基系数不小于 150 MPa/m 和孔隙率不大于 28%的要求。过渡段应与其相连的路堤按一体同时施工。

利用既有线提速地段，路堤与桥台连接处、路堤与横向结构物（立交框构、箱涵等）连接处，路基基床采用水泥土挤密桩过渡，桥头设置 20 m 长过渡段，距离既有桥头在 0～10 m 范围内，挤密桩长度按路基面下 2.0 m 长设计；距离既有桥头在 10～20 m 范围，距挤密桩长度按路基面下 1.5 m 设计。

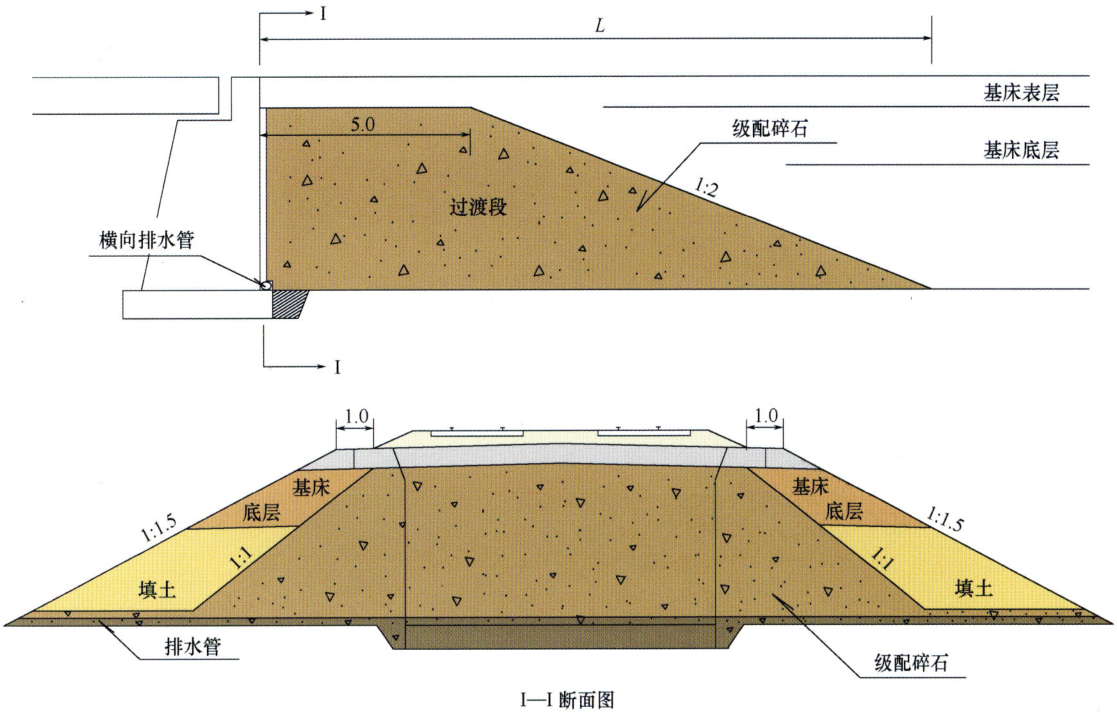

图 7-8　桥台台尾过渡段路堤设置方式

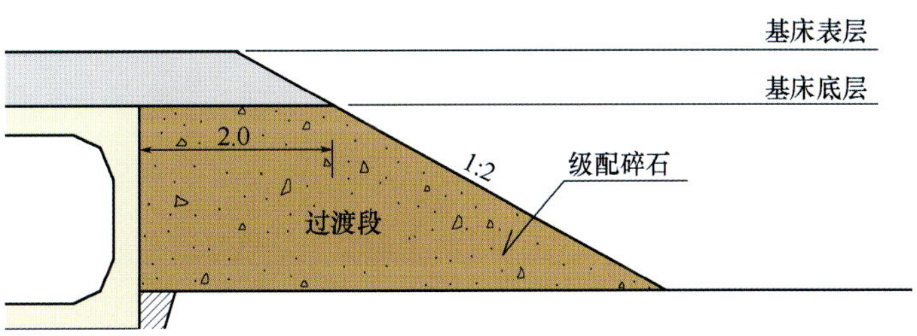

图 7-9　路堤与横向结构物连接处过渡段设置方式（纵向单侧）

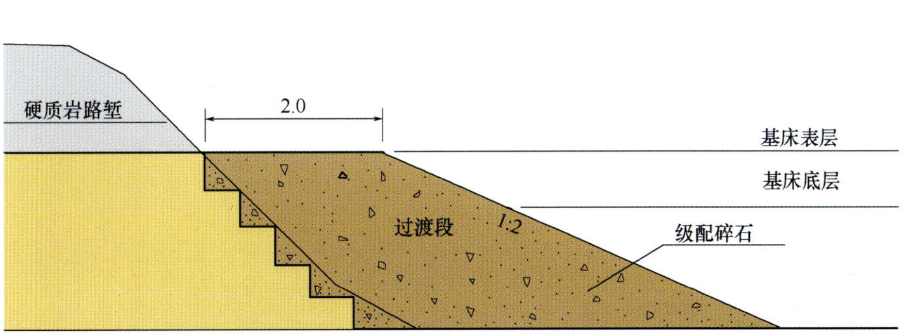

图 7-10　堤堑过渡段方式 1　（单位：m）

四、防护栅栏

为确保运营安全，全线的路基和车站实行全封闭，在路基两侧无其他设备时设置隔离栅栏，在站内有其他设备时，根据有关设备的布置，充分利用既有或设计的围墙、房屋等综合考虑封闭方

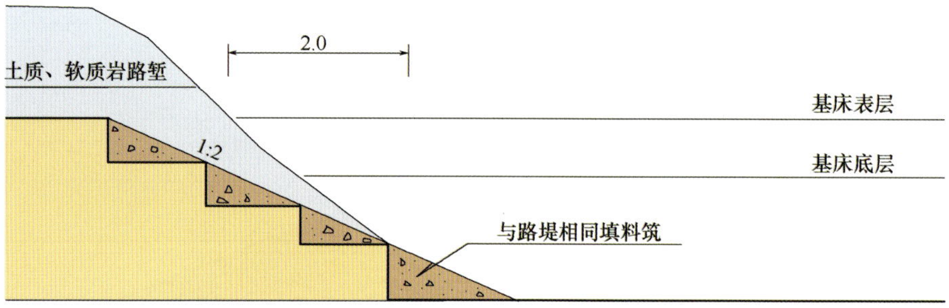

图 7-11　堤堑过渡段方式 2　（单位：m）

案，仅保留必要的工作和作业通道。胶济线电气化工程的防护栅栏主要有新制钢筋混凝土板和利用废弃的旧轨枕两种形式，如图 7-12 和图 7-13 所示。

图 7-12　新制钢筋混凝土栅栏

图 7-13　废轨枕栅栏

胶济线是一条百年老线，既有轨枕种类繁多，其中弦 69 型枕左线铺设 170.231 km，右线铺设 195.585 km，经多年运营，部分轨枕已开裂破损，在提速改造工程中，这些轨枕均需换铺为Ⅲ型枕。对于拆换下来的旧轨枕，质量较好的可用于站线、专支线或其他低等级的线路，但有一部分轨枕已无法使用，如将其废弃，既要占用场地，还影响环境。胶济线电气化工程则是把这些废旧轨枕充分利用起来修建防护栅栏，既节省了投资，又避免了废旧轨枕占用场地和影响环境，与新制的钢筋混凝土栅栏相比，相对还结实一些，更能保证铁路的运输安全。

第四节 桥涵工程

胶济线既有桥梁共 484 座，其中钢梁桥 40 座，圬工梁桥 402 座，工混梁桥 42 座。

1999 年完成时速 140 km/h 的提速试验。结合电气化改造工程，铁路桥涵工程改造，本着充分利用既有建筑物，避免大拆大修的宗旨，对主体结构无病害或存在一定病害，但不影响行车安全的桥梁，原则上对其病害进行处理、加固后利用。并建设一定数量的新桥。既有桥梁加固改造前，先通过对代表性梁桥进行动载试验，确定既有梁桥是否应加固及加固的原则，为桥梁加固设计提供依据。

一、既有桥改造

（一）改建原则

（1）既有钢梁桥均拆除，改建为圬工梁桥。

（2）跨度 8 m 及以上圬工梁桥均加固利用，梁体采用专桥 9752－Ⅰ图加固。

（3）工混梁桥和砖砌墩台的钢筋混凝土小桥均拆除改建为盖板涵或钢筋混凝土框架涵。

（4）对无支座或既有平板橡胶支座的既有梁桥，在梁端按专桥 8160 图加设横向限位装置。

（5）线路平纵断面维持既有不动地段的小桥，除严重病害影响行车安全的改建为框架涵或盖板涵外，其余均维持既有利用。

（6）跨度 6 m 及以下小桥，当拨道偏距大于 5 cm 时，将既有钢筋混凝土梁更换为涵洞盖板，并以相应孔径的盖板涵接长。

（7）跨度 6 m 以上桥梁，当拨道偏距大于 5 cm 时，采用既有桥墩台绑宽、横移梁位的改建措施。

（8）既有线抬、落道，当抬落道后实际枕下道砟厚度在 20～30 cm 内时，既有利用不作改造，若超出此范围，则采用加高或降低支承垫石高度来适应线路坡度调整。

（二）加固设计

1. 加固设计前的桥梁动载试验

选择 13 座桥中的 14 孔有代表性的梁型进行动载试验，测试运行列车在通过桥梁时梁体跨中的动挠度、竖向与横向振动（含振幅、固有频率、阻尼比）、横向振动加速度及恒载作用下的裂缝宽度；了解桥梁结构振动特征（振幅、频率、阻尼比）及裂缝状态；判断桥梁结构在动载作用下的工作状态；判断典型既有桥梁的动力性能与《铁路桥梁检定规范》（以下简称《桥检规》）、《既有线 200 km/h 等级提速技术条件（试行）》（以下简称《提速技术条件》）和《新建时速 200 公里客货共线铁路设计暂行规定》（以下简称《设计暂规》）的差距，为胶济线既有桥梁的加固提供设计依据。

试验共测试通过列车 404 趟，其中货车 212 趟，速度在 12～71 km/h 之间；客车 192 趟，速度在 13～118 km/h 之间。测试结果如下。

（1）大丹河右线大桥、汶河大桥、明水中桥的 31.7 m 预应力混凝土梁的横向自振频率满足《桥检规》通常值，但不满足《提速技术条件》的规定。

白砂河中桥的 16 mⅡ梁、官河 1 号中桥的 12 m 钢筋混凝土梁（低）、柳沟河中桥的 16 m 钢筋混凝土梁（低）的横向自振频率不满足《提速技术条件》的规定。

皋家坡 2 号中桥的 24 m 预应力混凝土梁、大沽河大桥的 20 m 预应力混凝土梁（低）的横向自振频率满足《桥检规》通常值和《提速技术条件》的规定。

胶乡河大桥的20 m钢筋混凝土梁（低）的横向自振频率满足《提速技术条件》的规定。跨度小于10 m（含）梁的横向自振频率未测出。

（2）14孔梁的梁体竖向自振频率均满足《提速技术条件》和《设计暂规》的规定。

（3）皋家坡2号中桥的10 m钢筋混凝土梁、白蛇沟小桥的8 m钢筋混凝土梁（低）的跨中横向振幅在货车作用下不满足《桥检规》的限值，大丹河右线大桥的31.7 m预应力混凝土梁在客车作用下不满足《桥检规》的通常值。其他11孔梁满足《桥检规》的要求。

（4）白砂河中桥的16 mΠ梁、官河2号中桥的10 m钢筋混凝土梁（低）、官河1号中桥的12 m钢筋混凝土梁（低）、柳沟河中桥的16 m钢筋混凝土梁（低）的跨中横向加速度不满足《桥检规》的规定，占通过车次数的百分比依次为8.3%、3.2%、2.6%、2.7%。其他10孔梁满足规范要求。

（5）14孔梁的跨中竖向挠跨比均满足《桥检规》、《提速技术条件》和《设计暂规》的规定。

试验结果验证了铁道科学研究院对京秦线提速改造及秦沈客运专线动力综合试验的研究成果，即影响双片式简支T梁横向刚度的主要因素是两片梁体之间联结的状态与刚度。为使既有线简支T梁满足200 km/h等级客货共线提速改造的要求，必须提高两片梁的整体横向刚度，加强梁端的侧向限位措施。

2. 既有梁的加固主要内容

根据动载试验结论，对提速至200 km/h等级地段的29座既有圬工梁桥进行了加固，共加固利用既有梁体137孔。改造方案包括：桥梁横向加固、增设横向限位装置、进行裂缝修补、对有钢轨接头的桥梁改为无缝线路。桥梁墩台按有关规范通过检算确定加固方案。

3. 加固方案

（1）梁体加固

检算荷载：中—活载。

行车速度：客车200 km/h，货车120 km/h。货车动力检算时，暂按C_{62}车型计算至90 km/h，待120 km/h货车参数定型后补充计算。在考虑动力系数的中—活载作用下，梁体竖向挠度不大于$L/1100$。

①横向加固：小跨度板式梁，采用化学植筋法在梁端及跨中增设横向联结将两片梁联成整体；低高度T形梁，在梁端、跨中及腹板变厚处增设横向联结，并采用横向预应力将两片梁联成整体；普通高度T形梁，在横隔板间上翼缘处增设横向联结水平板，并采用横向预应力将两片梁联成整体。图7-14为横向加固的桥梁。

图7-14　横向加固的桥梁

②纵向加固：钢筋混凝土梁在梁底粘贴钢板；预应力混凝土梁则增设体外预应力束。

材料（预应力体系）：

纵向体外预应力束采用1×7ϕ15.2 mm、抗拉强度为1 860 MPa的环氧涂层钢绞线组成的可更换成品索，钢绞线为外包PE的单根无粘结环氧喷涂钢绞线，每股钢束外套HDPE管道，在钢束穿过横隔板及锚固位置预埋钢管，钢管内衬四氟板。

横向预应力筋采用1×7ϕ为15.2 mm、抗拉强度为1 860 MPa的钢绞线，采用低回缩锚具及配套的锚垫板及千斤顶。

（2）梁端增设横向限位装置

主要有以下三种加固方案：

①角钢三角架及钢拉杆方案，并塞硬木垫块使角钢与梁体密贴。相邻两孔梁的四个支架顺桥向两用钢板相接，两侧联接钢板用钢拉杆相连。

②角钢三角架及钢框架方案，在梁外侧设三角架，内侧设钢框架，将钢框架焊在锚固钢板上，两侧立肢均塞硬木垫块。

③混凝土挡块方案，在梁外侧设钢筋混凝土挡块，对两片梁的内边墙中间缝隙用硬木垫块或橡胶块塞死。

选择方案的原则是根据梁体有无端横隔板，是否原来有防震、防移措施，区别对待。图7-15为梁端增设横向限位装置示意图。图7-16为梁体加固示意图。

（三）既有桥梁绑宽新技术

胶济线大量的既有桥梁面临线路拨距需要改造的问题，经过调查，这些桥运营良好无病害，其基础、墩台甚至梁体均可以予以利用。

此类既有桥梁均采用移梁、墩台身及基础绑宽利用方案。以K104＋164处的5×16 m柳沟河双线中桥为例，线路向右拨移1.0 m，桥墩、桥台绑宽设计详见图7-17。

（四）加固结论

上述加固桥梁经胶济线综合试验验证：除32 m超低高度预应力混凝土T梁外，其余经过加固后的混凝土标准梁，均能满足200 km/h动车组、120 km/h货车安全平稳运行的要求。

二、新建桥涵设计

（一）基本设计方案

胶济线提速电气化工程的新建桥梁一般设计为Lp＝10～32 m标准跨度简支梁桥，仅渭水河6号右线中桥因水位及线路标高控制，采用4×10 m钢筋混凝土刚构连续梁。对一些受桥下道路、铁路控制标准跨度简支梁跨度不足难以跨越的个别工点，设计采用门式刚架墩、纵向双悬臂刚架墩等以增大简支梁跨度，从而避免了大跨度连续梁、连续刚构等特殊结构桥梁，简化了施工，降低了工程投资。

标准跨度简支梁桥的梁体均采用专桥9753双片T梁。

小新河双线大桥、同三公路双线大桥采用纵向双悬臂刚架墩配32 m简支梁的桥梁有2座。

蓝村、大武镇、金岭镇、淄博等4座双线特大桥采用门式刚架墩配标准跨度简支梁。

梁跨L_p＝24 m、32 m时，采用盆式橡胶支座（图号：专桥（02）8156）；梁跨$L_p \leqslant 20$ m时，采用铸钢支座（图号：专桥（02）8152）。四线地段客运专线，因设计线路纵坡较大，部分桥梁设计纵坡大于4‰，超出了普通盆式橡胶支座适应的坡度范围，设计采用坡型盆式橡胶支座。

2004年专桥9753梁图颁发时，部分桥梁的墩台及其支承垫石已施工完成，为适应专桥9753图梁，同时为了尽量减少对已建成墩台顶帽、垫石的改造，部分桥梁根据需要改用圆柱面钢支座。

为方便施工，速度200 km/h等级桥梁的桥墩均采用圆端形实体墩。托盘采用C20混凝土，并设墩身护面钢筋；顶帽采用C20钢筋混凝土；支承垫石当采用铸钢支座时采用C30钢筋混凝土，当采用盆式橡胶支座时采用C40钢筋混凝土。

桥台采用了T形桥台和耳墙式桥台两种，并将桥台道砟槽宽度由3.9 m加宽至4.2 m。对于双线桥，设计采用台身两线分修、基础合修，两线间顶帽对称切割办法处理。桥台台身、托盘采用C20混凝土；顶帽采用C20钢筋混凝土；支承垫石当采用铸钢支座时采用C30钢筋混凝土，当采用盆式橡胶支座时采用C40钢筋混凝土。

桥梁墩台基础根据地质情况采用了明挖扩大基础和钻（挖）孔灌注桩基础。

本线按一次铺设无缝线路设计，并要求长钢轨的伸缩区不能设于桥上，速度200 km/h地段桥梁墩台顶纵向水平线刚度按《新建铁路桥上无缝线路设计暂行规定》的要求控制，横向刚度按墩台顶横向位移量$\Delta \leqslant 3\sqrt{L}$（mm）控制（式中$L$为桥梁跨度，当$L<24$ m时，按24 m计算）。

桥梁墩台基础的沉降按恒载计算，按工后沉降不大于5 cm、相邻墩台沉降差不大于2 cm控制。

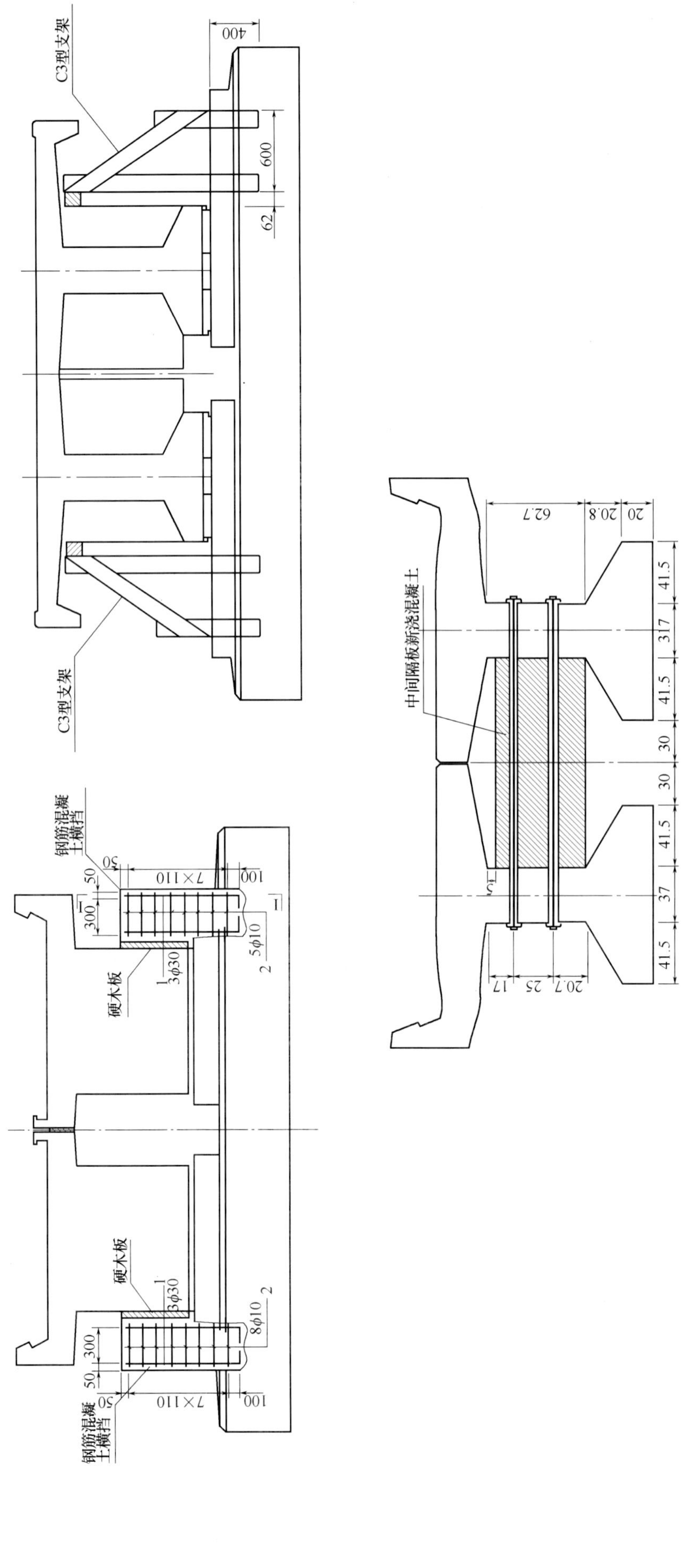

图 7-15　梁端增设横向限位装置示意图（单位：cm）

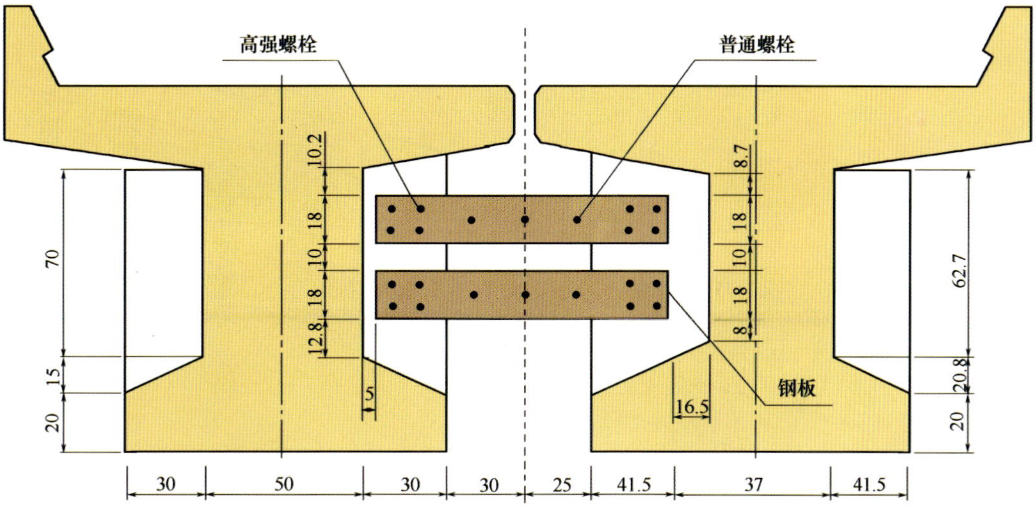

图 7-16　梁体加固示意图　（单位：cm）

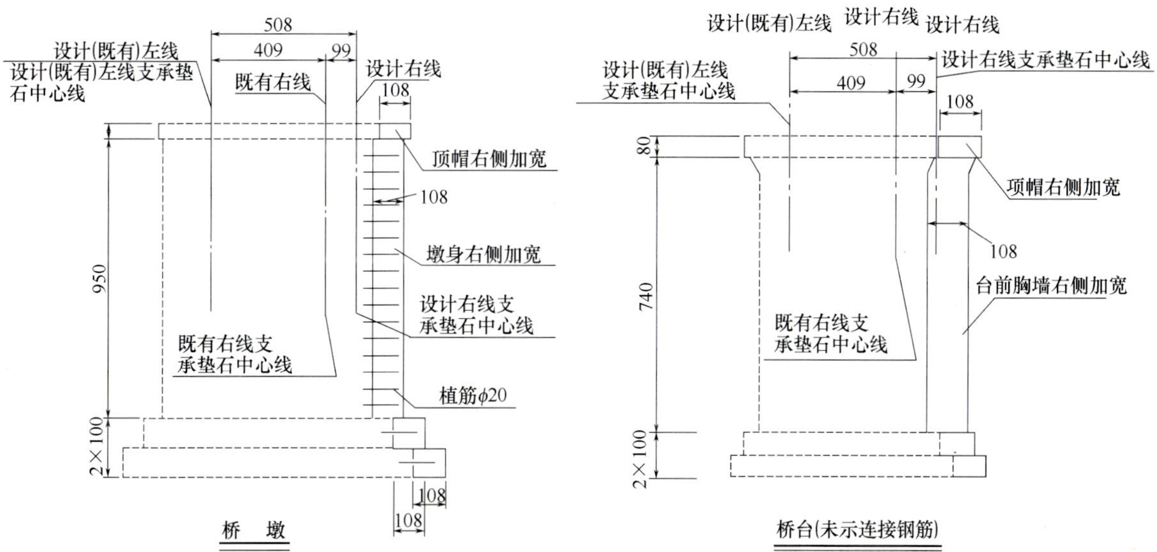

图 7-17　墩台绑宽设计示意图　（单位：mm）

设计时对各类基岩、碎石、块石类土、砂类土及承载力较高的粘性土一般未作沉降检算，对其他较差地基都要进行沉降检算。

对嵌入基岩内的明挖扩大基础，其岩层内超挖部分用 M5 浆砌片石回填，其余情况下桥台台后及两侧基坑用级配碎石回填，台前基坑及桥墩基坑用土夯实回填。

所有桥梁均设 1.55 m 宽作业通道。

（二）桥涵设计特点

1. 超长无缝框架桥设计

即墨—高密段新建客运专线（双线），既有线电气化改造后作为货物线，从而在这一区间形成客货分线的四线段。因换边需要，在即墨出站端和高密进站端需各疏解一次，其中即墨疏解设计为新建高速线上跨低速左疏解线，交叉里程为高速线 DK45＋577.54、低速疏解线 DzK45＋605.14，交叉角度只有 16.11°，线路的平面关系详见图 7-18。

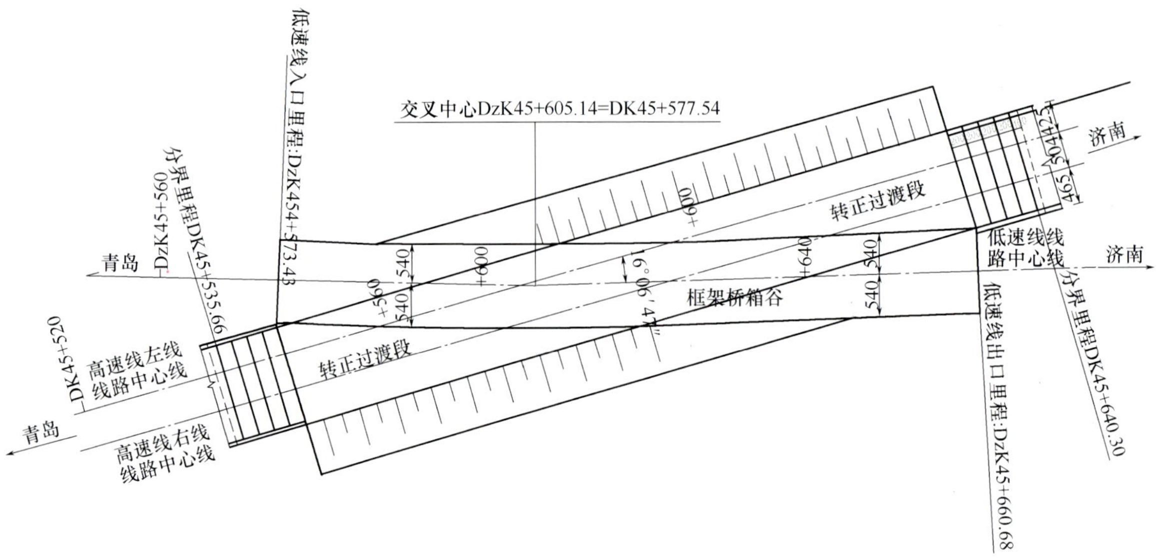

图 7-18　东毛家庄框构线路平面关系图

桥位处地势平坦，地面标高为 8.3 m，设计左疏解线轨面标高为 8.7 m，路肩已低于地面，不再考虑降低线路设计标高。

桥位处上覆粉质黏土层厚约 2.0 m，其基本承载力为 σ_0 =0.15 MPa，下伏基岩为泥岩夹砂岩，自上而下 W_4、W_3、W_2 层基本承载力分别为 σ_0 =0.20 MPa、0.30 MPa、0.40 MPa。

设计采用跨度 9.0 m 框架桥，框架桥设计轴线顺疏解线（曲线半径 800 m）按折线布置，疏解线从框架桥底板顶面通过，高速线从顶板顶面通过，框架桥与线路的关系详见图 7-19。

框架桥顺轴线设计长度 87.25 m，因斜交角度太大，为确保框架受力的整体性，全桥不设沉降缝，按空间整体结构设计计算。为消除地基不均匀沉降对结构受力的影响，设计采用浆砌片石换填至基岩 W_3 层，同时，在框架边墙两侧设浆砌片石转正块以确保设计客线路涵过渡的稳定性。

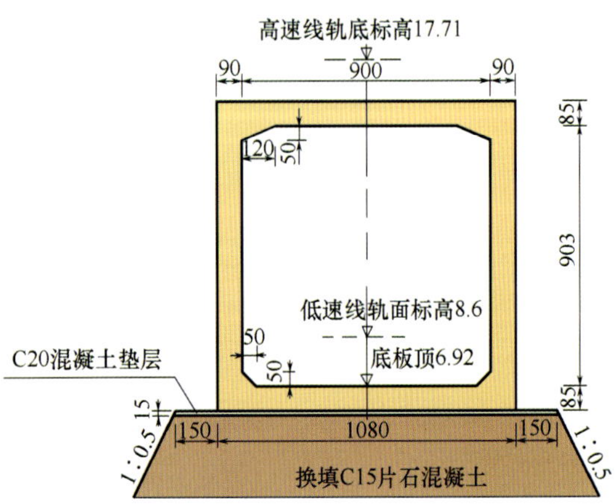

(a)东毛家庄框构断面图

(b)已建成的东毛家庄框构桥

图 7-19　框架桥　（单位：mm）

若采用梁式桥方案，主跨最小需 64 m，主桥按（40+64+40）m 连续梁考虑，导致线路较设计标高抬高约 4.5 m，桥高在 14.0 m 以上，桥梁长度达 1 500 m，并引起小里程端增加既有线抬道约 500 m，增加工程投资在 7 500.0 万元以上。因此，设计采用框架桥方案，降低了线路高度，缩短了桥梁长度，降低了工程投资，具有明显的经济效益。

东毛家庄框架桥摒弃框架桥设沉降缝的传统作法，长度达 87.25 m 不设沉降缝。

2. 纵向双悬臂双线刚架墩

即墨—高密段新建客运线（双线）于 DK64＋708 处跨越同三高速公路，桥位处地面标高 19.21 m，同三高速公路路面略高于地面，路面标高 20.81 m。同三高速公路与设计线路斜交角度 12°，路肩宽度 28.0 m，采用 32 m 标准跨度简支梁不足以跨越公路。

设计采用纵向双悬臂双线刚架墩配 32 m 跨度简支梁跨越同三高速公路，纵向双悬臂双线刚架墩采用钢筋混凝土结构，墩顶道砟槽长度为 15.3 m，因受力需要，道砟槽下设双立柱，立柱间距 8.0 m，这样采用本结构增大跨度约 4.5 m，满足了跨越桥下道路的需要。同三公路大桥设计立面详见图 7-20。

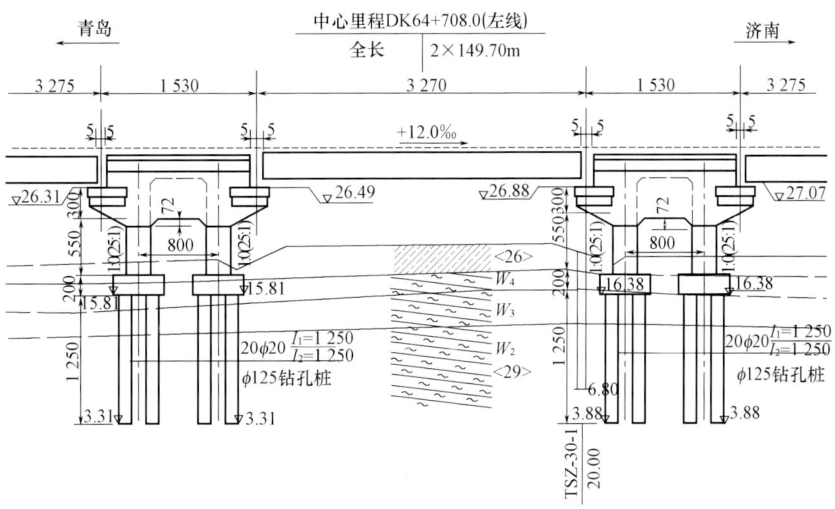

图 7-20　同三公路大桥立面图　（单位：mm）

若采用主跨 48 m 连续梁，考虑梁高增加及施工挂蓝或万能杆件支架，需抬高设计线路约 2.0 m，使桥梁高度达 13.0 m，增加桥梁长度 400.0 m，增加工程投资在 2 000.0 万元以上。因此，设计采用纵向双悬臂双线刚架墩配 32 m 跨度简支梁跨越同三高速公路，降低了线路高度，缩短了桥梁长度，从而降低了工程投资，具有明显的经济效益。

3. 门式刚架墩

门式刚架墩在胶济线上应用较多，其中最具代表性的是淄博双线特大桥，见图 7-21。线路的平面关系详见图 7-22。

淄博双线特大桥为新建客运专线上跨新建右疏解线而设，新建客运专线于 D2K271 ＋271.82处与设计疏解线 SDK271＋269.08 相交，交叉角度只有 17.1°，标准 32 m 简支梁无法跨越。

桥位处地面标高约 50.1 m，而疏解线设计轨面标高为 49.09 m，已低于周围地面，且受小里程段既有城市道路（东四路）控制，疏解线不能再降低，同时，因大里程方向临近淄博车站，线路标高不可能抬高，这样受线路控制，设计允许的最大桥梁结构高度（轨面一梁底）为 4.8 m，桥位处设计客线、疏解线及东四路的立面关系详见图 7-23。

因受线路标高控制，本桥无设计大跨度桥方案的条件，经分析研究，设计 31～34 号桥墩采用门式刚架墩配 12 m 标准跨度简支梁。门式刚架墩立柱采用钢筋混凝土结构，横梁采用预应力混凝土结构，根据设计客线与桥下疏解线的平纵面关系，在满足桥下铁路限界情况下，桥下铁路可从立柱间通过，也可从立柱侧面通过，本桥 31～34 号墩构造图详见图 7-24。门式刚架墩经济实用，布置灵活，适应性强，具有很高的推广价值。

图 7-21　淄博双线特大桥门式刚架墩

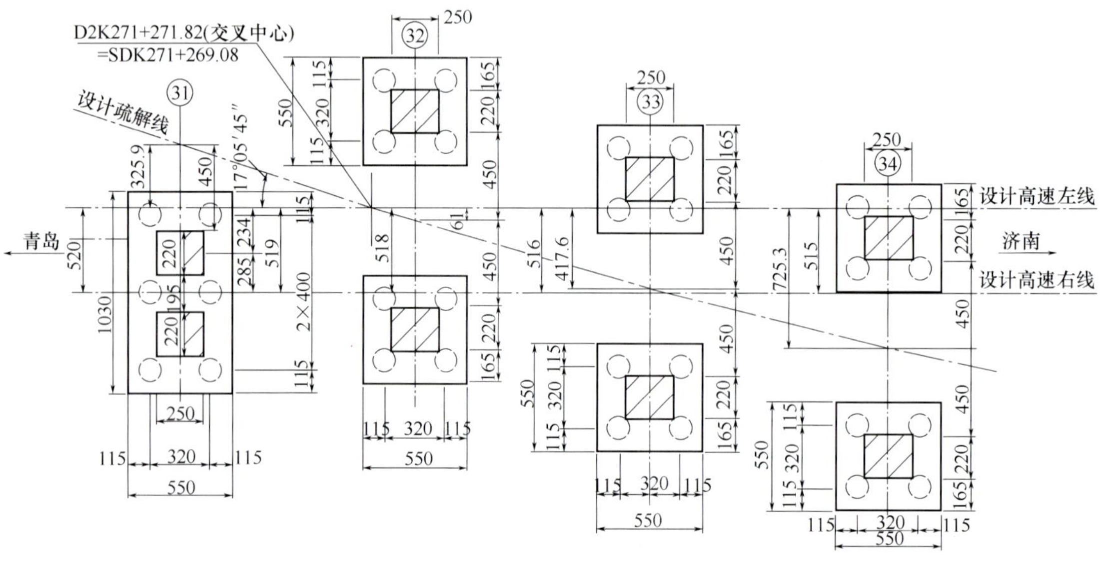

图 7-22　淄博特大桥线路平面关系及门式刚架墩平面布置图　（单位：mm）

4. 大跨度框架桥

胶济客运线（含湖杜支线共三线）于 D2K267＋294 处下穿既有 G309 国道，铁路与公路交叉角度为 68.4°，G309 国道路面宽 56 m。桥位处地面标高 66.3 m，G309 国道路面标高 75.0 m，高出地面约 10 m，由于既有公路跨胶济铁路处设计坡度已达公路限坡值，公路部门不允许抬高公路路面，且线位下为湖田煤矿采空区，抬高道路修建跨线公路桥风险高、投资大，因此设计线路轨面标高下压至比地面低，约 64.73 m，以铁路下穿公路通过。

设计采用跨度 20 m 框架桥，框架桥轴线顺铁路线路而设，设计桥长 62.5 m，分 4 节，箱身净高 9.11 m，结合公路分幅封闭道路施工。设计铁路线（三线）从框架底板顶面通过，G309 国道从框架顶板顶面通过。框架桥与线路的关系见图 7-25。

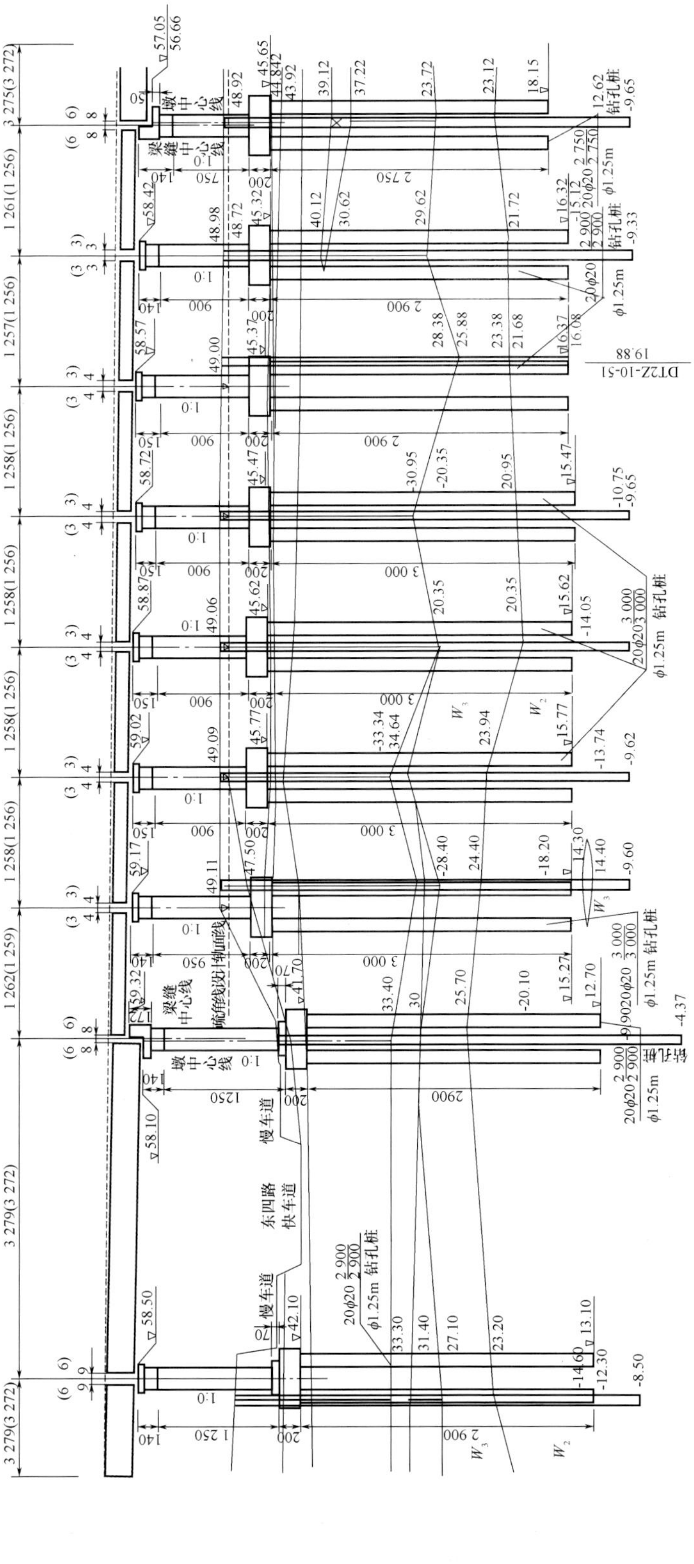

图7-23　客线、疏解线及东四路的立面关系图（单位: mm）

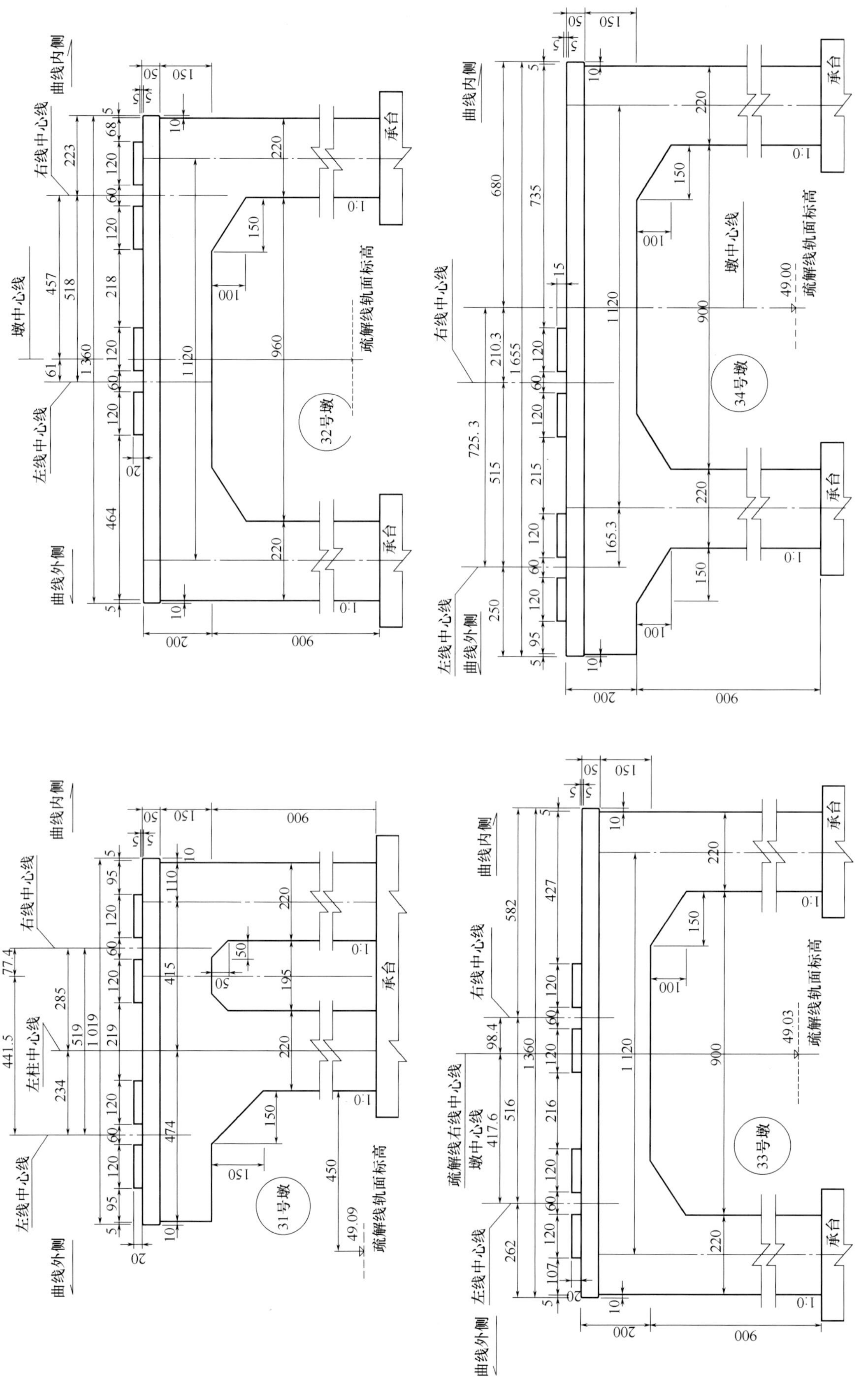

图7-24　淄博特大桥门式墩构造图（单位：mm）

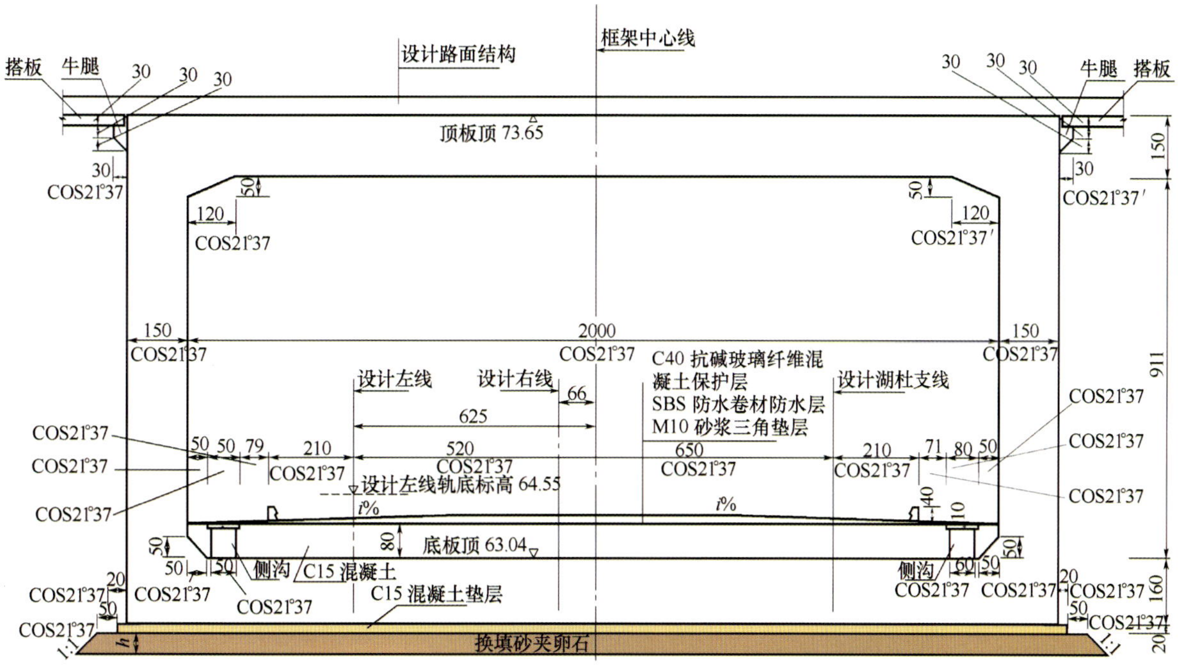

图 7-25　大跨度框架桥与线路的关系图　（单位：mm）

本桥方案的成功实施，避免了抬高铁路上跨 G309 国道的线路方案，从而避免了此处设置大跨度桥梁和桥梁基础对煤矿采空区的处理等工程，具有明显的经济效益。

第五节　轨　　道

一、轨道设计标准

（一）轨枕、扣件及道床

200 km/h 等级地段正线按重型轨道标准和一次铺设跨区间无缝线路设计。

200 km/h 等级正线地段均采用 60 kg/m，25 mPD3 全长淬火无孔新轨。

200 km/h 等级正线地段的有砟轨道除桥梁和道岔地段外均采用 2.6 m 长Ⅲ型有挡肩混凝土轨枕（专线 3393）和弹条Ⅱ型扣件（专线 3351）；桥梁地段采用 2.6 m 长Ⅲ型有挡肩混凝土桥枕（专线 3382）和弹条Ⅱ型扣件；轨枕按单线 1 667 根/km 配置。

正线扣件轨下胶垫符合《铁道混凝土枕轨下用橡胶垫板技术条件》（TB/T 2626）的要求，静刚度为 55～80 kN/mm。

所有扣件（含道岔内扣件）除弹条外的铁件应作防腐处理，竣工交验前紧固件需涂刷长效防锈油脂。

200 km/h 等级正线有砟轨道道床均采用一级标准碎石道砟。道砟的粒径级配和材质符合《铁路碎石道砟》（TB/T 2140）中一级道砟标准。

道床断面尺寸符合《新建时速 200 公里客货共线铁路设计暂行规定》。级配碎石路基道床厚度为 30 cm，硬质岩石路堑、桥上道床厚度均为 35 cm。单线道床顶面宽度 3.5 m，道床边坡 1∶1.75，砟肩宽度 45 cm，堆高 15 cm；双线道床顶面宽度分别按单线设计。

采用Ⅲ型混凝土枕地段的道床顶面高度与轨枕中部顶面平齐；岔枕和桥枕等其他类型轨枕地段的道床顶面低于承轨面 30 mm。表 7-4 为 200 km/h 等级正线道床厚度及轨道高度表。

表 7-4　200 km/h 级正线道床厚度及轨道高度表　　单位：mm

基础类型	钢轨及轨下胶垫高度 h_1	轨枕高度 h_2	内轨枕下道床 h_3	$H=\sum_{i=1}^{3}h_i$
级配碎石路基	186	230	300	716
硬质岩石路堑	186	230	350	766
桥　梁	186	210	350	746

轨道横向拨移量不大于 2.0 m 的改建线路的道床断面按新建线路的标准进行改建。为保证既有线路基基床排水畅通，并行及拨移地段的路基基床顶面按与既有基床顶面等高进行设计，此时道床采用双层道床：面砟厚度 300 mm，底砟厚度 200 mm。

设计要求正线道床施工必须采用大型机械作业，分层进行。要求线路开通前道床（含无缝道岔岔区）状态参数符合表 7-5 的要求。

表 7-5　道床（含无缝道岔岔区）状态参数标准

参　数	枕下道床密度（g/cm³）	枕下道床刚度（kN/mm）	道床横向阻力（kN/根）	道床纵向阻力（kN/根）
测试值	≥1.7	≥100	≥10	≥12

（二）曲线超高设置

曲线最大超高 150 mm，曲线超高采取抬高外轨的办法设置。外轨实设超高 h 按下式计算：

$$h=7.6v_{\max}^2/R \quad (\text{mm}) \tag{7-1}$$

式中　$v_{\max}$——路段设计速度目标值（km/h）；

　　　R——曲线半径（m）。

超高在缓和曲线内过渡，超高递变率不应大于 2‰。要求线路正式运营后根据列车运行条件和钢轨磨耗情况调整外轨超高。

（三）有砟轨道铺设精度

为了保证行车的平稳性和舒适性，对正线有砟轨道的铺设精度（静态）提出了如表 7-6 的要求。

表 7-6　正线有砟轨道铺设精度（静态）的要求

项　目	高　低	轨　向	水　平	扭　曲	轨　距
200 km/h(mm)	3	3	3	3	±2
测量弦长	10 m			基长 6.25 m	

二、跨区间无缝线路

200 km/h 等级正线按一次铺设跨区间无缝线路设计，减少一般无缝线路存在的钢轨接头，从而减少了轮轨冲击和振动，提高了轨道铺设的精度，保证了轨道的平顺性和稳定性，为列车的安全、平稳运营提供了保障。

（一）单元轨节布置

无缝线路由若干单元轨节组成。单元轨节长度按 1 000～2 000 m 设计，最短不得小于 200 m。长大桥梁及两端各 100 m、一组无缝道岔或相邻多组一次锁定的无缝道岔群（含其间线路）及其前后各 50 m 线路作为一个单元轨节。最长长轨条长 343 km。除长大桥梁及无缝道岔外，施工单位根据施工组织情况，在施工图文件基础上可作适当调整。单元轨节左右两股钢轨始终端的相错量不超过 100 mm。

（二）焊接接头

所有钢轨间的焊接，在焊接前均须进行焊接试验，在焊接质量、力学性能符合《钢轨焊接接头技术条件》（TB/T 1632）要求后才能上道施工。所有焊接接头均应进行轨底打磨。

厂焊接头采用接触焊，工地联合接头宜优先选用接触焊。同时，要求桥上的钢轨焊接接头不能使用铝热焊接头。

正线无缝道岔均采用道岔区全焊型式，道岔前后直股钢轨与区间线路全部焊接，道岔区直股和侧股钢轨均焊接，岔区绝缘接头采用胶接绝缘接头。岔后侧股钢轨也与无缝道岔焊接或冻接，12 号道岔钢轨延长 25 m 后再设置为普通接头；18 号道岔钢轨延长 50 m 后再设置为普通接头。岔后不足 25 m（或 50 m）的插入短轨时也应焊接或冻接至相邻道岔基本轨轨缝。

为保证轨面的平顺性，要求焊接接头面几何尺寸符合表 7-7 的要求。

表 7-7　焊接接头平直度

序　号	项　　目	允许偏差（mm）
1	顶　　面	+0.3 0
2	内侧工作面	+0.3 0
3	底　　面	+0.3 0

（三）绝缘接头

正线钢轨绝缘接头均采用胶接绝缘接头，允许采用胶接绝缘钢轨或现场进行胶接绝缘。胶接绝缘接头距轨枕边缘不小于 100 mm，左右两股钢轨的绝缘接头应对齐。绝缘接头应满足《胶接绝缘钢轨技术条件》（TB/T 2975）的要求。

（四）设计锁定轨温和区段

根据气象资料、无缝线路的允许温升和允许温降以及桥上无缝线路断缝检算等因素，设计锁定轨温和区段见表 7-8。

表 7-8　正线锁定轨温表

起讫里程		最高轨温（℃）	最低轨温（℃）	中间轨温（℃）	设计锁定轨温（℃）	设计锁定轨温幅度（℃）	设计锁定轨温幅度（℃）		最大温升（℃）	最大温降（℃）
起	讫						最高轨温	最低轨温		
K00+300	K78+000	56.6	−20.5	18.1	27	±5	32	22	34.6	52.5
K78+000	K150+000	59.6	−18.0	20.8	28	±5	33	23	36.6	51.0
K150+000	K241+000	60.7	−24.2	18.3	26	±5	31	21	39.7	55.2
K241+000	K263+000	61.2	−21.6	19.8	27	±5	32	22	39.2	53.6
K263+000	K275+000	60.7	−23.0	18.9	26	±5	31	21	39.7	54.0
K275+000	K338+100	60.9	−20.5	20.2	28	±5	33	23	36.9	53.5
K338+100	K346+500	62.5	−19.7	21.4	29	±5	34	24	38.5	53.7

相邻单元轨节的施工锁定轨温温差不应大于 5 ℃，同一区间内单元轨节施工锁定轨温的最高与最低锁定轨温温差不超过 10 ℃，左右股钢轨的施工锁定轨温应基本一致，最大温差不得超过 3 ℃。

（五）伸缩区和缓冲区

1. 伸缩区

伸缩区长度按 100 m 设计。

2. 缓冲区

胶济线电气化改造与既有线干扰很大，拨接地段和既有车站地段无法一次形成跨区间无缝线路，为此特别设计过渡缓冲区，缓冲区长度由 4 根 25 m 标准钢轨组成，预留 6～8 mm 轨缝。待线路稳定后或道岔锁定完成后再贯通为跨区间无缝线路，保证了工程施工质量，减少了运营干扰。

缓冲区长度按 4 根 25 m 标准钢轨设计。缓冲区长轨与缓冲轨间、缓冲轨与缓冲轨间的预留轨缝均按 6～8 mm 设计。缓冲区长轨条与缓冲轨、缓冲轨与缓冲轨之间钢轨接头采用 60 kg/m 钢轨用接头夹板、60 kg/m 钢轨用 10.9 级高强度接头螺栓及螺母、60 kg/m 钢轨接头用高强度平垫圈，接头螺栓扭矩不小于 900 N·m，同时应定期进行复拧，确保扭矩值。

三、胶州北站 18 号道岔

在胶州北站新铺了 4 组 60 kg/m18 号我国首次自主研发的客运专线道岔，如图 7-26 所示，道岔在转辙器、辙叉、扣件系统和岔枕上加以了改进。2006 年 6 月 25 日至 7 月 21 日，进行了胶州北站 18 号客运专线道岔直向过岔试验，试验证明 18 号道岔的安全性、各关键部件的强度、道岔的稳定性、尖轨和心轨锁闭的可靠性均满足设计要求。

图 7-26　胶州北站铺设的 60 kg/m18 号道岔

第六节　通信、信号及信息化

一、通信工程

（一）有线通信

通信工程包括有线通信和无线通信，有线通信工程主要包括光缆通信线路和通信设备安装工程。

通信网传输系统利用既有铁通省干网青岛－济南南环线 2.5G 波分复用系统，青岛、淄博、济南分别设波分复用终端设备（OTM），蓝村、潍坊分别设光分插复用设备（OADM），高密设光线路放大器（OLA）。通信网络如图 7-27 所示。

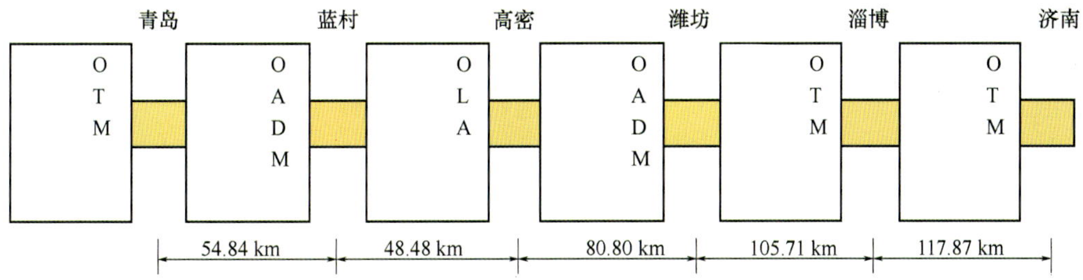

图 7-27　胶济线通信网络图

接入网利用二芯光纤开设 SDH 622Mbit/s（1+0）接入网系统，结合交换机设置地点，青岛、潍坊、淄博、济南通信站设具有 V5.2 接口的 OLT 设备，其他各站设置不同容量的 ONU 设备；沿线有通信站的信号楼、牵引变电所、开闭所、分区所各处设内置式 SDH 155Mbit/s（1+0）接入网设备。

采用 ITU-T G.652B 型的单模光纤，其中长途干线传输系统采用 1 550 nm 工作波长，接入网系统采用 1 310 nm 工作波长。

经理论计算，光再生段长度距离最大为 80 km，根据部分光纤产品主要性能指标中的色散系数 $D\leqslant 18.5$ ps/（nm. km）值，实际值均小于计算公式中的取值，综合考虑，光再生段距离长度取值不大于 85 km。

长途光缆径路在保证安全、方便施工的基础上，沿铁路地界内埋设，一般敷设在防护栅栏内侧，在桥梁地段及车站，应敷设在桥梁预留电缆槽内及车站站台硬化地面预留电缆槽内。光缆不得铺设在边坡、侧沟和道床下。光缆沿路堑铺设时，应在堑顶天沟边缘 2 m 以外，如无天沟时，应在堑顶边缘 5 m 以外铁路一侧分水岭以内；光缆沿路堤铺设时，应在路堤边坡 1 m 外；光缆在路基面上铺设时，在路堑地段应在道床坡脚外和侧沟边缘之间，在路堤地段应在道床坡脚外。困难情况，光缆和光电综合缆需敷设在路基上时，应采取防护措施，并填平夯实，确保路基完整稳定。

光缆引入中间站、基站和其他接入点时，均按环线引入设计。

在充分利用既有地区和站场通信线路的基础上，各地区和站场新增用户，新建的电缆线路采用 $HYAT_{53}$ 全塑市话电缆，容量根据需要确定；牵引变电所、开闭所、分区所沿线各点新敷设 $GYTA_{53}$ 4B1 光缆。引入配线方式采用直接配线或交接配线的方式。

采用先进的 GSM-R 区段固定用户交换系统，提供固定终端用户之间的各种调度、专用通信、站场通信、站间通信、应急通信、施工养护通信等业务，并预留与干局线调度联网的接口。GSM-R 区段固定用户交换系统与 GSM-R 无线通信系统通过 30B+D 接口进行网络互联，提供固定终端用户与移动终端用户之间的各种调度，如专用通信、站场通信、应急通信、施工养护通信等业务，实现固定终端用户和移动终端用户在同一调度区内的调度呼叫。

GSM-R 区段固定用户交换系统具备远程调度操作台接入的能力，以及通过光传输 2B+D 通道接入的能力；具有随铁道部 FAS 系统以及 GSM-R 调度通信系统的有关标准、规程、规范的完善而升级的条件。

传输和接入设备、交换机系统、数字专用通信系统、电源及环境监控系统等均设置了网管，实现了管理维护集中化，全面地掌握整个通信网络的运营状况，改故障维护为状态管理，提高了整个网络的可靠性，从而提高了全线通信管理维护的技术水平。

采用接入传输平台，充分利用既有传输资源，全线构成两条不同物理径路的保护通道，实现了繁忙运输铁路干线、客货共线 200 km/h 等级的运输条件下，为 GSM-R、信号、电气化等提供稳定可靠的光纤数据传输平台。

利用固定用户接入交换机，实现了有线调度与无线调度两网合一的功能，方便了管理及使用，为铁路区间用户提供随时随地的通信保障。

GSM-R 工程中兼顾胶济四线，确保不废弃，灵活扩容等特点。

（二）无线通信

根据胶济线的运营特点，建设了 GSM-R 无线通信系统，实现了调度通信、专用通信、施工维护通信、调度命令传送、无线车次号校验、试验列尾装置等语音业务和数据传输业务功能。

1. 系统构成

系统主要由网络交换子系统（NSS）、智能网（IN）子系统、通用分组无线数据业务（GPRS）子系统、基站（BSS）子系统、管理（OMS）子系统及用户终端等构成，如图 7-28 所示。

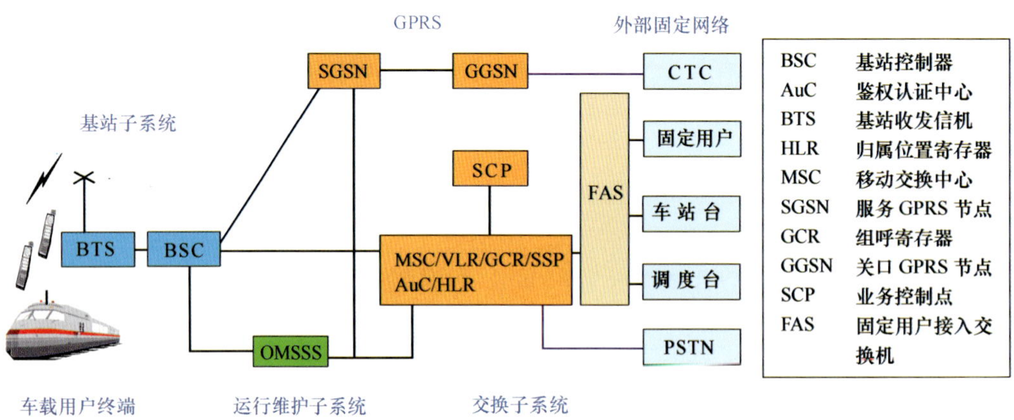

图 7-28 胶济线 GSM-R 无线通信系统结构

（1）网络交换子系统（NSS）

移动交换中心设置在济南调度楼，预留与其他 GSM-R 网络互联的条件，预留汇接至汇接中心的条件。济南 MSC 与济南本地铁通固定交换网设直达路由，互联互通。

移动交换中心包含移动交换机（MSC）、访问位置寄存器（VLR）、归属位置寄存器（HLR）、鉴权中心（AuC）、组呼寄存器（GCR）、网络互联功能模块（IWF）等设备。交换中心提供所有的交换功能，包括专用于移动台的交换功能、GSM-R 网络独立运行时所必需的固定网络交换功能，以及 GSM-R 网络与固定网络（PSTN/ISDN/PABX）或其他通信网络互联互通时所需要的功能。其中 MSC，VLR，GCR，IWF 与 HLR，AuC 实现功能综合，作为 NSS 的一个物理实体。

济南 MSC/HLR 近期用户容量为 2.5 万户，远期能够按照全路 GSM-R 网络的统一规划要求平滑扩容升级，达到规划所要求的用户容量。MSC/HLR/AUC/VLR/GCR 合设于一个物理实体中。

（2）智能网子系统（IN）

在济南交换中心设置智能网子系统（IN），网络业务采用基于智能网的方式实现。业务交换点（SSP）和济南移动交换中心（MSC）合设。

（3）通用分组无线数据业务子系统（GPRS）

在济南交换中心设置分组无线数据业务子系统（GPRS），提供调度命令传送、无线车次号传输、列尾风压传送等数据传输业务。

GPRS 系统由业务支持节点（SGSN）、网关业务支持节点（GGSN）、分组控制单元（PCU）、远程接入鉴权与认证服务器（RADIUS）构成。

在交换中心配置网关业务支持节点（GGSN）和业务支持节点（SGSN）设备，在 BSC 配置分组数据控制单元（PCU），并配置 DNS，Radius Server，局域网管（LAN Switch）及广域网路由器。

根据胶济线机车台数，并考虑一些具有数据业务设备的数量，按 GPRS 的初期用户容量为5 000 用户，数据流量为 5 Mbps，将来可以根据发展予以扩容。

GPRS 网络通过 GGSN 与胶济线新设的 CTC 系统互联互通。

（4）基站子系统（BSS）

在济南交换中心设置基站控制设备 BSC 及码速变换器 TRAU，负责对胶济线的基站控制及接入。

为尽量保证较高的系统性能，在 GSM-R 基站的设置中，每个基站对不同的方向使用一根天线，同一基站的天线通过一个功率分配器合成起来连接到基站内相同的收发信机，以减少越区切换的次数。

按满足无线列调车载台通信要求进行场强覆盖设计，全线按 95％的时间地点概率，最小电平不低于-95 dBm 指标考虑。

按每一个车站基站设置一套基站设备；考虑到胶济线地形基本平坦，无隧道区间，因此区间设置区间基站及部分光纤直放站，以满足对全线的场强覆盖要求。

为保证小区切换的正常进行，相邻小区的覆盖必须要有一定的覆盖重叠区，相邻小区的覆盖重叠需要有足够的长度，以确保高速环境下安全越区切换。考虑满足速度 200 km/h 等级系统的安全越区切换，覆盖重叠长度在 1 000 m 范围内。

为克服上行链路无线信道上的快衰落影响，在所有基站的天线使用极化分集天线，在上行链路使用最大比合路的方法，天线塔高 35～50 m。由于城市规划的因素，各地地方城市规划部门对铁塔建设有严格限制，因此在济南及青岛采用架设屋顶天线方式。

（5）网管子系统

设一套本地网管系统，实现对胶济线 GSM-R 交换子系统、基站子系统、智能网子系统及 GPRS 子系统的维护管理。济南设置交换子系统、基站子系统、智能网子系统及 IP 设备网络管理服务器。

（6）用户终端配置

终端类型主要分固定终端和移动终端。固定终端包括调度台、车站台及电话机；移动终端包括手持台、GSM-R 机车综合通信设备、汽车台（车载台）等，分别适用于铁路运输指挥通信及铁路运输管理通信的不同用户类型。

①固定终端设备

根据列车调度、电力调度、货运调度、施工维护及各专业调度员的数量，按照岗位配置调度台设备。按每个车站运转室配置 1 套列调车站台，共 37 个车站，按生产运营的需要配置部分电话机。

②移动终端设备

按设计公里数配置 473 台手持台，300 台机车台，按专业调度及其分局划分配置汽车台。

③其他设备的配置

为便携台、机车台和列车尾部风压电台配置相应的 SIM 卡，并配置写卡器。

④备用设备配置

调度台按 2∶1 配备备用；车站固定终端按实装数量的 10％备用；手持台无备用；机车电台按实装数量的 20％备用，汽车车载台不考虑备用；备用写卡器 1 套；SIM 卡按移动终端总数的 10％备用；

⑤列尾风压数据传送

根据目前技术实际情况，预留列尾风压数据传送条件，配置 10 套设备并进行相关试验。

2. 相关工程

①有线传输系统

全线新设 16 芯光缆一条，长 402 km（含新建四线即墨一高密 46.2 km），其中区间基站接入网系统、干线传输系统倒接和信号 CTC 系统均使用 4 芯，预留发展 4 芯。

新设 622 Mb/s（1+0）接入网系统，本次 GSM-R 利用该系统的一个 155 Mb/s 传输通道，在 GSM-R 系统的区间基站设置紧凑型 SDH 155Mb/s 接入设备，为 GSM-R 系统提供传输通道，并完成各种功能之需。

BSC 至 BTS 之间采用 E1 接口通过环形连接，将 3～5 个 BTS 连成自愈环共用一个 2 M 通路。

在济南新设调度所型 FAS，沿线各站新设站段型 FAS；枢纽内各站新设站段型 FAS，并设置有 GSM-R 系统的接入功能以及升级条件。

②电源及环境监控系统

中间站和 GSM-R 的区间基站均设置电源及环境监控设备。

③通信电源

济南移动交换中心设两路稳定可靠的独立交流电源（分别引入一路供电线），沿线车站均设两路独立交流电源，区间基站设两路交流电源。

济南移动交换中心新设交流配电屏、直流配电屏；新设高频开关电源采用 48 V/1 200 A，整流模块按 $n+1$ 冗余方式配置；新设免维护铅酸蓄电池两组采用 48 V/1 200 Ah；新设 32 kW 逆变器为 GSM-R 系统服务器提供稳定、可靠的 220 V 交流电源。

全线中间站、沿线各基站新设高频开关电源和免维护铅酸蓄电池。高频开关电源采用 48 V/80 A，整流模块按 $n+1$ 热备用方式配置；免维护铅酸蓄电池采用 48 V/150 Ah。

机车综合通信设备，利用机车上 110 V 直流电源。

手持移动台，另配备用电池 1 块。

④房建

新设基站设备房屋；胶济线 GSM-R 系统移动济南交换中心房屋含 GSM-R 移动交换中心设备室、GSM-R 蓄电池室、GSM-R 有线联合通信机械室；济南及青岛各设 GSM-R 系统设备维修所用房 1 处，在济南、青岛及淄博机务段各设 GSM-R 系统检修工区用房 1 处，并在移动交换中心设备机械室、维修所及检修工区设置相应的暖通设施，在济南移动交换中心设备机械室配置相应的手动消防设施。

⑤电力

充分利用既有供电设备和电力线路对全线新增的 GSM-R 用电设施供电。济南移动交换中心设备采用两路低压电源供电。区间基站采用就近接取铁路 10 kV 贯通线（有条件时可接地方）电源，设独立杆上式变压器台供给；车站内 GSM-R 基站利用车站低压电源供给。高压电力线路采用钢筋混凝土电杆、铁横担架空线路；架空线径路困难地段采用电缆线路。各 GSM-R 基站低压线路采用电缆引入。电缆过轨采用电缆穿保护钢管埋地敷设方式。

3. 实施效果

在胶济线实施的 GSM-R 无线通信系统，各项指标均满足部相关技术规定、规范，有效地解决了过去铁道无线通信所存在的技术落后、制式繁多、功能单一、频点利用率低、数传能力差、设备种类多、维护管理困难等问题，成功地实现了 GSM-R 无线通信系统在繁忙运输铁路干线、客货共线 200 km/h 等级运输条件下的应用。可以有效地满足运输管理、施工维护、公务通信等各种通信需求，在铁路沿线对用户提供随时随地的通信保障。与 CTC 系统联网协调，为 CTC 系统提供了数据传输功能。与 FAS 系统联网，实现了有线调度与无线调度两网合一的功能，方便了管理及使用。具备为客运服务提供各种数据传输的功能，能够有效提高运输服务内容及服务质量。工程实施上，采取了分步实施方式，在满足相关标准的前提下，有效地控制及减少了基站设置数量，并一次性使胶济线全线 GSM-R 无线通信场强覆盖达到了设计及铁道部现行标准的要求。

二、信号工程

（一）分散自律调度集中系统 FZK-CTC

新一代调度集中系统要求具有网络化、信息化和智能化等基本特征，并且着重要求解决调车集中控制和分散自律的问题，图 7-29 所示为调度集中系统 FZK-CTC。

图 7-29　调度集中系统 FZK-CTC

1. 工程总体

胶济线分散自律 CTC 系统设置如图 7-30 所示的 3 个调度区段。

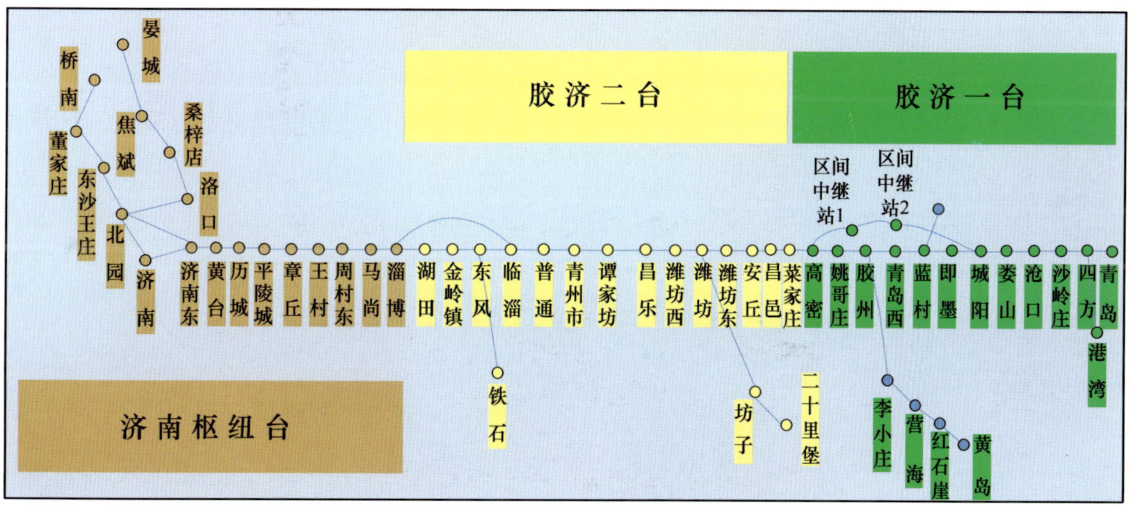

图 7-30　胶济线 CTC 系统区段划分

济南枢纽台管辖范围包括：淄博、马尚、周村东、王村、章丘、平陵城 6 个 CTC 控制站，历城、黄台、济南东、济南、北园、东沙王庄、董家庄、桥南、晏城、焦斌、桑梓店、洛口、济南西（Ⅰ场下到、Ⅲ场下发、Ⅵ场上出场）13 个 TDCS 指挥车站，合计 19 个车站。

胶济二台管辖范围包括：高密、蔡家庄、昌邑、安丘、潍坊东、潍坊、潍坊西、昌乐、谭家坊、青州、普通、临淄、东风、金岭镇、湖田、淄博 16 个 CTC 控制车站，坊子支线的二十里堡、坊子站及铁石 3 个 TDCS 指挥车站，合计 19 个车站。

胶济一台管辖范围包括：青岛、四方、港湾、沙岭庄、沧口、娄山、城阳、即墨、蓝村、青岛西上行场、青岛西下行场、胶州、姚哥庄、高密 14 个 CTC 控制站，胶黄线黄岛、营海、红石崖线路所 3 个 TDCS 车站，2 个区间中继站监督站，合计 19 个车站。

2. 系统构成及主要功能

胶济线分散自律调度集中系统由调度中心子系统、车站子系统和网络数据传输子系统三部分构成，系统结构如图 7-31 所示。

（1）调度中心子系统

调度中心子系统包括调度中心应用系统、总机房设备、维修子系统。调度中心应用系统主要提供局调度所各相关工种的操作界面和培训功能。主要设备包括：列车调度员工作站、助理调度员工作站、综合维修调度员工作站、值班主任工作站、计划员工作站及其他各调度应用工作站等。

①列车调度员工作站

负责宏观实时监控管辖范围内列车运行状态，制定、调整和下达列车阶段计划，列车运行股道安排，相邻区段计划信息交换。

②助理调度员工作站

负责无人车站的调车作业计划的编制以及调车作业的指导工作；根据列车调度员安排的运行调整计划和调度员的口头指令进行管辖车站的列车进路自动排路的监控；调度集中指挥下各种控制模式的切换操作，接收管辖范围内车站特殊情况下非常站控模式申请等；提供各站控制台画面，可以直接进行车站信号设备的操控。

③综合维修工作站

负责本调度区段所有调度命令的拟制、下达；接收车站设备日常维护、天窗修、施工以及故障处理方面的登销记手续办理；设置动车组限速命令拟制、校核下达。

④数据库服务器

用于存储各种数据和操作记录，采用强大、通用、高效、开放和可靠的数据库系统。数据库服务器为双机系统，双机切换应快速、可靠。

⑤应用服务器

采用双机热备，用于运行图的自动调整，负责向所有应用工作站提供行车表示信息、列车编组信息、车次号跟踪信息、列车报点信息等，并保存到数据库服务器。

⑥通信前置服务器

采用双机热备，用于调度中心与车站子系统之间的信息交换。

⑦网管工作站

具有诊断报警功能，提供网络拓扑图状态、通道的信息流量和网络连接等信息。

⑧系统维护工作站

主要用于系统设置、调试和技术支持，在授权的情况下，具有远程维护与技术支持功能。同时具有监视系统运行状况的功能，对系统及现场设备运用情况、操作命令、报警信息进行记录、分析、回放、输出和打印。运行信息的记录保存 30 天。

（2）车站子系统

分散自律调度集中系统采用了分散自律的理念，即调度中心将行车计划下达至车站，由车站子系统根据列车运行调整计划完成进路选排、冲突检测、控制输出等核心功能。车站系统结构如图 7-32 所示。

（3）网络子系统

调度中心采用 2 台高性能 1 000 M 交换机构成中心冗余局域网的主干，服务器、工作站等计算机设备均配备 2 块 1 000 M 网卡与交换机（Cisco 4506 系列）连接，调度中心还采用 2 台中高端 CISCO 路由器（Cisco 7206 系列）与车站基层广域网连接，路由器应具备足够的带宽和高速端口以满足通信要求，同时为了保证中心局域网的安全，路由器和交换机之间加装防火墙隔离设备。

车站系统采用 2 台高性能集线器构成车站局域网主干，车站调度集中自律机、值班员工作站等设备均配备 2 个以太网口进行网络连接。配备 2 台路由器和车站基层广域网连接。

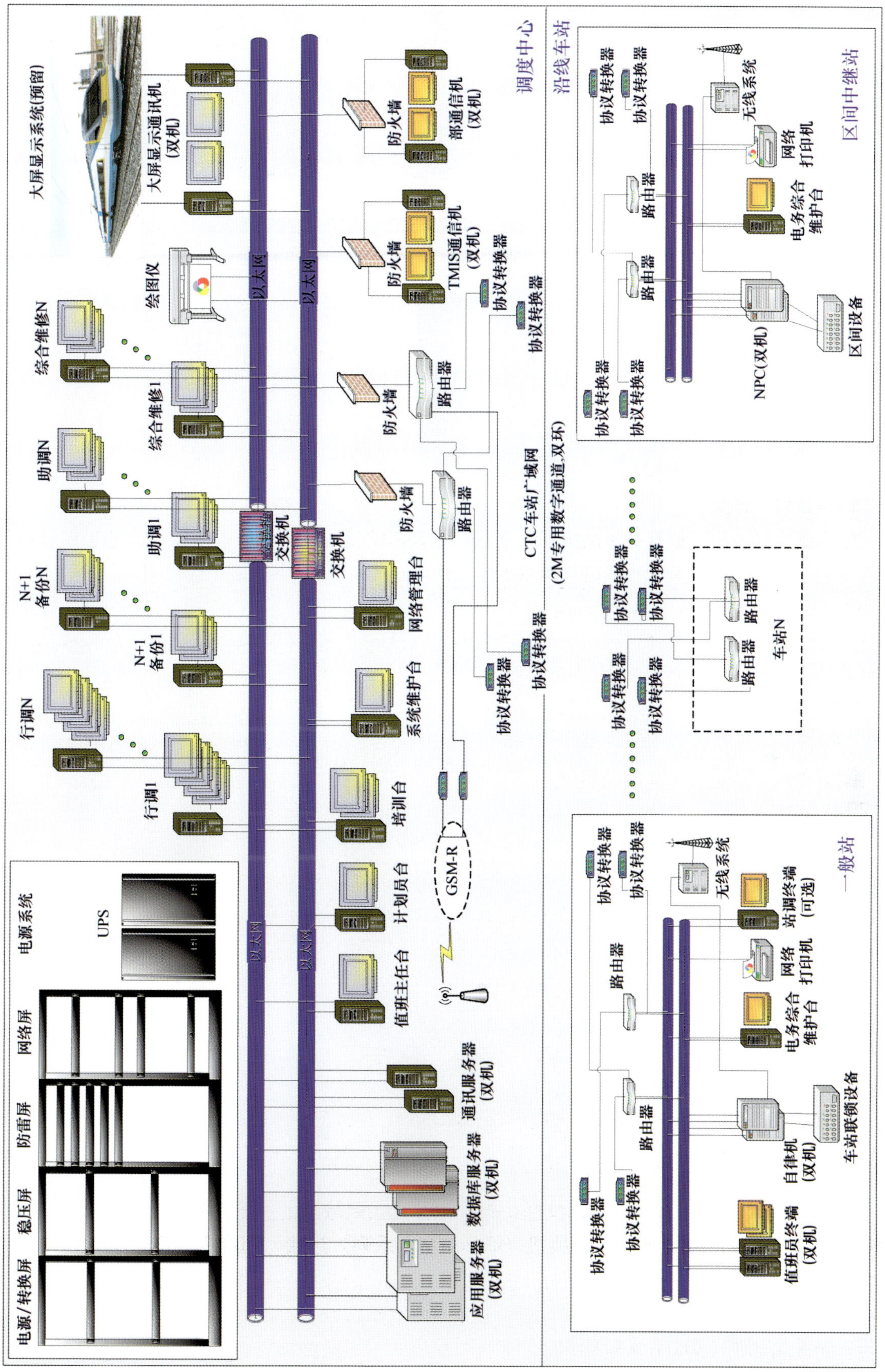

图7-31　胶济线分散自律调度集中子系统结构

网络子系统是由网络通信设备和传输通道构成双环自愈网络，采用迂回、环状、冗余等方式提高其可靠性。胶济线 CTC 采用双通道结构，每个通道都使用 2 M 数字通道。具体方案如图 7-33 所示。

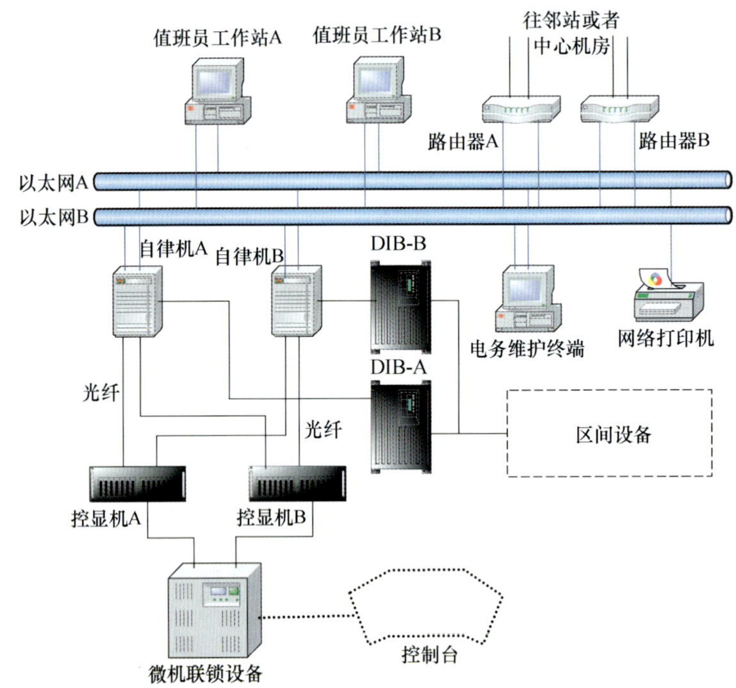

图 7-32　车站系统结构图

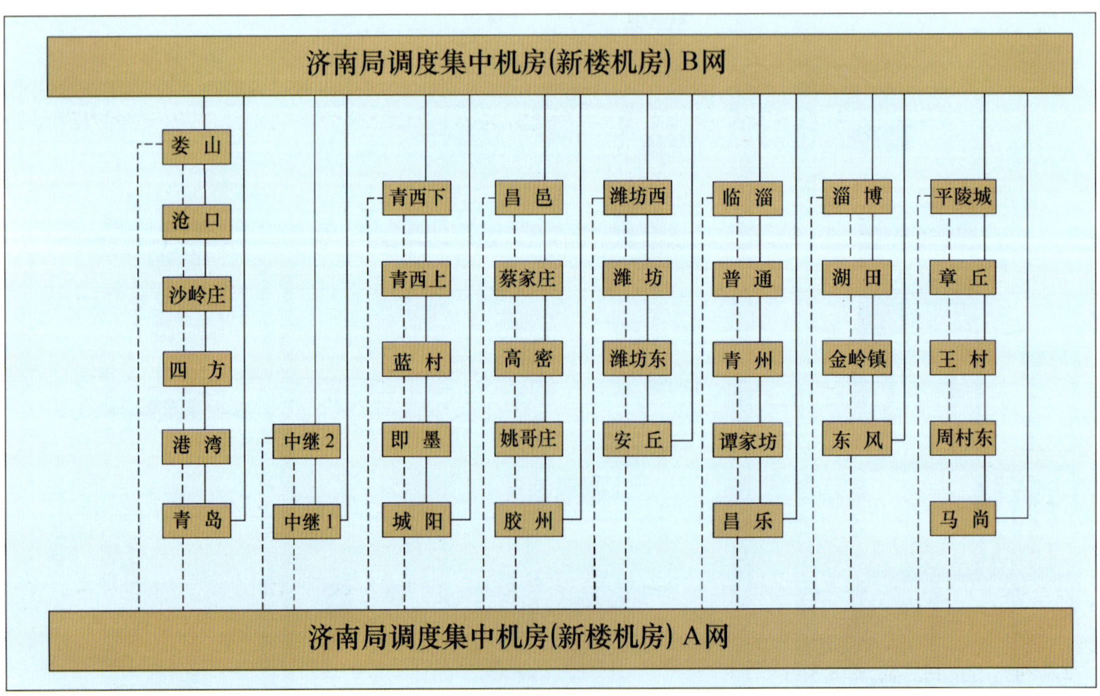

图 7-33　CTC 采用双通道结构图

（4）胶济线 FZK-CTC 系统主要功能

FZK-CTC 系统总体功能包含列车调度指挥系统（TDCS）功能及调度集中系统（CTC）功能两

部分。

行车调度功能是指行车调度员和车站值班员完成日常行车任务所具备的功能。胶济线 CTC 系统的行车调度功能在调度中心采用计算机铺画运行，网络下达行车计划，自动生成实迹运行图，取代了行车调度员传统的“手画运行图，电话指挥车站”的行车指挥方式；在车站子系统自动生成行车日志，自动接收行车计划与调度命令，取代了车站值班员“电话接受指挥，人工填写行车日志”的方式。

调度集中系统功能是列车进路自动按图排路；列车进路序列在调度中心及车站的显示功能；调车计划的调度中心或车站编制功能；调车作业的调度中心或车站办理功能；调车进路的自动控制功能；控制模式的切换功能。

（5）胶济线 CTC 控制模式

胶济线调度集中有分散自律控制模式和非常站控模式。分散自律控制模式是用列车运行调整计划自动控制列车运行进路；非常站控模式是指当调度集中设备故障、发生危及行车安全的情况时，脱离系统控制转为车站传统控制台人工控制模式。在分散自律状态下，原控制台的任何进路排列操作均不起作用。

针对胶济线具体情况，设计了分散自律模式下的三种操作方式：中心完全控制、中心部分控制及中心配合车站控制。

中心完全控制：调度中心对列车及调车均有控制权，车站对列车、调车均无控制权。

中心部分控制：调度中心对列车有控制权，对调车无控制权。而车站对调车有指挥权，对列车无指挥权。

中心配合车站控制：车站对列车及调车均有控制权，调度中心对列车、调车均无控制权。

根据胶济线运输组织模式，确定青岛西、青岛、淄博、东风四个站采用中心配合车站控制模式指挥行车；确定姚哥庄和蔡家庄采用中心完全控制模式指挥行车；其他车站采用中心部分控制模式指挥行车。

（6）控制模式的切换

①分散自律向非常站控转换

按下计算机联锁控制台上带铅封的非常站控按钮，这时非常站控红色指示灯亮灯，表示控制状态已从分散自律转到非常站控。

②非常站控向分散自律转换

车站值班员或信号员观察计算机联锁控制台上的允许转回分散自律黄色状态灯是否亮灯：亮黄灯表示可以办理从非常站控向分散自律转换；黄灯灭灯则不允许办理从非常站控向分散自律的转换。

在允许转回黄灯亮灯情况下，再次按下计算机联锁控制台上带铅封的非常站控按钮，这时计算机联锁控制台上非常站控红色指示灯灭灯，绿色分散自律指示灯亮灯，表示控制模式已从原计算机联锁控制台转为 CTC 系统的分散自律控制模式。

（二）闭塞设备及列控系统

1. 自动闭塞设备

采用 ZPW-2000 A 型无绝缘轨道电路自动闭塞设备，青岛—娄山区段设计三显示自动闭塞；娄山—平陵城区段设计四显示自动闭塞，按 6 min 追踪间隔设计；反方向均按自动站间闭塞运行。

2. 列车运行控制系统 CTCS

（1）CTCS-0 级标准

即采用主体化机车信号，以区间轨道电路＋站内电码化＋主体化机车信号＋列车运行监控记录装置的控车方式，完成列车运行监控功能。

（2）CTCS-2 级列控系统结构

包括系统应用层、地面设备层、车载设备层和网络传输层。

系统应用层：与列车运行控制系统密切相关的调度指挥系统和维护管理系统。

地面设备层：由区间轨道电路、预叠加电码化、应答器设备和车站列控中心等组成。

车载设备层：由车载主控单元、查询应答器单元、传感器层和人机接口等组成。

网络传输层：网络传输层CTCS的网络分布在系统的各个层面，用来实现车地、系统内部、系统外部的数据传输。包括地对车和车对地之间传输信息的信号电缆、通信光缆及无线传输设备等。

（3）列控等级设置范围

青岛—娄山段按照CTCS-0级运行，娄山—历城段按照CTCS-2级运行（即墨－高密和临淄－淄博四线区段的三、四线除外）。

（4）CTCS-2级列控系统的设置

①列控中心

在本线CTCS-2级区段的各车站设置列控中心。

a. 车站列控中心总体描述

车站列控中心是设于各车站的列控核心安全设备之一，采用冗余的硬件结构，适用于车站计算机联锁或6502电气集中、CTC或TDCS。

车站列控中心根据调度命令、进路状态、线路参数等产生进路及限速等相关控车信息，通过有源应答器及轨道电路传送给列车。

b. 车站列控中心主要功能

保证调度命令、进路、地面电子单元（LEU）、列车的对应关系。

限速调度命令须经车站值班员签收后，方可由CTC或TDCS车站设备传至列控中心。车站值班员签收时确认限速起点里程、速度、长度、车次、执行时间等；对于CTC无人值守车站，按规定在车站综合维修终端进行签收。对于站内正线限速，系统需前方站签收后，本站方可签收；若前方为无人值守车站，本站签收后，由CTC中心向前方站下达限速调度命令并直接向列控中心发送。

有源应答器的报文存储在列控中心，存储容量满足与有源应答器使用要求相匹配，并有不少于20%的余量。应答器报文条数主要应满足：限速区长度8挡（100 m、300 m、500 m、800 m、1 000 m、1 200 m、1 500 m、2 000 m），限速速度5挡（45 km/h、60 km/h、80 km/h、120 km/h、160 km/h）。限速区长度超过2 000 m时，可按区间限速处理。若遇限速速度小于45 km/h的特殊情况，由司机按调度命令控车。

有源应答器的报文按应答器编码规则编制，内容包括编号、链接关系、限速（至限速始点距离、限速区长度、限速速度）、进路长度、电码化及线路载频、线路固定信息等。

建立限速控制范围内线路里程标、线路长度与限速区起点的对应关系，确定限速区起点与对应应答器之间的距离；再根据限速命令中的限速区长度、速度，实现限速调度命令的自动执行。

根据调度命令、进路及信号机状态等信息，产生应答器报文地址，选择存在列控中心中的报文，实时向LEU传送。对于进站端应答器，在进站信号机开放时控制LEU向应答器发送报文，直至信号关闭。对于出站端应答器，在其有效时段内连续控制LEU向应答器发送报文。

在办理正线通过且离去区段有限速时，进站端应答器应能发送相应报文，并根据列车制动需要，输出进站信号机显示黄灯、接近区段轨道电路发黄码控制条件；在其余区间有限速时，进站端应答器的报文中应有预告信息。

c. 列控中心接口

与TDCS，CTC站机联接采用P口，与车站联锁系统联接采用Q口，与车站微机监测系统联接采用R口，与地面电子单元（LEU）联接采用S口。列控中心具有完备的维护、测试、管理手段，并能进行脱机测试。P口、Q口、R口物理层采用RS-422，功能仿真测试端口物理层采用RS-232。

②应答器设备

a. 应答器的设置

在车站每个进站端和出站端处设置一个有源应答器和一个无源应答器。有源应答器按双向传输信息设计。

一般情况下每个出站口设一个无源应答器，但对于长大区间（站间距大于 20 km），由于反向进站口处无源应答器容量不足以提供整个区间线路信息，则需在区间中间点处设置无源应答器组以提供反向区间线路中继信息。

区间运行正方向每隔 3～5 km 设置一组无源应答器（一般按每隔三个闭塞分区设置一组）。无源应答器均按单向传输信息设计。应答器的正线线路参数交叉覆盖，实现信息冗余。

应答器的基本配置见图 7-34。

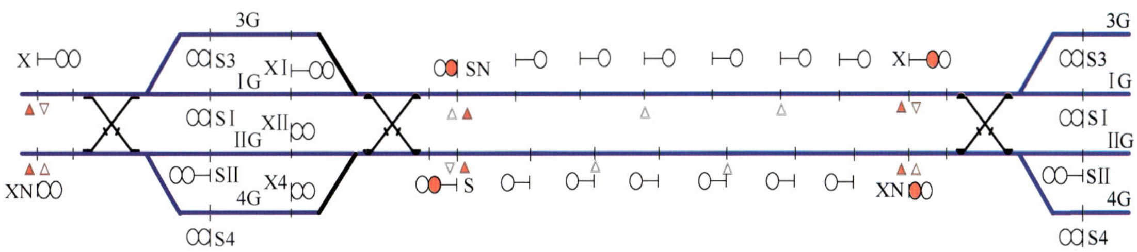

图 7-34　应答器配置示意图

b. 应答器的功能

进站口有源应答器：

提供正向接车进路参数，具有直股发车进路的股道，应同时提供直股发车进路及前方一定距离内的线路参数和 3LQ 范围内的限速信息；

提供反向站间区间限速、反向运行等信息。

出站口有源应答器：

提供正向站间区间限速；

提供反向接车进路参数，具有直股发车进路的股道，应同时提供直股发车进路及前方一定距离内的线路参数和 1JG 范围内的限速信息。

无源应答器：

进站口无源应答器提供反向区间一定距离内的线路参数；

出站口无源应答器提供正向区间一定距离内的线路参数；

区间无源应答器提供正向运行前方一定距离的线路参数（包括应答器链接、线路坡度、静态速度曲线、轨道区段）。连续两组应答器的线路数据丢失，列车在 ATP 车载设备已查询到的线路数据末端前触发常用制动，应答器覆盖范围＝应答器间隔×2＋一个制动距离。

③CTCS 级间转换方式

CTCS 级间转换原则上在区间自动转换，并给司机提供相应的声光警示，由司机按压确认按钮，解除警示。自动转换失效时，司机根据 ATP 车载设备或 LKJ 的相应警示信息，手动转换。

CTCS 级间转换应分别设置具有预告、执行功能的固定信息应答器。原则上执行点设置在车站正向的 1 离去或 2 离去信号点。

本次设计在娄山—城阳区间、平陵城—历城区间设置级间转换固定信息应答器。

④反向运行

反方向按自动站间闭塞运行，区间轨道电路接收、发送端根据列车运行方向相应改变，贯通发码，反向运行时区间发送 27.9 Hz 低频信息码，在进站接近区段根据进站信号机的状态发送相应的低频信息，反向进站接近区段按 1LQ＋2LQ 设计。

动车组反向运行设计最高速度 160 km/h。

列车反向运行时，列控车载设备采用完全监控模式。

（三）车站联锁系统

1. 车站联锁设备

为满足铁路信号自动化、信息化的要求，通过安全接口与调度集中系统、列控系统互相通信，并执行自动控制信息。沿线改造的各车站（场）均采用高可靠冗错 K5B 型计算机联锁设备。

2. 电源设备

为了保证信号各系统设备正常工作，提供高质量的电源，满足多种电源需求，各计算机联锁车站（场）和自动闭塞中继站均采用高可靠性智能化综合电源屏。

3. 转辙设备

以方便信号设备维护，充分利用既有设备为原则，提速道岔均采用大功率三相交流的 S700K 转辙机，非提速道岔均采用 ZD6 型电动转辙机。

4. 轨道电路

车站（场）均采用 97 型 25Hz 相敏轨道电路，为提高站内轨道电路的分路灵敏度、结合微电子接受器使用。

5. 机车信号及站内电码化

设计连续式机车信号，为适应今后机车信号发展为主体信号的要求，机车信号采用新型主体化机车信号，并与动车组列控车载设备或机车列车运行监控记录装置结合使用。

(1) 正线接车进路采用叠加预发码方式，侧线及次要方面采用叠加发码方式；站内正线、侧线股道，以及各专、支线的接车进路，均采用 ZPW-2000A 型电码化设备，并按上、下行线路分别设计发送器“$N+1$”冗余。电码化频率配置见图 7-35。

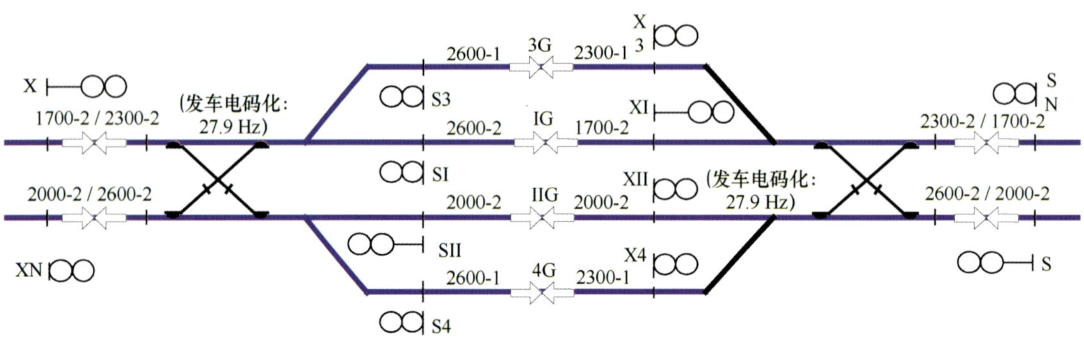

图 7-35 电码化频率配置示意图

(2) 在 CTCS-2 区段车站电码化采用相邻股道发送不同载频的措施，解决站内机车信号邻线干扰的安全问题。

下行正线正反向接发车进路的载频均为 1700-2，正线正反向发车进路的载频均为 2300-2；上行正线正反向接发车进路的载频均为 2000-2，正线正反向发车进路的载频均为 2600-2；上、下行正线反向发车时，发车进路发送 27.9 Hz 低频信息。

侧线股道按下行方向载频 2300-1 Hz、1700-1 Hz 交错排列，上行方向载频 2600-1 Hz、2000-1 Hz交错排列，且同一股道以 1700-1 Hz/ 2000-1 Hz，2300-1 Hz/2600-1 Hz 选择载频配置。

6. 电线路

室外信号电缆均采用 SPT 系列数字信号电缆，干线电缆采用铝护套电缆，分支电缆采用综合护套电缆。

站内联锁系统的室外信号电缆，一般采用 SPTYWA23（或 SPTYWL23）型数字信号电缆。

ZPW-2 000 A 型移频自动闭塞无绝缘轨道电路的室外信号电缆，一般采用普通数字信号电缆，当不能满足同频不同缆要求时，采用一A 型内屏蔽数字信号电缆；在一A 型内屏蔽数字信号电缆中，不能满足同频不同屏蔽星绞组要求时，则采用一B 型内屏蔽数字信号电缆。

有源点式应答器采用 LEU 专用高频传输电缆。

（四）高密站信号系统

高密站 CTC 分机结构示意图如图 7-36 所示。高密站信号布置如图 7-37 所示（见插页）。

（五）专业间接口协调

胶济线提速电气化工程，涉及到多项新技术、新工艺，不仅对各专业提出了很多新的要求，而且专业间关联度高，尤其在设计和施工两个环节中显现非常突出。因此，要求施工单位除仔细核对设计图纸外，还应加强专业间同其他施工单位协调配合。

（1）由于提速需要，站前专业在提速区段新敷线路上设计了级配碎石路基，既有线路上设计了挤密桩，信号电缆无法过道。为了不破坏路基的密实度，在新建线路区段需要站前专业在信号电缆过道处预埋电缆过道钢管和埋设标石。

（2）在沿线石质路基、路堑地段、高路堤地段需要路基专业在左线（济南至青岛方向）左侧预留信号电缆沟槽。

（3）在沿线新建桥上，需要桥专业在左线左侧预留信号电缆槽，主动配合桥涵施工单位，在施工前，按信号施工要求预留好桥上电缆槽。

三、信息化

济南铁路局 TDCS、TMIS、PMIS、ATIS 和 CTC 等各系统已初步建成，铁路局和主要站段建立了计算机网络，覆盖了运输、车辆、机务、财务、统计和办公等铁路各信息管理系统。济南铁路局和青岛办事处均已建有门户网站和基于 PSTN 的简易呼叫中心。

胶济铁路已全线建成 TMIS、PMIS、ATIS 和 CTCS 列车运行控制系统。TDCS 及配套车站局域网覆盖至沿线各站。济南大机段和路局电工大修处已建有综合办公信息系统及综合布线系统。

第七节　电气化工程

一、牵引供电系统

（一）系统功能要求

（1）供电能力应满足旅客列车 200～250 km/h、120 km/h 提速货物列车牵引质量 5 000 t 的运输需要，并为今后的发展预留条件；

（2）牵引供电方案适应列车密度的需要，最大程度地提高旅客舒适度；

（3）用系统集成的方法进行牵引供电系统设计、施工，设备采购、安装，确保供电质量和供电可靠性；

（4）牵引供电系统外部电源工程与电网公司建设规划有机结合，统筹安排，从全局角度降低工程总投资，提高投资综合效益。

（二）牵引网供电方式

胶济铁路沿线电力系统十分强大，电源点密集，牵引供电系统采用直接供电方式。

（三）牵引供电方案

全线设沧口、青岛西、高密、安丘、潍坊西、青州、淄博、王村、郭店和济南西牵引变电所 10 座，青岛港湾、东风、济南东开闭所 3 座，青岛、城阳、胶州、胶州北、昌邑、潍坊东、尧沟、临淄、周村东、章丘、济南东分区所 11 座，济南分区所兼开闭所 1 座；牵引变电所采用 220 kV 或

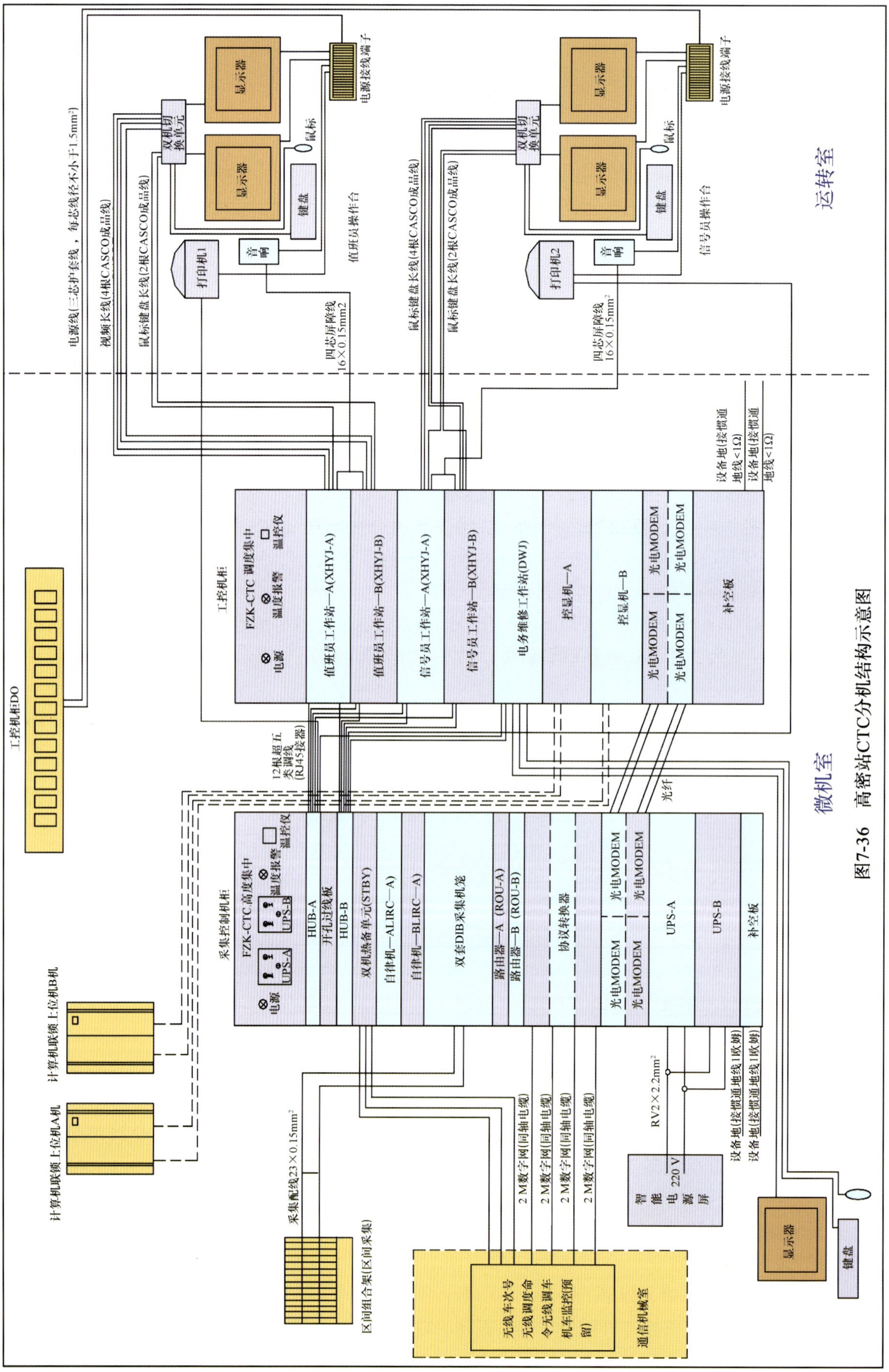

图7-36　高密站CTC分机结构示意图

110 kV进线、单相Ⅰ，i变压器，牵引供电设施分布及其主要技术标准见表7-9。

表7-9 青岛—平陵城段牵引供电设施分布及其主要技术指标表

<table>
<tr><th>线 名</th><th colspan="20">胶 济 线</th></tr>
<tr><td>供电方式</td><td colspan="20">带回流线的直接供电方式(TRNF)</td></tr>
<tr><td>悬挂方式</td><td colspan="20">全补偿简单链型悬挂</td></tr>
<tr><td>牵引变电所</td><td>济南西</td><td colspan="2">郭 店</td><td colspan="3">王 村</td><td colspan="2">淄 博</td><td colspan="2">青 州</td><td colspan="2">潍坊西</td><td colspan="2">安 丘</td><td colspan="2">高 密</td><td colspan="2">青岛西</td><td colspan="2">沧 口</td></tr>
<tr><td>分 区 所</td><td colspan="2">济南东</td><td>章 丘</td><td colspan="2">周村东</td><td colspan="2">临 淄</td><td colspan="2">尧 沟</td><td colspan="2">潍坊东</td><td colspan="2">昌 邑</td><td colspan="2">胶州北</td><td colspan="2">胶 州</td><td colspan="2">城 阳</td><td>青 岛</td></tr>
<tr><td>变压器结线型式</td><td colspan="20">单 相</td></tr>
<tr><td>变压器容量(MV·A)</td><td>2×45</td><td colspan="2">2×40</td><td colspan="3">2×40</td><td colspan="2">2×31.5</td><td colspan="2">2×31.5</td><td colspan="2">2×25</td><td colspan="2">2×25</td><td colspan="2">2×31.5</td><td colspan="2">2×20</td><td colspan="2">2×12.5</td></tr>
<tr><td>进线电压(kV)</td><td colspan="10">220</td><td colspan="2">110</td><td colspan="4">220</td><td colspan="4">110</td></tr>
<tr><td>并补容量(kvar)</td><td>9 600</td><td colspan="2">8 800</td><td colspan="3">10 800</td><td colspan="2">8 800</td><td colspan="2">9 200</td><td colspan="2">8 400</td><td colspan="2">7 600</td><td colspan="2">11 600</td><td colspan="2">5 600</td><td colspan="2">1 200</td></tr>
</table>

牵引变电所采用220 kV或110 kV进线、线路变压器组接线，27.5 kV采用单母线分段接线；牵引变压器采用单相Ⅰ，i接线；高压侧断路器采用SF_6型，27.5 kV侧断路器采用真空手车型；二次设备采用微机综合自动化设备；正线、站线接触网分别采用THJ-95（15 kN）+CTHA-120（15 kN）、THJ-70（15 kN）+CTHA-85（10 kN）全补偿简单链型悬挂，回流线采用LGJ-185。

（四）牵引变压器供电电压等级和接线型式

胶济线沿线电源点和变电所众多，具备采用220 kV和110 kV电压等级供电的条件。电压等级的不同对短路容量影响较大，外部电源条件对牵引供电系统的突出影响反映在变压器接线形式和容量上。

外电系统对牵引变压器安装容量的限制主要取决于不同接线牵引变压器下牵引负荷对外电系统产生的负序影响。

设计过程中，对济南、淄博、潍坊和青岛供电局进行了走访，深入调查了可能向牵引变电所供电的变电站220 kV和110 kV的短路容量。调查结果显示，沿线变电站220 kV母线系统短路容量在4 000～15 000 MV·A之间；220 kV变电站110 kV母线系统短路容量在1 200～2 800 MV·A之间。

以本线牵引负荷最重的王村牵引变电所为例，当采用220 kV单相Ⅰ，i接线牵引变压器时远期负荷50 MV·A时，则：

$$\varepsilon_u=(50/8000)\times100\%=0.625\%<2\%\text{（国标要求）}$$

而对于本线牵引负荷较轻的潍坊西牵引变电所，当采用110 kV单相Ⅰ，i接线牵引变压器时最大负荷25 MV·A，则：

$$\varepsilon_u=(25/2600)\times100\%=0.96\%<2\%\text{（国标要求）}$$

因此，牵引变电所供电电压等级根据牵引负荷大小和实际外部供电方案进行选择，在满足相关标准的前提下尽量降低工程投资。

1. 牵引变压器接线型式和进线电压等级的选择

结合胶济线外部电源条件和牵引负荷特点，对单相Ⅰ，i接线牵引变压器接线型式采用割集分析法进行了评估，同时配合山东电力集团公司对背景谐波负序进行了测试。测试结果和评估结果均证明，采用供电能力较强的220 kV和110 kV电压等级供电、采用容量利用率最高的单相Ⅰ，i接线变压器是可行的，对电力系统的负序、谐波影响满足国家有关标准的要求。

2. 外部电源方案

牵引供电系统采用容量利用率最高、供电能力最强、对列车高速运行影响最小的单相Ⅰ，i接线牵引变压器；负荷较轻的沧口、青岛西和潍坊西牵引变电所采用110 kV供电，从供电能力较强的

220 kV变电站 110 kV 母线出供电线；高密、安丘、青州、淄博、王村、郭店和济南西牵引变电所采用 220 kV 供电。胶济线 220 kV 进路塔杆见图 7-38，220 kV 牵引变压器见图 7-39。

图 7-38　胶济线 220 kV 进线杆塔

图 7-39　胶济线 220 kV 牵引变压器

（五）无功补偿及滤波装置

货车采用 SS_{4B}型电力机车，牵引质量 5 000 t。SS_{4B}型 8 轴电力机车采用不等分三段半控桥整流电路，机车功率 6 400 kW。

客车近期主要采用 SS_9 型提速电力机车，牵引质量 1 100 t。SS_9 型 6 轴电力机车采用不等分三段半控桥式整流电路；机车功率 4 800 kW。两种机车均为交直型电力机车，功率因数较低，正常运行时一般在 0.85 左右。

补偿装置电容器采用额定电压为 10.5 kV、额定容量为 100 kvar 的单体电容器组成。

货车按采用单相接线牵引变压器，变电所无功补偿及滤波装置安装容量按两供电臂负荷统筹考虑后确定。为增强补偿装置的适应性，在设计中对全线牵引变电所无功补偿装置分组容量进行了优化，简化了容量等级，方便了运营管理。

密集型电容器见图 7-40，空芯电抗器见图 7-41。

（六）外部供电方案

铁路部门配合山东省电力系统对外部供电方案进行了深入分析和认真研究，并对全线各牵引变电所所址逐一进行了现场踏勘，结合山东省电网建设规划，实现了从系统容量大、供电能力强的 220 kV 及以上电源点供电，供电质量和可靠性大大提高，其中王村牵引变电所为我国第一个500 kV 变电站直接供电的牵引变电所，圆满完成了国内直接供电方式最长的 70 km 越区供电任务；对沧口、高密、青州和淄博等位于较大城市的牵引变电所，在所址踏勘过程中还与地方城市规划部门紧密联系，多次沟通，反复交流，最终确定的所址符合地方市政规划和电网规划。

通过积极有效的沟通和深入仔细的研究，铁路部门同电力部门协商确定了合理的外部供电方案、工程接口和投资范围，在确保电网安全运行和牵引供电质量的前提下大大节省了外部供电工程投资。

图 7-40 密集型电容器

图 7-41 空芯电抗器

二、牵引变电所

（一）主要设计内容

1. 牵引变电设施分布

在全线按前述设置牵引变电所、开闭所、分区所，王村、淄博、青州、安丘、高密牵引变电所为 220 kV 电压等级供电；潍坊西、青岛西、沧口牵引变电所为 110 kV 电压等级供电。

2. 主接线

（1）牵引变电所主接线

各牵引变电所均引入两路独立的 220 kV 或（110 kV）单相电源，高压侧采用线路变压器组接线，设两台单相牵引变压器，采用一主一备运行方式，设备用电源及变压器自投装置，27.5 kV 侧采用带旁路母线的单母线分段接线，4 回馈线以上设两台备用断路器，4 回馈线以下设一台备用断路器，并分组装设并联电容补偿装置。

（2）开闭所主接线

开闭所引入两路 27.5 kV 电源进线，采用带旁路母线的单母线分段接线，设一台备用断路器。

（3）分区所为室外柱上式，采用四台负荷开关构成的四边形接线。

3. 总平面及生产房屋配置

高压侧配电装置采用室外中式布置，27.5 kV 配电装置采用室内网栅双列布置；各牵引变电所通所道路均采用公路引入，所内设置大型运输车辆回车道路；变电所和开闭所按无人值班有人值守设计，设置高压室、检修室、主控制室和值守室，牵引变电所场地及高压室考虑发展条件。

4. 主要设备配置

牵引变压器采用容量利用率高、损耗低的单相变压器，如图 7-42 所示。

图 7-42　单相变压器

220 kV，110 kV 采用 SF_6 断路器；27.5 kV 断路器采用手车式真空断路器。

改变运行方式的隔离开关、负荷开关采用电动操作机构。

并联电容补偿装置采用密集型。

直流电源采用铅酸免维护智能型。

二次设备采用微机综合自动化装置。

为了提高设备的可靠性，关键设备采用了先进的真空断路器、电动隔离开关。

5. 继电保护及自动装置

(1) 牵引变电所

①主变压器设置电流差速断和差动、低压过流、失压、过负荷保护、备用电源及备用主变自投装置。

②27.5 kV 馈线设有距离Ⅰ段、Ⅱ段、过流、电流速断、高阻保护及一次自动重合闸装置。

③并联电容补偿装置设有差流、差压、电流速断、过流、谐波过流、过压和失压以及单台电容熔丝保护。

④所内设两台互为备用的自用电变压器，在二次侧设自动投入装置。

⑤牵引变电所设视频监视终端。

(2) 开闭所

①27.5 kV 进线设置方向距离Ⅰ段、电流速断、高阻和一次自动重合闸、低压过流及失压（躲过重合闸时间）保护。

②27.5 kV 馈线设置距离Ⅰ段、电流速断、过流、高阻保护及一次自动重合闸。

③对两回进线且正常时只投入一回的开闭所，两回进线上装设自动投入装置。

④所内设 2 台互为备用和自用电的变压器，在二次侧设自动投入装置。

⑤设置视频监视终端。

6. 自用电系统

(1) 交流自用电

各牵引变电所、开闭所均设有两台变压器，内引 27.5 kV 电源，外引 10 kV 电源。正常时，一路交流电源供电，另一路热备用，也可两路同时供电，当任何一路电源失压后，备用电源自动投入。

(2) 直流自用电

采用铅酸免维护直流智能装置，具有强充、均充和浮充运行方式，每所设两组蓄电池，并设置电压自动调整装置及微机监控装置的通信接口，其直流输出电压为 110 V。

7. 架构类型

（1）220 kV 侧有 AH 型、门型，27.5 kV 侧有门型、单杆类型。采用 ϕ400 mm 或 ϕ300 mm 环型预应力混凝土等径杆，离地面高度分别为 12 m、10 m 和 7.3 m。屋外电气设备支架采用 ϕ300 mm 环型预应力混凝土等径杆，离地面高度根据设备类型选用 2.5 m、4 m 和 4.5 m。

（2）横梁采用钢横梁，跨度为 12 m。

8. 防雷与接地

（1）该线年平均雷电日在 20～30 天，为防止直击雷，在牵引变电所、开闭所、分区所内均设置独立避雷针。

（2）在牵引变压器高、低压侧，27.5 kV 母线、馈出线上均设置相应电压等级的氧化锌避雷器，以限制雷电波的幅值。

（3）牵引变电所接地装置以水平长孔接地网为主，在设备集中接地附近及接地网外沿敷设垂直接地体。

（4）对在高土壤电阻率的牵引变电所，采用加大接地网面积、外引至土壤电阻率较低处或敷设降阻剂等方法以降低接地电阻。

（二）主要技术特点

（1）胶济线第一次采用我国自主生产、拥有自主知识产权的 220 kV 单相 I，i 接线牵引变压器。

（2）采用具有完善的自检和自诊断功能的综合自动化系统，高速可靠的现场总线网络及采用分层、分布式原理，合理处理了牵引变电所设备分散与数据集中的关系，并且将所内视频监控系统、火灾报警系统和交直流系统，通过其通信装置、光纤数据通道纳入电力调度中心系统。同时，将牵引变电所主控制室空调电力回路纳入消防系统，当发生异常时，通过交流接触器迅速切断空调回路，防止火灾蔓延以满足牵引变电所无人值班的要求。

综合自动化及远动技术为提高牵引供电系统调度管理水平，为迅捷、快速分析、查找、切除故障点，提高系统智能化水平，确保系统安全、可靠、高效运行提供了有力的技术支持。

（3）采用安全监控系统，变电所和开闭所室内外设置多个摄像机，对重要设备的运行状态、火灾、外物侵入等进行监视，提供实时的和一段时间内任意时刻的图像，自动输出报警信号，自动记录现场图像并给出报警现场图像，通过专用的数字通道将各类信息传至调度中心，调度中心通过计算机操作，实现视频图像的变焦、变光圈及云台的转动，实现对牵引变电所远程的全面信息跟踪及掌握。采用安全监控系统为实现变电所无人值班、提高供电可靠性及铁路装备自动化水平提供了有力的保障。安全监控系统见图 7-43。

图 7-43 安全监控系统

（4）采用性能优良的高可靠设备。按牵引变电所内各设备相互关联构成系统工程，以安全可靠、技术先进成熟、经济适用、运行检修方便为原则进行设备参数的配置。动作型开关设备全部选择采用成熟、先进的产品，如图7-44所示的电动隔离开关，图7-45所示的断路器。

按常规并补装置一般放置于二层，本着“强本简末”的原则，胶济线变电所均为平房布置，并补装置采用室外布置，有效地减少了房屋面积，平均每所减少房屋面积260 m²，并补装置电容器第一次采用高可靠、少维护、便于安装的室外密集型电容器。

图7-44　电动隔离开关

图7-45　断路器

（5）为满足胶济线负荷电流较大这一特点，给变电所导线、高压室母排选择和布置提出了新的要求，高压室内母线均采用铜排，电流大的所高压室进线侧母线还采用了80 mm×8 mm的双母线，馈线侧导线采用双支300的铜绞线。

（6）沧口牵引变电所设置在车站外街面上，为了不影响市政的规划，在供电进线铁塔设置困难时，改为电缆进线，在甲方和地方供电部门的要求下第一次设计了电缆进线架构，解决了地方供电的电缆进入变电所通过问题。

三、接触网

（一）主要技术参数

接触网的动态特性必须满足动车组200 km/h级的运行要求。

动车组有8辆编组及16辆编组两种情况，在16辆编组条件下，采用双弓取流，双弓间距201 m，需要解决后弓高速取流及自动过分相问题，利用引进的仿真软件，进行了多个弓况组合的仿真研究，采用多种方案优化接触网悬挂参数，确定了锚段关节、中性段长度、道岔等的设计原则及方案，保证了双弓取流条件下后弓的可靠取流。利用接触网仿真软件，在大量仿真研究的基础上，确定了接触网的悬挂参数。

（1）接触网采用全补偿简单链型悬挂，线材及张力配置为：正线THJ-95（15 kN）+CTHA-120（15 kN），站线THJ-70（15 kN）+CTHA-85（10 kN）。

（2）接触线悬挂高度一般区段为6 450 mm。

双层集装箱的装载高度为5 850 mm，在考虑绝缘距离、接触线寄生弛度等，接触线距轨面的最低高度应不小于6 330 mm，考虑覆冰后弛度，接触线的悬挂高度确定为6 450 mm。

结构高度1.4 m，与跨线建筑物相邻的支柱，其结构高度根据跨线建筑物高度及宽度调整，以保证承力索对跨线建筑物的绝缘距离。

对既有跨线建筑物净空较低，改造困难，又不开行双层集装箱货物列车区段接触线悬挂高度采用6 000 mm。

（3）考虑大型养路机械作业需要，正线接触网支柱的侧面限界一般不小于3 100 mm。

（4）腕臂柱一般采用横腹杆预应力混凝土柱，悬挂支柱高 9.2 m，下锚高 9.8 m；软横跨柱采用大容量混凝土柱或镀锌钢柱。桥支柱采用镀锌钢柱；200 km/h 级地段站场及双、多线桥采用硬横梁方案；其他站采用软横跨；200 km/h 级地段腕臂柱基础采用预留杯形基础。

图 7-46 所示为横腹杆预应力混凝土腕臂柱。图 7-47 所示为站场硬横梁。

图 7-46　横腹杆预应力混凝土腕臂柱

图 7-47　站场硬横梁

（5）支持装置采用旋转平腕臂结构，绝缘子以内采用铝合金零部件，定位器采用限位方式。

（6）锚段长度不大于 2×750 m，困难时不大于 2×800 m；最高计算温度 60 ℃，最低温度－20 ℃，定位器正常位置时气温 20 ℃；中心锚结采用三跨防窜防断形式；道岔处接触线采用交叉布置方式；承力索及接触线采用滑轮组补偿装置，变比均采用 1∶3。

（7）最大跨距 60 m，桥上跨距一般为 32.7 m，相邻两跨距之比一般不大于 1.15∶1，桥梁等困难地段不大于 1.25∶1；吊弦采用可调整体式，跨距内吊弦布置采用偶数，吊弦间距约 6～10 m；直线拉出值±200 mm，曲线为曲外 150～250 mm。

（8）接触网按供电臂 V 停反行单元设计；在牵引变电所、分区所所在车站一端设关节式电分相，装设机车过分相地面感应装置；绝缘锚段关节采用五跨型式，非绝缘锚段关节采用四跨型式，电分相采用由两个四跨绝缘锚段关节组成的七跨型式。

（9）机务段、需挂网的独立车场按单独电分段设计。

（10）在青岛港湾站、高密、马尚、潍坊西、马尚设接触网维修工区，在青岛西、安丘、青州、王村设接触网抢修工区。维修工区配接触网作业车，抢修工区只配客货汽车。

（11）在青岛港湾站设置供电检修基地。

（二）道岔处接触网悬挂安装

采用了新型道岔 SC325，接触网采用了新型的定位方式，以保证列车受电弓安全运行。道岔支柱位于道岔两线间距 300 mm 处（原低速运行时为 600 mm），线岔交点距道岔定位点的距离尽可能大于 2.5 m，道岔开口方向上道岔定位后的第一个悬挂点设在线间距≥1 220 mm 处，从道岔开口线间距 800～1 050 mm 至线岔交点范围内，两支接触悬挂的接触线应设在受电弓半宽的同一侧上方；同时设置交叉吊弦，满足导高要求。

（三）电分相的研究与设计

在设计中，对接触网电分相设置、结构形式及结合动车组受电弓配合等相关问题进行深入细致的研究，确定采用列车断电过分相的车载自动过分相装置，锚段关节电分相中性段设置为 190 m，地面埋设磁铁感应器。

（四）硬横梁支柱设计

由于定位立柱增加了重量，加大了硬横梁的承受力。为不影响站台美观，采取站台上支柱和雨篷柱合建的方式，首次设计出了大跨度的硬横梁支柱，使得接触网支柱和雨篷柱合建让站台布置更加美观、合理。

（五）防　腐

接触线、承力索、电连接线选用铜合金材质能够有效防腐蚀并节省能耗；接触网上定位线夹、吊弦线夹、电连接线夹、中心锚结线夹等选用高强度铜合金材质零件；附加导线采用钢芯铝绞线；定位器采用矩形铝合金限位定位器；腕臂及其连接零件采用钢模锻件，所有黑色金属零件均按照TB2073要求镀锌；接触网钢支柱按照TB2073要求镀锌，镀锌层厚度达86 μm以上，支柱镀锌后在外层再涂刷防锈漆，可以达到封闭镀层和增加防腐蚀效果的目的。

（六）特型基础的应用

在车站上，人、物流量的增加，需要宽敞的通道，而既有车站改造，站台上增设了长距离的人行道及行包通道，占去了接触网支柱基础位置。为了满足通道的需要及站台的美观，在地道壁上设计特型基础安装接触网支柱，同时与桥、房建、站场专业协调配合。

站台上的接触网支柱要求和雨篷柱形式一样，根据接触网技术要求，采用了HW300，HW400，HW550型钢支柱。图7-48为青州站格构式钢支柱。

图7-48　青州站格构式钢支柱

（七）多站台连续共柱

当多站台连续共柱时，硬横跨长度达到70多m，单跨简支梁已经无法满足受力要求，针对这一情况，在中间站台加支柱，这样即减少了横梁高度，增加了支柱强度，又节约了横梁自身所耗钢材。多站台连续共柱效果图见图7-49。

车站共柱中的超长横梁设计需要解决挠度控制问题。按照常规方法进行力学计算然后到现场验证，验证后再修正计算结果，得到合理的截面高度。为了更好地控制挠度，在制造上采用加强梁柱的连接刚性、横梁设置预拱度两项措施。图7-50为晚霞中的硬横梁。

（八）拉线基础的应用

普通接触网下锚设计为锚板形式，提速接触网由于张力增大，设计中取消了锚板，改用拉线基础，这样可以使接触网下部工程更加稳定，而且对支柱挠度的控制、接触网悬挂参数的准确调整，都起到良好的作用。

（九）挡墙上钢支柱基础的处理

由于下挡墙数量较多，特别是青岛地区受地形的影响，路基一再紧缩宽度，下挡墙的形式不同，使接触网支柱基础处理不能采用标准化方式。设计人员精心测量每一处挡墙的尺寸，从众多方案中挑选出最合适的处理方法。比如针对有栏杆的下挡墙，使用“半基半锚”的方式，即挡墙钢支柱的外排螺栓用锚栓设在挡墙顶面、内排螺栓设在挡墙与路基间，挡墙内侧的路基开挖后，在挡墙侧壁植入钢筋，然后浇注混凝土基础。

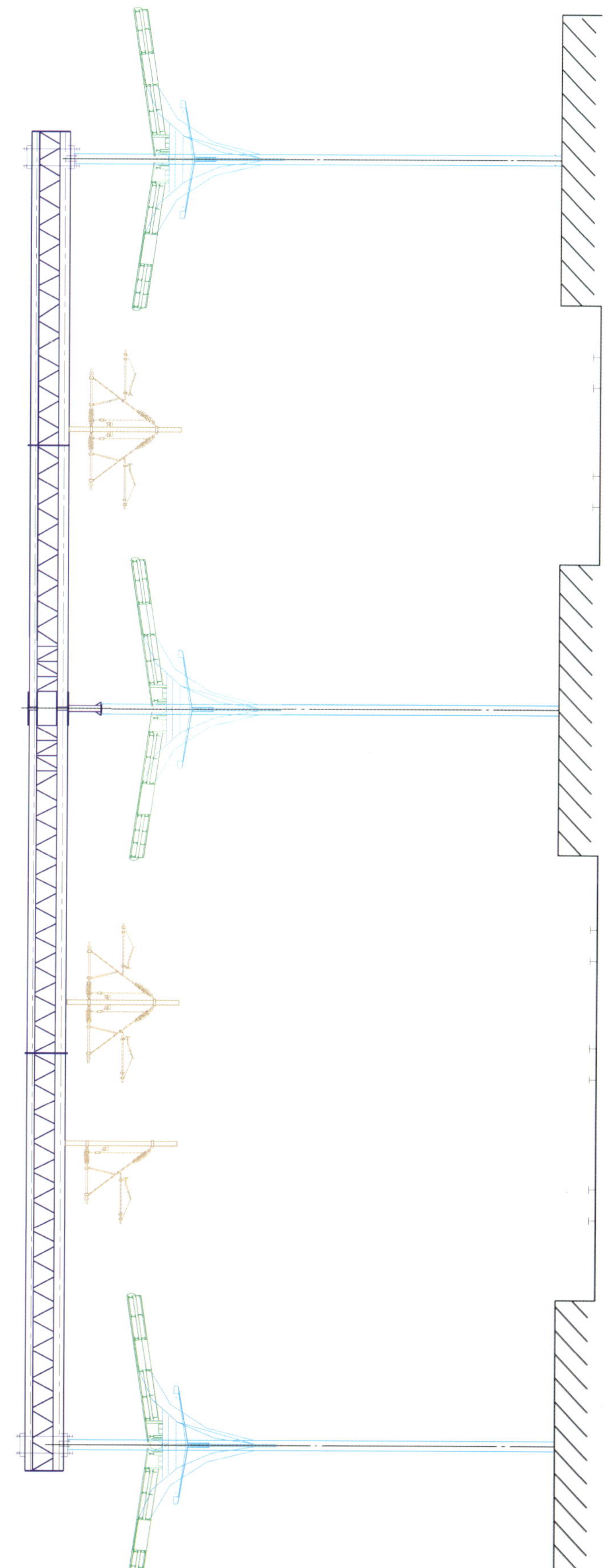

图7-49　多站台连续共柱效果图

有些接触网基础还采用了在下挡墙（直径为 1 m，深大于 8 m 的挖孔桩）顶上预留接触网基础的方法。

图 7-50　晚霞中的硬横梁

第八节　移动设备运用检修设施

一、机　务

（一）机务设施改建

机务设施包括青岛北机务段、青岛西派驻机车折返段、东风派驻机车折返段三处机务设施，取消淄博机务段的改扩建工程及东风派驻机车折返段的辅助房屋。

1. 青岛北机务段

保留该段内燃小修规模并增建电力小辅修设施，承担本段配属电力机车的小、辅修任务。对该段既有机车整备场进行改建，形成 3 条电力、2 条内燃（其中 1 条预备）机车整备待班线的规模。

2. 青岛西派驻机车折返段

改建既有整备场，新建机 5、机 6 内燃、电力机车整备待班线各 1 条，形成 5 条电力和 6 条内燃机车整备待班线的规模。

3. 东风派驻机车折返段

改建既有机车整备场，形成 3 条电力机车和 1 条内燃机车整备待班线的规模。

（二）机车交路及机务设备分布

胶济线既有机务设备布点密集，除济南枢纽及青岛地区有机务设备外，中间还有机务设备 3 处（淄博机务段、东风派驻机车折返段、青岛西派驻机车折返段）。机车交路设计中，坚持贯彻执行长交路的有关技术政策，两编组站之间只要符合技术作业规定，原则上均应实行长交路，货车机车交路长度一般在 400～600 km 左右。

济南端有济南西编组站，青岛地区为尽头端，直达列车占绝大多数，客、货列车均有条件实现济南—青岛的直达交路。将原东风派驻机车折返段担当的货机交路改由济南枢纽担负，可减少中间两个段的改扩建工程，节省了大量的工程投资。

1. 机车交路

（1）客机交路：济南机务段电力机车担当济南至淄博、潍坊、蓝村、青岛间的机车交路；青岛机务段的电力机车担当青岛至蓝村、胶州、淄博间区段客车的机车交路。

淄博、青岛北及青岛西所担负相邻支线的内燃机车交路维持现状。

（2）货机交路：济南西机务段电力机车担当济南西（晏城北）至淄博、东风、潍坊东、青岛西、黄岛间的机车交路，青岛西派驻机车折返段电力机车担当青岛西至东风间的机车交路。

淄博、青岛北及青岛西所担负相邻支线的内燃机车交路维持现状。

2. 机务设备的分布

与胶济线相关的机务设备共有8处：分别是济南机务段、济南西机务段、晏城北机务折返段、淄博机务段、东风折返段、青岛西派驻机车折返段、青岛机务段（含青岛北机务段）及黄岛折返段。

在胶济线提速电化改造工程中，最终实施的改造项目只有东风折返段、青岛西派驻机车折返段、青岛北机务段。减少了淄博机务段的改造，将东风派驻机车折返段改为折返段，减小了改造规模。

二、车　辆

胶济线提速后，运行的普通客车将大量被动车组替代，普通客车车辆的需求量大幅降低，设计近远期普通客车的检修量很小，取消了淄博、黄岛、东风、青岛西各站修所和淄博客车技术整备所的改扩建工程，缓建青岛客车车辆段。青岛港湾客车技术整备所与动车运用所合建，整备线由12条改为9条，存车线由6条改为3条，节省了大量工程投资。

车辆设备主要包括新建青岛港湾客车技术整备所、四方红外车间及装卸检修所、红外线轴温探测系统。

（一）青岛港湾客车技术整备所

青岛港湾客车技术整备所位于青岛港湾站西南侧，整备所由北向南分别设存车线、整备线、空调客车检修线及综合作业棚等生产及办公房屋。

为了满足胶济线动车组运用设施过渡工程的建设，青岛客车技术整备所设整备线9条、存车线3条、空调客车检修线1条，总有效长度为2412 m。其中1条整备线，因架网改造为动车组洗刷线和轮对动态检测线，整备所内两线综合作业棚中的一线改建为动车组临修线；3条普通客车存车线改建为动车组存车线。

新建综合检修作业棚、空调三机检修间、制动车电综合楼、蓄电池间、整备综合楼、列车试验机室、压缩空气站、材料楼、材料棚、杂品库、加油车库、变配电间及食堂浴室等生产房屋、辅助生产、生活房屋。综合检修作业棚、空调三机检修间合并设计为一幢联合厂房。青岛客车技术整备所总占地面积约230亩，房屋总建筑面积为13393 m^2（含客运整备车间房屋建筑面积1500 m^2），其中棚建筑面积为2444 m^2。整个平面布置紧凑、合理，且避免了大量征地拆迁和与既有线路的干扰，降低了工程投资和施工干扰。

根据《铁路客车车辆设备设计规范》（TB 10029－2002），对青岛港湾客车技术整备所设备及设施进行了合理配备。设计的主要设备有：数控车轮车床、10 t电动吊钩桥式起重机、电动液压落轮机、电动架车机、弧焊机、电动机试验台、小型柴油发电机组试验装置、超声波空调机组清洗装置、真空干燥检修流水线、空调机组综合试验台、风机综合试验台、智能充放电机、废电解液回收处理装置、微机控制列车试风系统、手动固定式脱轨器等。设计的主要设施有：整备线采用宽轨枕板铺设；整备场整备线间，每隔两股道各设一排压缩空气管路、交流电源线路及给水管路，存车线间设置一排压缩空气管路和交流电源线路；整备线上设列车微控试风设备以及相应的试风管路，整备场压缩空气用风采用环形供风管路；在整备场尾部设有供空调客车整列空调机组同时试验用的外接电源插座箱3个和机车供电用DC 600 V外接电源插座箱2个；整备场采用灯桥照明；整备所设污水处理场1处。青岛港湾客车技术整备所布置图如图7-51所示。

（二）四方红外车间及装卸检修所

四方红外车间及装卸检修所合建为L形局部两层楼房，主体跨度为6 m，长度为33.3 m，建筑面积为484 m^2。

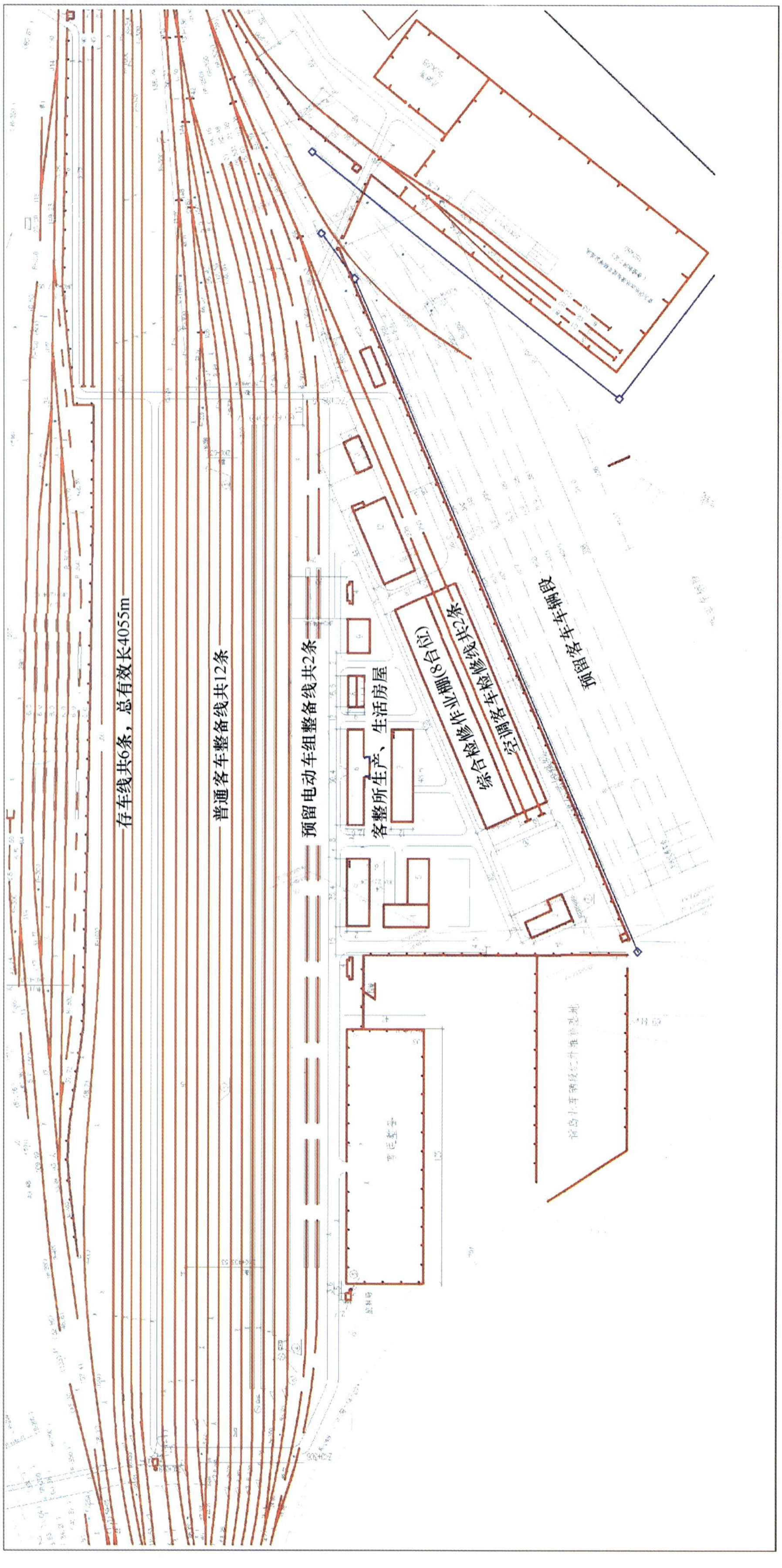

图7-51 青岛港湾客车整备所布置图

（三）红外线轴温探测系统

1. 探测站

全线共设红外线轴温探测站 18 处，分别设于章丘站、王村站、周村站、周村东站、淄博站、东风站、临淄站、青州站、昌乐站、潍坊站、安丘站、昌邑站、高密站、即墨至高密高速线区间、胶州站、青岛西站、城阳站、四方站。其中周村探测站为本站既有，维持现状；王村、青州、昌乐、潍坊、高密、胶州、城阳探测站为本站既有迁建；临淄、安丘、昌邑探测站分别为原潍坊东、岞山、塔尔堡探测站既有迁建于各站；章丘、周村东、即墨至高密高速线区间为新建探测站。以上探测站均为异点双向下探式探测站，各探测站上下行探测设备均合设在 1 幢探测机房内，新建探测站机房共 13 幢。淄博、东风、青岛西探测站为既有（上、下行探测设备位于车站两端），除青岛西探测站仅迁建下行探测机房外，其余探测站上下行两端机房均迁建，淄博探测站另在高速线进站端新增红外探测设备 1 套，以上各探测站均为上下探式探测站，新建探测站机房 6 幢。四方探测站为原既有港湾探测站（上下探式探测站）迁建于本站，上下行探测设备合建在 1 幢探测机房。全线共新建红外线探测站机房 20 幢，各机房内设有探测设备和自动电话 1 台。

新增的红外线轴温探测站，均具备防电化干扰功能，并能满足 200 km/h 速度级的探测；既有的红外线轴温探测站均新增防电化干扰磁头，并进行适应探测 200 km/h 车速改造。

2. 复示站

原港湾红外线复示站迁建于四方装卸检修所。

3. 红外线监测中心

原青岛分局红外线监测中心（原设于青岛分局办公楼三楼）迁往新建的济南局调度大楼内。红外线轴温探测系统探测网传输仍采用点对点星型网络。

三、动车组

（一）动车组运用检修设施

动车组运用检修设施主要为动车组运用设施的过渡工程。

动车组运用设施过渡工程规模为：新建两线检查棚、改建动车组临修线 1 条、设动车组存车线 3 条。

（二）总平面布置及房屋设置

在利用青岛客车技术整备所预留用地及改造利用部分设施的基础上建设动车组运用设施。

动车组出入所线利用既有青岛至港湾的机走线及四方至港湾的联络线。在客整所预留动车组整备线位置新建两线动车组检查棚及边跨，新铺 2 条动车组检查线，并架设接触网，其中，1 线兼作动车组不落轮旋线。利用 K5 整备线，架网改造为动车组洗刷线和轮对动态检测线。利用空调客车检修线兼作动车组临修线，为保证 1 列短编组动车组（8 辆/列）转向架更换的需要，将 KC2 线尾部延长。动车组存车线改造利用 3 条普通客车存车线。整个动车组运用设施全设置在青岛客车技术整备所内，没有新增用地，新增房屋总建筑面积为 9 424 m^2，其中棚建筑面积为 8 658 m^2。整个动车组运用设施与客车技术整备所合建 1 处，平面布置紧凑、合理，避免了大量新征地和废弃工程。动车组运用设施过渡工程总平面布置图如图 7-52 所示。

（三）主要机械设备及设施的配备

主要设备有：数控不落轮车床、轮对动态检测装置、动车组电源设备、空心轴探伤仪、移动式升降平台、转向架更换设备、动车组牵车机、空心轴探伤仪等。设计的主要设施有：检查棚内地面整体下沉，棚内 2 条检查线上各设检查地沟 1 条。检查地沟内两端各设 1 套动车组地面电源插座。棚内的检查线采用钢柱支撑的架空轨道。在检查线上各设 3 处接触网手动隔离开关，并各设 2 处隔离开关标志信号灯。

由于青岛冬季气候寒冷，动车检查棚及综合作业棚均无取暖设施，设置在棚内的不落轮旋床及转向架更换设备要求环境温度不得低于 0 ℃，为了满足动车组设备温度要求及改善工人的作业条

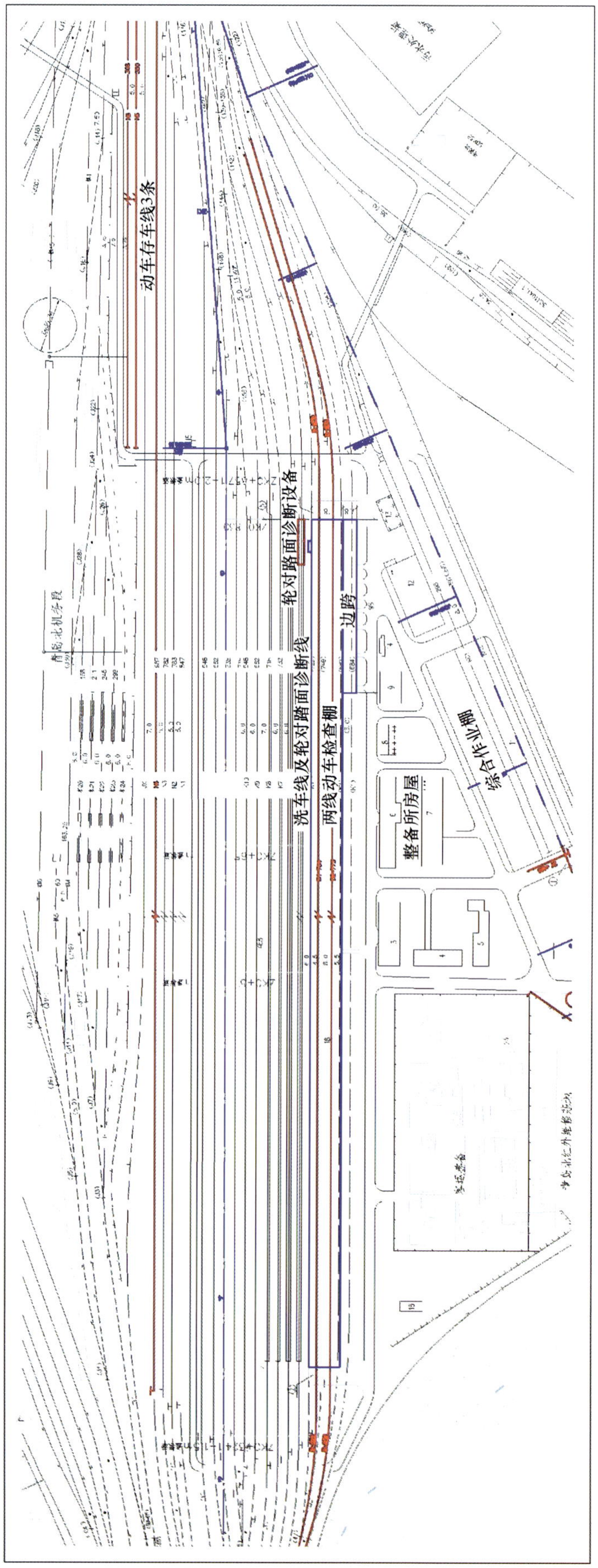

图7-52　青岛港湾动车组过渡设施总平面图

件，对动车检查棚及综合作业棚四周进行封闭，且增设取暖设施和作业安全防护设施，见图 7-53。

图 7-53 青岛港湾动车检查棚

按铁道部统一安排，在青岛港湾增设动车组检修运用管理信息系统。

根据部有关动车组运用设施关键设备设置的要求，结合青岛港湾动车组运用过渡设施既有情况，在 K5 轮对动态检测线增设受电弓动态检测装置。

第九节 房屋建筑

一、房屋建筑设计

胶济线共新增定员 388 人（其中：济南枢纽 69 人；青岛—平陵城（不含）319 人），平均每正线公里新增定员 1.01 人。新建房屋总建筑面积 45 021 m^2（其中：济南枢纽 6 000 m^2；青岛—平陵城（不含）39 021 m^2），平均每正线公里房屋建筑面积 117 m^2。全线新增房屋按使用性质分类如表 7-10 所示。

表 7-10 房屋分类汇总表 单位：m^2

序号	房屋类别	鉴定批复部分		投资单列部分			
		济南枢纽建筑面积	青岛—平陵城(不含)建筑面积	潍坊站房建筑面积	青岛客车技术整备所建筑面积	胶新线引入胶州站建筑面积	路局配套建筑面积
1	客货运房屋	1 640	7 248	22 000	——	——	——
2	通信房屋	——	2 914	——	——	508	
3	信号房屋	2 214	9 142	——	——	449	838
4	电力房屋	——	3 340	——	——	826	350
5	牵引供电房屋	2 083	9 790	——	——	——	——
6	给排水房屋	48	778	——	——	30	——
7	机务房屋	——	5 017	——	——	——	1 856
8	车辆房屋	15	792	——	13 458	13	——
9	总计	6 000	39 021	22 000	13 458	1 826	3 044

沿线既有铁路房屋原则上尽量利用或加以合理改造，对于建筑年代早，建筑标准过低已无法满足胶济线提速及电气化改造工程生产作业要求的房屋，考虑重建或改扩建。

（一）信号楼及行车室设计

信号楼及行车室根据各站地形、地质条件分别采用钢筋混凝土框架结构和砌体结构。由于沿线有些车站位于填方地段，既有车站场地条件十分困难，同时为避免大量的房屋拆迁，在马尚、胶州、蔡家庄、安丘等站设计采用吊脚楼结构形式，在沙岭庄站设计采用部分吊脚楼结构形式，吊脚部分一般高度3～5 m，吊脚楼均采用钢筋混凝土框架结构。

为充分利用有限的场地资源，一般将站台上的其他新建房屋与信号楼合建，在新建信号楼（行车室）内统一设计电力远动间，在昌邑、临淄、周村东、章丘等站结合新建信号楼（行车室）内合并设置分区所房屋。

（二）改扩建房屋的设计及既有房屋的利用

为充分利用既有房屋及设施，对潍坊西、沧口行车室、蓝村信号楼进行改扩建设计；对青岛港湾、四方、城阳、即墨、青岛西、潍坊东、湖田等站信号楼进行利旧改造。根据工艺的技术要求，在不影响既有设施运行的基础上，结合现场的条件，采用合理的结构形式，对既有房屋进行改扩建，以满足电气化改造工程的需要。

既有信号楼、行车室考虑充分利用，由铁路局结合拆迁还建统一安排调剂使用。

（三）房屋总平面布置

本着节约用地的原则，在有利生产、方便生活的前提下，房屋总平面力求紧凑布置，合理作好环境道路、排水设计及绿化规划，适当考虑远期发展需要；设计中结合既有地形、地貌，对建筑区房屋进行统筹布局，避开地质不良及自然灾害可能影响的地点，尽可能减少土石方工程数量，降低投资；同一地区的生产房屋尽可能合并集中修建，减少征地。

二、高站台及站台雨篷的设计

1. 高站台的设计

由于低站台和车厢地面形成高差，旅客上下车存在不安全因素。因此在章丘、周村东、淄博、青州、昌乐、潍坊、高密、青岛等站均修建1.25 m高站台。站台面和列车车厢地板基本在同一高度。

2. 站台雨篷的设计

有柱雨篷的设置降低了站台的有效使用面积，带来了站台旅客人流疏散和各类作业车辆的通行不畅，特别是基本站台以外的其他中间站台往往宽度较小，雨篷的整体性差和人、车通行不畅的问题尤为突出。济南、青岛设计为无柱雨篷，章丘、周村东、淄博、临淄、青州、潍坊、高密等站均修建轻钢结构雨篷。站台雨篷柱考虑与接触网共柱，使车站的整体性、通透性、美观性和各站台之间的空间延续性方面更加完整统一。

潍坊站基本站台雨篷采用倒L形单臂悬挑雨篷，基本站台留出8.5 m宽通道，增加了站台的有效面积，加快站台上进出站人流和各类作业车辆的通过性，改善站台上的候车环境；同时雨篷柱考虑与接触网柱共柱，避免了雨篷柱与接触网柱的不统一，减少了站台上柱的数量，使基本站台显得通透、美观，如图7-54所示为潍坊站高站台及雨篷。

三、青岛车站设计

青岛客站是尽头式车站，至今已有百年历史。原站房由德国人1900年修建，1993年改造重建。此次结合胶济铁路提速电气化改造及青岛市迎接2008年奥运会重新建设。新建车站建筑面积55 000 m^2，风雨篷60 000 m^2，客站类型为城际铁路客站，站房形式为线侧型与线端型结合，设计规模为最高旅客聚集人数5 000人的大型车站，见图7-55，设计充分贯彻了“功能性、系统性、先进性、文化性、经济性”的原则。

（一）总平面设计

1. 站房总平面

图 7-54　潍坊站 L 形站台无柱雨篷

图 7-55　新建青岛车站鸟瞰图

新设计拆除站场西侧建筑，南侧站场适当后退，形成西、南广场，创造新的城市公共空间，满足了交通集散，改善了周边环境。

新建站房沿站场东、西、南呈“U”形布局，东、西两侧均设进站厅、售票厅、基本站台候车室、贵宾室，南侧设端头出站厅及商业房屋。在站场南部设高架景观连廊，连接东西进站厅及各中间站台，中部设旅客地道，在东西两侧站房设出站口，东侧地道出口延伸至广场地下室及地铁站，在站场端部设地下候车室，并通过地道与费县路、东广场地下商场及地铁站连接。站场各站台上设无站台柱雨篷。保留既有钟楼及售票厅部分改作胶济铁路博物馆。

2. 广场设计

根据以上布局，既有站房及广州路侧客车段拆除，建设新站房。在广州路侧形成西广场，在费县路侧形成南广场，东广场维持既有，在费县路设过街地道连通地下候车室及对面停车场，东西南广场环形连通，东广场既有地下商场及地铁站厅层与旅客地道出站口及地下候车室连通。西、南广场新做铺装及绿化，东广场地下空间重新分隔形成进出站通道。充分挖掘利用了尽端式车站与城市三面连接的资源优势。

3. 流线设计

改建后的站房为线侧型与线端型相结合形式，流线设计为下进、上进与平进结合；下出与平出结合，全方位立体交通，东、西、南三个方向均能进出站。满足距离短捷合理、流线指向明确清晰的要求，根据动车组的快进快出的疏散要求，结合“绿色通道”的使用，加强车站的通过性。同时由于新建站房与既有地下商场及地铁车站连通，满足了不同交通人流的换乘。图 7-56 为青岛车站东侧流线图。

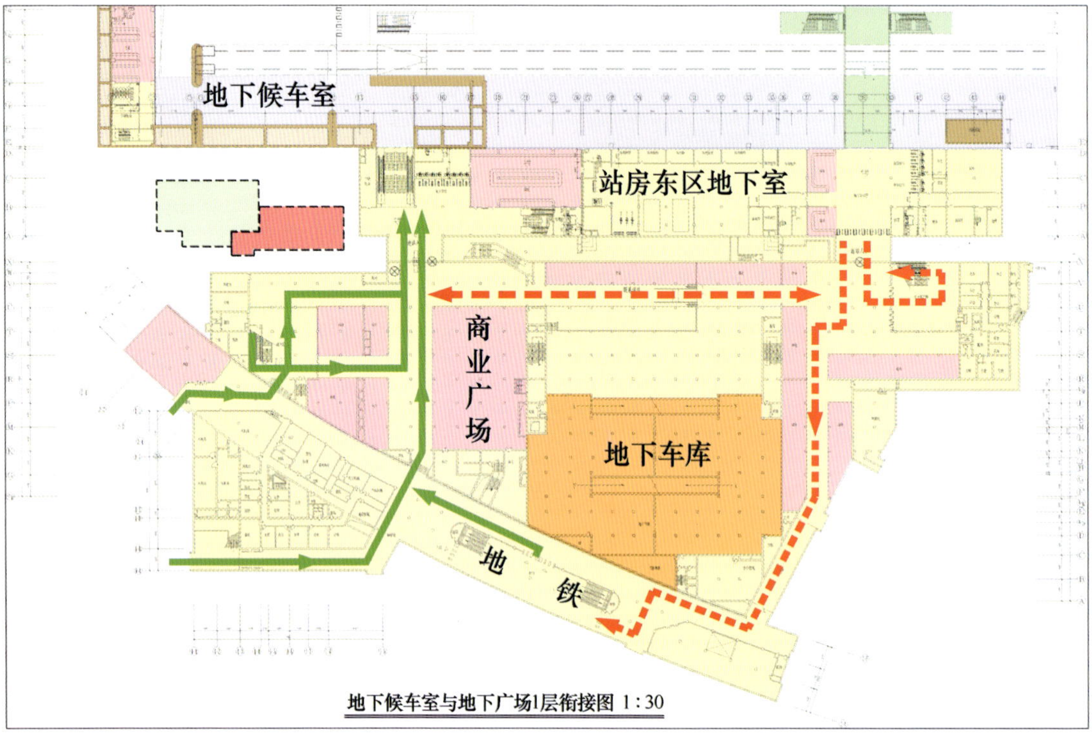

图 7-56 青岛车站东侧流线设计

（二）建筑设计

1. 平面布局

既有青岛站位于青岛市海滨栈桥风景区，距海边不足 200 m，由于受周边道路的限制用地十分局促。为充分利用地下空间，节约用地，便于与既有地下商场、地铁车站的衔接，设计中，结合东、西、南三面站房布局，将车站主候车室设于站场端头站台下。其优点是可以改善站台空间效果，改变以往高架候车室体量庞大，站台空间拥挤、采光通风差等缺点，为旅客创造宽敞舒适的乘车环境；能够避免大量的高架候车室与古典建筑造型的冲突；另外在站房布局中，考虑了功能分区，并充分考虑了商业服务与候车空间的结合，在各入口处设各种引导信息显示及售票服务，预留自动售票系统；地下候车室的设置方便了大量坐地铁的乘客便捷换乘；充分体现人性化设计。设计的青岛站见图 7-57 和图 7-58。

2. 建筑造型

青岛是一个美丽的海滨城市，碧海蓝天，绿树红瓦，特殊的近代历史留下了许多欧式建筑，形成了独特的城市风貌。为尊重地方特色，延续历史文脉，将钟楼和售票厅东侧局部保留，新建车站的外立面与钟楼协调，结合用地现状，以钟楼为中心和控制点，采用三面围合的布局，形成完整的建筑群体组合。保留的钟楼和局部售票厅，整修后拟作为展览馆，陈列胶济铁路的历史资料；站台南端拟建胶济铁路零公里纪念碑。

无站台柱风雨篷设计结合站房建筑，将整个站场雨篷分为三跨，每跨采用十字交叉 H 钢梁形成有韵律组合，采用聚碳酸酯阳光板与膜结构屋面，整个站台空间宽敞明亮，富有韵律，尺度宜人；既富有现代气息，又有传统特色，同时，膜结构的运用也与青岛海滨城市和帆船之都的特色有所呼应，见图 7-59。在雨篷屋面局部敷设太阳能电池板，充分利用太阳能发电，体现绿色环保的主题和绿色奥运精神。

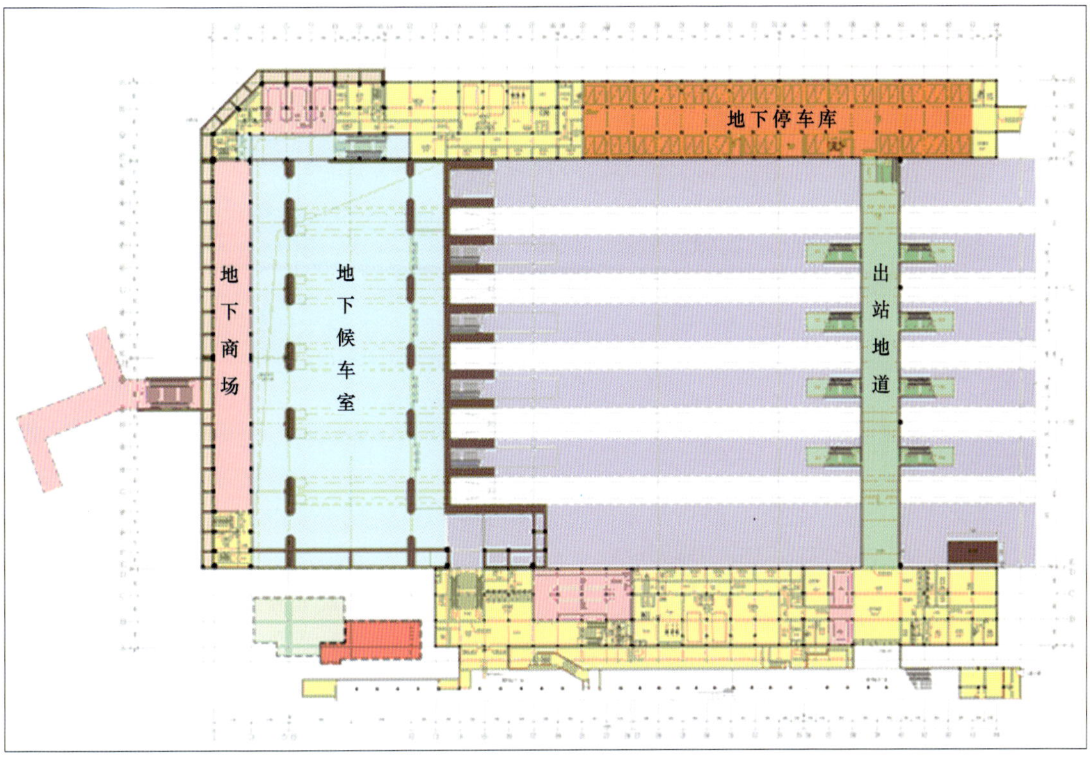

图 7-57　青岛车站地下平面布置图

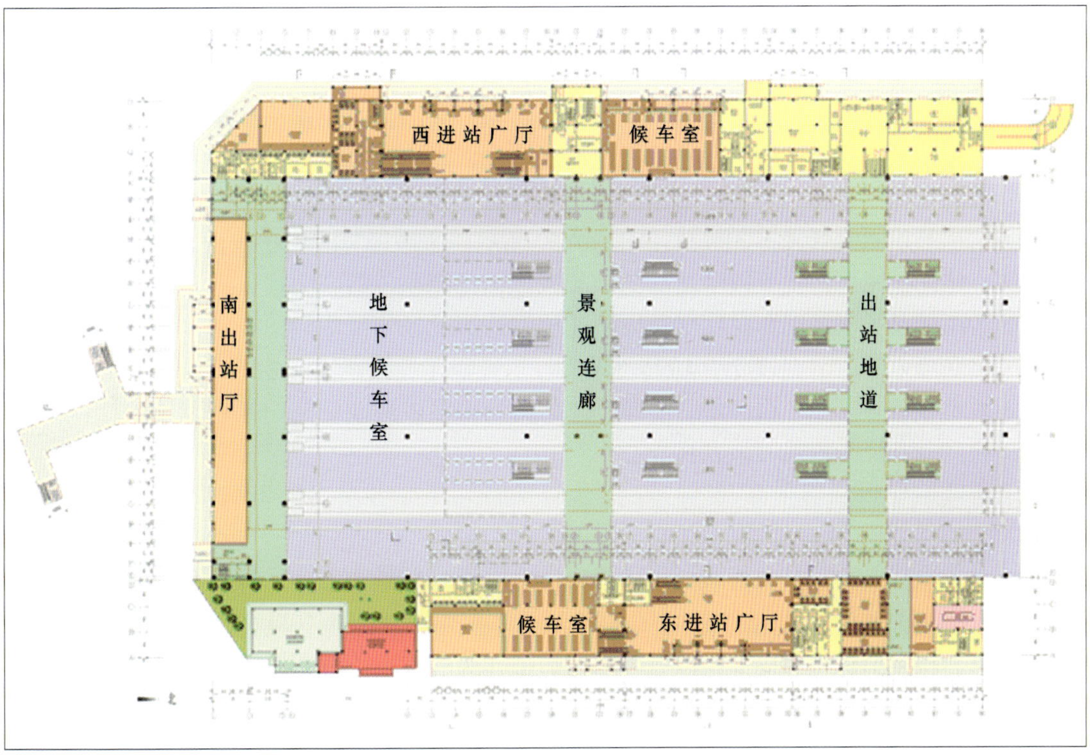

图 7-58　青岛车站平面布置

图 7-59　青岛车站无站台柱雨篷

（三）潍坊站房设计

潍坊是著名的国际风筝之都，潍坊站是胶济铁路的中间站。提速及电气化改造工程将潍坊站纳入改造项目，拆除旧站房，建设新的潍坊站。

该项目建设内容包括旅客站房主体、站前高架引桥以及相应配套的客运设施。旅客站房按照最高聚集人数 3 000 人规模设计，由客运服务部分、车站办公、职工生活及工作用房、设备及自行车库、换热站、行车公寓、车务段等组成，总建筑面积约 22 000 m^2。配套客运设施包括出站地道、行包地道、进站天桥、站前高架平台和北广场栈桥等，该部分建筑面积 8 220 m^2。

在设计中坚持“以人为本”的设计原则，为旅客提供安全、舒适、快捷、有序的室内外环境。功能组织满足铁路客运组织及流线要求，采用“上进下出”的流线组织方式，通过站前广场、站前高架引桥、站前高架平台和站房进出站体系的合理组织，形成高效、便捷的现代交通枢纽。

站房功能布局将客运用房和车务段办公、行车公寓相结合，形成综合性站房，节约建设用地，符合铁路旅客站房发展的需要。

竖向设计结合现状地形特点，根据城市规划的要求，进出站客流采用上进下出的组织方式，进站车流将旅客直接送到高架站前平台进站，地道出站旅客经架空层出站大厅出站，在高架平台下的人行广场分流到长途汽车站、公交车站、出租车场等处。满足“人车分流”的设计原则。

潍坊站站房采用“蝴蝶风筝”造型，如图 7-60 所示。主站房与北广场栈桥、跨线天桥形成统一的整体造型，体现了潍坊市世界风筝之都的独特城市文化特色。铝合金板、点支式玻璃幕墙等现代建筑材料的运用体现了现代感和时代气息，使潍坊站站房既是非常现代的交通建筑精品，又具有浓厚的地域文化底蕴，图 7-61 所示为潍坊站进站大厅。在满足铁路客站功能的基础上，北广场栈桥和南广场跨线天桥布置有商业、精品店、展廊、风筝博物馆等多功能设施，实现建筑的社会化、多元化，达到社会效益和经济效益的最大化。

潍坊站房低温地板辐射采暖技术，在山东省铁路大型旅客站房中首次应用，达到路内领先水平。

低温热水地板辐射采暖是一种利用建筑物内部地面进行采暖的系统。将塑料管敷设在楼面现浇混凝土层内，热水温度不超过 55 ℃，工作压力不大于 0.4 MPa 的地板辐射供暖系统。该系统以整个地面作为散热面，地板在通过对流换热加热周围空气的同时，还与人体、家具及四周的维护结构进行辐射换热，从而使其表面温度提高，其辐射换热量约占总换热量的 50%以上，是一种理想的采暖系统，可以有效地解决散热器采暖存在的问题。

图 7-60 潍坊站站房鸟瞰图

图 7-61 潍坊站进站大厅

第八章　既有线 200 km/h 等级提速综合试验及牵引试验

第一节　胶新线货物列车提速综合试验

为保证第六次大提速的顺利实施，铁道部组织“提速 200 km/h 综合试验”，通过大型的综合试验，集中研究解决提速 200 km/h 等级中的一些关键技术问题。

胶新线北起胶济线的胶州站，南至陇海线的新沂站，全长 306.6 km（图 8-1）。胶新线于 2003 年 12 月开通运营，主要承担胶济线货物列车分流任务。

图 8-1　胶新线地理位置图

胶新线的线路平面条件能够满足 120 km/h 货物列车试验的要求，桥梁类型、跨度较全，轨道结构、道床、路基与既有线状态相同。为了及时为既有线 200 km/h 等级提速的设计改造提供科学依据，经研究，选择胶新线中线路状态好、桥梁类型多的沂水—临沂北 64.88 km 线路和沂南、汤头两个车站作为 120 km/h 货物列车提速试验段。

试验目的是通过测试 120 km/h 货物列车对既有线线桥设备的动力作用，测试运营货物列车通过时对既有线的线桥设备的动力作用，并与 120 km/h 货物列车进行比较；进一步检验 120 km/h 货物列车运行的安全性和平稳性。通过这些试验，为既有线 200 km/h 等级提速技术条件和新建 200 km/h等级客货共线铁路设计提供技术依据，指导既有线技术改造和新线建设，从而为第六次大提速的顺利实施提供经验。

为确保试验安全，每天试验后，轨检列车以 120 km/h 的速度检查试验段的轨道状态，采用

160 km/h速度的Ⅱ级轨道不平顺标准进行评价。每天晚上分析车上测试的脱轨系数、减载率等安全参数是否符合安全评判标准，确定第二天的试验速度。

一、试验概述

1. 试验内容

(1) 120 km/h货物列车动力学性能监测；

(2) 轨道结构动力作用试验；

(3) 60-12号固定型道岔动力作用试验；

(4) 路基动载荷及动力响应试验；

(5) 不同类型、跨度的桥梁和不同填土厚度涵洞的动力作用试验和桥上制动试验。

2. 列车编组

列车编组为重车试验编组：2台或1台DF_{4D}内燃机车牵引24辆重车和1辆试验车，牵引质量2 055 t；

桥上制动试验编组：1台DF_{4D}内燃机车牵引22辆重车和1辆试验车，牵引质量1 891 t；

空车试验编组：2台或1台DF_{4D}内燃机车牵引24辆空车和1辆试验车，牵引质量587 t；

轨检列车编组：1台DF_{4D}内燃机车牵引2辆客车和轨道检查车DJ_{25K}。

试验速度挡从60 km/h到120 km/h，每10 km一挡，共7挡。用5 km/h的速度供地面测点进行准静态标定；110 km/h以下的速度每挡运行2个往返，120 km/h速度挡运行4个往返。重车试验和空车试验都进行了130 km/h的试验。重车试验最高速度达到130.5 km/h。空车试验的最高速度达到133.3 km/h。

在汤河大桥进行的桥上制动试验，共试验了7次，制动初速为55 km/h左右。

试验期间试验段的线路按160 km/h速度的Ⅱ级轨道不平顺标准进行检查、维修保养。由于试验前线路进行了有效的强化，因此，试验期间轨道状态保持良好，全部符合160 km/h速度的Ⅱ级轨道不平顺管理标准，没有出现Ⅲ级成分，优良率一般为70%～80%，平均每公里扣分数仅为40左右，保证了试验的顺利进行。

货车试验按照表8-1中的检验评判标准进行。

表8-1　货车安全评判标准

安全参数		评判标准
脱轨系数 Q/P		第一限度≤1.2,第二限度≤1.0
轮重减载率 $\Delta P/P$		第一限度≤0.65,提速试验≤0.80
轮对横向力 $\mid Q_1-Q_2 \mid$ (kN)	混凝土枕	$H \leq 0.85[15+(P_{st1}+P_{st2})/2]$
平稳性指标		优:3.5　良:4.0　及格:4.25　不及格:>4.25
横向加速度		≤0.5g,最大加速度超限个数不超过3点
垂向加速度		≤0.7g,最大加速度超限个数不超过3点
摇枕弹簧动静挠度比		≤0.7

二、120 km/h货物列车动力学性能监测

1. 测试内容

(1) 运行稳定性（安全性）测试；

(2) 运行平稳性测试；

(3) 摇枕弹簧位移测试。

2. 测试系统和测点布置

根据准备阶段对各车辆的静态参数测量结果，选择状态相对较差的两辆车重点进行动力学性能监测，上行试验时，两辆车分别位于机后第二位和第三位。为保证上下行运行中能够对车辆的动力学性能进行全面的监测试验，在两车的前后端均布置传感器。列车下行时，机后车变成尾车。

3. 试验结果与分析

试验结果如表 8-2，试验结果分析如下。

表 8-2　120 km/h 货物列车动力学性能实测最大值

	列车稳定性			列车平稳性					
	脱轨系数	减载率	轮对横向力(kN)	加速度 g		平稳性指标		摇枕弹簧位移(mm)	动静挠度比
				横向	垂向	横向	垂向		
标准	≤1.2	≤0.80	按安全评判标准公式计算	≤0.5	≤0.7	>4.25 不及格	>4.25 不及格		≤0.7
重车	0.85	0.52	79.62	1.02	0.96	3.92	4.37	9.36	≤0.7
空车	1.36	0.74	36.93	0.76	0.77	4.81	3.88	6.63	≤0.7

(1) 重车稳定性

重车机后第二位车导向轴在 120 km/h 时出现脱轨系数最大值 0.85，横向力最大值 79.62 kN，机后第三位车导向轴在速度 120 km/h 时出现减载率最大值 0.52。在整个测试的速度范围内，两辆被监测车辆的动力学性能安全性指标均在安全限度以内。随着速度的增加，脱轨系数、减载率、横向力缓慢增加，当速度增加到 120 km/h 时各指标基本上达到最大值。

(2) 重车运行平稳性

列车运行 120 km/h 时，重车车体垂向加速度最大值 1.02 g，车体垂向加速度最大值 0.96 g，车体横向平稳性指标最大值 3.92；运行 125 km/h 时车体横向平稳性指标最大值 4.37。摇枕弹簧垂向位移最大为 9.36 mm，动静挠度比小于 0.7。被监测车辆在重车试验运行中车体横向、垂向加速度不同幅度地超过了限度值。

从波形来看，超限值主要有两种类型。第一种超限值是尖峰值，峰值持续时间为 0.01 s 左右，一般出现在轨接头处，表现出车辆对线路瞬间冲击的响应。第二种超限值是垂向加速度在直向通过道岔时，幅值比较大，同时会出现几个超限值，前后两个波形幅值比较大的地方分别是直向通过进出车站时的道岔。

被监测的两辆车在重车试验运行中车体横向加速度值均出现不同程度的超限，超限值都出现在下行方向运行时，被监测车在列车的尾部，速度都出现在 120 km/h 和 125 km/h 速度级。从波形看主要是速度比较高时横向加速度出现了比较明显的低频振动，但没有出现持续的等幅振动，车辆整体运行平稳。

(3) 空车稳定性

空车脱轨系数最大值 1.36，轮重减载率最大值 0.74，横向力最大值 36.93 kN，符合试验大纲规定的安全评判标准。脱轨系数部分工况超过限度值。机后第三位车上下行和机后第二位车上行方向脱轨系数符合试验大纲要求。试验表明监测车辆的振动性能受线路的影响较大，当速度较高时，表现得尤为突出。空车试验过程中约 2/3 的线路上脱轨系数没出现超限值，空车的整个运行状态是比较安全的。

(4) 空车运行平稳性

空车车体横向加速度最大值 0.76 g，车体垂向加速度最大值 0.77 g；车体横向平稳性指标最大值 4.81，车体垂向平稳性指标最大值 3.88。摇枕弹簧垂向位移最大为 6.63 mm，动静挠度比小于 0.7。

在空车试验运行中，机后第三位车车体横向、垂向加速度符合大纲要求，机后第二位车体横向、垂向加速度不同幅度地超过了限度值。超限值与重车情况类似，主要是尖峰值，峰值持续时间为0.01 s左右，尖峰与尖峰之间不连续出现。与重车试验相比，横向、垂向加速度幅值有明显减小。车辆整体运行平稳。

三、轨道结构动力作用试验

1. 试验内容

(1) 钢轨垂直力、水平力、脱轨系数、轮重减载率、轮对横向力；

(2) 钢轨横向位移、动弯应力及轨距扩大量；

(3) 轨枕横向和垂向位移、弯矩及枕上压力；

(4) 钢轨、钢轨焊接接头及轨枕端部振动加速度。

2. 测点布置

轨道结构动力作用试验测点布设在线路K 195处的25 m范围内。该段处于直线路堤平坡地段，铺设再利用60 kg/m钢轨，Ⅱ型钢筋混凝土轨枕和弹条Ⅰ型扣件，碎石道床，道砟厚度0.5 m，有缝线路。冻结接头区指试验前将测试点前后接头冻结，2个测试断面中1个冻结接头处有1.5 mm的高低错牙（设接头测点），普通非接头区2个测试断面（主要设置测试位置的线路、钢轨、轨枕、接头区和非接头区）（图8-2）。

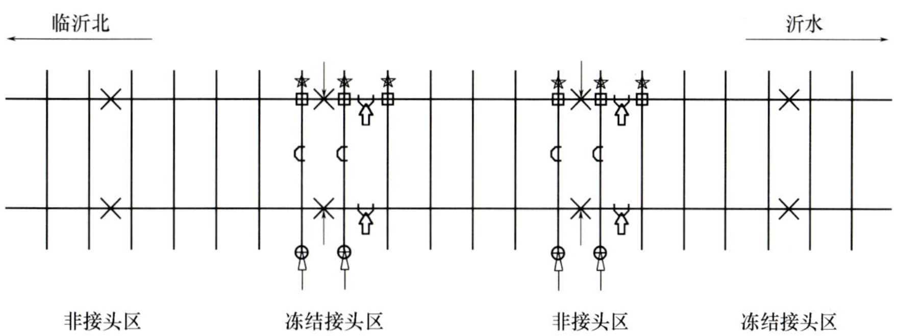

图8-2 轨道结构测点布置示意图

3. 测试结果与分析

(1) 轨道动力学参数

轨道动力学参数测试结果见表8-3。

表8-3 轨道动力学参数测试结果

	脱轨系数	减载率	横向力(kN)
非接头区	0.67	0.58	46.86
接 头 区	1.26	0.57	83.97

非接头区各种车辆脱轨系数实测最大值均小于安全控制值；冻结接头区除重车脱轨系数在安全控制值以外，空车速度大于等于120 km/h时脱轨系数超过第一限度值1.20，最大值达到1.23；运营货车通过时出现过一次1.26。

当试验重车速度达到120 km/h、运营货车达到70 km/h时，轮重减载率实测最大值均小于安全控制值0.60；试验空车在冻结接头区和非接头区的轮重减载率实测最大值分别达到0.57和0.58，均接近安全控制值0.60。

在相同车型、速度条件下，冻结接头区的轮对横向力实测最大值略大于非接头区。

低速情况下试验重车、空车的轮对横向力最大值均在安全控制值以内。当运营货车速度达到

70 km/h 时非接头区的轮对横向力最大值接近试验重车 120 km/h 和试验空车 130 km/h 速度下的数值，冻结接头区的轮对横向力最大值已超过试验重车、空车最高速度下的最大值，并接近相应的安全控制值 100 kN。

（2）钢轨轨头横向位移、轨距扩大量、钢轨动弯应力

钢轨轨头横向位移及轨距扩大量最大值测试结果见表 8-4，钢轨动弯应力最大值见表 8-5。

表 8-4　钢轨轨头横向位移及轨距扩大量极值统计表　　单位：mm

试验车型	速度挡 (km/h)	冻结接头区				非接头区			
		轨头横向位移		动态轨距		轨头横向位移		动态轨距	
		左　轨	右　轨	扩大量	缩小量	左　轨	右　轨	扩大量	缩小量
重　　车	120	1.85	1.64	2.31	−2.33	1.41	0.95	2.02	−2.20
空　　车	100	0.85	1.20	1.47	−0.28	1.92	0.66	2.10	−2.73
	120	1.27	1.73	1.74	−0.61	1.38	0.77	1.64	−1.68
	130	1.11	1.72	2.24	−0.36	1.00	0.75	1.70	−1.56
运营货车	60	1.03	1.27	1.85	−1.03	1.01	0.81	1.79	−1.40
	70	1.11	1.15	1.85	−0.70	1.31	0.94	2.18	−1.67

从表 8-4 中可以看到，随试验重车、空车及运营货车速度的提高，在接头区及非接头区测得的左右轨轨头横向弹性位移增大趋势明显；接头区、非接头区测点的轨距扩大量和轨距缩小量最大值均随列车速度的提高而增大。钢轨轨头横向弹性位移实测最大值为接头区重车 1.85 mm；非接头区空车 1.92 mm。钢轨动态轨距扩大量实测量大值为接头区重车 2.31 mm，非接头区运营货车 2.18 mm。

表 8-5　钢轨动弯应力最大值统计表　　单位：MPa

速度挡 (km/h)	冻结接头区						非接头区					
	重　车		空　车		运营货车		重　车		空　车		运营货车	
	左轨	右轨	左轨	右轨	左轨	右轨	左轨	右轨	左轨	右轨	左轨	右轨
50					44.9	77.3					89.5	69.0
60	47.9	56.1	45.0	84.5	52.6	80.0	108.8	92.2	51.6	41.1	81.5	101.5
120	56.1	107.8	41.8	65.4			63.4	126.3	64.4	49.9		
130			41.8	67.9					63.4	51.0		

钢轨动弯应力实测最大值接头区为重车 107.8 MPa，非接头区也为重车 126.3 MPa。重车、空车和运营货车运行条件下接头区和非接头区测点的右侧钢轨动弯应力大于左侧钢轨，这是由于测点右侧相邻 5 根轨枕下的道床偏软所致。

轨枕负弯矩实测最大值见表 8-6。可以看到，冻结接头区轨枕负弯矩实测最大值为重车 9.01 kN・m，与Ⅱ型预应力混凝土枕设计承载负弯矩 10.5 kN・m 比较接近；非接头区最大值出现在运营货车通过时，为 7.35 kN・m。

轨枕垂向振动加速度实测最大值（表 8-7）接头区为运营货车 114*g*，非接头区也为重车 98*g*。钢轨横向振动加速度实测最大值（表 8-8）接头区为运营货车 2 390*g*，非接头区为运营货车 1 164*g*；本次试验冻结接头区和非接头区的钢轨、轨枕振动加速度实测最大值均大于以往试验的接头区和非接头区测试数据，原因之一是冻结接头存在高低错牙 1.5 mm，在 2 m 范围内左右轨高低相差正负

1 mm 且存在水平不平顺。此外，非接头区测点位置左右轨下道床刚度和测点前后道床刚度不一致，导致列车通过非接头区测点时摇晃。

表 8-6　轨枕负弯矩最大值统计表　　单位：kN·m

速度挡(km/h)	冻结接头区			非接头区		
	重　车	空　车	运营货车	重　车	空　车	运营货车
50	—	—	7.95	—	—	7.22
60	9.01	3.76	7.91	5.37	4.24	7.35
90	7.64	4.43	—	6.65	4.62	—
120	7.62	7.94	—	6.13	4.82	—
130	—	7.45	—	—	6.13	

表 8-7　轨枕垂向振动加速度最大值统计表　　单位：g

速度挡(km/h)	冻结接头区			非接头区		
	重　车	空　车	运营货车	重　车	空　车	运营货车
50	—	—	114	—	—	92
60	69	69	109	36	50	94
90	85	85	—	83	94	—
100	112	112	—	71	61	—
120	65	65	—	98	70	—

表 8-8　钢轨横向振动加速度最大值统计表　　单位：g

速度挡(km/h)	冻结接头区			非接头区		
	重　车	空　车	运营货车	重　车	空　车	运营货车
60	1 699	363	2 390	212	241	1 164
80	932	1 047	—	551	888	—
120	2 370	1 691	—	634	600	—
130	—	2 006	—	—	424	—

轨枕横向位移实测最大值（表 8-9）均为运营货车接头区 0.90 mm，非接头区为 1.32 mm。

表 8-9　轨枕横向弹性位移实测最大值统计表　　单位：mm

速度挡(km/h)	冻结接头区			非接头区		
	重　车	空　车	运营货车	重　车	空　车	运营货车
60	0.91	0.62	0.90	0.53	0.57	1.07
70	0.81	0.57	0.75	0.58	0.66	1.32
120	0.68	0.74	—	0.73	1.17	—
130	—	0.78	—	—	0.90	—

轨枕垂向位移实测最大值（表 8-10）接头区为运营货车2.12 mm，非接头区为空车 3.69 mm。

表 8-10　轨枕垂向位移实测最大值统计表　　单位：mm

速度挡(km/h)	冻结接头区			非接头区		
	重　车	空　车	运营货车	重　车	空　车	运营货车
50	—	—	2.12	—	—	3.01
80	1.59	2.09	—	2.80	2.23	—
90	1.53	1.68	—	2.83	3.69	—
100	1.71	1.85	—	3.16	2.59	—
110	1.61	1.59	—	3.22	2.45	—

枕上压力实测最大值（表 8-11）接头区为运营货车 124.52 kN，非接头区为重车 91.86 kN。从枕上压力实测波形成分分析，冻结接头区测点明显叠加了由于错牙引起的冲击成分，而非接头区没有；从现场列车通过接头区和非接头区时的轨枕空吊情况分析，非接头区空吊明显，而接头区几乎没有空吊，故接头区枕上压力大于非接头区。

表 8-11　枕上压力实测最大值统计表　　单位：kN

速度挡(km/h)	冻结接头区			非接头区		
	重　车	空　车	运营货车	重　车	空　车	运营货车
70	99.02	77.76	124.52	72.80	51.85	87.88
90	79.02	68.38		87.53	59.25	
120	113.93	101.52		91.86	57.68	
130		121.67			58.37	

4. 轨道试验结论

试验重车在接头区和非接头区的各项指标均在安全限值以内。

试验空车在非接头区和平顺接头区的各项安全指标也在安全限度以内；有高低错牙的冻结接头对运行安全性影响明显增大。

运营货车除脱轨系数最大值出现一次超过安全限值外，其余各项安全指标均在安全限值以内。

试验重车、空车和运营货车的轨枕负弯矩最大值接近Ⅱ型预应力混凝土枕设计承载负弯矩值 10.5 kN·m。

空车左右轮脱轨系数、轮重减载率均大于相应速度下的重车，运营货车略大于空车；当试验空车提速到 120～130 km/h 时，脱轨系数增大趋势显著，明显大于试验重车和运营货车。

在相同速度条件下，运营货车的轮对横向力实测最大值大于重车和空车，而空车的轮对横向力相应小于重车。

试验重车、空车和运营货车左右轮脱轨系数、轮重减载率、轮对横向力实测轨头横向弹性位移、钢轨轨底动弯应力最大值都随列车速度的提高呈明显上升趋势，非接头区和冻结接头区的分布规律均相似。

冻结接头区的钢轨、轨枕垂向振动加速度实测最大值明显大于非接头区，且随着列车速度的提高，两个测区的差值越来越大。

测试结果表明，胶新线的轨道结构无缝化后，能够满足试验货车提速 120 km/h 的运营要求。

四、60-12 号固定型道岔动力作用试验

60-12 号 3 型固定式单开道岔是按照直向过岔速度客车 120 km/h、货物列车 90 km/h（轴重 23 t）的技术条件设计的，该型道岔是否能满足货物列车直向以速度 120 km/h 通过时对道岔强度、稳定性和安全性的要求，过去没有进行过试验。本次试验的目的就是测试货物列车以 120 km/h 速

度通过该型道岔时的行车安全性、道岔及转换设备关键部件的强度和动力性能，为既有线货物列车提速至 120 km/h 时评估道岔的性能提供依据。

1. 测试内容

（1）道岔结构

①尖轨开口量、尖轨尖端基本轨横向位移及动态轨距扩大量；

②尖轨 20 mm、40 mm 断面滑床板、护轨平直段和缓冲段垫板的弯曲应力；

③尖轨尖端处及辙叉跟端处岔枕振动加速度。

（2）转换设备

①连接杆、密贴调整杆应力；

②道岔转换阻力、连接销动态力；

③转辙机三向振动加速度。

2. 测试方法

选择胶新线汤头车站 1 号岔作为测试道岔，道岔直向接头采用冻接（显示接头冻结时）。道岔采用双机牵引，尖轨第一、第二牵引点分别采用 ZD6-E 型和 ZD6-J 型电动转辙机进行牵引。转辙机安装装置采用托板与混凝土岔枕固定方式。

测试道岔布置图见图 8-3。

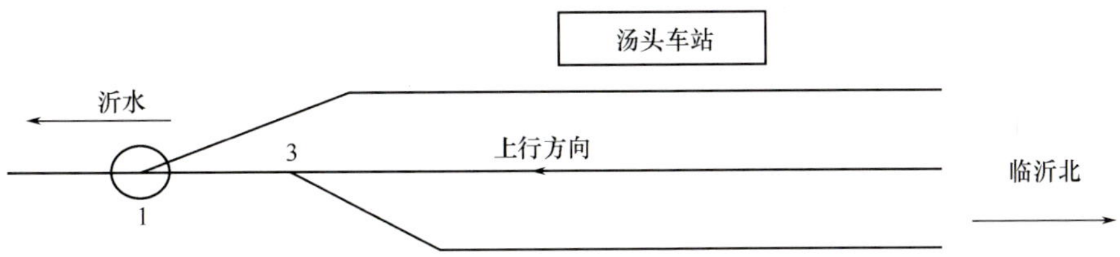

图 8-3　测试道岔布置图

3. 试验结果与分析

提速道岔滑床板曾发生折损现象，部分滑床台焊缝开裂，所以该型道岔已将焊缝由原来的5 mm ×5 mm 改为 8 mm×8 mm。本次对尖轨 20 mm、40 mm 断面滑床板的测试目的之一是评估滑床板的强度能否满足 120 km/h 货物列车通过的性能。

滑床板弯曲应力实测最大值（表 8-12）重车为 135 MPa、空车为 101 MPa、运营货车为 131 MPa。滑床板弯曲应力随列车速度提高略有增大的趋势。

同滑床板的情况类似，现场也曾发生过护轨垫板断裂，所以目前该型护轨垫板的厚度已由 20 mm 提高到 25 mm。

护轨垫板弯曲应力实测最大值（表 8-12）重车为 127 MPa、空车为 107 MPa、运营货车为 162 MPa，实测最大值全部出现在护轨平直段上，缓冲段数值明显小于平直段。

表 8-12　实测滑床板和护轨垫板弯曲应力最大值

	重　车		空　车		运营货车	
	应力(MPa)	相应速度(km/h)	应力(MPa)	相应速度(km/h)	应力(MPa)	相应速度(km/h)
滑床板弯曲应力	135	111.8	101	119.1	131	54.4
护轨垫板弯曲应力	127	120.3	107	120.8	162	74.3

尖轨开口量最大值（表 8-13）重车为 1.80 mm、空车为 0.89 mm、运营货车为 2.00 mm。基本轨横向位移分直基本轨和曲基本轨两个测点，动态轨距扩大量（表 8-13）通过基本轨横向位移计算得出。动态轨距扩大量最大值重车、空车和运营货车分别为 1.85 mm、1.69 mm、1.97 mm。

表 8-13　实测尖轨开口量和动态轨距扩大量最大值

	重　车		空　车		运营货车	
	位移(mm)	相应速度(km/h)	位移(mm)	相应速度(km/h)	位移(mm)	相应速度(km/h)
尖 轨 开 口 量	1.80	70.3	0.89	90.8	2.00	73.1
动态轨距扩大量	1.85	115.6	1.69	119.1	1.97	49.6

试验货车顺向通过道岔时由于辙叉区的有害空间使车辆产生了摆动，尖轨对基本轨产生了较大的横向推力和冲击力。实测岔枕垂向振动加速度列于表 8-14。

表 8-14　实测岔枕垂向振动加速度

	重　车		空　车		运营货车	
	加速度 g	相应速度(km/h)	加速度 g	相应速度(km/h)	加速度 g	相应速度(km/h)
尖轨尖端	28	114.5	29	80.5	54	60.8
辙叉跟端	92	88.4	100	118.6	100	53.1

随着列车速度的增加，连接销的受力呈现上升趋势。最大综合力发生在重车上行一动连接销处，数值为 10.08 kN（v=120 km/h），二动连接销受力最大仅为 5.26 kN。

一动、二动密贴调整杆最大综合应力均为重车在 120 km/h 速度时，数值分别为 84.3 MPa 和 35.7 MPa，实测一动连接杆拉应力为 3.5 MPa，受力很小。

转辙机三向振动加速度随着列车速度的提高均有增大趋势，X、Y、Z 方向最大值分别为 40.4 g、58.7 g、85 g，重车振动加速度大于空车。

运营货车的车速在 50～75 km/h 范围内，连接销的力和三向振动加速度的数值都与同速度范围内试验货车重车试验数值相近，但试验货车以 100～120 km/h 的速度运行后，一次过车对转换设备的冲击力数值增大明显。

挤切销是 ZD_6 转辙机的关键零件，起到保持转辙机锁闭状态、传递转辙机输出动力的作用。当道岔挤岔时，车辆轮对通过动作杆件剪切挤切销使其发生破坏。

当列车车速为 120 km/h 速度时，1 号岔一动挤切销有可见磨痕，二动挤切销没有明显变化。3 号岔二动挤切销在车速为 90 km/h 时出现明显变化，试验货车以 110 km/h 速度通过后出现明显的压磨痕迹（图 8-4（b）），试验货车以 120 km/h 通过后，挤切销不但出现较大的压痕，而且出现被挤的毛刺（图 8-4（c））。

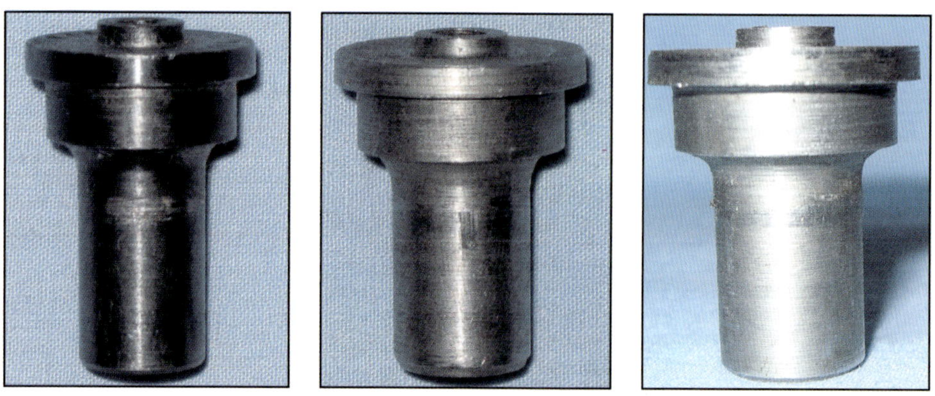

(a)　　(b)　　(c)

图 8-4　挤切销压磨痕迹

4. 试验结论

根据道岔结构和转换设备关键部件应力测试分析结果，滑床板弯曲应力、护轨垫板弯曲应力、连接销最大轴力、密贴调整杆最大值均小于其容许限值，说明道岔结构和转换设备关键部件强度能够满足货物列车以 120 km/h 速度通过的要求。

道岔结构关键部位位移测试结果，尖轨开口量、动态轨距扩大量最大值能符合列车运行安全性和道岔稳定性的要求。

货车车辆通过道岔时垂直力、水平力、脱轨系数和轮重减载率等各项安全性指标均在安全限度内，能满足列车运行安全性的要求。

运营货车速度在 40～75 km/h 范围内时，滑床板弯曲应力最大值、护轨垫板弯曲应力、尖轨开口量最大值、连接销轴向力最大值均在安全限度内。

60-12 号固定型道岔能满足货物列车（K2、K4 转向架）以 120 km/h 速度安全运行的要求。

五、路基动荷载及动力响应试验

路基试验点共有 4 处，其中 1 处在钢轨冻结接头的位置，3 处为一般的轨道非接头区。测试点路基高度 6 m，道床包括 30 cm 厚的道砟层和 20 cm 厚的底砟层。

1. 试验内容

（1）路基基床的动荷载及其分布；

（2）路基的动态变形及振动特性；

（3）路基的承载力和剪切波速，未扰动道床区垂向位移。

2. 试验结果与分析

试验工点路基填土高约 6～8 m，填料为 A 组填料。动力触探结果基床表层的承载力约为 250 kPa。剪切波速度为 211.3 m/s，估算基床系数 K_{30} 约为 180 MPa/m^2。图 8-5 为 K195＋677 动力触探曲线。

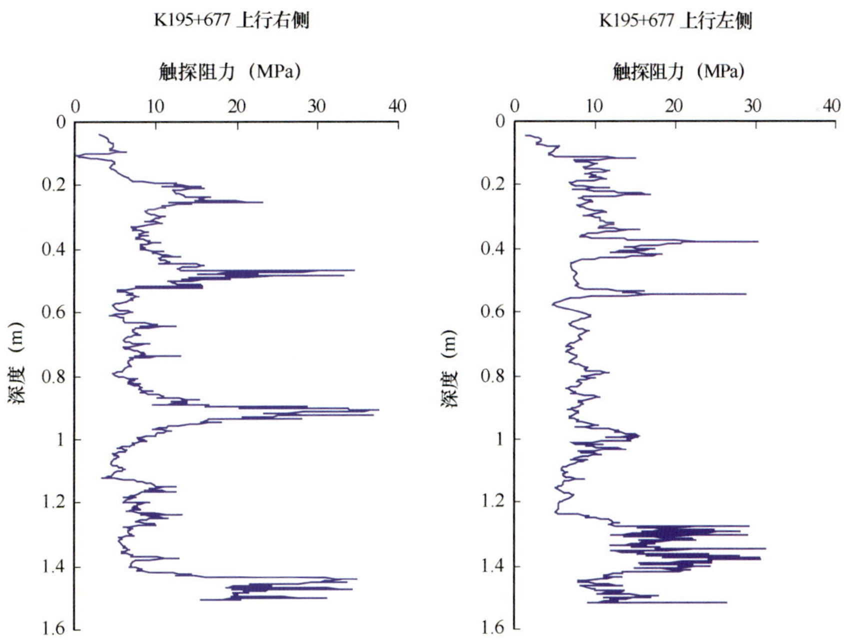

图 8-5　K195＋677 动力触探曲线

实测路基不同位置的动荷载列于表 8-15。试验列车经过时路基面动应力实测曲线见图 8-6。

表 8-15　实测路基不同位置的动荷载（kPa）

	试验列车	轨检车	运营列车
非接头区	82.11	73.68	95.94
冻结接头区	118.56	119.87	116.55
道床底砟面上	129.27	90.7	138.21

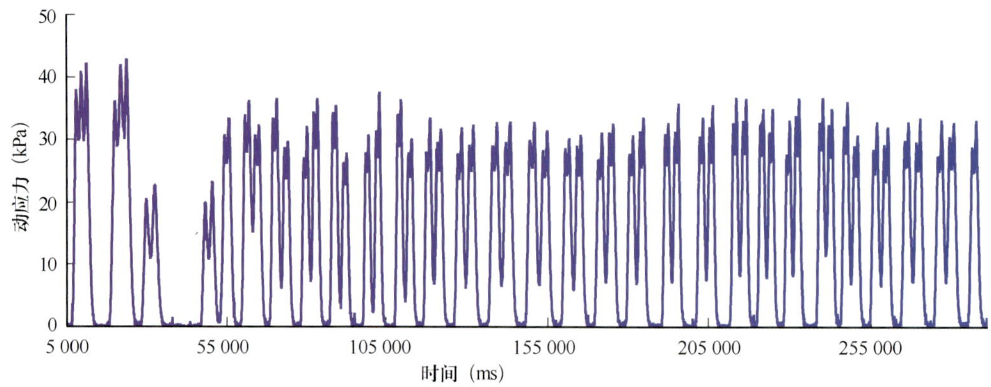

图 8-6　试验列车经过时路基面动应力实测曲线

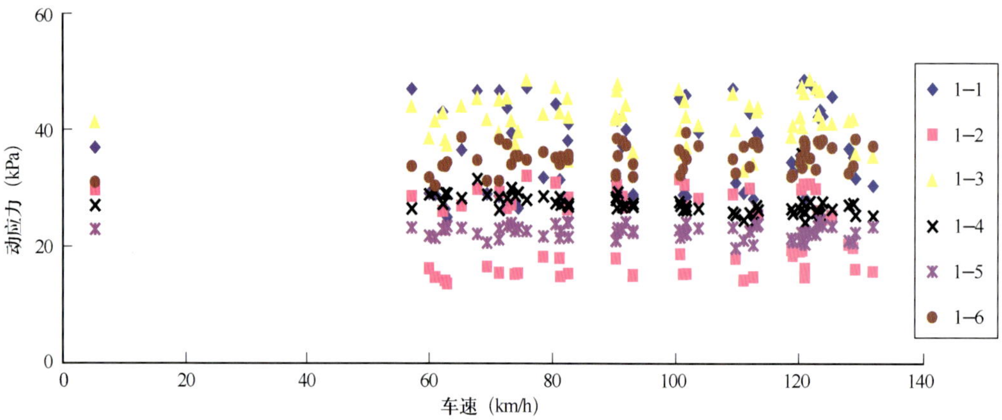

图 8-7　K195＋702 试验列车通过时路基面动应力与车速的关系

路基荷载随车速的变化不大（图 8-7～图 8-10），尤其是在非接头区。冻结接头区路基荷载受列车轴重和机车车辆类型的影响较大（图 8-11），基本上与轴重成正比。测试的冻结接头区的最大荷载比非接头区约大 14%。路基的加速度随车速的增加有增大的趋势，速度较大时加速度受振动的影响变得较为离散，在道砟脚测得的加速度约为轨枕下路基的 30%～50%。

3. 试验结论

试验列车经过时测试的路基荷载已接近和超过设计的参考值。荷载的最大值一般出现在机车部位；路基荷载主要受轮重、动力系数、轨枕荷载分担比、轨枕有效支承范围及支承力分布的影响，测试路基面各点的动载荷在一定的范围变化，瞬时荷载分布的规律性也变化较大。试验测得的轨枕底以下 30 cm 位置的荷载远高于秦沈线的测试结果；路基荷载随车速的变化不明显，与列车的轴重大致成正比，也受到机车车辆类型的影响；测试的路基加速度，随车速的增加有增大的趋势，且变得较为离散。在道砟脚测得的加速度约为轨枕底路基的 30%～50%；根据路基荷载的影响因素，经分析计算得到通常情况下路基荷载约为 53.8～86 kPa。试验列车通过时的路基荷载与其他运营货车

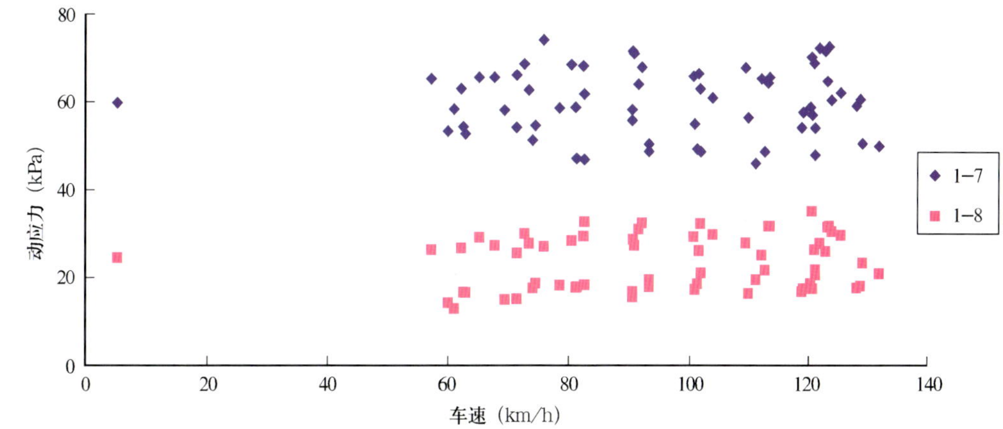

图 8-8　K195＋702 试验列车通过时道床底砟层动应力与车速的关系

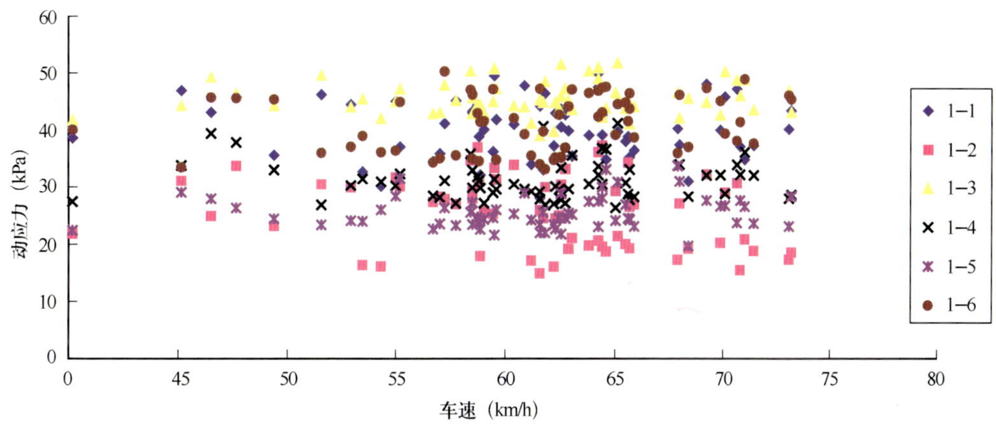

图 8-9　K195＋702 运营货车通过时路基面动应力与车速的关系

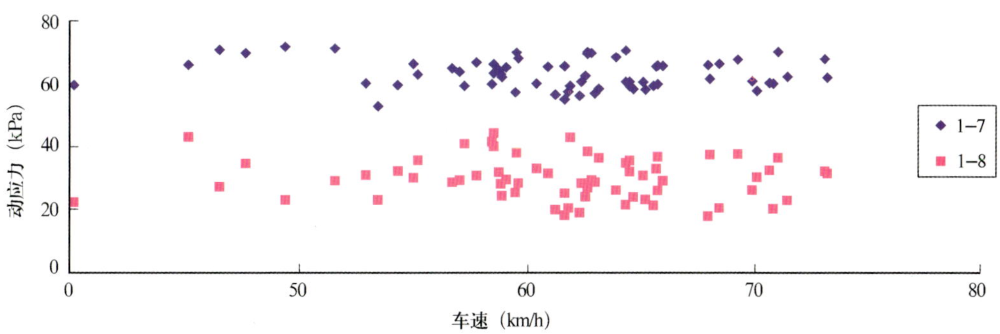

图 8-10　K195＋702 运营货车通过时道床底砟顶面动应力与车速的关系

基本相当，在线路状态正常情况下，路基荷载能够满足 120 km/h 试验列车的运营要求。

六、桥涵结构动力作用试验

在 8 处 15 孔梁进行桥梁试验。这些桥梁包括 12 m、16 m、20 m、24 m、32 m 预应力混凝土 T 梁，20 m 预应力混凝土低高度 T 梁，32 m 预应力混凝土超低高度 T 梁（图 8-12），半穿式钢桁梁

（图 8-13）等不同型式。涵洞选择 3 处盖板涵。

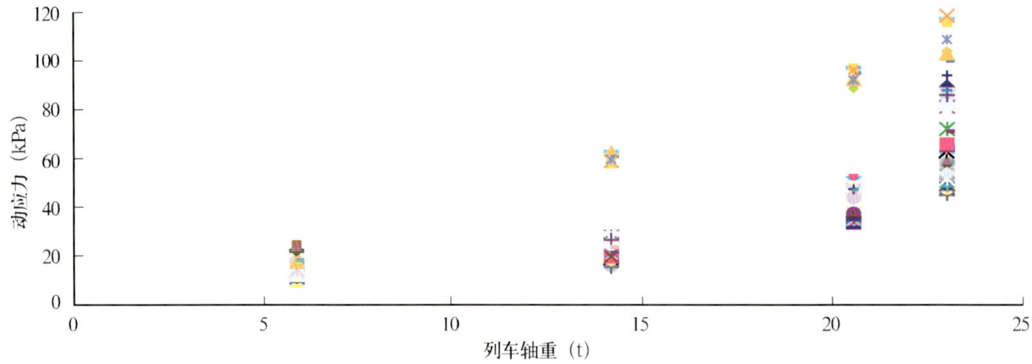

图 8-11　路基动载荷与轴重的关系（冻结接头区）

图 8-12　32 m 预应力混凝土超低高度 T 梁

1. 测试内容

（1）桥梁竖、横向自振特性；

（2）桥梁的主要动力性能（挠度、振幅、加速度、动力系数）；

（3）桥上钢轨力（脱轨系数、轮重减载率）；

（4）试验货物列车通过桥上时的车体加速度和轮轨力；

（5）涵洞处顶面轨枕、路基及涵洞顶的竖向加速度。

2. 试验结果与分析

各座桥梁的基本状况和测试结果见表 8-16～表 8-22。

图 8-13　48 m 半穿式桁梁桥

表 8-16　实测桥梁自振频率值　　单位：Hz

结构形式		预应力混凝土梁							钢桁梁
		12 m	16 m	20 m	24 m	32 m	48 m		
		普通高度	普通高度	低高度	普通高度	普通高度	超低高度	普通高度	半穿式
工　点		上郑庄桥	大姚庄桥	东山庄桥	西坡中桥	西石牛桥	跨长虹路中桥	汤河大桥	跨日东桥
竖向	实测	1 梁 13.29 3 梁 13.13	1 梁 13.78 3 梁 12.97	1 梁 5.37 3 梁 5.45	3 梁 10.57 4 梁 10.65	4 梁 9.13	4.15	1 梁 5.20 2 梁 5.03 3 梁 5.05	4.38
	参考值 13	5.42	4.57	4.00		3.59	3.03		2.38
横向	实测	1 梁 10.50 3 梁 10.50	1 梁 7.88 3 梁 7.56	1 梁 6.10 3 梁 6.06	3 梁 5.14 4 梁 5.22	4 梁 6.01	3.02	1 梁 4.22 2 梁 4.24 3 梁 4.28	2.44
	参考值 14	7.50	5.63	4.50		3.75	2.81		1.88
	参考值 15	7.53	5.99	5.01		4.33	3.44		2.71
	参考值 16	10.00	7.50	6.00		5.00	3.75		2.26

表 8-17　实测桥梁挠度值　　单位：mm

结构形式			预应力混凝土梁							钢桁梁
			12 m	16 m	20 m	24 m	32 m	48 m		
			普通高度	普通高度	低高度	普通高度	普通高度	超低高度	普通高度	半穿式
工　点			上郑庄桥	大姚庄桥	东山庄桥	西坡中桥	西石牛桥	跨长虹路中桥	汤河大桥	跨日东桥
静挠度	实测(重车)		1 梁 1.16 3 梁 1.16	1 梁 1.57 3 梁 1.49	1 梁 5.29 3 梁 5.28	3 梁 2.68 4 梁 2.53	3 梁 4.35 4 梁 4.44	15.83	1 梁 8.23 2 梁 8.68 3 梁 8.23	23.70
	中活载	挠跨比	1/7 658	1/5 229	1/2 385	1/4 800	1/3 738	1/1 375	1/2 508	1/1 422
		参考值 1	1/800							1/900
		参考值 2	1/1 800		1/1 300	1/1 800		1/1 300	1/1 800	1/1 250

续上表

结构形式			预应力混凝土梁							钢桁梁
			12 m	16 m	20 m	24 m	32 m	48 m		
			普通高度	普通高度	低高度	普通高度	普通高度	超低高度	普通高度	半穿式
动挠度	重车	实　测	1梁1.26	1梁1.81	1梁6.46	3梁3.01	3梁5.23	17.28	2梁9.58	27.30
		挠跨比	1/7049	1/5403	1/1953	1/4193		1/1345	1/2426	1/1234
	实测(运营)		1梁1.26	1梁1.86	3梁6.26	3梁3.04	4梁5.31	17.27	2梁10.06	30.4
	参考值3		1/1400					1/1000	1/1400	1/900
	参考值4		1/1100					1/900	1/1100	1/900

表8-18　实测桥梁扭曲变形、水平折角和动力系数

结构形式			预应力混凝土梁							钢桁梁
			12 m	16 m	20 m	24 m	32 m	48 m		
			普通高度	普通高度	低高度	普通高度	普通高度	超低高度	普通高度	半穿式
工　点			上郑庄桥	大姚庄桥	东山庄桥	西坡中桥	西石牛桥	跨长虹路中桥	汤河大桥	跨日东桥
扭曲变形	实测		0.20	0.13	0.14	0.68	0.22	0.31	0.19	—
	参考值9		≤3.0 mm							
水平折角	实测					0.3‰	0.3‰		0.18‰	
	参考值10					1‰	1‰		1‰	
动力系数	挠度	实测	1梁1.077 3梁1.125	1梁1.146 3梁1.240	1梁1.231 3梁1.138	3梁1.208 4梁1.257	3梁1.219 4梁1.231	1.063	1梁1.117 2梁1.104 3梁1.090	1.15
	应力	实测	1梁1.192 3梁1.250	1梁1.103 3梁1.186	1梁1.240 3梁1.205	3梁1.164 4梁1.268	3梁1.211 4梁1.223	1.192	1梁1.103 2梁1.116 3梁1.116	左:1.15 右:1.12
		规范	1.286	1.261	1.240	1.240	1.222	1.194	1.194	1.318

表8-19　测桥梁横向振幅、支座横向位移值　　单位：mm

结构形式		预应力混凝土梁							钢桁梁
		12 m	16 m	20 m	24 m	32 m	48 m		
		普通高度	普通高度	低高度	普通高度	普通高度	超低高度	普通高度	半穿式
工　点		上郑庄桥	大姚庄桥	东山庄桥	西坡中桥	西石牛桥	跨长虹路中桥	汤河大桥	跨日东桥
跨中横向振幅	重　车	0.65	0.81	1.94	1.30	2.44	4.12	2.38	3.56
	空　车	0.35	0.67	0.99	0.90	1.16	2.62	1.29	2.17
	运营货车	0.58	1.38	1.86	1.11	3.53	2.71	3.73	3.67
	参考值7	0.95	1.27	1.43	1.59	1.71	2.54	2.29	3.64
	参考值8	1.33	1.78	2.22		2.67	3.56		6.76
梁端横向振幅	重　车	0.55	1.28	1.47	3.39	3.47	2.33	2.86	—
	空　车	0.41	0.95	0.85	0.87	2.93	1.56	2.82	—
	运营货车	0.70	1.67	1.59	2.90	3.58	2.00	3.01	—

续上表

结构形式		预应力混凝土梁							钢桁梁
		12 m	16 m	20 m	24 m	32 m	48 m		
		普通高度	普通高度	低高度	普通高度	普通高度	超低高度	普通高度	半穿式
支座横向位移	重　车	0.10	0.21	0.31	0.16	1.25	0.47	1.44	0.20
	空　车	0.06	0.29	0.35	0.08	0.64	0.15	0.41	0.31
	运营货车	0.05	0.24	0.34	0.09	1.60	0.26	3.03	0.35
	参考值 11	≤2							
	参考值 12	≤±1							

表 8-20　实测桥墩横向振幅值　　单位：mm

结构形式		预应力混凝土梁							钢桁梁
		12 m	16 m	20 m	24 m	32 m	48 m		
		普通高度	普通高度	低高度	普通高度	普通高度	超低高度	普通高度	半穿式
工　点		上郑庄桥	大姚庄桥	东山庄桥	西坡中桥	西石牛桥	跨长虹路中桥	汤河大桥	跨日东桥
桥墩横向振幅	重　车	1 墩 0.17 2 墩 0.20	1 墩 0.17 2 墩 0.14	1 墩 0.89 2 墩 0.99	2 墩 0.51 3 墩 0.65	2 墩 0.60 3 墩 0.88	—	1 墩 0.35 2 墩 0.56	—
	空　车	1 墩 0.17 2 墩 0.39	1 墩 0.14 2 墩 0.12	1 墩 0.91 2 墩 0.52	2 墩 0.50 3 墩 0.33	2 墩 0.29 3 墩 0.51	—	1 墩 0.19 2 墩 0.40	—
	运营货车	1 墩 0.15 2 墩 0.18	1 墩 0.21 2 墩 0.18	1 墩 0.77 2 墩 0.77	2 墩 0.61 3 墩 0.52	2 墩 0.64 3 墩 1.13	—	1 墩 0.54 2 墩 1.03	—
	参考值 21	0.73	0.60	1.02	0.73	2 墩 0.76 3 墩 0.81	—	0.65	—

表 8-21　实测桥梁加速度值　　单位：*g*

结构形式		预应力混凝土梁							钢桁梁
		12 m	16 m	20 m	24 m	32 m	48 m		
		普通高度	普通高度	低高度	普通高度	普通高度	超低高度	普通高度	半穿式
工　点		上郑庄桥	大姚庄桥	东山庄桥	西坡中桥	西石牛桥	跨长虹路中桥	汤河大桥	跨日东桥
跨中竖向	重　车	0.31	0.29	0.15	0.12	0.22	0.32	0.24	0.35
	空　车	0.29	0.15	0.16	0.11	0.11	0.11	0.26	0.40
	运营货车	0.33	0.18	0.22	0.15	0.37	0.19	0.22	0.18
	参考值 18	≤0.35							
跨中横向	重　车	0.60	0.13	0.40	0.15	0.15	0.66	0.61	0.19
	空　车	0.58	0.12	0.21	0.12	0.07	0.24	0.24	0.21
	运营货车	0.54	0.15	0.24	0.25	0.25	0.57	0.36	0.13
	参考值 17	≤0.15							
梁端横向	重　车	0.54	0.22	0.40	0.19	0.50	0.73	3.60	—
	空　车	0.51	0.15	0.23	0.17	0.33	0.23	1.41	—
	运营货车	0.52	0.25	0.34	0.28	0.46	0.52	1.68	—

表 8-22　实测桥面脱轨系数与轮重减载率

结构形式		预应力混凝土梁							钢桁梁
			16 m	20 m	24 m	32 m	48 m		
		普通高度	普通高度	低高度	普通高度	普通高度	超低高度	普通高度	半穿式
工　点		上郑庄桥	大姚庄桥	东山庄桥	西坡中桥	西石牛桥	跨长虹路中桥	汤河大桥	跨日东桥
脱轨系数	重　车	0.78	0.34	0.63	0.58	0.46	0.49	0.41	0.52
	空　车	0.95	0.55	2.72	0.78	1.05	0.93	0.93	0.84
	运营货车	0.70	0.60	0.62	0.63	0.97	0.25	1.67	0.86
	参考值 19	≤0.8							
轮重减载率	重　车	0.46	0.39	0.53	0.58	0.42	0.38	0.47	0.40
	空　车	0.57	0.75	1.00	0.62	0.89	0.60	0.68	0.62
	运营货车	0.44		0.62	0.47	0.53	0.49	0.55	0.35
	参考值 20	≤0.65							

从表 8-16 可以看到，7 个工点测试的 5 种跨径预应力混凝土梁，除 48 m 超低高度梁的横向自振频率（3.02 Hz）不符合《铁路桥梁检定规范》中关于横向自振频率的要求外，其余梁竖、横向自振频率均满足有关规范的要求。48 m 半穿式钢桁梁的横向自振频率值为 2.44 Hz，略低于规范中的规定。

从表 8-17 可以看到，各工点根据 5 km/h 准静态测试的挠度值，推算出中—活载作用下的挠跨比满足有关规范的要求，但 48 m 超低高度梁的挠跨比 1/1 375 已接近《铁路桥梁检定规范》的限值。

试验列车作用下各工点测试的的最大动挠度，小于或接近运营货车作用下的最大动挠度；由实测值推算出中—活载作用下的最大动挠度，满足新建 200 km/h 等级客货共线铁路设计规定的要求。

在试验列车、运营货车作用下，预应力混凝土梁的跨中左右侧挠度值接近，在活载作用下梁体的扭曲变形均远低于有关规范对梁体扭曲变形的限值（表 8-18）。

各工点实测试验列车（重车）作用下主梁的动力系数，低于或接近现行设计规范取用值。在西坡中桥、西石牛桥、汤河大桥三个工点，由实测相邻两孔梁的横向振幅，推算出活载作用下的水平折角远低于有关规范的限值。

从表 8-19 可以看出，在试验列车作用下，实测梁体跨中横向振幅最大值，除 48 m 超低高度梁达到 4.12 mm，大于运营货车 2.71 mm，且不满足《铁路桥梁检定规范（2004）》中横向振幅限值的要求外，其余各工点均满足上述规范中关于跨中横向振幅安全限值的要求。

实测支座最大横向位移值，除汤河大桥 48 m 预应力混凝土 T 梁外，其余工点均未超出《桥检规》中 2 mm 的限值。汤河大桥实测支座横向位移最大值为 3.03 mm，在 15 次运营货车通过时仅一次出现超限。

在试验列车作用下，6 个工点中 12 个桥墩的实测墩顶最大横向振幅值小于《铁路桥梁检定规范（2004）》中的限值，也与运营货车作用下的实测值接近（表 8-20）。

经 20 Hz 滤波后梁体跨中的最大竖向加速度值，小于或接近道砟桥面 0.35 g 的限值（表8-21）。

各工点的实测桥面脱轨系数和轮重减载率表明，试验空车大于试验重车（表 8-22）。

试验列车在桥上制动停止时，对梁体的挠度及应力的动力系数影响不大，未超过重车试验中测定的动力系数值。实测钢轨与轨枕间的滑移量很小；梁体之间相对位移为 2.21 mm，1 号梁——桥台之间相对位移为 0.43 mm。实测机车、货车停止时刻的纵向减速度值接近，均未超过 0.1 g。试验列车制动停止在桥台前端时，1 号梁与桥台间钢轨因制动引起的最大应变值为 -22 $\mu\varepsilon$。制动过程中 2 号梁跨中钢轨因制动引起的最大应变值为 -78 $\mu\varepsilon$。

试验列车和运营列车通过涵洞工点时，实测中心部位竖向加速度的最大值随深度减少，当涵洞复土达到 1.26 m 时，加速度衰减较快；实测轨枕加速度随车速增长而增大，路基和盖板的加速度与车速关系不明显；实测涵洞外与涵洞中心轨枕的加速度值相差不大，刚度过渡较平缓；试验列车（重车）通过时涵洞各测点的加速度要比试验列车（空车）情况大，对同一测点，运营列车与试验列车（重车）作用下的加速度最大值大致相当，但对同一车速段，运营列车作用下的加速度值要大。

3. 结　论

(1) 跨度 48 m 超低高度预应力混凝土梁，在试验重车作用下梁体跨中横向振幅超出规范限值；梁体横向自振频率不符合《新建速度 200 km/h 客货共线铁路设计暂行规定（2003-10-21）》的要求，在中—活载静力作用下的挠跨比也接近规范限值，因此不能满足 120 km/h 货车运行要求。

(2) 跨度 12 m、16 m、20 m、32 m 预应力混凝土 T 梁，在试验列车 120 km 速度运行下的各项实测值基本符合规范的要求，也与目前运营货车的实测值接近，能满足新型转向架货物列车提速 120 km/h 的要求。

48 m 半穿式钢桁梁的横向自振频率及跨中横向振幅略小于或接近规定限值，基本满足120 km/h 货物列车的运行要求。为确保安全，应采取措施，提高其横向刚度。

(3) 胶新线跨度 32 m 普通高度预应力混凝土梁与既有线 32 m 预应力混凝土标准梁相比，梁体动力性能已经得到有效改善，表明既有线此类梁采用合理的加固措施后，可以满足货物列车提速 120 km/h 后的运行安全和平稳性要求。同时说明既有线梁采用增加横向连接、提高横向刚度的加固方法，可以有效提高梁体的横向自振频率和刚度，控制列车通过时的梁体横向振幅；在梁端增加横向连接后，梁体的横向刚度还可进一步提高；增加横向限位后，可以有效控制梁端的横向振幅和支座的横向位移；采取综合加固措施后，列车通过时的脱轨系数、轮重减载率明显好于未加固的梁。

(4) 试验表明，随车速的提高，梁体竖、横向振幅和加速度以及桥面脱轨系数、轮重减载率呈增长趋势，为改善车桥的动力作用，桥面线路应采用无缝线路。

(5) 提速试验钢桥仅一个工点，由于受跨高速公路条件的限制，桥面纵、横梁应力测点不能布置在受拉下缘。因而货车提速对钢桥桥面系的影响应进一步测试评估。

胶新铁路试验取得大量货物列车对线桥设备动力作用的数据，重车和空车的试验速度都创造了我国铁路运营线上货物列车的最高速度，胶新线货物列车提速试验的圆满成功，顺利地揭开了我国提速 200 km/h 综合试验的序幕。

第二节　京秦线提速列车交会综合试验

2005 年 4 月 12 日至 19 日，在京秦线玉田至丰润间 34 km 上下行线路上，进行了 4.4 m 线间距条件下，速度 200 km/h 动车组与速度 160 km/h 及以下旅客列车、速度 120 km/h 货物列车的交会试验。这次试验是既有线 200 km/h 等级提速的重要组成部分。京秦线试验段地理位置图见图 8-14。

一、试验概述

1. 试验内容

(1) 动车组和旅客列车、敞车、集装箱平车列车交会空气动力学测试；

(2) 典型货物列车装载加固试验；

(3) 200 km/h 动车组动力学性能和弓网受流性能监测；

(4) 120 km/h 货物列车的动力学性能监测；

(5) 低高度混凝土梁动力性能试验。

2. 列车编组

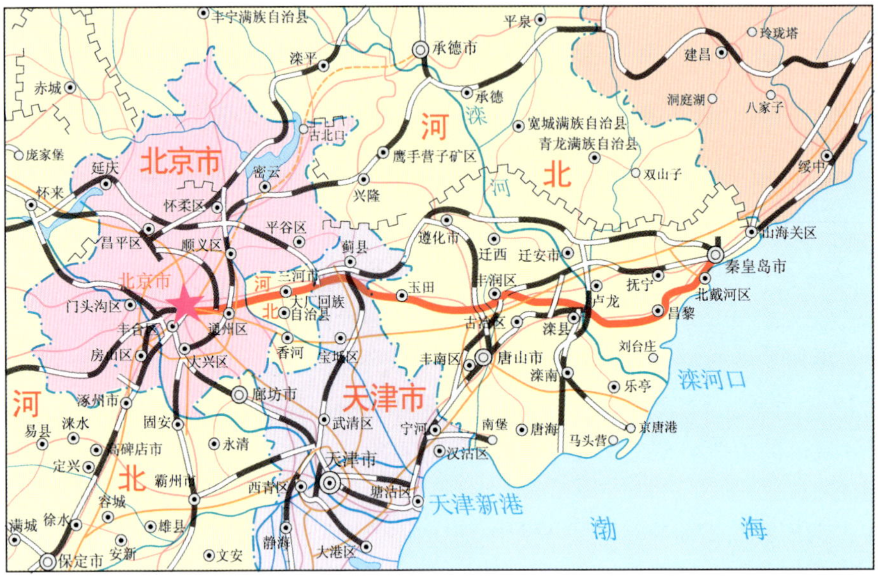

图 8-14　京秦线地理位置图

试验用动车组选用200 km/h动力分散型，9辆编组。

货物列车采用东风$_{11}$型内燃机车牵引11辆货车，1辆试验车（图8-15）。

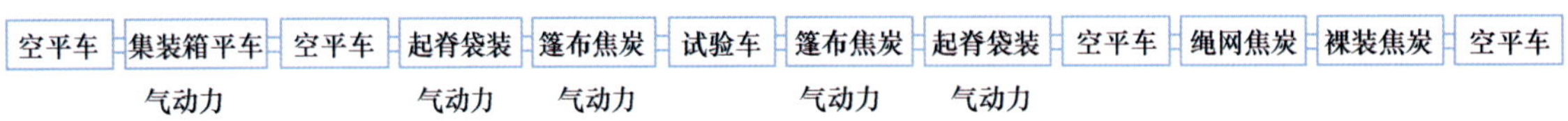

图 8-15　货物列车试验编组

旅客列车采用东风$_{11}$型内燃机车牵引10辆25T和2辆25G型客车。

由于交会试验在区间上下行往返进行，测试的车辆上行时在列车尾部，下行变为头部。

3. 试验进程

4月12日～16日，200 km/h动车组与100 km/h、120 km/h、140 km/h、160 km/h的旅客列车交会试验，共16次。

4月17日～19日，进行了200 km/h动车组分别与80 km/h、100 km/h、120 km/h货物列车的交会试验，共9次。客货交会试验时，还进行了货物装载加固试验，测试了4种装载加固方案和集装箱在运行、交会中受力状态等情况。

在两个阶段试验过程中，还对试验区段内的两座提速加固桥梁的4孔跨度8 m、16 m、20 m的低高度混凝土梁的动力性能进行了测试。

为保证此次试验的安全，试验中对动车组的动力学性能和弓网受流性能、120 km/h货车动力学性能进行了全程监测。

由于环境风速较小，本次试验不考虑环境风对试验结果的影响。

由于现场指挥组精心计算、精心组织，确保了每次交会都在4.4 m线间距处完成，为取得有效数据打下良好基础。

4. 检验评判标准

货物列车安全评判标准按本章第一节表8-1进行，动车组安全评判标准按照表8-23进行。

表 8-23 动车组安全性和稳定性评定标准

	状 态	公 式	数 值
脱轨系数		$Q/P\leqslant 0.8$	
轮重减载率	准静态	$\Delta P/P\leqslant 0.65$	
	动态	$\Delta P/P\leqslant 0.8$	
轮对横向力(kN)		$H\leqslant 0.85(10+P/3)$	头车:1轴48.27 kN,2轴49.58 kN
			拖车:1轴42.66 kN,2轴43.11 kN
运行平稳性	$W\leqslant 2.50$ 优 $2.5<W\leqslant 2.75$ 良 $2.75<W\leqslant 3.00$ 及格		
横向稳定性	当构架加速度滤波10 Hz、峰值有连续振动6次以上达到或超过极限值8～10 m/s²(与转向架构架设计相适应)时,判定转向架失稳		

二、200 km/h动车组与旅客列车交会试验

1. 测点布置与测试系统

两套动态压力测量装置分别安装在动车组（图8-16）和旅客列车上（图8-17）。动态压力测点沿车体两侧对称布置，重点测试客车中部车窗位置、动力车司机室前窗及侧窗位置（图8-18）的交会压力波。动态压力测试系统框图见图8-19。

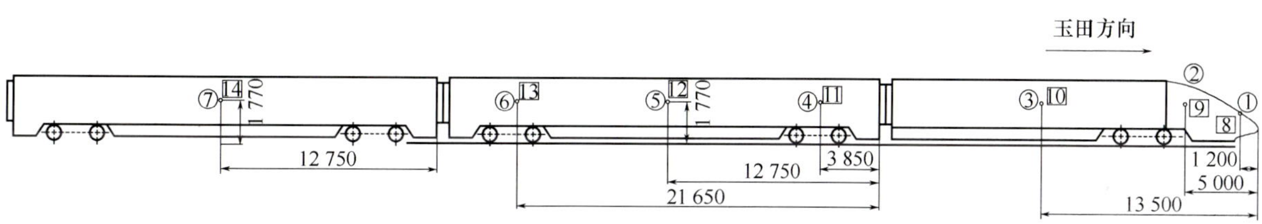

□ 背面测点号 ○ 正面测点号

图8-16 动车组动态压力测点布置图 （单位：mm）

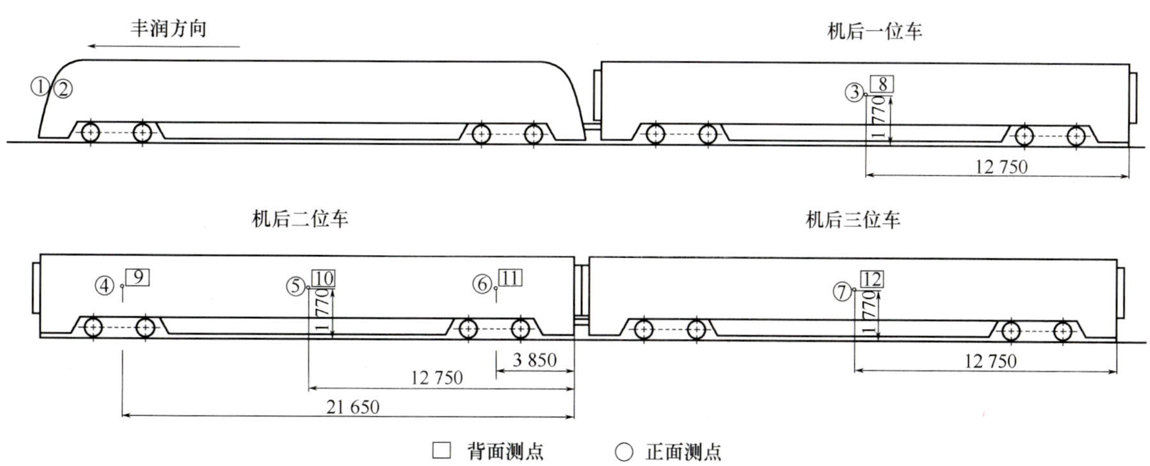

□ 背面测点 ○ 正面测点

图8-17 旅客列车动态压力测点布置图测试方法 （单位：mm）

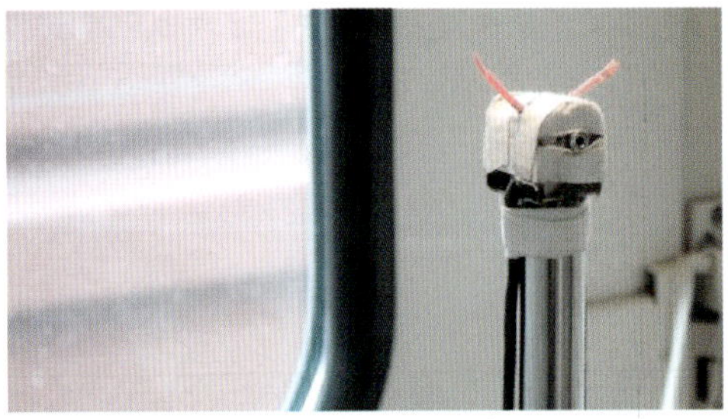

图 8-18　车内测点布置

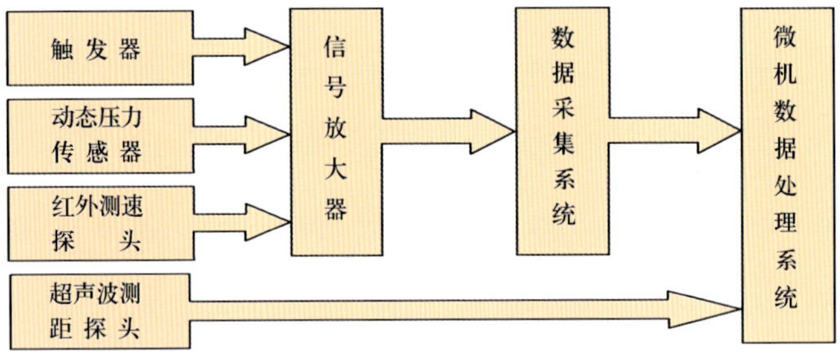

图 8-19　动态压力测试系统框图

2. 试验结果

当动车组以 200 km/h 的速度运行，旅客列车分别以 100 km/h、120 km/h、140 km/h 和 160 km/h 的速度与其交会时，动车组感受到的压力波幅值随旅客列车速度的提高而增加（表 8-24）。如果以幂函数进行数据拟合，可以看出，最大交会压力波幅值近似与旅客列车运行速度的平方成正比（图 8-20）。

表 8-24　动车组交会压力波幅值与旅客列车速度的关系

序　　号	旅客列车车速(km/h)	交会压力波平均值(Pa)	
		上行	下行
1	100	417	487
2	120	488	541
3	140	621	717
4	160	826	961

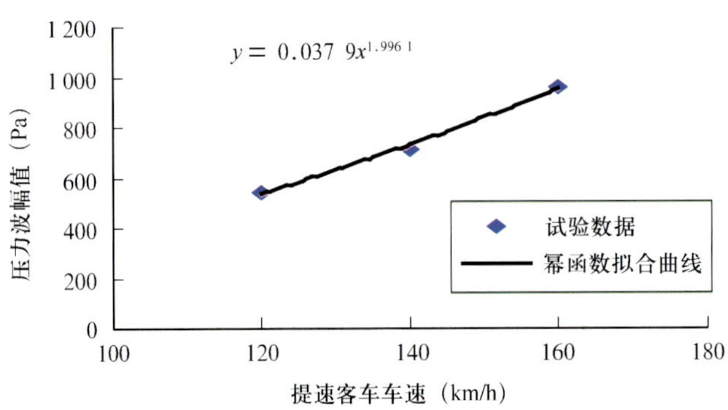

图 8-20　压力波幅值与交会车速的关系

当交会列车车速不变时，旅客列车测得的交会压力波幅值与本车车速关系不大。在交会速度相同情况下，位于列车尾部的测点测得的交会压力波幅值大于头部（表 8-25）。

表 8-25　旅客列车交会压力波幅值与本车速度的关系

序　号	旅客列车车速(km/h)	动车组交会压力波平均值(Pa)	
		动车组上行	动车组下行
1	100	703	842
2	120	742	876
3	140	789	851
4	160	825	882

动车组和旅客列车车厢内的动态测点测试数据（图 8-21，图 8-22）表明：车厢内压力变化与动态压力传感器的放置方位有关，正对交会侧车窗玻璃方向的传感器感受的压力较大；动车组气密性较好，其侧壁为鼓形壁，刚度较大，因此，列车车内外压力变化幅值之比小于旅客列车。

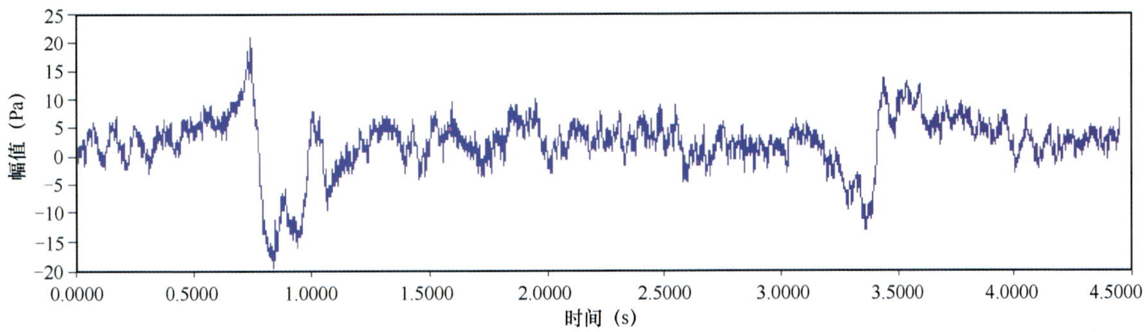

图 8-21　动车组车厢内测点（正对玻璃）测试结果

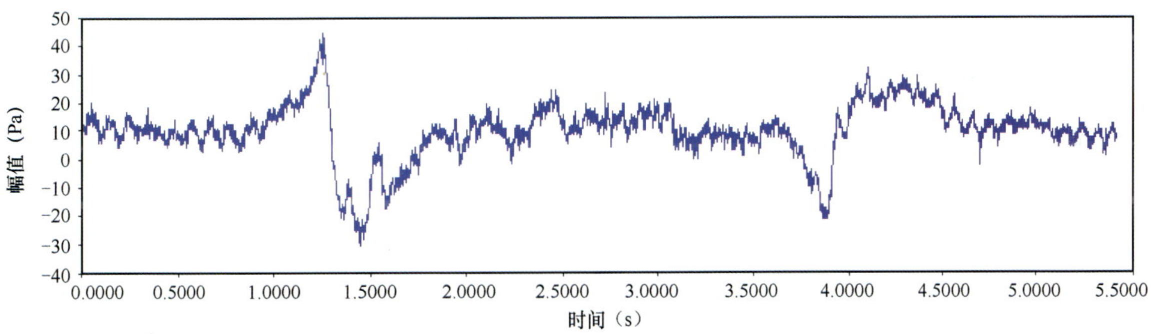

图 8-22　旅客列车车厢内测点（正对玻璃）测试结果

列车交会压力波对行车安全的影响主要是损坏车窗玻璃和吸下交会列车物品从而砸坏另一列车。从列车交会产生的空气压力波幅值和各种车型车窗结构承受交会压力波冲击能力两方面综合评估 4.4 m 线间距情况下，200 km/h 动车组与旅客列车交会的安全性。根据以往试验，不同型号的车厢冲击能力不同（表 8-26）。

表 8-26　各种车型车窗结构承受交会压力波冲击能力

车窗结构类型	25B 型	25K(G、Z)型	22 型	粘贴玻璃
压力波幅值(Pa)	1 460	2 300	820	8 280

3. 试验结论

新型动车组能承受较大的交会压力波冲击，4.4 m 线间距下，动车组以 200 km/h 速度与

160 km/h提速列车交会时，动车组受到的气动力在允许范围之内；25 K（G、Z、T）型列车的交会压力波幅值在允许的范围之内。

25B型列车以140 km/h速度与200 km/h动车组交会产生的交会压力波幅值在允许的范围之内。

当动车组以200 km/h速度与22型客车交会时，22型客车感受的压力波幅值接近或达到其所能承受的交会压力波极限值。

三、200 km/h动车组与货物列车交会试验

这项试验主要测量200 km/h动车组与提速货物列车交会时，动车组感受到的交会空气压力波幅值；货物列车正常运行与200 km/h动车组交会时，敞车篷布和篷布绳索受到的气动力；集装箱平车车载集装箱受到的横向气动力。货物列车编组如图8-23所示。货物列车由6辆敞车、4辆平车、1辆集装箱车、1辆试验车组成。敞车装载货物的保护方式分为整块篷布和两块篷布，在其中两辆货车上加盖绳网。交会试验共进行了10次。

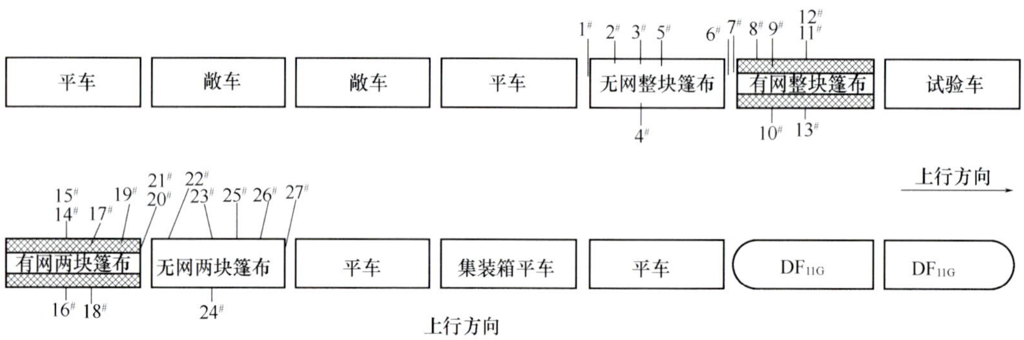

图8-23　货车编组

1. 测点布置

（1）动车组测点布置与客—客交会相同。

（2）集装箱测点布置见图8-24，集装箱两侧对称布置动态压力测点。在集装箱与平车连接的4个蘑菇头处分别安装了两组拉压力传感器（图8-25），其中一组用于直接测量列车交会过程中集装箱受到的横向力，另外一组用于测量列车制动等工况时集装箱受到的纵向力。

图8-24　集装箱测点布置照片

（3）分别对敞车装载无绳网整块篷布、装载有绳网整块篷布、装载无绳网两块篷布和有绳网两块篷布4种工况进行测试。由于试验车在区间往返运行，敞车两侧篷布都有可能成为交会侧，测点布置保证两个方向交会时交会侧都有测点。

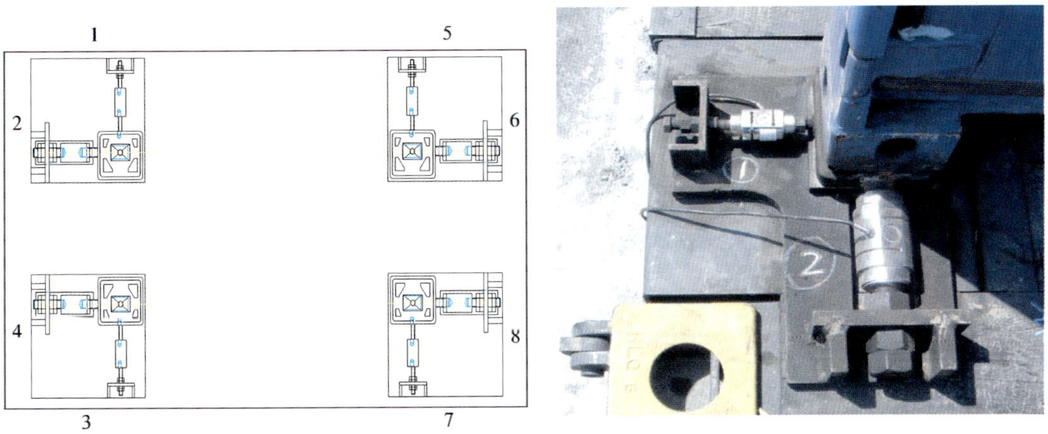

(a) 集装箱拉力传感器布置示意图　　(b) 安装拉力传感器的情况

图 8-25　集装箱拉力传感器布置

整块篷布上布置稳态测点（图 8-26）和动态测点。半块篷布上也布置了稳态测点（图 8-27）和动态测点。

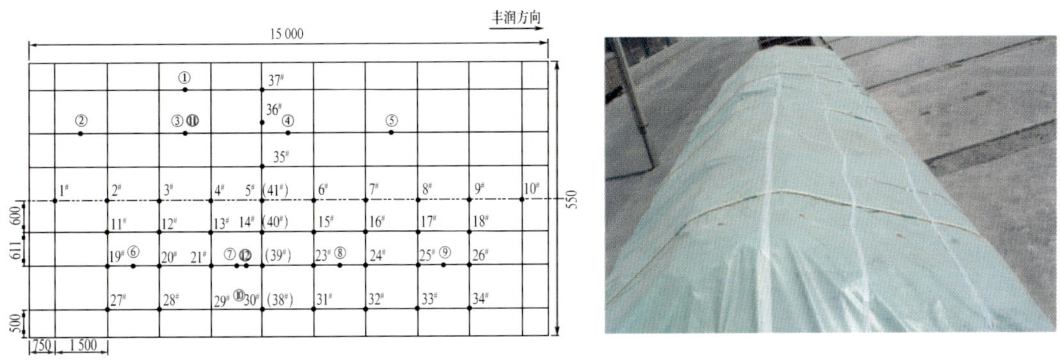

(a) 整块篷布测点布置示意　　(b) 整块篷布测点布置照片

图 8-26　整块篷布测点布置

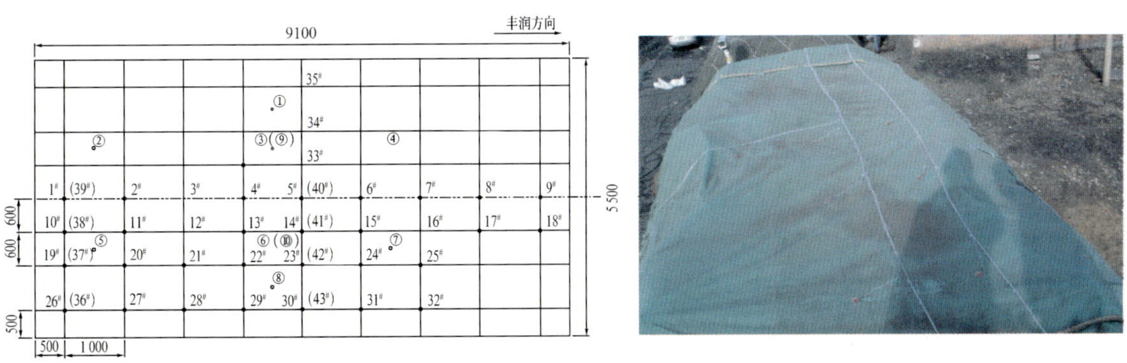

(a) 半块篷布测点布置示意　　(b) 半块篷布测点布置照片

图 8-27　半块篷布测点布置

2. 测试方法

货车篷布稳态压力分布试验采用多点压力测量。数据采集系统见图 8-28。交会压力波测试方法与客一客交会测量方法相同。在篷布绳索上安装拉力传感器测量动态拉力（图 8-29）。集装箱受到的横向力测量采用同样方法。

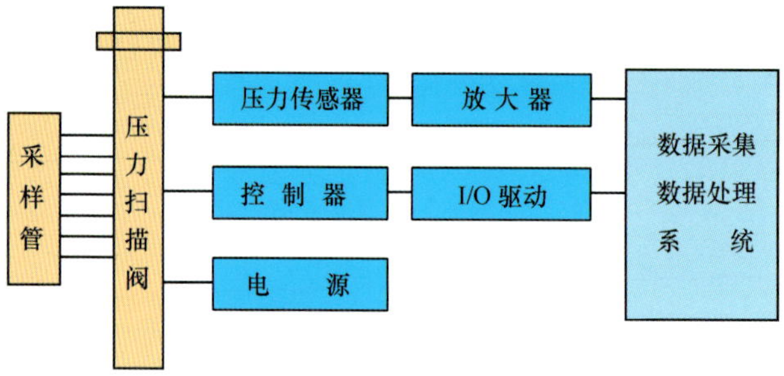

图 8-28　数据采集系统框图

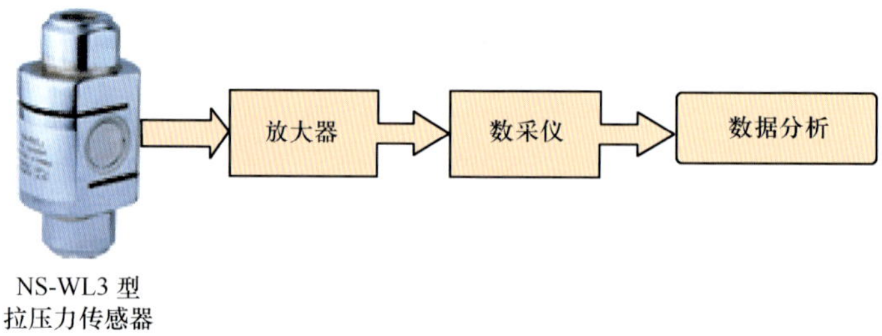

图 8-29　拉力测试系统框图

3. 试验结果与分析

（1）交会压力波

动车组交会压力波幅值与货车速度的关系列于表 8-27。在动车组以 200 km/h 的速度运行，货物列车交会车速分别以 80 km/h、100 km/h、120 km/h 运行。动车组上的压力波幅值随货物列车速度的提高增加较快，但数值并不大。在与 120 km/h 货车进行的 4 次交会试验中，列车上感受的最大压力波幅值仅为 568 Pa，远小于动车组车窗玻璃所能承受的压力波幅值。

表 8-27　动车组交会压力波幅值与货车速度的关系

序　　号	货车车速(km/h)	交会压力波平均值(Pa)	
		上　行	下　行
1	80	329	373
2	100	418	468
3	120	502	568

受货物列车编组及货车和集装箱外形的影响，动车组测得的交会压力波出现多个波形（图 8-30）。第一个波形为货物列车牵引机车经过时产生的压力波，第二个波形为 C_{64K} 敞车经过时产生的压力波，第三个波形为 C_{64H} 敞车经过时产生的交会压力波，第四个波形为装集装箱平车经过时产生的波形。

车厢内部压力变化测试结果见表 8-28。车厢内压力变化与动态压力传感器的放置方位有关，正对交会侧车窗玻璃方向的传感器感受的压力最大；车内压力变化与车型有关，动车组车内外压力变化幅值之比小于货车试验车。

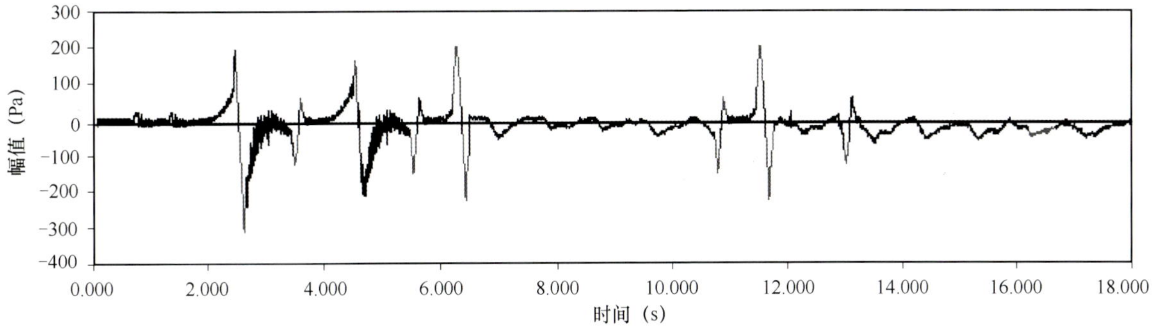

图 8-30　200 km/h 动车组/货车 120 km/h，动车组 7＃测点测试结果

表 8-28　车厢内部压力变化

序号	交会车型及速度(km/h)	动车组车内压力波幅值(Pa)		动车组车外最大压力波幅值(Pa)	动车组车内外压力变化幅值之比(%)	货车试验车内部压力波幅值(Pa)		货车车外最大压力波幅值(Pa)	货车车内外压力变化幅值之比(%)
		正对玻璃	背对玻璃			正对玻璃	背对玻璃		
1	动 200/货 80	32	7	382	8.38	120	31	711	16.88
2	动 200/货 100	37	9	468	7.91	142	38	760	18.68
3	动 200/货 120	43	11	571	7.53	161	42	742	21.70

（2）篷布应力分布

将测得的稳态气动力对篷布每一小区域进行加载后，得到无网整块篷布和无网半块篷布在没有列车交会时稳态气动力作用下的应力分布图（图 8-31，图 8-32）。当货车以 120 km/h 的速度运行时，整块与半块篷布所受到的总气动升力分别为 896 N 和 541 N，整块篷布最大应力为1.903 MPa，发生在中部的腰绳位置，半块篷布最大应力为 2.027 MPa。

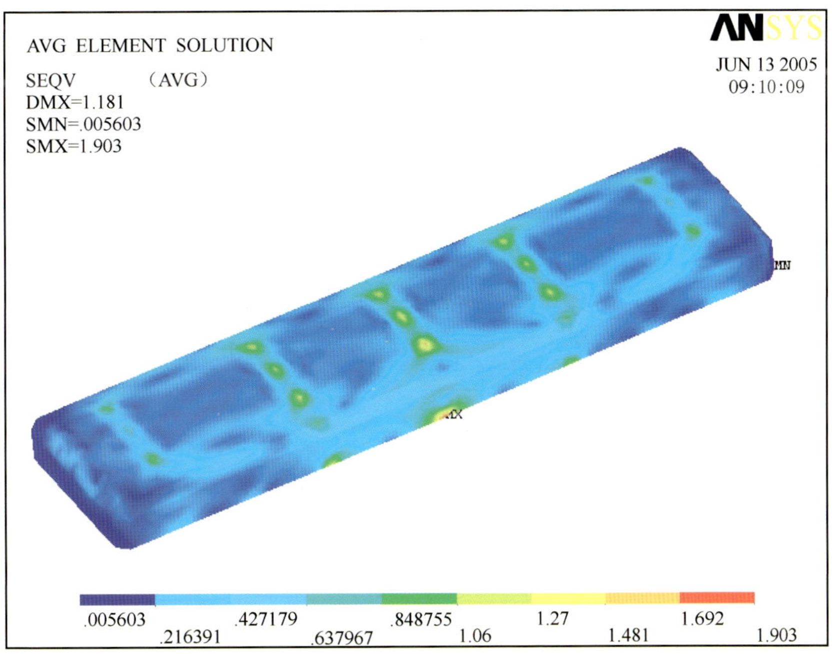

图 8-31　稳态气动力作用下无网整块篷布应力分布

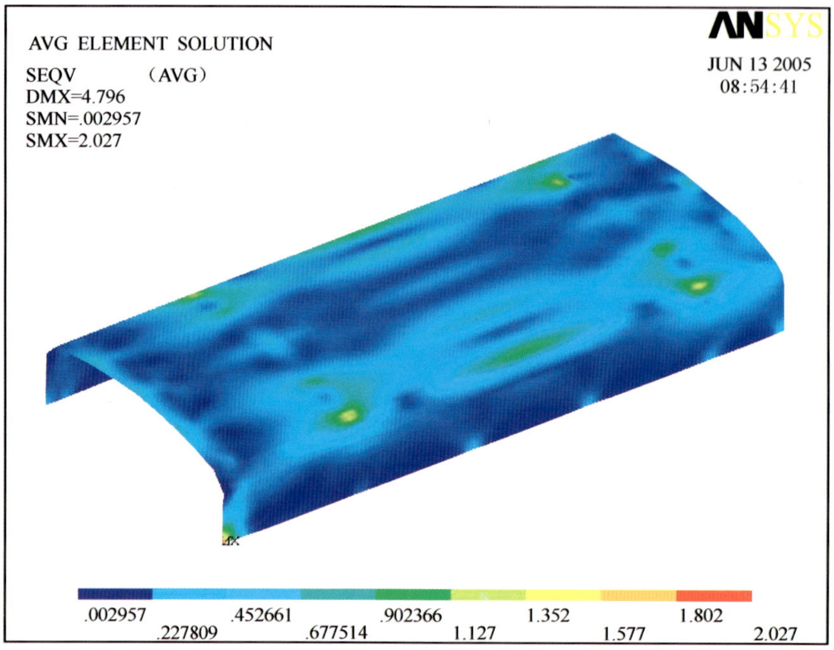

图 8-32 稳态气动力作用下无网半块篷布应力分布

半块篷布最大应力略大于整块篷布。两种情况下的最大应力值均小于《铁路货车用化纤涂塑篷布供货技术条件》中规定的许用应力值 47 MPa。除端部测点外，整块篷布和半块篷布稳态压力值均为负值，其压力系数大多在-0.01 到-0.04 之间。

图 8-33 和图 8-34 是篷布在交会压力波作用下的应力分布，货车以 120 km/h 速度运行时无网整块篷布最大应力为 9.38 MPa，发生在交会侧的中部腰绳位置，无网两块中搭接在上面的篷布最大应力为 9.642 MPa，发生在交会侧搭接部位的边绳位置。应力最大值均小于 47 MPa。

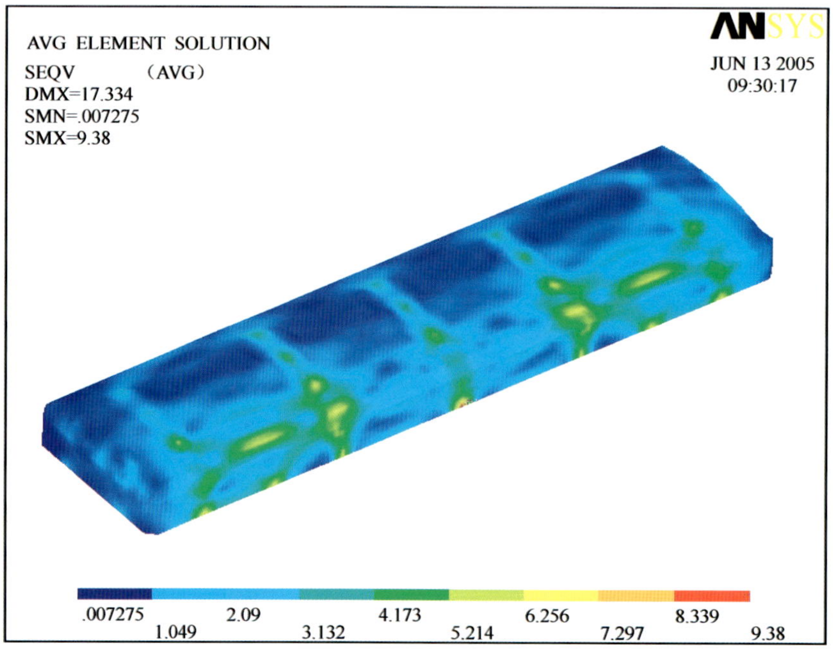

图 8-33 无网整块篷布在稳态压力和交会压力波共同作用下的受力

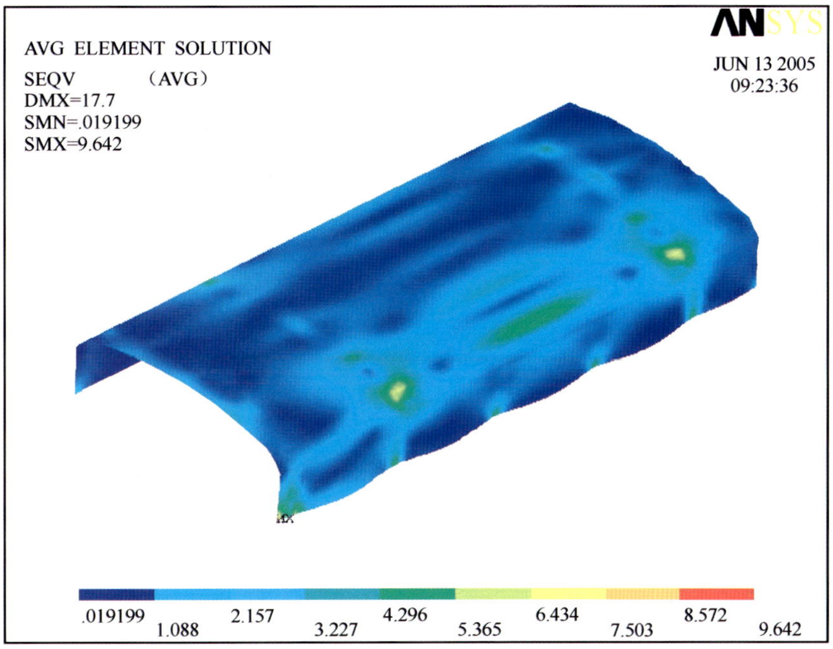

图 8-34 无网半块篷布在稳态压力和交会压力波共同作用下的受力

（3）篷布绳索拉力

不同交会速度下篷布端绳最大拉力见表 8-29。篷布绳索拉力最大值出现在 120 km/h 速度货物列车与 200 km/h 速度动车组交会时整块篷布的迎风端面测点，为 740 N，远小于《铁路货车用化纤涂塑篷布供货技术条件》中规定的篷布绳索断裂负荷 8 400 N。篷布绳拉力值随货车交会速度变化呈幂函数变化趋势（图 8-35）。

表 8-29 不同交会速度下篷布端绳最大拉力

序 号	篷布状态	交会速度(km/h)		货车运行方向	最大测点位置	最大拉力幅值(N)
		动车组	货 车			
1	无网半块	200	80	上行	货车上行和下行时敞车迎风端面	250
2	无网整块	200	80	下行		312
3	无网半块	200	100	上行		270
4	无网整块	200	100	下行		442
5	无网半块	200	120	上行		427
6	无网整块	200	120	下行		740

测试数据还表明，无网整块篷布边绳最大拉力值小于端绳拉力。带绳网篷布绳索拉力小于无绳网绳索，说明绳网分担了一定的绳索拉力。

（4）集装箱横向力

当动车组运行速度不变时，货物列车交会速度对集装箱受力影响不大；车载集装箱受到的最大横向力为-7.01 kN，表现为吸力，最大横向加速度为 0.5g，最大横向倾覆力矩36.7 kN · m。倾覆力矩小于临界倾覆力矩。

为了监视货车篷布和集装箱在列车运行和交会过程中的状态，本次试验共安装了 4 个摄像头，分别用于监视整块篷布顶部、整块篷布的侧部和端部、两块篷布搭接方式的顶部和集装箱的运行情况，并对画中检测到的没有拴紧部位进行了加固。监测中可以看出，在货车运行和交会过程中没有

8

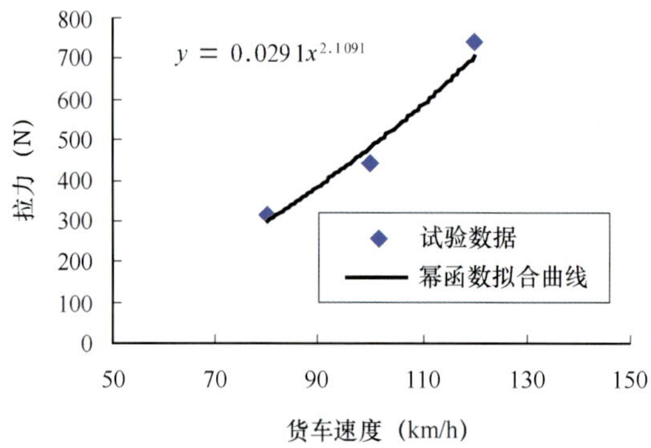

图 8-35　测点 1 拉力与运行速度的关系

出现较大晃动。货车分别以 80 km/h、100 km/h、120 km/h 与 200 km/h 动车组交会时，两块篷布顶部的搭接处并未出现大的张口。集装箱也无明显晃动现象。

四、货物列车装载加固试验

铁路颁布的铁路货物装载加固定型方案逾千个，这些装载方式能否满足列车提速的要求，需要进行试验验证。对起脊筐装、起脊袋装、起脊焦炭裸装与苫盖防风网、平车装载集装箱等 5 种典型货物装载加固方案进行试验，以验证现有的散堆装货物、轻质货物起脊装载加固方案及该类方案中所使用的材料、装置是否满足即将到来的全路提速货物运输安全要求。同时分析在列车交会时风力对货物装载横向加固强度的影响。

1. 货物列车装载情况概述

货物列车编组情况见图 8-36。试验内容主要是观察敞车起脊装载散焦炭车与提速列车交会时货物是否扬起以及采用网罩后的防扬起效果；观察典型袋装、筐装成件包装货物起脊装载加固方法的可靠性；对试验工况下加固绳索拉力、货物相对位移、加固装置的动强度、货物及车体加速度等进行测试。

图 8-36　货物列车编组情况

货物试验列车使用 6 辆敞车、5 辆平车。敞车中有 2 辆起脊装载筐装货物；2 辆起脊装载塑料编织袋装货物；2 辆起脊装载焦炭。5 辆平车中 1 辆装载 40 英尺集装箱；4 个空车编于列车不同位置用于制造空气紊流，模拟出货车实际编组较恶劣的工况。表 8-30 为货物列车测试车辆装载情况。各种装载方式按照作业规范进行，见图 8-37～图 8-40。

表 8-30　试验测试车装载简况

编　　号	车　　号	装载状况	加固材料	装载量(t)	整车重心高(mm)
1	C_{64K}4944591	起脊筐装	上封式绳网、加固绳	49.696	～1795
2	C_{64H}4203137	起脊袋装	上封式绳网、加固绳	54.170	～1855
3	C_{64K}4944589	绳网焦炭	竹笆围挡、防风网	52.966	～1840
4	C_{64K}4944592	裸装焦炭	竹笆围挡	53.921	～1820

图 8-37　敞车起脊装载筐装货物

图 8-38　起脊袋装焦炭装车实况

图 8-39　绳网装载焦炭图

图 8-40　裸装焦炭装车实况

2. 测点布置

各种装载方式的货车上，布置拉力传感器、加速度计和位移计。测点布置如图 8-41～图 8-44 所示。各种传感器数量见表 8-31。

表 8-31　不同装载方式布置各种传感器数量

货车装载类型	拉力传感器	加速度传感器	位移计	应变片
起脊筐装	5	6	3	
起脊袋装	5	6		
绳网焦炭	4		3	
裸装焦炭	3			4

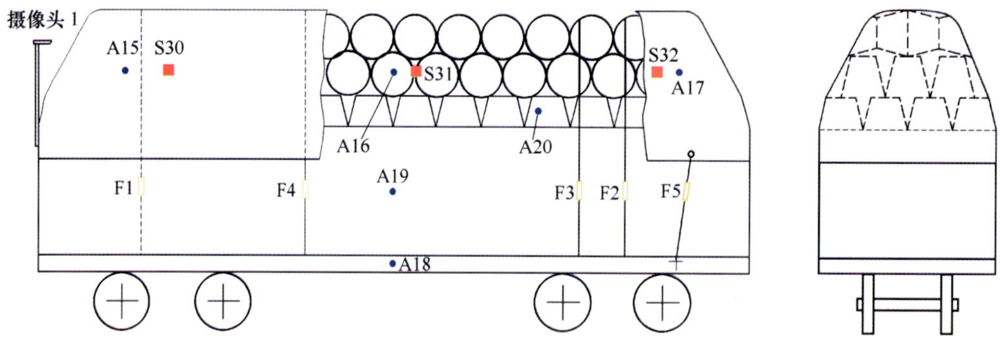

图 8-41　起脊筐装方案测点布置示意图

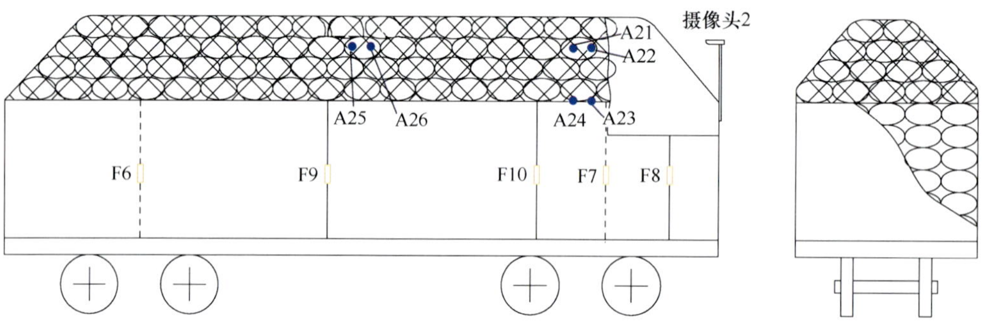

图 8-42　起脊袋装方案测点布置示意图

3. 试验结果

(1) 图像监测

从 200 km/h 客车与 100 km/h 货车交会时刻监测录像（图 8-45）看：起脊筐装和起脊袋装中苫盖的篷布有兜风现象，且一体式篷布比两块篷布兜风严重。敞车起脊装载散堆装焦炭与动车组在不同时速交会时焦炭均未被扬起，并与雨天有关。

(2) 绳索拉力

不同试验速度绳索拉力交会极值列于表 8-32。当列车交会时，起脊筐装和起脊袋装一般情况下交会侧绳索受到的拉力大于非交会一侧；车辆端部的下压绳索最大拉力值大于车辆中部同类绳索的最大拉力值；绳索拉力随试验货车运行速度的增长有不同程度的增加。

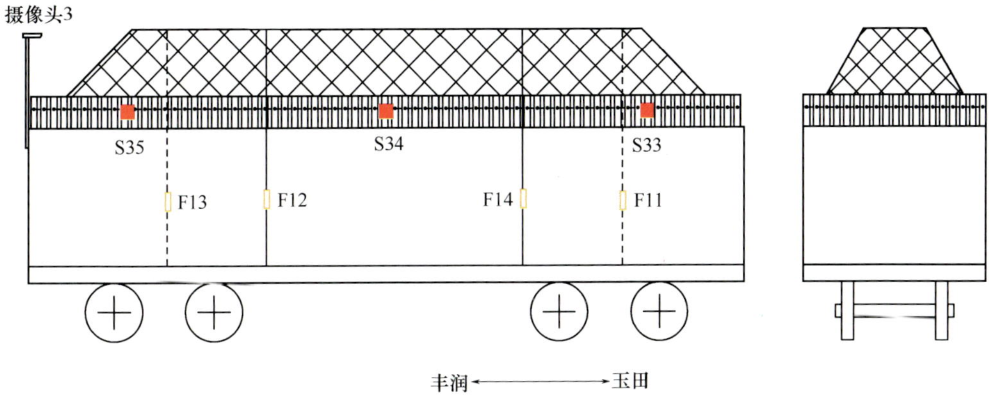

图 8-43 绳网焦炭方案测点布置示意图

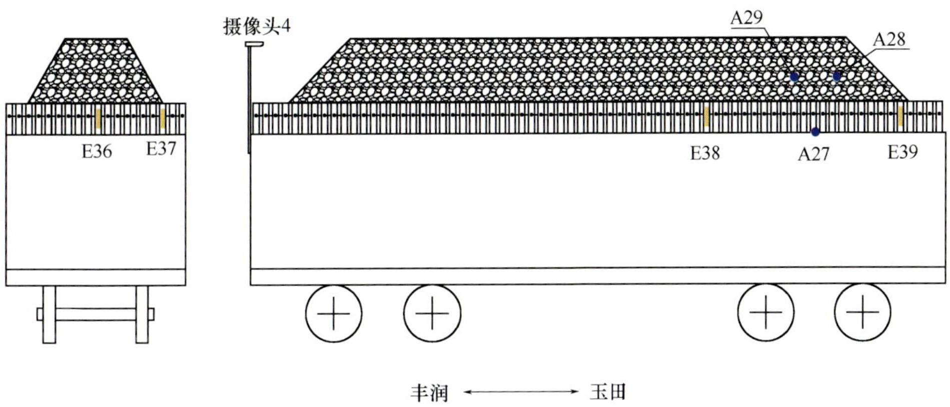

图 8-44 裸装焦炭方案测点布置示意图

表 8-32 不同试验速度绳索拉力交会极值 单位：N

编号	传感器名称	所在位置	80(km/h)		100(km/h)		120(km/h)	
			上行	下行	上行	下行	上行	下行
F1	加固网网筋拉力	车辆端部	25.35	33.12	16.99	17.58	31.33	27.15
F2	加固网网筋拉力	车辆端部	41.51	25.36	31.34	25.96	377.67	82.78
F3	下压绳拉力	车辆端部	88.5	110.01	90.29	52.65	190.65	149.43
F4	下压绳拉力	车辆中部	67.1	68.9	81.45	74.28	138.84	110.15
F5	篷布边绳拉力	车辆端部	291.3	147.74	443.82	156.71	581.39	279.33
F6	加固网网筋拉力	车辆端部	25.05	49.43	45.13	40.35	100.1	111.1
F7	加固网网筋拉力	车辆端部	57.56	36.04	38.43	39.39	103.95	63.3
F8	下压绳拉力	车辆端部	177.46	111.75	168.5	129.67	329.8	183.44
F9	下压绳拉力	车辆中部	43.43	66.75	52.4	75.72	75.72	90.06
F10	加固网网筋拉力	车辆端部	32.79	22.63	12.48	19.65	111.65	96.11

起脊筐装方案交会瞬间　起脊袋装方案交会瞬间

绳网焦炭方案交会瞬间　裸装焦炭方案交会瞬间

图 8-45　列车交会时的录像资料

(3) 货物加速度最大值

筐装、袋装、散装货物最大横向平均加速度列于表 8-33，分别为 0.46 g、0.25 g、0.21 g，最大纵向平均加速度分别为 0.46 g、0.31 g、0.21 g。

表 8-33　不同装载货物最大平均加速度　单位：g

装载货物	最大平均加速度	
	横　向	纵　向
筐装货物	0.46	0.46
袋装货物	0.25	0.31
散装焦炭	0.21	0.21

三种方案的货物加速度随着试验列车速度的增加有一定程度的递增；三种方案中全程加速度极值均未出现在交会处；说明试验速度在 100 km/h 以下时，交会对货物加速度的影响不大；而当试验速度达到 120 km/h 时，交会对加速度的影响比较显著，交会的加速度平均幅值明显高于全程加速度平均幅值。测得的货物加速度值普遍偏小，均满足《铁路货物装载加固规则》要求，货物受到的各种力及货物的倾覆稳定性均可以保证运输安全要求。

(4) 位　移

试验对筐装货物的相对位移及竹围挡竹片的外胀情况进行测试，测试数据列于表 8-34 中。试验表明客货列车交会及交会速度的不同对货物纵横向位移及竹围挡外胀位移是有影响的，随着交会速度的增加，位移有增长的趋势。筐装货物最大横、纵向相对位移分别为 9.52 mm、12.7 mm，这说明货物有了一定程度的窜动；起脊装载焦炭用竹围挡底部出现外胀，幅度在 15 mm 左右，能够满足运输安全要求。

表 8-34 不同试验速度下最大位移平均值（丰润→玉田） 单位：mm

测试车	编 号	传感器名称	80 km/h		100 km/h		120 km/h	
			区间	交会	区间	交会	区间	交会
1 号车 起脊篷装 C_{64K}4944591	S30	货物横向位移	9.52	9.52	3.05	1.59	6.59	5.98
	S31	货物横向位移	9.40	8.79	12.70	10.25	7.32	6.84
	S32	货物纵向位移	3.91	3.66	6.23	5.74	9.03	8.91
4 号车 裸装焦炭 C_{64K}4944592	S33	竹围挡外胀位移	5.74	5.74	5.37	5.00	7.93	7.93
	S34	竹围挡外胀位移	6.23	6.23	9.03	7.45	3.42	2.32
	S35	竹围挡外胀位移	1.83	1.71	7.81	4.64	15.75	5.62

（5）应力

应力测试结果列于表 8-35。敞车起脊装载焦炭时，在焦炭装到敞车车身的一定高度时，将竹笆围挡沿车帮内侧一周安插在车帮与焦炭之间，其超出车帮的高度约占围挡总高度的 1/3。竹片最大弯曲应力出现在车辆中部，车速 120 km/h 时，最大应力为 54.08 MPa，小于材料的许用应力。能够满足敞车起脊装载焦炭的安全要求。

表 8-35 京秦交会试验竹围挡动态测试各测点应力极值

速 度(km/h)	测点 E36		测点 E37		测点 E38		测点 E39	
	$\mu\varepsilon$	σ(MPa)	$\mu\varepsilon$	σ(MPa)	$\mu\varepsilon$	σ(MPa)	$\mu\varepsilon$	σ(MPa)
200/80	410.16	5.17	1186.50	14.95	1054.68	13.29	527.34	6.64
200/100	468.78	5.91	1010.76	12.74	776.34	9.78	556.62	7.01
200/120	952.14	12.00	3852.54	48.54	4291.98	54.08	1318.38	16.61

从测试结果来看：货物列车 120 km/h 与提速客车在 4.4 m 线间距交会时，4 种典型装载加固方案没有出现异常情况，可以满足货物列车提速的安全要求。

五、低高度梁动力性能试验

1. 试验内容

（1）梁体跨中截面的竖向动挠度、竖向振幅、横向振幅、竖向加速度、横向加速度、下翼缘动应变；

（2）梁体固有频率、阻尼比；

（3）梁体支点截面的横向振幅、横向加速度；

（4）桥墩墩顶的横向振幅；

（5）支座的竖向位移、横向位移；

（6）列车速度和位置。

试验的 4 孔桥分别为 8 m 先张法预应力混凝土低高度板梁，16 m 普通钢筋混凝土低高度 T 梁，20 m 普通钢筋混凝土低高度 T 梁，20 m 先张法预应力混凝土梁。

试验过程中共测试了速度在 145～201 km/h 的动车组 21 趟，速度在 121～146 km/h的试验客车 8 趟，速度在 79～121 km/h 的试验货车 5 趟；还测试了速度 56～65 km/h 的过路货车 13 趟，速度在 100～131 km/h 过路客车 13 趟。

2. 试验结果

4种梁的测试结果列于表8-36。4种梁跨中竖向挠跨比平均值分别为1/2 917、1/2 100、1/2 172、1/2 379，均满足《桥检规》对应的通常值要求，测试桥梁均能保证列车运行的安全性和动车组的舒适性。

表8-36 4种梁各项性能测试结果

测试项目		16 m普通钢筋混凝土低高度T梁	8 m先张法预应力混凝土低高度板梁	20 m普通钢筋混凝土低高度T梁	20 m先张法预应力混凝土低高度T梁
横向自振频率(Hz)		8.93	25.89	7.78	7.62
竖向自振频率为(Hz)		7.66	17.38	7.61	7.65
准静态跨中挠跨比平均值		1/2 100	1/2 917	1/2 172	1/2 379
跨中挠度动力系数最大值		1.20	1.18	1.08	1.08
梁体跨中最大横向振幅(mm)		0.27	0.83	0.61	1.36
墩顶最大横向振幅(mm)		0.23	0.36	0.36	0.36
跨中最大竖向振幅(mm)		2.70	3.82	1.78	2.06
最大横向加速度(m/s^2)		1.33	1.17	1.39	2.86
跨中最大竖向加速度(m/s^2)		1.70	2.66	0.89	7.53
支座的上、下摆相对横向位移(mm)	北京侧	0.01～0.17	0.04～0.19	0.01～0.05	0.02～0.08
	秦皇岛侧	0.04～0.07	0.05～0.38	0.03～0.11	0.02～0.09
最大应变动力系数	动车组	1.39	1.13	1.19	1.44
	试验客车	1.06	1.06	1.06	1.13
	试验货车	1.04	1.07	1.08	1.17
梁的竖向振动阻尼比		0.258	0.032 8	0.029 5	0.034 5
梁体横向振动阻尼比		0.030 8	0.030 8	0.034 5	

4种梁的横向自振频率分别为25.89 Hz、8.93 Hz、7.78 Hz、7.62 Hz，均满足《桥检规》通常值和《提速技术条件》的规定。

4种梁的竖向自振频率分别为17.38 Hz、7.66 Hz、7.61 Hz、7.65 Hz，均满足《提速技术条件》和《设计暂规》的规定。

跨中挠度动力系数均小于运营列车动力系数的公式计算值。

在动车组、试验客车、试验货车、过路客车、过路货车作用下，桥梁横向未发生共振和振动过大的现象，与列车速度的相关性不明显。跨中横向振幅满足《桥检规》安全限值，表明梁体横向自振频率提高和车辆动力性能改善后，桥梁的横向振动得到了有效控制。

8 m预应力混凝土低高度板梁、16 m普通钢筋混凝土低高度T梁、20 m普通钢筋混凝土低高度T梁在三种试验列车和过路客货车作用下，桥梁的跨中竖向振动加速度和横向加速度均小于《提速技术条件》、《设计暂规》3.50 m/s^2的规定。20 m预应力混凝土低高度T梁在试验车辆作用下，跨中竖向振动加速度大于《提速技术条件》和《设计暂规》3.5 m/s^2的要求。过路货车作用下跨中最大竖向加速度为0.46 m/s^2，满足《提速技术条件》和《设计暂规》3.5 m/s^2的要求。经现场观察发现，跨中恰为无缝线路钢轨的焊接处，可能是由于焊缝的不平顺导致了加速度偏大。并且加速度同列车速度有一定关系，当列车速度较低时，跨中竖向加速度较小；当列车速度较高时，竖向跨中加速度明显增大。

4种梁的梁体竖向未发生共振和振动过大的现象。

所有测试的固定支座和活动支座的横向位移均小于《桥检规》和《设计暂规》中规定的±1 mm的要求。

从实测京秦线桥梁参数与《提速技术条件》参数对比分析来看，既有线桥梁改造后其横向、竖向刚度有明显提高，动力性能大为改善，达到《提速技术条件》要求，能够保证 200 km/h 旅客列车舒适性和 120 km/h 货车运行平稳性的要求。

六、动车组动力学性能和弓网受流性能安全监测

1. 动车组动力学性能

为了确保交会试验的顺利进行以及列车交会过程的安全，评估会车对动车组动力学性能和弓网受流性能潜在的影响，交会试验期间对动车组的动力学性能和弓网受流性能进行了全程实时安全监测。

动力学性能被监测车辆为电动车组的头车（动车）和第二位的拖车，监测重点为车辆的运行平稳性和运行稳定性。

（1）测点布置

在测试车上安装测力轮对测量轮轨间作用力。在动车组上安装加速度计，测量振动加速度。

（2）试验结果与分析

动车组头车、拖车动力学性能指标见表 8-37～表 8-40。在整个监测试验过程中，被监测车的脱轨系数最大值不超过允许限度，且有较大的裕量。160 km/h 速度以下，被监测车的最大轮重减载率均不超过 0.65，速度在 160 km/h 至 200 km/h，轮重减载率均不超过 0.80 的动态限度值。轮对横向力最大值超限，出现于出站时侧线通过道岔和 K133＋400 处的 R3 000 m 曲线，以及该处的直线道岔，与列车交会无关。被监测车的平稳性指标总体上达到优或良级，仅在高速通过个别曲线时头车的横向平稳性指标略超过 2.75。

表 8-37　头车动力学性能指标—上行线试验

动力学指标		直线		侧岔		曲线		
		指标最大值	速度(km/h)	指标最大值	速度(km/h)	指标最大值	曲线半径	速度(km/h)
1 轴	脱轨系数	0.50	200	0.61	40	0.52	R1 600	120
	轮重减载率	0.75	200	0.43	40	0.67	R3 000	200
	轮对横向力(kN)	45.64	200	55.76	40	40.11	R3 000	200
2 轴	脱轨系数	0.48	200	0.17	40	0.37	R3 000	200
	轮重减载率	0.74	200	0.34	40	0.68	R3 000	200
	轮对横向力(kN)	38.02	200	24.25	40	45.55	R3 000	200
车体横向平稳性		2.20	200	1.81	40	2.36	R4 000	200
车体垂向平稳性		2.22	200	1.60	40	2.65	R1 600	140

表 8-38　头车动力学性能指标—下行线试验

动力学指标		直线		侧岔		曲线		
		指标最大值	速度(km/h)	指标最大值	速度(km/h)	指标最大值	曲线半径	速度(km/h)
1 轴	脱轨系数	0.36	200	0.21	40	0.40	R3 000	200
	轮重减载率	0.71	200	0.31	40	0.72	R3 000	180
	轮对横向力(kN)	48.61	200	31.92	40	51.70	R3 000	200
2 轴	脱轨系数	0.60	200	0.66	30	0.29	R3 000	200
	轮重减载率	0.70	200	0.45	40	0.73	R3 000	200
	轮对横向力(kN)	48.73	200	55.39	40	32.22	R3 000	200
车体横向平稳性		2.67	200	2.19	50	2.76	R3 000	190
车体垂向平稳性		2.39	200	1.72	50	2.48	R4 000	200

8

表 8-39 拖车动力学性能指标—上行线试验

动力学指标		直线		侧岔		曲线		
		指标最大值	速度(km/h)	指标最大值	速度(km/h)	指标最大值	曲线半径	速度(km/h)
1轴	脱轨系数	0.41	200	0.65	40	0.49	R3 000	200
	轮重减载率	0.67	200	0.43	40	0.66	R3 000	200
	轮对横向力(kN)	39.44	200	45.63	40	40.30	R3 000	200
2轴	脱轨系数	0.30	200	0.21	40	0.40	R3 000	200
	轮重减载率	0.66	190	0.34	40	0.68	R3 000	200
	轮对横向力(kN)	34.67	200	32.61	40	48.44	R3 000	200
车体横向平稳性		2.28	200	1.65	40	2.64	R4 000	200
车体垂向平稳性		2.44	200	1.63	40	2.61	R4 000	190

表 8-40 拖车动力学性能指标—下行线试验

动力学指标		直线		侧岔		曲线		
		指标最大值	速度(km/h)	指标最大值	速度(km/h)	指标最大值	曲线半径	速度(km/h)
1轴	脱轨系数	0.29	180	0.28	50	0.41	R3 000	200
	轮重减载率	0.73	200	0.44	40	0.72	R3 000	200
	轮对横向力(kN)	30.56	200	42.23	50	41.74	R3 000	200
2轴	脱轨系数	0.36	100	0.54	40	0.25	R3 000	200
	轮重减载率	0.72	200	0.40	40	0.70	R3 000	200
	轮对横向力(kN)	52.92	200	58.15	40	29.64	R3 000	200
车体横向平稳性		2.42	200	1.92	50	2.41	R3 000	200
车体垂向平稳性		2.31	200	1.70	40	2.37	R4 000	200

2. 弓网受流性能试验结果

在电动车组的受电弓上安装各种测量传感器、信号处理及传输装置、高压侧电源，在动车组高速运行时测量弓网受流性能。

被试受电弓型号为WBL85型，监测内容为弓网动态接触力、弓网离线火花监测、硬点（垂直加速度）、冲击（水平加速度）、接触线动态高度以及受电弓运行状态图像监视、观察离线火花现象。

受电弓动态性能试验数据分析按不同试验速度等级，找出典型试验速度等级的各跨试验参数的统计值，分析弓网接触压力、硬点和接触线高度差，各取21跨的数据，同时给出各参数在典型试验速度等级的波形。图8-46～图8-48为200 km/h速度时受电弓性能测试的实际历程。

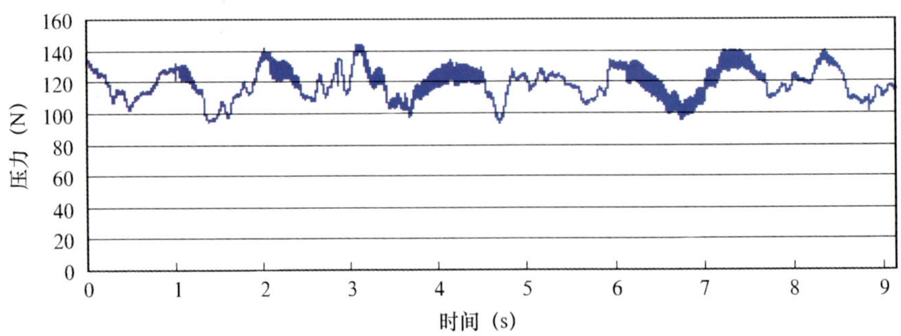

图 8-46 速度为200 km/h的压力波形图（上行）

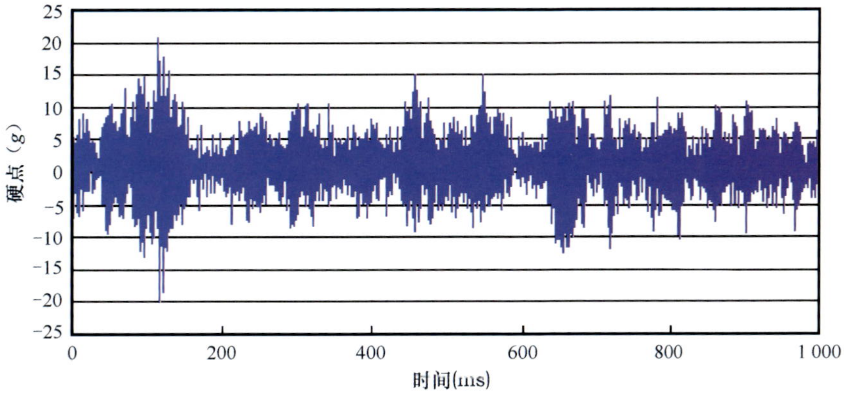

图 8-47 速度为 200 km/h 的硬点波形图（上行）

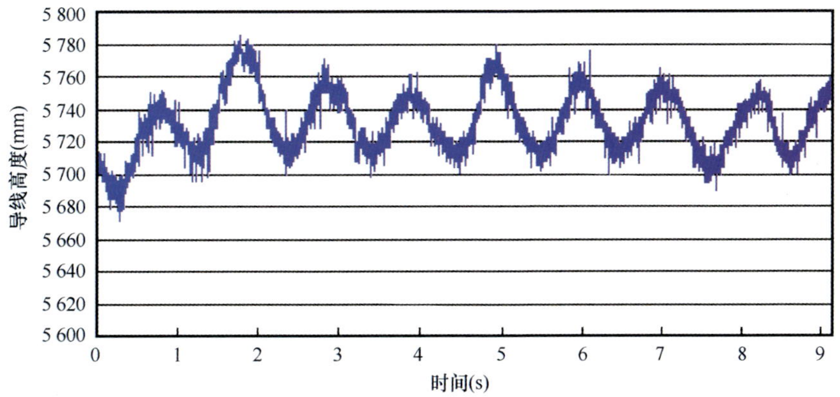

图 8-48 速度为 200 km/h 的导高波形图（上行）

动车组运行速度 200 km/h 上行时，检测硬点大于 50g 的三级超限数较少。下行时检测硬点大于 50g 的三级超限主要集中在玉田—富庄子区间以及富庄子车站 K133 附近；接触线高度、每跨最大导高和最小导高之差基本都在 100 mm 以下，受电弓运行平稳。列车运行速度在 200 km/h 时上行压力平均值在 100 N 左右，下行压力平均值在 70 N。最大弓网接触力不大于 150 N。上下行的弓网接触力差别较大，原因在于动车组上行方向运行时，受电弓为闭口方向，受风力影响，弓网接触力增大。观察弓网运行图像，可以看出弓网离线火花很少。客货车交会试验的弓网受流质量良好，弓网运行是安全的。

3. 货物列车动力学性能安全监测

（1）测点布置

货车动力学性能监测的重点是机后第 1 位和列尾的两辆车，上行试验的列尾是下行试验的机后第 1 位。在两辆车上布置测力轮对（图 8-49），测量轮轨垂向力、横向力，并计算脱轨系数、轮重减载率。

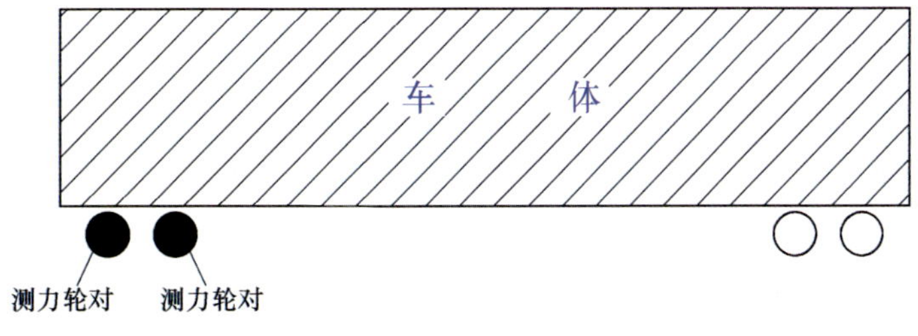

图 8-49 测力轮对安装位置

在两辆车上布置加速度传感器（图 8-50），测试车体的垂向、横向振动加速度并计算垂向、横向平稳性指标。在两辆车的转向架摇枕弹簧中央位置安装位移传感器（图 8-51），测量摇枕弹簧的垂向动态位移。

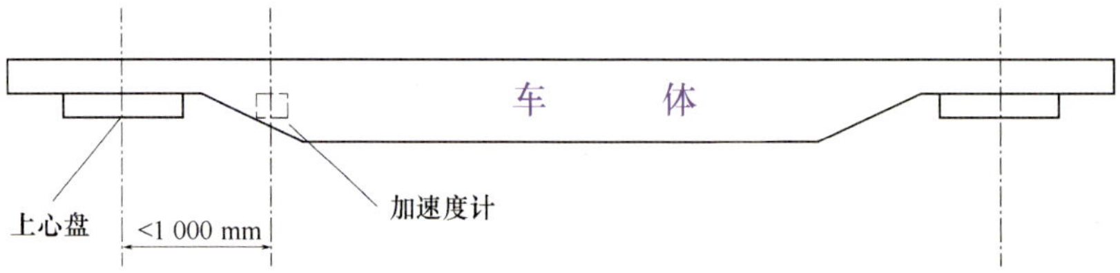

图 8-50　加速度传感器的安装位置

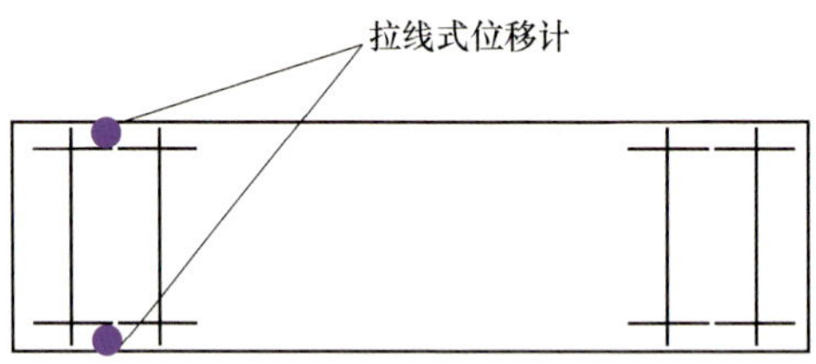

图 8-51　位移传感器的安装位置

试验编组与货车装载列车相同。测试时间与 120 km/h 货物列车与 200 km/h 动车组交会试验同步。

（2）试验结果与分析

货车稳定性指标实测结果列于表 8-41。数据表明，被监测车辆在试验运行中运行稳定性各指标均符合大纲要求，运行是安全、平稳的。

在整个试验运行过程中，通过监测重点车辆的动力学性能，及时地反馈试验列车的运行情况，保证了试验的顺利完成。

表 8-41　货车稳定性指标实测结果

货车稳定性指标	机后第 1 位车				尾　车			
测试轴位	1 轴		2 轴		1 轴		2 轴	
列车运行方向	上行	下行	上行	下行	上行	下行	上行	下行
脱轨系数	0.84	0.37	0.54	0.69	0.82	0.91	0.75	0.68
减 载 率	0.4	0.49	0.42	0.46	0.53	0.57	24.14	0.55
横向力(MPa)	15.74	13.94	24.04	26.25	31.78	28.99	24.04	26.3
车体横向加速度 g			0.28	0.24			0.41	0.4
车体垂向加速度 g			0.37	0.41			0.58	0.73
车体横向平稳性			2.99	2.97			3.96	3.45
车体垂向平稳性指标			3.35	3.38			3.95	4.27
摇枕弹簧垂向位移(mm)			6.76	4.96				
动静挠度比			<0.7				<0.7	

第三节　遂渝线提速综合试验

2005 年 5 月 16 日至 6 月 4 日在刚刚建成的遂渝线太北段，进行了 200 km/h 提速综合试验。

遂渝线综合试验是研究 200 km/h 动车组、120 km/h 货物列车和 120 km/h 双层集装箱列车对线桥设备的动力作用；试验验证 200 km/h 动车组和 120 km/h 双层集装箱列车通过单线隧道的气动力作用、动车组乘坐舒适性等；试验研究 200 km/h 动车组和 120 km/h 货运机车在导线最低高度 6 330 mm 和单线隧道特殊悬挂方式接触网情况下的弓网受流性能和无线列调系统。为《既有线提速 200 km/h 技术条件》和《新建时速 200 公里客货共线铁路设计暂行规定》的修订、完善提供技术依据，指导既有线 200 km/h 提速技术改造，为第六次大提速的顺利实施提供经验。

一、综合试验概述

遂渝线是旅客列车最高速度 200 km/h、货物列车最高速度 120 km/h 的客货共线新建铁路。该线北起达成铁路的遂宁，南抵渝怀铁路的进口，引入重庆枢纽，总计 144.737 km（图 8-52）。

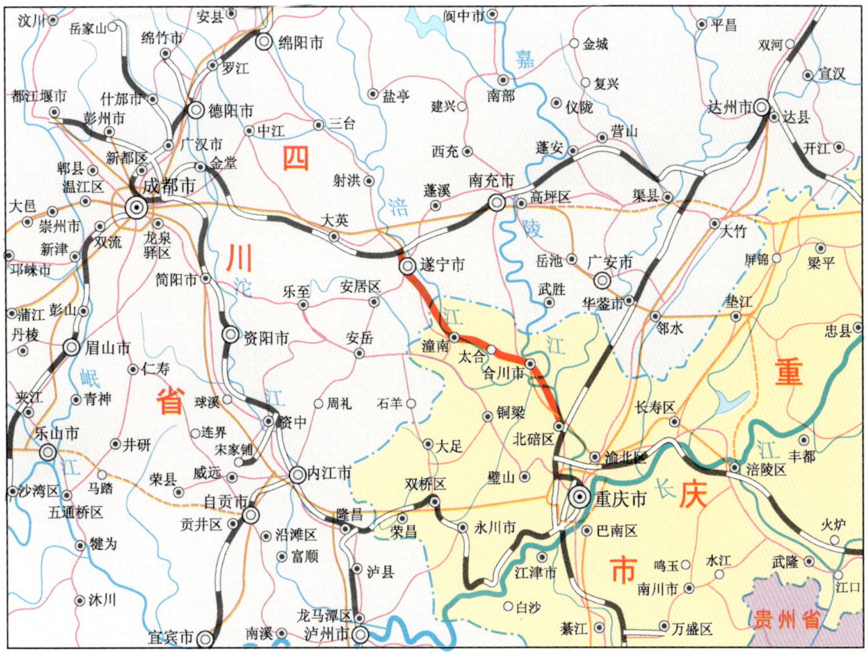

图 8-52 遂渝线地理位置图

根据综合试验的要求和遂渝线的平纵断面条件，确定综合试验段为重庆枢纽的太和经合川至北碚北段，试验段长 48.7 km，3 站 2 区间，线路平面条件较好，地面桥梁、隧道、路基、道岔和弓网等试验点大多都可达到 200～220 km/h。全段有 25 条曲线，曲线总长 25.1 km，其中 5 段曲线半径为 2 000 m，9 段曲线半径为 2 500 m，1 段曲线半径为 2 800 m，其余曲线半径大于等于 3 000 m。最大坡度为 5.7‰，有 5 处 1 000 m 以上的平道。合川站正线采用 60 AT 尖轨-12 号（60-12 号）可动心轨道岔。

全段有单线隧道 14 座，一般净空高度为 7.76 m，隧道断面为 48.62 m^2，多座设置洞口缓冲结构。双线隧道 4 座。桥梁 25 座，主要梁型为 24 m、32 m 预应力钢筋混凝土 T 形梁。桥台均为 T 台，桥墩大多为矩形实心墩和矩形空心墩。

1. 试验内容

（1）面线桥设备动力作用；

（2）200 km/h 动车组；

（3）120 km/h 货物列车；

（4）120 km/h、25 t 轴重双层集装箱列车。

2. 列车编组

(1) 动力分散型电动车组由 3 个动力单元 9 辆车组成，最大轴重为 13.0 t 左右。

(2) 120 km/h 货物列车由 SSJ_3 型电力机车牵引，挂 1 辆试验车，在线桥设备动力性能试验时，货物列车编组为 32 辆重车 16 辆空车，牵引质量约 3 120 t。制动性能试验时货物列车编组为 60 辆重车，牵引质量约 5 120 t，货车均状态良好，重车按《铁路货物运输规程》规定进行装载。

(3) 集装箱装箱方案为下层装载 2 个高度为 2.591 m 的 20 英尺集装箱，上层装载 1 个高度为 2.896 m 的 40 英尺集装箱。装车后的最大高度为轨面以上 5.807 m，最大高度处半宽为 1.219 m。

双层集装箱列车编组为：SSJ_3 型电力机车牵引，挂 2 辆试验车，18 辆重心高 1.7 m 的双层车，重心高 2.3 m 和 2.4 m 的车各 1 辆，试验后期 1 辆双层车轴温超标被摘除。

3. 试验阶段

(1) 动车组试验

5 月 18 日～20 日采用电动车组，进行了速度 160 km/h、180 km/h、190 km/h、200 km/h、210 km/h、220 km/h 各 2 个往返试验和速度 220 km/h 补充 1 个往返试验，最高速度达到 224 km/h。

(2) 货物列车试验

5 月 22 日～25 日采用 SSJ_3 电力机车牵引 3 120 t 货物列车，进行了速度 70 km/h、80 km/h、90 km/h、100 km/h、110 km/h、120 km/h 各 2 个往返和 1 个往返速度 130 km/h 的试验，最高速度达到 136 km/h。

(3) 双层集装箱列车试验

5 月 28 日～6 月 1 日采用 SSJ_3 型电力机车牵引 2 120 t 的双层集装箱列车，进行了速度 70 km/h、80 km/h、90 km/h、100 km/h、110 km/h、120 km/h 各 2 个往返，1 个单程速度 130 km/h和侧向过道岔的试验，正线最高速度达到 131 km/h，侧向过道岔最高速度为 50 km/h。

(4) 货物列车制动试验

6 月 2 日～4 日采用 SSJ_3 电力机车牵引 5 000 t 货物列车，进行了静置、调速制动和 120 km/h 紧急制动试验。

根据现场测试情况，在第二阶段货物列车试验中，采用轨检列车加 2 辆 25T 客车，进行了 120 km/h、140 km/h 各 1 个往返和 3 个往返 160 km/h 的 25T 客车气动力试验。

试验时，在地面进行了轨道结构、道岔、路基、各类过渡段、桥梁涵洞、隧道气动力、接触网静动态性能、货车振动偏移量、振动、噪声等试验；在车上进行了动力学性能、弓网受流性能和列车空气动力等试验；增加了无线列调系统试验。

二、轨道和 60-12 号可动心轨道岔动力性能试验

遂渝线的轨道结构组成为：60 kg/m 钢轨，跨区间无缝线路，Ⅲ型有挡肩混凝土轨枕，Ⅱ型弹条扣件，一级碎石道砟，轨下橡胶垫板厚度为 14 mm，道床厚度为 300～350 mm，有砟桥上枕下道砟厚度不小于 300 mm，砟肩堆高 15 mm。

试验道岔型号为 60-12 号可动心轨辙叉单开道岔，直向过岔速度为 200 km/h，侧向过岔速度为 50 km/h；道岔转换采用 5 动牵引。

选择 3 个轨道与路基试验工点，2 个道岔试验工点。

1. 轨道试验内容

(1) 钢轨垂直力和水平力、脱轨系数、轮重减载率、轮对横向力等安全指标；

(2) 钢轨、轨枕垂向和横向位移、轨距扩大量；

(3) 钢轨动弯应力、轨枕弯矩；

(4) 枕上压力；

(5) 钢轨及轨枕振动加速度；

(6) 测点位置轨道几何状态检查。

2. 道岔区试验内容

（1）道岔区的轮轨力、脱轨系数、轮重减载率等安全指标；

（2）尖轨开口量及尖轨尖端轨距扩大量，心轨开口量；

（3）心轨及翼轨薄弱断面应力，滑床板及支距垫板应力；

（4）转辙机外锁闭杆、外锁钩、外锁销轴、短表示杆应力；

（5）转辙机三向振动加速度，岔枕振动加速度；

（6）道岔区几何状态变化。

3. 测点布置

道岔轨道结构及转换设备共布置 83 个应力测点，3 个加速度测点，轨道动力学测点 114 个，如图 8-53、图 8-54、图 8-55 所示。

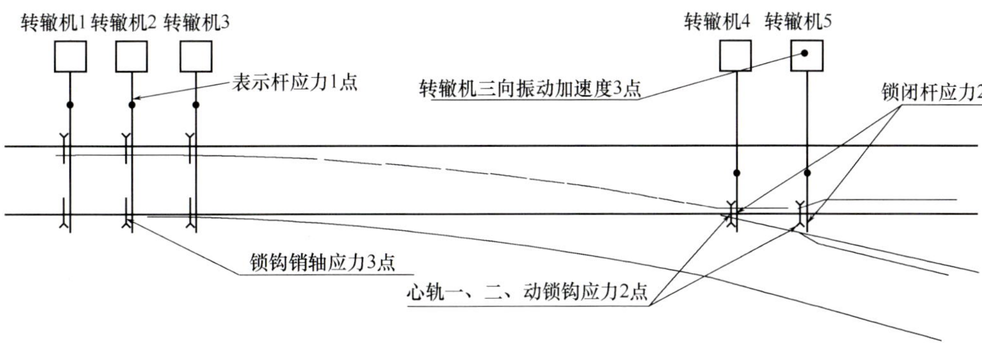

图 8-53　60-12 号可动心轨道岔转换设备测点布置示意图（合川站）

4. 道岔安全评判标准

道岔安全评判标准见表 8-42。

表 8-42　道岔安全评判标准

安 全 参 数	评 定 标 准
尖轨开口量 Δ(mm)	≤4.0
滑床板、护轨垫板应力 σ(MPa)	≤180
连接杆、密贴调整杆应力 σ(MPa)	≤180

5. 试验结果

（1）轨道试验

①安全性指标实测最大值

表 8-43 为轨道试验在各种试验工况下实测安全性指标最大值，由表可见，动车组 200 km/h、货物列车和双层集装箱车 120 km/h 的速度通过一般路基段、路桥过渡段和刚性路基段时，其脱轨系数、轮重减载率和轮对横向力实测最大值分别为：0.44、0.40、19.10 kN，0.91、0.58、68.56 kN，0.16、0.23、35.67 kN，均在安全限度以内。而货物列车以速度 127.8 km/h 通过时，空车轮重减载率达到 0.63，已超过第二安全限值 0.60，但小于第一安全限值 0.65。

表 8-43　各项安全性指标实测最大值

编组	速度(km/h)	脱轨系数			轮重减载率			轮轴横向力(kN)		
		一般路基段	刚性路基段	路桥过渡段	一般路基段	刚性路基段	路桥过渡段	一般路基段	刚性路基段	路桥过渡段
动车组	180	0.16	0.22	0.12	0.22	0.25	0.25	13.14	19.10	10.30
	220	0.14	0.19	0.44	0.18	0.24	0.32	11.01	15.91	17.41
	224	0.04	0.18	0.17	0.19	0.25	0.40	6.99	17.24	10.18
重货车	90	0.12	0.46	0.42	0.29	0.51	0.46	26.99	44.80	27.01
	110	0.35	0.29	0.24	0.41	0.42	0.35	68.56	51.12	41.49
空货车	100	0.36	0.33	0.47	0.48	0.38	0.58	20.95	26.20	16.80
	120	0.45	0.50	0.91	0.49	0.51	0.51	23.93	34.15	29.32
	130	0.37	0.18	0.73	0.63	0.54	0.56	30.18	18.32	20.00
集装箱车	70	0.09	0.11	0.09	0.23	0.13	0.13	16.37	14.69	15.00
	100	0.07	0.20	0.16	0.18	0.16	0.21	16.99	25.75	26.91
	120	0.11	0.11	0.14	0.18	0.17	0.21	35.67	15.50	23.21

② 各项物理性能指标实测最大值

钢轨垂向、横向位移和动态轨距扩大量实测最大值分别为4.34 mm、2.30 mm和2.46 mm；轨枕垂向、横向位移为3.90 mm和0.91 mm。实测轨枕中间截面负弯矩最大值为6.85 kN·m；实测钢轨动弯应力最大值为91.3 MPa。钢轨和轨枕振动加速度实测最大值分别为1 703g和70.8g。

路桥过渡段道床动刚度实测最大值为165 kN/mm，最小值只有26 kN/mm，不同测点位置的道床刚度相差很大，部分测点的道床尚处于不稳定期的松散状态。

试验结果表明，遂渝线的轨道结构能够满足动车组以200 km/h、货物列车和双层集装箱专用车以120 km/h安全运行的要求。

(2) 道岔试验结果

① 道岔部件实测受力状况

滑床板下翼缘（图8-56）初始压应力达到232 MPa，超过了材料的许用应力值。直向过岔时，滑床板下翼缘弯曲拉应力最大为61 MPa，支距垫板为89 MPa；侧向过岔时，滑床板下翼缘弯曲拉应力最大为124 MPa，支距垫板为22 MPa；均未超过材料的许用应力。

心轨、翼轨薄弱断面弯曲应力最大值分别为213 MPa、110 MPa，均小于材料的许用应力，具有足够的强度储备。

尖轨外锁销轴和短表示杆、心轨外锁闭杆和外锁闭钩弯曲应力实测最大值分别为253 MPa和83 MPa、219 MPa和225 MPa，均未超过材料的许用应力。

② 道岔部件实测开口量、扩大量

实测列车直向过岔、侧向过岔时道岔尖轨开口量、心轨开口量、动态轨距扩大量最大值列于表8-44。实测最大值均小于安全限值，动态轨距能够满足轨道不平顺动态管理值标准。

表 8-44　实测轨道部件开口量和扩大量最大值

列车通过道岔类别	直向过岔	侧向过岔
尖轨开口量(mm)	1.97	1.54
心轨开口量(mm)	2.35	1.78
动态轨距扩大量(mm)	3.04	5.23

3种试验列车直向通过和侧向通过道岔时测力轮对监测的脱轨系数、轮重减载率和轮对横向力等各项安全性指标均在安全限度内。

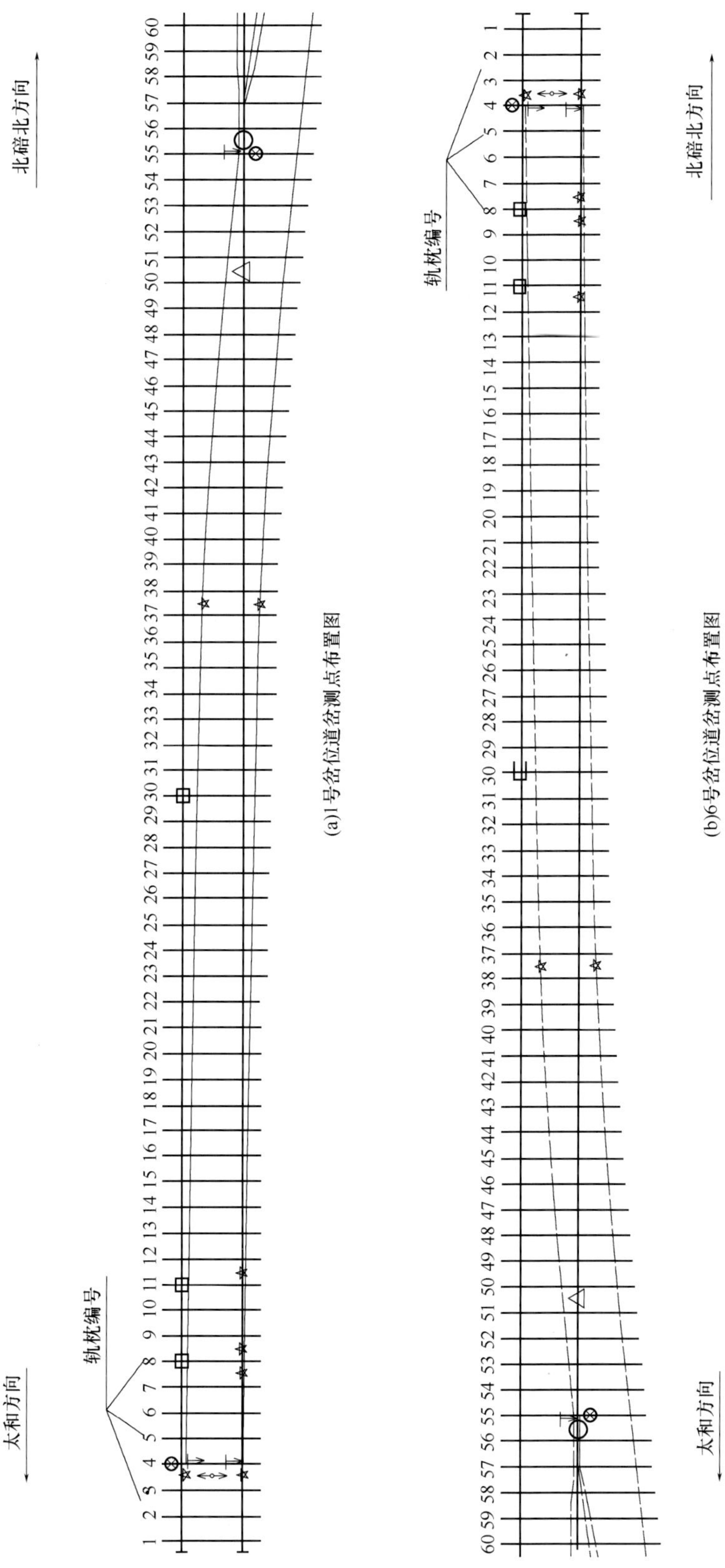

图8-54　60-12号可动心轨道岔轨道结构测点布置示意图（合川站）

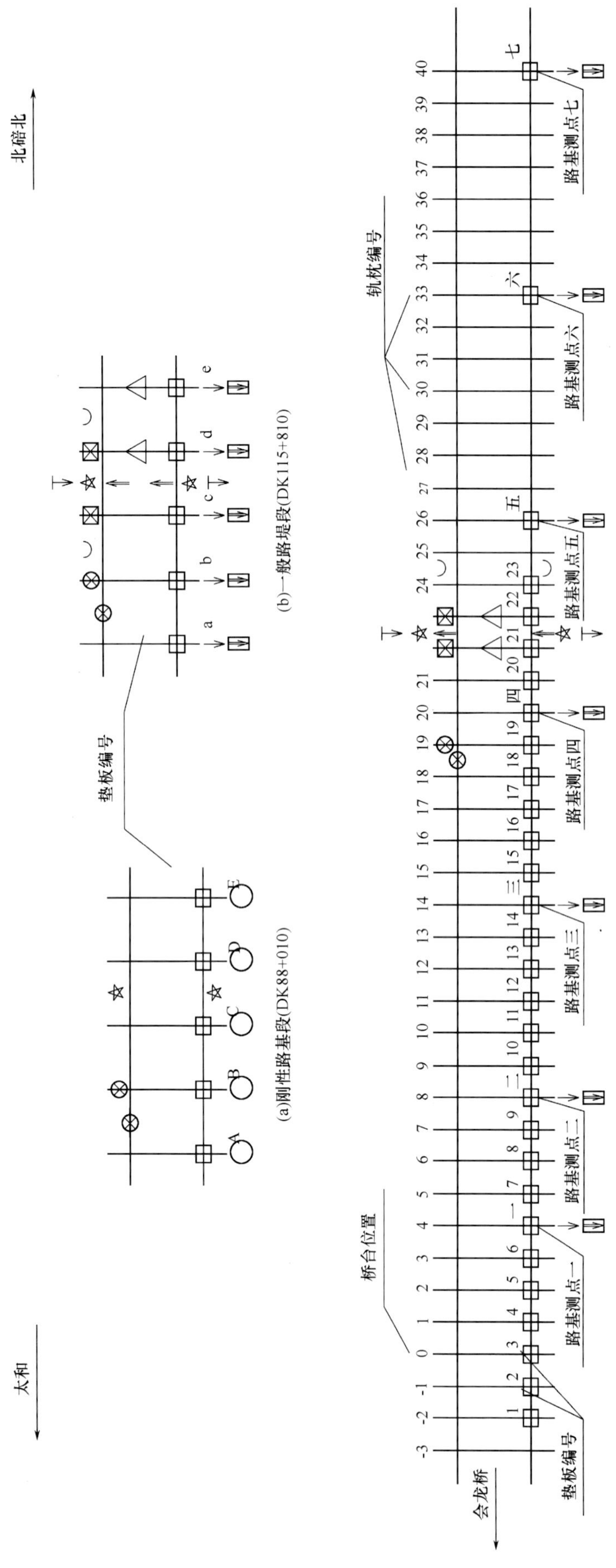

图8-55　区间轨道动力性能试验测点布置示意图

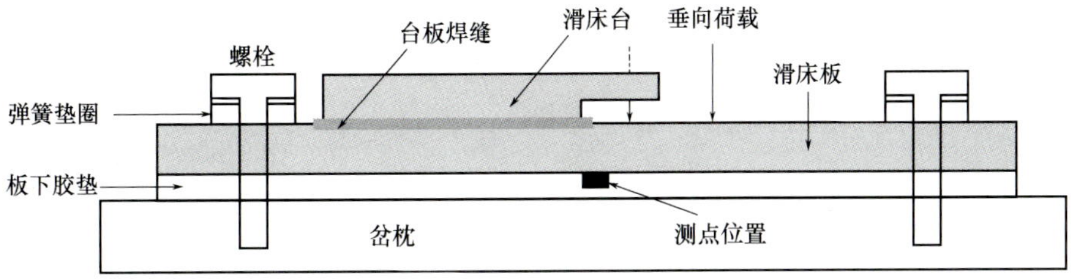

图 8-56　道岔各部分名称示意图

试验表明该型 60-12 号可动心轨单开道岔能够满足动车组以 200 km/h、货物列车、双层集装箱车直向以 120 km/h 和双层集装箱车侧向以 50 km/h 速度安全运行的要求。

不同编组列车枕上压力变化情况见图 8-57；不同速度的枕上压力变化情况见图 8-58；尖轨不同断面的轮载分布见图 8-59。

但应对轨道及道岔区刚度均匀性，滑床板、护轨垫板及支距垫板等铁垫板的初始应力对动应力的影响，列车侧向通过道岔时对尖轨尖端处的轮轨动力响应，双层集装箱车在 200 km/h 客货共线线路上长期运营后对轨道及道岔的动力影响进行进一步的试验研究。

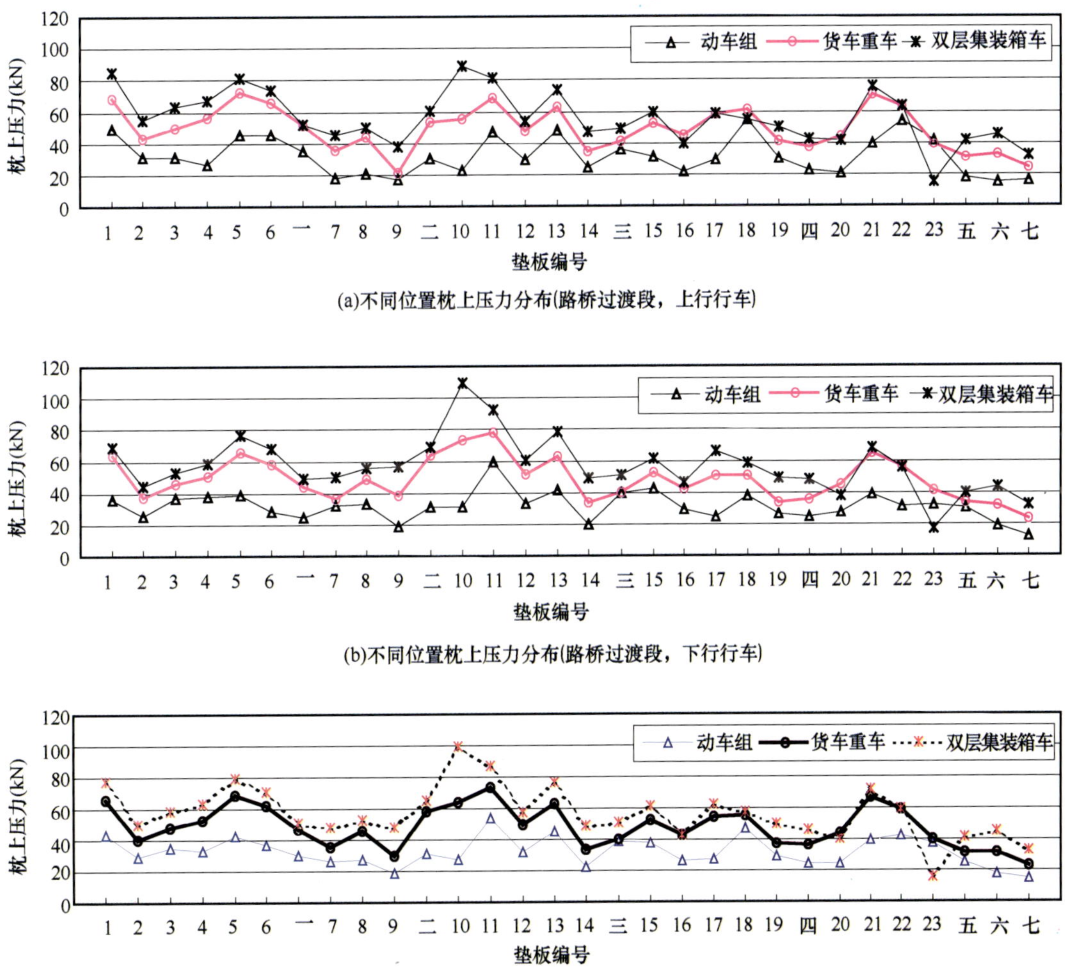

(a)不同位置枕上压力分布(路桥过渡段，上行行车)

(b)不同位置枕上压力分布(路桥过渡段，下行行车)

(c)不同位置枕上压力分布(路桥过渡段，上下行统计)

图 8-57　不同编组列车枕上压力与测点位置关系图

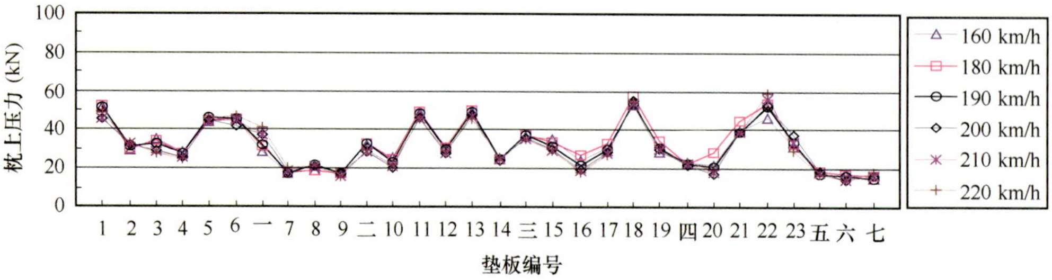

(a)不同速度下枕上压力分布(路桥过渡段，动车组，上行)

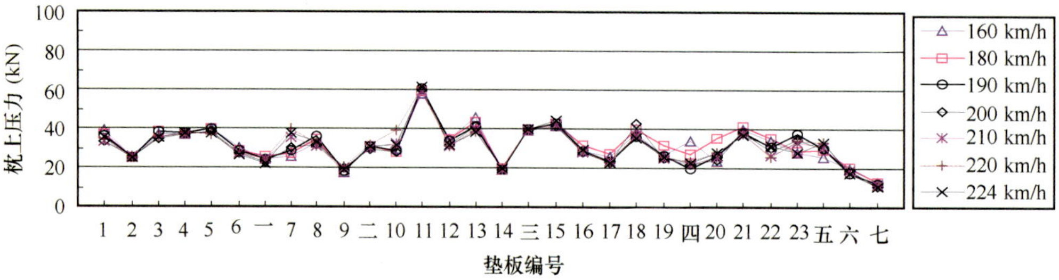

(b)不同速度下枕上压力分布(路桥过渡段，动车组，下行)

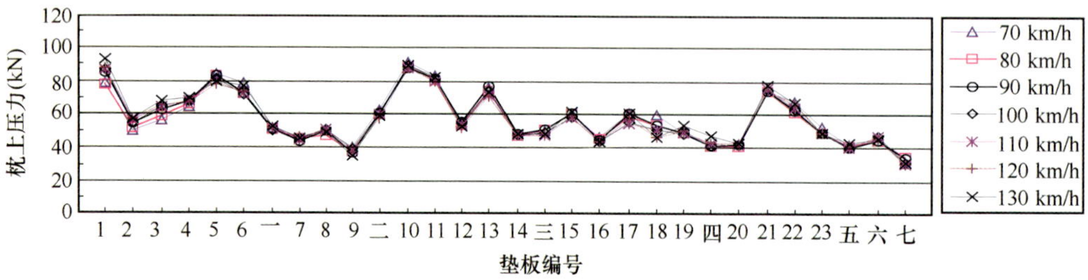

(c)不同速度下枕上压力分布(路桥过渡段，双层集装箱，上行)

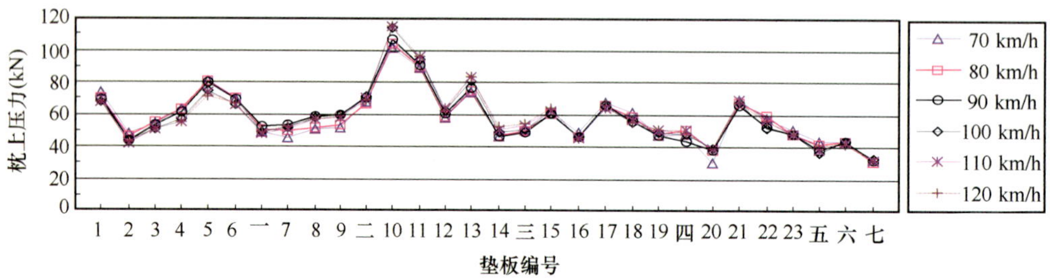

(d)不同速度下枕上压力分布(路桥过渡段，双层集装箱，下行)

图8-58　不同速度下枕上压力与测点位置的关系图

三、路基和过渡段动力性能试验

路基和过渡段动力性能试验，主要测试并对比分析不同型号的试验列车以不同速度通过时，路基和过渡段的载荷和动态响应的规律，确定客货共线路基设计的控制因素，评价路基基床和过渡段结构型式的合理性和有效性。

1. 路基测试项目

（1）路基基床；

（2）路桥过渡段；

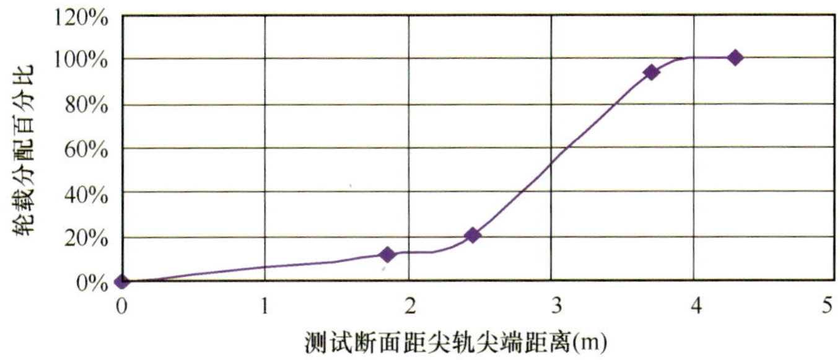

图 8-59 尖轨不同断面轮载分布

(3) 路涵过渡段;

(4) 两桥隧之间短路基动力特性;

(5) 路堤路堑过渡段。

2. 试验结果与分析

(1) 一般路基动应力

一般路基实测动力特性均值见表 8-45。数据表明实测动应力最大值都发生在货车通过时，动应力为 123.8 kPa，动变形为 1 mm，振动加速度为 12.76 m/s^2。

表 8-45 一般路基实测动力特性均值最大一览表

试验车型	动应力均值最大(kPa)		动变形均值最大(mm)	振动加速度均值最大(m/s^2)
动 车 组	83.7		0.500	7.50
120 km/h 货车	机 车	119.3	1.000	4.12
	车 辆	123.8	0.805	12.76
双层集装箱货车	119.5		0.790	4.36

大多数情况下，动应力随着列车运行速度的提高而变大，但增幅不大。动应力与轴重关系较为明显，随着轴重的增加动应力线性增加。

路基面动应力在横截面上呈“马鞍型”分布。测试数据表明：在 3 种试验列车作用下，轨枕端位置的动应力均值约为钢轨下的 57%～74%，道心处的动应力均值约为钢轨下的 13%～18%。

路基面动变形随着行车速度和轴重的提高而增长，见图 8-60，轴重为主要的影响因素，并且受列车运行特性的影响。

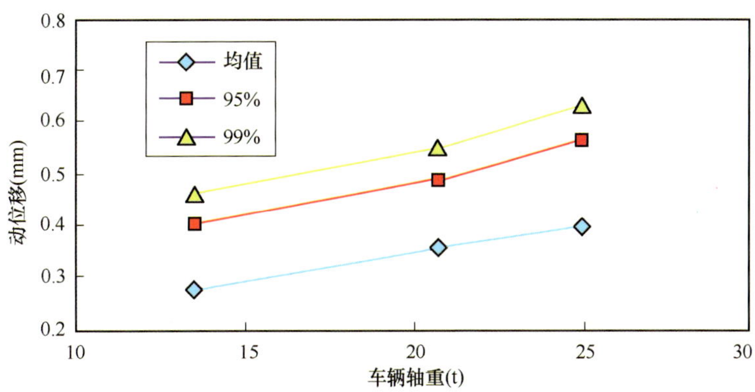

图 8-60 车辆轴重与路基面动变形关系曲线

路基加速度随着行车速度和轴重的提高而增长，并且车速为主要的影响因素。

车辆轴重对路基面动应力（图 8-61）、动变形影响最大，行车速度对轨枕肩振动速度影响最大，车辆动力学性能对路基面加速度影响最大，分别为路基基床荷载和动力性能设计的控制条件。

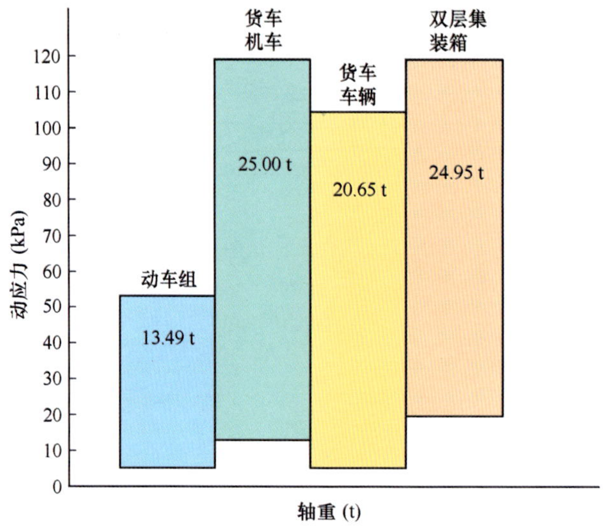

图 8-61　下行试验各轴重列车测试中的动应力范围

行车速度对振动速度、加速度等振动参数影响相对较强，对动应力、动变形等结构参数影响相对较弱。

（2）路桥（涵）过渡段动力特性试验

路桥（涵）过渡段实测动力特性均值见表 8-46。实测路桥过渡段动应力最大值为货车95.6 kPa，动变形最大值为双层集装箱货车 0.93 mm，振动加速度最大值为货车 14.94 m/s^2。

表 8-46　路桥（涵）过渡段实测动力性能均值最大一览表

试验车型	最大动应力均值(kPa)		最大动变形均值(mm)	最大振动加速度均值(m/s^2)
动　车　组	60.57		0.62	7.48
120 km/h 货车	机　车	89.85	0.87	13.48
	车　辆	95.6	0.86	14.94
双层集装箱货车	86.64		0.93	8.98

从测试数据中可以看出，列车通过桥路过渡段时，过渡段路基动变形没有突变现象，并且动变形值比较小。

路涵过渡段结构的动力学特征指标响应值沿线路纵向有不同的变化规律。总体上，路基面的动应力、加速度及轨枕肩振动速度沿线路纵向的变化表现为近涵洞位置大于或略大于远涵洞位置的规律，而路基面动变形沿线路纵向的变化则表现为近涵洞位置小于远涵洞位置的特性，表明了过渡段处理措施产生相应效果。

（3）两桥（隧）之间短路基动力性能试验

遂渝线桥、隧之间长度小于 150 m 的短路基 45 有处。车辆行驶在这些路段时，在路基一端激发的振动尚未充分衰减就已到达路基另一端，使振动加剧，影响行车的平稳性。嘉陵江特大桥的两端作为测试工点对路基进行不同的方式处理，一端为桥隧刚性路基过渡，另一端采用一般路基结构过渡。

测试结果表明，刚性路基与一般路基相比，路基面动变形减少 37％～59％，路基面动应力、加速度、轨枕肩振动速度值沿线路纵向变化趋于平稳，路基动力性能得到明显改善。

（4）路堤路堑过渡段动力性能试验

路堤路堑过渡段实测动力性能均值见表 8-47。实测路堤路堑过渡段动应力最大值为货车机车 92.26 kPa，动变形最大值为双层集装箱货车 1.04 mm，振动加速度最大值为双层集装箱货车15.30 m/s^2。

表 8-47　路堤路堑过渡段实测动力性能均值最大一览表

试验车型	最大动应力均值(kPa)		最大动变形均值(mm)	最大振动加速度均值(m/s^2)
动 车 组	59.25		0.432	12.86
120 km/h 货车	机　车	92.26	0.850	12.48
	车　辆	53.97	0.650	
双层集装箱货车	83.46		1.040	15.30

路堤路堑过渡段的动刚度呈现硬—软—次硬的变化。路堑范围和路堤范围的动刚度平均值分别是过渡段范围的 2.32 倍和 1.30 倍。

路堤范围动应力值与过渡段断面动应力值接近，与路堑范围动应力值有较大差距。路堑范围动应力的平均值分别是路堤范围和过渡段的 1.18 倍和 1.22 倍。

动变形沿路堑—过渡段—路堤变化是增加—峰值—减少—稳定的方式，在路堑与路堤交界处达到峰值，在过渡段逐渐减少，在路堤范围基本稳定。过渡段范围动变形的平均值是路堑范围和路堤范围的 1.80 倍和 1.14 倍。

路堑、路堤及过渡段中，路堑端部是动态特性最差的位置，其动应力和动刚度明显小于路堑和路堤范围的动应力，动变形则明显大于其他路堑和路堤。

双层集装箱货车以 110 km/h 通过过渡段时测得本次路基测试的最大加速度为 15.30 m/s^2。

（5）动应力综合统计分析

考虑到线路状况及道床状态不一致对基床表面动应力的影响，选择位于钢轨正下方路基基床表面的测点进行分析，得到动应力统计数据，见图 8-62～图 8-65 和表 8-48。

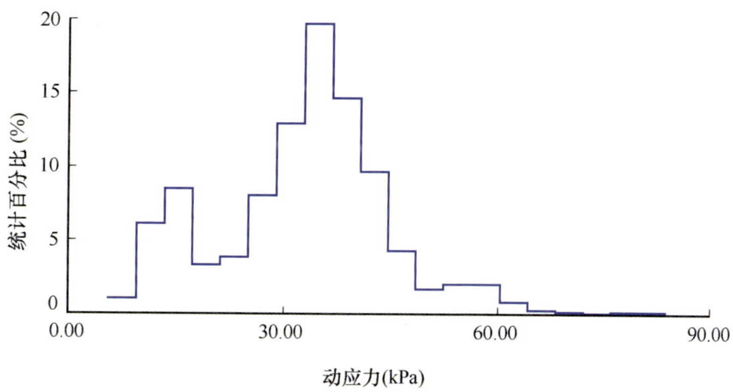

图 8-62　动车组动应力统计分析

表 8-48　统计动应力和实测动应力

车　型	轴　重(t)	实测动应力(kPa)		统计动应力(kPa)	
		95%	99%	95%	99%
动 车 组	13.49	54.07	63.7	46.95	59.63
120 km/h 货车机车	25	82.8	102.6	87	110.5
120 km/h 货车车辆	20.65	75.16	87.17	71.86	91.27
双层集装箱货车	24.95	81.2	107.1	86.83	110.3

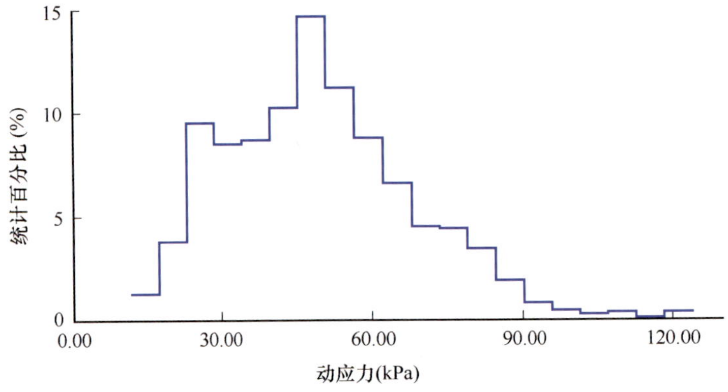

图 8-63　120 km/h 货车动应力统计分析

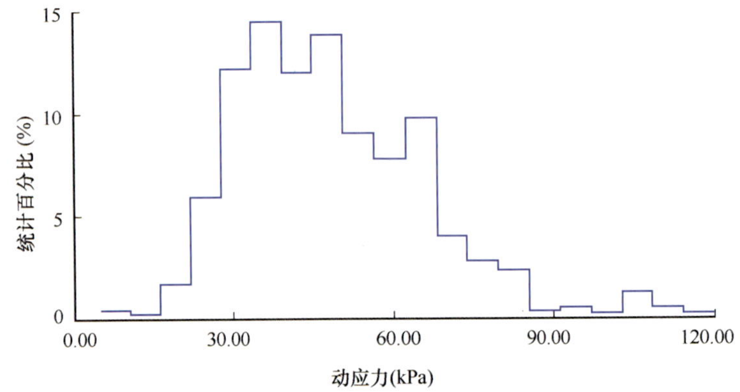

图 8-64　双层集装箱货车动应力统计分析

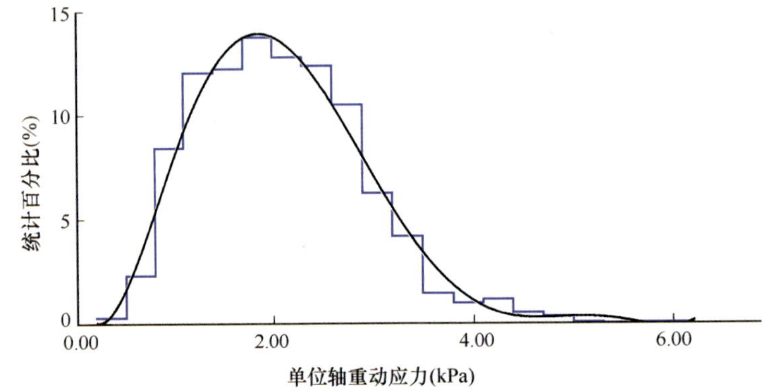

图 8-65　路基面动应力归一化统计分析

比较统计动应力和实测动应力，两者具有很好的一致性。120 km/h 货车与双层集装箱货车轴重相当，实测和统计动应力数值基本相当。

根据本次试验路基面动应力测试结果，可计算出不同型号试验车轴速度影响系数，见图 8-66。推算提速后路基面动应力的增长情况见表 8-49。动车组从 160 km/h 提速至 200 km/h 后，路基面动应力增加 8%。120 km/h 货车从 70 km/h 提速至 120 km/h 后，路基面动应力增加 15%。开通 120 km/h双层集装箱货车后，与 70 km/h 货物列车（21 t 轴重）相比路基面动应力增加 26%。

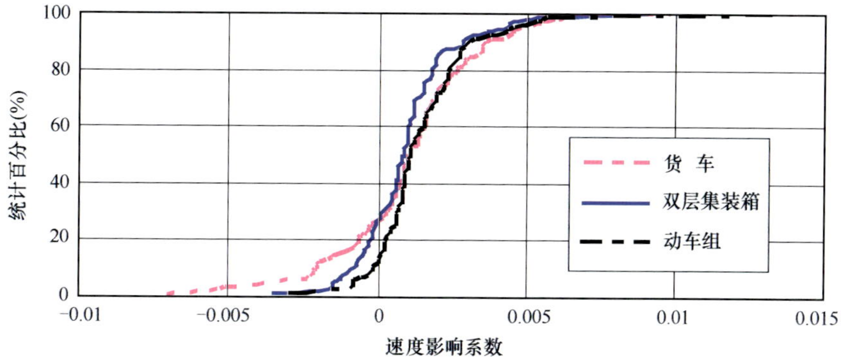

图 8-66 速度影响系数累计分布曲线

表 8-49 路基面动应力随道床厚度的变化

道床厚度(cm)	20	40	50	60
路基面动应力变化(%)	38	−20	−32	−41

路基面动应力受道床厚度和状态的影响较大。当道床厚度由30 cm变为20 cm时，路基面动应力将增大38%；当道床厚度由30 cm变为40 cm时，路基面动应力将减小20%；当道床厚度由30 cm变为50 cm时，路基面动应力将减小32%；当道床厚度由30 cm变为60 cm时，路基面动应力将减小41%。

因此应对基床强度不足地段予以加强并应保证道床和线路状态良好；加强路涵及其过渡结构的刚度与变形协调控制研究；两桥（隧）之间短路基设置刚性路基的条件及合理的刚性路基结构型式作进一步研究；路堑路堤过渡段中，靠近路堑出口处的填挖接合部是最薄弱的位置，因此在新线建设施工过程中应该有针对性地加强处置。

四、桥涵动力性能试验

针对以往提速桥梁存在的主要问题，结合胶新线和京秦线试验情况，选择在提速中对横向振动较为敏感预应力混凝土T型24 m梁3孔、32 m梁9孔，6座高度不等的混凝土桥墩和一座盖板箱涵进行试验。还测试了草街嘉陵江特大桥。

1. 试验内容

桥涵动力性能测试包括梁体跨中动挠度、动应变、振幅、强振频率、固有频率、阻尼比、振动加速度、支座中心线处轮轨水平力、垂直力。

桥梁墩顶横向振动的振幅、强振频率、固有频率，支座横向和竖向动位移。

盖板箱涵测试跨中下缘主筋动应变、动挠度及动力系数，竖向振动特性，竖向振动加速度；边墙的竖向和纵向振动加速度；跨中、边墙、过渡段处轨枕竖向加速度。

嘉陵江特大桥测点布置，如图8-67和图8-68所示。

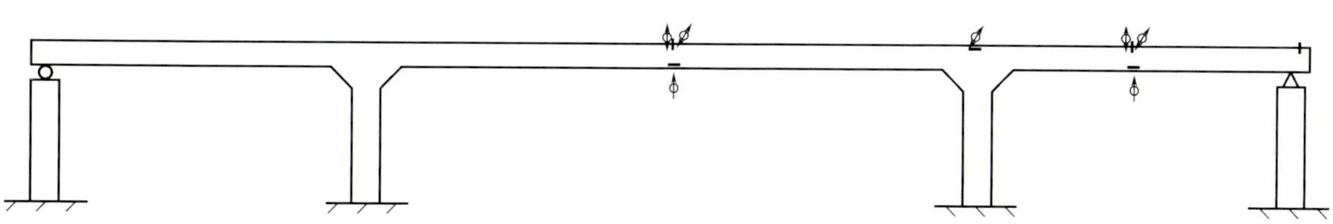

图 8-67 连续刚构梁（88+160+88）m主跨测点布置图

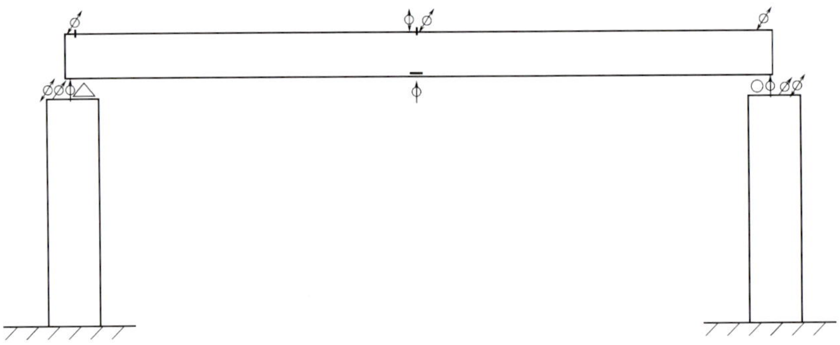

图 8-68　简支梁测点布置图

2. 试验结果的评定分析方法

本次试验的评定方法是计算试验桥跨的基本设计参数，评定其与《新建时速 200 公里客货共线铁路设计暂行规定》和《既有线提速 200 km/h 技术条件》的符合程度。

试验结果的评定，一方面根据实测列车运行的安全性和舒适性指标，另一方面参考《桥检规》的安全控制标准和国外成熟的研究成果。

3. 试验结果及分析

在 3 种列车载荷作用下，桥梁的各项实测值列于表 8-50。在测试过程中，桥梁横向未发生共振和振动过大的现象。表明梁体横向自振频率提高和车辆动力性能改善后，桥梁的横向振动得到了有效控制。

表 8-50　桥梁在试验列车载荷下各项基本设计参数实测值

	32 m 预应力混凝土梁(专桥 9753)	24 m 预应力混凝土梁(专桥 9753)
竖向挠跨比平均值	1/2 905	1/4 024
横向自振频率(Hz)	4.68～4.88	7.42～7.67
竖向自振频率/(Hz)	4.66～5.56	6.80
横向振幅实测最大值(mm)	2.41(双层集装箱)	1.64(120 km/h 货车)
竖向振动加速度(m/s^2)	<3.50	<3.50
跨中竖向振幅最大值(mm)	3.18(双层集装箱)	2.41(双层集装箱)

实测桥涵的跨中竖向振动加速度均小于 3.50 m/s^2 的规定。32 m 梁和 24 m 梁在双层集装箱货车作用下，跨中竖向振幅最大值分别为 3.18 mm 和 2.41 mm，从振幅和速度关系图上可以判断梁体竖向未发生共振和振动过大的现象。跨中挠度动力系数绝大多数小于运营列车动力系数的公式计算值。

4. 桥墩（墩高 9.7～45.3 m）实测值

桥墩实测值横向自振频率 3.75～1.46 Hz，横向振幅实测最大值列于表 8-51，对应梁端线路处实测的脱轨系数和轮重减载率结果（表 8-43），在此振幅水平下，试验列车的运行状态良好。

表 8-51　桥墩横向振幅实测最大值　　单位：mm

	动车组	120 km/h 货车	双层集装箱货车
横向振幅实测最大值	0.07～0.46	0.40～2.31	0.18～3.09

测试的 32 m 梁和 24 m 梁均采用盆式橡胶支座。所有测试的固定支座和活动支座的横向位移均不大于《桥检规》和《新建时速 200 公里客货共线铁路设计暂行规定》中规定的±1 mm 的要求。

嘉陵江连续刚构特大桥的全桥横向自振频率大于《关于南昆线四座大桥横向刚度的补充技术要求》0.59 Hz的规定。由于为双线桥且梁体刚度较大，动力响应均不显著。

5 m盖板箱涵和过渡段范围内轨枕竖向振动加速度较为平稳，没有突变。涵洞跨中顶板处的竖向振动加速度与轨枕处相比，高频成分减少，振动幅值衰减明显。实测结果表明，填土厚度1.23 m的涵洞，能够使线路在涵洞处平稳过渡，保证列车运行具有良好的舒适性，并大大减少列车对涵洞的冲击。

遂渝线32 m梁和24 m梁设计基本参数的计算值与普通线上的标准梁跨相比，32 m梁竖向刚度提高了20%，横向自振频率提高了46%；24 m梁竖向刚度提高了19%，横向自振频率提高了51%。梁体的竖向刚度、竖向和横向自振频率均满足《新建时速200公里客货共线铁路设计暂行规定》和《提速200公里技术条件》的要求。

按照《新建时速200公里客货共线铁路设计暂行规定》设计的梁体，其横向、竖向刚度有明显提高，动力性能大为改善，能够满足200 km/h旅客列车舒适性和120 km/h货车运行平稳性的要求。既有线桥梁改造达到《提速200公里技术条件》要求，基本能保证200 km/h旅客列车舒适性和120 km/h货车运行平稳性。

实测桥墩的横向动力性能能够满足列车运行的平稳性和舒适性要求，但墩顶横向振幅和桥墩横向自振频率各有41%、47%的比例不满足《桥检规》的通常值，应对提速后桥墩的横向振动问题作进一步的研究。

五、隧道气动力及结构动力学试验

1. 试验概述

在遂渝线选择了一长一短两座隧道进行试验比较，研究空气动力学及结构动力学效应对隧道结构及周围环境影响主要指标的变化规律。

2个试验隧道，松林堡隧道全长1 320 m，隧道进出口均设置棚洞式缓冲结构。荆竹岭隧道全长4 366 m，隧道进出口均未设置缓冲结构。

针对高速通过隧道时产生的一系列空气动力学及结构动力学效应，遂渝线200 km/h提速线路隧道气动力及结构动力学试验主要有瞬变压力、空气动力载荷、列车风、隧道口微压波、车致振动载荷。

动车组和提速25T普通旅客列车上各布设瞬变压力测点。测点分别在不同车厢的内侧和外侧。松林堡隧道内布置6个测试断面，7个瞬变压力测点。荆竹岭隧道内布置3个测试断面，4个瞬变压力测点。

在隧道壁上设置气压传感器，测试隧道洞口及隧道中部空气压力的最大值。

在隧道内设置风速传感器，测试隧道洞口及隧道中部列车风速度的最大值。

在隧道口附近设置噪声传感器，测试隧道口附近微压波的最大值。

在隧道衬砌表面设置加速度传感器，测试隧道洞口浅埋段及隧道中部深埋段车致振动荷载的最大值。

2. 试验结果与分析

（1）试验结果的可靠性分析

隧道内空气压力变化的波形曲线与德国试验的波形曲线十分接近，见图8-69。证明了试验的可靠性。不同车型、不同速度情况所测得的空气压力波动规律同以往相关课题利用数值计算和模型试验所得的结论基本一致。

（2）隧道内瞬变压力

隧道内瞬变压力测试结果见表8-52，不同速度、不同车型通过不同隧道时的瞬变压力时间历程图见图8-70～图8-74。

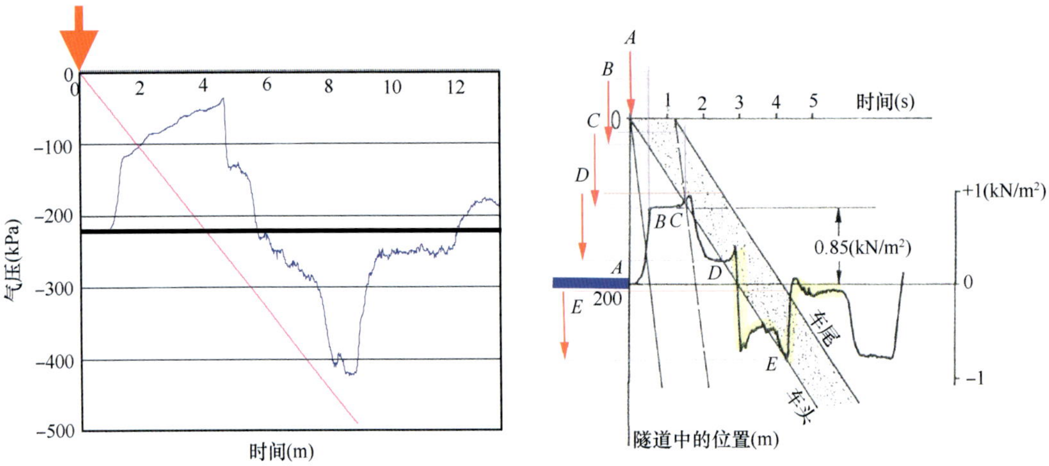

(a)动车组　　(b)德国IEC/V动车组

图 8-69　动车组引起隧道内空气压力变化的波形曲线与德国 IEC/V 动车组的比较

表 8-52　隧道内瞬变压力实测结果　　单位：kPa

测点位置	试验隧道	动车组	25 t 客车	120 km/h 货车	双层集装箱
隧道内	松林堡隧道	3.51	2.92	0.86	1.41
	荆竹岭隧道	2.92	1.34	0.81	1.24
车　内	松林堡隧道	1.88	1.61		
	荆竹岭隧道	1.15	0.93		

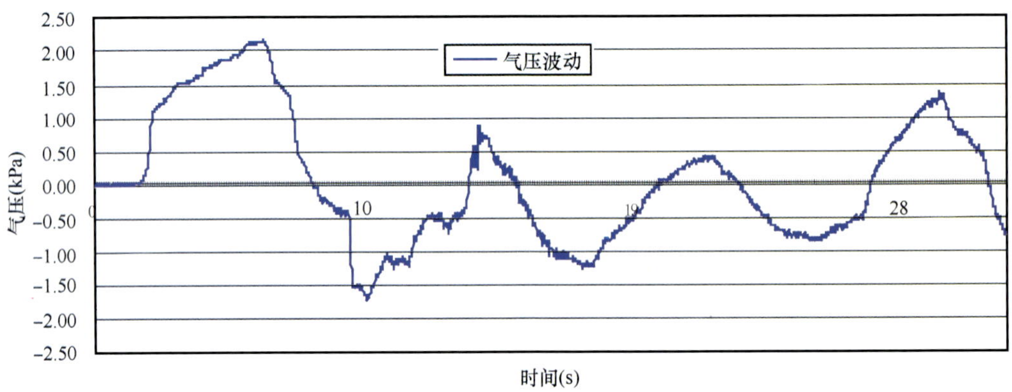

图 8-70　动车组通过松林堡隧道向洞内 463 m 位置瞬变压力典型图形（200 km/h）

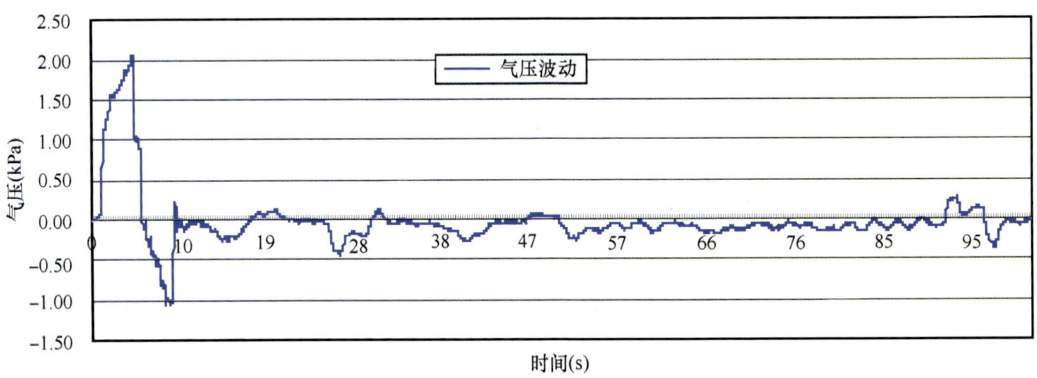

图 8-71　动车组荆竹岭隧道向洞内 227 m 位置瞬变压力典型图形（200 km/h）

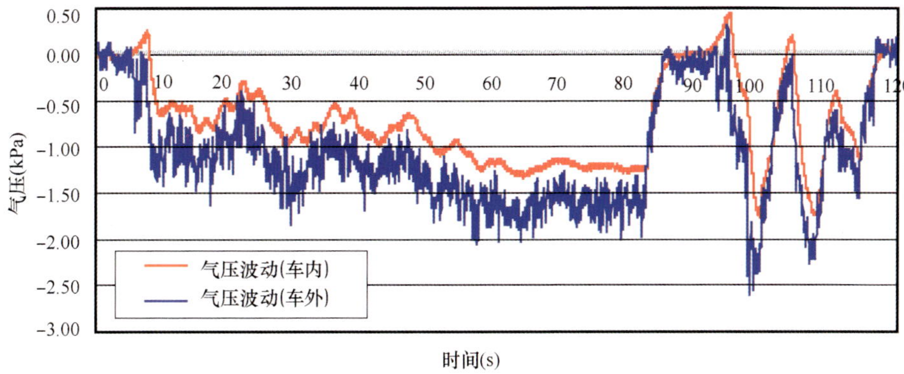

图 8-72　动车组经过荆竹岭及松林堡隧道时车厢内外
测点数据图形瞬变压力随时间变化典型图形（200 km/h）

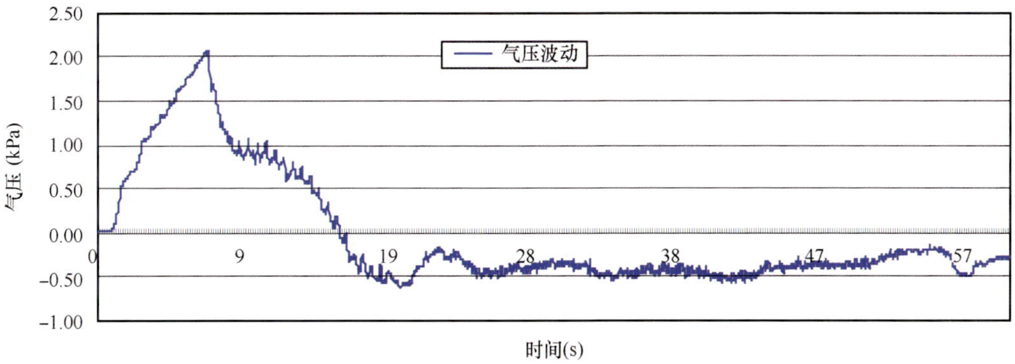

图 8-73　双层集装箱货车通过松林堡隧道向洞内 223 m 位置瞬变压力典型图形（120 km/h）

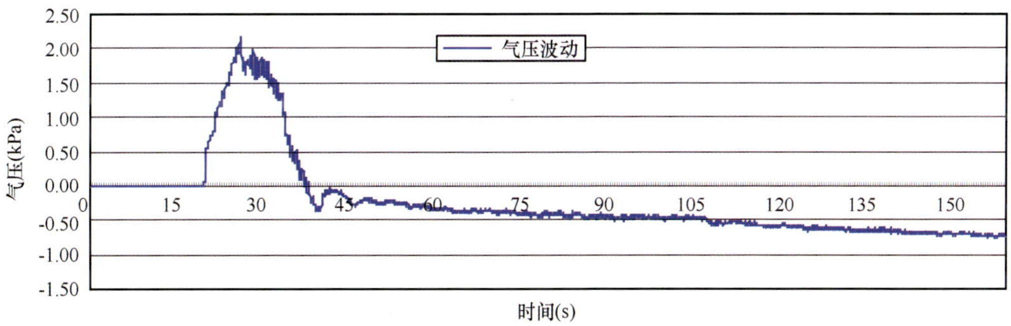

图 8-74　双层集装箱货车荆竹岭隧道向洞内 227 m 位置瞬变压力典型图形（120 km/h）

由表 8-52 可知，隧道内气压波动“峰对峰”最大值和“3 s 间隔”变化值随列车速度的提高而增大。动车组在车速为 200 km/h 时，松林堡隧道内气压波动“3 s 间隔”变化值为 3.51 kPa，荆竹岭隧道值为 2.92 kPa。动车组通过隧道时产生的瞬变压力比其他 3 种车型要大。该动车组通过松林堡隧道时车内压力为 1.88 kPa。

根据试验结果对列车进入隧道产生的首波形态进行了分析研究，得出了首波峰值和最大梯度分别与车速的平方及立方成正比的结论，这与理论分析及模型试验的结论一致。这就为进一步研究微压波的形成和消减机理提供了依据。

（3）乘员舒适度调查

在动车组上进行乘员耳膜不适情况调查（调查样本 586 人次），结果如图 8-75 所示。从图中可见，当列车车速为 160 km/h 时，20.7%以上的乘员认为相当不适，对应时刻列车内 3 s 间隔压力波动变化值为 1.41 kPa；当列车车速为 200 km/h 时，43.7%以上的乘员认为相当不适，对应时刻列车内 3 s 间隔压力波动变化值为 1.88 kPa。按 R. G. Gawthorpe 提出的七分法乘员“不适度”指标 η，对于隧道密集线路要求 $\eta<2.5$，相应的气压变化为 $\Delta p=0.80$ kPa/3 s。将乘员耳膜不适程度的调查数据按此法估算得到 160 km/h 及以上速度的乘员“不适度”为 $\eta=3.29\sim4.45$。这说明《京沪暂规》所提出的适用于隧道稀少的平原地区铁路的 3 kPa/3s 标准并不适用隧道密集的山区铁路。

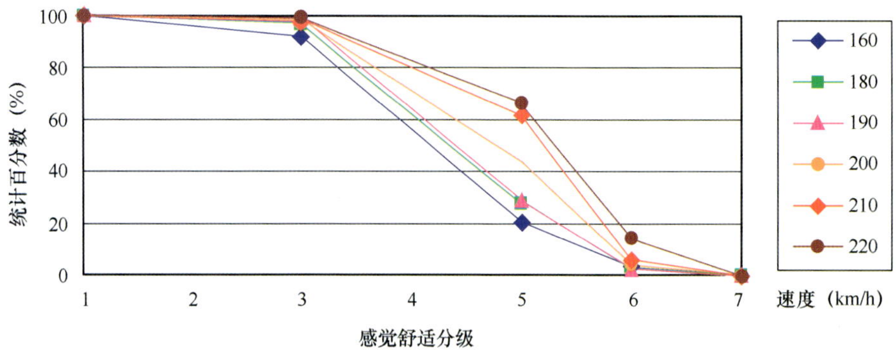

图 8-75　乘员耳膜不适情况统计数据

（4）不同车型的列车风

不同车型列车风最大值见表 8-53。由表可知，动车组在车速为 200 km/h 时，松林堡隧道内列车风速度最大值为 19.7 m/s，荆竹岭隧道内列车风速度最大值为 17.1 m/s。根据国外关于高速铁路站线轨侧铁路员工允许风速的规定，开行 200 km/h 高速列车时允许风速为 17 m/s，因此必须严格禁止人员滞留在隧道内。

表 8-53　不同车型列车风最大值

车　型	车　速(km/h)	松林堡隧道列车风最大值(m/s)	荆竹岭隧道列车风最大值(m/s)
动 车 组	200	19.7	17.1
提速 25T 普通旅客列车	160	11.6	12.6
提速货车	120	14.2	14.4
提速双层集装箱货车	120	16.8	12.1

（5）隧道口微压波（200 km/h）

动车组通过松林堡隧道的气压波动传递全过程见图 8-76。松林堡隧道口微压波特征数据见表 8-54。由表可知，动车组在车速 220 km/h 通过隧道时，洞口产生微压波，在松林堡隧道出口附近 8 m最大实测值为 17.22 Pa，小于允许值。研究认为，隧道断面积大于 48.6 m^2、车速等于 200 km/h、碎石道床的情况，可不设缓冲结构。

表 8-54　松林堡隧道口微压波特征数据

松林堡隧道			荆竹岭隧道		
实测速度(km/h)	出口附近 8 m 实测值(Pa)	出口附近 28 m 实测值(Pa)	实测速度(km/h)	出口附近 20 m 实测值(Pa)	出口附近 30 m 实测值(Pa)
200.2	13.94	—	199.7	3.51	—
220.0	17.22	7.64	221.5	5.70	—

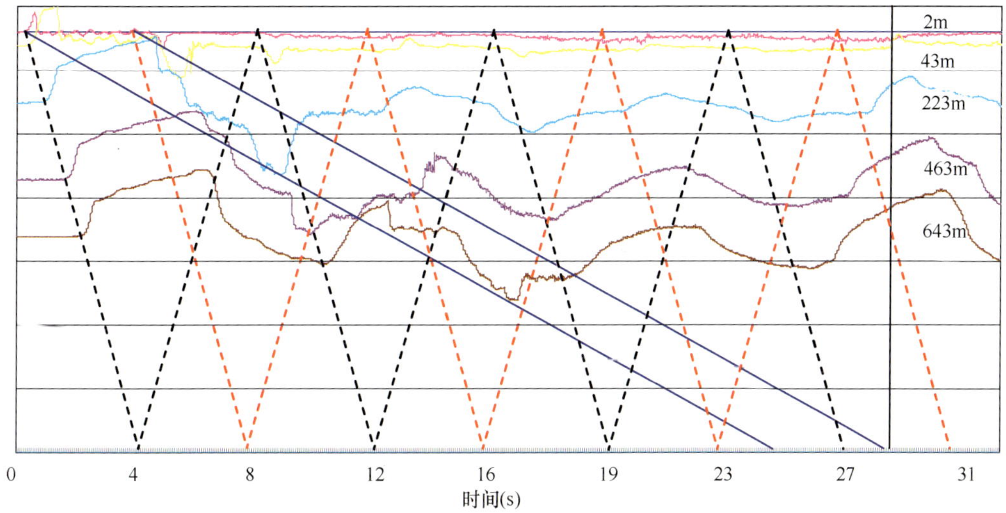

图 8-76　动车组通过松林堡隧道的气压波动传递全过程

（6）车致振动荷载（120 km/h）

松林堡隧道内车致振动载荷特征数据见表 8-55。由表可知，提速货车、双层集装箱货车在车速为 120 km/h，隧道内车致振动载荷很小，对隧道衬砌结构影响不大。

表 8-55　松林堡隧道内车致振动载荷特征数据

车次	实测速度(km/h)	位　置	出口附近位置振动加速度 g		向洞内 643 m 位置振动加速度 g	
S1201	126.6	道床中心	0.07	−0.12	0.11	−0.11
		道床外侧	0.06	−0.13	0.16	−0.12
		左 边 墙	0.01	−0.02	0.08	−0.06
S1203	128.5	道床中心	0.05	−0.18	0.11	−0.13
		道床外侧	0.06	−0.15	0.13	−0.10
		左 边 墙	0.03	−0.02	0.06	−0.05

（7）空气动力载荷

不同车型空气动力载荷最大值见表 8-56。由表可知，隧道内气压纵向载荷和气压法向载荷最大值都为千帕量级，空气动力载荷对隧道衬砌的安全不会产生影响，但对隧道衬砌结构的瑕疵和缺陷的反应较为灵敏，同时对隧道内的设备和设施可能会有一定影响。对于车速小于 200 km/h、碎石道砟道床情况下，测得的隧道底部结构上的车致振动量级较小，对隧道衬砌结构影响不大。

表 8-56　不同车型空气动力载荷最大值

车　　型	车　速(km/h)	正压最大值(kPa)	负压最大值(kPa)
动 车 组	200	2.13	−2.43
提速货车	120	0.96	−1.20
提速双层集装箱货车	120	1.56	−1.08

（8）隧道长度的影响

试验结果表明，提速列车通过长度为 1 320 m 的松林堡隧道时诱发的空气动力学效应从瞬变压力、列车风等方面来看均比长度为 4 366 m 的荆竹岭隧道急剧得多。这与理论分析中关于“最不利隧道长度”的结论一致。因此，在客运专线的设计中，考虑空气动力学效应时不能忽视短隧道和中等长度隧道。对于长隧道，通过设置辅助通道缓解空气动力学效应时，必须系统分析确定其合理位置。

六、动车组、25T 客车、货物列车和双层集装箱列车空气动力学试验

1. 试验概述

列车空气动力学试验主要测试列车通过隧道时隧道壁面空气压力变化、隧道口微压波、隧道内列车风和隧道壁面振动加速度等参数。由于车载测试设备能进行全程采集，试验得到了列车通过的沿途隧道时引起的车厢内外空气压力变化。

动车组设置了 12 个测点（图 8-77、图 8-78）。

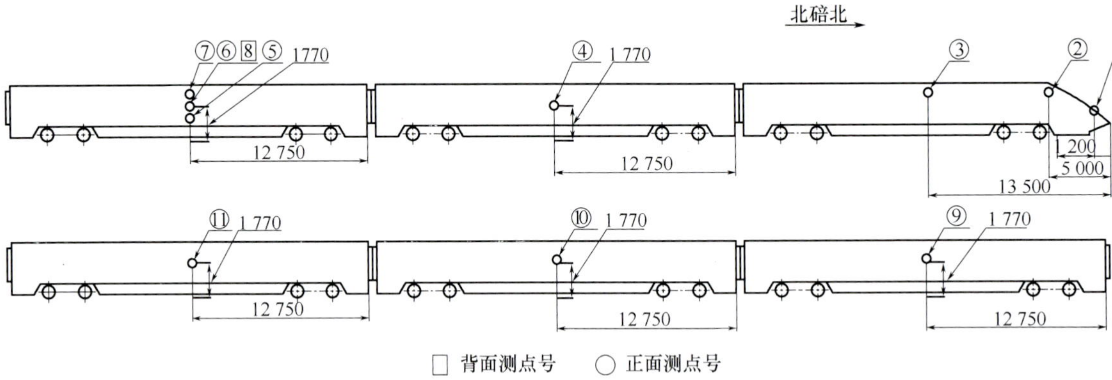

图 8-77　动车组车体表面测点布置图　（单位：mm）

(a) 司机室　　(b) 车门　　(c) 坐席

图 8-78　一维传感器布设位置图

松林堡隧道壁测点沿长度方向布设动态压力测点 24 个（图 8-79（a）），其中有 2 个截面在不同高度布置 4～6 个测点（图 8-79（b）、（c）），采用二维超声波风速仪测量列车风。

用动态压力传感器，对列车进隧道时及隧道出口的微压波进行了测量（图 8-80）。

分别在隧道缓冲段、隧道口加装加速度传感器（图 8-81）来测量列车通过隧道时测点位置沿垂向和横向的加速度。

分别采用二维热线风速仪和二维超声波风速仪对隧道内列车风风速进行测量（图 8-82）。分别在距洞口不同位置布置了动态压力传感器，对列车进隧道时，隧道出口的微压波进行测量。

在两辆 25T 客车车体表面布置了动态压力测点（图 8-83）。

两节 25T 型客车及 DF_{11} 型内燃机车司机室内设置了传感器（图 8-84）。

为测量双层集装箱平车过隧道时的空气阻力和侧向力，在试验车后二位的车载集装箱箱体上布置了动态压力传感器（图 8-85）。

2. 试验结果及分析

（1）25T 客车和动车组

25T 客车流线化程度远低于动车组，两种车型列车以同样速度通过隧道时，25T 客车引起隧道

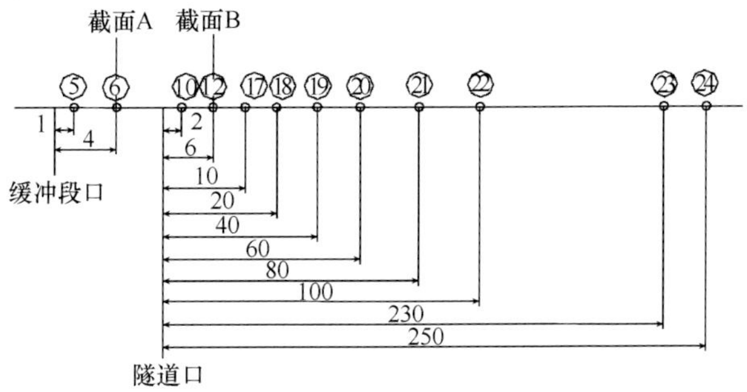

(a)松林堡隧道纵向测点布置示意图（单位：m）

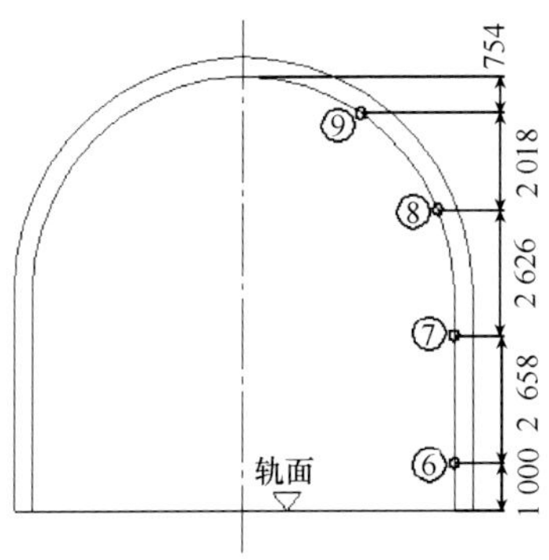

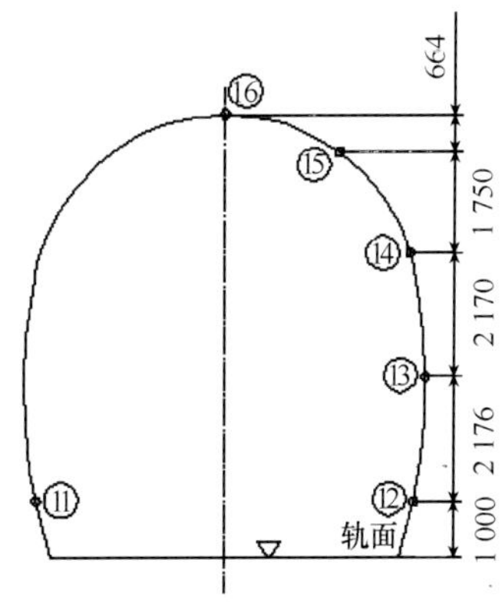

(b)缓冲段4 m截面(A)测点布置示意图（单位：mm）　(c)缓冲段6 m截面(B)测点布置示意图（单位：mm）

图 8-79　松林堡隧道壁面测点布置

(a)10 m 测点（压力传感器）

(b)20 m 测点（压力传感器）

(c)15 m、20 m 测点（声压计）

图 8-80　松林堡隧道微压波测点布置

内的气压变化大于动车组，如 160 km/h 运行时，引起松林堡隧道 250 m 测点压力变化幅值分别为 3.231 kPa 和 2.332 kPa，两者相差 38.6%。货车和 25T 客车、机车均为非流线型机车，在同等速度下引起的隧道壁面压力变化相差不大，如 120 km/h 运行时，引起松林堡隧道 250 m 测点压力变化幅值分别为 2.020 kPa 和 1.843 kPa，两者相差 9.6%。

测点压力变化幅值与列车运行速度成正比（图 8-86），数值范围为 1.7～2.4，具体取值与车型和测点位置有关。

列车通过单线隧道车内最大压力幅值近似为通过双线隧道的 2 倍。

对于单线隧道，当隧道长度从 234 m 增加到 1 320 m 时，车厢内压力波幅值随隧道长度增加而增大，当隧道长度达到一定值后，压力波幅值不但不再增加，反而有所减小。动车组200 km/h运行情况下，长度 1 320 m 松林堡隧道壁面最大压力变化幅值约为长度 4 366 m 荆竹岭隧道壁面最大压力变化幅值的 1.65 倍。

(a) 缓冲段加速度传感器布置　　(b) 隧道口加速度传感器布置

图 8-81　松林堡隧道加速度传感器布置

(a) 二维超声波风速仪　　(b) 二维热线风速仪

图 8-82　荆竹岭隧道风速仪布置

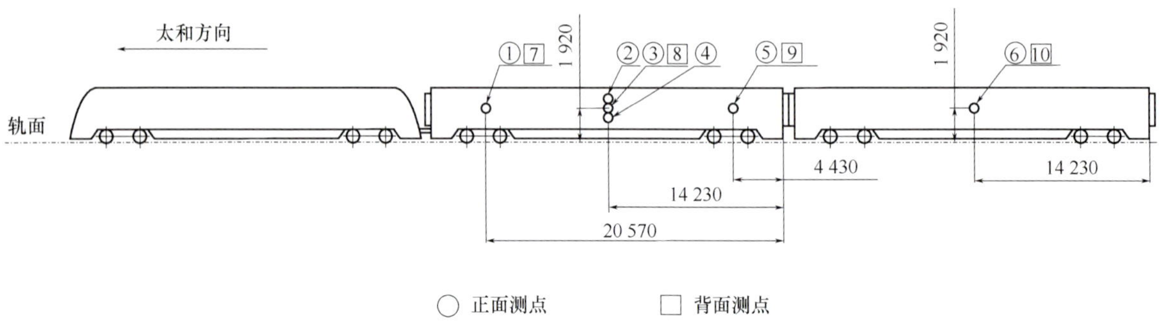

图 8-83　25T 提速客车车体表面测点布置图

在所测试的三座双线隧道中，在距洞口 0～250 m 范围内，压力变化幅值随着测点距隧道口距离的增加而增大，隧道口附近压力幅值增加较快，距隧道口 250 m 远的测点压力变化幅值最大（图 8-87）。

隧道壁面压力分布三维效应比较明显，具体因截面位置和列车外形而异，在缓冲段 4 m 截面位置，动车组、25T 提速客车和货物列车引起的三维效应大于双层集装箱列车，而在距隧道口 6 m 截面位置，双层集装箱车引起的三维效应最强。对单节车辆而言，平均空气压差阻力近似与列车运行速度的平方成正比。

隧道壁面振动加速度与列车运行速度的 n 次方成正比（图 8-88），n 值范围为 1.5～2.2，各测点的横向振动加速度均小于垂向振动加速度。由于货物列车大部分为重车，且编组长度远大于 25T 提速客车，列车运行速度相同的情况下，货物列车通过隧道引起的隧道壁面振动加速度大于 25T 提速客车。货物列车以 122 km/h 上行时，对松林堡和荆竹岭隧道而言，隧道壁面各测点振动加速度

DF$_{11}$ 型机车司机室　　25T 软卧车门处

25T 软卧车厢卧室　　25T 软卧车厢走廊处

图 8-84　25T 提速客车一维传感器布设位置

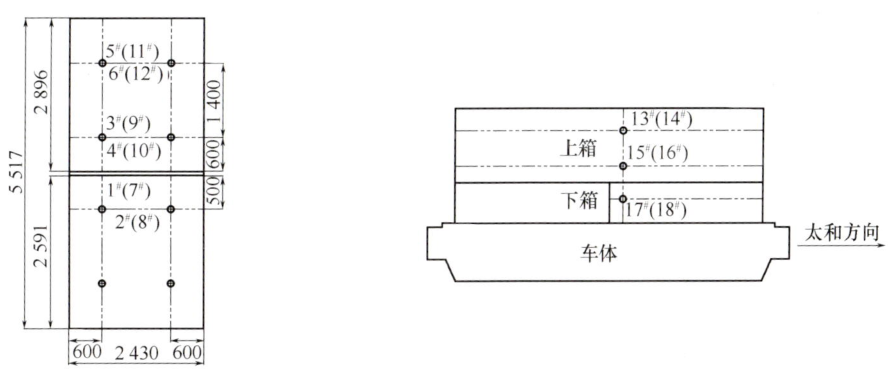

箱两端面压力测点　　箱两侧面压力测点

图 8-85　双层集装箱压力测点布置图　（单位：mm）

分别比 25T 提速客车以 120 km/h 上行时大 125%～154%和 138%～197%。

（2）双层集装箱列车（120 km/h）

当双层集装箱列车以 120 km/h 速度上、下行通过元通寺隧道时，测试车辆受到的侧向气动力分别为 4.136 kN 和 3.817 kN，车载集装箱的最大横向加速度取 0.5 g，倾覆力矩分别为34.2 kN·m 和 33.8 kN·m，小于临界倾覆力矩（47.5 kN·m），即双层集装箱列车过隧道时受到的侧向力在允许范围之内。

车体表面和车厢内部空气压力变化幅值不同，但随时间的变化规律一致，动车组和 25T 提速列车车厢内、外压差最大值分别为 500 Pa 和 300 Pa，在车体结构及车窗玻璃强度允许的范围之内。

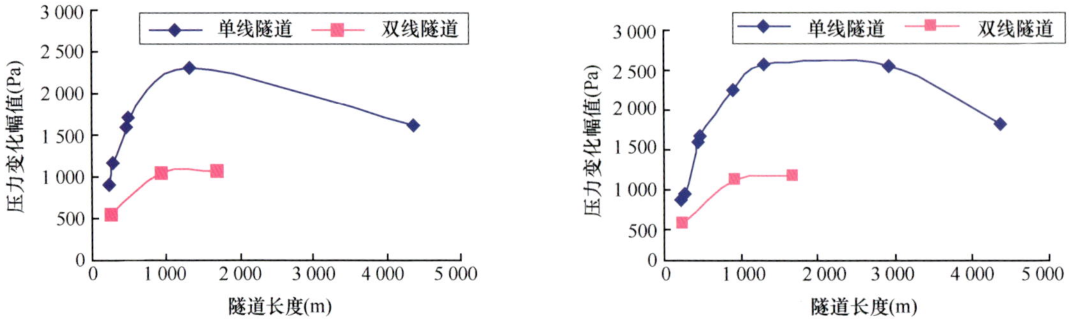

(a)下行　　(b)上行

图 8-86　室内压力幅值随进入隧道的长度变化趋势

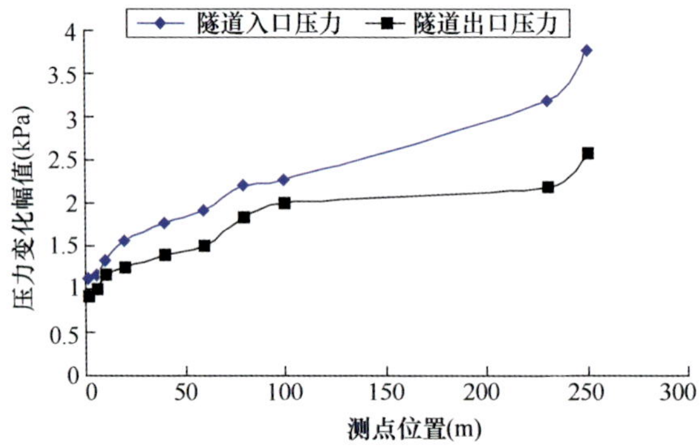

图 8-87　松林堡隧道壁面测点压力幅值随纵向位置的变化

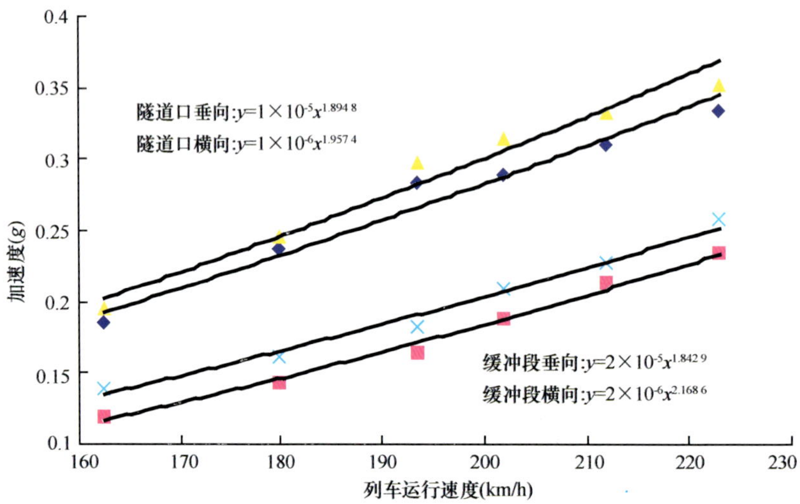

图 8-88　松林堡隧道壁面振动加速度与动车组运行速度的关系

隧道内最大压力变化幅值近似与阻塞比的 1.5 次方成正比，将隧道断面扩大到 52 m^2 后，压力波幅值下降约 10%。

测点压力变化幅值与列车运行速度成正比，数值范围为 1.7～2.4，具体取值与车型和测点位置有关。见图 8-89。

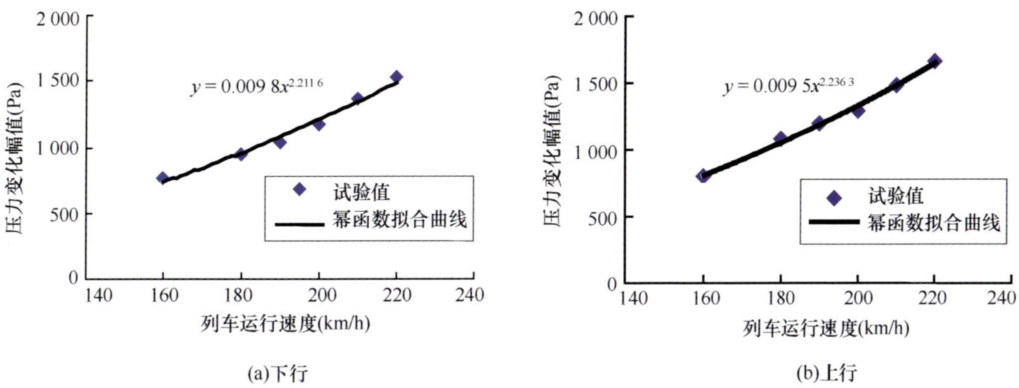

图 8-89　车内测点压力变化幅值与列车速度关系曲线

七、动车组和 SSJ_3 电力机车弓网受流性能试验

1. 试验概述

弓网受流性能试验主要测试客货共线单线隧道内特殊悬挂接触网情况下的动车组和双层集装箱列车弓网受流性能，研究遂渝线单线隧道接触网的悬挂技术；测试动车组受电弓在遂渝线明线区间接触线最低高度为 6 330 mm 接触网下运行的弓网受流性能。

遂渝线采用全补偿简单链形悬挂型接触网。接触线最低高度为 6 330 mm。采用交叉线岔。试验段接触网主要分 3 个区段，分别使用德国、日本和中国的零部件产品，区段 1 和区段 3 隧道内采用国内研制的三角形悬挂方式；直线区段采用国内设计的三角支撑腕臂反定位方式，曲线区段，当曲线外轨超高大于 75 mm 时，采用正定位斜腕臂安装方式，曲线外轨超高小于 75 mm 时，采用反定位平腕臂安装方式。区段 2 采用日本设计的三角形悬挂方式。

弓网受流性能测试内容为：弓网接触力、垂直加速度、水平加速度、接触线动态高度。受电弓运行状态有图像监视。

动车组的受电弓型号为 SCHUNK WBL 85 型。受电弓为单臂弓，整体碳滑板，最大升弓高度为 3 200 mm。

双层集装箱的受电弓型号为 DSA200/150 型。受电弓为单臂弓，整体碳滑板，最大升弓高度为 2 800 mm。

2. 试验结果与分析

(1) 动车组受电弓

①动车组最高试验速度达 220 km/h。受电弓在隧道出入口和隧道内压力变化曲线见图 8-90。

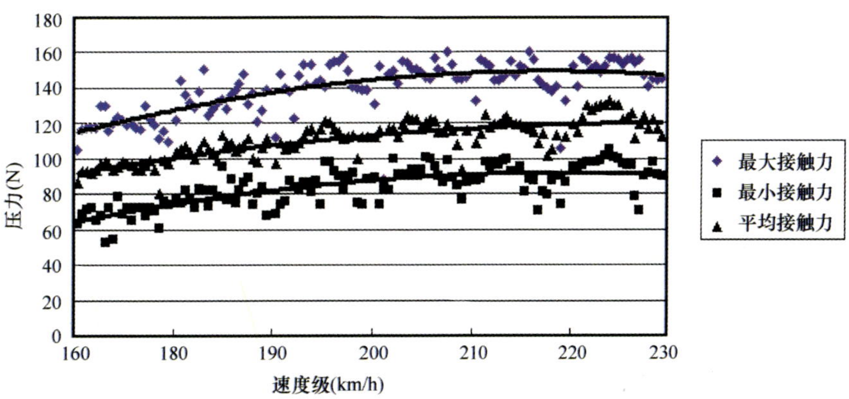

图 8-90　分速度级压力散点图（太和镇-合川-北碚北）

动车组 SCHUNK WBL 85 受电弓弓网受流的三个基本参数的试验结果是：

a. 弓网接触力最大值为 171 N，最小值为 27 N，最小值小于 40 N 发生的次数最多为 8 次，平均值在受电弓开口方向运行时为 100 N 左右，在受电弓闭口方向运行时为 120 N 左右；弓网接触力数值分布在现行规定的 40～200 N 之间，平均接触力曲线和数值符合欧洲标准相应速度下的规定值。

b. 接触线一跨内的动态高差从全程数值来看，基本分布在 20～40 mm 之间，最大值为 95 mm，低于现行标准的 150 mm。

c. 硬点和冲击的数值分布在 20～50 *g* 区间内，个别点大于暂行规定的三级（50 *g*）标准，说明受电弓滑板在运行中是安全的，接触网个别断面的接触线和部件（锚段关节、定位器）需调整其平滑度，减少对滑板的冲击。另外，整个试验过程中弓网离线火花很少。

所以动车组在遂渝线接触网下的弓网受流性能满足 220 km/h 以下的安全运行要求。

单线隧道内弓网接触力（图 8-91）平均值比明线区间（图 8-92）高 10～20 N 左右。单线隧道内，距入口处一跨至两跨范围内弓网接触力明显增加，过了 1～3 跨后弓网接触力趋于稳定，在隧道出口处弓网接触力数值减少。其他参数如硬点冲击和接触线高差的数值大小和变化规律与明线区间基本一致。

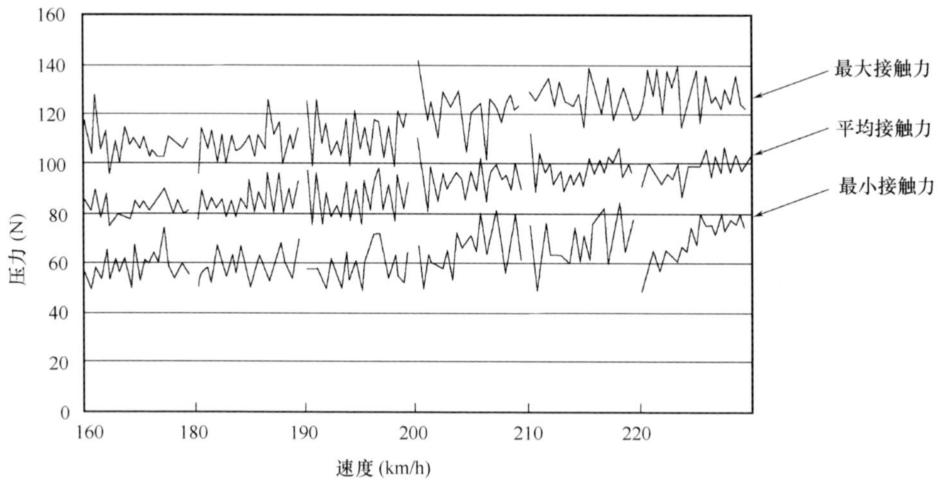

图 8-91　隧道区段接触力波形图（区段 3）

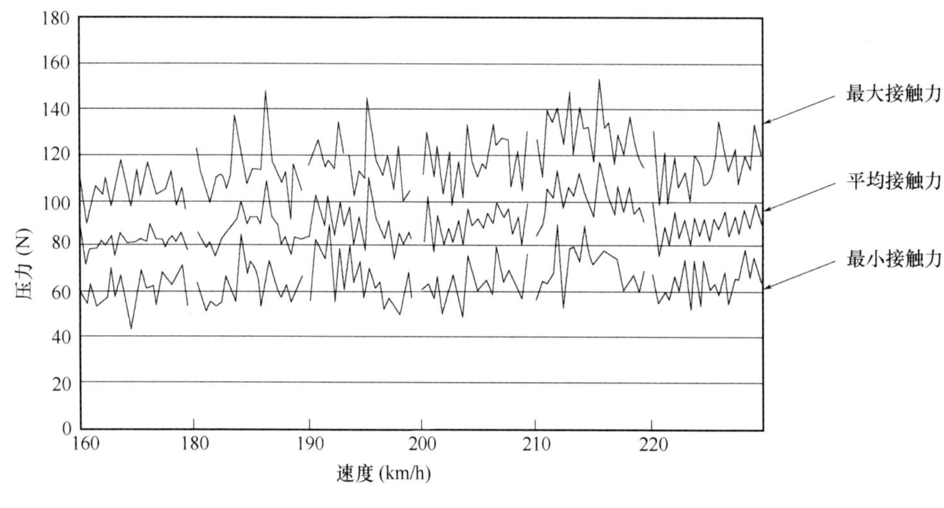

图 8-92　明线区段接触力波形图（区段 3）

接触线最低高度在 6 330 mm 时，弓网接触力的数值分布明显比我国提速线路接触线高度在 5 500～5 700 mm 的弓网接触力低 10～20 N，其原因是接触线高度增加后，受电弓运行中受空气动态力的影响变小，此结果与受电弓性能试验结果基本一致。

受电弓运行方向示意图见图 8-93。由于空气动力对受电弓的影响，弓网接触力与受电弓的运行方向有直接的关系，受电弓开口方向运行时弓网接触力平均值比闭口方向运行小 20 N 左右，由于接触线高度在 6 400 mm 左右，开口方向的接触力偏小，为使弓网接触力的平均值曲线符合相关标准要求，受电弓宜采用闭口方向运行。

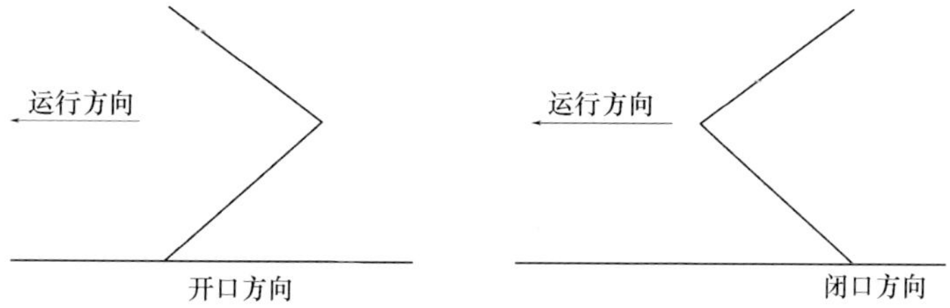

图 8-93　受电弓运行方向示意图

②SSJ_3 型电力机车弓网受流性能

牵引双层集装箱列车的 SSJ_3 型电力机车采用 DSA200 型受电弓，最高试验速度达 120 km/h。整个试验区段，弓网受流的三个基本参数的试验结果是：

a. 弓网接触力最大值为 146 N，最小值为 34 N，平均值在受电弓开口方向运行时为 90 N 左右；弓网接触力数值分布在现行规定的 40～200 N 之间，平均接触力曲线和数值符合欧洲标准相应速度下的规定值。

b. 接触线一跨内的动态高差从全程数值来看，基本分布在 20～40 mm 之间，最大值为 82 mm，低于现行标准的 150 mm。

c. 硬点和冲击的数值分布在 10～40 *g* 范围内，个别点大于暂行规定的三级（50 *g*）标准，说明受电弓滑板在运行中是安全的，接触网个别断面的接触线和部件（锚段关节、定位器）需调整其平滑度，减少对滑板的冲击。另外，整个试验过程中弓网离线火花很少。

SSJ_3 型货运机车牵引双层集装箱列车在遂渝线接触网下的弓网受流性能满足 120 km/h 以下的安全运行要求。

单线隧道内的弓网受流性能与明线区间基本一致。双层集装箱列车在隧道内运行与一般货运列车相比，对弓网受流性能的影响不大。

为保证弓网可靠受流，建议今后在选择货运机车受电弓时，其最大工作高度应不低于 7 000 mm（距轨面）。货运机车受电弓的运行方向宜采用后弓位置闭口方向。

八、接触网静态和动态性能地面测试

1. 试验概述

接触网动态性能地面测试主要测量 200 km/h 动车组、120 km/h 货车和双层集装箱列车 3 种试验列车通过单双线隧道时，接触网的动态性能及隧道内空气对接触网的影响；3 种试验列车在明线区间接触网下运行时，接触网各环节（跨中、定位点、线岔、锚段关节）的动态性能。

测试内容包括明线区间，单、双线隧道内接触线的动态抬升量及站场交岔接触网线岔的性能。电动车组速度分为 160 km/h～220 km/h 六个分级，120 km/h 货车试验速度分 90 km/h～120 km/h 四个分级，双层集装箱列车试验速度为 70 km/h～100 km/h 四个分级，每个速度级两个往返。

2. 试验结果

（1）接触线抬升量

动车组通过隧道时，隧道内接触线抬升量最大值定位点处为 57 mm，跨中为60 mm，线岔处为

53 mm；从动车组试验、120 km/h 货车试验和双层集装箱列车试验 3 个阶段的试验结果可以看出，接触线抬升量随着试验速度的提高呈增长趋势，但增长速率缓慢，120 km/h 货车和双层集装箱列车试验时，由于试验速度低，其值更小。这些值远低于现行设计规范 160 mm 的要求。接触线启振后向下的最大振幅均小于 30 mm。试验车正线通过交叉线岔，侧线的抬升量随正线抬升量变化，交叉线岔满足试验要求。

（2）接触网静态弹性

接触网静态弹性试验主要测试试验区段接触网的静态弹性，分析其弹性差异。图 8-94 和图8-95 分别为明线区间和隧道内不同测点的静态弹性值。

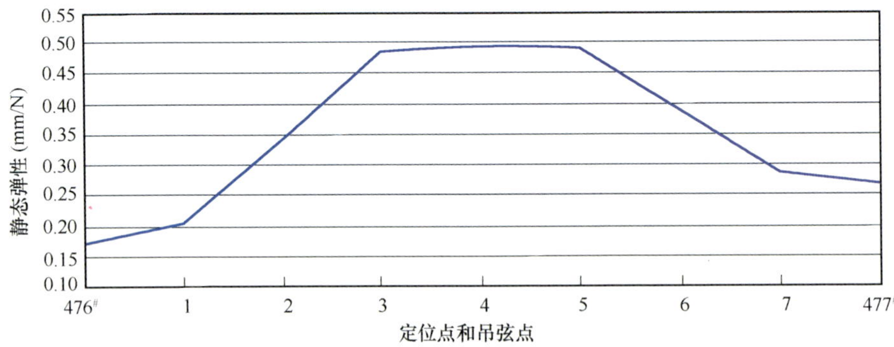

图 8-94　明线区间 476# ～477# 静态弹性曲线

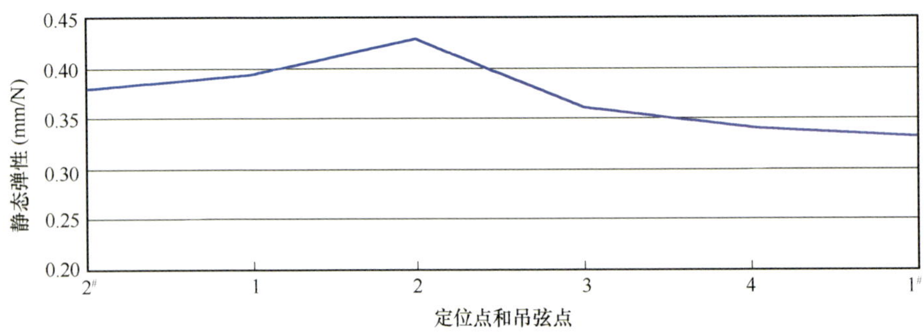

图 8-95　元通寺隧道进口第一跨静态弹性曲线

测试段隧道内接触网的静态弹性和明线区间基本一致，明线区间静态弹性最大值为 0.495 mm/N，最小值为 0.170 6 mm/N；隧道内静态弹性最大值为 0.438 6 mm/N，最小值为0.222 2 mm/N。

荆竹林隧道内 1～2 号测点静态弹性差异系数为 9.27%，而 13～14 号测点的静态弹性差异系数为 23.63%，在标准范围内。

明线区间 476～477 号的弹性差异系数达 48.7%，此值超过相关规定的 30%，原因是此跨在定位点处为双电连接线夹，造成了一跨内的接触网弹性不均匀。

九、试验列车动力学性能安全监测

为了保证试验顺利进行，对试验列车进行了实时安全监测。

动力分散交流传动电动车组两动一拖为一个动力单元。最高运营速度200 km/h，最高试验速度250 km/h。分别测试动车和拖车的运行稳定性和平稳性。

1. 动车组实测试验结果

动车组的安全性指标见表8-57。

表8-57 动车组安全性指标

动力参数	轮对横向力(kN)		脱轨系数	
车轴位置	1轴	2轴	1轴	2轴
动　车	47.85(曲线,220 km/h)	49.37(曲线,220 km/h)	0.39(曲线,220 km/h)	0.43(直道,200 km/h)
拖　车	44.60(曲线,220 km/h)	44.51(曲线,200 km/h)	0.32(直岔,220 km/h)	0.31(直道,210 km/h)

动车和拖车的轮重减载率，有极少数点大于限度值0.80（表8-58、表8-59），各超限点均为单峰值，对运行安全不会构成影响。

表8-58 动车超限值

评定指标		超限值	公里标(km)	速度(km/h)	线　况
减载率 $\Delta P/P$	一轴	0.87	114.548	191.2	上行方向,R2500,坡度3.5‰
		0.81	90.389	210.3	上行方向,直线,坡度4.0‰
	二轴	0.91	88.596	219.5	上行方向,R3000,坡度5.7‰
		0.86	93.048	210.1	下行方向,R3000,坡度3.7‰
		0.83	100.686	209.6	下行方向,直线,坡度0.0‰
		0.82	100.974	223.2	下行方向,直线,坡度0.0‰

表8-59 拖车超限值

评定指标		超限值	公里标(km)	速度(km/h)	线　况
减载率 $\Delta P/P$	一轴	0.87	88.620	219.5	上行方向,R3000,坡度5.7‰
		0.86	93.110	218.6	下行方向,R3000,坡度3.7‰
	二轴	0.87	88.623	219.5	上行方向,R3000,坡度5.7‰

动车组动力运行平稳性指标、运行稳定性指标满足试验大纲的要求。

2. 货物列车动力学性能安全监测试验结果

120 km/h货车全部为敞车，共计48辆，北碚北端的32辆车均为重车，太和方向的16辆车均为空车，选择2辆重车和2辆空车进行货物列车动力学性能安全监测。测量轮轨力、车体振动加速度和摇枕弹簧垂向位移。测试结果列于表8-60。

被监测车辆的脱轨系数、轮重减载率、轮对横向力、横向振动加速度、垂向平稳性指标均满足试验大纲要求。空车脱轨系数、轮重减载率明显大于重车；空重车的轮对横向力随着速度增加变化缓慢均匀。

表8-60 货车测试结果与分析

	评价项目	重车1	重车2	空车1	空车2
运行稳定性	脱轨系数	0.62	0.6	0.77	0.66
	轮重减载率	0.51	0.48	0.73	0.7
	轮轴横向力	57.46	58.52	30.08	27.20

续上表

评价项目		重车1	重车2	空车1	空车2
运行平稳性	车体横向加速度 g	0.49	0.42	0.48	0.42
	车体垂向加速度 g	0.96	0.96	0.85	0.84
	车体横向平稳性	4.41	4.6	4.14	4.64
	车体垂向平稳性	3.83	3.56	4.08	4.09
摇枕弹簧垂向位移(mm)		10.32	12.05		
动静挠度比		0.26	0.30		

被监测的4辆车试验运行中车体横向平稳性指标在直线工况110 km/h及以下速度满足试验大纲要求，在直线120 km/h和130 km/h时，有3辆出现不同程度的超限，超限值均出现在直线道岔处。2辆重车的横向平稳性在120 km/h时达到最大值；2辆空车的横向平稳性随着速度的增加有明显的增加。

在速度比较高时横向出现了比较明显的小幅低频振动，这种低频振动没有出现持续的等幅振动，没有发现发散的迹象，在所测试的速度范围内车辆整体运行平稳。但是横向平稳性随着速度的提高有明显增加的趋势。

重车1摇枕弹簧垂向位移最大为10.32 mm；重车2摇枕弹簧垂向位移最大为12.05 mm；动静挠度比小于0.7。

在整个货车120 km/h综合试验过程中，所测试的速度范围内车辆总体上运行平稳，车辆状态正常。

在车辆经过轨接头和道岔的工况下垂向加速度偏大。当速度大于110 km/h时横向平稳性指标较大，少数点超过了4.25的限度值。由于没有出现持续的等幅振动，振动更没有发散的迹象，所以这种情况不对试验车辆的运行安全性构成影响。但对车辆在110 km/h及以上速度长时间运行情况下的可靠性影响有待进一步考察。

十、货物列车制动性能及纵向动力学性能试验

1. 货物列车制动性能试验

（1）试验概述

货物列车制动性能试验目的在于验证在速度120 km/h的条件下牵引5 000 t货物列车，实施紧急制动时的安全性。

试验列车由SSJ_3电力机车牵引60辆货车和1辆试验车组成。全车总重5 206 t，总长827 m，货车制动主管实测长度885 m，试验最高速度120 km/h。静置试验和运行试验均按标记配载为重车。机车采用DK-1型电空制动机；货车采用120型货车空气制动机。机车基础制动采用轮装式盘型制动装置，货车采用踏面制动和高摩合成闸瓦。试验货物列车制动系统均处于较好的整备状态。

静置试验测试机车制动缸和货车第1车和第60车制动管、副风缸、制动缸的空气压力，以及第16、31、46车制动管、制动缸的空气压力。见图8-96。

运行试验测试5 000 t货物列车在制动过程中的制动初速度、制动距离、制动时间、瞬时减速度和平均减速度（图8-97），以及相关制动部件的空气压力（图8-98），同时记录机车和货车第1车任意轴踏面和闸瓦的制动停车瞬间温度。

（2）试验结果

列车紧急制动运行试验结果列于表8-61。通过对60辆编组的120型空气制动机专列静置试验所采集的相关数据分析可知：常用制动波速为228～253 m/s；缓解波速为161～188 m/s；紧急制动波速为295 m/s。紧急制动时制动缸压力分二阶段上升，跃升压力为110～150 kPa，制动缸升压时

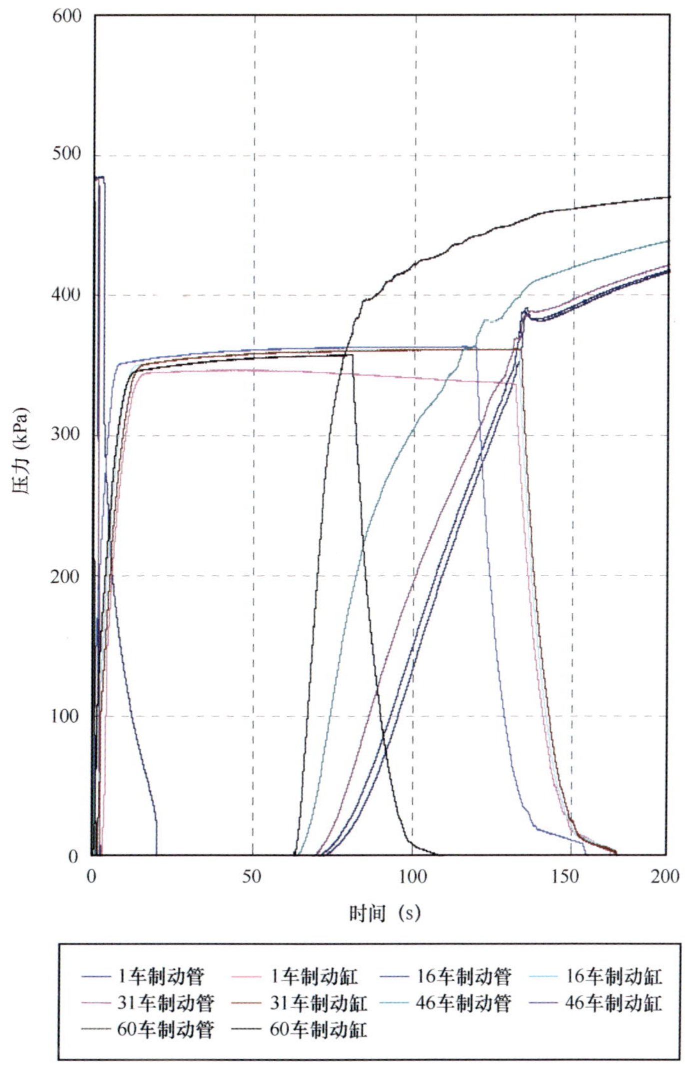

图 8-96　静置紧急制动试验各车制动管、制动缸压力曲线

间为 9～11 s。初充气时间试验时，制动管定压 500 kPa，机车 DK-1 型电空制动机操纵，尾部副风缸压力充至 480 kPa 的时间为 499～509 s。

参试货车 120 型空气制动机的各项技术指标符合相关技术条件的要求，技术参数相对稳定。货车以不同的初速度进行制动距离试验，制动初速 90 km/h 速度级的两次试验，制动距离分别为 733 m和 764 m，可以保证在 800 m 规定距离内停车。制动初速 100 km/h 速度级试验，制动距离分别为 858 m 和 891 m。制动初速 120 km/h 速度级试验中，两次试验的制动距离分别为 1 389 m 和 1 277 m。不能满足提速货车相关技术条件中制动初速 120 km/h 紧急制动距离不得大于 1 100 m 的要求。

2.　5 000 t 货物列车纵向动力学试验

（1）试验概述

货物列车纵向动力学试验是配合 5 000 t 货物列车的制动试验，考察在各种运行工况下车钩力的大小和纵向冲动的大小。

在 5 000 t 列车上均布了 5 个测试断面，断面之间约 14 辆车，每个断面测试与制动相关的数据，还包括车钩力、缓冲器位移、车体纵向加速度、两车端相对位移。货车的车钩采用 13 号车钩，缓

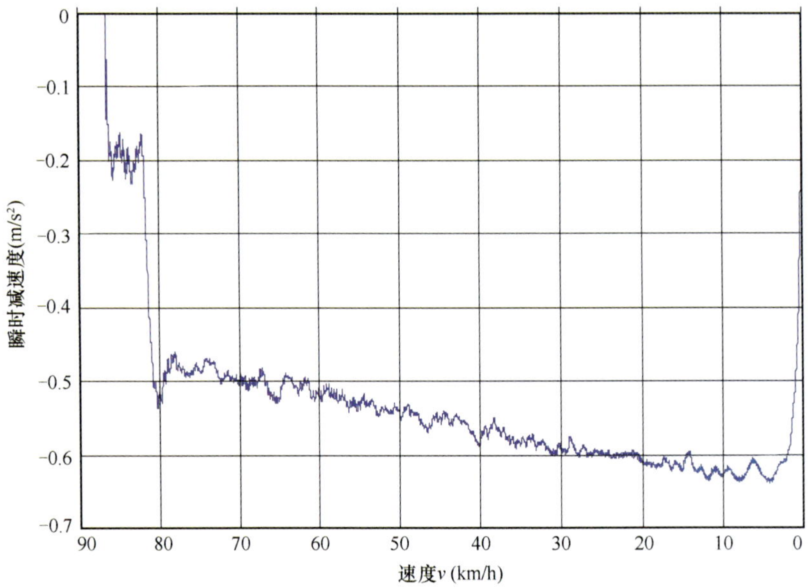

图 8-97　120 km/h 紧急制动运行试验瞬时减速度随速度变化曲线

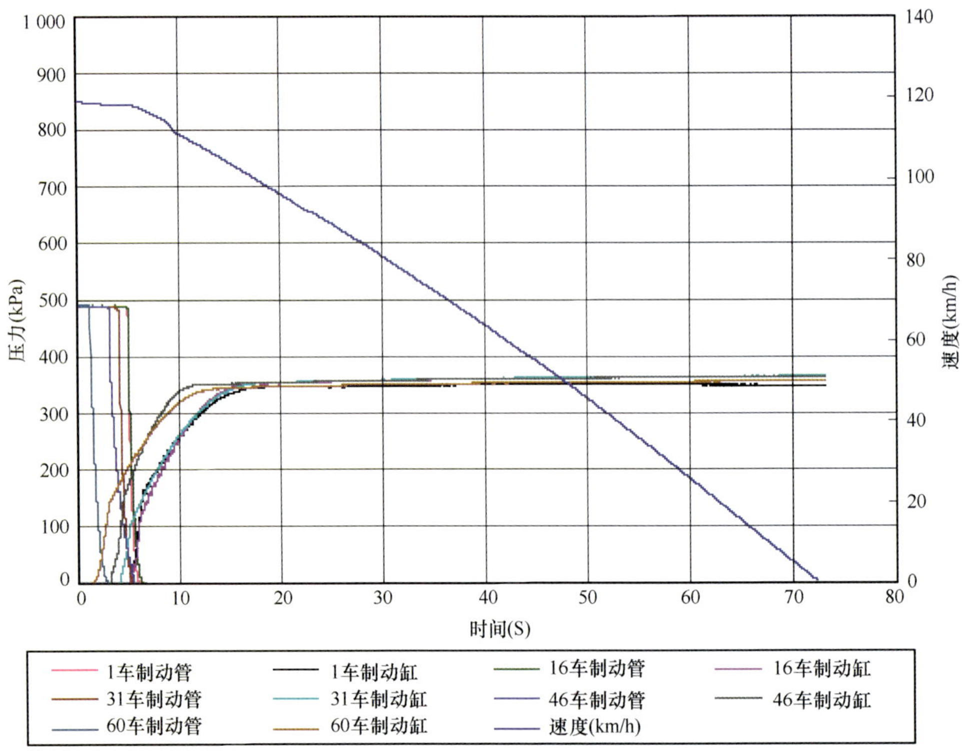

图 8-98　120 km/h 紧急制动试验曲线

冲器型号为 MT-3 型。

试验在北碚北—太合区段总长度不少于 40 km 的线路上进行，线路包括直线段和不同半径曲线、坡道区段的不同制动工况下的纵向动力学性能试验。共往返运行了 11 趟，进行了 4 次常用制动、6 次紧急制动、4 次匹配制动试验。

表 8-61　列车紧急制动运行试验结果

序号	试验方向	制动初速度(km/h)	制动距离(m)	制动时间(s)	平均减速度(m/s^2)	制动缸压力(kPa)		温度(℃)			
						机车	货车	机车		货车	
								踏面	闸片	踏面	闸瓦
1	下行	119.0	1366	72.8	0.40	420	350～362	97	62	47	50
2		119.1	1258	67.6	0.44	420	353～361	96	86	120	84
3		99.0	841	53.2	0.45	420	350～365	80	81	90	86
4	上行	98.4	863	54.8	0.43	420	350～365	73	114	130	133
5		87.0	685	49.2	0.43	420	350～370	71	71	57	53
6		89.4	754	51.2	0.41	420	350～365	77	70	79	97

(2) 试验结果与分析

不同工况下测试的最大车钩力、纵向加速度、缓冲器位移、车辆间位移见表 8-62。

表 8-62　各种工况下各测试参数最大值统计表

工　况	车钩力(kN)	纵向加速度(g)	缓冲器位移(mm)	车间位移(mm)
常用制动	544.93	−0.68	−12.46	−54.19
紧急制动	−1116.03	−1.11	−19.09	−82.12
匹配制动	−506.84	−0.68	−13.42	−56.45

车体纵向加速度的最大值发生在90 km/h紧急制动工况，其值大于1g，两天试验全程只有2个大于1g的值（另一值为−1.04），为双峰值，其余加速度测点值均小于1g。

车间位移最大值为两车相向运动，其位移量相对缓冲器位移较大。车辆在运行过程中互相之间存在复杂的纵向、横向及垂向的相对运动。

缓冲器位移的最大值发生在机后第1位车。此段区域线况为持续上坡，且为持续曲线，最大值的发生位置在半径2000 m直缓点处，且在5.7‰的上坡上。除此之外，其他制动工况下缓冲器位移的最大值基本相近。5个断面的车钩力分布趋势均为小—大—小，尾部车辆车钩力最小，机后第4断面车钩力最大。

加速度在5个断面的分布趋势为从机后向尾部呈现小—大的趋势，尾部车辆是自由的，其后部没有车辆约束，所以加速度最大，冲动最大。

十一、货物列车和双层集装箱列车横向振动偏移量试验

开行双层集装箱列车，对铁路沿线的限界（图 8-99）有很大影响。有必要了解开行双层集装箱列车过程中的运行形态。本项试验的目的是测量货物列车不同速度时距轨面1.0～1.3 m高度范围内货物列车的最大轮廓，测量不同速度时双层集装箱上部的最大横向偏移量，分析偏移量与速度的相关性，为制定有关限界提供数据依据。

1. 试验概述

测试采用2个断面4个激光扫描传感器直接测量列车车厢的外部动态轮廓（图 8-100）。测试数据生成的三维图像与真实的车体对比见图 8-101。

2. 测试结果

(1) 货车测试结果

按速度挡进行最大值的统计，从数值上看，货车以110 km/h的速度运行，最大轮廓为1.712 m（图 8-102），已经超过货车装载1.700 m的限界，超限车为机后第45、46的2辆车均为空车。通过统计分析得知，空敞车的轮廓尺寸要大于重车。超限车距站台安全距离38 mm，距建筑限界的安全

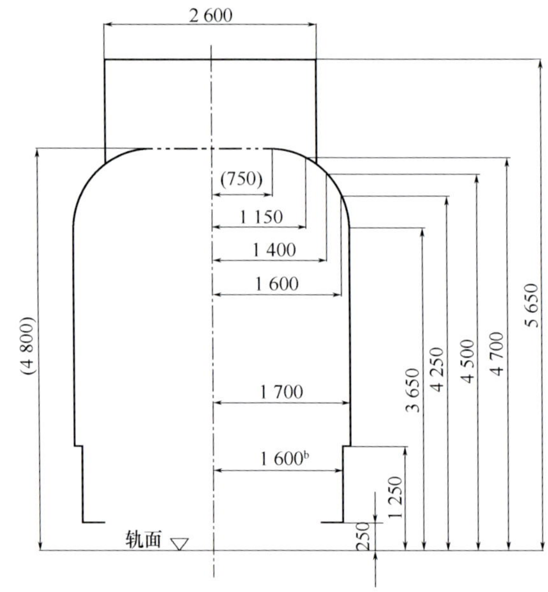

a 双点划线为包容的 GBJ 46.1—1983 车限 -IA 轮廓。

b 电力机车此处尺寸为 1 675 mm。

图 8-99 SX-S 双层集装箱运输装载上部限界 （单位：mm）

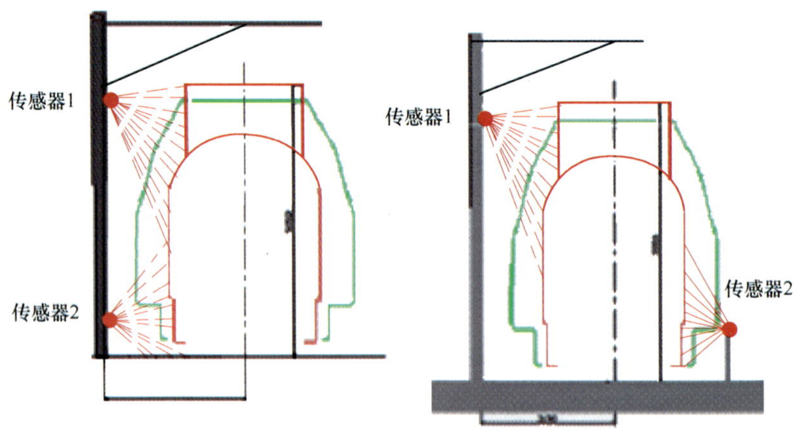

图 8-100 传感器布置图

距离还有 658 mm 以上。

（2）双层集装箱测试结果

双层集装箱列车以 70～120 km/h 运行时，箱体的最大摆动角度为 1.113 5°（图 8-103）。5.6 m 以上高度每个测试车次的横向最大轮廓尺寸均超过了《双层集装箱运输装载限界（暂行）》1.3 m 的限值。速度 70 km/h、80 km/h 时的测试值大于 90 km/h 以上测试值。本次测试的最大值 1.321 m，超过装载限界 21 mm，与《内燃牵引的双层集装箱基本建筑限界（暂行）》有 330 mm 的安全余量，与 200 km/h 客货共线《电力牵引的双层集装箱运输基本建筑限界》有 439 mm 安全余量。

十二、动车组、货物列车和双层集装箱列车的噪声振动试验

1. 试验概述

测试动车组、货物列车和双层集装箱列车在典型路堤线路、桥梁线路噪声、振动源强。

在试验段距离试验线路中心线 30 m，高于轨面 1.5 m处设置噪声测试点；距离铁路中心线30 m硬地面

图 8-101　断面 1 测试数据生成的机车三维图像和机车的图片比较

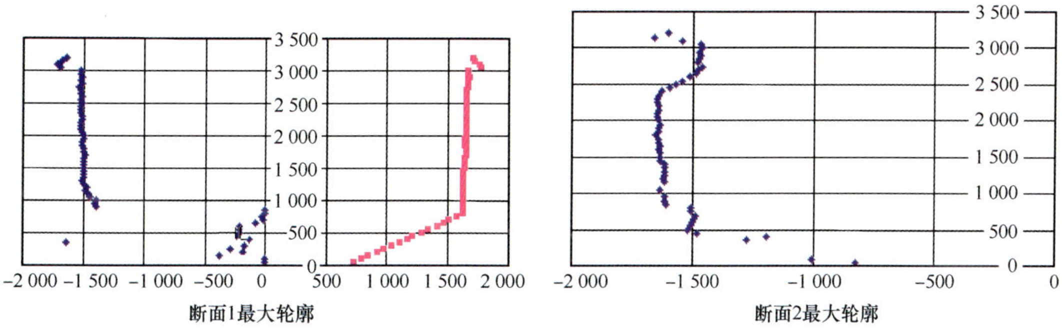

图 8-102　双层集装箱列不同速度测试轮廓最大值统计

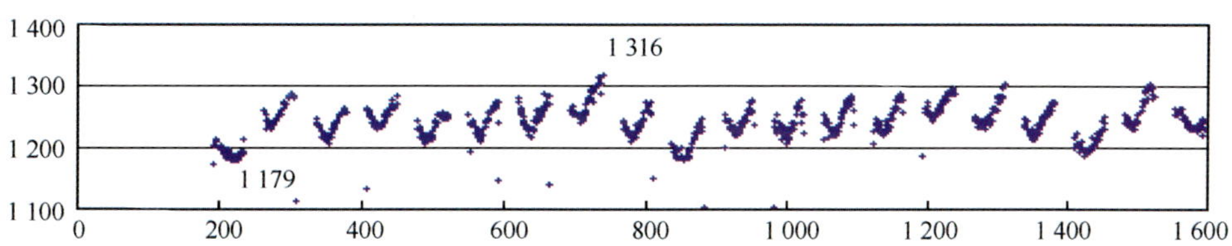

图 8-103　双层集装箱 5 600 mm 高度车体最大摆动量

处设置振动测点。动车组通过桥梁时噪声时域信号和通过路基时噪声频域信号见图 8-104 和图 8-105。

2. 试验结果与分析

(1) 噪声测试结果

200 km/h 动车组，120 km/h、21 t 轴重货物列车和 120 km/h、25 t 轴重双层集装箱列车，在距离线路中心线 30 m 处，对应路堤和桥梁线路的噪声源强测试结果见表 8-63。

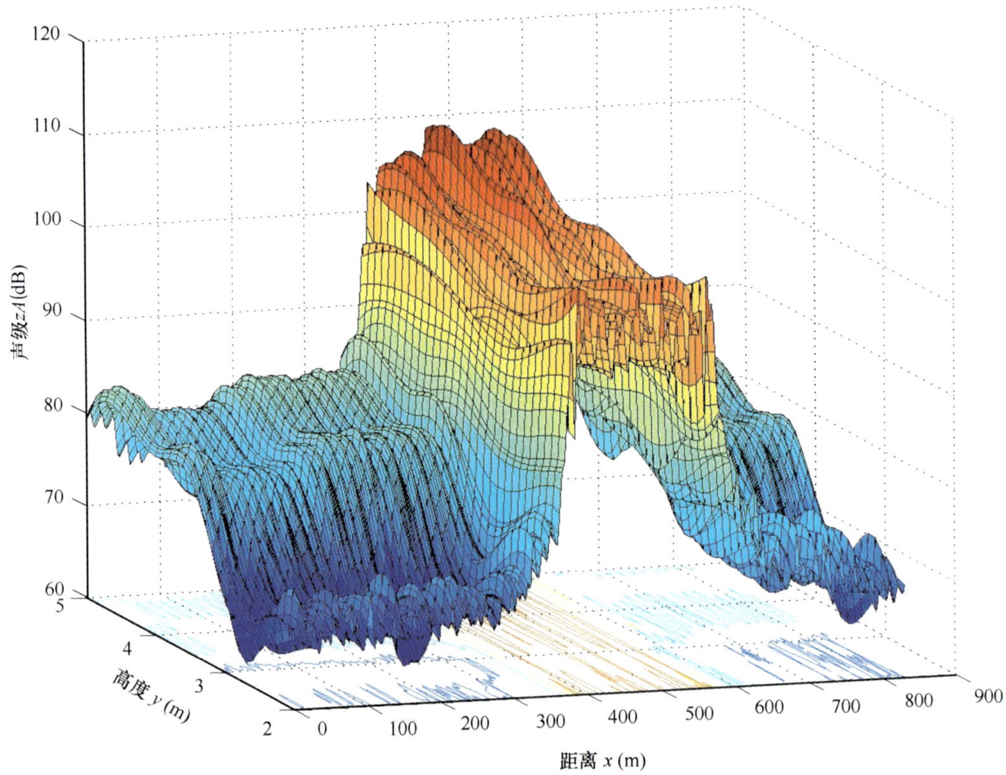

图 8-104　动车组通过桥梁时时域信号谱（200 km/h）

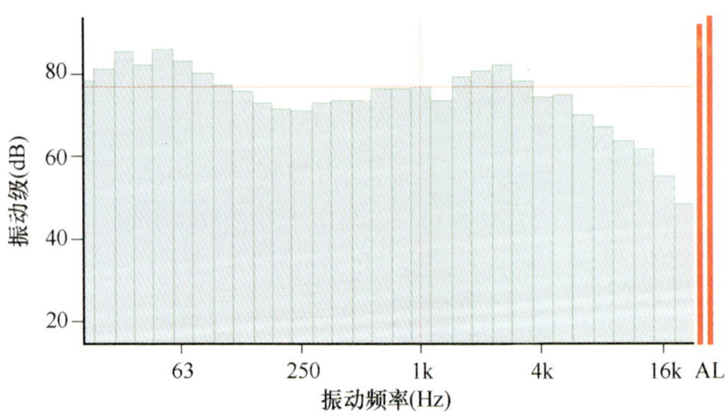

图 8-105　动车组通过路堤时的频域信号谱（200 km/h）

表 8-63　试验列车声源强测试结果

		列车噪声源强(dB(A))		
		200 km/h 动车组	120 km/h 货物列车	双层集装箱列车
列车速度(km/h)		160～220	70～120	70～120
试验位置	路　堤	85	81	80
	桥　梁	89	83	82

与国外发达国家的污染噪声级相比，同等边界条件下动车组环境噪声级约高 6～13 dB（A）。当列车运行速度大于 200 km/h 时，路堤和桥梁线路两侧 30 m 处，列车通过最大声级均超过我国规划中的高速铁路环境噪声建议限值的要求。

动车组在速度小于 200 km/h 时，噪声源以轮轨噪声和受流系统噪声源为主要声源；当速度大于等于 200 km/h 时，空气动力噪声源逐渐成为主要声源之一。货物列车和双层集装箱列车在速度小于 120 km/h 时，噪声源主要来自轮轨振动产生的轮轨噪声。

动车组在速度小于 200 km/h 时，货物列车和双层集装箱列车在速度小于120 km/h时，在路堤线路两侧辐射噪声基本高于运行于桥梁线路两侧辐射噪声，约高出 0～4 dB（A）。但动车组在速度大于等于 200 km/h 时，所激发的桥梁结构振动，使得桥梁线路两侧所辐射的噪声高于路堤线路两侧。

路堤线路集装箱列车噪声源强与速度的变化见图 8-106。

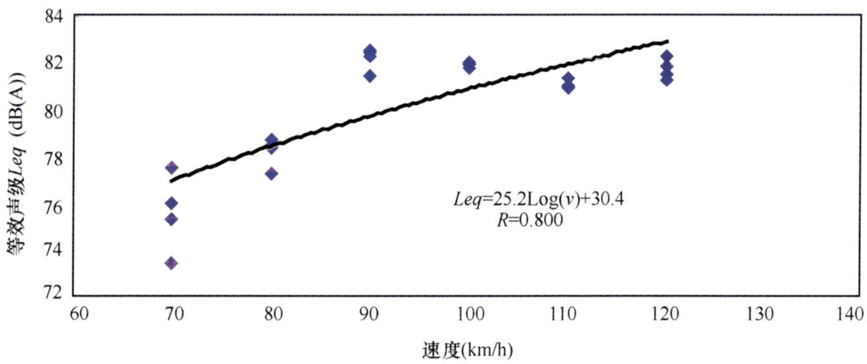

图 8-106　路堤线路集装箱列车噪声源强与速度的变化关系

（2）振动测试结果

不同工况下，振动测试源强见表 8-64，三种试验车在路堤线路两侧产生的环境振动，基本高于桥梁线路两侧约 0～9 dB（A）。

不同的试验列车在桥梁区段两侧 30 m 处的最大振动级可满足我国铁路环境振动标准限值小于等于 80 dB（A）的要求。但货物列车在路堤线路两侧将超过标准 1～2 dB（A）。

动车组在铁路边界处振动源强与速度关系见图 8-107。

表 8-64　试验列车振动测试结果

		列车振动源强(dB(A))		
		200 km/h 动车组	120 km/h 货物列车	双层集装箱列车
列车速度(km/h)		160～220	70～120	70～120
试验位置	路　堤	79	81	79
	桥　梁	79	78	74

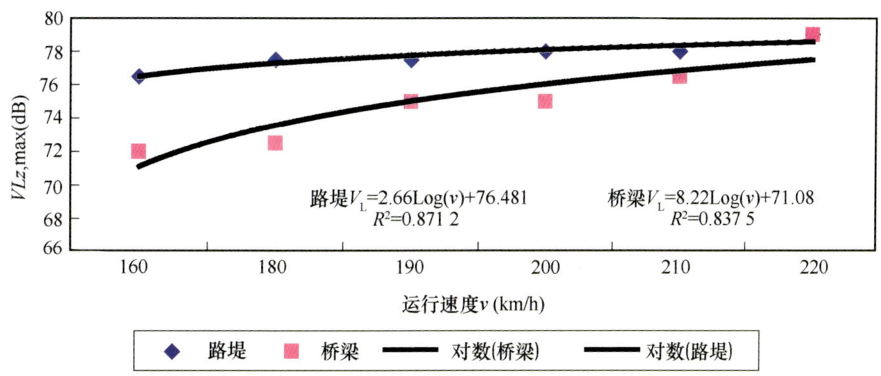

图 8-107　动车组在铁路边界处振动源强与速度关系

货车和集装箱列车运行速度与振动源强的关系见图 8-108。

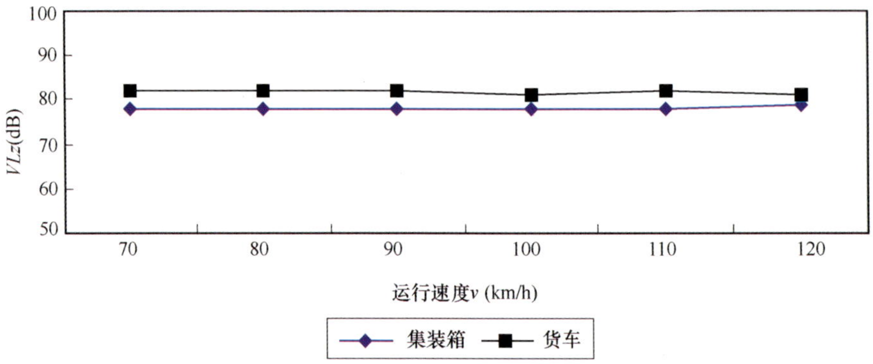

图 8-108　货车和集装箱车在路堤线路铁路边界处振动源强与速度关系

十三、遂渝线试验段无线列调系统试验

1. 试验概述

无线列调系统试验的目的是验证试验段无线列调设备的基本电气性能指标是否满足铁路标准及设计要求；验证其系统提供的业务与功能是否满足 200 km/h 运行条件下的使用要求；验证场强不低于 10 dBμV 是否满足 200 km/h 运行条件下的数据传输要求。

遂渝线无线列调系统采用同异频方式（图 8-109），系统由调度总机、监测总机、监测分机、车站台、远供电源、区间中继台、机车台和便携台组成。

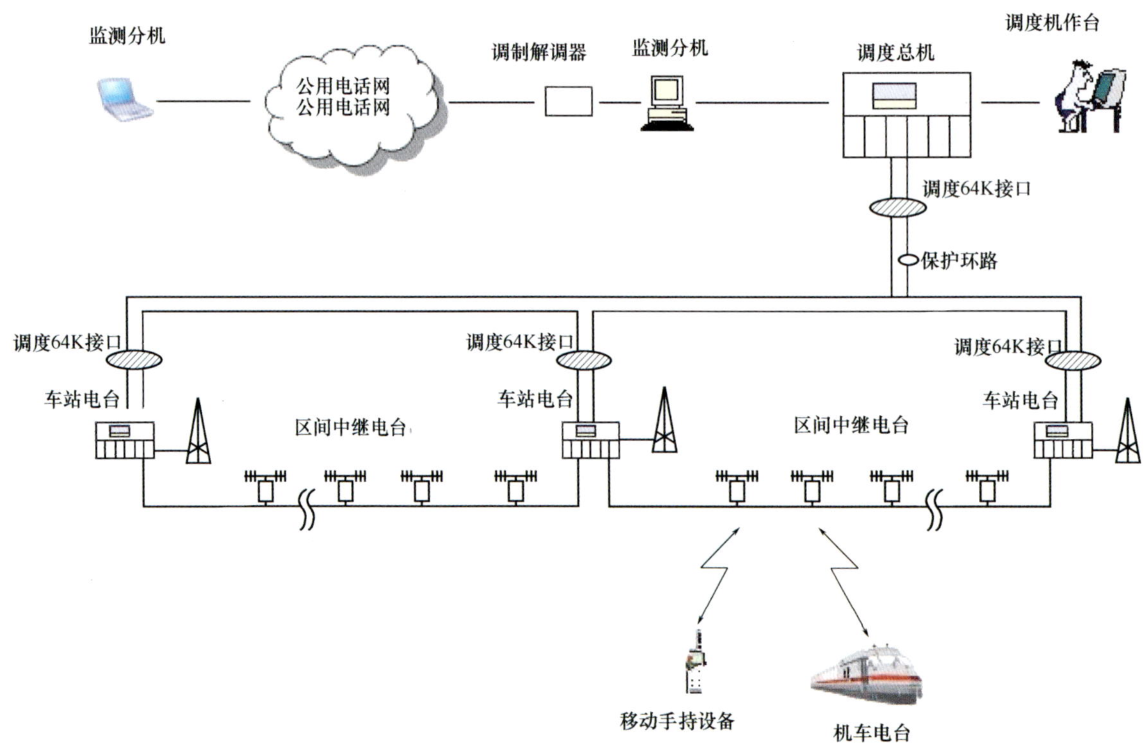

图 8-109　无线列调系统组网图

遂渝线无线列调系统不但能提供语音调度功能，而且能提供全区间无线车次号校核、调度命令、行车凭证、进路预告等数据传输功能。系统采用区间中继台方式解决区间弱区覆盖问题，设备

在洞外采用电杆挂设、在洞内采用壁挂方式安装，不需修建中继房，不需区间电力供电工程，施工和维护工作量小。系统车站电台、区间中继台、机车电台均为双工电台，便携台为单工电台。所有用户在语音通信时均采用单工操作模式。试验段共安装了 22 台区间设备。

系统指标测试的内容包括场强覆盖、话音质量评估及无线通道音频测试、数据质量评估、设备功能试验。

2. 试验结果

遂渝线无线列调系统采用的同异频方式数据传输成功次数见表 8-65，试验表明系统能够适应 200 km/h 速度条件下的大、小三角话音通信需求。调度、车站、机车、手持台用户发起呼叫，系统均能顺利接通；话音质量好，按主观质量 5 分制评判，话音质量均在 3 分以上；区间中继台切换速度快，成功率高。

表 8-65 数据传输成功统计表

速 度(km/h)	测试次数	成功次数	成功率(%)
$120 \leqslant v < 160$	28	27	96.4
$160 \leqslant v < 200$	130	125	96.2
$200 \leqslant v \leqslant 220$	63	61	96.8

在全线车站或区间，上行、下行信息均能较可靠的传输，数据传输成功率达到 96.2%以上。

十四、结 语

遂渝线综合试验历时 20 天，共进行了 6 类 19 个分项试验，试验内容涉及到轨道、路基、桥梁、隧道、接触网、受电弓、机车、车辆、通信信号、振动噪声等方面，是对我国第一次按照旅客列车最高速度 200 km/h、货物列车最高速度 120 km/h 的客货共线新建铁路的全面考察和检验。测试数据表明，遂渝线基础设施基本满足设计要求。试验取得的 200 km/h 动车组、120 km/h 货物列车和120 km/h 双层集装箱列车（25 t 轴重）对线桥设备的动力作用；列车通过单线隧道的气动力作用，动车组乘坐舒适性；导线最低高度 6 330 mm 和单线隧道特殊悬挂方式接触网情况下的弓网受流性能等方面的大量数据，为《既有线提速 200 km/h 技术条件》和《新建时速 200 公里客货共线铁路设计暂行规定》的修订、完善提供了技术依据，为铁路第六次大提速的顺利实施提供了经验。

第四节 胶济线综合试验

2006 年 6 月 25 日至 7 月 21 日，在铁道部的领导和指挥下，进行了胶济线综合试验。试验的目的是验证 CRH_2 型动车组运行品质；检测电气化铁路网侧谐波；验证 200 km/h 等级列控系统的主要功能、系统适用性及主要技术条件；验证 250 km/h 运行条件下 18 号道岔关键部件的适应性及道岔的主要特性；为既有线 200 km/h 等级提速和新线建设提供重要的技术支持。

试验主要内容包括 CRH_2 动车组型式试验及正线适应性试验、既有线 200 km/h 等级列控系统验证试验、胶济线试验段牵引变电所谐波性能测试、客运专线 60 kg/m 钢轨 18 号有砟道岔试验。同时在前 3 次试验的基础上对非改建地段路基进行试验。

试验列车为两列 CRH_2 动车组，每列动车组由两个动力单元组成，全列编组 4 动 4 拖。CRH_2 动车组的型式试验及正线适应性试验主要使用第一列动车组（CRH_2 001）进行，列控系统试验主要使用第二列动车组（CRH_2 002）进行。

CRH_2 动车组在本次试验前，已经在铁道科学研究院环行线进行了动车组整备、性能调试、测试准备（传感器安装、连线、测试系统调试）和 170 km/h 以下速度级的动力学、弓网受流、牵引、制动、噪声、计算机网络、绝缘、主电路和辅助电路保护性能、限界等试验。CRH_2 动车组在胶济线进行了动力学、弓网受流、牵引、制动性能、车内外噪声、动车组动态限界、列车交会等共 33 项试验内容。最高试验速度达到 252.9 km/h。

一、试验区段基本状况

试验区段为胶济线娄山至蔡家庄，正线线路全长 83.196 km，由娄山、城阳、即墨、高密、蔡家庄五站四区间组成，其中即墨至高密 46.121 km 为四线区间。动车组型式试验和正线适应性试验在即墨—高密间的高速线上进行；列控系统试验在娄山—蔡家庄间进行；客运专线 18 号道岔试验在胶州北站进行；网侧谐波地面测试地点为青岛西变电所、高密牵引变电所。图 8-110 为胶济铁路试验段总体布置图。

娄山至蔡家庄为Ⅰ级双线铁路，即墨至高密间为新建地段，最小曲线半径 2 800 m；既有线改建地段最小曲线半径 2 200 m。正线线间距为 4.4 m。纵断面最小坡长 400 m。60 kg/m 跨区间无缝线路、Ⅲ型枕、60 kg/m-12 号、60 kg/m-18 号提速道岔和胶州北新铺 4 组 60 kg/m-18 号客运专线道岔（目前只开通直向）。

行车指挥系统采用分散自律调度集中 CTC 系统，K5B 型计算机联锁设备，ZPW-2000A 型四显示自动闭塞，按 5 min 追踪间隔设计；CTCS-2 级列控系统，ZPW-2000A 型自动闭塞、列控中心、点式应答器，以及车载 ATP 设备等。

通信采用 GSM-R 无线通信系统、FAS 系统、622 Mb/s 长途通信及接入网系统。

牵引供电采用单相工频（50 Hz）交流制、带回流线的直接供电方式，接触网额定电压为 25 kV。牵引变电所、开闭所、分区所为调度集中控制。

接触网采用全补偿简单链型悬挂，结构高度 1.4 m，接触线悬挂高度为 6 450 mm，最低高度为 6 330 mm，线材及张力配置为：正线 THJ-95（15 kN）＋CTHA-120（15 kN），站线 THJ-70（15 kN）＋CTHA-85（10 kN）。

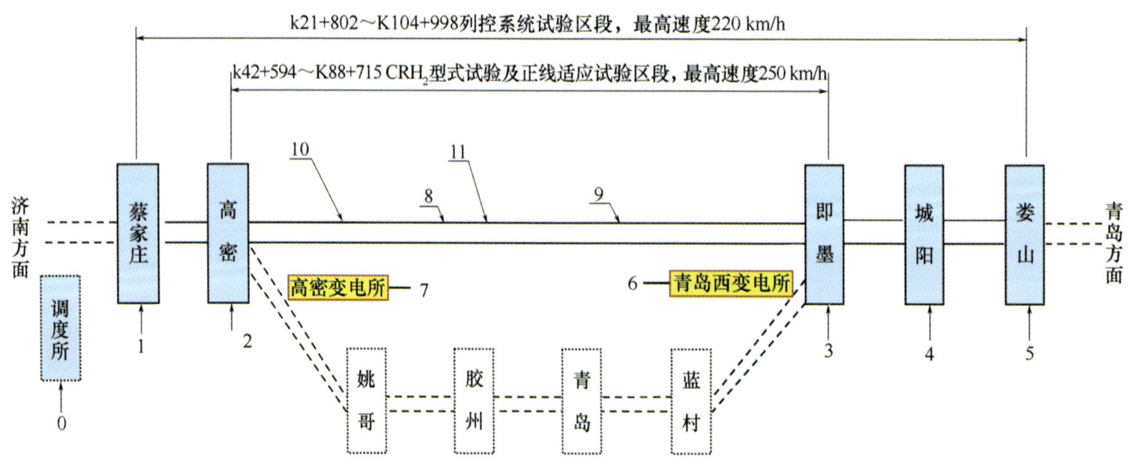

图 8-110 胶济铁路试验及总体布置图

0— 调度所；
1— 列控系统试验地面一组；
2— 列控系统试验地面二组；
3— 列控系统试验地面三组；
4— 列控系统试验地面四组；
5— 列控系统试验地面五组；
6— 谐波测试点 1（青岛西变电所）；
7— 谐波测试点 2（高密变电所）；
8— 18 号道岔测试点 1；
9— 18 号道岔测试点 2；
10— 动态限界测量点；
11— 噪声测试点。

牵引变电所、分区所所在车站一端设关节式电分相，装设机车自动过分相地面感应装置。

路基试验安排在胶济线周村东至章丘间非改建地段，该段路基长 38.58 km，其中路基状态较差的区段长 36.72 km，路基状态较好的区段 1.86 km；改建路基 11 处进行了挤密桩加固处理；路桥过渡段未处理的有两段。

二、客运专线 60 kg/m 钢轨 18 号有砟道岔综合试验

（一）试验概述

胶济线 18 号道岔试验测试 CRH_2 型动车组以 250 km/h 的速度、货物列车以 120 km/h 速度直线通过道岔时的动力性能，目的是考核 CRH_2 动车组直向通过客运专线 60 kg/m 钢轨 18 号有砟道岔的安全性和平稳性；验证道岔 60D40 尖轨、特种断面翼轨、心轨、扣件系统、岔枕、转换和锁闭装置等关键部件在高速行车条件下的适应性；验证道岔轨道刚度的合理性、岔区轨道刚度的均匀性、道岔前后轨道刚度过渡的平顺性。为改进和进一步完善道岔结构提供科学依据，为研制侧向速度160 km/h和直向速度 350 km/h 客运专线道岔积累试验数据。

道岔测试分为工务部分和电务部分，工务部分的主要内容包含安全性指标、道岔部件强度、道岔部件的变形、轮轨垂直力的过渡、道岔部件的振动加速度、轨道刚度、静态观测等 7 项内容。

道岔电务部分测试的内容有：尖轨和心轨静态转换阻力、尖轨和心轨动作杆过车动态力、尖轨锁钩应力、心轨锁钩应力、外锁闭销轴应力、心轨一动及二动锁闭杆应力、转辙机三向振动加速度、外锁闭装置振动加速度、密贴检查器安装位置基本轨振动加速度等 9 项内容。

（二）试验结果与分析

1. 列车通过道岔的安全性。地面动力学测试表明，试验列车直向通过 18 号道岔时脱轨系数、减载率和轮轴横向力均小于限值，当动车组以 180～250 km/h、旅客列车以 100～160 km/h，货物列车以 80～120 km/h 直向通过时，安全性能够满足技术要求。

2. 道岔关键部件强度。普通滑床板、辊轮滑床板、尖轨薄弱断面、心轨薄弱断面、特种断面翼轨薄弱断面、销轴、尖轨锁钩、心轨锁钩、尖轨动作杆处的应力以及最长岔枕轨下截面应变测试结果表明，道岔各关键部件的强度满足安全和相应技术条件的要求。

3. 道岔的稳定性。过渡段和岔区钢轨轨头横向位移，心轨 20 mm 断面对应的翼轨轨头横向位移的测试结果表明轨道结构产生的动态横向位移量值较小；辙叉区岔枕加速度小于秦沈线 18 号道岔，且量值较小；道岔的轨距、水平、高低、方向等几何尺寸在测试期间变化很小。上述几个方面的测试数据综合表明道岔结构稳定可靠。

4. 尖轨和心轨锁闭的可靠性。尖轨开口量实测最大值为 0.75 mm，心轨开口量实测最大值为 0.79 mm，小于遂渝线 SC325 型 12 号道岔以及秦沈线 18 号道岔，远小于安全限制 4 mm，表明优化设计后的钩型外锁闭装置可以有效控制尖轨和心轨的开口值，锁闭安全可靠。

5. 尖轨轮载分配和尖轨降低值。尖轨降低值符合设计要求时，垂直力的过渡主要是在由 32 mm 断面至 52 mm 断面长 3 m 左右的范围内完成的，32 mm 断面之前受力很小，21 mm 之前几乎不受力，而且列车通过转辙器时运行平稳。当 35 mm 断面至 50 mm 断面范围内尖轨降低值的误差超过 1.5 mm 时，垂直力的过渡范围和过渡比例将发生很大变化，并且会影响行车的稳定性。

6. 道岔区轨道刚度。对于客货列车混跑，最高速度 250 km/h 的客运专线，道岔区的轨道整体刚度是比较合适的。

道岔区橡胶垫板的压缩量比较均匀，表明扣件系统的刚度比较均匀一致。但是道岔区不同测点的岔枕垂向位移相差较大，表明道床刚度不均匀，特别是在心轨一动和二动附近，由于转辙机的振动使得道砟松散，道床刚度较小。扣件刚度和道床刚度串联后轨道整体刚度不均匀。

7. 客运专线 18 号有砟道岔转换设备能满足旅客列车 250 km/h 直向通过时的安全性要求。

8. 对于道岔的强度和变形，速度较低的普通旅客列车和货物列车起控制作用。而高速动车组对道岔的平顺性敏感。因此在道岔的设计中，强度和变形应用速度较低的普通旅客列车和货物列车来检算和校核；道岔的平顺性应用高速动车组来检算和校核。

试验证明，当动车组以 180～250 km/h、旅客列车以 100～160 km/h、货物列车以 80～

120 km/h 直向通过 18 号道岔时，测得的脱轨系数、减载率和轮轴横向力等安全性指标均小于限值；道岔关键部件强度满足安全和相应技术条件的要求；道岔的稳定性、刚度的均匀性、尖轨及心轨锁闭的可靠性都在符合相应技术条件的要求。客运专线 60 kg/m 钢轨 18 号有砟道岔能够满足 250 km/h 动车组和 120 km/h 货物列车直向通过要求。

三、非改建地段路基试验

（一）试验概述

路基试验主要进行胶济线非改建既有路基进行了原位测试和 23 t 轴重货物列车、200 km/h CRH_2 型动车组对既有路基的动力作用测试。

试验目的是通过胶济线既有路基段的试验，进一步完善和验证《既有线提速 200 km/h 技术条件》路基部分的有关参数和规定，为科学制定提速路基标准提供依据。

（二）试验内容

1. 通过对胶济线、京沪线试验区段路基状况调查和采用雷达探测、轨检车检测等手段将既有路基划分为若干特征段落。

2. 根据选取的每种特征段落进行现场测试，内容包括承载力、压实系数、相对密度、含水量、土质性质、道床厚度、病害情况、模量等。

3. 选取胶济、京沪线代表性地段进行实车试验，测试列车通过不同特征段落的动力响应，包括路基动应力、动变形以及轮轨力。胶济线进行 120 km/h 货物列车及通过的客货列车，京沪线进行 200 km/h 等级动车组以及通过的客货列车的实际试验。

4. 通过定期观测胶济线既有路基动载荷、动变形、承载力、含水量等变化及病害发展情况，分析轨检资料和养护维修情况，进一步研究轨道质量指数和养护维修情况与段落特征的关系，判断路基对提速的适应性。

（三）试验分析

1. 提速非改建地段路基

提速非改建地段路基试验在胶济线和京沪线进行，重点对路基较好地段、路基较差地段、路桥过渡段、曲线地段、新旧路基拔接段和挤密桩加固段进行了原位测试和动力测试。胶济线采用 23 t 轴重的 C_{70} 货车，最高速度 120 km/h，京沪线采用 CRH_2 型动车组，最高速度 210 km/h，试验结果如下：

（1）路基原位试验

测得的胶济线非改建路基较差地段和新老路基拨接部位，老路基基床表层的基本承载力分别约为 90 kPa 和 95 kPa，非改建路基较差地段在轨枕底以下 1.0～1.8 m 基本承载力约为 75 kPa，拨接部位老路基基床底层的基本承载力约为 130 kPa，过渡段和非改建路基较好地段基床表层基本承载力大于 180 kPa，底层基本承载力分别约为 115 kPa 和 120 kPa。路基加固地段复合地基的基本承载力在 200 kPa 以上，基床底层基本承载力约为 170 kPa。

胶济线加固地段、新老路基拨接部位老路基、非改建路基较差地段、非改建路基较好地段、过渡段基床表层范围的压实系数分别约为 0.75、0.78、0.60、0.73、0.85，基床底层范围的压实系数分别在 0.71～0.95、0.61～0.89、0.63～0.84、0.70～0.95、0.53～0.96 之间。过渡段路肩的基床系数 K30 估算值分别 57～81 MPa/m、142～288 MPa/m、50～85 MPa/m、56～71 MPa/m、90～251 MPa/m。

（2）路基动态测试

200 km/h 等级动车组动应力，约为本次测试通过列车平均值的 1/2，且 95％以上的实测数据没有超过实测通过列车的路基平均动应力，路基动变形平均约为 0.35 mm，约为测试通过列车动变形平均值的 1/3；120 km/h 试验货物列车 C_{70} 通过时路基动应力和动变形与实测的通过列车基本相当。

路基较差时，路基的动变形也较大，当23 t轴重机车车辆通过时，胶济线和京沪线路基较差区段测得的动应变均大于1 mm。

200 km/h等级动车组通过时测得的最大动应力与一般通过列车平均应力的比值，从大到小依次为路基较差地段、路桥过渡段、新老路基拨接段和路基较好地段，说明路基较差地段、路桥过渡段和新老路基拨接处是200 km/h等级提速路基处理的重点。

根据测试结果，就载荷和变形而言，200 km/h等级动车组对路基的影响较小，120 km/h试验货物列车对路基的影响与现行货物列车基本一致。200 km/h等级提速应主要考虑现行列车的动力作用和提高轨道养护标准。

（3）综合分析

实测C_{70}试验货车以120 km/h速度通过时，路基的动应力和动变形同目前所运营的列车（货物列车或机车）基本相当；200 km/h等级动车组通过时，路基的动应力平均约为目前所运营列车的1/2，95%以上的实测数据没有超过目前所运营的列车平均值，路基的动变形平均约为目前所运营列车的1/3。提速对路基的影响不大，提速路基处理的重点是原有路基存在的问题和薄弱环节。

列车的高速运行对线路的平顺性和弹性的均匀性有更高的要求。路基的动变形与路基状态有直接的关系，动变形过大时会产生累积塑性变形，引起路基病害，从而影响线路的平顺性，动变形差异较大时会影响线路的弹性均匀性，当路基横断面上的动变形差异较大时，会造成列车的横向晃动和轨道结构累积效应的横向差别，对高速行驶和线路的维护产生不利影响，因此对路桥过渡段、新旧路基拨接处和路基较差地段应进行逐步加固。

路基对线路的影响是间接和缓慢的，是一个长期性问题，一般情况下不会突然危及行车安全，但路基较差时会导致轨道状态不良，造成线路维护困难、维修养护工作量大等问题。提速之前，对于基床存在病害的地段必须立即进行处理，其他路基问题应根据问题的原因和程度，结合工程改造和养护维修及运营条件等实际情况逐步进行。对未及时处理的路段应加强路基和线路的检查、监测工作，当路基变形加大或养护量增加较多及路基产生病害时，应采取加固整治措施，以保证提速安全。

路基状态的评估，应通过物探普查和历年轨检资料的分析与局部的原位勘察相结合的办法，首先根据普查和分析结果将路基划分若干等级的段落，然后抽取每个等级的代表性路段作局部地段的详细勘察，以提高评估工作的效率和可操作性。

路基的加固处理应根据具体情况以消除路基病害、减少线路的维修养护工作量和延长线路的维修周期为目的，结合线路大修养护和运营条件等实际情况，采用换填、注浆、封闭、挤密桩、搅拌桩、土工合成材料加固及土质改良和排水以及抬道等多样的处理方法，并应积极探索和开发符合实际的、可操作性强的基床加固方法和机具。

路基的质量对轨道的状态有一定的影响，但其影响是间接的，一般要经一定的时间才能表现出来，而且可以通过加强轨道的养护维修工作加以消除，因此，在加强监测的条件下，对于路基稳定、土质良好、无病害，可暂不作加固。当路基变形加大和基床产生病害时，应及时采取加固整治措施；对于养护量增加较多的地段，应根据运营条件结合大修养护和改造等情况逐步进行处理。

2. 新建路基

路基的动应力受轴重的影响较显著，随轴重和列车速度的提高而增加，同时受道床和线路状态等因素的影响，实际幅值在一定范围波动。以新建标准修建的路基，可以满足200 km/h等级动车组和120 km/h货物列车（K2、K4转向架）、25 t轴重双层集装箱列车的安全平稳运行要求。

（四）试验小结

试验表明，非改建地段路基一般存在一定厚度的硬壳层，承载力较高，是在长期的列车动力和环境载荷下自然形成的，在提速改造时应注意加强利用和保护。关于既有路基挤密桩加固，通过原位测试和计算，测得的复合地基基本承载力在200 kPa以上，实测路基动变形也较小，说明加固有一定的效果。但挤密桩上没有封闭层（垫层），加固效果尚需通过长期观测来验证，应视基床土质和降水情况酌情采用。

当既有线开行25 t轴重列车时，路基面动应力较大，原则上应对路基进行加强；若开行少量25 t轴重双层集装箱列车，可暂不处理，但应加强观测，并应保证道床和线路状态良好。

为保证列车高速运行的平顺性和弹性的均匀性，减少线路维护工作量，应对路桥过渡段、新旧路基拨接处和路基较差地段逐步进行加固。对未及时处理的路段应加强路基和线路的检查和监测。

对非改建地段路基进行长期观测，进一步研究不同路基状况对轨道结构的影响及同养护维修量的关系，并进一步分析研究可操作性强的基床加固方法、工艺和机具。

四、牵引供电

（一）试验概述

结合CRH_2动车组综合性能试验正线试验，在胶济线进行了弓网受流性能试验。试验含受电弓两个运行方向（开口和闭口）的单机单弓运行工况。及双列动车组重联双弓运行工况。试验发现CRH_2动车组原车的弓网受流性能需要进一步优化。于是，在8月22日至8月27日，又对弓网受流性能进行补充试验。

（二）弓网受流性能

受电弓动态性能试验项目包括弓网接触力、离线火花性能、硬点、冲击、受电弓滑板动态运行轨迹。

1. 试验工况

接触网试验方案按照表8-66进行。

表8-66　接触网试验工况

工　况	运行区间
接触线增加0.5‰预留弛度	1. K57+743～K60+481(上行)
	2. K57+738～K60+476(下行)
接触线张力增加至17 kN	1. K60+256～K62+919(上行)
	2. K60+251～K62+928(下行)
接触线张力增加至20 kN	1. K62+694～K65+433(上行)
	2. K62+708～K65+421(下行)
接触网悬挂方式由简单链形改为弹性链形	1. K65+403～K67+727(上行)
	2. K65+389～K67+719(下行)

2. 受电弓采用形式

（1）受电弓加装导流板。在受电弓支持弓头的横杆上加装导流板，以改善受电弓高速运行时的空气动力学性能。

（2）受电弓加高底座同时加装导流板。在受电弓的支持绝缘子底部加一个200 mm的支撑座，加大受电弓落弓位滑板距轨面的高度至4 750 mm左右，受电弓加装导流板。

（三）试验结果

1. 弓网接触力

（1）受电弓加装导流板，相对于不加时弓网受流性能有改善，单弓两个运行方向试验速度达到250 km/h。弓网接触力最大值90～135 N之间，平均接触力分布在70 N（开口方向）和90 N（闭口方向）之间，最小接触力分布在20 N（开口）和80 N（闭口方向），受电弓两个方向弓网接触力的差值在20 N左右。双机重联试验速度在200 km/h时，弓网受流性能正常；220 km/h时，发生动车组失压现象。

（2）受电弓加高底座、加装导流板方案，从总体试验结果分析看，弓网受流性能改善更加明显，单机单弓运行的试验速度达到 250 km/h。弓网接触力最大值 90～135 N 之间，平均接触力分布在 75 N（开口方向）和 90 N（闭口方向）之间，最小接触力分布在 40 N（开口）和 70 N（闭口方向）附近，受电弓两个方向弓网接触力的差值在 15～20 N。双机重联试验速度在 200 km/h 时，弓网受流性能正常。动车组速度达到 220 km/h 时，发生动车组失压现象。

2. 离线火花和硬点

（1）电弓加装导流板方案，离线火花和硬点测试结果见表 8-67 和表 8-68。

表 8-67　单机单弓时离线火花和硬点实测值

	即墨—高密(上行)					高密—即墨(下行)				
速　度(km/h)	200	220	230	240	250	200	220	230	240	250
火 花 次 数	112	119	125	146	156	300	323	277	279	260
硬点最大值(g)	75	81	76	81	81	99	96	89	78	90

表 8-68　双机重联双弓离线火花和硬点实测值

	即墨—高密(上行)		高密—即墨(下行)	
速　度(km/h)	200	220	200	220
火 花 次 数	183	281	434	469
硬点最大值(g)	65	92	89	79

（2）受电弓加高底座同时装导流板方案，离线火花和硬点测试结果见表 8-69 和表 8-70。

表 8-69　单机单弓离线火花和硬点实测值

	即墨—高密(上行)					高密—即墨(下行)				
速　度(km/h)	180	200	220	240	250	180	200	220	240	250
火 花 次 数	65	89	143	70	82	200	241	311	247	226
硬点最大值(g)	79	57	71	82	84	96	100	87	80	80

表 8-70　双机重联双弓离线火花和硬点实测值

	即墨—高密(上行)		高密—即墨(下行)	
速　度(km/h)	200	220	200	220
火 花 次 数	201	304	441	473
硬点最大值(g)	58	82	72	74

3. 接触线动态抬升量

接触线动态抬升量的测量结果表明，单机单弓运行，接触线在非改造区段 230 km/h 跨中抬升量为 73 mm，弹性链形悬挂在 250 km/h 时跨中抬升量为 64 mm，双机联挂最大抬升量为 80 mm。

在弹性链形悬挂区段，测量了 891 号定位点和跨中，在 250 km/h 单弓运行时，定位点的接触线抬升量为 52 mm，跨中的抬升量为 64 mm，比非改造区段的 73 mm（230 km/h 时）小，接触线张力 20 kN 区段，733 号定位点的抬升量在 240 km/h 时为 27 mm。可以看出，弹性链形悬挂区段和接触线张力 20 kN 区段，接触线的动态振动幅值比非改造区段稳定。

双机联挂双弓受流运行工况下，接触线的抬升量增长较大。

（四）试验分析

在胶济线接触网条件下，CRH_2 动车组受电弓采取加装导流板或加装导流板同时加高底座的两种性能优化改造方案对改善 CRH_2 动车组受电弓均有明显作用，单机单弓试验速度达 250 km/h，弓网受流状态正常。

两列动车组联挂试验速度在 200 km/h 时，从控动车组受电弓两个方向运行的弓网受流性能正常，220 km/h 时，两个运行方向均发生动车组失压现象。

CRH_2 动车组单列单弓受流工况，满足 225 km/h 正常运营要求；两列联挂双弓受流工况，满足 200 km/h 正常运营要求。

CRH_2 动车组受电弓加高底座同时加装导流板方案，比只加导流板方案的弓网受流性能改善的效果更明显，所以推荐 CRH_2 动车组采用加装导流板同时加高底座的方案。

接触网四种试验工况，从试验结果分析可以看出，弓网受流性能均有所改善，接触线张力 20 kN试验方案和弹性链形悬挂方案弓网受流性能的改善更加明显。

对客货列车共线双层集装箱列车运输的线路，开行 120 km/h 货物列车或双层集装箱列车，弓网受流性能满足货运机车最高速度 120 km/h 的运行要求。

动车组单弓和双弓运行时，接触线抬升量最大值符合现有设计规范中接触线抬升量 160 mm 的规定。

客货列车共线双层集装箱列车运输的线路，两列动车组连挂双弓受流工况，如何满足 200 km/h 以上的运营条件，接触网的悬挂方式和受电弓的选择应作进一步研究。

五、牵引变电所谐波试验

结合 CRH_2 动车组在胶济线试验段的运行试验，测试 220 kV 进线、110 kV 进线的牵引变电所的谐波特性，评价交流动车组牵引取流对电力系统的谐波影响。

（一）试验内容

供电设施情况见第七章。

电力系统容量：高密牵引变电所由仁和 220 kV 变电站供电，供电变压器 180 MVA，测试期间系统短路容量约 3 900 MVA。青岛西牵引变电所由平度 110 kV 变电站供电，供电变压器150 MVA，测试期间系统短路容量约 1 200 MVA。

牵引变电所：高密牵引变电所（220 kV 进线），牵引变压器容量 31.5 MVA（单相）。青岛西牵引变电所（110 kV 进线），牵引变压器容量 20 MVA（单相）。

测试概况情况如下：

（1）测点布置

高密变电所测点。220 kV AB 相线电压、A 相、B 相相电压，27.5 kV 侧母线电压，主变原、次边母线电流，4 个馈线电流，3 个电容补偿装置电流，总计 13 个信号。

青岛西变电所测点。110 kV AC 相线电压、A 相、C 相相电压，27.5 kV 侧母线电压，主变原、次边母线电流，2 个馈线电流，2 个路电容补偿装置电流，总计 10 个信号。

（2）测试方法及条件

谐波特性测试，利用 CRH_2 动车组在试验段进行动力学、牵引、交会、追踪等运行试验的牵引取流和再生制动反馈电流，对牵引变电所谐波性能进行测试。动车组停止运行期间（包括夜间），以 1 min 间隔采样测试记录背景谐波。动车组运行期间以小于 10 s 间隔采样，测试、记录各被测信号。

试验期间测得的 CRH_2 动车组从两个牵引变电所最大取用负荷为 11 000 kW，属于两列 CRH_2 动车组同时启动加速的工况，约为两个变电所牵引变压器容量的 1/3、1/2。最大再生制动反馈功率约 9 000 kW。

（二）试验结果与分析

测试结果列于表 8-71～表 8-74。按国标规定的方法计算出的高密变电所侧谐电流参数、青岛西变电所侧谐波电流参数及谐波电流限值见表 8-75～表 8-77。

表 8-71　高密变电所试验期间测得的背景谐波电压参数

N 次谐波电压含有率(%)	3 次	5 次	7 次	9 次	11 次	13 次	总畸变率
220 kV/　A 相	0.49	0.55	0.27	0.32	0.19	0.29	0.92
220 kV/　B 相	0.82	0.46	0.25	0.14	0.29	0.15	1

表 8-72　高密变电所测得的动车组运行试验期间谐波电压参数

N 次谐波电压含有率(%)	3 次	5 次	7 次	9 次	11 次	13 次	总畸变率
220 kV/　A 相	0.72	0.49	0.31	0.17	0.24	0.44	1
220 kV/　B 相	0.79	0.45	0.31	0.12	0.28	0.27	1.1

表 8-73　青岛西变电所试验期间测得的背景谐波电压参数

N 次谐波电压含有率(%)	3 次	5 次	7 次	9 次	11 次	13 次	总畸变率
110 kV/　A 相	0.64	0.51	0.25	0.15	0.25	0.35	1.31
110 kV/　C 相	0.65	0.69	0.27	0.13	0.23	0.1	1.13

表 8-74　青岛西变电所测得的动车组运行试验期间谐波电压参数

N 次谐波电压含有率(%)	3 次	5 次	7 次	9 次	11 次	13 次	总畸变率
110 kV/　A 相	0.69	0.52	0.29	0.32	0.28	0.1	1.25
110 kV/　C 相	0.68	0.62	0.2	0.12	0.23	0.18	1.14

表 8-75　高密变电所 220 kV 侧谐波电流参数

n 次谐波电流(A)	3 次	5 次	7 次	9 次
220 kV 侧电流	1	0.55	0.33	0.32

表 8-76　青岛西变电所 110 kV 侧谐波电流参数

n 次谐波电流(A)	3 次	5 次	7 次	9 次
110 kV 侧电流	2	1.2	0.75	0.7

表 8-77　青岛西变电所谐波电流限值

n 次谐波电流(A)	3 次	5 次	7 次	9 次
110 kV 侧电流	2.45	2.86	2.58	1.86

试验可以得到以下结论：

1. 由 220 kV 供电的高密牵引变电所，测得的动车组取流对电力系统谐波水平没有明显影响。CRH_2 动车组牵引负荷，近似线性电阻性负荷。根据测试结果分析，该所主变压器满负荷运行或一倍过负荷运行时，仍不会对电力系统电压谐波水平产生明显影响。

2. 由 110 kV 供电的青岛西牵引变电所，个别时段（一列动车组满负荷）引起 110 kV 相电压畸变率增加 0.2%～0.3%，这种影响与电力系统当时的运行方式有关，并且该影响不随动车组负荷的增加而增加。根据测试结果分析，该变电所主变压器满负荷或一倍过负荷运行，仍不会对该电力系统电压谐波水平产生明显影响。

3. CRH_2 动车组运行产生的谐波对电力系统影响很小，符合国家标准 GB/T 14549—1993 关于(110/220 kV）综合电压畸变率小于 2%的要求。通过牵引变电所注入电力系统的各次谐波电流小于国标规定值。

4. CRH_2 动车组取用功率或再生制动反馈功率大于 2 000 kW 时，综合功率因数 λ 大于 0.97。

5. 当胶济线电化全线开通后，对交、直混合运行的图定典型运行工况，需进行谐波性能测试，以便全面掌握牵引取流的谐波性能。

六、自动过分相性能试验

验证 CRH_2 动车组车载自动过分相装置，能否正确检测分相点地面信息。

（一）试验内容

即墨—高密区间，上行与下行方向均有两个自动过分相点，分相点位置见表 8-78。

表 8-78　胶济线即墨-高密区间分相点位置

方　向	序　号	分相点位置
上　行	1	K45+060
	2	K65+421
下　行	1	K65+430
	2	K45+078

过分相测试记录了动车组以惰行、牵引、电制动工况经过自动过分相点时的时间、速度、车载自动过分相装置输出的预告信号、恢复信号、强迫断主断信号、动车组主断 VCB 分合信号，同时监控动车组主电路和辅助电路参数变化。

（二）试验结果与分析

试验期间，动车组按试验规定的速度经过试验区间的分相点时，除未收到下行方向 K65+430 处自动过分相点强迫断主断信号外，车载自动过分相装置能够准确向动车组发出投、切主断路器指令，逻辑正确。动车组通过自动过分相装置的最大速度为 240 km/h。

在胶济线试验期间，动车组自动过分相装置和试验检测装置，均未采集到下行方向（高密—即墨）K65+430 处自动过分相点强迫断主断信号。在排除问题后，CRH_2 动车组自动过分相装置性能满足 200 km/h 等级运营要求。

七、列控系统与 GSM-R

2006 年 7 月 1 日至 7 月 18 日，在娄山至蔡家庄 5 站 4 区间进行了 CTCS-2 级列控系统验证试验、GSM-R 数据通信及传输特性试验和列车追踪运行对轨道电路的干扰试验。

（一）CTCS-2 级列控系统试验

试验目的主要是对 CTCS-2 级列控系统的主要功能以及系统对既有线 200 km/h 等级提速的适用性进行验证；验证既有线提速 200 km/h 等级列控系统技术条件，为既有线 200 km/h 等级提速和新线建设提供重要的技术支持；验证车载设备是否具有正确接收地面发送的列控信息/命令的功能；验证点、连式超速防护功能以及 CTCS-0 级和 2 级之间（LKJ 和列控 2）级间转换功能；验证车站列控中心系统是否满足《既有线 200 km/h 铁路车站列控中心技术条件（暂行）》要求以及各项功能的正确性；验证车站列控中心与调度集中系统、车站计算机联锁系统、地面电子单元（LEU/BDU）、应答器等设备通信的正确性，并符合通信协议要求；验证系统能够在车—地联动时，正确控制列车运行。

1. 试验内容

CTCS-2 级试验系统由车载及地面两部分组成。车载设备安装在 CRH_2 002 号动车组上，最高试验速度 205 km/h，接阀运行。地面设备由列控中心、轨道电路、应答器（固定信息、可变信息）、分散自律调度集中（CTC）、车站计算机联锁和车站电码化组成。

（1）车站列控中心静态测试项目

设备联通、进路报文发送功能、区间限速功能、站内限速功能、离去区段限速预告功能、进站信号机降级显示和恢复时机、通信中断响应、进站信号机降级显示和恢复时机、应答器管辖范围、应答器默认报文、列控中心启动过程、列控中心与外部系统通信中断处理、限速区CTC显示处理测试、全区间限速时进站端应答器发送预告报文内容、列控中心接收到重复的限速命令的处理方式、限速命令发送和取消时机测试、取消限速命令的验证测试、限速命令预存测试。

（2）车站列控中心动态测试项目

列控中心在车地联动试验中实现发送报文为：正线接车进路、正线发车进路、正线通过进路、侧线接车进路、侧线发车进路、区间限速、站内接车进路限速、站内发车进路限速、离去区段限速、全区间限速、摆式/非摆式列车类型报文。

（3）CTCS-2列控系统动态试验内容

2005年10月29日至2006年8月29日进行了CTCS-2级系统48项功能验证试验。

2. 试验数据分析

（1）测速、计距、应答器位置标定、列车位置修正。结果，测速计距误差均小于2%，应答器位置正确，列车位置最大误差，上行16.5 m，下行14.9 m。

试验中发生两次非正常制动，轨道电路绝缘节内载频信号不稳定，列控车载位置校正存在问题。经修改后的试验中未再出现问题。

（2）车载安全计算机单系故障。一系电源切除后，司机设备接口显示“一系通信故障”，其他功能正常。试验通过。

（3）点式故障模式。列车通过上述位置后仍运行在完全监控模式，在K33之后常用制动模式速度逐渐下降，直到收到正常应答器数据后恢复正常。试验通过。

（4）确认列车行进方向、侧线接发车（UU＋点）、侧线通过列车过分割点、轨道电路信息接收、应答器信息接收、轨道电路信息接收、应答器信息接收、过轨道电路分割点正确。列车位置误差最大26 m。列车侧线接发车及侧线通过功能正确。

（5）站内限速（跨进站应答器、接车进路）。列车通过时防护功能正确。在即墨站下行出站后发生短时间NB7制动后自动恢复。补充试验前，应答器数据覆盖增加80 m，补充试验中未再出现此种条件下的非正常制动。

（6）专用传输模块（STM）与安全计算机（VC）单路通信故障。通信故障后，除DMI显示“STM二系故障/VC二系故障”外，车载设备仍处于完全监控（FS）模式工作，试验通过。

（7）站内限速、固定限速区超速防护（机控优先）。①站内限速（越发车信号机）、固定限速区超速防护（机控优先）试验全部通过。娄山站前使用了侧线停车防护功能，列车自动在进站信号机前减速到45 km/h左右。进蔡家庄站，司机使用了正线停车防护功能，列车在出站信号机前47 m处（LKJ距离值）停车。但在上行K44处（即墨站出站口）发生了短时的NB7制动。补充试验前，应答器数据覆盖增加80 m，补充试验中未再出现此种条件下的非正常制动。②站内限速（跨出站端应答器）（人控优先）试验通过。从蔡家庄ⅡG出发，列车进入区间时未能重新锁定载频，经司机选择“下行”才正常工作。

（8）轨道电路故障（完全监控模式下允许信号无码）。轨道电路故障后触发紧急制动，试验通过。

（9）第一离去区段限速。娄山出站后，BTM天线单元故障，ATP未报警，重新启动后BTM工作正常。此后顺利完成限速试验。后续试验BTM故障未再出现。

（10）区间限速、动态限速区超速防护。娄山站采用机控优先方式，在进站信号机前减速到45 km/h，越过进站端应答器，收到30 km/h信息，立即输出紧急制动，区间限速、动态限速区超速防护试验通过。

8

（11）进站端应答器丢失。通过进站口后，司机设备接口未显示“应答器丢失”的信息，列车输出NB7制动。

停车后司机解锁，在部分监控模式下运行到4 g，收到HU码后输出紧急制动。

（12）完全监控—目视行车—完全监控。列车越过T357信号机，接收到轨道电路L3码后，转部分监控模式，200 m后自动转为完全监控模式。

（13）轨道电路故障（侧线接车，接车股道无码）。列车进入股道速度15～20 km/h，使用机控，距出站信号机117 m（LKJ距离）处停车，试验通过。

（14）反向运行模式试验。触发最大常用制动（NB7），试验未通过。补充试验，反向运行模式符合规格，但列车进入股道收到UU码，ATP默认HU码，DMI显示的目标速度为0 km/h。铁道部要求：列控车载设备修改软件9月25日完成。在接收到UU码后，目标速度显示为45 km/h（50 km/h）。日立修改软件。

（15）默认报文。接收到默认报文后转部分监控模式行车，进入4g后接收到轨道电路HU码，立即产生SB7制动。

（16）站内限速（越发车信号机）＋第一离去区段限速。限速功能正常，但在城阳出站发生短时NB7制动。补充试验中未出现此种条件下的非正常制动。

（17）站内限速（跨进站应答器、接车进路）。限速功能正常，但在城阳出站发生短时NB7制动。补充试验中未出现此种条件下的非正常制动。

（18）模拟应答器锁频信息错误。试验通过。

（19）C2-C0、C0-C2级间转换实验、调车超速及调车危险试验。试验全部通过，但DMI显示“应答器数据缺失”。

（20）C2-C0、C0-C2级间转换＋限速实验。C0-C2级间转换＋限速试验功能正常。C0-C2级间转换＋限速试验中，列车越过级间转换点时列控车载处于机控过程，在常用制动缓解后才转为CTCS-0级，此时LKJ对位错误，未能正确监控。当修改LKJ软件后，补充试验中未出现上述情况。

城阳下行出站口发生一次短时NB7制动。补充试验中未出现此种条件下的非正常制动。

（21）实车追踪试验。试验通过。

DMI发生过显示“应答器数据缺失、应答器数据异常”，补充试验中仍有存在。

对于“列控冻结模式计算”触发的进站端瞬间最大常用制动问题，当修改ATP软件并升级完成后，已在胶济线全线拉通试验中得到验证。

3. 试验结论

（1）由列控车载设备、列控中心、应答器、ZPW2000系列轨道电路及CTC、计算机联锁、车站电码化等地面设备构成的CTCS-2级列控系统通过试验验证，已具备下列主要功能：接收ZPW2000轨道电路连续信息和应答器点式信息；应答器定位（测速/测距误差小于2%）；防溜逸；防退行；通过应答器组确认列车行进方向；侧线接发车、侧线通过及正确通过分割点功能；在机控或人控优先方式下的列车超速防护；车站及区间限速；完全监控模式下允许码无码、完全监控模式下限制码无码、侧线接车股道无码、应答器锁频信息错误、车载计算机与专用传输模块通信故障、车载计算机单系故障等故障检测；调车模式、调车超速防护及“调车危险”防护；列车追踪运行。

试验表明，CTCS-2级列控系统满足既有线200 km/h等级提速的要求。

（2）既有线列控中心满足所确定的功能要求。试验期间没有发生硬件设备故障。

（3）由于首次采用CTCS-2级列控系统，在投入运营后仍需进一步加强设备的运用管理和监测工作。

（二）GSM-R数字移动通信系统性能测试

2006年3月～6月，进行了胶济全线GSM-R动态测试和网络优化测试；7月，在娄山—蔡家庄试验段，进行200～250 km/h动车组GSM-R数据通信及传输特性测试。

通过测试胶济线GSM-R工作频率、系统服务质量和电磁环境干扰，验证GSM-R系统性能、应用功能和扩展功能以及GPRS在动车组200～250 km/h运行条件下的有效性和可靠性指标。

1. 试验内容

测试系统由场强覆盖、电磁环境干扰评估测试子系统、GSM-R QoS专用测试子系统、CIR子系统和后台处理软件及相关的仪器仪表组成，试验内容为：

（1）GSM-R网络测试。测试移动交换子系统、GPRS子系统、智能网子系统、基站子系统。

（2）静态测试。测试FAS、机车综合通信设备CIR、GSM-R与CTC系统数据传输联调、列尾防护。

（3）动态测试。调度语音通信、调度命令传送、无线车次号校核信息传送、列尾风压信息传送等GSM-R承载功能测试；车顶天线接收电平、车厢内天线接收电平、区间公务移动用户接收电平的覆盖测试；通话质量、切换成功率、呼叫成功率、掉话率、GPRS传输延时的服务质量测试网络优化测试。

（4）电磁环境与干扰测试。胶济全线胶黄线电磁环境测试；济南、青岛、淄博、黄台市区和重点地区定点静态电磁环境测试；济南—章丘段载干比测试。

（5）200～250 km/h数据通信及传输特性测试。PING延时和丢包/误包率、UDP数据延时和丢包/误包率、调度命令传送成功率、车次号传送成功率的GPRS数据通信性能测试；切换成功率、切换执行时间、呼叫成功率、掉话率、呼叫建立时间的系统性能和服务质量测试；电波传播特性和最低可用接收电平测试。

2. 试验数据分析

（1）GSM-R网络测试

经过多次反复地测试与调整，网络设备满足功能要求，通过了测试。由于测试中伴有设备调试，网络设备的最终状态需在工程验收中测定。

测试中，存在组呼被挂死在网络中的现象，应分析解决，以完善组呼流程，在实际运用中简化组呼使用。

（2）静态测试

通过测试，FAS系统和CIR解决了发现的问题，最终通过了测试，但其接通率的稳定还有待提高。

（3）动态测试

① 功能测试。实现了大小三角通信、组呼、功能寻址、位置寻址、多优先级等功能，但要简化组呼，完善信令流程。呼叫失败现象与手持终端质量和受干扰有关。

通过接口服务器实现了在机车综合通信设备与CTC调度终端之间传送调度命令、车次号等信息。测试表明，调度命令和车次号信息单次发送成功率均在90%以上。在实际运用中使用重发机制，会提高发送成功率。

② 覆盖测试。通过对原设计基站的覆盖测试和关闭一些区间基站的覆盖测试，在满足调度通信覆盖指标的条件下，有可能适当加大基站间距。

试验车车厢内外接收电平差值平均为10.15 dB，车体不同，差值也不同。测试数据还表明，车厢内外接收电平的差值还与基站的相对位置有关。

③ 服务质量测试。全线切换成功率为95.2%，呼叫成功率为94.9%，掉话率为4.12%，GPRS数据传送成功率大于92%。由于整个工程尚在网优阶段，有3个基站未开通，潍坊东等基站的天馈系统还有问题，黄台、城阳等处有外界强干扰，使测试出现切换失败、呼叫失败、掉话、数据传输失败等现象。经过网络优化后网络服务质量会得到提高。

（4）电磁环境和干扰测试

为了考虑与地方移动通信谈判边界条件的可实施性，暂定以-90 dBm 做为干扰的判别门限。以此为标准，从各基站接收频谱扫描图发现，2005 年胶济线有 9 处干扰；2006 年全线 EGSM 频段受到了多频点、多基站的严重干扰，仅有 3 个基站范围未检测到干扰。

在济南市区和繁华商业区内，特别在话务最密集、频率资源最紧张的步行街及泉城广场附近，未发现移动公司使用 EGSM 频段内的频点。在济南郊区测试中，共发现两处以跳频方式使用 GSM-R频点。

（5）200～250 km/h 数据通信及应用特性测试

GPRS 数据通信性能，200～250 km/h 与 200 km/h 以下速度条件相比，PING 数据和 UDP 数据传输延时和传输成功率指标没有明显不同。

当固定台向移动台发送数据时，移动终端处于就绪和待命两种状态下的传输延时差异较明显。128 字节 UDP 数据待命状态比就绪状态的平均延时增加了约 700 m/s。

使用车顶天线，128 字节 UDP 数据传输往返延时约 1 s，数据传送成功率 94%；1 024 字节 UDP 数据传输往返延时约 3.4 s，数据传送成功率为 90%。

调度命令单次传送成功率大于 90%，在实际应用中采用重发机制，会提高调度命令、车次号信息的传送成功率。

3. 系统性能和服务质量

切换成功率 99%，三次切换失败均未引起掉话，主要是城阳 1 基站越区覆盖，其覆盖信号到达即墨—即墨 1—蓝村区间，造成在即墨—蓝村区间乒乓切换。

切换执行时间与列车速度、呼叫方向无关，切换执行平均时间小于 200 m/s。

移动/固定呼叫成功率 98.4%，移动/移动呼叫成功率 100%。移动/固定比移动/移动的呼叫成功率低，应结合 FAS 进一步分析。

移动/固定呼叫掉话率 0.9%，移动/移动呼叫掉话率 1.9%。掉话主要发生在即墨 2 和高密基站范围，掉话发生时，接收电平均在－80 dBm 以上，通话质量连续出现恶化应与干扰有关，与列车运行速度无关。

移动/固定呼叫建立时间平均 2.51 s，最大 2.86 s，移动/移动呼叫建立时间平均 5.63 s，最大 6.03 s。

4. 电波传播特性和最低可用接收电平

CRH_2 动车组车体车厢内外的接收电平差值为 16.8 dB（上行）和 11.9 dB（下行）。

锁定即墨 6 基站 BCCH 频点，测试接收电平与距离的分布关系，在距离基站 5.5 km 处，接收电平 95%统计值大于-90 dBm，基站间距可适当扩大。

在重选状态下，手机掉网的接收电平均值集中在-100～-102 dBm。在呼叫状态下，手机建立通话的接收电平均值集中在-90～-100 dBm 之间，手机掉话的接收电平均值集中在-100～-110 dBm。

5. 试验结论

（1）胶济线 GSM-R 基本满足大、小三角调度语音通信要求。针对手持终端出现呼叫失败的现象，应从干扰和手持终端质量两方面解决。移动台呼叫 FAS 终端曾出现呼叫失败，在 FAS 系统完成升级后需再次测试。

（2）200～250 km/h 与 200 km/h 以下速度条件相比，数据传输指标没有明显不同。GPRS 数据传输成功率达到 90%以上，数据丢包主要由外界干扰和小区重选造成。除尽快解决干扰外，还应采用重发机制提高数据传送成功率。调度命令、车次号等信息传送业务尚未实际运用，需要通过试运行进行验证。

（3）胶济线电磁干扰严重，影响网络性能，全线 14 个基站的覆盖范围均受到 EGSM 全频段的强干扰，除 3 个基站未受干扰外，其余基站都受到多频点干扰，干扰信号强度大多在－80 dBm 以上，最强达-35 dBm。

（三）列车追踪运行对轨道电路的干扰试验

1. 试验概述

通过测试200 km/h等级动车组运行产生的牵引电流谐波干扰，分析其对轨道电路和机车信号信息接收的影响。

由于既有线提速采用的ZPW2000（UM）系列轨道电路使用1 700～2 600 Hz频段作为信号载频，因此，测试在动车组运行条件下1 700～2 600 Hz频段内的牵引电流高次谐波，并分析两方面的影响：牵引电流谐波对车载设备可靠接收的影响；牵引电流谐波对地面轨道电路分路状态的影响。

为了考察不同列车追踪间隔下牵引电流的影响，本项测试与胶济线200 km/h等级动车组列控系统追踪试验同步进行。

2. 试验结果与分析

（1）列车上的牵引电流的测试记录与分析

在两列动车组追踪运行条件下，在2号车组车载设备接收端（通过LKJ车载天线接口），分别对选定区段实时采集记录由轨面传送至LKJ的信号并同时记录车载ATP设备工作状态。之后在实验室，对记录波形回放，运用频谱分析仪对带内的干扰信号量进行测量与统计，分析其对轨道电路信息接收模块（STM）工作的影响。

车载测试数据分析如下：

根据本次胶济线试验区段动车组追踪运行监测数据，工频奇次谐波干扰小于30 mV，占带内信号总量幅度比例较小（带内信号最小幅度67 mV）；

录制信号回放表明，车载设备接收信号良好。

（2）地面的牵引电流的测试记录与分析

在试验线路上，保持空心线圈平衡及调谐区零阻抗短路等减少干扰措施；在列车追踪条件下，对选定区段轨入信号波形进行实时记录采集，记录中同时注明列车追踪运行情况，后期在室内将记录波形回放至与现场一致，运用频谱分析仪对带内的干扰信号量进行分析、统计，归纳出谐波干扰的测试结论。

地面测试数据分析如下：

分路残压与动车组运行速度无关，一般在4 mV以下，轨道电路有可靠分路保证（根据《信号维修规则》，轨道电路可靠分路电压应小于130 mV）；

动车组在相邻区段运行时，本区段工频谐波干扰甚小，一般偶次谐波小于1 mV，奇次谐波小于10 mV，不会造成轨道电路接收设备误动作（根据《信号维修规则》，轨道电路可靠工作电压应大于240 mV）；

动车组远离本区段时，本区段的工频谐波干扰值趋近于零。

以上测试按钢轨平衡现状进行，6个区段的数据有一定的代表性。

测试数据表明：在轨道对地平衡条件下，动车组高速追踪运行的谐波干扰对轨道电路分路及机车信号可靠接收的影响甚小，未造成地面接收设备误动作，也未影响对轨道电路信息的解码。

八、CRH_2 动车组综合性能试验

（一）试验概述

根据试验大纲的要求，CRH_2 动车组综合性能试验包括通过曲线、牵引性能、制动性能、动力学性能、噪声、受电弓及弓网受流性能、车载计算机网络、电气系统的各种保护、网侧谐波组成与测定、电磁兼容性能、绝缘、动车组内部过电压水平检查等试验。

CRH_2 动车组综合性能试验分北京环行线试验和胶济线试验两个阶段进行。

北京环行线试验从2006年5月11日开始，于6月19日结束。主要完成了170 km/h以下的动力学、弓网受流、噪声、牵引特性、惰行阻力、动态限界、网压波动、动车组对外部的射频骚扰、

供电中断和电压突变、耐雪制动、辅助制动、辅助电气设备和辅助电源、网侧谐波组成测定和功率因数试验等运行试验，以及车载计算机网络、电气系统的各种保护、动车组前照灯照度、静态限界、通过曲线、安全设备的检查、安全措施的检查、绝缘、内部过电压，动车组内部干扰、静电放电抗扰度、单车及全列的制动静置试验等内容。

胶济线试验从 6 月 25 日开始上线试验，于 7 月 22 日结束。在胶济线即墨至高密间完成了动车组 200 km/h 等级的动力学、弓网受流、牵引、重联运行、制动、噪声、空气动力学、自动过分相、动态限界等试验内容。最高试验速度 252.9 km/h。另外在娄山至即墨间完成了半径为 2 200 m 曲线的动力学性能试验。

（二）试验结果与分析

1. 牵引性能试验

实测牵引特性和设计特性的比较见图 8-111。

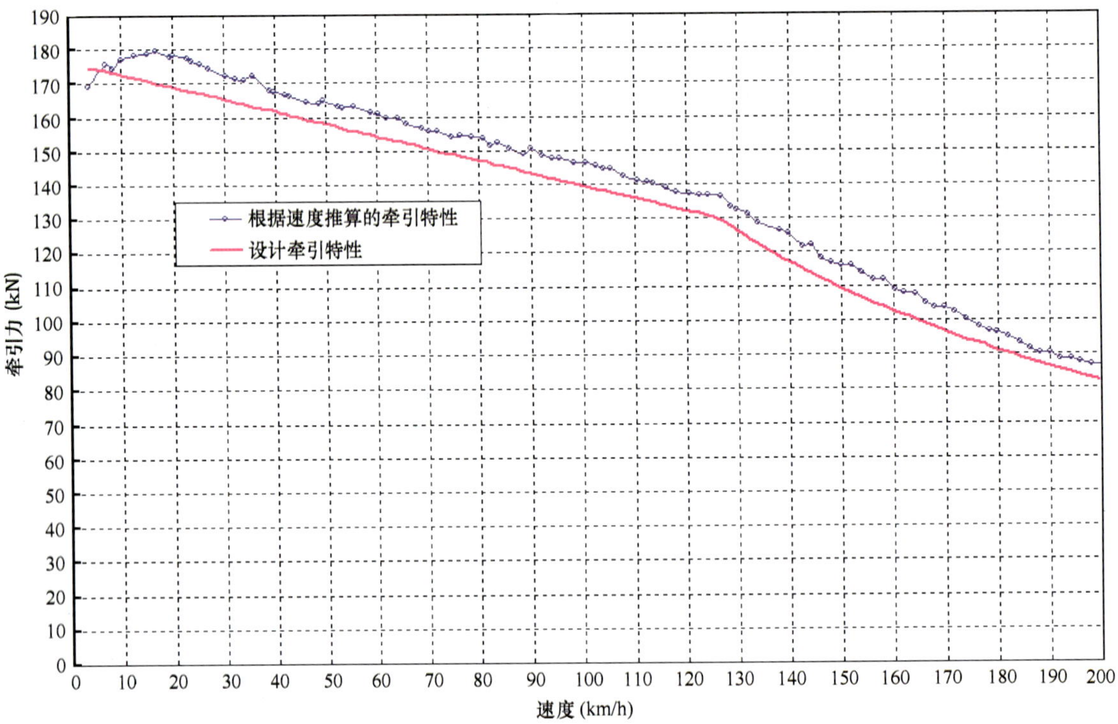

图 8-111　动车组全动力牵引特性图

对图 8-111 作分析，动车组牵引特性优于设计特性。动车组全动力起动加速的加速时间和加速距离见表 8-79。

表 8-79　动车组起动加速时间和加速距离

速度(km/h)	加速时间(s)			加速距离(m)		
	第 1 次下行	第 2 次上行	第 3 次下行	第 1 次下行	第 2 次上行	第 3 次下行
100	78.0	78.2	78.6	1131.2	1138.4	1142.0
120	96.7	96.9	97.4	1701.8	1709.9	1715.1
140	117.0	117.3	117.9	2437.0	2448.8	2456.7
160	141.0	141.2	141.7	3437.5	3445.8	3450.4
180	170.0	170.1	170.7	4805.3	4812.5	4823.2
200	206.1	206.3	206.9	6718.3	6670.5	6736.2

动车组起动加速过程中的最大加速度为 0.416 m/s²，平直道 200 km/h 时的剩余加速度为 0.123 m/s²，满足试验大纲中大于 0.1 m/s² 的要求。

牵引试验结果表明：CRH_2 动车组全动力、四分之三动力 0～200 km/h 速度运行满足动车组牵引性能要求；CRH_2 动车组起动加速度为（0～30 km/h）0.406 m/s²，在 200 km/h 剩余加速度满足大于 0.1 m/s² 的要求。

试验结果表明，CRH_2 动车组在 12‰坡道上全动力状态、四分之三动力状态和二分之一动力状态均能正常起动，持续加速。

动车组在各网压下的轮周功率符合技术条件的要求。动车组能承受网压中断和网压突变的冲击，网压恢复后能正常运行，无可见损坏。

安全措施检查、安全设备试验、辅助电气设备和辅助电源装置试验结果符合设计要求。

重联列车起动加速性能符合要求。

2. 制动性能试验

动车组快速复合制动，不同制动初速下的制动距离试验结果见表 8-80。

表 8-80 快速复合制动试验结果

制动初速(km/h)	换算制动距离(m)		平均减速度(m/s²)
	测试结果	标准要求	
200	1 493	≤2 000	1.026～1.037
160	867	≤1 400	1.136～1.144
140	640	≤1 100	1.168～1.192
118	439	≤800	1.217～1.299

动车组纯空气快速制动，不同制动初速下的制动距离试验结果见表 8-81。

表 8-81 纯空气快速制动试验结果

制动初速(km/h)	换算制动距离(m)		平均减速度(m/s²)
	测试结果	标准要求	
200	1 652	≤2 000	0.924～0.946
160	892	≤1 400	1.099～1.118
140	646	≤1 100	1.148～1.187
118	433	800	1.228～1.263

制动试验结果表明：

基础制动装置静态传动效率试验，ZY200107 车在空车工况下快速制动静态传动效率为 82.1%～86.6%，定员工况下为 84.5%～88.7%；ZE200100 车在空车工况下快速制动静态传动效率为 81.1%～85.1%，定员工况下为 82.8%～86.2%。

制动系统性能静置试验：定员工况下 1 号车（T 车）和 2 号车（M 车）各制动级位对应的制动缸压力，常用 7N 制动缓解时间及快速制动响应时间，空车工况下各车制动级位对应的制动缸压力满足要求。

动车组阶段制动、阶段缓解试验结果满足要求。

辅助制动工况试验中，动车组 1 号车和 8 号车各制动级位下制动缸压力值满足要求。

救援工况试验中，在静置和运行工况，救援机车可对动车组实施正常的常用制动缓解，机车列车管减压量与动车组制动级位对应关系正确，满足要求。

动车组安全保护措施静置试验满足要求。

动车组快速复合制动，初速 200 km/h，制动距离 1 493 m；快速空气制动，初速 200 km/h，制动距离 1 652 m，满足要求。

3. 动力学性能试验

（1）横向稳定性

滤波后的构架横向加速度幅值都小于 0.8g。正线试验时，在所试验的速度范围内，被试的 5 号车、7 号车和 8 号车在直线、半径为 2 200 m、2 800 m 和 6 000 m 曲线上，都没有出现横向失稳现象。

（2）运行稳定性

在胶济线直线上，3 辆被试车的轮轴横向力和轮轨垂向力的最大值都低于试验大纲规定的限度值。

在直线上，脱轨系数超过 0.80 出现一次，脱轨系数超过 0.60 出现两次，除此以外，被试车辆的脱轨系数值都小于 0.60，而且在对该地段线路经过处理后，脱轨系数未超过 0.60。

160 km/h 速度级试验，3 辆被试车在直线上的轮轴减载率最大值都未超过 0.65，试验速度超过 180 km/h 以后，轮重减载率最大值普遍小于 0.80，有少量超过 0.80，最大轮重减载率为 0.92。轮重减载率超过 0.80 的均为单峰减载，未出现连续两个峰值减载超过 0.8 的情形。表明各被试车辆在环线和正线各工况下的运行稳定性均满足要求。

（3）舒适度

CRH_2 动车组在 220 km/h 及其以下试验速度级，在环行线上除 8 号车司机室测点外，其他各测点的舒适度值基本小于 2.5，属于 3 级范围；在胶济线上除 8 号司机室测点舒适度值超过 2.0 小于 2.5 外，其他测点的舒适度值均小于 2.0，属于 2 级范围。CRH_2 的动力学性能（安全性、舒适度）满足 200 km/h 等级运用要求。

在胶济线直线、直岔和曲线区段，在所试验的速度范围内，3 辆被试车辆的横向平稳性和垂向平稳性指标的最大平均值都小于 2.50。各被试车辆运行稳定性均满足要求。除 8 号车司机室测点舒适度值略高于 2.5、5 号车一位端舒适度值略高于 2.0，其他测点的舒适度值均不超过 2.0，属于 2 级范围。

鉴于本次试验中环线最小曲线半径为 1 000 m，正线试验线路最小曲线半径为 2 200 m。若 CRH_2 动车组运用于既有线更小曲线半径时，建议补充既有线小半径曲线动力学性能试验。

4. 噪声试验

车内、外噪声试验结果见表 8-82 和表 8-83。

表 8-82　车内噪声运行试验结果

车号 \ 项目	速度(km/h)	测点			备注
		1	2	3	
8	160	65	—	—	测点 1 设置在司机室
	200	69	—	—	
	250	72	—	—	
5	160	62	61	65	测点 1 和测点 2 设置在客室两端；测点 3 设置在餐厅
	200	64	63	68	
	250	70	66	71	
4	160	62	61	66	测点 1 和测点 3 设置在客室两端；测点 2 设置在客室中部
	200	65	63	68	
	250	71	66	71	

续上表

车号＼项目	速度(km/h)	测点 1	测点 2	测点 3	备注
3	160	65	61	65	测点 1 和测点 3 设置在客室两端；测点 2 设置在客室中部
	200	67	63	68	
	250	69	65	71	
2	160	67	62	65	测点 1 和测点 3 设置在客室两端；测点 2 设置在客室中部
	200	69	64	68	
	250	72	66	70	
1	160	64	61	67	测点 1 和测点 2 设置在客室两端；测点 3 设置在司机室
	200	67	68	72	
	250	69	69	75	

表 8-83　车外 200 km/h 恒速辐射噪声

	测量值		
	第 1 次测量	第 2 次测量	第 3 次测量
1 测点(上行)	82.2	83.2	84.5
2 测点(下行)	84.0	83.5	84.7

噪声试验结果表明，司机室、动车噪声基本符合技术条件要求；拖车略高于技术条件要求；车外 200 km/h 恒速通过辐射噪声、0～30 km/h 起动加速噪声符合技术条件要求。

5. 电磁兼容试验

CRH_2 动车组对外部的射频骚扰试验结果，满足要求；CRH_2 动车组的电子控制系统，在列车内部电磁环境下能够正常工作；CRH_2 动车组静电放电抗扰度试验后设备仍能按预期要求连续工作，能够抵制 6 kV 静电的接触放电。

九、列车交会综合试验

（一）试验概述

胶济线列车交会试验包括两部分内容：CRH_2 动车组交会试验和 CRH_2 动车组与货物列车交会试验。

1. CRH_2 动车组 250 km/h 交会试验。主要测试交会时车厢内外空气压力波幅值。

2. 200 km/h CRH_2 动车组与 120 km/h 货物列车交会试验。试验货物列车由两台 SS_{7E} 机车牵引 33 辆货车，采用推挽方式。货物列车牵引总重约 1 900 t。试验内容有：

(1) 篷布、篷布绳网和篷布绳索试验。主要测试货物列车与动车组交会时，动车组交会空气压力波，篷布、篷布绳索和篷布绳网气动力和苫盖篷布敞车横向气动力。

(2) 装载裸装焦炭试验。主要测试焦炭车的运行平稳性、围挡强度、围挡挠度以及绳网张力、焦炭网防扬起效果和交会时对货物装载的影响。

(3) 货物列车动力学性能安全监测。主要测试双层集装箱重车（重心高 2.4 m、横向偏载 100 mm、两转向架纵向偏载 10 t）、空箱车的轮轨垂向力、横向力，并计算脱轨系数、轮重减载率和轮轴横向力；测试双层集装箱重车、空箱车和原木车、空棚车的车体垂向、横向振动加速度及摇枕弹簧的垂向动态位移，并计算垂向、横向平稳性指标。

（二）试验数据分析

1. CRH_2 动车组 250 km/h 交会试验

8

两列 CRH_2 动车组以 250 km/h 速度交会所产生的压力波最大幅值仅为 1 195 Pa，车厢内最大压力变化幅值为每 3 s 19 Pa，仅为车体表面压力变化幅值的 1.6%。

两列 CRH_2 动车组以 250 km/h 速度交会所产生的压力波最大幅值远小于动车组的粘贴车窗所能承受交会压力波。车厢内最大压力变化幅值远小于压力变化环境下人体舒适性标准建议值。在 4.4 m 线间距条件下，CRH_2 动车组以 250 km/h 速度交会是安全的，不会对旅客乘员舒适性产生影响。

2. CRH_2 动车组与货物列车交会试验

（1）交会时动车组气动力分析。动车组以 200 km/h 速度与货物列车 120 km/h 交会时，动车组受的最大压力波幅值仅为 570 Pa，远小于其车窗玻璃所能承受的压力波幅值。

（2）交会时篷布、车体气动力分析。对受力较大的无网 D 型篷布和搭接在上面的无网小张篷布进行受力分析，得出货物列车以 120 km/h 速度与 200 km/h 动车组交会时无网 D 型篷布最大应力为 12.45 MPa；搭接在上面的无网小张篷布的最大应力为 13.12 MPa。以最大横向气动力 13 168 N 为计算依据，得到气动力产生的倾覆系数仅为 0.071。

（3）绳索最大拉力值。测得的绳索最大值为 1 055 N。当小张篷布为顺向压缝时，篷布绳索受到的气动力比 D 型篷布小约 20%；当小张篷布为逆向压缝时，篷布绳索受到的气动力比 D 型篷布大约 30%。

篷布绳网在降低篷布绳索气动力中发挥了重要作用，大部分工况下无绳网篷布绳索受到的气动力比有网情况大 50%～80%。

（4）不同装载方案篷布受力比较。有网或无网情况下，不论是 D 型篷布还是小张篷布，货物不超车体侧板时，由于敞车内部是用篷布支架架空，兜风现象严重，绳索受到的气动力比超过车体侧板小于 1 m、大于 1 m 两种情况要大。

货物列车与 CRH_2 型动车组交会时，绳索拉力、篷布应力最大值均小于规定的技术性能指标。

当小张篷布为顺向压缝时，篷布绳索受到的气动力比 D 型篷布小约 20%；逆向压缝时，篷布绳索受到的气动力比 D 型篷布大约 30%。

篷布绳网能够降低篷布绳索受到的气动力，大部分工况下无绳网篷布绳索受到的气动力比有网情况大 50%～80%。无苫盖篷布绳网时，篷布兜风现象均较为严重，绳索拉力最大值大部分出现在端部测点和搭接在上面的小张篷布在逆风时的角绳位置。

无论有网或无网、D 型篷布还是小张篷布，篷布苫盖不超车体侧板（有支架）的绳索受到的气动力最大，超过车体侧板小于 1 m、大于 1 m 等两种情况则相差不大。

（5）装载裸装焦炭试验。绳网边绳的拉力最大值为 30.21 N（破断拉力 150 N）；围挡挠度最大值为 9.02 mm，围挡强度最大值为 8.53 MPa（允许应力 113.2 MPa）；车体垂向加速度最大值为 0.4 g（允许值 0.7g），车体横向加速度最大值为 0.18 g（允许值 0.5 g）；焦炭车的垂向平稳性指标最大为 3.12（小于 3.5 为优），横向平稳性指标最大为 2.95（小于 3.5 为优）。所有测点数据均满足安全运输要求。

除 120 km/h 的车体加速度最大值出现在列车交会时外，绳网边绳拉力、围挡挠度、围挡应力、车体平稳性指标等各测试最大值均未出现在列车交会处。

两辆焦炭车（现场扣下的运用车）的焦炭颗粒均无滚动，无扬起现象，焦炭状态正常。焦炭车的围挡应力、围挡挠度、绳网边绳拉力、车体加速度、车辆平稳性指标等值随货物列车速度的提高略有增大，但各项指标均满足安全运输要求。120 km/h 货物列车运行或与 200 km/h CRH_2 动车组交会时，现有焦炭装载加固方案能够满足安全运输要求。

（6）被监测的双层集装箱重车（重心高 2.4 m、横向偏载 100 mm、两转向架纵向偏载 10 t）和双层集装箱空箱车的脱轨系数、减载率和轮轴横向力的最大值都满足 GB 5599—1985《铁道车辆动力学性能评定和试验鉴定规范》的要求，说明其均具有良好的运行稳定性。

被监测在货物列车中的双层集装箱重车、双层集装箱空箱车、空棚车和原木重车的横向、垂向振动加速度最大值均小于规定的限度值。横向、垂向平稳性指标均属优良。

十、行车组织

胶济线采用CTC系统。在胶济线综合试验期间，对CTC各项功能的使用情况进行了验证。

（一）试验概述

为确保胶济线CTC如期建成，从2005年12月始，先后分7个阶段进行了不同功能的综合运用试验。各阶段试验内容如表8-84。

（二）试验结论

1. 胶济线CTC对分散自律的控制模式的操作方式进行了细化，分为中心操作、中心部分操作、车站配合中心操作3种方式，提高了CTC控制的灵活性和适应性。

2. 胶济线CTC实现了对车站列控中心下达限速命令的功能。

3. 胶济线CTC符合铁道部颁布的《分散自律调度集中系统技术条件（暂行）》的要求，实现了列车运行计划人工调整或自动调整、进路集中自动控制、限速设置、运行图自动绘制、行车日志自动生成、调度命令传送、车次号校核、接车进路信息预告等功能，符合胶济线提速200 km/h等级、客货列车共线运行的调度指挥要求。

4. 针对胶济线制定的行车组织办法符合CTC、CTCS-2级列控系统、GSM-R系统的运用要求。

表8-84 CTC不同阶段试验内容

序号	试验阶段	日　期	验证项目	试验内容描述
1	单个车站按图排路控制功能	2005年12月29日～2006年1月7日	分散自律调度集中的主要功能	①调度集中控制模式的相互切换试验及1 h货物列车的按图排路试验； ②3 h客货列车按图排路试验； ③CTC按图排路试验
2	多个车站按图排路控制功能	2006年1月12日～20日	按图排路控制功能	分别对蔡家庄和昌邑、安丘和潍坊东、潍坊和潍坊西、昌乐和谭家坊、青州市和普通每两个车站为一组进行按图排路控制功能试验，对临淄、金岭镇、湖田3个车站按图排路控制功能试验，对昌乐、谭家坊、青州市、普通4个车站按图排路控制功能进行了试验
3	多个车站及作业较复杂车站按图排路控制功能	2006年2月14日～23日	多出口车站及较复杂按图排路控制功能	对高密、即墨、姚哥庄、胶州(4个方向)、淄博、湖田站按图排路控制功能试验，检验了多站、多出口车站及较复杂作业车站按图排路控制功能
4	一个调度区段综合	2006年3月8日～10日	整个调度台管辖所有车站按图排路功能和调度台之间信息互传功能	试验胶济两台管辖所有车站按图排路功能。所有的列车运行、车站股道的安排，都是通过计划的调整来实现。调度员通过对计划的调整实现了对一个调度区段的列车控制
5	全区段综合	2006年5月16日～19日	三个调度区段联合运输综合试验	胶济线3个调度区段联合运输综合试验

续上表

序号	试验阶段	日　期	验证项目	试验内容描述
6	全区段全天候	2006年6月16日～7月31日	完全集中模式和部分集中模式试验	每天8:00～17:00进行完全集中模式和部分集中模式试验，17:00～8:00进行车站控制模式试验。调度员基本掌握了CTC各项功能，对经常发生情况的功能按钮的操作已基本掌握。车站值班员也具备了功能按钮的操作技能，并能及时处理一些临时出现的问题
7	动车组综合	2006年6月25日～7月21日	验证各项功能	试验地段在胶济线娄山—蔡家庄间，正线全长83.196 km，区段内有娄山、城阳、即墨、高密、蔡家庄5站4区间。通过运用CTC系统指挥CRH_2动车组试验，主要验证了以下功能：①CTC系统技术条件规定的功能；②CTC系统在繁忙干线、客货列车混跑的适应性；③CTC系统指挥200 km/h等级动车组运行适应性；④CTC系统与CTCS-2级等系统的接口性能；⑤CTC系统下达限速调度命令、设置限速功能；⑥测试GSM-R系统提供给CTC的相关功能

第五节　牵引试验

在铁道部主持下，共组织了5次提速线路列车牵引试验，试验的目的一方面检查提速的线路的基础设施、牵引供电、通信信号系统状况，另一方面考验移动设备和车载信号系统的运用情况，并且通过实际运行查定区间运行时分，为第六次大提速运行图铺划提供可靠的试验依据。在平推试验检查前，于2006年9月进行了陇海线郑徐段和徐宝段、胶济线、沪昆线沪杭、浙赣段电气化运行试验。各次试验基本状况见表8-85。

所有的运行过程中，都实时监控列车速度、运行时刻、网压、网流等技术参数，边采集数据边进行数据处理。列车每通过一个区间，立即显示出该区间的运行时分、最高速度、最低速度、平均速度、运行时分、最高网流、最高网压等参数以及通信信号显示状况。

DF_{11G}自2006年12月5日至2006年12月6日共运行总距离1 551.564 km，列车编组顺序为：DF_{11G}型机车＋牵引试验车（SSY 998823，总重60.6 t）＋上海铁路局15辆25T型客车（52.5×15＝787.5 t）＋轨检车（WX 998947，总重60.4 t），共计17辆，牵引质量908.5 t。试验最高运行速度163.2 km/h，行程分别为上海南—鹰潭、鹰潭—宁波、宁波—上海南。

2006年11月11日至2006年11月16日，CRH_2动车组共运行总距离7 324.604 km，试验最高运行速度203.5 km/h，行程分别为北京—哈尔滨、哈尔滨—北京、北京西—郑州、郑州—徐州、徐州—郑州、郑州—长沙、长沙—上海南、上海—北京。

上述平推试验，历时3个月，为第六次大提速的实地演练。牵引试验验证和平推检查表明：线路基础、牵引供电、列控系统、动车组运用、调度指挥、行车组织、安全防护等系统和有关规章制度，已经具备实施200 km/h等级提速条件。

表 8-85　牵引试验情况简表

序号	时　　间	运行范围	试验检查内容	列车编号	列车编组
1	2006 年 9 月 4 日～19 日	陇海线郑徐段、胶济线、沪昆线沪杭、浙赣段	检查线路、牵引供电、机车、动车组设备质量情况、牵引重量、列车区间时分	检查列车动车组	SS$_4$（机车）＋牵引试验车＋货车列车＋接触网检测车 SS$_{7E}$ 或 SS$_9$（机车）＋牵引试验车＋YW4＋YZ4＋CA1＋RW2＋YW3＋DK1＋接车网检测车＋WX998947（轨检车）
2	2006 年 10 月 18 日～24 日	京沪、沪昆线沪杭、浙赣段、京广丰台-汉口段、京哈线北京东-沈阳北段	线路及立交化、通信、信号、牵引供电、栅栏封闭、运输组织、动车组运用及操作情况	CRH$_2$ 型 010 号动车组	主控车 1＋动拖车 6＋从控车 1 总重 380 t
3	2006 年 10 月 29 日～31 日	京沪、京广线、沪昆线沪杭、浙赣段 200 km/h 提速线路	线路及立交化、通信、信号、牵引供电、栅栏封闭、治安管理、动车组运用及操纵情况。初步查定区间运行时分、起停附加时分、站停时分和慢行附加时分标准。重点检查 200 km/h 提速地段线路、牵引供电设备的质量，CTCS-2 系统车载设备、地面设备的工作质量	CRH$_2$ 型 010 号动车组	同上
3	2006 年 10 月 31 日～11 月 1 日	陇海线徐州到宝鸡段 200 km/h 提速线路			
4	2006 年 11 月 23 日～27 日	京九、武九线、沪昆线浙赣段、峰福线	按照既有线提速 160 km/h 的安全和技术标准，全面检查线路及立交化、通信、信号、栅栏封闭、运输组织、调度指挥、治安管理、机车运用及操纵等情况查定区间区间运行时分、起停附加时分、站停时分和慢行附加时分标准。运行总距离 4 825.785 km	25T 客车	25T 客车：SSY1＋SY1＋RW5＋CA1＋RZ9＋WX1，其中 WX1 为轨检车，DF$_{11G}$ 牵引
5	2006 年 12 月 16 日～17 日	北京西—福州直达	牵引时分，前方摄像、列车速度、试验车车钩力、试验车挽钩功率，试验车制动管压力	25T 客车	SSY1（牵引试验车）＋SY1＋RW5（客车）＋CA1＋RZ9（客车）＋WX1（轨检车）
6	2007 年元月 17 日～27 日	京哈、京沪、京广、陇海、沪昆、胶济、京九等提速线路	按照既有线提速 160 km/h、200 km/h、250 km/h 的安全要求和技术标准，对线路及立交化、通信、信号、牵引供电、栅栏封闭、运输组织、治安管理、动车组运用及操纵等情况进行全面检查，校核区间运行时分、起停附加时分、站停时分和慢行附加时分标准。检查列车分为动车组检查列车和直达特快检车列车	①动车组检查列车 CHR$_2$ 型 10 号最高运行速度 53.3 km/h；②直达特快检查列车	直达特快检查列车与前面 25T 客车编组相同，DF$_{11G}$ 牵引

第六节　试验结论

一、线桥设备

1. 60 kg/m 钢轨、跨区间无缝线路、Ⅲ型混凝土轨枕的轨道结构，可以满足 200 km/h 等级动车组、120 km/h 货物列车、25 t 轴重双层集装箱列车的安全平稳运行要求。

2. 客运专线 60 kg/m 钢轨 18 号有砟道岔能够满足 250 km/h 动车组和 120 km/h 货物列车直向通过要求。60-12 号可动心轨道岔可以满足 200 km/h 等级动车组、120 km/h 货物列车、25 t 轴重双层集装箱列车的安全运行要求。

3. 提速非改建地段路基处理的重点是原有路基存在的问题和薄弱环节，应对路桥过渡段、新旧路基拨接处和路基较差地段逐步进行加固。对于一般地段，当路基稳定、土质良好、无病害时，可暂不作加固。当路基变形加大或基床产生病害时，应及时采取整治措施；对于养护量增加较多的地段，应根据运营条件，结合大修养护和改造等工程逐步进行处理。

4. 除 32 m 超低高度预应力混凝土 T 梁外，既有线上经过加固后的混凝土标准梁，均能满足 200 km/h 等级动车组、120 km/h 货物列车安全平稳运行的要求。24 m 单线上承钢板梁、64 m 双线下承钢桁梁可满足提速 200 km/h 等级的要求，48 m 单线半穿式钢桁梁应限速通过，既有线 28 m 单线上承钢板梁、32 m 单线上承钢板梁、48 m 单线下承钢桁梁、64 m 单线下承钢桁梁应采取措施，提高横向刚度。

5. 涵洞顶填土厚度不宜低于 1.2 m，当既有线涵洞顶填土厚度难以达到 1.2 m 时，必须保证 0.6 m 的填土厚度，同时采取增设枕下胶垫等措施，保证线路的弹性均匀性。

二、牵引供电

1. CRH_2 动车组受电弓同时加高底座和加装导流板方案与只加导流板方案相比，改善弓网受流性能的效果更明显。CRH_2 动车组单列单弓受流工况和两列连挂双弓受流工况，满足 200 km/h 等级正常运营要求。

2. 对 6 330 mm 导高的线路，弓网受流性能满足 120 km/h 的运营要求。

3. 接触线张力加大至 20 kN 或接触网改为弹性悬挂方式，有利于弓网受流性能的改善，更有利于双弓受流运行工况。

4. 车载自动过分相装置能够准确地向动车组发出投、切主断路器指令，逻辑正确，CRH_2 动车组自动过分相装置能满足 200 km/h 等级运营要求。

5. CRH_2 动车组牵引取流对电力系统谐波水平没有明显影响。根据测试结果分析，动车组交流牵引负荷使牵引变压器满负荷运行或一倍过负荷运行时，通过牵引变电所注入电力系统的各次谐波电流及综合电压畸变率功率因数等电能质量均有明显提高。

三、CTCS-2 和 GSM-R

1. CTCS-2 级列控系统能满足既有线 200 km/h 等级提速要求。

2. 既有线列控中心满足《列控中心技术原则》所确定的功能。

3. CRH_2 动车组在高速追踪运行条件下的谐波干扰对轨道电路分路没有影响，车载信号设备工作正常。

4. 胶济线 GSM-R 调度语音、GPRS 数据通信满足试运行要求，但电磁环境干扰严重，影响网络性能；固定接入 FAS 和移动终端还需提高稳定性、可靠性。

四、动车组综合性能

CRH_2动车组的牵引、制动、动力学、噪声等性能能够满足动车组技术条件要求。CRH_2动车组单列和两列重联，皆可以200 km/h等级速度运行。

五、列车交会

1. 在4.4 m线间距条件下，CRH_2型动车组250 km/h速度交会是安全的，不会对旅客舒适度产生影响；200 km/h等级动车组与旅客列车交会时，动车组与25型客车是安全的，但22型客车有可能发生车窗玻璃脱落、破碎情况，应采取措施。

2. 4.4 m线间距情况下，120 km/h货物列车和200 km/h等级动车组交会时，绳索拉力最大值小于规定的篷布用绳抗拉的技术性能指标和更换用的篷布绳索技术指标，篷布应力最大值小于规定的许用应力；焦炭车焦炭状态正常、无扬起现象；货物列车的动力学性能没有明显变化。

六、行车组织

胶济线CTC符合铁道部颁布的《分散自律调度集中系统技术条件（暂行）》的要求，实现了列车运行计划人工调整或自动调整、进路集中自动控制、限速设置、运行图自动绘制、行车日志自动生成、调度命令传送、车次号校核、接车进路信息预告等功能，符合胶济线提速200 km/h等级、客货列车共线运行的调度指挥要求。

参 考 文 献

[1] 何华武．中国铁路工程技术论文集［G］．北京：中国铁道出版社，2003.

[2] 何华武．第六次大面积提速调图暨既有线提速 200 km/h 技术总结报告［R］．北京：中华人民共和国铁道部，2006.

[3] 何华武．建立中国高速铁路技术体系的研究［J］．铁道运输与经济，2006，28（12）：1-10.

[4] 耿志修．铁路第六次大面积提速调图情况汇报［Z］．北京：中华人民共和国铁道部，2007.

[5] 中华人民共和国铁道部．铁路 200 km/h 既有线技术管理暂行办法［S］．北京：中国铁道出版社，2006.

[6] 中华人民共和国铁道部．既有线提速 200 km/h 技术条件（试行）［S］．北京：中国铁道出版社，2006.

[7] 中华人民共和国铁道部．新建时速 200 公里客货共线铁路设计暂行规定［S］．北京：中国铁道出版社，2005.

[8] 中华人民共和国铁道部．京沪高速铁路设计暂行规定［S］．北京：中国铁道出版社，2004.

[9] 中华人民共和国铁道部．铁路桥梁检定规范［S］．北京：中国铁道出版社，2004.

[10] 铁道部工程设计鉴定中心．高速铁路隧道［M］．北京：中国铁道出版社，2006.

[11] 铁道部运输局装备部．铁路货车新产品要览［M］．北京：中国铁道出版社，2002.

[12] 铁道科学研究院．京秦线提速 200 km/h 技术改造调研报告［R］．北京：铁道科学研究院，2003.

[13] 铁道科学研究院．胶济线提速 200 km/h 技术改造调研报告［R］．北京：铁道科学研究院，2003.

[14] 铁道科学研究院．陇海线郑徐提速 200 km/h 技术改造调研报告［R］．北京：铁道科学研究院，2003.［15］铁道科学研究院．既有线提速 200 km/h 线路调研报告［R］．北京：铁道科学研究院，2003.

[15] 铁道科学研究院，济南铁路局．胶新线 120 km/h 货物列车提速综合试验总报告［R］．北京：铁道科学研究院，2004.

[16] 铁道科学研究院，北京铁路局．京秦线提速 200 km/h 列车交会综合试验报告［R］．北京：铁道科学研究院，2005.

[17] 铁道科学研究院，成都铁路局．遂渝线 200 km/h 提速综合试验总报告［R］．北京：铁道科学研究院，2005.

[18] 铁道科学研究院，济南铁路局．胶济线综合试验总报告［R］．北京：铁道科学研究院，2006.

[19] 铁道科学研究院．提速货车 120 km/h 可靠性试验第一阶段（环行线）试验总报告［R］．北京：铁道科学研究院，2005.

[20] 铁道科学研究院科技信息研究所．国外铁路既有线 160～200 km/h 提速技术改造综述［M］．北京：铁道科学研究院科技信息研究所，2003.

[21] 铁道科学研究院西南分院．高速铁路隧道合理断面形式的研究［R］．成都：铁道科学研

究院西南分院，1998.

[22] 铁道科学研究院西南分院．最高时速 200 km 新建铁路线桥隧站设计暂行规定（隧道部分）条文建议及说明（送审稿）[S]．成都：铁道科学研究院西南分院，1998.

[23] 铁道科学研究院西南分院．遂渝线 200km/h 提速综合试验分报告之四：隧道气动力及结构动力学试验 [R]．成都：铁道科学研究院西南分院，2005.

[24] 铁道科学研究院西南分院．高速铁路隧道空气动力学效应及相关技术的研究与试验[R]．成都：铁道科学研究院西南分院，2005.

[25] 铁道部科学研究院西南分院．高速铁路隧道设计参数的建议值 [R]．成都：铁道科学研究院西南分院，1995.

[26] 铁道第二勘察设计院．胶济线电气化工程补充修改初步设计总说明书 [R]．成都：铁道科学研究院西南分院，2003.

[27] 铁道第三勘察设计院．铁路桥涵设计基本规范 [S]．北京：中国铁道出版社，2005.

[28] 中国社会科学院数量经济与技术经济研究所．中国铁路提速的社会效益评价分析研究 [R]．北京：中国社会科学院，2002.

[29] 罗东树，朱建华．可持续发展与我国铁路发展战略 [M]．北京：中国铁道出版社，2000.

[30] 傅世善．闭塞与列控概论 [M]．北京：中国铁道出版社，2006.

[31] 张千里，韩自力．不同基床表层结构及路基轨道动态试验研究报告 [R]．北京：铁道科学研究院，2003.

[32] 张千里，韩自力，叶阳升，等．既有线提速路基综合评估及加固技术的研究 [R]．北京：铁道科学研究院，2005.

[33] 韩自力．提速区段路基技术条件的研究 [R]．北京：铁道科学研究院，2004.

[34] 吴克俭，辛学忠，张千里，等．中德合作项目铁路提速技术培训考察报告 [R]．北京：中华人民共和国铁道部，2004.

[35] 张千里，韩自力，吕宾林．高速铁路路基基床结构分析及设计方法 [J]．中国铁道科学，2005，26 (6)：53-57.

[36] 韩自力，张千里．既有线提速路基动应力分析 [J]．中国铁道科学，2005，26 (5)：1-4.

[37] 韩自力．既有线提速路基的对策研究 [J]．中国铁道科学，2002，23 (5)：53-58.

[38] 韩自力，既有线提速 200 km/h 非改建地段路基试验报告 [R]．北京：铁道科学研究院，2006.

[39] 郭卫社，何君茹．浅谈铁路隧道病害防治 [J]．隧道建设．，2003，23 (3)：53-58.

[40] 吴江滨，张顶立，王梦恕．铁路运营隧道病害现状及检测评估 [J]，中国安全科学学报．2003，13 (6)：49-52。

[41] 赵勇，唐国荣，倪光滨，等．中国高速铁路隧道主要技术标准及关键技术//中国高速铁路隧道国际技术交流会论文集 [G]．北京：中国铁道出版社，2006.

[42] 陈宝智．危险源辨识控制及评价 [M]．成都：四川科学技术出版社，1996.

[43] 陈雷，张志建．70 t 级铁路货车及新型零部件 [M]．北京：中国铁道出版社，2006.

[44] 王春山，曹志礼．中国铁路 120 km/h 提速改造货车概要 [M]．北京：中国铁道出版社，2006.

[45] 袁昌明，张晓冬，章保东．安全系统工程 [M]．北京：中国计量出版社，2006.

[46] 袁 风．瑞典的标准化模式 [M]．中国标准化，2002.

[47] 徐延东，周 钢．意大利国家标准化机构（UNI）[J]．世界标准化与质量管理，2002.

[48] 徐安华．我国高速铁路技术标准的几点思考 [J]．世界标准化与质量管理，2004（8）：43-45.

[49] 青岛历史建筑编委会．青岛历史建筑（1891－1949）[M]．青岛：青岛出版社，2005.

[50] 夕 文．中国铁路既有线提速迈入世界先进行列 [J]．中国铁路．2006（12）：35-40.

[51] 钱立新．世界高速铁路技术 [M]．北京：中国铁道出版社，2003.

[52] 王新锐，熊芯，曲金娟，等．货车提速 120km/h 对策研究报告 [R]．北京：铁道科学研究院，2005.

[53] Mladen Vucetic. Cyclic Threshold Shear Strains in Soils [J]. Journal of Geotechnical Engineering, ASCE, 1994, 120 (12): 2208-2228.

[54] Stig Ravn, Peter Reinke. Tunnel aerodynamics of the magnetic levitation high－speed link in Munich (MAGLEV) －consequences for pressure comfort, micro－pressure waves, traction power and pressure loads [J]. Tunnel Management International Journal, 2006, 9 (1).

[55] UIC CODE 779－1. Determination of railway tunnel cross－sectional areas on the basis of aerodynamic considerations [S]. UIC, 2005.

[56] R. G. Gawthorpe. Pressure comfort criteria for rail tunnel operations [J]. Aerodynamics and Ventilation of Vehicle Tunnels, 1991.

[57] Fukuchi G, Maeda T, Iida M. Consideration for determining cross－sectional area of high－speed railway tunnels [A]. Infrastructures Souterraines de Transports, Proceedings of an International Conference Association FranÇaise des Travaux en Souterrain [C]. Toulon: AFTES, 1993. 29－33.

[58] A. Yamamoto. Micro－pressure wave radiated from tunnel exit. Physical Society of Japan. No4. Spring. 4P－H－4 (1977).

[59] H. M. Jagtman, A. R. Hale & T. Heijer (2006) Ex ante assessment of safety issues of new technologies in transport. In: Transportation Research Part A: Policy and Practice 40 (6). pp. 459－474.

[60] Chinna Mokkapati, Ansaldo Signal. A Practical risk and safety assessment methodology for safety critical [J]. American railway engineering & maintainence of way association, 2004, 23-24.

[61] Fukuoka H. Uncertainty analysis in railway safety assessment [J]. Quarterly Reports of Railway Technical Research Institute, 1999, 40 (1): 37-42.

[62] BSI. Railway applications － Specification and demonstration of reliability, availability, maintainability and safety (RAMS) [B]. London: CENELEC BS EN50126, 1999.

[63] EC. Council Directive 96/48/EC. The interoperability of the trans－European high－speed rail system, 1996.

[64] EC. Concerning the Technical Specification for Interoperability Relating to the Rolling Stock Subsystem of the Trans－European High－Speed rail System Referred to in Article 6 (1) of Directive 96/48/EC, 2002/735/EC.

[65] EC. Concerning the Technical Specification for Interoperability Relating to the Infrastructure Subsystem of the Trans－European High－Speed rail System Referred to in Article 6 (1) of Council Directive 96/48/EC, 2002/732/EC.

[66] EC. Concerning the Technical Specification for Interoperability Relating to the control－command and signalling subsystem Trans－European High－Speed rail System Referred to

in Article 6 (1) of Council Directive 96/48/EC，2002/731/EC.

[67] EC. Concerning the Technical Specification for Interoperability Relating to the Energy Subsystem of the Trans—European High—Speed rail System Referred to in Article 6 (1) of Directive 96/48/EC，2002/733/EC.

[68] EC. Concerning the Technical Specification for Interoperability Relating to the Operation Subsystem of Trans—European High—Speed rail System Referred to in Article 6 (1) of Council Directive 96/48/EC，2002/734/EC.

[69] EC. Concerning the Technical Specification for Interoperability Relating to the Maintenance Subsystem of the Trans- European High—Speed rail System Referred to in Article 6 (1) of Directive 96/48/EC，2002/730/EC.

[70] CEN. EN50126 Railway Applications — The Specification and Demonstration of Reliability，Availability，Maintainability and Safety (RAMS)

[71] CEN. EN50129 Applications - Safety—related Electronic Systems for Signalling.

[72] 藤原浩史，柴田徹．鉄道システムの安全性を定量化する取り組み [J]．RRR，2004 (11)：18-21.

[73] 掘内雅彦．鉄道におけるリスクアセスメントの研究．JREA，1997，40 (6)：4-6.

后记

在铁道部总体的战略部署下，经过三年的精心准备，反复的科学论证，系统的科学试验，中国铁路顺利实施第六次大提速。本书经过许多人的不眠之夜终于脱稿付印了。

铁路提速是一项庞大的系统工程，也是一项激动人心的创新工程。策划与主持这项工程，是党和人民托付的光荣使命；亲历每项关键技术科学严谨的决策过程，是时代赋予的荣幸；全路上下鼎力协作是提速成功的基本保证。全面总结提速技术，可以为我国铁路又好又快地发展，走自主创新之路提供借鉴。

为了使本书各专业技术描述更加确切完整，特邀多位专家参加本书的有关工作，参加人员有（按姓氏笔画为序）：丁亮、刁晓明、于卫东、马明、马战国、王卫东、王小铁、王东、王红、王伯福、王建宇、王悦明、王新锐、王澜、毛俊杰、叶柏洪、田长海、刑智明、朱旭、朱梅、朱颖、刘卫华、刘文兰、刘刚、刘秀波、刘峰、刘朝英、齐兵、杨宁清、李云、李勤、吴卫平、吴云天、吴克非、吴克俭、吴彬、张大勇、张千里、张愚、张黎、张鲲、陈杨义、林世金、季学胜、金颖、庞应刚、郑云杰、项纯、赵春雷、柯在田、袁湘鄂、顾培雄、晏兆晋、徐鹤寿、郭亮、郭福安、黄仁清、黄宣镌、常荣生、韩自力、曾树谷、穆恩生、戴贤春。

本人水平有限，且成稿仓促，书中难免有疏漏，不足之处，真诚希望读者批评指正。

何华武

二〇〇七年三月